创刊20周年

建湖年鉴

JIAN HU NIAN JIAN

2018

建湖县人民政府　主办

建湖县地方志办公室　承办

方志出版社
Publishing House of Local Records

《建湖年鉴》编纂委员会

《建湖年鉴》编辑部

《建湖年鉴》编辑部地址　江苏省建湖县双湖路
农委大楼4楼地方志办公室

电　　话:(0515)86239119　86212529　86235552

传　　真:(0515)86212529

邮　　编:224700

邮　　箱:jhdsb@163.com

建湖史志网:http://www.jhszw.cn

中共建湖县委书记 陈 平

在建湖县委十四届四次全会上提出

2018年是贯彻党的十九大精神的开局之年，是决胜全面小康社会、实施“十三五”规划承上启下的关键一年。结合县情实际，确定2018年工作的总体思路是：**全面贯彻党的十九大精神，以习近平新时代中国特色社会主义思想为指导，按照总书记视察江苏重要讲话要求和中央经济工作会议、省市委全会部署安排，牢牢把握稳中求进工作总基调，坚持新发展理念，紧扣社会主要矛盾变化，统筹推进“五位一体”总体布局、协调推进“四个全面”战略布局，以高质量发展为主线，大力实施产业强县、生态立县、富民兴县、依法治县“四大战略”，统筹抓好稳增长、调结构、促改革、惠民生、优环境、防风险各项工作，推动质量变革、效率变革、动力变革，奋力开创新时代决胜全面小康新局面。**

建湖县人民政府县长　**薛盛堂**

在建湖县第十八届人民代表大会第二次会议上指出

2017年，预计全年完成地区生产总值510亿元，首次突破500亿元，同比增长7.3%；受税制改革影响，完成一般公共预算收入26.32亿元；固定资产投资397亿元，同比增长11%；城乡居民人均可支配收入分别达32067元、18586元，同比增长8.2%、8.8%；实际利用外资4052万美元；外贸进出口总额3.3亿美元，同比增长8.9%；社会消费品零售总额189亿元，同比增长11%。建湖县连续8年跻身全国县域经济基本竞争力百强县，位居第72位。

2018年全县经济社会发展的主要预期目标是：地区生产总值增长7.5%，规上工业增加值增长7.2%，一般公共预算收入同口径增长5%，固定资产投资增长8%，城乡居民人均可支配收入分别增长8.2%、9%，主要污染物排放量削减达省、市控制值。

2017年度经济社会主要成就

建湖荣誉

- ★全国县域经济基本竞争力百强县
- ★国家园林县城
- ★国家级生态县
- ★国家农产品质量安全县
- ★中国淮剧之乡
- ★中国杂技之乡
- ★全国青少年普法教育示范区
- ★全省医改一档县
- ★省金融生态优秀县
- ★省商标战略实施示范县
- ★江苏省平安县
- ★省农业电子商务示范县
- ★江苏省稻田综合种养试点县
- ★全省放心粮油供应网络建设示范县
- ★全省农家书屋提升工程试点工作先进县

2018年工作主要目标

地区生产总值
增长7.5%

规上工业增加值
增长7.2%

一般公共预算收入同口径
增长5%

城乡居民人均可支配收入分别
增长8.2%、9%

固定资产投资
增长8%

主要污染物排放量削减达省、市控制值。

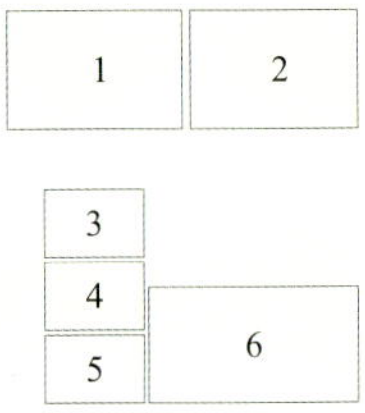

1 7月6日，省委书记李强（前排中）在建湖县九龙口旅游度假区调研。省委常委、秘书长樊金龙参加调研，市委书记王荣平、县委书记陈平陪同 （王春雨 摄）

2 副省长马秋林（前右二）在昊美光电科技有限公司产品展厅参观，副市长葛启发、县委书记陈平、县长薛盛堂等陪同

3 收听收看中共十九大开幕盛况

4 参观爱国主义教育基地、党史教育基地建阳县抗日民主政府旧址

5 法院邀请家事调解员参与一起离婚案件的调解

6 建湖县十八届人民代表大会第一次会议会场

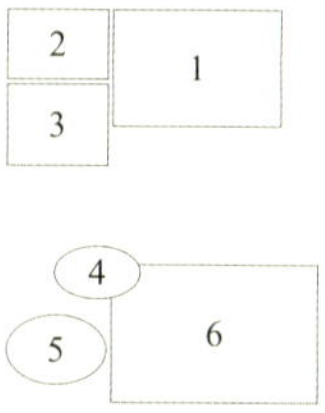

1 市委书记王荣平（中）深入江苏金永发光电科技公司生产车间，详细了解企业技术装备、产品研发等情况。市委常委、常务副市长庄兆林参加，县委书记陈平、县长薛盛堂等陪同

2 县司法局开展“打击防范非法集资”专项主题宣传活动

3 江苏建湖地税局开出首个增值税发票

4 3月31日，县人社局在人力资源市场召开专场招聘会

5 县公安局组织民警赴市公安局“警鉴馆”参观学习

6 政协建湖县第十四届委员会第一次会议会场

1	2	3

4	5
6	

1 国家石油机械质检中心

2 豪迈公司生产车间一角

3 曼杰克公司工人在车间抓紧生产

4 创迈达公司引入机器人生产设备

5 金永发无尘车间

6 县高新区综合服务中心

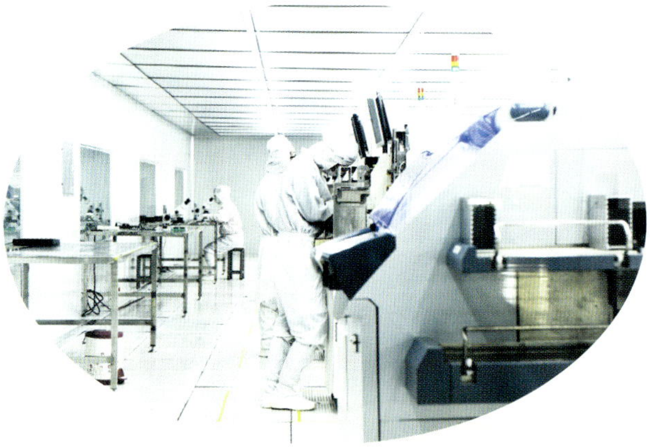

1 里下河物流中心港池

2 华冶液压公司员工正在加紧生产

3 薪力园公司员工正在生产订单产品

4 航空产业园展示中心

5 般若电子项目施工现场

6 江苏先云云计算数据中心

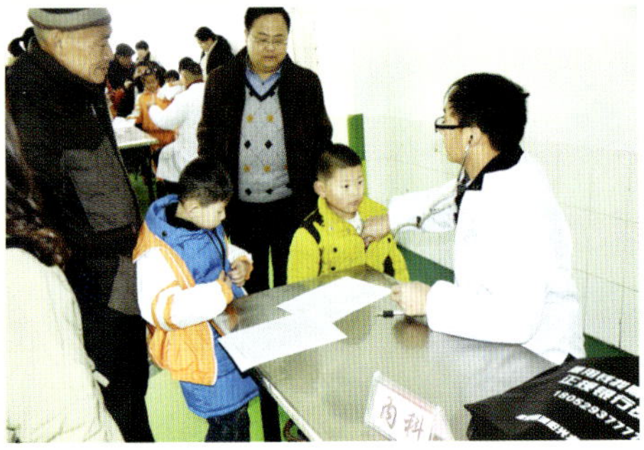

1 县计生协会联合近湖街道开展“亲情常在——关爱失独家庭困境儿童”活动

2 县人民医院开展肿瘤预防宣传和义诊活动

3 “我们是大家庭——关爱留守儿童身心健康”服务活动

4 县环卫处结合“263”专项行动，开展县城积存垃圾清理行动

5 同城爱心“携手向甘肃临夏州慈善服务站捐赠衣物书本”活动

6 县人武部结对助学金发放仪式

1 国税局服务厅工作人员为纳税人解答自主办税难题

2 县政务服务中心推行“微笑服务”

3 城南地面水厂技术人员正在检测水质

4 县市场监管局城南分局开展药品零售市场专项检查

5 出入境窗口人员正在为市民提供服务

6 国网建湖县供电公司员工在县城湖中路特巡

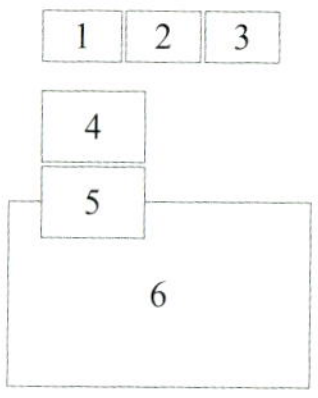

1 即将通车的连盐铁路一角

2 徐宿盐淮高铁建设现场

3 通用机场项目建设现场

4 交通警察全力保障群众出行安全和道路通畅

5 蔷薇河现代化排涝站

6 全国百名摄影家相约建湖九龙口湿地

1 建湖好人榜

2 市民正在选购床上用品

3 庆祝建军90周年剪报展

4 车站志愿者维持乘客秩序

5 “互联网+智慧医疗”推介会

6 76名外国学员到建湖县考察高效渔业

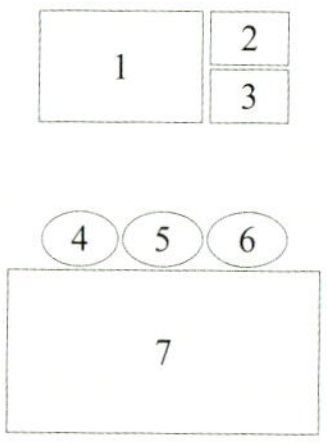

1 太空莲36号花开九龙口

2 蜻蜓农业服务平台

3 城市慢行系统

4 技术人员在蜻蜓未来农业工厂查看农作物生长情况

5 市民在高作镇春源采摘园火龙果种植基地采摘火龙果

6 建宝路绿化提升工程现场

7 九龙口大闸蟹养殖基地

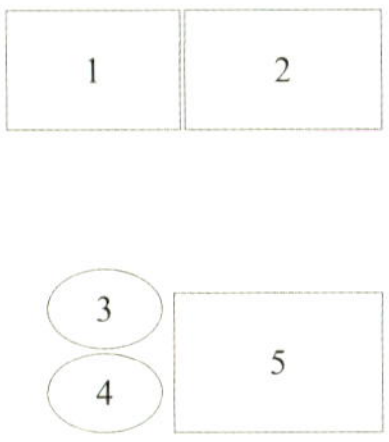

1 西塘河畔

2 上冈铁丝湾文化旅游度假区一角

3 最美乡村恒济镇建河村一角

4 庆丰镇董徐村生态护坡驳岸文化墙

5 九龙口旅游度假区一角

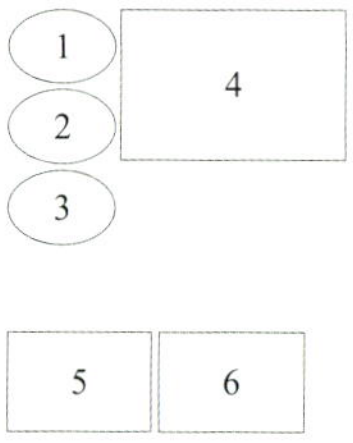

1 县老年人体育节

2 县图书馆里书香四溢

3 《春咏·广纳》——邓永广花鸟邀请展现场

4 江苏省杂技团诗词歌赋杂技剧场《小桥 流水 人家》亮相央视

5 建湖首家私人古陶瓷陈列馆

6 书法家为群众义务写春联

1 县城南实验初中教育集团城南校区举行"拥抱青春，放飞梦想"十四岁青春仪式现场

2 县汇文实验初中"十四岁青春礼"暨第二届"文武先锋训练营"汇报演出

3 县高新区翠湖幼儿园的小朋友们正在开展室外游戏活动

4 县实验小学西校区一年级创写绘本课堂

5 首届"民福杯"足球邀请赛在城南实验初中举行

6 县高中校园鸟瞰图

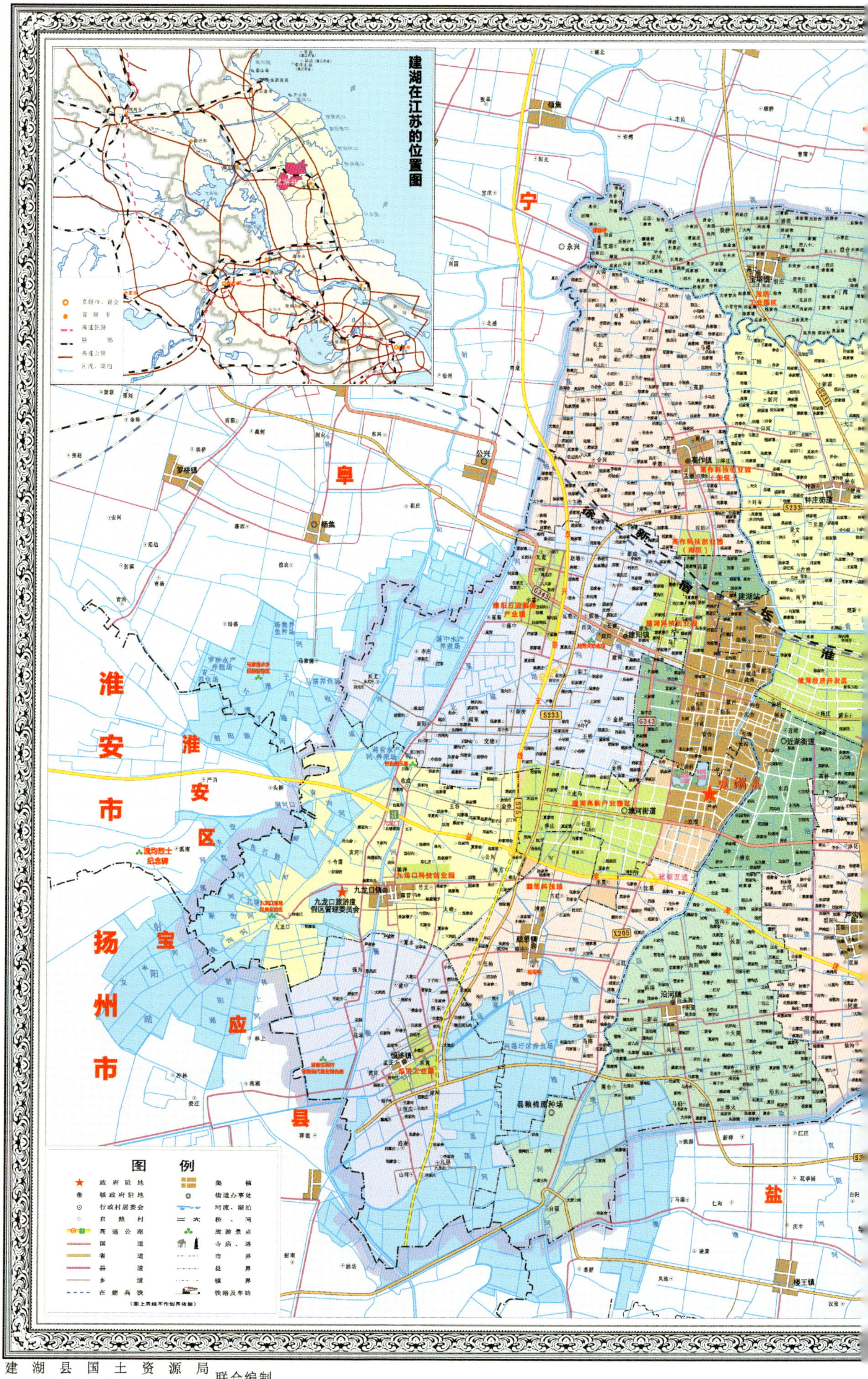

建湖县国土资源局
江苏星月测绘科技股份有限公司 联合编制

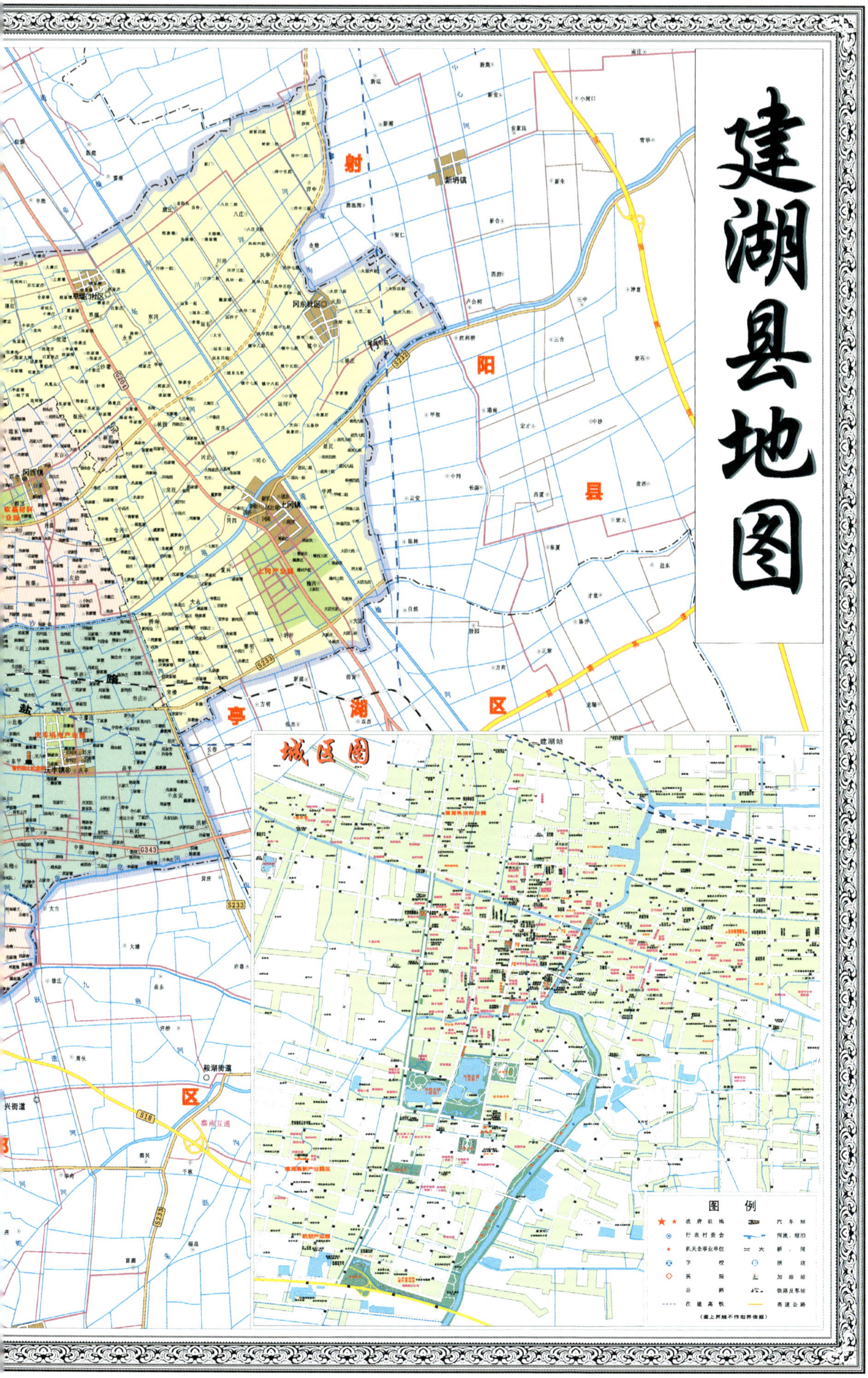

苏J(2017)07号　　二〇一七年十一月

编　辑　说　明

一、《建湖年鉴》是建湖县人民政府主办的全县综合性年鉴，由建湖县地方志办公室具体负责编纂。

二、《建湖年鉴（2018）》以马克思列宁主义、毛泽东思想、邓小平理论、“三个代表”重要思想、科学发展观和习近平新时代中国特色社会主义思想为指导。旨在全面、系统、翔实地记载建湖县2017年度政治、经济、文化、社会民生的基本面貌和发展现状，客观地记录全县各行各业的新成绩、新经验以及存在的问题。为各界人士了解建湖、研究建湖、建设建湖提供一部系统性强、信息量大、准确度高、最具权威的地情资料，为各级领导干部决策提供参考依据，为开展对外交往提供窗口和桥梁，为续修地方志积累史料。

三、本年鉴采用分类法编辑，全书设类目、分目、子目和条目4个层次（有部分分目下直接设条目，也有极少子条目下设次目）。各个行业和单位的情况一般先有一个概况条目，然后再按一事一条的原则设置典型性条目。

四、本年鉴类目有：特载、建湖概览、改革开放、党政·社团、地方军事·政法、产业发展、城乡建设与生态环境、财税·金融、综合管理、科教文化事业、社会民生、镇、街道、区建设、人物·荣誉、附录、索引。

五、本年鉴目录设有中文目录和英文目录两种，并设条目索引。

六、本年鉴中的“统计资料”由县统计局提供，正文中的数据由各单位提供。除年度之间的对比和注明的以不变价计算以外，一般以现行价格计算。因统计口径不尽相同，有些数据稍有差异。

七、《建湖年鉴（2018）》文稿，由全县各镇区、各部门、各单位按建政办发〔2017〕122号文件要求，安排专人撰写，并经单位负责人审核，在条目、资料后署明撰稿人姓名或供稿单位。

八、本年鉴中未明确的省、市、县，均指江苏省、盐城市、建湖县。

九、《建湖年鉴（2018）》的编辑工作，得到全县各镇区、各部门、各单位及上级驻湖各单位的理解和支持，在此，深表谢意！由于我们编辑水平有限，疏漏错误在所难免，竭诚欢迎各界人士提出宝贵意见，使《建湖年鉴》越办越好。

建湖县地方志办公室《建湖年鉴》编辑部

二〇一八年五月

目　　录

Contents

建湖概览

地情概要

经济和社会发展综述

经济运行

基础设施

园区建设

社会事业

社会主义核心价值观培育和践行

组织机构及人员名录

改革开放

体制改革

“放管服”改革

纪检监察机构改革

城市管理领域一支队伍管执法改革

商事制度改革

农业农村改革

社会保险制度改革

财税管理制度改革

国有企业改革

行政管理制度改革

医药卫生体制改革

公立医院综合改革

开放型经济

综　述

参加展销会

对外及港澳台贸易

利用外资及港澳台资

对外及港澳台经济合作

外资项目列表

民营经济

党政·社团

中共建湖县委员会

综　述

政策研究

重要会议

重要活动

组织工作

宣传工作

统战工作

机构编制

台侨事务

保密工作

县级机关党建

老干部工作

党校教研

档案管理

党史编研

建湖县人民代表大会

综　述

重要会议

主要工作

建湖县人民政府

综　述

重要会议

人事人才工作

法治政府建设

信访稳定

政务服务管理

民族宗教事务

地方志编研

区域合作

机关事务管理

政协建湖县委员会

综 述

重要会议

提案工作

中共建湖县纪律检查委员会

综 述

重要会议

重大活动

大案要案查处

工商联·社会团体

建湖县工商业联合会

建湖县总工会

共青团建湖县委员会

建湖县妇女联合会

建湖县科学技术协会

建湖县归侨侨眷联合会

建湖县残疾人联合会

建湖县文学艺术界联合会

建湖县红十字会

建湖县关心下一代工作委员会

建湖县老区开发促进会
建湖县扶贫开发协会

建湖县老年科技工作者协会

地方军事·政法

地方军事

中国人民解放军建湖县人民武装部

中国人民武装警察部队建湖县中队

中国人民武装警察部队建湖县消防大队

人民防空

政　法

综　述

法　院

检　察

公　安

司法行政

产业发展

农业·水利

农业现代化

生态农业

品牌农业

信息农业

高效农业

种植业

病虫害统防统治

畜牧业

林蚕业

农机

农业技术推广

农业科学研究

农业招商与示范区建设

建湖县第三次全国农业普查

农资市场监管

农村管理

水产·渔业

农业资源综合开发

工程水利

法制水利

工　业

综　述

新兴产业

传统产业

城市工业改制

互联网 + 工业

工业企业争星创优

为企服务

石油机械协会

节能电光源协会

知名企业简介

盐　业

烟草专卖

广 告 业

会计事务

·建湖苏盛联合会计师事务所·

法律事务

公　证

土地市场

“品牌＋”商标品牌战略

省著名商标列表

石油经营

知名服务业企业选介

旅　游　业

综　述

风景名胜

旅游黄金周

旅游服务

旅游产品

地方土特产

参加名特优品展销会

城乡建设与生态环境

城乡规划

城乡规划编制

规划监察执法

城市建设与管理

市政设施建设

国家级园林城市建设

城市管理

农村建设

镇村建设

农村沼气

供电·供水·供气

供　电

供　水

供　气

交　通

交通综述

城乡客运一体化建设

交通行业管理

陆上交通基础设施建设及运输

航道建设及运输

交通便民服务

信息化平台建设

综　述

政府信息化

“智慧建湖”建设

中国电信建湖分公司

中国移动建湖分公司

中国联通建湖分公司

电商平台建设与发展

环境保护与生态建设

环境保护

节能工作

生态建设

绿色建湖建设

环境卫生管理

金融与企业上市管理

典　当

管理与监督

综合管理

发展目标

统计管理

价格管理

国土资源管理

审计管理

住房公积金管理

综合监督

劳动监督

市场监督

安全生产监督

科教文化事业

科学技术

科技创新

科技平台

科技计划

科技创业

科技管理

知识产权

科技活动

科技成果

教　　育

综　　述

互联网＋教育

教育基础设施建设

幼特教育

小学教育

初中教育

高中教育

职业教育与社会教育

老年教育

教育督导

教育宣传

招生考试

教师队伍

名校、名师(工作室)选介

名校选介

名师工作室、名师简介

体　　育

文化·传媒

综　　述

艺术生产

"淮杂"文化

群众文化

文化惠民工程

公共图书馆事业

文物和非遗保护

新闻出版管理

广播影视管理

文化市场管理

文化产业发展

图书发行

· 江苏凤凰集团建湖分公司 ·

广播电视

· 建湖县广播电视台 ·

报刊综述

网络媒体

· 江苏有线建湖分公司 ·

新 媒 体

社会民生

卫生 · 计生

卫　生

人口和计划生育

爱国卫生

名院、名医、名医工作室选介

社会保障

民政工作

社会保险

精准扶贫

就业创业

康居工程

公共安全

·防震减灾·

镇、街道、区建设

镇　貌

上 冈 镇

建 阳 镇

颜 单 镇

恒 济 镇

庆 丰 镇

九龙口镇

高 作 镇

芦 沟 镇

沿 河 镇

冈 西 镇

宝 塔 镇

街道概貌

近湖街道

区　　况

江苏建湖经济开发区(钟庄街道)

江苏建湖高新技术产业开发区(塘河街道)

九龙口旅游度假区

人物 · 荣誉

人　　物

先进人物

县内知名企业家选介

2017年建湖县获中小学教师高级专业技术资格人员名单

2017年建湖县获幼儿园教师高级专业技术资格人员名单

2017年建湖县获中职高级讲师人员名单

2017年县内文化界高级知识人员名单

2017年高考文科前五名名录

2017年高考理科前五名名录

2017年职中对口高考前六名名录

建湖民间艺人、名人

荣 誉 栏

先进集体名录

先进个人名录

附 录

重要文件目录

统计资料

服务指南

索 引

Contents

Features

General Information of Jianhu

Reform and Open

Party politics and Mass Organization

Local Military · Politics and Law

Industrial Development

Urban and Rural Construction and Ecological Environment

Finance and Taxation · Financial Industry

Management and Supervision

Science, Education and Cultural Undertakings

Social Livelihood of The People

Construction of Towns, Subdistricts and Districts

Personages · Honour

Appendix

Index

特　　载

Features

建湖县双湖公园　　（建湖日报提供）

要闻要事

News Events

上级领导考察建湖

【全国人大内司委到建湖调研】 6月15日,全国人大内司委委员李江率调研组到建湖县调研。调研组实地察看了县人民法院院史陈列室、家事诉讼中心、诉讼服务中心、执行指挥中心,并听取相关工作汇报,调研组对县人民法院深化司法改革工作取得的成绩给予肯定,希望建湖坚持问题导向,从实际出发,大胆探索、积极面对、攻坚克难,将司法体制改革工作向纵深推进,为经济发展和民生改善提供有力法治保障。

【省委书记李强到建湖调研】 2017年7月6日,省委书记李强到建湖县调研农业农村发展和农民增收工作。李强一行先后察看了九龙口旅游度假区、恒济镇池塘循环水生态养殖基地。在九龙口旅游度假区,希望建湖县在开发九龙口时,要尊重自然,减少人工干预,保护好生态资源,科学规划、注重设计,合理有序发展生态观光旅游,让生态保护和旅游富民相互促进相得益彰。在察看池塘循环水生态养殖基地后,希望养殖基地能够发挥专业合作社和致富带头人的示范引领作用,扩大项目的推广应用,打响生态特色品牌,带动更多农民通过生态养殖业增收致富。李强对建湖县坚持"生态优先、绿色发展"理念,扎实推进各项重点工作,在"一片林"战略工程、农村康居工程、城乡道路和生态环境建设,以及淮剧、杂技传统文化传承和发扬等方面取得的成绩给予肯定。

【省委常委、省委组织部部长郭文奇到建湖调研】 8月3日,省委常委、省委组织部部长郭文奇到建湖县调研。郭文奇一行实地察看了颜单镇弘森现代农业生态园、九龙口湿地公园(试点)。郭文奇指出,要深入学习贯彻习近平总书记系列重要讲话精神和治国理政新理念新思想新战略,按照中央精神和省委要求,根据既定工作部署,一张蓝图绘到底,不折不扣完成好各项目标任务。要围绕推进"两聚一高"生动实践,找准组织工作的切入点、着力点,统筹推进干部工作、基层党建和人才工作,以优异成绩迎接中共十九大召开。

省委常委、组织部长郭文奇(中)在弘森现代农林生态园实地调研。省委组织部副部长周为号参加调研,市委书记王荣平,市委常委、组织部长尹卫东,县委书记陈平陪同调研 (王春雨　摄)

【副省长马秋林到建湖调研】 8月30日,副省长马秋林到建湖县调研工业经济发展情况,对建湖县传统产业转型发展新成效,电子信息、新能源等新兴产业蓬勃发展态势给予肯定。马秋林一行先后考察了沈阳机床i5智能制造生态谷项目、先云云计算数据中心、国家石油机械产品质量监督检验中心、江苏昊美光电科技有限公司、般若LED封装生产线项目、金永发薄膜太阳能模组项目。在参观昊美LED高效照明灯具项目运行和般若LED封装生产线项目后,希望建湖县继续推动产业创新,瞄准产业中高端方向,推动新特产业扩量提质、转型发展。在察看金永发薄膜太阳能模组项目后,希望该企业抢抓发展机遇,发挥装备水平高、创新能力强、市场前景好等优势,提高生产能力,强化产品推广,不断提升企业品牌影响力和市场占有率。

【全国政协教科文卫体委员会副主任张连珍回家乡建湖考察】 10月12日,全国政协教科文卫体委员会副主任张连珍回家乡建湖县考察。张连珍实地察看了九龙口旅游度假区,听取景区规划建设情况汇报,对建湖县坚持"在保护中开发、在开发中保护"的做法给予肯定。希望建湖坚持高起点规划,聘请国内外顶级专家进行规划

10月12日，全国政协教科文卫体委员会副主任张连珍（前左二）在建湖县考察九龙口旅游度假区规划建设情况　（王春雨　摄）

设计，以科学规划引领九龙口旅游度假区建设。坚持在保护中开发，做足水文章，打好生态牌，实施湿地生态修复工程，更好地体现湿地原生态特色，将九龙口打造成独具建湖水乡生态、人文特色的旅游胜地。

【省人大常委会副主任赵鹏到建湖调研】　11月17日，省人大常委会副主任赵鹏到建湖县调研旅游产业发展情况，对建湖县旅游产业发展给予肯定。希望建湖能以纳入江淮生态经济区为发展契机，进一步完善旅游产业发展规划，创新思路举措，不断提升建湖旅游产业发展水平。　（虞光建）

知名人士考察建湖

【立花辉夫一行到建湖考察】　2月23日，日本立花食品株式会社社长立花辉夫一行到建湖县考察，就投资建设农产品深加工项目进行洽谈。

【苏亥燮一行到建湖访问】　2月23日至25日，韩国九老区计划经济局局长苏亥燮一行到建湖县开展经贸文化交流，考察经济社会发展情况。

【张博一行到建湖考察】　4月15日至17日，美国通用航空有限公司董事长、“中国首次环球飞行”机长张博一行到建湖县考察经济社会及通航产业发展情况。

【蒋小忠一行到建湖考察】　5月2日，红星美凯龙集团执行总裁蒋小忠一行到建湖县考察，与市国投集团合作新建城市综合体项目，推动了现代服务业的发展。

【池田一行到建湖考察】　6月15日至16日，日立高新技术日本本社电子材料营业本部部长池田一行到建湖县考察应龙光学项目建设情况。

【季国平一行到建湖考察】　7月12日，中国戏剧家协会分党组书记季国平一行到建湖，考察建湖县创建“中国淮剧之乡”有关事宜。

【庄申安一行到建湖考察】　8月17日，上海飞乐音响公司总裁庄申安一行到建湖县考察，就“智慧城市建设”项目合作事宜进行洽谈。

【芮鸿岩一行到建湖考察】　8月18日，南京工业大学党委书记芮鸿岩一行到建湖县参观考察，提出共同探索校地、校企合作方式和途径，全面提升政产学研合作水平。

（政府办）

重大活动

【学习宣传贯彻中共十九大精神】　建湖县委召开传达中共十九大精神大会，制定下发《关于认真学习宣传贯彻党的十九大精神的通知》，对学习宣传贯彻十九大精神作出具体部署。组织收听收看中共十九大开幕会盛况，征订赠送十九大书籍近10万册，通过中心组学习、党员冬训、干部培训、全民阅读等，把十九大精神传达到每个基层单位和全体党员干部。举办省、市委宣讲团中共十九大精神报告会，出台《关于做好学习宣传贯彻党的十九大精神宣讲工作的通知》等文件，组织县委宣讲团集中宣讲、基层党组织书记带头宣讲近500场，确保十九大精神镇镇到、村村到。在《建湖日报》开展“砥励奋进的五年”主题宣传，开设学习宣传贯彻中共十九大精神专栏6个，刊载稿件200余篇。编印十九大专辑《学点》，把中共十九大精神传递到基层一线。在建湖发布和塘河讲坛微信公众号开设“日新微理论”栏目，对十九大新思想新理念新论断进行阐释解读。县四套班子领导围绕21个课题，组织开展学习贯彻中共十九大精神专题调研。同时围绕实施“四大战略”，组织开展“大走访、大落实”等调研活动，推出50多篇有价值的调研成果。利用“百姓舞台”和村镇欢乐广场阵地，发挥地方淮杂特色文化优势，将中共十九大精神编成相声、小品、戏曲等，组织专业演员、民间团体、淮剧票友和草根明星，将中共十九大精神编成小品、戏曲等，寓教于乐，推动学习宣传贯彻十九大精神不断引向深入。

（骆旭阳）

【大走访大落实】　自新一轮“大走访大落实”活动开展以来，建湖县始终坚持把落脚点放在解决问题上，组织党员干部深入基层，倾听百姓的心声，聚焦群众的需求，通过打好帮扶“组合拳”，让基层群众在小康的路上一个都不掉队，让群众有收获、有奔头。截至2017年底，县、镇两级3793名党员干部采取“登门访”“田间访”“电话访”“晚间访”和“周末访”等多种走访途径,走访城乡居民和企业200841户,已帮助办理答复问题11685件。
(虞光建)

【落实意识形态工作责任制】 2017年,建湖县落实中央和省市委部署要求,将意识形态工作摆在全局工作的突出位置,着力抓紧抓细抓牢。县委出台《党委(党组)意识形态工作责任制实施方案》《意识形态领域情况分析研判联席会议制度》,明确党委主要负责人履行意识形态工作第一责任,分管负责人履行“一岗双责”,并将意识形态工作纳入全委会报告、党委(党组)班子成员民主生活会和述职报告、干部考核的重要内容。切实加强意识形态工作分析研判。县委常委会两次专题研究意识形态工作,听取情况汇报,布置重点工作。三次召开意识形态领域情况分析研判联席会议,剖析问题、部署任务。切实强化意识形态工作督查考核。县委召开落实意识形态工作责任制述职会,组织各镇(街道、区)党(工)委书记和县直相关部门主要负责人汇报工作落实情况,县委主要领导进行逐一点评,并提出明确要求。县委宣传部牵头制定下发落实意识形态工作责任清单,每半年对全县意识形态工作进行督查,并形成书面材料,向县委常委会和市委宣传部汇报,推动意识形态工作责任制落地落实。 (骆旭阳)

重大事件

【建湖获“中国淮剧之乡”称号】 9月5日至6日,江苏省戏曲现代戏研究会第五届年会暨“中国淮剧之乡”授牌仪式在建湖县举行,建湖县被国家剧协授予“中国淮剧之乡”称号。

中国淮剧之乡
(建湖日报提供)

【建湖获“中国杂技之乡”称号】 11月20日,中国杂技家协会正式发文,命名建湖县为“中国杂技之乡”。建湖县是中国传统杂技三个发源地之一。2008年,建湖杂技被列入国家第二批非物质文化遗产保护名录。深厚的杂技文化基础培育出江苏省杂技团和江苏杂技培训中心。改革开放以来,特别是近十年,省杂技团共编创各类节(剧)目50多个,出新节目60多个,其中30多个节(剧)目先后在全省、华东地区和全国乃至国际杂技比赛中获奖。 (虞光建)

责任编辑 朱明君

参加央视演出的建湖杂技创新节目《丫丫戏鼓》 (建湖日报提供)

媒体聚焦

Media Focus

报刊报道

整版宣传

10.16　中国县域经济报 4 版《强工亮农　丽镇富民——江苏建湖县恒济镇坚持生态优先推进绿色发展》

2.15　盐阜大众报 A13 版《建湖:坚持绿色发展　谱写富民新篇》

3.30　盐阜大众报 A3 版《建湖:铺就美丽乡村幸福路》

报刊宣传

9.3　盐阜大众报 A1 版《科学布局调结构　强农富民促增收——访建湖县委书记陈平》

6.17　新华日报头版标题导读《建湖:绿色发展倒逼经济转型》

9.17　新华日报头版标题导读《建湖:“生态 +”引领经济转型升级》

6.15　中国县域经济报头版头条《绿色立县达双赢——江苏建湖三产并举推动生态文明与经济建设协调发展》

《小桥 流水 人家》莲叶何田田——足尖顶技　　（建湖日报提供）

5.17　盐阜大众报 A8 版《建湖:产业转型升级书写发展精彩篇章》

10.11　盐阜大众报 A4 版《建湖:践行新理念　推进新跨越》

10.21　盐阜大众报 A4 版《建湖县公安局:为平安一路护航》

12.20　盐阜大众报 A3 版《建湖:聚焦实体经济　推进富民强县》

8.17　中国县域经济报头版头条《民生优先有主张——江苏建湖三路径富民增强群众幸福感》

12.21　中国县域经济报头版头条《墙内花开芬芳溢墙外——江苏建湖创新“周末文化超市”文化惠民达双赢》

8.31　中国县域经济报头版《绿与新中见“春秋”——江苏建湖高效农业绿色发展印象》

10.10　人民日报 6 版《炕孵自动化　环保效益佳》

10.15　经济日报 5 版《村民的腰包越来越鼓了》

2.13　新华日报 2 版《薄弱村来了“下访铁人”——记最美基层干部建湖县检察官陈扣连》

8.5　新华日报 2 版《“我们的大闸蟹爬上老外餐桌”》

8.22　新华日报 3 版《大走访让更多群众实现心愿》

7.20　新华日报 4 版《建湖:青创“新势力”成经济发展生力军》

3.23　新华日报 15 版《惠民行万家,建湖杂技“回娘家”》

5.9　新华日报 9 版《网络“神探”陆立海:在现实与虚拟之间守护百姓平安》

7.18　新华日报 14 版《〈小桥　流水　人家〉惊艳“海外寻根客”》

8.20　新华日报 7 版《建湖经济开发区:选准产业定位　加快特色发展》

9.7　新华日报 9 版《建湖荣膺中国淮剧之乡称号》

10.16　新华日报 16 版《稻田里种出“庆十九大”》

11.28　新华日报 8 版《乡旮旯飞出火凤凰》

11.29　新华日报 10 版《调解“金钥匙”　开启幸福门》

9.20　农民日报 2 版《恒济镇池塘工业化生态养殖基地实现智能化生产》

1.16　农民日报 4 版《书香文韵弥漫建湖乡村》

4.15　农民日报 4 版《江苏大地禾农业科技有限公司做大做强芦笋

产业》

4.22 农民日报5版《精种养深加工 特产鼓起钱袋子》

9.4 农民日报6版《教授坐田头农民家底厚》

11.30 农民日报6版《中农网购被认定为全国农业农村信息化示范基地》

3.24 农民日报8版《法制宣传进校园》

8.1 中国文化报6版《〈小桥 流水 人家〉打动华裔青少年》

3.27 中国文化报8版《惠民演出让"建湖杂技"焕生机》

3.24 中国艺术报2版《建惠民台账,列"幸福菜单"》

11.15 中国电力报头版《巡检光伏电站》

7.12 江苏电力报头版《国网建湖县供电公司启动应急响应组织抢修》

2.5 盐阜大众报头版头条《精准对接需求强化为企服务 推动实体经济稳定健康发展》

4.15 盐阜大众报头版头条《建湖夯实举措稳增长》

5.29 盐阜大众报头版头条《建湖:新兴产业领跑转型发展》

7.8 盐阜大众报头版头条《在土地上做好富民增收的大文章》

1.3 盐阜大众报A1版《建湖实施"两招一降"暖企服务》

1.7 盐阜大众报A1版《无线城市助力智慧云端 建湖城区免费WiFi昨开通》

1.9 盐阜大众报A1版《国瑞液压公司科技创新 引领发展》

1.11 盐阜大众报A1版《倾情书写民生幸福"答卷"——建湖五年来民生实事工程亮点扫描》

1.14 盐阜大众报A1版《建湖微电影〈欢迎你入党〉入选中组部精品课程》

1.19 盐阜大众报A1版《建湖杂技海外演绎"精彩中国年"》

1.25 盐阜大众报A1版《建湖新春创业送好礼》

1.27 盐阜大众报A1版《以严和实的精神推动各项事业发展——戴元湖指导建湖县委常委班子民主生活会》

2.5 盐阜大众报A1版《省"最美基层干部"陈扣连——跨村民门槛 进百姓心坎》

2.14 盐阜大众报A1版《建湖实施工业振兴行动》

2.22 盐阜大众报A1版《建湖县康宝电子推进白板及触控一体机项目》

2.26 盐阜大众报A1版《建湖培植新特产业做强实体经济》

2.27 盐阜大众报A1版《建湖加快九龙口景区建设》

3.2 盐阜大众报A1版《江苏先云云计算数据中心一期项目投入试运营》

3.9 盐阜大众报A1版《江苏创迈达机电部件智能制造项目投产》

3.14 盐阜大众报A1版《种菜用上物联网》

3.18 盐阜大众报A1版《江苏昊美光电科技有限公司引领建湖节能电光源产业转型》

3.25 盐阜大众报A1版《建湖出台配套政策力促工业振兴》

3.27 盐阜大众报A1版《建湖杂技演到百姓家门口》

4.5 盐阜大众报A1版《建湖建成国内唯一5.5代等离子化学气相镀膜生产线》

4.6 盐阜大众报A1版《建湖"救火英雄"荣登"中国好人榜"》

4.18 盐阜大众报A1版《建湖与"沈机"在京签订合作协议》

4.19 盐阜大众报A1版《创新,为企业发展提速》

4.21 盐阜大众报A1版《百名摄影名家相约建湖九龙口湿地》

4.23 盐阜大众报A1版《书香建湖为发展添彩加色》

4.26 盐阜大众报A1版《江苏豪迈照明科技有限公司:持续创新照亮智能转型路》

5.6 盐阜大众报A1版《江苏荃航阀门有限公司:智能化管理 全流程监控》

5.7 盐阜大众报A1版《乡旮旯里的火凤凰》

5.11 盐阜大众报A1版《江苏大地禾农业科技有限公司玫瑰深加工走俏市场》

6.8 盐阜大众报A1版《身子沉下去 民心热起来》

6.10 盐阜大众报A1版《桃梨芬芳采摘忙》

6.17 盐阜大众报A1版《生态优先,勾勒"绿色建湖"崭新蓝图》

6.28 盐阜大众报A1版《建湖重点企业领跑工业经济"双过半"》

6.29 盐阜大众报A1版《上冈镇葡萄园果农喜获丰收》

7.3 盐阜大众报A1版《以项目为王 奏响产业强区最强音》

建湖杂技周末剧场惠民演出室外宣传场景 (建湖日报提供)

7.6　盐阜大众报 A1 版《江苏国瑞液压机械有限公司:核心人才助企腾飞》

7.9　盐阜大众报 A1 版《打通服务群众“最后一公里”》

7.17　盐阜大众报 A1 版《建湖:坚持绿色发展实现生态富民》

7.21　盐阜大众报 A1 版《建湖:走访不“走秀”落在“实”字上》

8.4　盐阜大众报 A1 版《产业项目接轨上海取得新突破》

8.7　盐阜大众报 A1 版《坚持生态优先　推动绿色发展》

8.9　盐阜大众报 A1 版《汗水浇筑新“水路”》

9.1　盐阜大众报 A1 版《建湖县恒济镇实现渔业智能化生产》

9.5　盐阜大众报 A1 版《“家里添了新亲戚”》

9.7　盐阜大众报 A1 版《“中国淮剧之乡”花落建湖》

9.9　盐阜大众报 A1 版《飞行员培训项目落户建湖》

9.11　盐阜大众报 A1 版《建湖:“生态＋”引领产业转型升级》

9.11　盐阜大众报 A1 版《华祥机械公司:华丽转身快发展》

9.11　盐阜大众报 A1 版《江苏般若公司高投资、促发展》

9.11　盐阜大众报 A1 版《建湖经济开发区:坚持特色发展　打造产业高地》

9.14　盐阜大众报 A1 版《建湖元素闪亮世界物联网大会》

9.17　盐阜大众报 A1 版《建湖推进企业战略重组》

9.22　盐阜大众报 A1 版《建湖丰信公司夺冠》

9.25　盐阜大众报 A1 版《建湖精准服务项目建设》

10.2　盐阜大众报 A1 版《建湖发展电商促进富民增收》

10.15　盐阜大众报 A1 版《中国大闸蟹产业高峰活动在建湖举办》

10.16　盐阜大众报 A1 版《江苏华祥公司:创新驱动促跨越》

10.27　盐阜大众报 A1 版《积蓄“新动能”　跑出“加速度”》

10.30　盐阜大众报 A1 版《建湖县 5D 制造谷项目千台 i5 智能机床进入调试阶段》

创迈达公司 i5 智能控制中心　　　　（建湖日报提供）

11.6　盐阜大众报 A1 版《江苏般若 LED 封装车间满负荷生产》

11.11　盐阜大众报 A1 版《建湖经济开发区特色服务让项目建设“跑起来”》

11.18　盐阜大众报 A1 版《建湖创新形式推动全民创业》

11.19　盐阜大众报 A1 版《盐城力麒电子科技有限公司产销形势良好》

11.20　盐阜大众报 A1 版《激活新动能　提速再跨越》

11.21　盐阜大众报 A1 版《建湖般若 LED 封装项目投产 300 条生产线》

11.29　盐阜大众报 A1 版《建湖荣获“中国杂技之乡”称号》

11.30　盐阜大众报 A1 版《建湖成江苏最大杂技“活态传承”基地》

12.2　盐阜大众报 A1 版《“智慧建湖”建设精准发力》

12.4　盐阜大众报 A1 版《建湖创新“开放式”党日活动》

12.9　盐阜大众报 A1 版《“建湖智造”闪耀 2017 世界智能制造大会》

12.11　盐阜大众报 A1 版《市县银行机构“三走进”活动在建湖举行》

12.17　盐阜大众报 A1 版《建湖“接二连三”工程促农业高效发展》

12.18　盐阜大众报 A1 版《建湖县 5D 智造谷项目新上千台 i5 智能机床》

12.22　盐阜大众报 A1 版《让群众乐享文化大餐——建湖“周末文化超市”打通文化惠民“最后一公里”》

12.28　盐阜大众报 A1 版《建湖倾力服务妇女创新创业》

1.26　盐阜大众报 A2 版《为小康建设提供坚强保障——建湖法治社会建设纪实》

2.10　盐阜大众报 A2 版《建湖杂技绽放央视〈非常传奇〉》

3.17　盐阜大众报 A2 版《高兆艳:二十年如一日照料瘫痪丈夫》

4.5　盐阜大众报 A2 版《吴慧敏:用爱心温暖童心》

4.18　盐阜大众报 A2 版《省杂技团对外文化交流获表彰》

4.29　盐阜大众报 A2 版《第五届“感动建湖”十大人物受表彰》

5.17　盐阜大众报 A2 版《江苏省杂技团创新杂技舞台表演受表彰》

7.18　盐阜大众报 A2 版《建湖杂技〈小桥流水人家〉亮相江苏大剧院》

7.19　盐阜大众报 A2 版《九龙口大闸蟹公司带动农民喜圆致富梦》

9.8　盐阜大众报 A2 版《中剧协授牌仪式在建湖举行》

9.10　盐阜大众报 A2 版《倾心特教　无怨无悔》

10.14　盐阜大众报 A2 版《稻田里长出“庆十九大”字样》

10.17　盐阜大众报 A2 版《建湖一志愿项目获省金奖》

九龙口一角 （建湖日报提供）

10.30 盐阜大众报A2版《建湖新特产业完成开票销售53.9亿元》

11.20 盐阜大众报A2版《鲁曼获“全国农村创业创新优秀带头人”称号》

11.21 盐阜大众报A2版《平安法治阳光普照水乡大地》

12.4 盐阜大众报A2版《资本建湖建设迈出新步伐》

12.25 盐阜大众报A2版《胡迎春:用法治力量温暖人心》

广电宣传

10.15 央视1套新闻联播《〔十九大时光〕看身边点滴变化 望未来美好生活》

2.8 央视中文国际频道《非常传奇》

6.8 央视农业频道科技苑《700亩水面 只用10亩来养鱼》

7.5 央视新闻国际频道东方时空《江苏盐城:遭遇12级大风 部分电力设施受损》

10.5 央视科教频道《味自田园来(八)寻找水上田野蕴藏的宝藏》

10.30 央视农业频道《科技苑·无人机的新功能》

11.18 央视农业频道《聚焦三农》

11.21 央视综艺频道《群英汇》

12.1 央视财经频道《魅力中国城》

12.2 央视新闻频道《新闻直播间》

12.22 央视财经频道《魅力中国城》

2.19 江苏新时空《陈扣连:履职尽责 扎根群众为民生》

7.7 江苏新时空《李强在淮安盐城调研时强调在土地上做好富民增收的大文章》(头条)

8.2 江苏新时空《江苏高新技术产业快速发展 布局前端 创新动能不断形成》

8.13 江苏新时空《通用航空发展 飞机驾考兴起》

9.18 江苏新时空《江淮生态经济区建设现场推进会精神引发强烈反响》

网络宣传

1.19 中国江苏网《建湖杂技海外演绎“精彩中国年”》

2.28 新华网《环保部华东督察中心调研建湖岸电上船项目》

3.27 人民网《江苏省杂技团启动杂技周末剧场暨村村到校校到惠民演出》

4.20 人民网《江苏建湖:湿地风光——九龙口》

5.17 人民网《江苏建湖纪委:精细管理 巡察留痕》

5.22 新华网《建湖法院:代表委员“微”联络》

5.27 新华网《【“飞阅”中国】航拍盐城建湖九龙口》

6.9 新华网《建湖上冈镇“大走访大落实”活动向纵深推进》

6.11 新华网《建湖先云云计算数据中心正式运营》

6.26 新华网《江苏建湖:转型发展催生“绿色竞争力”》

7.18 人民网《千名华裔及港台青少年江苏寻根 赏“非遗”杂技表演》

7.18 新华网《〈小桥流水人家〉:杂技语言讲中国好故事》

7.22 新华网《建湖上冈交警中队优化便民不言悔》

7.26 人民网《江苏建湖:“县本教材”成“两学一做”常态化制度化生动教科书》

7.28 新华网《普法惠民环省行动走进建湖》

8.11 人民网《江苏建湖:在富民强村中激发基层党组织活力》

9.5 人民网《江苏建湖:“亮领践考”推进在职党员服务进社区》

10.11 人民网《盐城建湖老农谢党恩稻田里长出“庆十九大”》

10.12 人民网《盐城6户家庭获江苏省“最美家庭”称号》

10.15 新华网《中国大闸蟹产业高峰论坛在建湖举行》

11.26 中国江苏网《建湖县“三级河长”集中巡河 全力构建良好水生态》

11.28 中国江苏网《乡旮旯飞出火凤凰》

11.30 中国新闻网《中国节能电光源产业网助力建湖照明企业绿色转型升级》

12.22 新华网《公安部交管局领导调研建湖上冈交警中队工作》

（宣传部）

责任编辑 朱明君

重要报告

Important Articles

深入学习宣传贯彻党的十九大精神
奋力开创新时代决胜全面小康新局面

——在县委十四届四次全会上的讲话
（2017年12月29日）

陈　平

中国共产党建湖县第十四届委员会第四次全体会议会议会场

（王春雨　摄）

同志们：

这次会议的主要任务是，高举习近平新时代中国特色社会主义思想伟大旗帜，认真贯彻党的十九大精神和中央经济工作会议精神，深入落实习近平总书记视察江苏重要讲话精神，按照省委十三届三次全会、市委七届五次全会部署要求，回顾总结2017年工作，部署安排2018年任务，动员全县各级党组织和广大党员干部，不忘初心、牢记使命，锐意进取、团结拼搏，奋力开创新时代决胜全面小康新局面。

下面，根据县委常委会讨论精神，我报告县委常委会今年以来的工作情况，并对深入学习宣传贯彻党的十九大精神，以及2018年工作、深入推进全面从严治党讲几点意见：

一、突出重点，攻坚克难，全县各项工作取得新的成绩

今年以来，在上级党委、政府的正确领导下，我们深入贯彻落实新发展理念，坚持谋全局、抓重点，注重打基础、利长远，全力做好突破重大项目、加快产业转型、推动改革创新、优化生态环境、促进富民惠民等重点工作，全县各项事业取得新的进步，为高水平全面建成小康社会奠定了坚实基础。预计全年完成地区生产总值510亿元，同比增长7.3%；受税制改革影响，完成一般公共预算收入26亿元，同比下降9.8%；固定资产投资397亿元，同比增长11%；城乡居民人均可支配收入分别达32067元、18586元，分别增长8.2%、8.8%。

一年来，我们始终突出项目推进这一主线，经济保持稳定增长。坚持把招商引资和项目建设作为贯穿全年工作的主线，集中精力抓招商，集聚要素建项目，为保持经济持续稳定增长提供了有力支撑。重大项目取得新突破。组织开展韩国、台湾等地专题招商以及上海驻点招商“百日竞赛”等活动，招商氛围更加浓厚，项目体量和质态显著提升，新开工亿元以上项目52个，其中20亿元以上2个、5亿元以上12个。坚持“单月督查、双月开工、季度点评、半年观摩”，竣工亿元以上项目35个，完成“两重一实”项目投资61.5亿元，总投资26.8亿元的般若LED封装、总投资25亿元的5D智造谷、总投资5亿元的应龙汽车防眩显示屏等一批重大产业项目当年开工、当年投产。园区载体实现新提升。开发区二类口岸、海关监管场所竣工投运,被认定为省"两化"融合示范区;高新区通用机场投入试运行,被列为全省10个国家(区域)级通用机场和8个产业支撑型通用机场之一。县科创园、农产品加工集中区、蜻蜓农服创业基地成功创建全国农村创新创业示范基地。服务环境得到新改善。大力推进行政审批制度改革,扎实抓好政务服务"一张网"、"不见面审批"、"3550"等改革,深入推进"三集中三到位",积极推行收费"一票制"、投资建设项目数字化"多图联审",服务效能进一步提升。深入开展"两招一降"暖企行动,帮助企业招工8485人,提供应急过桥资金18.65亿元,我县成为苏北唯一连续三年被评为金融生态优秀县的县份。

一年来,我们始终突出创新引领这一关键,发展动能明显增强。坚持以产业为支撑,以企业为主体,以创新为动力,促进动能转换、质效提升。产业转型步伐加快。特色产业转型成效逐步显现,石油装备产业出口同比增长51.4%;节能电光源产业完成向LED转型,规上企业增长面同比提高22个百分点。现代农业稳步发展,新增设施农(渔)业4.48万亩、农业"三品"45个,建成省级农业龙头企业8家,被认定为国家农产品质量安全示范县。现代服务业发展提速,电子商务、现代物流等生产性服务业蓬勃发展,完成电子商务交易额125亿元,高新区智慧产业园被评为省级电子商务示范基地,恒济镇被评为省级电子商务示范镇,芦沟镇双庆村被评为省级电子商务示范村。企业质效不断提升。深入开展工业企业"争星创优"活动,组织实施重点技改项目25个、重组合作项目15个,新增数控加工中心、工业机器人、机器臂2200台(套),实现开票销售超亿元企业53家、入库税金超千万元企业22家,新增股份制企业10家,预计创建市五星企业1家、四星企业1家、三星企业10家,3家企业入选省服务型制造示范(培育)企业,总量位居全市第一,豪迈公司被表彰为江苏制造突出贡献奖优秀企业。创新要素加速集聚。与上海大学合作共建智慧照明产业研究院,与西安石油大学合作共建创新创业实践基地,与盐城工业职业技术学院合作成立智能制造学院,新签订产学研合作项目120项,新增省级以上高新技术企业25家、省级企业院士工作站1家、研究生工作站4家,获得专利授权698件,引进专业人才1026人、领军人才62人,荣获首届品牌江苏建设"金凤奖",石油装备、节能电光源产业被认定为省级产业品牌培育基地。

一年来,我们始终突出生态优先这一导向,城乡面貌显著提升。大力践行绿色发展理念,着力强优势、补短板,城乡环境得到进一步改善。生态优势更加凸显。我县被纳入全省江淮生态经济区、生态经济试点县,初步编制完成生态经济试点县发展规划、行动计划以及核心区实施方案。实施道路圩堤绿化三年行动计划,新增成片造林1.2万亩,林木覆盖率达23.5%,县城绿化覆盖率达40.9%,成功创建国家园林县城。扎实开展"263"专项行动,禁养区规模养殖场全部关闭搬迁,PM2.5浓度全市最优。建立县镇村三级河长体系,整治城乡黑臭河道46条,全县饮用水源水质达标率达100%。城市功能逐步完善。恒隆广场等一批综合性商务区相继建成,苏北县城首家永辉超市即将开业。完成高铁综合枢纽规划编制以及周边区域城市设计,231省道改造拓宽工程、233省道西段建成通车。完成西塘河风光带、神台河风光带绿化工程,新增公共停车泊位850个,铺设天然气管道49公里、污水管网39公里。组建县城市管理综合行政执法局和综合行政执法大队,实现城市管理领域一支队伍管执法,数字城管系统新一轮升级改造通过省考核验收。农村面貌持续改善。加快建设农村康居工程,扎实抓好234省道、九龙大道沿线两侧危房改造和环境提升工作,拆除改造农村危旧房屋6833户,宝塔镇宝塔村、高作镇长北村建成省级美丽乡村。扎实推进农路提档升级工程,新改建农村道路168公里、桥梁204座。加强农业基础设施建设,新建高标准农田15.8万亩,新改建泵闸站312座,疏浚农村河道600条750万方。

一年来,我们始终突出富民惠民这一根本,群众生活持续改善。围绕群众最关心、最急需、最直接的现实问题,组织实施20项民生实事工程,全年用于民生的财政性投入达56.8亿元。创业就业不断扩大。深入实施全民创业工程,新发展私营企业5839家、个体工商户12727户,分别位居全市第1位、第2位,新建国家级星创天地1家、省级众创空间1家,新增城镇就业10436人、农村劳动力转移就业8457人,发放创业贷款7986万元。社会事业加快发展。大力提升文化、卫生、教育、体育等公共服务,建湖书画院建成投用,杂技传承基地启动建设,县妇幼保健院完成组建,我县被评为中国淮剧之乡、中国杂技之乡,被表彰为全省农家书屋提升工程试点工作先进县,现代小戏《扶贫趣事》荣获全国曲艺大赛集体创作金奖,诗词歌赋杂技剧《小桥 流水 人家》荣获省文华优秀剧目奖。扶贫帮困扎实开展。深入实施脱贫致富奔小康工程,全面落实党员干部结对帮扶责任,"阳光扶贫"监管系统和农村"三资"管理平台投入运行,建成产业扶贫基地17个。着力加大困难帮扶力度,积极开展重特大疾病专项医疗救助,大幅提高社会救助标准,城乡低保标准分别提高到每人每月560元、480元。社会大局保持稳定。深入推进"法治建湖"、"平安建湖"建设,在全省率先启动精准普法工作,我县被评为全国青少年普法教育示范区,连续12年被命名为"江苏省平安县",法治建设满意度和群众安全感位居全市前列。扎实开展"大走访大落实"、"大排查大整治"、领导干部下访"金桥行动"、信访积案化解"百日攻坚"等活动,积极推进四套班子领导包案信访问题化解工作,有效化解一批社会矛盾,圆满完成十九大等系列安保维稳任务。

一年来,我们始终突出从严治党这一保障,党的建设全面加强。坚持把全面从严治党要求贯穿到党的建设各个方面，为全县改革发展稳定提供了坚强保证。深入推进思想政治建设。自觉用习近平新时代中国特色社会主义思想武装头脑，举办省委、市委宣讲团党的十九大精神报告会，组织县委宣讲团赴基层集中宣讲，开展十九大精神宣讲近500场。扎实推进"两学一做"学习教育常态化制度化，组织开展"服务四大战略、争创六大先锋"主题实践活动，党员干部的党性观念和宗旨意识明显增强。制定下发落实意识形态工作责任清单，进一步明确"一把手"第一责任、分管领导直接责任和班子成员"一岗双责"。培育和践行社会主义核心价值观，全县"中国好人"增至11人。持续加强学习型党组织和学习型领导班子建设，召开县委中心组学习会12次，举办各类专家报告会50场。不断加强基层基础建设。大力实施产业集群党建工作模式，集中打造15条基层党建示范带，创新流动党员结对共管机制，"第一书记"在经济薄弱村、软弱涣散村实现全覆盖。从严用好管好干部，扎实推进年轻干部"333"工程，研究出台领导干部提醒、函询和诫勉暂行办法，实行股级干部选拔任用职数预审制度，与各镇（街道、区）班子成员逐一谈心交流，从招商引资、窗口服务、房屋征收、农村基层等一线选拔重用干部11人。从严抓好党风廉政建设。严格落实"两个责任"，完善全面从严治党县镇村三级党组织责任清单，建立主体责任履责抄告制度，对20名责任落实不力的党员干部实施问责追究。稳步推进纪检监察体制改革，开展3轮常规巡察，反馈意见151条，移交问题线索115条。开展"正风肃纪镇村行"专项行动，发现问题线索128件（次）、立案90件。切实加强民主政治建设，人大、政协充分发挥职能作用，党管武装、统战、对台、老干部、工青妇等各项工作取得了新的进步。

在肯定成绩的同时，我们也清醒地看到存在的问题和不足：一是重大项目、龙头项目储备不多，发展后劲不足；二是企业创新能力不够，产品档次不高、附加值较低，竞争力不强；三是城市功能有待提升，农村环境面貌亟需改善；四是部分领域改革还未落实到位，营商环境较先进地区有差距；五是金融风险防范压力较大，企业互联互保问题还未有效解决；六是少数党员干部群众意识、服务意识不强，干事创业激情不高，懒政怠政现象仍然存在；七是少数党组织主体责任落实不力，全面从严治党向基层延伸不够，等等。对此，我们必须高度重视，切实加以解决。

二、提高站位，坚定方向，把学习宣传贯彻党的十九大精神作为当前和今后一个时期的首要政治任务

党的十九大是在全面建成小康社会决胜阶段、中国特色社会主义进入新时代的关键时期召开的一次十分重要的大会。我们要把学习宣传贯彻党的十九大精神作为当前和今后一个时期的首要政治任务，按照省、市委全会部署要求，在前期推进的基础上，不断往深里走、往实里抓，持续在全县掀起学习宣传贯彻热潮，切实把思想和行动统一到十九大精神上来，凝聚到实现十九大确定的目标任务上来，融汇到推进"强富美高"新建湖建设上来。

*1、要在开启新征程中明确新坐标新定位。*党的十九大立足中华民族伟大复兴和新时代中国特色社会主义总体进程，确立了开启全面建设社会主义现代化国家新征程的方向标和路线图，具有很强的方向引领性。从现在到2020年，是全面建成小康社会决胜期。县第十四次党代会提出要实现"五个明显提升"的全面小康。我们必须按照十九大标注的新方位，抬高工作定位，丰富小康内涵，围绕"产业强市、生态立市、富民兴市"要求，全力以赴抓重点、补短板、强弱项，确保全面建成一个得到人民认可、经得起历史检验的小康社会，并根据"两个15年"的战略安排，紧密结合实际，作出前瞻性的研究部署，重新审视、考量、调整、完善发展思路和政策举措，奋力开创建湖改革发展新局面。

*2、要在领会新思想中坚持新理念新思路。*党的十九大报告以"八个明确"、"十四个坚持"，构成了习近平新时代中国特色社会主义思想的主要内容，这是全党全国人民为实现中华民族伟大复兴而奋斗的行动指南。深入学习领会习近平新时代中国特色社会主义思想的核心要义，就是要结合贯彻中央经济工作会议精神，认真学习习近平新时代中国特色社会主义经济思想，深刻领会其重大意义和丰富内涵。特别是要重点把握好"七个坚持"，即：坚持加强党对经济工作的集中统一领导，坚持以人民为中心的发展思想，坚持适应把握引领经济发展新常态，坚持使市场在资源配置中起决定性作用、更好发挥政府作用，坚持适应我国经济发展主要矛盾变化完善宏观调控，坚持问题导向部署经济发展新战略，坚持正确工作策略和方法。我们要自觉对照运用这些要求，指导和推动建湖经济持续健康发展。

*3、要在把握新时代中展现新气象新作为。*党的十八大以来习近平总书记先后三次对江苏工作提出明确要求。2013年参加全国人代会江苏代表团审议时提出"深化产业结构调整、积极稳妥推进城镇化、扎实推进生态文明建设"三项重点任务，2014年视察江苏时要求围绕"两个率先"光荣使命、建设"强富美高"新江苏、推动"五个迈上新台阶"，最近在我省视察时强调坚守实体经济、坚持创新发展、深化国企改革、推动乡村振兴、修复生态环境、加强基层党建等问题，系统地对江苏发展提出了明确要求，指明了前进方向，提供了根本遵循。学习贯彻党的十九大精神，要紧密结合本地实际，把总书记对江苏工作的一系列重要指示作为工作指南，勇于解放思想，善于抢抓机遇，强化创新引领，注重系统提升，坚持底线思维，锐意进取、埋头苦干，持续推进"两聚一高"新实践，加快建设"强富美高"新建湖，以新形象新状态新作为，把总书记为我们勾画的宏伟蓝图变成美好现实。

三、不忘初心，牢记使命，奋力开创新时代决胜全面小康新局面

明年是贯彻党的十九大精神的开局之年，是决胜全面小康社会、实施

“十三五”规划承上启下的关键一年。做好明年工作,意义重大,影响深远。一要全面落实上级的最新要求。由高速增长阶段转向高质量发展阶段,是新时代我国经济发展的基本特征。中央经济工作会议指出,推动高质量发展是当前和今后一个时期确定发展思路、制定经济政策、实施宏观调控的根本要求。省委十三届三次全会把高质量发展的要求贯穿到各项工作中,明确提出“六个高质量”,即:经济发展高质量、改革开放高质量、城乡建设高质量、文化建设高质量、生态环境高质量、人民生活高质量。市委提出,要坚持以高质量发展为根本要求,加快建设“强富美高”新盐城。高质量发展,既是明年工作中要重点把握的,也是今后一个时期要坚持和努力的。二要充分认清面临的诸多挑战。当前我国经济新常态特征更加明显,发展要素制约加剧,区域竞争日趋激烈,各类风险隐患与改革发展稳定难题交织叠加,发展面临更多挑战。全面小康建设任务十分艰巨,经济发展不充分、产业结构不合理、群众口袋不富裕,这些都是我们必须努力的方向。在国家严控地方政府债务的大背景下,稳增长、惠民生、促发展的压力持续加大。三要积极抢抓发展的重大机遇。我县被纳入省“1+3”重点功能区之一的江淮生态经济区进行整体谋划推进,被列为生态经济试点县,可以更好地发挥建湖生态本底优势,更多地把政策机遇转化为发展红利,这是我们未来发展最大机遇所在。当前,互联网经济蓬勃兴起,高铁时代扑面而来,中韩(盐城)产业园正式上升为国家层面合作园区,为我们增创发展优势提供了重要契机。只要我们坚定信心,把握机遇,就一定能够在高水平全面建成小康社会的生动实践中再创新的佳绩。

新要求新挑战新机遇,必然带来发展思路和战略布局的重新考量和调整优化。我们要深刻认识、准确把握建湖发展的新优势和阶段性要求的新变化,坚持把产业作为支撑,把生态作为关键,把富民作为核心,把法治作为保障,以系统化思维大力实施产业强县、生态立县、富民兴县、依法治县“四大战略”,不断增强发展的创新性、探索性、引领性。聚焦产业强县,就是要调轻调优调新产业结构,坚持有所为有所不为,加快构建现代产业体系,不断夯实全面小康根基。坚持生态立县,就是要把良好生态作为立县之本、发展之道、惠民之要,大力推进生态经济试点县建设,持续放大生态本底优势。着力富民兴县,就是要积极顺应群众美好生活新期待,倾力兴办民生实事,加快补齐民生短板,切实让全面小康建设成果得到群众认可、经得起历史检验。突出依法治县,就是要大力推进法治建湖建设,努力形成运用法治思维和法治方式深化改革、推动发展、化解矛盾、维护稳定的良性机制和良好氛围。

党的十九大吹响了夺取新时代中国特色社会主义伟大胜利的号角,全县上下要以更加积极主动的姿态,在牢牢把握新时代主旋律中明确方向,在科学研判经济社会发展大势中努力作为,在不断巩固良好发展势头中坚定信心,全力以赴做好2018年各项重点工作。

明年工作的总体思路是,全面贯彻党的十九大精神,以习近平新时代中国特色社会主义思想为指导,按照总书记视察江苏重要讲话要求和中央经济工作会议、省市委全会部署安排,牢牢把握稳中求进工作总基调,坚持新发展理念,紧扣社会主要矛盾变化,统筹推进“五位一体”总体布局、协调推进“四个全面”战略布局,以高质量发展为主线,大力实施产业强县、生态立县、富民兴县、依法治县“四大战略”,统筹抓好稳增长、调结构、促改革、惠民生、优环境、防风险各项工作,推动质量变革、效率变革、动力变革,奋力开创新时代决胜全面小康新局面。

明年全县经济社会发展的主要预期目标是:地区生产总值增长7.5%,一般公共预算收入同口径增长5%,固定资产投资增长8%,规模以上工业增加值增长7.2%,城镇居民人均可支配收入增长8.2%,农村居民人均可支配收入增长9%。

围绕上述总体思路和发展目标,明年工作重点就是在“四大战略”上下功夫、见成效。

1、坚持产业强县,着力提升综合实力。产业是全面小康的根基,也是综合实力最直接的体现。要始终把发展作为第一要务,坚持质量第一、效益优先,以先进制造业为主体,以现代农业为基础,以现代服务业为支撑,加快构建现代产业体系,以产业强引领经济强。

一是大力发展先进制造业。聚焦产业中高端,大力实施工业振兴计划,不断扩大增量、优化存量、提高质量,持续推动制造业升级壮大、实体经济繁荣发展。突出“两大主体”强支撑。在重大项目招引上,突出全产业链招商,实施一批引领转型升级、提升产业优势、补强薄弱环节的产业项目,尽快推动般若LED封装、5D智造谷、东西发动机等重大项目全面达产达效、充分释放产能,新引进实施亿元以上项目50个,其中5亿元以上10个;竣工亿元以上项目40个。在企业转型发展上,组织实施星级企业培育工程,大力推进“智慧建湖”、“资本建湖”建设,引导企业借助智能手段、资本力量开展技术改造、合作重组、上市融资,促进企业融合发展壮大,实施投资超千万元技改项目25个、合作重组项目15个,新培育工业星级企业3家。加强新特产业与外企合作,提升利用外资的技术溢出效应和产业升级效应,鼓励企业积极开拓国际市场,培植出口超5000万美元企业1家、超1000万美元企业6家。强化“三力作用”创优势。增强创新驱动力,全面启动国家知识产权示范县创建工作,加强研发平台、行业标准、自主品牌和创新人才队伍建设,着力构建以企业为主体、市场为导向、产学研深度融合的技术创新体系,新增省级以上高新技术企业20家,引进高层次领军人才50人。增强园区承载力,强化“两区三园”主阵地作用,扎实推进产业园区项目载体建设,加快打造开发区电子信息产业园、台资工业园和高新区智慧产业园、韩资工业园等区中园,“两区”落户10亿元以上项目5个,镇级中小企业园创建市甲级园区3家。增强营商吸引力，继续深化“放管服”改革，全面落实“三集中三到位”要求，高标准实施“3550”改革，进一步完善“不见面审批”、“互联网+政务服务”体系，大力推进行政审批告知承诺制、联合预审、多图联审和“代办制”，探索推进“一窗通办、一网通行”利企便民改革和“首查不罚”制度，努力营造更加便捷高效的营商环境。加大为企服务力度，强化全要素保障，扎实开展“进千企、解难题、促发展”、“两招一降”暖企行动等为企服务系列活动，全力保障企业用工、引才、土地、信贷等方面需求，切实以服务优势补足资源劣势。

二是加快推进农业现代化。以农业供给侧结构性改革为主线，以特色化、品牌化、绿色化、高效化为方向，以农业园区和农业产业化项目为支撑，加快构建现代农业产业体系、生产体系、经营体系，促进一二三产融合发展。着力调大做强优势产业，重点围绕优质粮、绿色果蔬、花卉苗木、水产和水生作物等特色主导产业，大力发展高效设施农业，积极推进现代农业园区建设，加快实施农业十大重点工程，努力在扩大规模、提升内涵、形成特色上下功夫、求突破，新增设施农（渔）业3.5万亩。加快转变农业生产方式，突出市场导向、需求导向，大力发展绿色生态有机农业，扎实推进农业标准化生产、品牌化创建，完善农产品质量安全追溯体系，新增农业“三品”30个，几百粒食品、九龙口大闸蟹争创中国驰名商标。深入实施“接二连三”工程，加大农产品加工企业内培外引力度，积极推广“互联网+”、“生态+”农业模式，全面提高农业附加值。大力培育新型经营主体和新型职业农民队伍，构建以专业合作社为纽带、专业大户和家庭农场为骨干、龙头企业为支撑的新型农业经营体系，不断提升农业产业化发展水平，新增省级以上示范家庭农场2家。强化农业发展保障支撑，积极推进高标准农田建设，着力提高农业装备科技水平，健全农业社会化服务体系、现代农业科技创新推广体系，新建高标准农田13万亩，农业机械化水平提高1.5个百分点。

三是培育壮大现代服务业。发展现代服务业是优化产业结构、构建现代产业体系的重要内容。重点发展生产性服务业，以新特产业发展需求为导向，推动服务业发展提速、比重提高、质态提升，新增服务业定报企业20家，服务业占三次产业比重提高0.5个百分点。提速发展现代物流业，进一步做大里下河物流园区，大力发展口岸关联产业，加速引进智慧物流、第三方物流企业入驻，新培植营业额超亿元物流企业1家，物流业营业收入、税收分别增长22%、20%。强化金融支撑作用，突出服务实体经济，全力保障“两重一实”、全民创业、产业转型等资金需求，着力解决小微企业融资难题，新增表内贷款40亿元，新增工业贷款占比30%以上。坚决打好防范化解重大风险攻坚战，高度重视政府性债务，严格规范政府举债行为，加强对平台债务、互联网金融、社会集资的监管与稳控，有效做好企业“破圈解链”工作，确保不发生区域性系统性涉众性金融风险。大力发展旅游业，九龙口旅游度假区要围绕创建国家4A级旅游景区和通过国家湿地公园验收，加强产业招商，提升配套功能，加快推进退圩还湖、龙珠岛改造、湿地体验区、湿地宣教馆等重点项目，全力打造特色鲜明的生态休闲旅游目的地。

2、坚持生态立县，着力厚植绿色优势。党的十九大报告指出，建设生态文明是中华民族永续发展的千年大计。要牢固树立和践行“绿水青山就是金山银山”的理念，依托建湖良好生态底色，扬长避短，抢抓机遇，大力推进生态经济试点县建设，积极探索生态优先、绿色发展新路径，让绿色成为建湖发展的鲜明底色和竞争优势。

一是以打造生态经济核心区为龙头，不断优化城乡生态。集中力量建设核心区，着力构建以九龙口旅游度假区为核心，以九龙大道苗木园艺产业带、331省道现代渔业产业带和黄沙港、蔷薇河生态走廊为重点的“一核、两带、两廊”生态经济框架，努力以核心区建设的新成效引领全县生态经济的大提升。加大水环境治理和湿地保护力度，全面落实“河长制”、“断面长制”，完成退圩还湖3000亩，疏浚农村河道255条550万方。大力实施国土绿化行动，围绕“提升城市绿化、突破集镇绿化、夯实农村绿化”的思路，持续开展道路圩堤绿化三年行动计划，突出抓好“两廊”以及国省干道、骨干河道基干林带建设，积极探索市场化运作、多元化投入机制，新增成片造林0.8万亩，林木覆盖率达24%。坚决打好污染防治攻坚战，持续深入推进“263”专项行动，推动区域环境明显改观。

二是以创建国家卫生县城为抓手，不断提升城市品质。建湖县域面积不大、土地资源紧张、人口总量不多，“摊大饼”式的扩张没有空间和支撑，必须走精致节约、绿色发展的路子，按照“布局组团化、建设集约化、设施配套化”的原则，建设“紧凑城市”，实现精明增长。围绕创建国家卫生县城目标，与文明城市常态化创建相结合，强化问题导向，主攻薄弱环节，突出农贸市场秩序、市容环境卫生、城中村和城乡结合部环境卫生等方面，集中开展“十大整治行动”，全面推动综合执法规范化建设，实现城市环境面貌新提升。加快完善城南配套设施，积极实施商业综合体、农贸市场、公共停车场等项目，大力提升新城区功能品质，不断满足群众生产生活需求。狠抓重点工程建设，抓紧启动建设高铁综合客运枢纽，积极实施站前路和森达西路改造、秀夫北路、人民路北延、物流大道北延等道路工程，扎实推进城东森林公园、西塘河东岸风光带建设，统筹抓好电力、通信、天然气等基础设施建设，年内徐宿淮盐高铁建湖段完成主体工程施工，233省道建湖段全线建成通车。做好城市经营文章，更多运用市场化办法解决城市建设中的矛盾问题，坚持政府引导、市场运作，坚持积极而为、量力而行，坚持先做环境、再做项目，统筹做好土地上市和储备工作，搞好搞活土地资本市场，实现城市滚动开发、持续发展。

三是以实施乡村振兴战略为引领,不断改善农村面貌。生态美首先要体现在农村美上。党的十九大报告首次提出乡村振兴战略,为加快实现农村美提供了重要遵循和重大契机。要按照产业兴旺、生态宜居、乡风文明、治理有效、生活富裕的总体要求,大力实施乡村振兴战略,积极推进美丽乡村建设,加快农村现代化进程。扎实推进农村康居工程建设,按照三年行动计划部署要求,全面完成危房改造任务,加强退宅还耕政策引导,鼓励农民进城入镇和货币化结算,同步推进主要道路沿线和核心区范围内村庄整治提升,建成一批美丽乡村和特色田园乡村。扎实推进"四好农村路"建设,新改建农村公路70公里、桥梁65座,全面完成农村公路提档升级三年行动计划目标任务,力争实现全县镇村公交开通全覆盖。积极发展村级集体经济,鼓励支持村级集体通过资源开发、资产经营、为农服务、入股分红等形式,大力发展资源经济、物业经济、服务经济,组织打好村级债务化解三年行动计划收官战,确保100万元以下的债务村全部化解到位。

3、坚持富民兴县,着力增进民生福祉。牢固树立以人民为中心的发展思想,多谋民生之利、多解民生之忧,不断满足人民群众日益增长的美好生活需要。

一是大力推进创业就业。进一步落实"富民10条"政策措施,围绕鼓励创业、扩大就业和发展产业,不断拓宽增收渠道,补齐群众收入短板。聚焦返乡农民工、专业技术人才、大学生、创二代等创业群体,引导他们在创业风口上把握机会、顺势而为,依靠自身努力和智慧创造财富,持续提高经营性收入。加大支持服务力度,进一步做大创业贷盘子,强化创业补贴和融资支持,鼓励更多主体投身创业实践,新发展私营企业4000家、个体工商户10000户。紧扣我县产业和企业发展需求,推动产教深度融合,强化职业技能培训,培育更多适销对路的高素质劳动者,在技能水平和劳动生产率提高的基础上增加工资性收入。充分发挥政府促进就业的指导作用,进一步完善就业政策体系,大力实施"春风雁归"就业行动计划,帮助零就业家庭和就业困难人员就业。开展各类劳动技能培训5000人,新增城镇就业5000人、返乡就业2000人、农村劳动力转移就业5000人。

二是大力兴办民生实事。按照"群众有感受、受益面广、资金有保障、当年见成效"的原则,聚焦就业创业、文化教育、公众出行等领域,组织实施10项民生实事工程,切实解决涉及群众生产生活的热点民生问题。加快落实《基层基本公共服务功能配置标准的实施方案》,强化项目实施,扩大服务供给,让群众获得感幸福感更加充实、更有保障、更可持续。以办好人民满意教育为目标,大力开展"质量提升三年行动计划",积极实施"名师名校引领工程",增加更多优质教育资源供给。实施基层卫生服务能力提升工程,深化医联体建设,全面推进家庭医生签约服务,大力推行分级诊疗制度,不断完善医疗健康保障体系。加快繁荣文化事业,加强杂技传承基地和基层综合文化中心建设,继续开展杂技周末剧场、淮剧周末舞台等文化惠民活动,创作更多文艺精品,不断增强文化软实力。按照"兜底线、织密网、建机制"要求,突出基本养老保险、基本医疗保险等保障重点,大力发展以扶老、助残、救孤、济困为重点的社会福利和慈善事业,县社会福利中心年内建成运营。

三是大力开展脱贫攻坚。按照"既不降低标准,也不吊高胃口"的要求,严格落实责任、传导压力,坚决打赢精准脱贫攻坚战,确保4000元以下低收入人口脱贫经得起检验,6000元以下低收入人口脱贫按计划完成任务。继续强化精准脱贫,落实帮扶责任,因户施策开展产业扶贫、就业扶贫、健康扶贫、教育扶贫和兜底扶贫。创新帮扶方法路径,积极探索合作发展模式,鼓励支持龙头企业、合作组织、种养大户等新型经营主体,通过土地托管、吸收入股、订单帮扶等形式,带动贫困户共同增收致富,新发展产业扶贫基地10个。积极实施社保扶贫工程,针对因病致贫返贫难题,完善政策,加大投入,进一步提高困难群众大病保险待遇。注重扶贫与扶志、扶智相结合,激发贫困群众内生动力,鼓励他们用勤劳双手创造幸福生活。充分发挥"阳光扶贫"监管系统平台作用,强化监督检查和执纪问责,推动扶贫开发各项政策措施落地见效。

4、坚持依法治县,着力促进社会和谐。法治是实现国家治理体系和治理能力现代化的重要保证,也是推进全面小康建设的重要内容。必须始终把法治作为价值导向和实践标准,深化法治建湖建设,推动形成和谐有序、公平正义、诚实守信、充满活力的社会氛围。

一是构建科学化法治建设体系。深入推进"七五"普法工作,坚持法治和德治相结合,培育全民法治信仰,加快形成办事依法、遇事找法、解决问题用法、化解矛盾靠法的良好法治环境。县委政法委牵头,精心组织普法教育,开展"普法宣传年"活动,坚持分时期、分重点、分人群,实行"一季度一主题",通过宣传宣讲、以案说法等形式,精准开展普法教育,切实提高普法工作针对性和实效性。深入推进依法行政,加强法治政府建设,完善领导干部尊法学法守法用法制度,积极推行党政机关法律顾问制度、重大决策合法性审查制度,严格落实政府权力清单和责任清单,督促引导党员干部强化法治观念,做到办事有依据、行为讲规矩。深入推进司法体制改革,严格执行领导干部干预插手司法活动的记录、通报和责任追究制度,支持司法机关依法独立公正行使职权,持续推进公正廉洁司法,努力让群众在每一个司法案件中都感受到公平正义。建立健全社会征信系统和诚信奖惩机制,营造守信得益、失信受限的市场竞争环境。

二是构建现代化社会治理体系。坚持把推进网格化作为新形势下创新社会治理的重要抓手,以"服务+管理"为定位,以综治中心为枢纽,以信息化手段为支撑,建立健全网格规划、资源整合、人员配备、信息采集、服务标准"五个统一"工作机制,推动社会治理重心下移,形成共建共治共享的社会治理格局。强化社会矛盾预防和化解，继续推行大走访和领导干部下访制度，深入开展信访突出问题大化解大突破专项行动，推动矛盾纠纷及时化解、信访积案定时清理。突出加强信访法治化建设，全面落实诉访分离制度，引导群众依法反映和解决问题。高标准推进平安建湖建设，进一步完善立体化信息化社会治安防控体系，扎实推进“雪亮工程”建设，持续保持依法严打的高压态势，继续加大对食品药品、公共卫生、安全生产等重点领域执法力度，坚决杜绝重特大安全事故发生，努力实现社会稳定、长治久安。

三是构建制度化民主政治体系。始终坚持党的领导、人民当家作主和依法治国有机统一，充分发挥党委统揽全局、协调各方的作用。加强党对人大、政协工作的领导，支持人大及其常委会依法履行职能和行使权力，支持人民政协发挥政治协商、民主监督、参政议政作用，深化“两代表一委员”工作日活动，在联系群众、服务群众方面取得更大实效。继续加强党管武装工作，大力推进军民融合发展，促进国防后备力量建设。充分发挥工商联和无党派人士服务发展的独特优势，积极做好民族宗教工作，不断壮大爱国统一战线。支持工会、共青团、妇联等群团组织依照法律章程开展工作，做好老干部、关心下一代等工作，调动一切有利于发展的积极因素，形成推动改革发展的整体合力。

四、坚定不移、持之以恒，全面推进党的建设新的伟大工程

坚持党要管党、全面从严治党，深入推进新时代党的建设新的伟大工程，为建设“强富美高”新建湖提供坚强政治保证。

1、切实加强党的政治建设。党的政治建设是根本性建设，决定党的建设方向和效果。一要把稳政治方向不偏离。坚持党对一切工作的领导，认真贯彻落实党的基本理论、基本路线、基本方略，做到党中央提倡的坚决响应、党中央决定的坚决执行、党中央禁止的坚决不做，确保政令畅通。牢固树立“四个意识”，更加自觉、更加坚定地向党中央看齐、向习近平总书记看齐，始终在政治立场、政治方向、政治原则、政治道路上同以习近平同志为核心的党中央保持高度一致，不断提高政治能力、永葆政治本色。二要锤炼党性修养不松懈。严守政治纪律和政治规矩，认真贯彻《准则》和《条例》，严格执行新形势下党内政治生活若干准则和党内监督条例，健全完善民主集中制，增强党内政治生活的政治性、时代性、原则性、战斗性。严肃规范党内政治生活，认真落实“三会一课”、民主生活会、组织生活会、民主评议党员等制度，常态化开展批评与自我批评，使党内政治生活融入日常、抓在平常、严在经常。三要强化思想建党不动摇。坚定不移用习近平新时代中国特色社会主义思想武装头脑指导实践，持续推进“两学一做”学习教育常态化制度化，生动开展“不忘初心、牢记使命”主题教育，坚守共产党人的精神支柱和政治灵魂。扎实办好党校主体班、专题研修班、党员干部轮训班等重点班次，进一步深化基层党组织固定学习日、党委（组）中心组学习制度，不断提高思想建党的科学化、规范化、制度化水平。牢牢掌握意识形态领域领导权、主导权和话语权，筑牢对表看齐、团结奋进的共同思想基础。县委宣传部牵头，做好理论学习的组织、管理、督查、考核等工作，积极开展“党员干部理论素养提升年”活动，强化目标指向、问题导向，围绕政治、经济、环保、法律等内容，精心制定年度学习计划，面向全体党员开展多形式、分层次、全覆盖的学习交流、宣传宣讲，进一步丰富学习形式手段、拓展学习广度深度，确保理论学习更有实效性。

2、着力锤炼过硬干部队伍。坚持党管干部原则，把选准管好干部作为重要任务，加快建设高素质专业化干部队伍。一要科学化选准干部。坚持德才兼备、以德为先，始终把政治标准摆在首位，注重从政治忠诚、政治定力、政治担当、政治能力、政治自律等方面考察了解干部。加大项目推进、窗口服务、信访稳定等基层一线干部选拔力度，着力形成重品行、重实干、重群众公认的用人导向。加大对领导班子、领导干部专业化能力研判，合理使用老中青三个年龄段干部，注重选拔经过实践考验的优秀年轻干部，统筹做好党外干部、女干部的培养使用，进一步优化干部队伍结构。二要多元化培优干部。深入实施干部素质提升工程，在生态经济、新特产业、依法执政、群众工作等方面开展专门培训，着力增强“八个方面”本领，切实提升新时代引领发展的能力水平。县委组织部牵头，做好干部能力培训工作，开展“干部专业化能力提升年”活动，完善专题培训、专家报告会、行动学习等模式，构建差别化培训、菜单式教学、动态化管理、学分制考核等机制，进一步增强培训的针对性、专业性、实效性，推动各级干部提升深化改革、服务发展的专业能力和水平。有计划地选派年轻干部到基层一线历练提升、增长才干，着力培养一批专业素养高、综合能力强的高素质干部。三要精细化管好干部。抓住领导干部这个“关键少数”，及时掌握思想动态和日常表现，突出防微杜渐和纠偏纠错，使干部成长发展全过程、工作生活各领域、思想行为各方面都置于严格监督之下。坚持严管和厚爱结合、激励和约束并重，优化干部绩效管理和考核评价机制，建立有责必担、失责必究、问责必严的责任机制，完善干部个人事项申报、谈心谈话、“三责联审”、作风“三级预警”等管理制度，把对干部的关爱寓于严格管理中。

3、不断筑牢基层战斗堡垒。树立党的一切工作到支部的鲜明导向，不断强化基层党组织政治功能，充分激发基层党组织的创造力凝聚力战斗力，建强推动发展的一线战斗堡垒。一要加强支部建设。主动适应产业布局、行业分工、党员流向和群众需求新变化，创新完善各领域党组织设置，全面理顺党组织隶属关系，强化组织领导和日常管理，扩大基层党组织的有形覆盖和有效覆盖，努力实现农村功能型党支部、城市服务型党支部规范化建设两个全覆盖。深化党支部“评星定级”活动，扩大先进支部增量、提升中间支部水平、促进后进支部转化，

着力解决部分基层党组织弱化、虚化、边缘化问题。加强监督管理,健全完善党务公开、民主议事等制度,促进基层组织规范运行。二要优化基层队伍。着力加强村干部队伍建设,注重将有本领的乡土人才、有志向的大学生、有能力的退役士兵等选拔进“两委”班子,打造一支“不走的富民工作队”。继续选派机关、企事业单位优秀党员干部到村挂任“第一书记”,组织举办村书记“强村富民论坛”和各类专题培训班,提高基层党组织带头人能力水平。加强党内激励关怀帮扶,进一步提高村干部报酬待遇,充分激发基层干部干事创业激情。三要提升服务水平。顺应服务群众、服务发展的需要,全面推行“党建+服务”模式,将农村服务阵地与美丽乡村建设相配套,拓展富民增收、村庄改造、乡风文明等功能;将社区服务阵地与文明县城创建相衔接,全面加强街道“大工委”、社区“大党委”建设,拓展全程代办、邻里互助、网格认岗等功能;将园区服务阵地与创新驱动发展相统一,拓展行政审批、教育培训、人才引进等功能,切实打通联系服务群众“最后一公里”。

4、大力倡导狠抓落实之风。新时代新要求,需要我们有新状态新作为。广大党员干部要进一步提振干事创业精气神,以永不懈怠的精神状态和一往无前的奋斗姿态,把各项工作抓实抓好抓到位。一要求真务实抓落实。牢固树立科学发展观和正确政绩观,坚持说实话、谋实事、出实招、求实效,把更多精力集中到最应该干、最能够干、最需要干的事情上来,一件接着一件办,一年接着一年干,久久为功、善作善成。坚持问题导向,注重常态长效,重点解决“温吞水”现象、“中梗阻”行为等突出问题,坚决祛除不思进取、得过且过等消极现象,以高标准、严要求推动各项工作落到实处。二要雷厉风行抓落实。大力弘扬马上就办、真抓实干的精神,对定下来的事情、看准的事情、形成共识的事情,要立说立行、一抓到底。坚持紧张快干,各项工作要挂图作战、套搭推进,用过硬作风创造过硬成果。对“两重一实”项目和关系全县发展大局的工作,要实行跟踪督查、动态监控,对责任落实不到位、工作推进不力的,动真碰硬严肃问责。三要担当作为抓落实。积极倡导主动担责、主动担事、主动担难的作风,在生态经济试点县建设、重大项目推进、“放管服”改革等方面敢闯敢试、先行先试,以敢于担当的精神开创各项工作新局面。强化正向激励,健全鼓励激励、容错纠错、能上能下三项机制,切实改变干得越多问题越多、少干不干反而没有麻烦的逆向激励,旗帜鲜明为敢于担当、踏实做事、不谋私利的干部撑腰鼓劲。县纪委牵头,深化“效能革命”,组织开展“作风效能提升年”活动,积极实施提速增效、激励担当、创先争优“三大行动”,有针对性地开展专项督查、跟踪检查、明查暗访,以效能大提升促进营商环境大改善,以工作快落实推动经济社会高质量发展。

5、扎实抓好党风廉政建设。始终保持永远在路上的坚韧和执着,以零容忍的态度推进党风廉政建设和反腐败工作,保证干部清正、政府清廉、政治清明。一要严格正风肃纪。始终把纪律规矩挺在前面,全面落实中央八项规定实施细则,持续开展“四风”隐身变异问题专项整治,持续深化“正风肃纪镇村行”专项行动,严肃查处有规不依、有禁不止行为,进一步巩固拓展作风建设成果。毫不松劲加强纪律建设,用好监督执纪“四种形态”,用纪律管住大多数,让党员干部始终知敬畏、存戒惧、守底线。全面落实党委主体责任和纪委监督责任,加大责任考评和问责力度,对管党治党重视不到位、履职不尽责的严肃追究问责。二要严厉惩治腐败。积极稳妥推进国家监察体制改革,确保机构设置、人员转隶和工作衔接落实到位,实现对所有行使公权力的公职人员监察全覆盖。充分发挥巡察“利剑”和派驻“探头”作用,抓好巡视巡察发现问题整改落实。坚持无禁区、全覆盖、零容忍,坚持重遏制、强高压、长震慑,深化标本兼治、堵塞制度漏洞,持续强化不敢腐的震慑、扎牢不能腐的笼子、增强不想腐的自觉,确保政治生态风清气正。三要严守廉洁底线。各级领导干部特别是“一把手”要切实担负党风廉政建设的领导责任和示范责任,不断增强党性观念和自律意识,模范遵守廉洁从政各项规定,加强党性修养,陶冶道德情操,带头抓好家风,坚守廉洁底线。广大党员干部要牢固树立法纪观念,增强廉洁自律意识,严格遵守党风廉政建设各项规定,永葆共产党人政治本色。

同志们,新时代的宏伟蓝图已经绘就,新时代的伟大征程已经开启。让我们高举习近平新时代中国特色社会主义思想伟大旗帜,更加紧密地团结在以习近平同志为核心的党中央周围,在省、市委的坚强领导下,不忘初心、牢记使命,开拓进取、真抓实干,为决胜全面建成小康社会、加快建设“强富美高”新建湖而努力奋斗!

政府工作报告

——2018 年 1 月 10 日在建湖县第十八届人民代表大会第二次会议上

县　长　薛盛堂

各位代表：

现在，我代表县人民政府向大会作工作报告，请予审议，并请县政协各位委员和其他列席人员提出意见。

建湖县第十八届人民代表大会第二次会议会场　（王春雨　摄）

2017 年工作回顾

过去的一年，我们在市委、市政府和县委的正确领导下，在县人大、县政协的监督支持下，认真贯彻落实党的十八大、十九大精神，坚持稳中求进工作总基调，坚定不移贯彻新发展理念，扎实做好增实力、补短板、打基础工作，较好地完成了县十八届人大一次会议确定的主要目标任务。预计全年完成地区生产总值 510 亿元，首次突破 500 亿元，同比增长 7.3%；受税制改革影响，完成一般公共预算收入 26.32 亿元；固定资产投资 397 亿元，同比增长 11%；城乡居民人均可支配收入分别达 32067 元、18586 元，同比增长 8.2%、8.8%；实际利用外资 4052 万美元；外贸进出口总额 3.3 亿美元，同比增长 8.9%；社会消费品零售总额 189 亿元，同比增长 11%。我县连续 8 年跻身全国县域经济基本竞争力百强县，去年位居第 72 位。

——坚持质效并举，突出产业转型、项目突破、企业升级，经济运行更加平稳健康。秉承项目为王理念，着力以质取胜，调优产业结构，创塑特色优势。产业项目取得突破。坚持“投资有效益、企业有发展、政府有税收”导向，着力完善招商评估和考核机制，扎实开展上海驻点招商“百日竞赛”及深圳、苏州、韩台、欧洲等地专题招商活动，项目层次和质效明显提升，新开工超亿元项目 50 个，其中超 5 亿元项目 11 个、超 20 亿元项目 2 个；竣工超亿元项目 35 个，列入市“两重一实”的 5 个项目推进速度位居全市前列；以般若 LED 封装、东西发动机、应龙汽车防眩显示屏为代表的关键节点项目，以建湖 5D 智造谷、先云云计算中心、通用机场为代表的产业平台项目，相继建成投产。坚持把园区载体作为产业发展的主阵地，着力推进项目集中、企业集聚、资源集约，“两区”主导产业集聚度达 75%。县开发区被认定为省级“两化融合”示范区，高新区被认定为省级科技企业孵化器，通用机场被列为全省 10 个国家（区域）级通用机场和 8 个产业支撑型通用机场之一；县科创园建成国家小型微型企业创业创新示范基地；各镇科创园服务中心、政务平台、商务平台“一中心两平台”建成运行。服务业提速发展，里下河钢材大市场等一批专业市场实现线上线下融合交易，九龙口劲达物流公司被认定为省重点物流企业。企业升级步伐加快。大力推进建湖制造向建湖智造转型，坚持以智慧的手段、互联网化思维推进工业转型升级。积极实施工业振兴行动计划，大力引进国内外战略资本，加大企业技改投入，加快装备制造升级，75 家企业新增智能机床、工业机器人等高端装备 2200 多台（套），规上企业智能化装备、互联网化改造覆盖率达 60%，节约用工 3000 多人，生产效率提升 26%；鸿达公司引进战略投资、先进技术，新上智能制造项目，实施无人车间、无人工厂等智慧化改造，并成为智能制造方案提供商；培育开票销售超亿元、税收超千万元企业分别达 57 家、25 家，同比分别增加 7 家、9 家；全口径开票销售、规上企业开票销售、规上企业应税销售同比分别增长 16.8%、17.4%、23.2%；规上企业增长面达 59.3%，超市、县计划 4.3 个百分点，同比提高 18.3 个百分点；新申报规上工业企业 30 家，完成规上工业企业入库税金 11.1 亿元，同比增长 35.3%，主要工业指标创近几年新高。深入实施大企业（集团）培育计划，新增股份有限公司 12 家，韩森公司 3 种车型列入国家工信部目录。扎实开展“争星创优”

活动,举办企业家大讲堂33期,全年预计创建市五星级企业1家、四星级企业1家、三星级企业10家。绿色发展成效明显,加快推进节能减排,造纸、纺织等高耗能行业产值占工业总产值比重下降5.2个百分点,万元GDP能耗全市最低,县开发区在全市首家通过省级生态工业园区验收。新兴业态快速发展。支持企业创新服务模式,发展服务型制造,4家企业入选省服务型制造示范(培育)企业,总量位居全市第一。积极培育互联网平台经济,"智慧城市"重点功能性项目、亚洲唯一具有国际T4标准、苏北规模最大的先云云计算中心首期584台机柜投入运营,军曼公司等2家企业入选省互联网平台经济"百千万"工程首批培育企业。加快发展电子商务,全县规上工业企业电子商务应用率达80%,县高新区智慧产业园被评为省级电子商务示范基地,恒济镇被认定为省级电子商务示范镇,建河村被评为省级农村电子商务十强村,芦沟镇双庆村被评为省级电子商务示范村,中农网购被认定为全国农业农村信息化示范基地,几百粒等2家企业建成省级电子商务示范企业,乡旮旯网、智贝星、网库等20家电子商务企业(平台)进驻电子商务产业园。全年完成电子商务交易额125亿元,同比增长25%。深入开展"互联网+"六项行动,"智慧建湖"建设在经济、社会、民生、城市建设和社会治理等各个领域得到全面快速推进。现代农业提质增效。大力推进农业园区建设,上冈现代农业园区获批省级现代农业产业示范园区,县农产品加工集中区、科技孵化园、克胜蜻蜓农服创业基地被认定为全国农村创业创新示范基地,与江苏省农科院合作成立江苏蜻蜓农服产业研究院,成为全省首家由企业发起成立的专业研究院。"智慧农业"加速发展,在农产品网上销售、大数据市场分析、生产智能控制、质量可追溯等方面广泛应用,在全市率先建成拥有"六大功能"的县级农业公共服务平台,全县新增农业物联网应用面积38万亩,智能农业应用比例达16%,提高经济效益15%以上,节约成本20%以上,颜单福泉有机稻米专业合作社被农业部认定为"生产全程可追溯体系电子化构建优胜单位"。大力培育新型农业经营主体,新发展农民专业合作社25家、专业大户560户、家庭农场102家,创建省、市级示范农场8家。积极发展生态绿色农业,全县新增稻田综合种养面积7.2万亩、"三品"45个、设施农(渔)业面积4.48万亩,恒济镇建成全国最大的循环水养殖基地,我县被农业部认定为首批国家农产品质量安全县。

——坚持统筹兼顾,突出功能定位、城市形象、基础配套,城乡环境更加舒适宜居。按照市"一座城"战略要求,积极策应大市区发展,推进沿海新兴中等城市建设,充分彰显水绿特色,成功创建国家园林县城。功能定位更加精准。立足县情实际,坚定不移地走"生态优先、绿色发展"之路,加速产业转型升级,严把项目引进关口,坚守生态底线,绿色生态经济比重进一步提高。抢抓列入省江淮生态经济区和市生态经济试点县契机,科学编制发展规划、实施方案和重点项目。规划建设江淮生态经济区核心区,重点构建"一核、两带、两廊"生态经济框架,以点带面,推进县域经济绿色发展、转型发展、创新发展、共享发展。我县正式获批国家级生态县,恒济镇、九龙口镇被评为江苏省生态文明建设示范镇。城市形象不断提升。完成高铁综合客运枢纽规划及周边区域城市设计,推进上冈镇总规、建阳镇和庆丰镇控规修编完善工作。恒隆广场等一批综合性商务区相继建成,苏北县城首家永辉超市建成开业,红星美凯龙国际广场正式签约。完成西塘河风光带、神台河风光带绿化工程,新增县城公共停车泊位850个。整合组建县城市管理综合行政执法局和综合行政执法大队,在全市率先实现城市管理领域一支队伍管执法。"数字城管"建设通过省级验收,城市管理科学化、精细化、现代化水平明显提高。加强城市道路建设,县城人均道路面积达16.8平方米。完善污水处理设施,铺设管网39公里,县城、集镇集中污水处理率分别达89%、75%。基础设施加快建设。加快实施市"一张网"战略,着力完善交通体系,连盐铁路建湖段基本完成,徐宿淮盐高铁建湖段正在实施,明星路下穿、231省道拓宽改造、233省道西段等工程建成通车。加快实施农村公路提档升级工程,新建改建农村道路168公里,实施桥梁204座;优化调整公交线路,新投放公交车6辆,开辟镇村公交线路2条。大力推进水利工程建设,疏浚农村河道600条750万方,新建改建泵闸站312座,建成高标准农田15.8万亩。加快推进电网建设,完成220千伏榆河变、110千伏冈西变、35千伏芦沟变增容改造,实施农网线路改造1730公里。加快天然气进城入镇步伐,新增各类燃气管道63公里。人居环境持续改善。紧扣市"一桶水"战略要求,突出水环境整治,建立县镇村三级河长体系,整治城乡黑臭河道46条,全县饮用水源水质达标率100%。积极策应市"一片林"战略,大力推进国土绿化行动,全年完成成片造林面积1.2万亩,林木覆盖率达23.5%,县城绿化覆盖率达40.9%。深入开展"263"专项整治,涉钢企业全面关停,禁养区规模养殖场全部关闭搬迁,城乡生活垃圾无害化处理率达92%。加快农村康居工程建设,拆除改造农村危旧房6833户,九龙口镇梅苏村蝉联"江苏最美乡村",宝塔镇宝塔村、高作镇长北村建成省级美丽乡村,建阳镇赵墩村、芦沟镇田曹村建成省级康居村庄。加快发展生态旅游,完善提升《建湖县全域旅游发展五年规划》,整合乡村旅游资源,举办建湖首届乡村旅游节、上海游客万人游建湖、九龙口诗词歌赋大会等活动,进一步提高建湖旅游知名度;成立旅游发展有限公司,着力提升九龙口旅游度假区经营管理水平,全力推进九龙口国家4A级景区创建工作。

——坚持开拓进取,突出深化改革、创新创业、金融服务,县域发展更加充满活力。坚定不移推进改革牵引、创新驱动和创业富民,全面激发经济发展内生动能。重点领域改革纵深推进。聚焦"放管服"改革,取消权力事项8项,承接3项;全面加强政务服务"一张网"建设，大力推行"不见面审批""一票制收费""三集中三到位""多图联审"，基本实现"3550"目标，进一步优化营商环境。严格政府债务管控，规范举债融资方式，向上争取地方政府债券资金11亿元；推进国库集中支付制度改革，工程项目资金全部纳入县财政国库集中支付。深化县属国有企业分类改革，推进城投、开投等平台公司实体化运作。全面推进土地确权登记颁证，颁证率达97.3%。稳步推进医改工作，我县被评为全省医改一档县。创新创业成效明显。深入实施创新驱动发展战略，加快建设创新型县份，新增省级以上高新技术企业25家，石油装备产业、节能电光源产业被认定为省级产业集群品牌培育基地，丰信飞机发动机再生制造项目荣获中国航空创新创业大赛第一名，国瑞公司获批全市唯一的国家工业强基工程重点产品、工艺"一条龙"应用计划示范企业；与上海大学合作共建智慧照明产业研究院，与西安石油大学合作共建创新创业实践基地，与盐城工业职业技术学院合作成立智能制造学院，新签订产学研合作项目120项，入选省"双创计划""333工程"等省级以上人才项目21个，引进专门人才1026人、领军人才62人，荣获首届品牌江苏建设"金凤奖"，新建省级企业工程（技术、研究）中心2家，石油机械质检中心通过国家质检总局资质能力认定并对外营运；万人发明专利拥有量达3.25件。大力实施全民创业工程，全县新增私营企业5389家、个体工商户12727户，分别列全市第1位、第2位，新建国家级星创天地1家、省级众创空间1家。多层次资本市场加快构建。间接融资规模不断扩大，县内银行机构表内外贷款余额408亿元，比年初净增64亿元、增长18.6%，其中工业贷款余额比年初增长4.85%；高频次举办政银企对接活动，全年对接企业450家、项目132个，推动融资15.4亿元。招商引行力度加大，南京银行在建湖设立支行并正式运营，中信银行建湖支行正加快筹建，杭州草根投资集团在湖设立转贷公司。上市重组取得重要进展，诚赢公司在新三板挂牌上市，与北京疆亘资本合作，定增融资1亿元，转型为国内新三板上市市值第一的林业开采公司；47家企业先后在上海股交中心、天交所、江苏股交中心、深圳前海股权交易中心等挂牌。海特与北方重工、星华与芬兰爱飞乐等12家企业实施资本并购、战略重组，其中，博克斯与北京首创公司合作，股权融资3000万元；韩森与南京平衡资本合作，股权融资1500万元；民生银行主承的城投10亿元PPN成功发行，为全市首家县级城建类债券；县新农投公司通过2A信用评级。产业基金设立有序推进，按照"一产业一方案一授权"思路，与市农行签订20亿元战略合作协议，支持特色产业集群发展和乡村振兴战略实施。金融生态持续改善，我县连续三年被评为苏北唯一的省金融生态优秀县。

——*坚持共享共建，突出社会保障、公共服务、社会治理，百姓生活更加幸福和谐。*紧紧围绕民生问题和群众需求导向，着眼公平普惠、成果共享，全力做好群众最关心、最期盼的民生实事，全年用于民生的财政性投入达56.8亿元。社会保障更加有力。着力完善公共就业服务体系，全年新增城镇就业10436人、农村劳动力转移就业8457人，支持自主创业2131人。大力实施全民参保计划，企业职工养老保险参保达11.1万人，全年征收社会保险费16.2亿元，同比增长51%；城镇职工医疗保险参保13.8万人，新农合参合人数达56万人。积极推进"智慧社保"，社会保障卡"城乡一卡通"正式开通。城镇常住人口保障性住房覆盖率达23.5%，全县公积金参保人数达4万人。扎实推进精准扶贫、精准脱贫，不断加大社会救助力度，全年建立产业扶贫基地17个，城乡低保标准分别提高到560元、480元。积极推进智慧养老、虚拟养老、娱乐养老、健康养老，每千名老人拥有养老床位数36张，虚拟养老院覆盖县城16个社区，受益老人达3.6万人。社会事业健康发展。加快推进教育事业，新建森达小学教学楼、冈东小学综合楼，上冈小学西校区建成使用；高考中考成绩均居全市前列，全国义务教育学校质量监测各项指标均列全市前三名；加快"智慧教育"平台建设，开设网上课堂、网络学习、名校名师资源共享等互动交流栏目，惠及全县6万多名师生。积极发展卫生计生事业，新增名医工作室7个，完成县妇幼保健院组建，冈西、芦沟、九龙口等3所卫生院被评为"全国群众满意的乡镇卫生院"，恒济镇通过国家卫生镇验收；"智慧医疗"加速普及，推行专家远程诊疗、诊间结算、移动查房、移动护理、网上预约挂号、掌上医院等创新服务，县人民医院与上海、南京等多家知名医院建立远程网络会诊中心，与全县所有镇级卫生院实现互联互通、数据共享，电子病历系统通过国家卫计委五级电子病历评审验收。大力发展文化事业，杂技《小桥　流水　人家》《问天鸟》荣获省文华优秀剧（节）目奖，现代小戏《扶贫趣事》荣获全国曲艺展演创作金奖，江苏省杂技团荣获省艺术创作和对外文化交流工作先进集体，我县被中国戏剧家协会授予"中国淮剧之乡"称号、被中国杂技家协会命名为"中国杂技之乡"；建湖书画院建成投用，全县村级图书流动服务点实现全覆盖，农村应急广播"村村响"一期工程通过省级验收。社会治理持续深入。精神文明建设扎实推进，全县11人当选"中国好人"。民主法治进程加快，在全省率先启动精准普法工作，创建省级法治文化示范点4个、省级民主法治示范村（社区）105个，综合创建率居全市第一，我县被评为全国青少年普法教育示范区，连续12年被命名为江苏省平安县。"3531"大调解机制全面构建，全年受理调处各类矛盾纠纷1.1万件，矛盾纠纷调解率居全市之首。公共法律服务体系逐步完善，全年办理法律援助案件768件。治安防控体系进一步健全，深入开展严打整治专项行动，圆满完成十九大等系列安保维稳任务。城乡社区新型管理得到强化，村务公开实现规范化、常态化。安全生产监管执法能力有效提升，信访化解工作持续深入，社会大局和谐稳定。

——*坚持效能优先，突出依法行*

政、廉洁从政、精准服务,政府自身建设得到强化。牢固树立政治意识、大局意识、核心意识、看齐意识,严守政治纪律和政治规矩,坚持为民务实清廉,忠实履行政府职责,打造人民满意政府。严格依法行政。强化法治政府建设,研究出台县政府工作规则和议事规则,建立健全法律顾问制度,认真执行重大行政决策程序规定,不断加强政府工作规范化、程序化、制度化建设。深化政务公开,实行行政权力网上公开透明运行。坚持县政府常务会议学法制度,实行"局长轮讲",着力提升干部依法行政、依法治政能力。自觉接受县委领导和县人大、县政协监督,认真办理人大代表建议、政协委员提案,全年办理代表建议140件、政协提案147件,满意率均达100%。强化廉政建设。深化"两学一做"学习教育,严守中央八项规定和省、市、县委各项规定,全面落实党风廉政建设责任制,持之以恒纠正"四风",执行廉洁从政准则。聚焦重点领域、关键环节和公共资金,加强行政监察和审计监督,推进政府系统廉政建设和反腐败工作,严肃查处一批违法违纪案件。扎实做好行政机关办公用房和公务用车清理整合工作,深入开展"三公"经费违规使用专项整治,推动机关廉洁规范运行。突出精准服务。提高政府社会管理和公共服务水平,在全市率先建成纵向联通省市县镇,横向连接部门、单位的电子政务外网。着力强化"互联网+政务服务",切实办好"12345"服务热线,认真办理县长信箱,及时为基层、群众解决突出问题。强化为企服务,实行重大项目挂钩帮办机制,着力优化发展环境,全年帮助企业招工8485人,提供政策性担保资金18亿元、应急过桥资金19.3亿元。监察、物价、粮食、人事编制、档案、保密、人武、人防、台侨、妇儿、助残、民族宗教、老龄、关心下一代等各项工作取得了新的成绩,税务、气象、烟草、邮政、供电、电信、移动、保险、盐业、石油等部门和单位主动围绕中心、服务大局,为地方经济社会发展作出了新的积极的贡献。

各位代表,过去一年的成绩来之不易、令人振奋。这是县委科学决策、坚强领导的结果,是县人大、县政协有力监督、全力支持的结果,是各位代表、各位委员勤勉履职、积极作为的结果,是全县上下勠力同心、激情拼搏的结果。在此,我谨代表县人民政府,向各位代表和委员,并通过你们向全县广大干群、离退休老同志,向驻湖部队、公安干警,向工商联、人民团体,向关心、支持和参与建湖发展的社会各界朋友,表示崇高的敬意和衷心的感谢!

在看到成绩的同时,我们也清醒地认识到,我县经济社会发展中还存在着一些突出问题:重大产业项目、大企业和新增长点仍然偏少,保持经济平稳增长后劲不足;镇村经济发展不平衡、不充分;城乡基础设施功能还有待完善,农村住房面貌提升还有较大压力;金融风险防控不容忽视,部分企业互联互保问题还比较严重;民生领域还存在不少短板,城乡居民总体收入水平还不高;作风效能建设有待进一步加强,少数干部的能力水平需要进一步提高,等等。对此,我们将高度重视,采取有效措施,切实加以解决。

2018年重点工作安排

2018年是深入贯彻党的十九大精神的开局之年,是改革开放40周年,是决胜全面建成小康社会、实施"十三五"规划承上启下的关键一年。今年政府工作的总体要求是:全面贯彻落实党的十九大精神,以习近平新时代中国特色社会主义思想为指导,认真落实省委省政府、市委市政府和县委的决策部署,坚持稳中求进工作总基调,坚持新发展理念,紧扣社会主要矛盾变化,以高质量发展为主线,以提高发展质量和效益为中心,深入实施产业强县、生态立县、富民兴县、依法治县"四大战略",坚持以系统性思维统筹推进稳增长、调结构、促改革、惠民生、优环境、防风险等各项工作,重点抓好"产业转型、经济运行、城乡建设、改革创新、生态文明、民生发展"六方面工作,推动质量变革、效率变革、动力变革,促进经济持续健康运行和社会和谐稳定,奋力开创新时代决胜全面小康新局面,加快建设"强富美高"新建湖。

今年全县经济社会发展的主要预期目标是:地区生产总值增长7.5%,规上工业增加值增长7.2%,一般公共预算收入同口径增长5%,固定资产投资增长8%,城乡居民人均可支配收入分别增长8.2%、9%,主要污染物排放量削减达省、市控制值。

围绕上述目标要求,重点抓好以下工作:

(一)突出项目引领,着力厚植产业发展优势。坚持产业强县第一定位不动摇,加快构建现代产业体系,推动一二三产融合发展,大力推进互联网、大数据、云计算、人工智能与产业深度融合,积极发展共享经济、数字经济、现代供应链等新业态、新模式,努力实现高质量发展。

提升特色支柱产业。围绕调优调强,推动石油装备、节能电光源等传统特色产业加快向产业链、价值链中高端攀升。石油装备产业重点向水下、井下、油气复合开采、海工装备等领域拓展,推进中聚信海工装备、5D智造谷二期等重点产业项目建设,加快形成研发设计、生产制造、油服一体化全产业链,全年开票销售突破40亿元。节能电光源产业突出集群化、智能化、品牌化,紧扣"打造光源、芯片、封装3个百亿级板块"目标,着力推进产业链前延后伸,重点向芯片、灯具灯饰、OLED、照明方案提供、工程服务、电子信息等方向发展,加快实施般若LED等产业项目,全年产业规模增长20%以上。皮鞋产业顺应居民消费结构升级、消费习惯变化新趋势,进一步提升研发、设计水平,拓展在线定制、线上销售等新模式,全年开票销售15亿元以上。依托国家级石油机械质检中心、省级节能电光源检测中心等"六大"产业配套平台,着力引进龙头型、节点型产业项目。

做大战略性新兴产业。围绕上规模、重质态,聚焦力量、聚合要素,推动战略性新兴产业取得突破。大力发展通航产业,加强与中国飞龙、芬兰爱飞乐等国内外龙头企业合作,加快隔离变压器及助航系统、航空培训基地等项目建设，积极引进通航装备制造、机场地面设施、低空观光旅游、机务维修服务、应急救援作业等项目，全年实施超亿元产业项目3—5个。聚力发展新能源汽车产业，推进登达汽车与东旭光电，韩森与美国北极星、沈阳金杯、京东物流等行业龙头企业战略合作，加快贝肯锂电池负极材料、君明石墨烯正极材料等项目建设，新能源汽车产业规模增长30%以上。着力培育大数据产业，加快先云云计算数据中心二期项目建设，积极引进大数据采集、处理、应用等项目，延伸拓展大数据生态产业链；推进沈阳机床集团与先云数据公司合作，打造全国首家工业级智能制造大数据平台。

推动农业现代化。围绕提质增效，加快农业供给侧结构性改革，促进农村一二三产融合发展。着力发展高效特色农业，全年调减低效粮食面积8万亩，新增设施农（渔）业面积3.5万亩、稻田（藕田）综合种养面积6万亩。推进现代农业园区建设，加快实施大地禾芦笋产业园及精深加工、万亩林果等十大重点工程，推动恒济现代渔业园与大北农公司深度合作，进一步做大规模、提升内涵。深入实施“接二连三”工程，以县农产品加工集中区为载体，推进园区南扩，建设标准厂房，完善配套功能，强化内培外引，全年新培育农业龙头企业10家以上；加快正源创辉渔乐大世界项目建设，6月份建成对外开放。大力发展“互联网＋”现代农业，建立智慧农业县域系统平台，完善提升克胜未来工厂等20个智能农业示范基地，积极打造恒济农业物联网小镇，益农信息社实现涉农行政村全覆盖。强化农产品质量建设，全年新增“三品”30个，儿百粒、九龙口大闸蟹争创中国驰名商标。推进高标准农田建设，组织实施粮食生产全程机械化整体推进示范县项目，保障粮食安全，全年新建高标准农田面积13万亩，农业机械化水平提高1.5个百分点。实施新型农业经营主体提升工程，培养一批爱农村、懂农业、会技术、善经营的“新农人”，新增省级以上示范家庭农场2家。探索建立农业产业化联合体，通过发展“公司＋农民合作社＋家庭农场”“公司＋家庭农场”等模式，让农民更多分享产业利润效益。

加快发展现代服务业。围绕优结构、新业态，实施服务业发展提质工程，推动生产性服务业向专业化和价值链高端延伸，生活性服务业向精细化、高品质转变。大力推进里下河物流园区建设，进一步提升园区发展规划，完善公共服务平台和配套设施，吸引智慧物流、冷链物流、第三方物流等现代物流项目入驻，全年营业收入达40亿元。支持劲达、银海等本地物流企业提升信息化、智能化水平，积极向供应链上下游延伸，进一步做大规模、提高效益，新培植营业收入超亿元物流企业1家以上，物流主营业收入、税收分别增长22%、20%。大力发展电子商务，支持乡旮旯、蜻蜓农服等本地电子商务平台提档升级，扩大中国网库影响力和吸引力，全年电子商务交易额突破150亿元，县高新区电子商务产业园争创国家级电子商务示范基地。积极培育总部经济，力争引进一批管理中心、营销中心等职能性总部。着力发展生活性服务业，加快华丰广场、登达商业综合体、红星美凯龙国际广场等项目建设，全面提升业态层次和水平，促进产城融合发展。

（二）加快转型升级，不断提高经济运行质效。坚持质量第一、效率优先，把发展经济的着力点放在实体经济上，深入实施工业振兴三年行动计划，着力优存量、扩增量、强载体，全年工业经济总量增长10%，规上企业增长面60%以上。

着力培优培强企业。扎实开展“争星创优”活动，进一步倾斜政策资源、要素服务，健全“服务直通车”制度，全年创建五星级企业1家、四星级企业2家、三星级企业12家。实施装备制造升级工程，鼓励企业加快装备、技术、工艺、产品升级，组织实施25个超千万元技改项目，规上企业技改覆盖面达90%，新增规上企业30家以上。大力发展智能制造，以“互联网＋”为抓手，以“智能智造”为方向，引导企业开展数字化、网络化、智能化改造，规上企业关键工序核心装备数控化率达70%，建成市级以上智能车间3—5家。推进制造业与信息化深度融合，实施互联网化提升工程，规上企业运用互联网开展研发设计、生产管理、营销服务占比50%以上，新增省级“两化”融合示范（试点）企业2家以上。鼓励发展服务型制造，引导豪迈、信得等企业发展总集成总承包、在线支持服务、全生命周期管理、品牌管理等新业态，全年培育省服务型制造示范企业、工业设计中心10家以上。积极推动企业走向资本市场，实施跨界融合、资本并购、战略重组，支持海特、永林等企业与国内外行业龙头、有实力的风投创投合作，以股权换市场、换资本、换技术、换人才，加快转型发展，努力做大做强，全年完成战略重组企业15家，新增股份有限公司10家以上。继续办好企业家大讲堂，创新内容模式，提高企业家综合能力和素质。积极引导企业建立现代企业制度，推广运用ERP、MES等“互联网＋”管理新模式，提高企业公司化、信息化管理水平和供给侧竞争力。充分运用5D智造谷、鸿达智能制造、浦胜智慧园区、互联网＋工业服务中心等产业平台、专业机构，为全县面广量大的中小制造企业提供智能制造方案，提升服务型制造水平，进一步推动传统制造业向先进制造业迈进。

加快培育新增长点。树立全产业链招商、全要素供给和全方位服务理念，强化招商选资，开展“引资、引技、引智、引匠”联动招商，以项目突破带动核心技术、现代管理、高层次人才等要素集聚。组织开展春夏秋冬四季招商活动，深化专业招商、以商引商、驻点招商，加强“一城一园一协会”合作，扩大与行业协会、地区商会、产业联盟以及国际友城的交流，以政府母基金为平台，探索产融结合的资本招商新模式。加强外资招引，聚焦日韩港台等经济发达体、世界500强，拓展“一带一路”沿线国家，突破一批优质重大外资项目；加强新特产业与外企合作，提升利用外资的技术溢出效应和产业升级效应，鼓励企业开拓国际市场。全年引进超亿元产业项目50

个,其中超5亿元10个、超10亿元5个;竣工超亿元40个;培植出口超5000万美元企业1家、超1000万美元企业6家。严格项目准入,突出绿色、高端、智能、效益导向,加强项目信息评估和预审,实行投入滚动考核,切实提高项目落地质量和水平。加快推进项目建设,坚持双月开竣工、季度点评、半年观摩,突出抓好第一批53个“两重一实”工业项目,推动东西发动机、应龙汽车防眩显示屏、力麒精密电子等重大项目投产达效,全年培植超亿元新增长点项目10个以上,新增开票销售40亿元以上。

加强园区载体建设。县开发区着力完善提升核心区,重点打造电子信息产业园、台资产业园等特色区中园,推进金属表面处理中心、创客、投资、物流、邻里“五大中心”建设,加快诚益通智能化制药生产设备等项目建设,全年产业规模达100亿元。县高新区抢抓中韩(盐城)产业园获批契机,全面启动韩资产业园规划建设,加强与韩国九老区中小企业协会合作,加大招商洽谈力度,推动纳米高分子、包装新材料等项目尽早落户;进一步做实做大航空产业园、智慧产业园等区中园,中国飞龙培训基地全面投入运行,广东机器人等项目尽快取得突破,在全省率先完成“摘筹”。各镇科创园突出特色发展、错位发展、精致发展,着力完善基础配套,提升园区服务中心、政务平台、商务平台运行效能,全年盘活闲置土地1500亩、闲置厂房15万平方米,入驻产业项目100个,实现开票销售150亿元。加快众创空间建设,全年创建省级以上众创空间2家以上。大力开展园区等级创建,建成市甲级园区3家、乙级园区5家。

(三)强化统筹协调,全面推进城乡融合发展。按照建美“一座城”要求,同步推进新城建设和老城改造,优化城乡空间布局,完善功能,提升品质,加快建设和谐宜居、富有活力、特色鲜明的沿海新兴中等城市。

创建国家卫生县城。全面启动国家卫生县城创建工作,加快实施农贸市场改造提升、市政道路建设维护、水体治理、环卫基础设施等六项工程,扎实开展市容环境整治、公共场所卫生与食品安全专项整治等十大专项整治行动,切实改善人居环境,确保2019年通过国家验收。积极策应创建工作,强化规划引领,坚持“精明增长、紧凑城市”理念,开展第五轮总规评估工作,完成城南、城中、开发区、高新区等组团控规修编,启动海绵城市、地下管廊等专规编制。健全城南城市功能,推进碧桂园、党校等重点项目建设,加快布局未来城商业街、农贸市场等生活性服务项目。畅通城北路网,实施站前路改造、人民路北延、铁路道口下穿等工程,打通城北主次干道。优化城市公交路线,进一步便利群众出行。加强水环境治理,年内完成20个村庄生活污水处理设施建设;加快建立多主体供应、多渠道保障、租购并举的住房制度,加强棚户区治理,年内完成东方御花园、建业小区等老旧小区整治,改造棚户区20万平方米;加强违法建设治理,杜绝新增违法建设,有序拆除存量违法建设。着力提升县城亮化绿化美化水平,重点提升双湖、“两带”景观绿化亮化。

打造美丽乡村。实施乡村振兴战略,按照“产业兴旺、生态宜居、乡风文明、治理有效、生活富裕”要求,着力推进农村现代化。大力推进康居工程建设,年内完成B级危房改造和新增C、D级危房拆除改造任务。加快示范村建设,重点打造颜单镇沈杨村、庆丰镇董徐村、九龙口镇梅苏村等10个重点村、特色村,10月底前完成村庄发展规划编制,分步推进基础设施和公共服务配套建设,逐步形成自身特色;其他镇选择1个村庄开展试点。加快上冈镇堰中村、恒济镇建河村、芦沟镇东升村等7个集中居住点建设,6月底前全部竣工。突出农业面源污染治理和村庄生活垃圾处置,芦沟、冈西、宝塔3个镇建成市四星级“人居环境星级乡镇”。大力发展村级集体经济,全年化解村级债务30%以上。

强化基础配套。全力服务徐宿淮盐高铁建湖段建设,抓紧启动建设高铁综合客运枢纽。加快构建县域交通“一张网”,9月底前233省道、草庆线、芦东线、建宝路拓宽改造工程建成通车,年底前完成县城道路、铁路道口下穿改造工程。加快农村公路提档升级,高标准高质量完成三年行动计划任务,进一步提升乡村道路通畅水平。强化信息基础设施建设,实现光纤宽带城乡全覆盖,4G用户普及率80%以上,争创省信息消费示范区。加快实施黄沙港南段整治、河道疏浚等水利重点工程,全年完成建设总土方688万方,新建改建闸站200座。实施农村饮用水安全巩固提升工程,新铺设供水管网120公里。加快供电基础设施建设,实施吉利、冠华、高作等输变电工程,提升用电保障能力。

(四)深化改革创新,充分释放县域发展动能。围绕有利于增添经济发展动力、有利于促进社会公平正义、有利于增强人民群众获得感、有利于调动广大干群积极性,深入推进各领域改革,着力提升科 技创新能力,全面提高发展质量。

深化重点领域改革。突出抓好具有标志性、引领性、支撑性的重点改革,更大力度激发市场主体活力,让企业和群众共享改革红利。加大“放管服”改革力度,探索推进“一窗通办、一网通行”利企便民和“首查不罚”改革,切实解决“一长四多”问题;着力推进行政审批告知承诺制、联合预审和“代办制”,完善“不见面审批”“互联网+政务服务”体系,力争达到“2441”目标。扎实推进行政管理体制改革,积极探索市场监管、农口、文化、交通等领域综合执法,加快上冈镇省经济发达镇行政管理体制改革试点。稳步推进事业单位分类改革,逐步将行政决策、行政许可、行政裁决等职责划归政府部门。深化财政体制改革,强化全口径预算管理,进一步厘清预算编制范围;拓宽收入渠道,通过税源培植、税收共治、城市经营等方式增加地方财力;高度重视政府性债务,严格债务审批程序,盘活国有、集体资产,切实增强平台公司“造血”功能,按照“平台实体化、资产资本化”理念,做活做足资源、资产、资本、资金“四资”文章,善于运用社会资本投资社会事业和公益事业,最大力度化解发展资金瓶颈。探索采用PPP模式,推进政府工程项目建设，缓解当期财政收支矛盾。进一步深化国有企业改革，加快推进市场化转型，确保国有资产保值增值，提升经济效益和社会效益。深化农村土地制度改革，在3月底前完成土地确权颁证工作扫尾的基础上，积极推行“三权分置”，保持土地承包关系稳定并长久不变。积极探索供销合作社综合改革，不断壮大自身实力，切实增强服务“三农”能力。

*实施创新驱动战略。*进一步增强创新发展动能，推动实体经济发展向质量和效益提升转变。加快创新载体建设，聚焦石油装备、节能电光源、新能源、通用航空等新特产业，加强石油装备产业研究院、新能源汽车研究院、航空装备研究所、OLED材料实验室等公共研发平台建设，推进产业共性技术研究，全年建成省级特色园区5个以上、省级创新型试点镇3个以上，县开发区、高新区争创国家级科技企业孵化器。提升公共技术服务水平，加强大院大所合作，积极组建创新联盟，搭建科研众包平台，全力开发新品，全年新增省级以上高新技术企业20家以上，省级以上企业工程（技术、研究）中心3—5家。大力实施知识产权计划，全年申报国家科技项目5项以上、省级科技项目200项以上；申请专利3000件以上，其中发明专利500件以上，实现规上企业专利申请全覆盖，创建国家知识产权示范县。加大人才引进力度，积极招引“两院”院士、“千人计划”专家、“长江学者”等高端人才，带技术、带项目、带团队创新创业，全年引进高层次领军人才50人以上、各类专门人才1000人以上。实施品牌战略，年内新培育省级以上品牌2件以上，新注册国际商标2件以上，参与制（修）定国家（行业）标准1项以上。

*推进资本市场建设。*坚持以“资本建湖”建设为抓手，想方设法克服经济和社会转型中资本要素的制约，千方百计运用资本力量推动产业迈向中高端，实现经济发展高质量。引导银行机构回归本源，服务实体，在授信规模、用信额度上重点倾斜新特产业、骨干企业、重点项目，全年新增表内贷款40亿元，其中工业贷款占比30%以上。持续放大“苏科贷”“苏微贷”“成长贷”等金融产品应用覆盖面和规模，探索发展供应链金融、“互联网+金融”，支持县权信公司参与省融资担保风险分担试点，全年帮助企业应急转贷、提供政策性担保规模均突破20亿元。继续加大招商引行力度，年内新增1家银行机构。企业上市是最成功的招商，战略重组是最有效的转型。支持企业上市挂牌融资，推动个转企、小升规、规改股、股挂牌、牌上市，年内重点推进剑牌公司重新报会审批，振华公司进入主板上市辅导，欧吉尔、桓华等公司启动新三板进程。支持符合条件的企业发行公司债、企业债和短期融资券，全年力争发债融资40亿元。加快合作设立高端装备、新兴产业等产业基金，支持基础设施建设、重大项目引进、旅游产业发展和战略新兴产业崛起。组织开展资本项目专题对接招商活动，引导各类私募基金、风投创投机构与我县企业加强合作。鼓励创业投资企业联合金融机构共同成立股债联动基金，推动投贷联动、投保联动、投债联动等新模式发展。打好防范化解重大风险攻坚战，服务于供给侧结构性改革这条主线，做好重点领域风险防范和处置工作，稳妥推进“破圈解链”，加强薄弱环节监管制度建设，坚决打击违法违规金融活动；完善和落实政府性债务管理各项制度，对存量债务，研究制定具体还款、降债、防险方案，依法开展存量债务置换，把过高的债务率逐步降到合理水平，积极稳妥地加以消化；对增量债务，实行严格管控，严禁违法违规融资，新增债务必须严格审批，坚决防止寅吃卯粮、过度超前建设。

（五）坚持绿色发展，致力提升生态文明水平。绿色发展既撬动增长、引领转型，也优化环境、惠及民生。坚定不移地实施“生态立县”战略，做好“大生态”文章，促进生态环境质量不断提升，全力创建国家生态文明建设示范县。

*突出生态经济区核心区建设。*按照江淮生态经济区建设要求，围绕绿色产业发展先行区、生态环境改善先行区、苏北生态富民先行区的发展定位，加快建设生态经济试点县，重点推进以九龙口旅游度假区为核心、以九龙大道苗木园艺产业带、331省道现代渔业产业带和黄沙港、蔷薇河生态走廊为重点的“一核、两带、两廊”核心区建设，努力走出一条具有建湖特色的生态经济发展之路。大力发展休闲观光农业、体验农业、创意农业，积极实施设施瓜蒌种植、大棚育虾及稻虾连作、温控大棚火龙果采摘、风光渔研学游基地等高效设施农（渔）业项目。推进生态旅游发展，积极谋划九龙口旅游度假区千亩体验区、千年古渔村、万亩荷花园、万顷芦苇荡“四大片区”建设，全力创塑湿地旅游品牌；加快推进恒济镇建河村、渔乐大世界，九龙口镇梅苏村、九鑫龙生态园，颜单镇沈杨村、弘森生态园等重点乡村旅游项目建设。加快生态修复步伐，积极实施九龙口湿地生态系统保护与修复，加快塘口收储、退圩还湖、退渔还荡进程，保持好九龙口湿地原生态风貌，重点推进九龙口、颜单、恒济、沿河四镇及水源地保护区内村庄生活污水治理，九龙口湿地公园建成国家湿地公园。

*着力推进环境综合治理。*打好污染防治攻坚战，大幅减少主要污染物排放总量，持续改善生态环境质量。深入推进“263”专项行动，严格耗煤项目审批，实施煤炭减量替代，累计完成7000吨的削减任务。强化高污染燃料禁燃区建设，突出大气污染源排放监管。着力强化西塘河、戛粮河、通榆河等饮用水源保护区建设，保障水源地安全。全面落实“河长制”“断面长制”，强化河湖整治，鼓励生态养护，严厉打击非法电力捕鱼行为。加大土壤污染治理力度，重点解决耕地和工业污染场地问题。扎实开展城乡环境综合整治，重点整治城郊结合部、城中村、背街后巷等脏乱差地带；加快垃圾分类处置，核心区全域开展生活垃圾分类收集，建成世纪鑫城、九龙华府等10个垃圾分类示范小区，城乡生活垃圾无害化处理率达到93%。着力推进国土绿化工作，重点实施森林城市、森林小镇、森林村庄等创建工

程,加强绿化管护,全年新增绿化面积8000亩以上。

倡导绿色生产生活方式。严把“产业导向、项目准入、节能减排”三个关口,设置能源消耗、水资源利用、土地开发利用上限,提高项目准入门槛,规范各类开发活动,坚决守住生态环保底线。建立工业企业资源集约利用综合评价机制,以单位用地税收、单位能耗税收、单位排放税收等为主要评价内容,引导企业科学合理利用要素资源,促进产业转型升级。推行节能低碳产品、环境标志产品和有机产品认证、能效标识管理,大力推广绿色能源、绿色建筑,提升绿色供给能力和水平。大力提倡低碳出行、绿色消费,强化公共机构节能管理,重点抓好无纸化办公、光盘行动等节能降耗工作,全年创建市级以上绿色企业5个、绿色社区2个、绿色学校4个。

(六)践行为民宗旨,积极构建和谐幸福社会。自觉践行以人民为中心的发展思想,启动实施基层基本公共服务功能配置标准(试行)实施方案,着力提升社会保障、公共教育、医疗卫生等服务水平,在发展中补齐民生短板,持续增进民生福祉。

提升社会保障水平。大力实施“富民兴县”战略,全面落实省“富民三十三条”和市、县“富民十条”,不断拓宽富民增收渠道。扎实推进大众创业、万众创新,全年新增个体工商户10000户、私营企业4000家,继续保持全市领先。深入开展就业优先行动,精心组织就业技能培训、职业岗位技能培训,全年开展各类劳动技能培训5000人,新增城镇就业5000人、农村劳动力转移就业5000人。打好精准脱贫攻坚战,保证现行标准下的脱贫质量,因户施策开展产业扶贫、就业扶贫、健康扶贫、教育扶贫和兜底扶贫,既不降低标准,也不吊高胃口,确保4000元以下低收入人口脱贫经得起检验,6000元以下低收入人口脱贫按计划完成任务。持续推进全民参保计划,深化医保支付方式、城乡居民医疗保险、机关事业单位养老保险制度改革,纵深推进“城乡一卡通”工程,努力实现城乡参保全覆盖和城乡医保一体化。强化住房保障工作,全年发放城市住房保障家庭租赁补贴100户,配租公共租赁住房1万平方米。持续推进住房公积金扩面工作,全年新增扩面1万人以上,发放公积金贷款1亿元以上。完善大救助机制,全面落实特困人员救助供养、困境儿童分类保障、残疾人“两项补贴”等政策,适度提升救助标准。高度重视老年工作,着力建好社区居家养老服务中心和养老服务站,在全社会广泛形成尊老爱老养老的社会风尚。积极探索社会化养老新路径、新模式,大力发展康复养生、休闲养老、中医保健、健康咨询等康养产业,年内新办民办养老机构2家以上。

推进社会事业发展。推进教育公共资源均衡配置,加快实施森达小学二期、庆丰小学西校区等重点工程,不断提高教育装备现代化水平。强化师德师风建设,提高教师队伍综合素质。深化教育领域综合改革,健全教育集团内部和城乡教师良性流动机制,建立科学的人事制度和奖惩制度。针对人民群众关心的问题精准施策,着力解决中小学生课外负担重、“择校热”“大班额”等突出问题。加大职业教育挂靠合作办学力度,盐城工业职业技术学院与建湖合作共建的“建湖智能制造学院”正式招生。大力发展“智慧教育”,与专业互联网机构合作,大力引进名师资源,开设网络“名师讲台”,实现优质教育资源共享,切实净化有偿家教不良风气,努力为学生提供优质、高端、便捷的教育服务。广泛开展丰富多彩、群众喜闻乐见的全民健身活动,不断提高广大市民身体素质。扎实推进“健康建湖”建设,着力完善现代医疗卫生体系,进一步扩大网络诊疗、手机挂号、APP结报等“智慧医疗”受益面,全面拓展医疗联合体建设内涵。不断深化家庭医生签约服务、分级诊疗和现代医院管理,县人民医院建成三级乙等综合医院。加大全面“两孩”政策宣传力度,落实留守儿童关爱行动,强化流动人口服务管理。大力实施文化惠民工程,加强淮杂文化传承保护,加大优秀文艺作品创作力度,扎实推进基层综合性文化服务中心建设,杂技传承基地年内建成投用,推动文化繁荣昌盛。

加强社会创新治理。培育和践行社会主义核心价值观,传播社会正能量,着力提升公民道德素质和社会文明程度,常态化打造文明城市。严厉打击“盗抢骗”“黑拐枪”等突出违法犯罪行为,不断强化涉羟专项整治,大力推进“雪亮工程”建设,进一步严密社会治安防控体系。加强民主法制建设,完善公职律师机制,成立公职律师服务中心;实施“互联网+法律服务”,不断推进智慧法务提档升级;完善一村(社区)一法律顾问、一专职调解员制度,推进县调处中心建设,全力调处各类矛盾纠纷;扩大法律援助受案范围,全年办理法律援助案件600件以上。建立健全社区全要素网格化服务管理体系,推进网格化管理全覆盖,城乡社区建成省级和谐社区率分别达98%、95%。全面推进依法分类处理信访诉求,依法打击上访过程中的违法行为,健全社会矛盾多元化解机制。加大寄递、物流领域安全查验力度,全面推行电信、互联网、金融、长途客运等公共服务行业实名制管理。全面落实安全生产领域改革发展意见,切实加强公共安全、生产安全、食品药品安全监管,着力优化应急联动和防灾减灾机制,全力维护社会大局和谐稳定。

各位代表,本着尽力而为、量力而行的原则,今年我们将重点办好10项民生实事项目,计划总投资5.1亿元。就业创业扶持项目,计划投入1655万元,推进退役士兵、城镇新增就业、农村劳动力转移就业、在职职工技能提升等系列培训;办学条件提升项目,计划投资3060万元,实施学校(幼儿园)改薄工程、“智慧教育”试点、汇文西校区等配套设施建设;免费医疗服务项目,计划投资1073万元,重点为贫困白内障患者免费实施复明手术400例,为80个村(社区)卫生室配套建设残疾人康复站等;文化惠民项目,计划投资1096万元,着力开展文化下乡“三送”“三进”工作和丰富多彩的群众文化活动；农贸市场改造提升项目，计划投资1685万元，升级改造湖东、湖中等9个农贸市场；县城公共停车场建设项目，计划投资250万元，按规划新建公共停车场，并结合新建物流大道、秀夫北路等道路工程增设划线停车位；交通工程建设项目，计划投资2.1亿元，新改建道路、桥梁、农桥等基础设施；县城黑臭水体治理项目，计划投资2600万元，对永泰河、徐河等6条河道进行治理改造；天然气进城入镇项目，计划投资3450万元，全年新增城镇居民用户7000户、工业用户25户；新水源地及引水工程项目，计划投资1.5亿元，完成盐城新水源地及引水工程（建湖段），铺设建湖水厂支线管道10公里和上冈支线。

全面加强政府自身建设

新思想引领新时代，新使命开启新征程。我们将深入贯彻党的十九大精神，扎实开展"不忘初心、牢记使命"主题教育，切实加强政府自身建设，着力提升行政效能，努力适应新常态，积极抢抓新机遇，全力实现新发展，不断开创政府工作新局面。

强化政治定力。牢固树立"四种意识"，坚决拥护以习近平同志为核心的党中央权威，严格遵守政治纪律和政治规矩，严格按照中央和省、市、县委的决策部署，抓工作、办事情、谋发展。坚持用习近平新时代中国特色社会主义思想指导实践，全面加强政府系统自身建设，打造一支讲政治、守规矩、素质高、本领强的公务员队伍。坚持系统性思维，进一步匡正发展理念、提升发展境界，统筹处理好各方面关系。

强化法治思维。大力实施"依法治县"战略，推进政府权力"瘦身"、职能"健身"，提高政府管理和服务水平。严格尊法学法守法用法，始终遵循县政府常务会、县长办公会等议事规则，健全法律顾问制度，重大合同签订、重大行政决策都要咨询智库、咨询专家，避免踩红线、踏雷区、走弯路。强化审计监督职能，着力推进领导干部经济责任、公共资金、国有资产、国有资源审计全覆盖。完善政府信息公开制度，不断加大政务公开力度。自觉接受县人大法律监督、工作监督和县政协民主监督，切实提高议案建议和提案办理质量。

强化效能建设。加强新形势下经济运行新特征、新变化的研究学习，积极转变组织和领导经济工作方式，切实提高业务素质和工作水平，不断增强驾驭经济社会发展全局的能力。扎实抓好政府系统党员干部教育培训工作，着力强化干部责任担当和奉献意识，全面提升工作执行力。建立亲清的新型政商关系，大力发扬"店小二"精神，积极作为，靠前服务，进一步强化公仆意识和服务能力，积极打造全新营商环境。加快政府职能转变，着力打造以人民为中心的服务型政府。主动接受社会监督、舆论监督，变"12345"热线为在线，进一步畅通政府为民办事的渠道。

强化廉洁自律。坚定不移把政府系统廉政建设和反腐败工作不断引向深入，持之以恒正风肃纪，严防"四风"问题反弹回潮。强化制度执行，严格遵守中央八项规定和省、市、县委有关规定。严格落实主体责任，认真履行"一岗双责"，严控"三公"经费等一般性支出，严管公共资金、公共资源和国有资产资本，切实降低行政成本。积极推行巡查制度，突出抓好公共资源交易、财政资金使用、重大公共工程或服务项目招投标等关键环节的风险防控。强化厉行节约，政府带头过"紧日子"，把有限的资金更多地用到社会发展和改善民生上，让更多困难群众过上"好日子"，全力推进政府廉洁高效、风清气正。

各位代表，新形势催人奋进，新征程任重道远。让我们在市委、市政府和县委的正确领导下，以敢为人先的锐气、蓬勃向上的朝气，克难创新、担当有为，凝心聚力践行习近平新时代中国特色社会主义思想，为奋力开创新时代决胜全面小康新局面、加快建设"强富美高"新建湖而努力奋斗！

《政府工作报告》有关名词解释

1."5D智造谷"：由沈阳机床集团投资建设，通过工业大数据集成i5机床、物联网、云服务、再制造和新金融，打造全新的智能制造生态体系。该项目是苏辽产业合作重点项目，总投资25亿元，新上i5各类智能机床5000台，重点打造"一基地六中心"，即华东智能制造示范基地，行业研究、实训培训、智能检测、工业数据、智能体验、再制造等"六中心"。

2."争星创优"：根据企业当年入库税金量，认定工业、服务业、建筑业、农业产业化龙头企业的五星、四星、三星企业。"争星创优"活动奖项设置分为星级企业和单项奖两大类。

3."江淮生态经济区"：是全面配合国家大运河文化带和国家江淮生态大走廊划定的功能区经济区，是江苏省"1+3"重点功能区战略的一部分。包括扬州、泰州、淮安、盐城、宿迁5个地级市，高邮、兴化2个县级市，宝应、涟水、盱眙、金湖、建湖、阜宁、沭阳、泗阳、泗洪9个县。

4."诊间结算"：指就诊卡和银行卡合一，看完病在医生的电脑上即可完成缴费，节约了排队时间。

5."海绵城市"：新一代城市雨洪管理概念，是指城市在适应环境变化和应对雨水带来的自然灾害等方面具有良好的"弹性"，也可称之为"水弹性城市"。

6."2441"目标：指将"三证照"办理时限从11、23.5、76.5个工作日压缩至2、4、41个工作日。

7."城乡一卡通"：是由建湖县人力资源和社会保障信息中心开发的一款互联网智能系统，既方便老百姓对社会保障的各种需求和查询，也方便就职人员快速了解和办理相关服务，使之更加高效快捷的为人民服务。

大事记

Chronological Events

1 月

3—5 日　建湖县组团赴南京参加招才引智活动,与多所知名高校签订合作协议 13 个,进一步深化政产学研合作。

4 日　市委书记王荣平到建湖县实地察看新水源地及跨区域引水工程全线开工准备情况。

7 日　建湖县召开机关作风建设大会,与会人员集中观看了全市警示教育专题片和全县作风建设专题片。

9 日　建湖县召开生态文明建设暨"两减六治三提升"专项行动动员会议。会议贯彻中央精神和省、市部署要求,实施绿色立县战略,开展"两减六治三提升"专项行动,补齐生态环境"短板",推动生态文明建设迈上新台阶。

10 日　南京银行建湖支行开业,政银企合作签约仪式同时举行。

10—12 日　政协建湖县第十四届委员会第一次会议召开,县政协主席张连国受县政协十三届委员会常务委员会委托,向大会作工作报告,回顾了过去五年政协工作,对 2017 年政协主要工作进行部署。

11—14 日　建湖县第十八届人民代表大会第一次会议召开。县长薛盛堂代表县人民政府向大会作工作报告。本次会议向各位代表提交了《关于建湖县 2016 年国民经济和社会发展计划执行情况与 2017 年国民经济和社会发展计划草案的报告》《关于建湖县 2016 年财政预算执行情况和 2017 年财政预算草案的报告》《关于县十七届人大五次会议代表建议、批评和意见办理情况的报告》。

22 日　建湖县部署韩国专题招商暨开放型经济首季"开门红"工作。

是日　建湖县与市国能公司合作设立新兴产业发展基金,创新财政支持经济发展方式,发挥财政资金的杠杆作用,撬动社会资本和专业投资机构投资建湖县新特产业及基础设施项目,加快产业升级步伐。

2 月

3 日　建湖县召开 2016 年度目标任务绩效考核总结大会。县委副书记吴云宣读了《关于印发全县 2016 年度目标任务绩效考核结果的通知》,县领导为先进集体和先进个人代表颁奖。

是日　建湖县召开招商引资和项目推进工作动员会议。

18 日　国家质检总局调研组到建湖县调研石油装备产业发展情况。

23—25 日　韩国九老区政企代表团到建湖县开展经贸文化交流,考察经济社会发展情况。

24 日　环保部华东督查中心主任高振宁一行到建湖县调研环境保护工作。

26 日　司法部法宣司副司长李志路到建湖县调研"德法同行"工作。考察了沿河镇法治道德银行、沿河镇徐勇法律服务社、县司法局。

26—27 日　全市产业园区项目载体建设现场推进会在建湖县召开,与会人员观摩阜宁、建湖的 13 个项目现场,研究部署下一阶段工作。

28 日　全市农村工作会议在建湖县召开,会议学习习近平总书记关于推进农业供给侧结构性改革的重要指示,贯彻落实中央和全省农村工作会议精神,围绕"两聚一高"主题和"产业强市、生态立市、富民兴市"战略部署,谋划推进农业供给侧结构性改革、提高农业农村发展水平的重点任务和目标举措。

3 月

1 日　全县政法暨信访稳定工作会议召开,回顾总结上年政法和信访稳定工作,研究部署全年任务。

2 日　省文化厅副厅长方标军一行到建湖县检查文化市场政策落实和综合执法改革工作。

4 日　大丰区党政代表团到建湖县考察重点项目建设工作,参观了先云云计算数据中心、通用机场、创迈达机电部件智能制造等项目。

7 日　省水利厅副厅长叶健一行到建湖县检查农村水利工作。察看了庆丰镇东塘河圩堤加修及绿化、上冈镇高效节水灌溉项目等现场。

8 日　建湖县获"全省放心粮油供应网络建设示范县"称号。

是日　省农业资源开发局局长唐铁飞一行到建湖县调研农业综合开发高标准农田建设整县推进工作。

10 日　如皋市党政代表团到建湖县考察卫计信息化建设工作。

11 日　国家林业局湿地保护管理中心原主任、国家森林防火指挥部专职副总指挥马广仁一行到建湖县调研。

13—14 日　市"科普文化惠农家"农村电子商务创业培训会在建湖县举行。

14 日　东台市党政代表团到建

湖县考察产业园区项目载体建设工作。

15日　省旅游局局长秦景安到建湖县调研九龙口旅游度假区建设工作。

是日　全市旅游工作座谈会在建湖县召开，会议提出要重视旅游业发展，发挥生态资源优势，打造了特色亮点，形成旅游产业集聚效应。

22日　山东莒县党政代表团到建湖县参观考察，先后参观了昊美LED高效照明灯具、金永发薄膜太阳能模组通用机场等项目。

29日　广东中烟工业公司代表团到建湖县考察经济社会发展情况。

4　月

2日　全国政协教科文卫体委员会副主任张连珍调研九龙口度假区建设工作，听取景区规划建设情况汇报。

5日　沈阳机床集团董事长关锡友一行到建湖县考察，沈阳机床集团与创迈达公司合作新上的项目是建湖县石油装备产业转型的示范。

7日　全市现代渔业产业带建设暨池塘工业化生态养殖现场推进会观摩建湖县养殖现场。

13—14日　建湖县组团参加2017盐城（上海）跨国公司投资合作说明会，台湾简单集团与县高新区现场签约高档地毯系列产品项目。

15日　建湖县举行“上海游客万人游建湖”活动，集中观看建湖县旅游和九龙口旅游专题片。

15—16日　美国通用航空公司董事长张博一行到建湖县考察经济社会及通航产业发展情况。

24日　建湖县召开徐宿盐淮高铁建湖站概念设计和综合客运枢纽策划方案汇报会，3家规划设计单位对设计方案进行了讲解和说明，与会人员讨论并提出了修改意见和建议。

25日　建湖县召开扶贫开发工作会议，县委农工办通报了全年以来扶贫开发工作情况，上冈镇、民政局、教育局等单位作交流发言。

28日　山东省汶上县党政代表团到建湖县考察项目建设、转型升级、招商引资、城市建设等工作。

是日　建湖县举行第五届“感动建湖”十大人物颁奖典礼。

5　月

2日　红星美凯龙集团执行总裁蒋小忠一行到建湖县考察，与市国投集团合作新建城市综合体项目，推动了现代服务业的发展。

4日　建湖县召开纪念“五四”运动98周年暨青年创业（服务）之星表彰大会，表彰了5名青年创业之星和10名青年服务之星。

5—6日　建湖·浦东产业园招商引资推介会在上海举行，推介会上共签约了环保设备、电器仪表等8个项目。

6日　建湖县举办首届乡村旅游节活动。

9日　建湖县党政代表团赴无锡苏州开展招商活动，考察了无锡先导智能装备股份有限公司、苏州应龙光学有限公司和中港建设集团。

14日　新疆克拉玛依区党政代表团到建湖县考察，学习借鉴建湖跨越发展的经验和做法，推进克拉玛依经济社会发展。

16日　全省高标准农田建设整县推进现场观摩会在建湖县召开，与会人员集中观摩了近湖农业示范园项目等现场。

18日　建湖县组团参加市战略性新兴产业投资说明会暨第十届海盐文化节，融入“一带一路”倡议，拓展对内对外开放新空间。

17—18日　省住建厅专家调研组到建湖县调研国家级园林县城创建工作。

19日　省水利厅党组副书记、副厅长陶长生一行到建湖县，检查黄沙港南段整治工程土地预审手续办理情况。

23日　建湖县国家石油机械质检中心获资质认定并对外营运。

24日　市长戴源到建湖县调研全市生态引领县建设试点工作。

26日　省再保集团调研组到建湖县调研，就推进建立政府与再保机构合作机制进行座谈。

28日　韩国东西机工株式会社发动机配件项目在建湖县上冈镇开工。

29—31日　外交部外交政策咨询委员会委员、外交部原副部长乔宗淮一行到建湖县，考察建湖通用机场、“智慧建湖”体验中心等项目。

6　月

7—9日　镇江市建湖籍企业家代表团回建湖县考察，参观了创迈达机电部件智能制造项目现场、通用机场、“智慧建湖”体验中心等现场。

8日　工商银行盐城分行、中信银行盐城分行调研组到建湖县调研，对机构设立进行现场选址，并察看了通用机场、创迈达公司等现场。

9日　建湖县举行携手XDC+·智汇建湖暨大数据产业招商推介会，高新区先云云计算数据中心正式运营。

15日　全国人大内司委委员李江一行到建湖县调研司法改革工作。

15—16日　日立高新技术日本本社池田一行到建湖县考察应龙光学项目建设情况。

20日　建湖通用机场被评为全省10个国家（园区）级通用机场和8个产业支撑型通用机场之一。

22日　省教育厅专家组到建湖县调研五年制高职教育发展工作。

24日　县委书记陈平赴冈西镇港东村开展大走访活动，访民情、听民意、记民声，了解基层干部群众所思所盼，帮助群众解决实际困难。

26日　省发改委调研组到建湖县开展“聚焦供给侧、产品大走访”专项调研，察看建湖县绿色光源产业发展情况。

30日　县长薛盛堂到沿河镇天美村开展大走访活动，深入农村、社区、企业，与群众面对面交流，帮助群众解决实际问题。

7　月

1 日　建湖县召开纪念建党 96 周年座谈会,为部分受表彰的先进集体和先进个人颁奖。

3 日　日本株式会社高桥水月堂与建湖县方圆食品有限公司签订合作协议,引进日本现代食品加工工艺和设备。

6 日　省委书记李强到建湖县调研农业农村发展和农民增收工作。

8—9 日　国家人口与发展研究中心调研组到建湖县,调研建湖县近湖街道人口与家庭公共服务中心开展“家庭与计划生育”工作情况。

12 日　中国戏剧家协会分党组书记季国平一行到建湖县考察“中国淮剧之乡”创建有关事宜。

15 日　建湖县举办第三届“众创未来·圆梦建湖”创业大赛。共有成长创新项目和初创创意项目两大类 51 个项目参赛。

17 日　省杂技团诗词歌赋杂技剧《小桥　流水　人家》在江苏大剧院上演。

21 日　中共建湖县委十四届三次全会召开,会议深入贯彻习近平总书记系列重要讲话精神和治国理政新理念新思想新战略,按照省第十三次党代会、省委十三届二次全会,市第七次党代会、市委七届四次全会和县第十四次党代会部署,专题研究富民工作,动员全县上下践行以人民为中心的发展思想,强化富民导向,创新富民举措,打好富民主攻仗,让全县人民过上更加幸福美好的生活。

24 日　湖北黄梅县党政代表团到建湖县考察,就项目建设、财政资金安排管理、防范政府性债务风险等方面进行座谈交流。

是日　建湖县召开机关作风建设大会,省纪委案件审理室主任杨光、省人民检察院教育培训处处长武秀东应邀分别作专题讲座。

25 日　金湖县党政代表团到建湖县,考察农村宅基地有偿退出、村庄环境提升等工作。

27 日　建湖县召开退役士兵创业就业先进典型座谈会,8 名退役士兵创业就业先进典型代表作了交流发言。

27—28 日　建湖县举行接轨上海产业项目推介签约活动,共集中签约 20 个超亿元产业重点项目。

8　月

3 日　省委常委、省委组织部部长郭文奇到建湖县调研组织工作。

是日　市旅游局局长童健到建湖县调研旅游工作。

是日　省机关事务管理局局长沈伟新一行到建湖县调研机关事务管理工作。

9 日　建湖县与盐城工业职业技术学院隆重举行战略合作签约暨智能制造学院(建湖)揭牌仪式。

9—10 日　全省军粮危仓老库维修改造现场观摩会在建湖县召开。

17 日　建湖县召开基层党建示范带建设暨创新项目现场推进会,与会人员现场观摩了近湖街道城南社区党总支等 7 个党建示范点,14 个镇(街道、区)分别汇报了全年基层党建工作重点课题推进情况。

是日　上海飞乐音响公司总裁庄申安到建湖县考察,就“智慧城市建设”项目合作事宜进行洽谈。

18 日　南京工业大学党委书记芮鸿岩一行到建湖县考察,提出共同探索校地、校企合作方式和途径,全面提升政产学研合作水平。

是日　南京证券总裁、党委副书记李剑锋一行到建湖县考察,了解建湖经济社会、企业转型及创新等情况。

是日　建湖县召开县委全面深化改革领导小组会议,讨论研究相关改革工作。

19—20 日　中国县域经济报社 2017 年度工作会议在建湖县召开。

21 日　省委组织部调研组到建湖县调研基层党建工作。

22 日　省台办主任杨峰一行到建湖县调研建湖县对台招商工作,并察看台湾金永发光电科技有限公司企业生产运行等情况。

23—24 日　省人大常委、省人大常委会法工委主任王腊生,省公安厅党委副书记、副厅长尚建荣率调研组到建湖县,开展《江苏省水域治安管理条例(草案)》立法调研。

27 日　北方重工集团党委书记、董事长刘鹤群一行到建湖县考察,对接投资合作相关事宜。

30 日　副省长马秋林到建湖县调研工业经济发展情况,深入工业园区,了解企业生产经营状况及转型升级举措。

是日　中信银行南京分行行长陆金根到建湖调研,了解产业发展、企业运行、市场前景、金融需求等方面情况。

30—31 日　上海绿地博大绿泽集团客商到建湖县考察,就九龙口旅游度假区规划建设工作进行座谈交流。

9　月

4—5 日　中国飞龙通用航空公司党委书记、董事长章文浩一行到建湖县考察通航产业发展情况,并与县高新区签订总投资超 2 亿元的飞行员培训项目合作协议。

5—6 日　江苏省戏曲现代戏研究会第五届年会暨“中国淮剧之乡”授牌仪式在建湖县举行。

6 日　建湖县获“中国淮剧之乡”称号。

8 日　民航江苏监管局副局长章亚军一行到建湖县,考察通用机场建设及运行前期机场验收准备情况。

11—12 日　建湖县组团赴无锡参加 2017 世界物联网博览会。

13 日　苏州市人大财经委主任委员、常委会财经工委主任黄正栋一行到建湖县,调研考察人大财经监督和代表议案建议办理工作。

15 日　省纪委副书记、省委巡视办主任黄继鹏一行到建湖县调研“打铁还需自身硬”专项行动开展情况。

是日　省统计局局长徐莹一行到建湖县调研经济运行和统计工作。

是日　建湖县获评法治政府建设示范点。

是日　建湖县被纳入江苏省江淮

生态经济区。

16—17 日　住建部专家组到建湖县考查国家园林县城创建工作。

21 日　2017 全国水稻精准植保土肥技术高峰论坛在建湖县举行。

21—27 日　建湖县组团赴欧洲开展专题招商活动，考察了部分与建湖县合作、意向合作的企业及机构组织，重点推介了建湖县人文资源、投资环境和产业特色。

22 日　高邮市代表团到建湖县考察强村富民工作。

10　月

10 日　县委书记陈平调研生态经济区核心区生态走廊规划建设工作。

12 日　全国政协教科文卫体委员会副主任张连珍到建湖县考察九龙口旅游度假区规划建设情况。

13—14 日　中国大闸蟹产业高峰论坛暨“养蟹匠·中华好蟹”颁奖典礼在建湖县举行。

17 日　省粮食局局长夏春胜到建湖县调研粮食系统党建和粮食工作。

是日　省经信委副主任祁彪到建湖县调研，察看了建湖通用机场、创迈达智能制造体验中心等项目。

18 日　建湖县组织收听收看中国共产党第十九次全国代表大会。

27 日　全市产业园区项目载体建设现场推进会在建湖县召开。

是日　建湖县被住建部命名为国家园林县城。

28 日　建湖县组团参加中国·盐城第七届沿海发展人才峰会。

是日　建湖县召开传达学习中共十九大精神大会，会上以新媒体形式，通过综合运用文字、图片、视频等展现方式，传达中共十九大概况、十九大报告主要内容、党章（修正案）主要内容，以及学习贯彻十九大精神需要领会和把握的重点。

29 日　“建湖大米”获第十五届中国国际粮油产品及设备技术展示交易会金奖。

11　月

7 日　2017 中国淮剧之乡首届淮剧艺术周在建湖县开幕。

8 日　湖北省大冶市党政代表团到建湖县考察特色高效农业发展工作。

是日　省档案局副局长欧阳旭明一行到建湖县调研档案创建工作，并对县人民检察院创建五星级档案工作单位进行评审。

9—10 日　中国杂技家协会专家组到建湖县验收创建“中国杂技之乡”工作。

11 日　建湖县中农网购（江苏）电子商务公司被认定为 2017 年度全国农业农村信息化示范基地。

12 日　上冈镇获批省经济发达镇改革试点。

15 日　国家级非物质文化遗产淮剧传承基地在建湖县揭牌。

是日　全市政协工作调研座谈会在建湖县召开，与会的各县（市、区）政协主席分别就近年来政协工作的主要做法和成效、下一年工作的思路和重点以及学习贯彻落实中共十九大精神作了交流发言。

16 日　市委书记王荣平到建湖县调研，强调要以习近平新时代中国特色社会主义思想为指导，贯彻落实中共十九大作出的新部署，按照省委关于经济工作的新要求，坚持稳中求进工作总基调，坚持质量第一、效益优先，把发展经济的着力点放在实体经济上，确保高质量完成全年目标任务，加快建设“强富美高”新盐城。

是日　省海洋与渔业局副局长沈毅带领省“三农”工作调研组到建湖县调研，听取建湖县“三农”工作情况汇报。

是日　学习贯彻中共十九大精神省委宣讲团报告会在建湖县举行。

17 日　省人大常委会副主任赵鹏一行到建湖县调研旅游产业发展情况。

20 日　建湖县获“中国杂技之乡”称号。

24 日　省国土资源厅副厅长李如海一行到建湖县调研，了解建湖县土地资源利用、计划指标使用等情况。

29 日　中国工程院院士夏咸柱一行回家乡建湖县考察。

30 日　中组部调研组到建湖县调研新时代农村基层党建工作。

是日　建湖县第十四次妇女代表大会召开，出台《建湖县妇联改革实施方案》。

12　月

1 日　山东省莒南县党政代表团到建湖县参观考察。

2 日　市长戴源到建湖县检查新水源地及引水工程建设工作。

4 日　杂技剧《小桥　流水　人家》获盐城市政府文艺奖一等奖。

6—8 日　建湖县组团参加 2017 世界智能制造大会。

19 日　保定市党政代表团到建湖县考察 5D 智造谷项目，同时举行 5D 智造谷项目揭幕仪式。

21 日　吉林大学调研组到建湖县对接洽谈研究生社会实践、创新创业和企业实习实训等合作事宜。

22 日　建湖县被认定为首批国家农产品质量安全示范县。

29 日　中共建湖县委第十四届四次全会召开，会议高举习近平新时代中国特色社会主义思想伟大旗帜，贯彻中共十九大精神和中央经济工作会议精神，落实习近平总书记视察江苏重要讲话精神，按照省委十三届三次全会、市委七届五次全会部署要求，回顾总结 2017 年工作，部署安排 2018 年任务，动员全县各级党组织和广大党员干部，不忘初心、牢记使命，锐意进取、团结拼搏，奋力开创新时代决胜全面小康新局面。

30 日　建湖县连续 8 年跻身全国县域经济基本竞争力百强县，位列第 72 位。

责任编辑　朱明君

建湖概览

General Information of Jianhu

登达生态园　（建湖日报提供）

地情概要

A Geographic Survey

【建置沿革】 建湖县域原是古淮夷地的一部分,春秋初属吴国,吴亡属越。战国时属楚。秦初为东海郡属地,秦末为东阳郡属地。汉初为射阳县东境。西汉元狩四年(公元前119年)射阳、盐渎分治,境内大部分为盐渎县辖地。东晋义熙七年(公元411年),射阳县废置,盐渎县改盐城县,县境东部仍属盐城县,西部划属新立左乡县。隋大业九年(公元613年)县境分属新安、安乐、射阳三县。唐武德八年(公元625年)复立盐城县,县境全为盐城县地。清雍正九年(公元1731年)县境东北部属阜宁县。民国30年(1941)9月,盐城县划县分治,成立建阳县,因与福建省建阳县同名,于1951年7月改称建湖县。建县后,先后隶属盐阜行政公署、盐阜分区、苏皖边区第五行政区、苏北行署盐城行政区、江苏省盐城专区、江苏省盐城地区,1983年为盐城市属县之一。

(党史办)

【行政区划】 截至2017年12月,全县共辖11个镇和3个街道,分别是上冈镇(含冈东社区、草堰口社区)、建阳镇、颜单镇、恒济镇、庆丰镇、九龙口镇、高作镇、芦沟镇、沿河镇、冈西镇、宝塔镇、近湖街道、钟庄街道、塘河街道。另有1个经济开发区(钟庄街道),1个高新技术产业开发区(塘河街道),1个九龙口旅游度假区。

(民政局)

【人口】 2017年末,全县公安户籍总人口为78.77万人,比上年减少1.29万人。在总人口中城镇人口45.99万人,占58.4%;男性人口40.73万人,占51.7%;女性人口38.04万人,占总人口数48.3%;男女性别比例为107.1:100。年内出生人口9172人,出生率为11.55‰,男女婴儿性别比为136.1:100;年内死亡人口10415人,死亡率为13.11‰,人口自然增长率-1.57‰。

(统计局)

【地理位置面积】 建湖县位于江苏省东北部、盐城市中西部,东枕204国道,西襟射阳湖。东以廖家沟北段、堆塘河、大洋河与射阳县分界,南以潭洋河西段、南草堰河、皮汊河西段、盐河与盐都区接邻,西南以大凹子塘与宝应县分界,西直射阳湖心与宝应、淮安、阜宁三市县苇荡毗连,西北以戛粮河、北以马泥沟及渔深河与阜宁县分界。县城略呈头朝西南、尾向东北的鳜鱼形。地理坐标为北纬33°16′~33°41′之间,东经119°32′~120°05′。南北长约43.7公里,东西宽约48.7公里。总面积1160平方公里,其中水域占19.58%。2017年底全县总人口78.77万人,人口密度679人/平方千米。

建湖县域大地构造单元属扬子淮地台的苏北拗陷带,由于平原沉陷幅度不等,形成一系列相对的凹陷和凸起,建湖县城位于建湖潜伏凸起地段。县境草堰口至大团口一线原为黄海的海岸线,原有三条南北走向的海岸沙丘穿过其间,以后逐渐淹没。沙丘以东地区为冲积平原,明代中叶以后,始逐渐形成滩涂,明代后期和清代辟为盐灶,民初废灶兴垦,始辟为农田;沙丘以西地区为堆积平原。东部原海岸线沿冈地带和西部走马沟两岸,地势略高,其它地区地势偏低。

建湖全境地处亚热带北缘,温带季风气候明显,日照充足,年平均无霜期212天,雨水充沛,年平均降水量为1020.1毫米,年平均气温在14℃。适于农作物生长。传统物产有"稻麦柴蒲藕""鱼蟹鳖贝虾",素称"饭稻羹鱼"之乡。现为全国重点商品粮基地之一。

全境平畴沃野,沟河纵横、圩区棋布,长堤环绕、绿树掩映,呈现一派水乡风光。境西湖区,有荡滩5666.67余公顷,水产品极为丰富,省级旅游区"九龙口"之奇,"水浮墩"之怪,神奇莫测,闻名遐尔,景色绝佳,有水乡"西湖"之美称,令人流连忘返。

【地质地貌土壤】 县境地处扬子淮地台的苏北拗陷带。此构造单元,是在震旦系到中生界三迭系海相、陆相交替沉积的基础上,发生于燕山运动的断拗,一直延续到现代。这对苏北平原的地质构造有着显著的影响,产生许多北东方向的断裂和褶皱,其中断裂是构造运动的主要形式。在构造的作用下,因沉陷幅度大小不一,平原北部为盐阜拗陷,南部为东台拗陷,两拗陷间为建湖隆起带。此带在北纬33°10′~33°25′之间,南沿伍佑—方强一线展布,成北东之向,向海域后有向南偏转之趋势,至大丰市龙王庙一带便渐向东倾没。该带为中生带隐伏构造带,对晚白垩系及第三系沉积有一定控制作用。大部分地段分布二迭系及白垩系,东部主要为下第三系三垛组,上覆松散层原达1100~1400米,第四系覆盖层原为50~200米。县境以串场河为界,分东西两部分,东部属海滨平原,西部属江淮平原,在地质构造上两者是一个整体,同属苏北断拗带组成部分。

地层为第四纪覆盖层,岩性为松

散黏土、砂质黏土。地耐力为12吨/立方米~14吨/立方米。县城第四纪沉积层及其承载力，根据钻孔资料，自地面向下大致为：

亚黏土层：黄色，厚1米~3米，承载力12吨/平方米~16吨/平方米，上部有0.5米厚的耕植土。

黏土层：褐色，黄褐色，有少量铁锰结核，厚2米~6米，承载力16吨/平方米~20吨/平方米。

粉砂层，黄褐色，中密。

县草埝口至大团口一线以西，为古泻湖堆积平原，占全境土地的大部分。由地面向下1.5米左右，每每发现古泻湖的贝壳残骸堆积。呈白色粉粒状，厚度二三公分不等。古泻湖堆积平原潜水线深亚区为全新世砂土。亚黏土类夹沙含水层，厚约20米~30米，潜水埋藏深度小于1，涌水量0.01~0.08升/秒，水温15℃~17℃，地下水流向自西向东。下中更新世流砂承压含水组，与黏土互层分布，含水层顶板埋藏深度为140米左右，水质好，水量大。串场河以东地区为冲击平原，中下更新统属海相沉积层，含有海相瓣腮类化石；上更新层属滨海相沉积，为浅灰、灰色亚黏土及粉夹灰色黏土；全新统亦为滨海相沉积，为棕黄色、褐黄色亚黏土夹淤泥。

约在五六千年前，县境乃是黄海的一个浅水海湾。其上河在逐渐隆升为陆地的过程中，下河区仍继续沉陷。其时，古淮河口还在今淮阴以西。

淮河是一条清晰而狭窄的河道，水动力较小，携带的泥沙量不多，沉积不明显。在全新统后期，气温回升，河水又复上升，海岸向西后退，这是第四纪最后一次，也是最大的一次海侵，海浪直扑西部山麓附近。现今苏北平原当时成为一个宽广的海湾。后来由于淮河和长江三角洲都不断向东推进，海湾退缩，同时东西又受海浪横向冲击，长江与黄淮河输往海中的泥沙经海流再搬运，在下河区的东缘海底缓坡上，即现在的范公堤位置上，淮河南岸沙嘴和长江北岸的沙嘴间，形成了一南北走向的弧形脊状沙堤，随着沙堤的成长，和南北冲击扇连接在一起，三者逐渐衔接起来，形成了四周封闭，而中部凹陷的地形，水流引积三潴为大湖，才使这片残留的海湾而成为舄湖。其后，由于长江、淮河大量泥沙沉积，逐渐形成现在的里下河平原。分布在县境的九里荡、沙村荡等，就是这片平原上古代泻湖遗址的一部分。

人类的生产经营活动，如农田水利和堤防设施建设等，对境内平原的形成也起了巨大的推动作用，加速了泻湖的淡化，河流和湖荡的沉积，以及土壤脱盐的过程。

里下河平原四周高而中间低。县境即平原的一腹部洼地，是里下河三大洼的下洼，由此向外趋向盆地边缘，地面逐渐升高，到里运河、新通扬运河、串场河沿岸平原的周边在3.5米以上(地面真高以废黄河口的黄海平源为零点)。因此，建湖县地面高程大部在2米以下，与邻县相比低0.4~1米不等。

根据地形地貌变化，县境大致分为五个类型区：

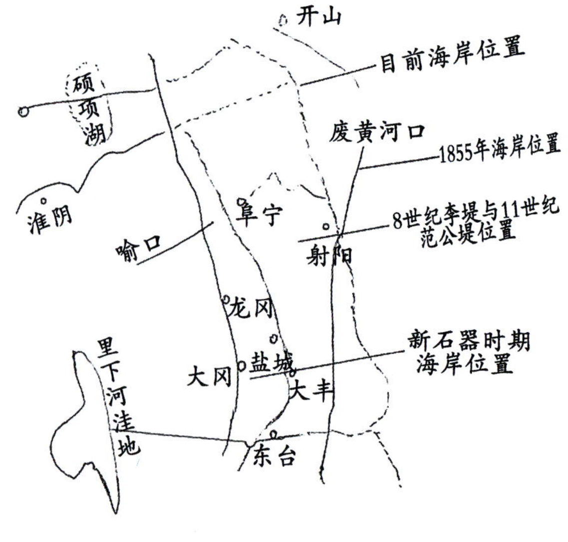

滨海海岸历史演变示意图

沿冈地区　县境东部为古海岸线。距今4500年前，长江江流夹带泥沙向东北海底沉积，逐渐形成三条南北走向的沙脉，其后湮为平田。故地势高于西部，平均地面真高2米以上。

沿海区(又称沿海垦区)　沿冈以东，明代尚为浅海，明中叶以后逐渐淤积成滩涂；明代后期和清代辟为盐灶。民国初年，废灶兴垦，始辟为农田。平均地面真高1.6米左右。

中部低平田区　沿冈以西，东西塘河两岸，古为沼泽地带，有若干湖荡分布其间；其后，湖荡逐渐湮为平野，故地势低洼，地面真高在1.3~1.9米，最低的只有0.7米。

西部高平田区　走马沟两岸是县境西部的隆起地区，地面真高在2.2米左右，习称“西高脊”，又谓“西高田”。

沿荡区　县境西和西南沿荡地区，原为湖滩地，地面真高1米左右。

全县整个地势平坦低洼，由于东北沿冈一线和西部走马沟两岸略高，因此地型剖面呈马鞍形，全县地面平均真高1.74米，最高处3米，最低处只有0.7米。

建湖土壤有四大类：水稻土、盐土、潮土、沼泽土。水稻土占土壤总面积的89.9%。其境地处里下河腹部“三大洼”的下洼，平均地面增高1.74米，最低的只有0.7米。汛期雨水偏多时易成涝灾。腹地干流东西两塘河，南承高、宝、兴、泰诸湖之水，北往射阳河与东流黄沙港入海。雨水稀少年份，易成旱灾。夏、秋之际，时遭台风、龙卷风袭击，对农、副业生产会造成一定的影响。

【土地资源】　全县土地总面积为115707.14公顷，其中耕地67499.01公顷；园地339.06公顷；林地419.03公顷；城镇村及工矿用地15795.37公顷；交通运输用地4660.95公顷；水域及水利设施用地25716.79公顷；其他土地1276.93公顷。根据1985年第二次土壤普查资料，县内土壤分为4个大土类、7个亚类、12个土属、42个土种、4个变种。境内土壤东西向断面分布：东部(上冈镇)为滨海沉积物的盐土和盐渍性水稻土；中部(冈西、庆丰、芦沟、近湖、建阳、高作等镇)主

要为湖相沉积物的水稻土；西部为荡滩自然沼泽土。（陈海兵）

【生物资源】 树种资源，建湖县现有树木为60科、127属、222种（其中变种28个）。按树木学分类：裸子植物有6科、17属、33种（其中变种10个）；双子叶植物51科、104属、180种（其中变种17个）；单子叶植物3科、6属、9种（其中变种1个）。野生植物，约有37科、43属、75种。其中挺水湿生植物7科17种，沉水及浮游植物10科21种；滩地陆生植物13科25种，浮游植物34科41种，在挺水植物中，芦苇为优势群落。野生动物，约有60种，其中湿地哺乳动物3种；湿地水禽、涉禽15种，国家二、三级保护动物白天鹅、灰天鹅和灰鹳等湿地飞鸟9种；爬行动物和两栖动物5种，其他哺乳动物6种，鸟类11种。水产类，有鱼类、甲壳类、爬行类、贝类等四大类30多种。（周 林）

【气候】 建湖县2017年全年总的气候特点是：气温正常，降水正常，日照正常。

气温 年平均气温为16.1℃，比常年平均偏高1.4℃，各月与常年同期相比，1—9月、11—12月比常年同期分别偏高2.4℃、1.4℃、1.3℃、2.9℃、2.7℃、0.8℃、3.2℃、1.4℃、0.6℃、0.8℃、0.4℃；10月比常年同期偏低0.6℃。

冬季（12—2月），平均气温为4.8℃，比常年同期偏高2.0℃。冬季最低气温为-6.0℃，出现在2017年2月11日，冬季最高气温为18.6℃，出现在2017年2月19日。

春季（3—5月），平均气温为16.0℃，比常年同期偏高2.3℃，春季最低气温为-2.4℃，出现在3月2日，春季最高气温为34.4℃，出现在5月28日。

夏季（6—8月），平均气温为27.6℃，比常年同期偏高1.8℃，夏季最低气温为16.4℃，出现6月6日，夏季最高气温为37.8℃，出现在7月23、24日。

秋季（9—11月），平均气温为16.7℃，比常年同期偏高0.3℃，秋季最低气温为-1.7℃，出现在11月19日，秋季最高气温为29.9℃，出现在9月12、18、19日。

初霜日期为2016年11月24日，终霜日期为2017年3月27日。

降水 年总降水量为819.3mm，比常年偏少146.4mm，各月与常年同期相比，1、8—10月分别偏多12.4mm、41.5mm、72.7mm、95.0mm；2—7月、11—12月分别偏少5.7mm、40.1mm、20.3mm、40.2mm、71.2mm、140.1mm、30.4mm、19.2mm。

冬季（12—2月）降水量为123.6mm，比常年偏多36.3mm。

春季（3—5月）降水量为70.5mm，比常年偏少100.6mm。

夏季（6—8月）降水量为345.5mm，比常年偏少169.8mm。

秋季（9—11月）降水量为328.5mm，比常年偏多137.3mm。

2017年10月1日一日最大降雨量为110.4mm。

日照 全年日照时数为1959.3h，比常年同期偏少200.4h，各月与常年同期相比，1—3月、8—12月分别偏少36.6h、19.4h、11.2h、40.6h、44.6h、52.1h、23.9h、2.3h，4—7月分别偏多10.2h、4.6h、3.4h、12.1h。

冬季（12—2月）日照时数为386.4h，比常年同期偏少80.3h。

春季（3—5月）日照时数为588.0h，比常年同期偏多3.6h。

夏季（6—8月）日照时数为548.7h，比常年同期偏少25.1h。

秋季（9—11月）日照时数为414.2h，比常年同期偏少120.6h。

农业与气象 3月1日下午，建湖县受冷空气锋面南下影响出现大风天气，全县12个镇有11个镇都出现了大风，其中宝塔镇最大，极大风速达22.5米/秒，出现时间为16:53，建湖站极大风速达21.3米/秒，出现时间为17:01。受大风天气的影响，全县有5个镇出现有灾情，其中共损失房屋间，损坏大棚26.2公顷，直接经济损失约26万元；7月5日10时04分冈西镇境内出现33米/秒（12级）的雷雨大风。经统计，冈西镇有三个村居不同程度受灾，分别是西吉居、东吉村、港东村。其中西吉居有39间房屋瓦片不同程度刮毁；东吉村9间房屋部分倒塌，电线杆刮倒40根，变压器毁损一台，刮断树木无数，近百户房屋瓦片不同程度刮毁；港东村有9间房屋瓦片刮毁。直接经济损失16.7万元；8月19日14时52分受高空冷涡东移和中低层低涡切变的共同影响，在建湖站出现9级（20.8米/秒）的雷雨大风天气，最大风力出现在沿河镇，风力为9级（24.1米/秒）。19日建湖站累计降水53.7毫米，最大降水量出现在沿河镇，为102.6毫米。近湖街道1户民房被倒树压损坏，13.33公顷设施大棚受损，1000株左右树木倒伏。上冈镇100多户民房受损，其中两户受损较重，5.67公顷设施大棚、245.33公顷杂交稻制种受损，草堰口社区100多户电视机因雷击损坏；建阳镇1.33公顷设施大棚受损；颜单镇2户民房瓦片、10公顷设施大棚受损；庆丰镇53户房屋瓦片、23.33公顷设施大棚、526.67公顷杂交稻制种受损；高作镇0.67公顷设施大棚受损，20%的新植树木倒伏；芦沟镇1间活动板房、22.67公顷旱粮、6.67公顷设施大棚、74.67公顷制种受损；沿河镇3户民房瓦片、53.33公顷制种受损；冈西镇3户民房瓦片、2公顷制种受损；开发区7户活动板房受损，300株左右树木倒伏；高新区塘河街道20公顷旱粮受损。

2017年高温日数出现了10天，分别出现在7月17—19日及21—27日，极端最高温度出现在23、24日，均为37.8℃。2017年的高温持续的时间长，强度强，范围广，为历史同期所罕见。

年平均气温正常，降水正常，日照正常。4月平均最高气温、年平均最高气温，均属异常气候。2017年建湖县梅雨入梅略偏晚、出梅正常，梅期略偏短；降水总量显著偏少；梅雨期雨带南北摆动，降水呈现间歇性、短时雨强大的特点。2017年上半年风调雨顺，小麦、油菜中后期生长良好，减小了播种期连阴雨的影响，普遍获得高产，品质也是近些年较好的；下半年出现的主要气象灾害为：出梅后的7、8月接连出现持续高温及9月下旬至10月中旬接连出现降水过程,杂交籼稻受灾较重,部分生育期较早的粳稻也受到一定影响。总体来说,2017年农业气象灾害偏少,影响程度较重的灾害主要出现在下半年。

2017年建湖气象资料表(一)

表1

要素＼月份	1	2	3	4	5	6	7	8	9	10	11	12	全年
平均气温(℃)	3.8	4.8	9.0	16.7	22.3	24.6	30.2	27.9	22.9	16.3	10.9	4.1	16.1
降水量(mm)	42.0	29.7	11.9	27.6	31.0	53.3	83.9	208.3	170.1	143.6	14.8	3.1	819.3
降水日数(≥0.1)	9	7	6	7	6	5	13	11	14	13	5	3	99
日照(时数)	117.5	130.6	160.8	204.3	222.9	182.7	199.5	166.5	141.6	132.2	140.4	160.3	1959.3

2017年建湖气象资料表(二)

表2

项　　目	霜	结冰	雪	最低气温(≤0℃)	地面最低(≤0℃)
初　　日	24/11	24/11	22/11	23/11	23/11
终　　日	27/3	15/3	9/2	106	27/3
初终间日(天)	124	112	80	67	125

(建湖气象台)

【河流水文】 建湖县地处里下河腹部,境内河网密布,主要有射阳河、黄沙港两大入海水道,由于地势平坦,沟河纵横,因此射阳河、黄沙港两大水系在境内无明显分界。射阳河是里下河腹部地区排水入海的最大干河,西南起自射阳湖荡,向东北流经朦胧、阜宁至射阳县海通镇入海,全长198千米,在境内从阎大尖到马泥沟长5.7千米。黄沙港原为垦区排水河道,属射阳河支流,1971年从黄土沟利用西塘河南段拓浚,经建湖县城向东拓浚老黄沙港直至入海,整治后,黄沙港成为里下河腹部排水通道之一,全长88.9千米,境内全长54.5千米,从黄土沟到东陈堡段南北流向长24.5千米,从东陈堡至黄沙堆西东流向长30千米。

境内省骨干河道27条,大中小沟3901条。南北流向的主要蔷薇河、戛粮河、西塘河、东塘河、渔深河、串场河、通榆河;西东流向的主要是南沿河、黄沙港、北塘河,上承兴化、宝应、淮安等地客水,内汇县境河沟之水,分别注入黄沙港、射阳河流入黄海,兼作灌溉、航运之用。主要支河有皮汊河、芦沟河、李夏河、建港沟、马泥沟、太绪沟、西冈河、廖家沟等。

县境原为古潟湖的一部分,由于古长江、古淮河水流长期挟带大量泥沙淤积,加之黄淮经常泛滥,洪水过后沉积下大量泥沙,填沟充壑,垫洼淤湖。地势较高的,逐步形成连片的草地、糊田、柴田、圩田,地势较低的潴为成群的湖荡和蛛网式的港汊。

境内有上冈水文站、黄土沟水文站、建湖水文站、永兴委托站和收成庄委托站。这些水文站点均采用水位、雨量自记化、测流缆道化、报汛信息自动化传输等先进水文观测方法作系统观测记载。 (王学言　顾元海)

责任编辑　彭　玉

西塘河畔　　(建湖日报提供)

经济和社会发展综述

National Economy and Social Development

经 济 运 行

【概况】 2017年,全县实现地区生产总值523.1亿元,首次突破500亿元,比上年增长7.5%;三次产业比重达9.4∶42.8∶47.8,其中二三产业占GDP比重达90.6%,比上年上升0.6个百分点;一般公共预算收入26.32亿元;固定资产投资400.35亿元,比上年增长9.0%;城乡居民人均可支配收入分别达32171元、18576元,分别增长8.6%、8.7%。全年新增省级以上高新技术企业25家,新发展私营企业5389户,一般纳税人企业819家。建湖县连续8年跻身全国县域经济基本竞争力百强县,2017年列第72位。

基 础 设 施

【概况】 2017年建湖县列入县"两重一实"基础设施类项目共15个,总投资33.98亿元,年度计划投资12.98亿元。全年累计完成投资11.65亿元,占年度投资计划的89.71%。其中新开工项目9个,总投资12.13亿元,年度计划投资5.85亿元。全年累计完成投资4.94亿元,占年度投资计划的84.39%;续建项目6个,总投资21.85亿元,年度计划投资7.13亿元。全年累计完成投资6.71亿元,占年度投资计划的94.08%。 (发改委)

园 区 建 设

【县开发区】 现有工业企业近600家,拥有产学研联合体20多个、研发机构12个,院士(博士后)工作站6家、国家级高新技术企业21家、国家级企业技术(工程)中心2家,已形成节能电光源、高端装备、电子信息现代和现代物流等产业集群,建成省级生态工业园区、省级知识产权示范园区、省级两化融合示范园区和全省首家苏沪共建园区。

【高新产业区】 高新区2015年11月获批省级高新区(筹),重点发展智能及高端装备制造产业、通用航空产业、新能源产业、大数据及智慧产业。园区现有工业企业85家。先后被认定为江苏省高端装备制造业基地、江苏省"两化"融合试验区和省级知识产权试点园区。

【建湖科技创业园】 建湖科技创业园创建于2004年初,现厂房面积173.6万平方米,进园企业565家,"六纵六横"道路已形成,基础配套设施逐步完善。科创园先后被评为国家级科技企业孵化器、国家级小型微型企业创新创业示范基地、江苏省小企业创业示范基地、盐城市3A级中小企业创业园、盐城市全民创业先进单位、江苏省高新技术创业服务中心、盐城市甲级园区。

【上冈产业园】 上冈产业园创建于2008年,入户企业72家,其中规上企业32家。初步形成以韩国东西机工、圣金特汽配、华技汽配和国奥汽配为主的汽车零部件产业;以中电环境、浩瀚重钢、威力液压和沃华机械为代表的环保机械装备产业;以南汇纺织、普美纺织、银海棉业、海利达和润银纺织为代表的纺织服装业。

【建阳石油装备产业园】 建阳石油装备产业园已落户企业49家,厂房

县开发区一角 (建湖日报提供)

石油装备产业园管服中心 (陈玉柱 摄)

面积 91.04 万平方米,年实现销售 21.5 亿元。先后被评为江苏省高端装备制造业特色产业基地、盐城市甲级园区。

【颜单科技创业园】 颜单科技创业园是集光电子产业生产研发、企业孵化、产品展示和技术成果交流合作为一体的产业集聚区。园区总规划面积 36.67 公顷,一期规划面积 13.33 公顷,实施建筑面积 25 万平方米,其中总部及企业办公生活用房 2 万平方米,各类生产用房 23 万平方米。

【恒济科技创业园】 恒济科创园通过政府引导,企业互助联动,以企引企,拥有企业 91 家,占地 86.67 公顷,从业人员 5000 人,其中,具备高级工程技术人员 150 人,中级技术员 100 人,厂房面积 30 万平方米,各类生产设备 2400 台(套),每年研发新产品 5 个以上,改进创新产品工艺百个以上,是全国修井设备、油管接头的定点生产基地,更是建湖县石油机械商会的发源地和办公地。

【庆丰机电产业园】 庆丰机电产业园位于庆丰集镇新区北侧,紧靠盐淮公路,距新长铁路庆丰站 1 公里,交通便捷,南与新镇区商住区及行政区无缝衔接。规划总面积 10 平方公里。园区已完成道路、供水、排水、污水、供电、通讯、绿化、亮化等项工作,已招引浙江创新风冷柴油机组、浙江鑫丰环保机械、江苏天姥机械、无锡松园传动机械、江苏大成美尔科技、浙江科创自动化设备、常州科佳照明等企业入园兴业。

颜单镇科创园 (建湖日报提供)

【九龙口科技创业园】 九龙口科技创业园整体规划 146.67 公顷,已启动建成 53.33 公顷。现有入园企业 40 多家,其中规模以上企业 11 家,主要支柱产业有石油装备、电梯配件、环保设备、磁性材料等。

【高作科技创业园】 高作科技创业园,分为南、北两个工业区,共有一般纳税人企业 106 家、规模以上工业企业 23 家,形成了石油机械、轻工照明、农业机械等支柱产业。

冈西软基材料产业园 (建湖日报提供)

【芦沟科技创业园】 芦沟科技创业园已建成硬质道路 4.26 公里,铺设供排水管网 5.5 公里,架设电力线路 5.3 公里,是全省重点培育的 100 家中小企业创业基地之一。2012 年申报盐城市 A 级园区。现有进区企业 100 家,厂房面积 40 万平方米。

【沿河科技创业园】 沿河科技创业园规划总占地面积 53.33 公顷。以镇原广源管业、东兴塑业、艺龙纺织、富凯服饰、金恒钢结构等公司为基础,向周边拓展,有振华集团、永大水箱厂、广源管业、东兴塑业、金恒钢结构、永盛照明等 15 家企业入驻园区,厂房面积 16 万平方米。园区配套的开放大道、创业路已建成通车,育才路及开放大道北延路段路基工程已结束。园区供电、电信、有线电视和污水管网也已建成运行,基本实现了园区的"五通一平"。

【冈西软基材料产业园】 冈西软基材料产业园修编完善园区产业发展规划、平面布局规划,通过专家组评审、县政府批复,206.67 公顷土地指标和规划调整到位。园区服务中心建成投入运行。建成软基材料园标牌、标识、宣传高炮,纬二路工程启动建设。园区共有企业 35 家,其中规上企业 8 家。

【宝塔科技创业园】 宝塔科技创业园位于集镇南首,总体规划占地面积

80 多公顷。规划中的“三纵三横”硬质化主干道已开工建设，供电、供水、排水、通讯、绿化、亮化等基础配套设施正在逐步完善。　（经信委）

2 月 12 日，县实小西校区开展“开学第一课”　（赵兵　摄）

社 会 事 业

【概况】 2017 年，建湖县社会事业各个领域工作，坚持以人民为中心的发展思想，以满足人民对美好生活的需要为目标，全面推进公共服务均等化，不断增强人民群众的获得感，构建强富美高新建湖。

【教育事业】 各类教育健康发展。湖景、翠湖等 4 所幼儿园创建为省优质园。“全国义务教育学校质量监测”，各项指标位居全市前三名。县中专与江苏联合职业技术学院实施合作办学，与盐城工业职业技术学院联合创建“建湖智能制造学院”，为县域企业输送毕业生 300 多人。对口单招本科达线 29 人，居全市同类职业学校第三。引导职校与社区教育中心联合运作，开展各类培训 32 期，7000 人次参加农村实用技术、劳动力转移等培训。庆丰镇省级高水平农科教结合富民示范基地顺利通过评估验收。

实施教育重点工程建设。全年投入 3700 多万元，用于校舍建设。新建森达小学教学楼、冈东小学综合楼以及全民健身中心室外游泳池更衣室。完成建湖高中城南校区塑胶运动场地建设和两个报告厅装潢工程。上冈小学西校区建成并交付使用。

教育信息化水平提高。投入 800 多万元，新增计算机 1252 台、教学多媒体 162 套，新建录播教室 15 间，生机比、师机比达省装备 Ⅰ 类标准，88 所学校装备监控点 1800 个。

师资队伍专业能力提升。通过暑期校本培训、组建支教团队定期到薄弱学校帮扶、邀请教育专家及名师开设专业讲座、推荐骨干教师外出交流学习等多种培训方式不断提升建湖县师资队伍教学水平。2017 年，全县有 68 人次中小学教师分获省市各类课堂教学竞赛和基本功大赛一、二等奖。

【卫生计生】 综合医改工作继续深化。制定出台了《建湖县推进分级诊疗制度建设的实施方案》，推行各级各类医疗机构“三张清单”制度，完善双向转诊制度，畅通转诊渠道，累计上转诊患者 4000 多例，下转诊患者 700 多例。巩固医联体工作成果，累计资源共享和在线读片近 16000 例，基层单位的影像检查、检验项目、病理标本等 8000 余项分别上转至医联体牵头单位进行检查。建湖县医改工作经省考核评估，被评为一档县。

公共卫生服务落实。全面落实 14 大类 55 项基本公共卫生服务项目，组织开展“基本公共卫生，你服务我健康”主题宣传活动，举办了 4 期国家最新版项目规范培训班。推广和使用母子健康手册，全面落实孕产妇、新生儿全程健康管理，累计为 6389 名儿童进行新生儿疾病筛查和听力筛查，为 3518 名儿童进行新入园体检，18506 名在园儿童进行健康检查。推进重大妇幼卫生计生服务项目，累计为 4434 名农村孕产妇发放住院分娩补助；为 4405 名农村妇女免费增补叶酸；为 5906 名孕妇进行艾滋病、梅毒、乙肝检测；为 220 例表面抗原阳性孕

10 月 29 日，县院加入瑞金医院不孕不育（生殖医学）医疗联合体　（单学阳　摄）

大学生创业就业牵手行活动现场　　（建湖日报提供）

产妇所生221名新生儿免费接种了乙肝免疫球蛋白；为近30000对准备怀孕夫妇开展孕前优生检查，人群覆盖率达93.4%；组织开展农村妇女“两癌”免费检查，累计为2.5万名目标人群开展检查。

重点学科建设成效显著。开展临床重点专科建设，新建成市级临床重点专科2个，全县共有市临床重点专科11个，临床重点专科建设单位3个，位列全市县（市、区）之首。县人民医院7个团队被市卫计委列为市医学创新团队，8个课题被市科技局、市卫计委列为科技发展计划项目。县人民医院成立了汤琪云名医工作室，“上海医卫专家（建湖）名医工作站”以及盐城市中医院陆生勤、徐建林名医工作室。县中西医结合医院与南京中医药大学合作，建成中医传承工作室。县妇保院与上海交通大学附属瑞金医院协作共建不孕不育学科。冈西镇卫生院通过省基层医疗卫生机构特色专科验收。开展建湖籍在宁、在沪医卫专家返乡义诊和科研交流活动。

智慧健康建设不断强化。优化整合区域医疗卫生计生网络资源，实施基层医疗卫生机构网络优化改造工程，完成了对县、镇、村信息终端远程管理和维护。强化信息安全保障，联合公安部门开展信息安全巡检。在县中西医结合医院筹备建设区域性医疗容灾备份中心，提供数据存储、共享、备份服务。县人民医院通过国家卫计委五级电子病历评审验收，标志着该院信息化工作走在全国前列。

【人力资源与社会保障】　全民创业工作有序开展。重点培植大学生、返乡人员、科技人才等三大创业主体，开展创业座谈会、创业典型报告会、创业典型事迹专栏报道、举办第三届全县创业大赛等活动，激发新一轮全民创业激情。2017年全县新增私营企业5839户、新增个体工商12727户；年内引领大学生创业417人；支持自主创业2131人；实名返乡创业1423人；组织创业培训1916人；发放小额担保贷款1986万元。

就业培训工作全面推进。2017年，全县城镇新增就业10436人；帮助企业招工8485人；离校未就业高校毕业生实名制登记率、就业服务率均达100%；城镇失业人员再就业4087人；就业困难人员再就业986人；开发专岗托底安置下岗失业转业志愿兵188人。农村劳动力转移就业8457人；在职职工技能提升培训9836人，技能考核鉴定取证2105人。

社会保险工作成绩显著。截至2017年底，全县企业职工养老保险参保人数111260人，新增扩面10560人，基金征收10.5亿元。城镇职工医疗保险参保138012人，新增扩面8088人，基金征收4.2亿元。城镇居民医疗保险参保117700人，新农合参合人数达56万人，失业保险参保人数达74322人，新增参保5050人，基金征缴2380万元。工伤保险参保90560人，基金征收2061万元。生育保险参保79002人，基金征收1096万元。机关事业单位养老保险离退休人员养老金社会化发放率100%。全县城乡居民基本养老保险参保18.3万人，续保14.25万人，基金征缴7199万元；被征地农民社会保障覆盖率达100%。

人才引进工作不断加强。2017年，引进高校毕业生5830人；引进专门人才1026人；新增初、中、高级专业技术人员4980人，专业技术人员知识更新工程培训14860人；新引进长期外国专家3名，新增留学回国人员5名；新增高技能人才680名。

和谐劳动关系建设有力。通过开设“企业大讲堂”，举办企业家座谈会、劳动保障法律法规培训班等多种形式宣传劳动保障法律法规。举办“仲裁开放月”活动，开展工资支付、清理整顿人力资源市场秩序、用人单位遵守劳动用工和社会保险法律法规情况3项专项检查，共检查367户企业，涉及职工3.1万多人，督促用人单位支付工资800多万元。年内劳动监察立案127件，当期结案率100%；规模以上企业劳动合同签订率达98%。受理工伤认定案件261件，行政诉讼无败诉；劳动人事仲裁依法受理各类争议案件744件，100%按期结案。接待来访413批1380人次，其中群访35批600人次，妥善化解了各类信访矛盾，维护了社会大局的和谐稳定。

平台信息化建设提档升级。开发社会保障卡PC端、手机APP等网上服务平台和社会保障卡自助服务一体机平台，推进社会保障卡代扣代缴、自助缴费、网上缴费、手机缴费等多种形式缴费服务，同时与县院对接就医一卡通平台开发，推进社会保障卡挂号、诊疗、住院登记、购药等就医过程的信息服务。在全县各镇（街道、区）、30个中心村（社区）布放电脑、网络设备、打印复印一体机等基础设备和就业创业自助终端、社保自助服务终端、金融自助服务终端等智能设备100多台，实施金保专网“村村通”工程，推进上冈镇南庄村、开发区南华村等中心村自助银行建设，推动人社业务在基层平台地有效开展，实现建设村居城乡居民参保、缴费、待遇领取、权益查询“四个不出村”的业务代办。

【民政事业】 城乡社会救助进一步规范。2017年对建湖县城乡低保进行核查，全年累计清退不合条件的低保对象2933户3877人，全年新进低保601户1244人，全县享受低保待遇的共有10602户13760人，比2016年减少2332户2633人；根据省市提标要求，城镇低保标准提高到每人每月560元，农村低保标准提高到每人每月480元，城乡低保标准之比达到1.2∶1；农村五保集中供养标准提高到每人每年9800元，分散供养标准提高到每人每年8400元，城市“三无”人员供养标准提高到每人每月1500元，六十年代初精减退职老职工提高到每人每月1500元。全年对26431人次困难群众实施医疗救助1329.58万元，对3688户次实施临时救助255.9万元。社会孤儿生活补助标准提高到每人每月1320元，重残重病、监护缺失儿童分别提高到每人每月660元、1060元。全年共救助城市生活无着流浪乞讨人员243人次。开展慈善捐赠和慈善救助，组织开展“慈善建湖、善暖人间”捐赠活动，接收捐赠325万元。

社会福利体系进一步完备。全县现有公办养老机构13家。2017年新办社区居家养老服务中心（站）20个，新办日间照料中心1家，老年人助餐点20个，智慧养老、虚拟养老、娱乐养老、健康养老逐步走入老年人生活，每千名老人拥有养老床位数达到了35.9张，“12349”居家养老信息化平台实现县城全覆盖。先后培训养老护理员260名，持证上岗率达80%以上。专门购置老年优待证办理设备，为7500名60岁以上老年人办理了老年证。全年向22168名80岁以上老年人发放尊老金1416.82万元。全面推进“安康关爱行动”，60周岁以上老年人意外伤害保险投保率达26%，养老机构综合保障投保率100%。县社会福利中心、儿童福利中心土建工程结束，进入后期装潢、设备配套和人员培训，预计2018年上半年投入运营。强化福彩宣传和推广，全年募集福彩奖金5000多万元。

农村托老养老中心　（建湖日报提供）

双拥优抚安置工作进一步拓展。坚持以双拥促安置、以安置促优抚、以优抚促稳定的工作思路，深入开展双拥“五进五入”“八一”春节走访慰问活动和双拥模范县创建活动，建成了双拥一条街、双拥公园和双拥长廊。落实省政府办〔2017〕59号文件精神，出台重点优抚对象免费公交、免费游园、免费体检、水电气、有线电视、宽带费补助、两参人员专项慰问金等一揽子政策文件，并全部实施到位。全县发放光荣人家牌5.5万余张，建军90周年发放专项慰问金335.9万元。出台《退役士兵村官培养工程意见》，一次性选聘46名退役士兵进入村级领导班子。加大退役士兵职业技能培训，培训退役士兵321名，培训率达98%以上，双证获取率达95%。全面实行“积分选岗，阳光安置”工作制度，四类重点对象安置率达100%；精心组织褒扬烈士的各项纪念活动，接待祭扫1.1万人次，使“慰烈工程”的社会效应不断放大。全年共发放优抚经费7500多万元，230名重点优抚对象享受医疗巡诊服务。

基层社会治理体系进一步形成。进一步落实《关于进一步加强县城社区建设和创新管理的意见》，全面建立以党组织为核心、居民自治组织为主体、管理服务站和综治办为依托的城乡社区新型管理服务体系。全县村务公开已实现规范化和常态化。推进社会组织管理改革，对行业协会商会类、科技类、公益慈善类、城乡社区服务类四类社会组织试行直接登记；加大社会组织等级评估工作，逐步健全“年度检查、日常监督、评估机制、执法监察”四位一体的社会组织监督管理体系，累计登记各类社会组织739个，全县万人拥有社会组织数达9.2个。

专项事务管理进一步加强。继续深入开展“平安边界”创建活动，完成2条市际界线（盐淮线、盐扬线）界桩更换和4条县际界线界桩踏勘登记，切实维护边界稳定。做好1994年以后纸质婚姻登记历史数据的补录工作，全年婚姻登记9500多对，登记合格率100%。加大收养登记宣传，纠正公民私自收养子女行为，登记合格率100%。加大殡葬设施投入，完成城市经营性公墓、13个镇级公益性公墓和156个村级集中安葬点（骨灰存放室）建设。

【文化事业】 文化惠民更加优化。开展文化惠民四大活动，即“杂技周末剧场”“杂技村村到、校校到”“淮剧周末舞台”“淮剧进村庄、进社

周末淮剧舞台　（建湖日报提供）

区”,采取政府购买服务的形式,完成各类演出600场以上。同时继续举办好“百姓舞台”“欢乐广场”“淮杂文化庙会”和各类节庆文化活动,不断扩大文化惠民受众面和覆盖面。针对九龙口旅游度假区节假日人员比较集中的实际,启动了九龙口“春季周末大舞台”惠民演出,既提高文化惠民效果,又助力旅游经济发展。开展文化“三送”,全年送电影下乡3012场。

公共文化提档升级。全年先后4次召开基层综合性文化服务中心建设推进会,扎实推进年度49个基层综合性文化服务中心建设任务。县图书馆完成四年一度的全国图书馆评估定级工作。加强图书馆总分馆建设,全面完成剩余的107个村级流通服务点建设工作,实现了全县图书通借通还全覆盖。县图书馆增设老年大学、残联2个图书流通点,开设了“塘河讲堂”举办名人名家讲座,开通少儿数字图书馆,方便了小朋友网上阅读,建成图书馆公众服务微信平台,方便读者借阅、查询、预约,实现了图书馆智能化服务。建湖书画院揭牌成立,在不足一年的时间内,完成书画作品创作40余幅、作品收藏30余幅,组织外出写生活动4次,接待外省市书画家30多名。加快推进文化服务体制改革工作,先后成立了文化馆、图书馆理事会。“杂技传承基地”建设项目各项工作有序推进。推进全县农家书屋建设工作,建成阅报栏(屏)199家,购置图书1.1万册,对全县80个农家书屋的图书进行了更新。建湖县被省局表彰为农家书屋提升工程试点工作先进县。建湖县应急广播“村村响”工程顺利通过省局验收,成为盐城首家通过验收的县(市、区)。

文化市场繁荣有序。推进行政审批制度改革,进一步梳理行政审批事项,压缩审批时限,规范审批流程,年内共办理行政事项208件。切实加强广播电视安全播出工作的管理,督促广电台、网络公司做好安全播出地培训、应急预案地演练和技术防范工作,组织开展了广播电视安全播出工作大检查,与广电台、网络公司签订了安全责任书,实现广播电视安全播出无事故。围绕事关人民群众切身利益的热点、难点问题开展文化市场专项整治行动,严厉打击网吧、游戏厅接纳未成年人、色情低俗表演等违法经营活动,制定了“扫黄打非”“固边、秋风、清源、净网、护苗2017”专项行动工作方案并组织实施。加强版权管理,协调处理、化解版权纠纷1起。2017年文化市场执法共出动4200余人次,检查经营单位1300余家次,处置有害信息127条,关闭非法网站3家,查缴非法出版物1060本,立案查处违规经营案件22起。全年未发生一例行政复议及行政诉讼案件,执法工作得到了上级领导和广大群众地认可。

【残疾人事业】　残疾人社会保障水平提高。与民政、财政部门联合下发《关于发放三四级智力精神残疾人生活补贴和护理补贴的通知》,将三四级智力精神残疾人全部纳入补贴范围。将贫困白内障患者复明、村(社区)康复站建设、辅助器具适配、精神病患者免费供药这四个项目列入县政府2017年为民办实事项目。

残疾人就业培训工作切实推进。依法推进残疾人集中就业和按比例就业,定期发布就业创业信息、举办用工对接活动,为残疾人就业提供全方位、多渠道的服务,促进用人单位吸纳更多的残疾人就业。

残疾人服务载体建设全面提速。截至2017年底,已建成了县级残疾人康复中心、托养中心、辅助器具服务中心、文体艺展能中心,在基层建成镇级托养机构、残疾人之家、残疾人康复站(室)。建湖县还建有一批残疾人扶贫基地、就业基地、创业基地、盲人按摩机构,初步构建了以公办服务机构为骨干,民办和社区服务机构为主体,家庭服务为基础的残疾人公共服务网络。　（发改委社会事业科）

责任编辑　彭　玉

社会主义核心价值观培育和践行

Cultivation and Practice of Socialist Core Values

【综述】 2017年,在县委、县政府领导下,全县上下以习近平新时代中国特色社会主义思想和中共十九大精神为指导,深入推进社会主义核心价值观建设,培育良好道德风尚,不断提升公民文明素质和社会文明程度。

【厚德建湖建设】 培育和践行社会主义核心价值观,深入开展美德善行系列活动,弘扬传统美德、弘扬时代新风、弘扬主流价值,强化典型引领,放大凡人善举示范效应,在全社会树立崇德向善、见贤思齐的良好风尚。深化“每月一星”评比,形成县镇村三级联动的道德典型培树机制。2017年,举办第五届“感动建湖十大人物”等评选表彰活动,全县涌现出一批先进典型,2人当选“中国好人”,3人当选“江苏好人”,5人当选“盐城好人”。唐光真家庭获“江苏省文明家庭”,陈扣连当选省“最美基层干部”,杨文学、陈扣连当选盐城市第五届道德模范,“情暖夕阳”项目被评为市“十佳文明新事”“全国最佳志愿服务项目”称号,“牵手·圆梦”项目获市“十佳文明新事”提名奖,季发农先进事迹入展“砥砺奋进的江苏”大型主题图片展。落实县委、县政府出台的《建湖县关爱道德典型实施办法》文件精神,县主要领导带头慰问道德典型,引导干部群众身体力行社会主义道德规范。

【乡风文明建设】 组织文明行业单位与村居结对共建,深入开展文化科技卫生“三下乡”活动,被省委宣传部表彰为“三下乡”先进集体。开展“推动移风易俗　树立文明乡风”“倡导绿色生活　反对铺张浪费”“每月一星”、道德讲堂等活动,引导广大群众形成崇德向善、勤俭节约、文明健康的生活方式。加强村民自治,深入开展文明乡风评议活动,摒除陋习、培育新风,化解矛盾、增进和谐,选树典型、弘扬正气,经验做法在《精神文明导刊》《盐城宣传》等刊物刊登。加强农村基层创建,开展文明镇、文明村、文明户、“十佳孝星”等评选活动,一批镇、村、社区被评为省市文明创建先进集体,马宝庆等10人被评为建湖县第二届“十佳孝星”。深入开展最美乡村创建活动,九龙口梅苏村被评为省最美乡村、庆丰镇东乔村、恒济建河村被评为市最美乡村。

【第五届“感动建湖”十大人物】 2016年3月28日,县委宣传部下发《关于推荐第五届“感动建湖”十大人物的通知》(建委宣〔2016〕4号),在全县范围组织开展第五届“感动建湖十大人物”评选活动。经过推荐、评议,王建彩、陈占万、许海兰、李佩才、郑永方、嵇绍兵、袁为国、单思源、殷继伟和袁洲,以及夏正亮、曹恒秀、祁德阳团体获得“感动建湖十大人物”称号。2017年4月28日,在县文化艺术中心举办第五届“感动建湖十大人物”颁奖典礼,县委书记、县人大常委会主任陈平,县长薛盛堂及县四套班子领导出席活动。

【爱国主义教育基地建设】 2017年,以喜迎十九大为重点,深入挖掘红色教育资源,加强爱国主义教育基地建设,建阳县抗日民主政府旧址、芦沟镇蒹葭诗社接受市级爱国主义教育基地验收,乔冠华故居和建湖县烈士纪念馆布展工作有序推进,展陈内容进一步丰富。全县共拥有省级爱国主义教育基地2个(陆秀夫纪念馆、华中鲁艺抗日烈士陵园),市级爱国主义教育基地5个(九龙口风景区、建湖县图书馆、建湖县烈士陵园、江淮戏苑、双湖公园),县级爱国主义教育基地11个(乔冠华故居、芦沟镇蒹葭诗社、冈西

第五届“感动建湖”十大人物颁奖典礼　　（建湖日报提供）

镇白果烈士纪念塔、上冈镇抗日二十一无名烈士纪念碑、陆庄革命烈士纪念塔、建阳县抗日民主政府旧址、新四军《人民报》印刷旧址、县淮剧团、县杂技团、县博物馆、草堰口汉墓群）。

3 月 31 日，县城南实验初中组织学生参观建湖县烈士纪念馆

（建湖日报提供）

【公民道德建设】 加强道德典型的学习宣传，设立好人馆、好人墙、好人广场、好人主题公园、好人长廊、乡贤公园。编排文艺节目，开展道德模范进社区专场演出和事迹巡展，报纸、广播、电视和论坛、贴吧、网站等常态化宣传道德典型事迹。深化“中国梦”“讲文明树新风”“图说我们的价值观”等公益宣传，结合第 15 个“公民道德宣传日”，开展“创建文明城市，建设厚德建湖”主题实践活动。广泛开展移风易俗活动，推广“乡风文明评议会”做法，深化道德讲堂建设，相关经验在《江苏省精神文明建设简报》《精神文明导刊》刊登。开展文明行业单位、文明社区、文明小区、文明楼栋、文明家庭、文明镇村等创建活动，44 家单位（镇村、社区）被评为盐城市文明创建先进集体。开展诚信建设，联合出台相关制度规范诚信建设，开展“6·14”信用记录关爱日主题宣传活动，在县主要媒体、户外大屏发布诚信“红黑榜”。

【开展志愿服务】 弘扬志愿服务精神，开展“文明建湖·温暖新春”“弘扬志愿精神　助力文明创建”“牵手·圆梦”关爱未成年人等志愿服务行动。“情暖夕阳”空巢老人结伴行志愿服务项目获第二届江苏志愿服务展示交流会金奖，入围全国学雷锋志愿服务四个“100”，获评全国最佳志愿服务项目，相关经验在《江苏精神文明建设简报》《盐城宣传》等刊物刊登。“牵手·圆梦”关爱未成年人成长项目获盐城市首届“最美志愿服务项目”，吴慧敏当选省、市最美志愿者。关爱留守儿童“欢乐周末行”系列公益活动项目被团省委、江苏省志愿者协会评为江苏省优秀青年志愿服务项目。

“杂技周末剧场”演出现场　　（建湖日报提供）

【未成年人思想道德建设】 深化“牵手·圆梦”未成年人关爱行动，组织“牵手圆梦”志愿服务行动——“七彩的夏日”联谊会、“牵手·圆梦”联谊会等活动。深入推进文明校园创建，加强“八礼四仪”养成教育，举行“行知剧场”节目展演暨第八届“美德少年”颁奖典礼，上冈实验初中戴驰展同学获评“江苏省美德少年”，沿河初中朱星辰同学获评市“十大美德少年标兵”。在市青少年弘扬社会主义核心价值观情景剧复赛中，音乐剧《吉他情缘》获一等奖和优秀剧本奖，情景剧《马路风景线》获二等奖和组织奖，《吉他情缘》代表盐城市参加江苏省青少年弘扬社会主义核心价值观情景剧大赛获组织奖。

【最美医生（护士）评选】 2017 年 6 月 9 日，中共建湖县委宣传部、建湖县卫生和计划生育委员会联合下发《关于组织开展第二届“最美医生（护士）”评选活动的通知》（建委宣〔2017〕6 号），在全县卫生系统组织开展首届“最美医生（护士）”评选活动。经过群众推荐、评议，12 月 28 日，中共建湖县委宣传部、建湖县卫生和计划生育委员会联合下发《关于表彰建湖县第二届"最美医生(护士)"的决定》(建委宣〔2017〕12号),授予季益豪、傅俊建、徐左平、杨定莉、金勇5人为"最美医生"称号,周兰华、张勤、洪锦玲、赵志群、许方5人为"最美护士"称号。

【周末文化超市】 实施"周末文化超市"惠民工程,推进文化预约服务,建立以需求为导向的文化产品供给机制,通过政府出资"购"文化、需求互动"点"文化、创新服务"送"文化,既增强了文化资源供给的针对性,满足群众对美好生活的需要,又打通了公共文化服务"最后一公里",实现了政府实效与百姓实惠的双赢。全年,送戏1200多场次、送电影4800多场次、送图书3万册,开展"百姓舞台"镇村行、"淮剧周末舞台""杂技周末剧场",结合"欢乐广场""杂技村村到、校校到""淮剧进村庄、进社区""淮杂文化庙会""淮杂艺术周"、群众文艺汇演等惠民活动近11000多场次,举办道德讲堂、理论培训近2000场次,受益群众达55万人次,推动了文化活动一派繁荣,文化资源高效利用,文化志愿服务蓬勃开展,干群文化活动参与度进一步提升。 (骆旭阳)

责任编辑 彭 玉

颜单镇乡村大舞台 (建湖日报提供)

组织机构及人员名录

2017年1—12月

Organization and Personnel List

中共建湖县委

书　　记　陈　平

副 书 记　薛盛堂

　　　　　吴　云

常　　委　须卫琴(女)

　　　　　徐宁建

　　　　　倪世勇

　　　　　邓小锋(—2017.04)

　　　　　施　伟

　　　　　孙海山

　　　　　陈巍亮

　　　　　顾加广

　　　　　李　旭(挂)(—2017.08)

　　　　　魏　微

　　　　　许　刚(2017.04—)

委　　员　(姓氏笔画为序)

　　　　　丁红兵　丁海东　申建春

　　　　　刘兆云　刘登石　许　刚

　　　　　孙振宏　孙海山

　　　　　杨越华(女)　肖汉宏

　　　　　吴　云　吴忠诚　何春明

　　　　　沈志宏　张连国　陈　平

　　　　　陈巍亮　邵红燕　苗志清

　　　　　金　明　胡立东　须卫琴

　　　　　施　伟　顾加广　倪世勇

　　　　　徐宁建　唐　坤　唐广群

　　　　　谢超云　臧　冲　薛盛堂

　　　　　魏　微

建湖县人大常委会

主任、党组书记　陈　平(—2017.01)

　　　　　　　　张连国(2017.01—)

副主任、副书记　俞进虎(—2017.01)

副 主 任　徐为祥

　　　　　唐广群(2017.01—)

　　　　　刘登石(2017.01—)

　　　　　唐　坤(2017.01—)

委　　员　张连国　徐为祥　唐广群

　　　　　刘登石　唐　坤　周公祝

　　　　　颜如超　张国喜　袁文忠

　　　　　张向阳　王　频　朱卫国

　　　　　陈　俊　张晓娟(女)

　　　　　蔡智海　尤　勇　王志亮

　　　　　徐正余　陈鸿斌

　　　　　季成銮(女)　高才龙

　　　　　季本国　周　华

　　　　　邵　静(女)　李文枫

　　　　　周庆标　杜生军

　　　　　朱庆兰(女)

　　　　　洪　霞(女)　彭　岗

　　　　　周红梅(女)　徐向阳

　　　　　吴启春　许连生　陈汉山

建湖县人民政府

县　　长　薛盛堂

副 县 长　徐宁建

　　　　　何春明

　　　　　金　明

　　　　　刘兆云

　　　　　申建春(女)

　　　　　臧　冲

　　　　　李　旭(挂)(—2017.08)

　　　　　汤冬青(—2017.04)

中国人民政治协商会议建湖县委员会

主席、党组书记　张连国(—2017.01)

　　　　　　　　俞进虎(2017.01—)

副 主 席　唐张新(—2017.01)

　　　　　葛正光

　　　　　陈秀花(女)

　　　　　杨海滨(—2017.01)

　　　　　曹征松

　　　　　丁红兵(2017.01—)

　　　　　徐守忠(2017.01—)

秘 书 长　张广春

常　　委　(姓氏笔画为序)

　　　　　王　静(女)　王中玉(女)

　　　　　王建军　付　强　吉国军

　　　　　成占华　朱亚洲　朱海峰

　　　　　刘　健　刘正宏　刘岳楠

　　　　　刘德志　李德贵　吴春安

　　　　　吴颖桢(女)　沈中顺

　　　　　沈志宏　张　艳(女)

　　　　　张　桐　邵建华　周成刚

　　　　　周红玉　周晴华

　　　　　庞小红(女)　树　彬

　　　　　夏少青　夏正江　夏正军

　　　　　徐　良　唐广明　接道成

　　　　　葛　菁(女)　戴文哲

中共建湖县纪律检查委员会

书　　记　须卫琴(女)

副 书 记　沈志宏

　　　　　王志亮

常　　委　徐雄延

　　　　　王　青(女)

　　　　　李　强

　　　　　周海浩

建湖县人民法院

院长、党组书记　杨越华(女)

副书记、副院长　时庆海

副 院 长　唐春兰(女)

　　　　　刘德志

政治处主任　薛绍军

纪检组长　李志祥(—2017.08)

执行局

局长、审判委员会专职委员　王晓震

审判委员会专职委员
董学斌
丁扣萍(2017.10—)

建湖县人民检察院

检察长、书记 胡立东
副检察长 冯兆江
姜 艳(女)
胡 军
纪检组长 杨 琴(女)(—2017.08)
专职检委 宋金虎

反贪局

局 长 陈汝平(—2017.12)

县委工作机构

办公室

主 任 刘登石
副主任 接道成
汤建高(—2017.03)
沈育茂
张如东(2017.02—)

县委改革办

主 任 吴 云
专职副主任 陈春雷

县委研究室

主 任 陈春雷(2017.10—)
副主任 徐 根(—2017.10)

国家保密工作局

副局长 李 想

县委机要局

局 长 程永华
副局长 王 峰

组织部

部 长 邓小锋(—2017.04)
许 刚(2017.04—)
副部长 谷远东(—2017.08)
夏正军
徐正余
成万东(2017.08—)

县委“两新”工委

书 记 徐正余
副书记 孙盘桧

县委社区工委

副书记 曾令群(—2017.08)

县人才办

主 任 夏正军
副主任 孙开东(2017.02—)

宣传部

部 长 倪世勇
副部长 戴 嵘
符庆香
陈鸿斌
葛 菁(女)

文明办

主 任 戴 嵘

文 联

主 席 徐守忠
副主席 吴晓刚

县委新闻中心

主 任 陈鸿斌
副主任 夏 海
杜乃彤(2017.02—)

社科联

主 席 符庆香

统战部

部 长 邓小锋(—2017.04)
许 刚(2017.04—)
副部长 沈中顺
张 艳(女)
树 彬(—2017.03)
郝明玉(2017.03—)

民族宗教事务局

局 长 沈中顺
副局长 华 玉

侨 联

主 席 吴春安

台侨办

主 任 接道成
副主任 马如刚

政法委

书 记 吴 云(—2017.01)
陈巍亮(2017.01—)
副书记 董玉志(—2017.01)
徐志云(2017.01—)
季成銮(女)

综治办

主 任 董玉志(—2017.01)
副主任 张启明

依法治县办

副主任 丁建东

县委巡察办

县委巡察办主任
王志亮(2017.08—)
副主任
刘小华(2017.08—)
县委巡察组组长
徐雄延(2017.08—)
嵇宏宽(2017.08—)
陈红明(2017.08—)
曾令群(2017.08—)
县委巡察组副组长
龚文勇(2017.08—)
朱政广(2017.08—)
杨树栋(2017.08—)
沙金红(2017.08—)
潘镇山(2017.08—)
孙东芹(2017.08—)
严国庆(2017.08—)
徐为军(2017.08—)
姜永宏(2017.08—)

派驻纪检组

第一组组长 程干峰(2017.08—)
第二组组长 夏 俊(2017.08—)
第三组组长 朱雪芬(2017.08—)
第四组组长 陈 伟(2017.08—)
第五组组长 郑素兰(2017.08—)
第六组组长 杨晓霞(2017.08—)
第七组组长 接传健(2017.08—)
第八组组长 陶广才(2017.08—)

第九组组长　徐晓钧(2017.08—)
第十组组长　顾曰辉(2017.08—)
第十一组组长　王　瑛(2017.08—)
第十二组组长　王　忠(2017.08—)
第十三组组长　周正亚(2017.08—)
第十四组组长　李志祥(2017.08—)
第十五组组长　杨　琴(2017.08—)
第十六组组长　吴　峰(2017.08—)

农工办

主　　任　高才龙
副 主 任　孙栋生
　　　　　张明虎
　　　　　许龙雨

扶贫办

主　　任　高才龙
副 主 任　王群刚
　　　　　陶广才(—2017.02)

新农村建设投资公司

副总经理　赵雪峰
　　　　　潘玉宏(2017.08—)

机构编制委员会办公室

主　　任　孙华之
副 主 任　刘有群(女)
　　　　　嵇宏宽(—2017.08)

事业单位登记管理局

副 局 长　王乃亚

机关工委

书　　记　符庆如
工委主任　曹汉东(—2017.02)
人武部长　潘　泳

老干部局

局　　长　成万东
副 局 长　叶旺春
　　　　　孙　珺(女)

信访局

局　　长　丁　刚
副 局 长　陈文宝(女)(—2017.08)
　　　　　凌亚涵
　　　　　王月芹(女)(2017.02—)
　　　　　邓启祥(2017.08—)

党(干)校

校　　长　吴　云
常务副校长　吕向东
副 校 长　李　刚
　　　　　郁玉祥(—2017.02)
　　　　　李佩荣
　　　　　陶　刚(2017.02—)

档案局

局　　长　孙　旺(—2017.01)
　　　　　赵宏元(2017.01—)
副 局 长　谷加洲(—2017.02)
　　　　　夏斯兵(2017.02—)

党史办

主　　任　周浪野
副 主 任　蒯本斌(—2017.02)
　　　　　夏正凯

县人大常委会机关

办公室

主　　任　周公祝
副 主 任　蔡智海

内务司法委员会

主　　任　张向阳
副 主 任　尤　勇

财政经济委员会

主　　任　彭光红(2017.08—)
副 主 任　朱卫国

农村工作委员会

主　　任　颜如超
副 主 任　张晓娟(女)

科教文卫委员会

主　　任　张国喜
副 主 任　陈　俊

人事代表联络委员会

主　　任　袁文忠

环境资源城乡建设委员会

主　　任　王　频

县政府工作机构

办公室

主　　任　孙振宏
副 主 任　郝明玉(—2017.03)
　　　　　李定军
　　　　　王　俊(—2017.02)
　　　　　俞　水
　　　　　王文华
　　　　　吕申军(—2017.01)
　　　　　汤建高(2017.03—)
　　　　　施　健(2017.02—)
　　　　　孙　浩(2017.02—)

人防办

主　　任　王　俊(—2017.02)

外事办

主　　任　郝明玉(—2017.03)
　　　　　汤建高(2017.03—)
副 主 任　高　宁

法制办

主　　任　谈　宁

电子政务管理办公室

主　　任　王文华
副 主 任　孙　浩(—2017.02)
　　　　　顾仁安
　　　　　吕以刚
　　　　　陈　祥(2017.02—)
　　　　　左天华

金融办

主　　任　李定军
副 主 任　沈　和(2017.10—)

机关事务管理局

局　　长　吕申军(—2017.01)
　　　　　王　俊(2017.02—)

政务服务管理办公室

主任、书记　周　翔
副 主 任　高书扬
　　　　　荀为群
　　　　　宋为勇
纪检组长　徐晓钧(—2017.08)

工委主任　徐　宏

发展和改革委员会

主任、书记　唐广群(—2017.01)
　王志山(2017.01—)
副书记、副主任　王晓林
副 主 任　余　江(—2017.10)
　杨卫华
　张志刚
　周学柱
　姚国军(—2017.08)
　徐　根(2017.10—)
纪检组长　潘镇山(—2017.08)

物价局

局　　长　周学柱
副 局 长　赵建军
　冯则明
纪检组长　接传健(—2017.03)

粮食局

局　　长　姚国军(—2017.08)
　王晓林(2017.08—)
书　　记　胥传生
副书记、副局长　杨定军
副 局 长　仇中良
　肖　亮
纪检组长　陈　伟(—2017.08)

经济和信息化委员会

主任、书记　王淑君(女)(—2017.07)
　肖汉宏(2017.08—)
副 书 记　梁裕坚(2017.02—)
副 主 任　梁裕坚
　周　全
　周加印
　朱德江
　王志光
纪检组长　龚文勇(—2017.08)

中小企业局

局　　长　梁裕坚

产业发展办公室

主　　任　王淑君(—2017.07)
　肖汉宏(2017.08—)
副 主 任　支邦军
　刘玉山
　周雪锋

教育局

局长、书记　彭光红(—2017.08)
　刘士川(2017.08—)
副 局 长　任连文(—2017.01)
　吴春祥
　仇正山
　单加文
　陶天宏(2017.08—)
纪检组长　王　瑛(女)(—2017.08)
工委主任　许万忠

科技局

局长、书记　吴金标
副 局 长　张峰梅(女)
　徐银刚(—2017.02)
　吕忠东
　朱学林(—2017.02)
　时　宇(2017.02—)
纪检组长　朱学林(—2017.02)
知识产权局副局长
　孙　莉(女)(2017.02—)

公安局

局长、书记　丁红兵
政委、副书记　花根楼
副书记、副局长　唐崇飞
副 局 长　徐国梁
　杨正斌
　周新宏
　李向前
副政委　丁福成(—2017.02)
纪检组长　周正亚(—2017.08)
政治处主任　陆必胜(—2017.02)
　李德权(2017.02—)

县委610办公室

主　　任　徐国梁
副 主 任　戴荣干(—2017.02)
　路文龙
　祁万坤(2017.10—)

维稳办

主　　任　唐崇飞
副 主 任　徐　峰(2017.02—)

监察局

局　　长　沈志宏
副 局 长　朱国成(2017.03—)

民政局

局长、书记　张　进
副 书 记　岳加海
副 局 长　马晓萍(女)
　张俊生
　周　斌(挂)
纪检组长　徐为军(—2017.08)

司法局

局长、书记　姜广祝
副书记、副局长　刘茂林
副 局 长　薛锦华
　金小刚
　陈　国
纪检组长　朱国成(—2017.02)
工委主任　王玉珠(女)(—2017.10)

财政局

局长、书记　丁海东
副 书 记　刘以康(2017.01—)
副 局 长　徐德勤
　顾永标
　胡志巧(女)(—2017.02)
　虞　山(女)(2017.10—)
纪检组长　胡志巧(女)(—2017.03)
　杨晓霞(女)(2017.04—2017.08)

国有资产监督管理办公室

主　　任　刘以康(2017.01—)
副 主 任　虞　山(女)(—2017.10)

国有资产投资管理有限公司

副总经理　徐国昌

人力资源和社会保障局

局长、书记　谷远东
副局长、专门办主任
　顾建强(—2017.01)
副 局 长　葛步中
　刘有为
　梁　洁
　陈　亮(2017.02—)
纪检组长　陈　亮(—2017.02)
　郑素兰(女)(2017.02—2017.08)
工委主任　唐明权

规划和城市管理局

局长、副书记　徐志云(—2017.01)
局长、党委书记　吕申军(2017.01—)
副书记、副局长　韩春军
副 局 长　胡达林
　　　　郭林海
　　　　曹习根(—2017.02)
　　　　王建法
　　　　朱建亚
纪检组长　刘小华(—2017.08)
工委主任　李晓春

城市管理综合行政执法局

副 局 长　廖　东(挂)
　　　　钟　山(挂)

国土资源局

局长、书记　孙育军
副书记、副局长　吴仕军
副 局 长　王立喜
　　　　于海堂
　　　　于利民(—2017.06)
　　　　周小平(2017.07—)
纪检书记　周小平(—2017.07)

住房和城乡建设局

局长、副书记　唐广明(—2017.01)
　　　　夏正立(2017.01—)
副 局 长　王观斌
　　　　江　坚(—2017.02)
　　　　张国雨
　　　　吴　伟(—2017.08)
　　　　刘　林(2017.02—)
　　　　夏少青(2017.08—)
纪检组长　白　林(—2017.02)
　　　　接传健(2017.03—2017.08)
工委主任　梁守祥

城市建设投资有限公司

董 事 长　高文勇
总 经 理　刘大年
副总经理　潘玉宏(—2017.08)
　　　　顾良春(2017.08—)
　　　　唐家连(2017.08—)

交通运输局

局长、书记　朱堂珍(女)
副书记、副局长　冯鲁江
副 局 长　张景杲(—2017.02)
　　　　任学军
　　　　夏少青(—2017.08)
　　　　王建东(2017.02—)
　　　　吴　伟(2017.08—)
纪检组长　王建东(—2017.02)
　　　　陶广才(2017.02—2017.08)
工委主任　胥兰凤(女)

水利局

局长、书记　陈远立
副书记、副局长　朱开银
副 局 长　朱加付
　　　　周寿田
　　　　凌洪军
纪检组长　陈红明(—2017.08)
工委主任　肖立荣

农业委员会

主任、书记　肖汉宏(—2017.08)
　　　　姚国军(2017.08—)
副书记、副主任　胡士钊
副 主 任　何　高(—2017.02)
　　　　宋维江(挂)
　　　　袁志娟(女)(—2017.03)
　　　　唐春雷
　　　　吴　祥(2017.10—)
纪检组长　周立荣(—2017.02)

农资开发局

局　　长　袁志娟(女)(—2017.03)
　　　　树　彬(2017.03—)
书　　记　赵宏元(—2017.03)
副 局 长　夏咸群
　　　　潘安林
　　　　周　定(—2017.02)
　　　　陆正军(2017.02—)
纪检组长　王　忠(—2017.08)
工委主任　陆正军(—2017.02)

商务局

局　　长　夏正立(—2017.01)
　　　　周　清(2017.01—)
副书记、副局长　沈中华(—2017.02)
副 书 记　马风雷(2017.02—)
副 局 长　马风雷
　　　　杨跃东(—2017.10)
　　　　王曙东
　　　　朱文贵
　　　　李德贵(—2017.10)
　　　　杨怀玉(2017.10—)
　　　　商万海(2017.10—)
纪检组长　朱雪芬(—2017.02)
　　　　沙金红(2017.02—2017.08)

旅游局

局　　长　李育佐(2017.03—)
副 局 长　孙宝国(—2017.02)
　　　　王东锋

招商局

局　　长　夏正立(—2017.01)
副 局 长　卜志军(—2017.02)
　　　　严万东(—2017.02)

市场监督管理局

局长、书记　徐正根
副书记、副局长　刘以康(—2017.01)
副 局 长　李　光
　　　　肖　亚(女)
　　　　赵　超
　　　　朱福刚
　　　　严加奎(—2017.02)
　　　　汤　勇
　　　　王志诚
　　　　印锦红(女)
纪检组长　朱政广(—2017.08)
食安办副主任　杨玉明(女)

文化广电新闻出版局

局长、书记　侍宏建
副 书 记　李品旺
副 局 长　张啸竹(女)
　　　　李　琴(女)(挂)(—2017.02)
　　　　吴其凯
　　　　吴有生(2017.02—)
纪检组长　吴有生(—2017.02)
　　　　朱雪芬(2017.02~2017.08)
工委主任　潘开峰(挂)

卫生和计划生育委员会

主任、副书记　朱旭冬
党委书记　李吉祥
副 主 任　陆　霞(女)(—2017.02)
　　　　李建成(女)
　　　　王　锋
　　　　夏朋华
纪检组长　郑素兰(女)(—2017.02)

顾日辉(2017.02～2017.08)
工委主任　刘　洋

药品监督管理局(—2017.01)

局　　长　刘以康(—2017.01)
副 书 记　肖　亚(—2017.01)
副 局 长　严加奎(—2017.01)
工委主任　杨玉明(女)(—2017.01)

审计局

局　　长　张中芝(—2017.10)
局长、书记　周德良(2017.10—)
副书记、副局长　严志鹏
副 局 长　戴　勇
朱韶华
纪检组长　严国庆(女)(—2017.08)
工委主任　徐建龙

环保局

局长、书记　姜广建
副书记、副局长　杨以刚
副 局 长　叶旺森
王永华
周　埝
纪检组长　周为国
工委主任　申建梅(女)
生态建设办公室副主任　颜　萍(女)

统计局

局长、书记　王志山(—2017.01)
袁志娟(2017.03—)
副 局 长　李爱泉
沈有祥
俞先芝

安监局

局长、书记　张宝球
副 书 记　颜正华(挂)(2017.02—)
副 局 长　颜正华
张　伟
陆　迅
纪检组长　孙东芹(女)(—2017.08)
工委主任　唐为东

广播电视台

台长、党组书记　崔世才
副书记、副台长　刘步荣
副 台 长　李　锋
吕宣东

纪检组长　吴　峰(—2017.08)

贸易办

主　　任　李德贵
党委书记　夏正立(—2017.01)
副 主 任　徐正军
纪检组长　程干峰(—2017.08)

城市工业改革办公室

主　　任　姚　群
副 主 任　李立祥(—2017.02)
倪　伟(—2017.02)
金　煌
刘中华(2017.08—)
梁　实(2017.10—)
纪检组长　夏　俊(—2017.08)
工会主席　陆正军

供销总社

主任、党委书记　殷育峰
党委副书记　陈长生(—2017.02)
副 主 任　李宏茂(—2017.12)
张士刚
孙学军(2017.12—)
纪检组长　姜永宏(—2017.08)
工委主任　孙学军(—2017.12)
监事会主任　李宏茂(2017.12—)

县政协机关

办公室

主　　任　张广春
副 主 任　周成刚

提案委

主　　任　庞小红(女)
副 主 任　周永成

社会和法治委

主　　任　刘岳楠
副 主 任　商万海(—2017.10)

经济科技委

主　　任　唐广明(2017.01—)

学习文史委

主　　任　张　桐(—2017.04)

群团机构

总工会

主　　席　唐张新(—2017.01)
季本国(2017.01—)
书　　记　季本国
副 主 席　季本国(—2017.01)
王中玉(女)
王志宏
管书国

团县委

书　　记　周　华
副 书 记　邵　艺(2017.10—)

妇　联

主　　席　邵　静(女)
副 主 席　吴颖桢(女)
王　珺(女)(—2017.02)

科　协

主　　席　张书生
副 主 席　常顺成

残　联

理事长　陈阿连
副理事长　李相平

工商联

主　　席　陈秀花(女)
党组书记　张　艳(女)
副 主 席　刘正宏
吴剑锋
秘 书 长　吴剑锋

双重及垂直单位

国家税务局

局长、书记　季　铭
副 局 长　咸爱萍(女)
王启军
倪永辉
纪检组长　刘俊林

地方税务局

局长、书记　彭长和

副 局 长　陈　晓
刘德海
刘长干
纪检组长　朱守亚

邮政局

书记、局长　张培红
副 局 长　杜　强(2017.05—)
李以抓(2017.05—)

电信公司

总经理、书记　李章虎(—2017.06)
徐　春(2017.07—)
副总经理、纪委书记　王耀东
副总经理　王　伟
工会主席、副总经理　李栋梁

供电公司

总 经 理　张林茂
书　　记　王劲松
副总经理　刘广勇
王志华
赵志刚
纪委书记、工会主席　郭　勇

江苏有线建湖分公司

总 经 理　乔宗瑞
副总经理　左　斌
副总经理、综合办公室主任　武　祁
工会主席、总经理助理、财务资产部经理　葛玉梅(女)

烟草专卖局(公司)

局长(经理)　何旭东
副 局 长　严　伟
副 经 理　朱建华

气象局

局　　长　孙正玉
副 局 长　王亮亮

盐务局(盐业公司)

局长(经理)、书记　郑海军
副书记、副局长(副经理)　周　悦
副局长(副经理)　吴万清

中国人民银行建湖县支行

行长、书记　万卫东
副 行 长　杨家军
赵　刚

中国工商银行建湖县支行

行长、书记　李　佩
副 行 长　吕志友
李功建
纪检书记　贺　春

中国建设银行建湖县支行

行　　长　严　超
副 行 长　李小宁
王柏岳

中国银行建湖县支行

行　　长　汤　辉
副 书 记　朱绪翔
副 行 长　杨　静
黄　俊

中国农业银行建湖县支行

行　　长　沈加勇
副 行 长　蒋建龙
解　华
张忠杰

中国农业发展银行建湖县支行

行　　长　王　海
副 行 长　谷　苏
吴晓峰
纪检组长　谷　苏

建湖农村商业银行

党委书记、董事长　张德林
党委副书记、行长　陈耀清
纪委书记、监事长　周生云
党委委员、副行长　李定昌
黄业峰
孙　婷
薛如石
洪震林
工会主席　程仕友

建湖邮政储蓄银行

行　　长　杨　成
副行长、纪检组长　姚红蕾

江苏银行建湖支行

行　　长　孙　健
副 行 长　顾加红
左海波

昆山农村商业银行建湖支行

行　　长　洪　军
副 行 长　张连娣
行长助理　夏　飞

华夏银行

行　　长　金建明
副 行 长　彭大生

民生银行

行　　长　李海光
副 行 长　朱　辉
王　豪

交通银行

行　　长　戴　挺
副 行 长　王欣齐(—2017.07)
李仁芹(—2017.10)
李　靖(2017.07—)
刘进军(2017.11—)

中成村镇银行

行　　长　孔令卓
副 行 长　戴遐军

中国人民财产保险公司

经　　理　赵　军
副 经 理　叶　林
季云超
季谭林

中国人寿保险公司

经　　理　倪夕朝
副 经 理　祁晓春
胡银东
周瑛瑛

(组织部)

改革开放

Reform and Open

体制改革

The Reform of System

“放管服”改革

【推行清单标准化】 按照“三级四同”要求,做好省市取消下放事项衔接工作。全县42家部门共梳理确认权力事项6846项,取消权力事项8项,承接3项。出台并公布建湖县2017版行政事业性收费目录清单、政府专项资金管理清单。梳理并公布便民公共服务事项196项、中介服务事项28项、事中事后监管责任事项304项。

【优化审批流程】 出台了《县优化“开办企业”、“不动产交易登记”、“施工许可”审批流程实施细则》,推进全程电子化注册登记、不动产交易登记“一窗受理、集成服务”、一站式申报并联审批等,要求将“三证照”办理时限从11、23.5、76.5个工作日压缩至2、4、41个工作日。

【推进“不见面审批”】 制定并在省政务服务网公布“不见面审批(服务)”改革实施方案,共梳理4批842项“不见面审批(服务)”事项,达全部申请权力事项83.7%。推行收费“一票制”,取消收费7项。实行工业建设项目简约式评估,6项不需评估、简化评估的事项由部门作出承诺。对县投资项目审批、核准的非高能耗、非重大涉稳项目实行“三书合一”。推行“多图联审”,对县级范围内新建、改建、扩建工程项目实行“三测合一”。

【完善监管机制】 印发《建湖县推行“双随机一公开抽查监管工作机制实施方案》,全县35家部门共梳理329项随机抽查事项、304项事中事后监管责任事项,建立部门的检查对象名录库、执法检查人员名录库和随机抽查工作细则。建立监管信息互联共享、协调监管机制。

纪律严明的城管执法队伍　　(建湖日报提供)

纪检监察机构改革

【概况】 县编办助力纪检监察机构改革,为县委巡察办、巡察组、派驻纪检组跨部门调剂编制90名,实现机构、职数、编制、职责“四个到位”。在原有的农村纪检监察工作室基础上组建3个执纪监督工作室,调整县纪委内设科室,强化县纪委机关管理、后勤服务保障工作,切实把监督执纪触角延伸到每个角落。

城市管理领域一支队伍管执法改革

【概况】 根据上级文件精神、借鉴外地经验,拟定《建湖县城管领域综合行政执法体制改革工作实施方案》,在县城建监察大队、市容监察大队的基础上,整合住建、环保、市场监管、公安等部门相关行政执法职责,组建县城市管理综合行政执法大队,在全市率先实现城市管理领域一支队伍管执法。

(杨　红)

商事制度改革

【概况】 推进“先照后证”工作,清理和压缩工商登记现有前置审批事项170

项。全年受理经营范围涉及前置改后置工商登记公司556户、个人独资企业129户、个体户538户。实施企业、个体工商户的简易注销程序。在实施“多证合一、一照一码”登记模式的基础上，于2016年12月1日实施了个体工商户“两证合一”登记模式，共发出“两证合一”执照13340户。2017年3月1日对未开业或无债权债务的企业全面实行简易注销登记。全年已有13户公司制企业按照简易注销登记程序办理了注销手续。推进“双随机一公开”监管，全面整合检查事项，完成435户企业、13户个体工商户、39户专业合作社的“全面体检”，依法将36户企业列入了经营异常名录。加快构建以信息归集共享为基础、信息公示为手段、信用监管为核心的市场监管制度，做好全县市场监管信息平台建设工作，完成上传监管数据1008条，办理经营异常名录移出354件；8815户企业完成2016年度年报公示，年报率89.1%，居全市第三。

（张秀红）

农业农村改革

【概况】 2017年，全县农村改革持续推进。农村土地承包经营权确权登记工作稳步推进，多数镇村完成了颁证工作；培育新型农业经营主体，新发展注册登记家庭农场102家、农民专业合作社25家、专业大户560户；现代农业稳步推进，新增设施农(渔)业2986.67公顷、农业“三品”45个，建成省级农业龙头企业8家，被认定为国家农产品质量安全示范县。 （李立涵）

社会保险制度改革

【概况】 2017年，建湖县人力资源和社会保障局按照建湖县委、县政府的统一部署，组织实施“全民参保登记计划”，综合运用稽核、劳动保障书面审查、劳动监察专项检查等手段，组织推进社保扩面征缴。研究出台政策，将机关、事业单位工作人员纳入工伤、生育保险，进一步扩大社保覆盖人群，

社会保险经办业务实行“一站式”服务，图为县人社局服务大厅

（建湖日报提供）

增强人民群众的幸福感和获得感。全县企业职工养老、医疗、工伤、失业、生育保险参保人数分别达11.13万人、13.8万人、9.06万人、7.43万人、7.9万人，年内累计扩面新增3.5万人次，征收基金15.6亿元；城乡居民医疗保险参保60.2万人，参保率达99.8%；机关事业单位养老保险离退休人员养老金社会化发放率100%；城乡居民基本养老保险参保18.3万人，参保率99%，全面实现了保基本的目标。

【推进人社领域改革】 推进医保付费方式改革。在建湖县人民医院和建湖县中医院先行先试的基础上，医保付费方式改革工作在全县范围内全面推开，新增建湖县第二人民医院和建阳眼科医院为总量包干下的部分单病种结算医院，其他17家医院实行总量包干下的综合定额结算模式，进一步扩大了改革覆盖面，降低了群众就医抓药成本。实施困难对象医保扶贫。实施“7+1”困难对象的医疗保险、大病保险、医疗救助三项政策制度，“7+1”困难对象医保结报比例全盐城市最高，预防了困难对象因病致贫、因病返贫。整合城乡居民医疗保险制度。将原城镇居民医疗保险和新农合进行整合，城乡居民执行统一的医保待遇，使城乡居民医保制度更加公平、保障待遇更加均衡。持续提高社会保障待遇。企业退休人员养老金实现十三连调，惠及4.4万人，人均增加137.3元/月。城乡居民基本养老保险基础养老金标准由原每人每月115元提高到125元。在原执行103个单病种结算的基础之上，再增加儿童白血病等22个病种，将单病种结算的病种扩大至125种。 （陆华祥　王延丰）

财税管理制度改革

【加强财政预算管理】 深化预算编制改革，全面推行部门综合预算，控减“三公”经费，严格财政预算追加，提升财政预算管理水平。公开2016年度财政决算、2017年度财政预算，全面公开64个县直部门预决算。全面推行公务卡结算制度，一般性支出得到进一步压减。

【深化投融资改革】 规范政府债务管理，出台《关于进一步加强政府性债务管理的实施意见》《建湖县政府性债务风险应急处置预案》，违规担保、违规政府购买服务、违规社会集资等行为整改到位；推进债务常态化管理，搭建债务管理平台，切实防范政府性债务风险。向上争取地方政府债券资金11亿元。

【强化财政财务监管】 出台《关于严格控制财政性资金支出管理的意

县政务服务中心不动产登记窗口为民服务　　　　（徐霞　摄）

见》,完善国库集中支付制度,将交通、住建等部门基建项目资金纳入财政国库集中支付;财政审核支付 14.29 亿元、核退或纠正错误事项资金额 852 万元;严格财政投资评审,综合核减 901 个项目预算 3.56 亿元;强化政府采购监管,实现采购 1.4 亿元,节约率 18%。开展"正风肃纪镇村行"、招待费、"小金库"、会计信息质量等专项检查,规范了财经行为。

（丁海东　廖淑萍）

国有企业改革

【概况】　出台《深化县属国有企业改革实施方案》,对 35 家国有企业实施分类改革,推进平台公司实体化运作。完善国有企业监管体系,向县国资办直管的 10 家国有企业外派财务总监。深化薪酬分配制度改革,调整国有企业工资项目,规范了企业奖金、福利列支渠道。　（丁海东　廖淑萍）

行政管理制度改革

【概况】　"三集中三到位"基本推进到位,实现了"审批职能归并、部门进驻、项目集中、窗口授权"四个 100% 目标。江苏政务服务"一张网"建设继续推进,企业群众知网、懂网、用网率逐步提升。村居便民服务站建设整体加强,基层政务服务体系不断完善。推行投资建设项目数字化"多图联审",在政务服务中心设立"多图联审"统一接件窗口,压缩审批时限,降低企业制度性交易成本,最大限度地方便服务对象。升级涉企审批"一票制"收费系统,实现自动生成收费金额功能。开展政务服务园区行活动,做好企业项目审批或办证过程中跟踪服务工作。　（徐友源）

医药卫生体制改革

【概况】　建湖县紧抓全国第二批县级公立医院综合改革试点县和江苏省综合医改"先行先试"地区的契机,坚持公平可及、群众受益的改革导向,加速推进各项综合改革措施。

【医疗联合体】　2013 年 7 月,组建了县人民医院医疗联合体,坚持医疗服务一体化、后勤服务统一化、双向转诊无缝化的模式,强化医联体人才培训、技术帮扶、分工协作、信息联通建设,发挥县级医院承上启下的枢纽作用,在接受城市医院资源下沉的同时,以医疗联合体建设为基础,从人、财、物等各个方面实施全方位的对口协作支援,逐步形成利益共同体、发展共同体和责任共同体。医联体运行 4 年多来,全县镇级医疗机构床位使用率达 81.7%,县域就诊率达 94.7% 以上,群众在县、镇两级住院次均费用分别下降了 240 元、360 元。

【人员备案制】　推行人员备案制管理,县编委重新核定县人民医院人员编制总额,初步确定备案制管理人员控制名额 150 名,并适时动态调整。同时,明确将新招聘的备案制人员的岗位设置纳入事业单位岗位设置管理,其工资参照事业编制人员标准执行,并按其档案工资标准为其缴纳"五险一金"。2017 年,县人民医院招聘备案制人员 30 名。

【智慧卫生建设】　实施"智慧医疗"健康服务计划,推行"互联网 + 医疗"模式,在苏北首家推出"诊间结算"就诊模式,缩短了患者等候时间。该模式作为"优化诊区设施布局"的案例获全国医院擂台赛前 10 名。县人民医院通过国家卫计委五级电子病历系统功能应用现场评审验收,被授牌"电子病历系统功能应用分级评价分级医院"。在全市首家开展了患者满意度"第三方调查"工作,委托国内知名的第三方服务机构,对县人民医院服务态度、医疗质量等 16 个方面的满意度进行调查,推动了医院服务质量的提升。县人民医院患者满意度保持在 95% 以上。

公立医院综合改革

【概况】　制定出台了《建湖县推进分级诊疗制度建设的实施方案》,从慢性病入手建立基层首诊、双向转诊制度,构建以县级医院为龙头,公共卫生机构为支撑,基层医疗机构为网络的慢性病分级诊疗服务体系,累计上转患者 4000 多例,下转患者 800 多例,住院患者县域内就诊率达 94.7%。拓展医联体建设内涵,完善医联体运行机制,累计资源共享和在线读片近 2 万例,基层单位的影像检查、检验项目、病理标本等 8000 余项分别上传至医联体牵头单位进行检查。2017 年,建湖县被评为全省医改工作一档县,获省奖补资金 310 万元。　（郑　军）

责任编辑　朱明君

开放型经济

Open Economy

综　　述

【概况】 2017年，全县开放型经济工作总体呈现难中求进、回稳向好的态势。做好外资招商推介，跟踪服务外资重点项目，利用外资质效提升；培植外贸新增长点，不断优化出口结构，对外贸易回稳向好；对接"一带一路"，引导企业开展国际产能合作。

参加展销会

【参会准备】 研究梳理境内外进出口展览会，制定了年内重点参加的37个展会参展计划，其中展会31个，境内展会6个，并印成手册分发各出口企业，在信息平台向外贸企业宣传商务厅贸促会的重点展会。

【参加广交会】 组织企业参加121届春季广交会和122届秋季广交会，多次和省、市对接沟通参展的相关情况，加快培育出口潜力企业，鼓励外向型经济发展，除有摊位的企业参展外，还组织了10多家有自营进出口权的企业到会观摩、学习、进行馆外洽谈，网上洽谈。通过实地了解展会情况，掌握行业发展动向趋势，提升企业外向发展信心。

【参加昆山进口商品易会】 为促进建湖县进口贸易的发展，5月18日组织全县30家企业参观了昆山进口商品易会，建湖县谦益自动立体车库和昌裕机器人2家企业参加了布展。

【参加国际展会】 组织泛迪、永杰、福吉特、昊美光电等10多家企业参加了休斯顿国际石油展、波兰国际照明展、法兰克福礼品展、美国拉斯维加斯国际汽车配件展等二十多个国际展会，引导企业抢订单、拓市场，扩大出口份额。 （祁嫣伶）

对外及港澳台贸易

【概况】 全年实现外贸进出口额33265万美元，占目标任务的102.7%，比上年增长9.8%；其中实现出口30361万美元，比上年增长4.1%；进口2905万美元，比上年增长155.1%。

【石油装备出口】 石油装备产业订单增加，全县机电产品出口16137万美元，比上年增长13.5%，其中石油装备产品出口10498万美元，比上年增长54.5%，占全县出口的34.6%，全县外贸出口结构进一步优化。

【出口转型】 强化代理出口企业转自营出口，对在总部或县外代理出口企业进行排查摸底，加强对接，通过上门服务、手续帮办，沟通交流，转化了海特、骅纬、祥人电器等重点企业在建湖公司自营出口。新增转型出口2380万美元，其中海特公司出口1247万美元。

【培植出口新增长点】 全县有出口实绩企业153家，新增有出口实绩企业28家，新增出口2000多万美元。全年有55家企业新办理了对外贸易经营者备案登记，储备了外贸发展后劲。

【培育出口国际知名品牌】 推进外贸品牌战略，发挥重点企业的示范带头作用，克胜集团获江苏国际知名品牌称号。

【进口取得突破】 企业数量、进口总额实现大幅增长，进口企业达59家，累计实现进口2905万美元，比上年增长155%。其中金合盛光电进口设备513万美元，提升了企业产品竞争力；银海棉业进口棉花等原材料592万元美元，降低了企业经营成本。

（祁嫣伶）

利用外资及港澳台资

【概况】 2017年，全县新批外资项目8个，其中总投资3000万美元以上项目1个，协议注册外资3892万美元，完成注册外资实际到账4052万美元。

【招商活动】 全年，按照县委、县政府统一部署，组织参加赴韩国、台湾、欧洲等4次招商活动和上海跨国公司专题招商、市"5·18"经贸洽谈会等境内2个活动，"两区"和近湖、上冈、建阳、颜单、恒济、高作等镇（街道）加大自主招商活动的力度，采取小分队招商、驻点招商、委托招商等多种形式，突出在长三角、珠三角等外资密集区和对韩国、中国台湾等地区开展招商活动，星华机场设施公司、鸿达公司、登达汽车公司等企业主动招商合作，邀请中国台湾、韩国、日本、芬兰等客商团组到建湖考察，推进项目洽谈。

【拓宽领域】 工业利用外资呈现新亮点，引进实施了商家新能源等新特产业项目，合力推进工业经济转型升级。利用外资领域进一步拓宽，农业外资项目的突破成为利用外资的新亮点。引进实施了德辉食品、恒雅水产品养殖加工等农业外资项目，为全县利用外资探索了新路径。

【签约项目】　签约总投资4亿美元的美资般若LED封装、7000万美元的台资力麒大型精密数控加工中心、3000万美元的台资亿达滤光片制造、1500万美元的德国希斯建湖制造基地项目、1000万美元的宇理纳米高分子材料等外资项目8个，项目总投资5亿多美元。（唐　琦）

2月10日，县商务局向群众宣传出国劳务法律法规　（陈玉柱　摄）

对外及港澳台经济合作

【境外投资】　中港建设集团拟协议总投资10.75亿美元并购越南安庆集团发电厂项目和江苏亿德隆石油机械公司拟协议总投资1500万美元在沙特设立石油机械公司项目，双方都已完成前期项目考察、论证且达成了初步合作协议，年内正在办理境外投资批准证书。中港建设集团协议总投资1900万美元并购莫桑比克德尔加督水泥厂项目，运行良好。

【境外工程】　县清华建筑工程劳务公司挂靠中国二十二冶承建的阿尔及利亚国家体育场，县华耀建筑劳务公司挂靠中建八局承建的埃及开罗新城、吉尔吉斯坦大使馆、突尼斯综合医院等一批境外工程项目，正在推进实施。

【外派劳务】　全年完成备案输出劳务165人，外派劳务市场保持零投诉、零纠纷。深入开展“出国劳务宣讲咨询镇区行”活动，赴全县8个重点镇，24个村（居），走访群众1000多户，发放《出国劳务必读手册》5000多份，通过省出国劳务网上报名系统和建湖县外派劳务平台，引导帮助100名劳务人员出国务工。（郭建军）

外资项目列表

2017年建湖县新批外资项目情况一览表

表3

序号	企业名称	总投资	注册资本	备案时间
1	江苏德辉食品有限公司	300万美元	210万美元	2017.2.14
2	江苏合泓通讯技术有限公司	5000万美元	1800万美元	2017.3.31
3	建湖商家新能源科技有限公司	500万美元	300万美元	2017.6.13
4	盐城恒雅科技有限公司	757万美元	364万美元	2017.9.2
5	建湖泰合尼克机械有限公司	110万美元	110万美元	2017.10.16
6	江苏捷盛锦业环保设备有限公司	1400万元	1000万元	2017.11.30
7	江苏爱飞乐机场设施有限公司	3000万元	1530.61万元	2017.12.5
8	江苏仁帝机械有限公司	280万美元	200万美元	2017.12.25

（商务局）

民营经济

【概况】　截至2017年底，全县共有私营企业、个体工商户56095户，其中从事现代服务业的有6189户，占全部注册数的11.03%；从事批发和零售的有32539户，占58.01%；从事文化娱乐的有451户，占0.80%；从事交通运输、仓储和邮政的有1256户，占2.24%；从事食宿和餐饮业的有3413户，占6.08%；从事农林牧渔服务业的有2882户，占5.14%；从事信息传输和软件业的有390户，占0.70%。全年全县共发展私营企业5638户、个体工商户13461户，分别列全市第二和第一。（张秀红）

责任编辑　朱明君

党政·社团

Party Politics and Mass Organization

中国共产党建湖县第十四届委员会第三次全体会议会议会场　　（王春雨　摄）

中共建湖县委员会

Jianhu County Committee of the Communist Party of China

综　　述

【概况】 2017年,在上级党委、政府领导下,全县上下深入贯彻落实新发展理念,坚持谋全局、抓重点,注重打基础、利长远,做好突破重大项目、加快产业转型、推动改革创新、优化生态环境、促进富民惠民等重点工作,全县各项事业取得新的进步,为高水平全面建成小康社会奠定了坚实基础。

【经济保持稳定增长】 2017年,全年完成地区生产总值523.1亿元,比上年增长7.5%;固定资产投资400.35亿元,比上年增长9%;城乡居民人均可支配收入分别达32171元、18576元,分别增长8.6%、8.7%。坚持把招商引资和项目建设作为贯穿全年工作的主线,集中精力抓招商,集聚要素建项目。组织开展韩国、中国台湾等地专题招商以及上海驻点招商“百日竞赛”等活动,招商氛围更加浓厚,项目体量和质态提升,新开工亿元以上项目52个,其中20亿元以上2个、5亿元以上12个。坚持“单月督查、双月开工、季度点评、半年观摩”,竣工亿元以上项目35个,完成“两重一实”项目投资61.5亿元,总投资26.8亿元的般若LED封装、总投资25亿元的5D智造谷、总投资5亿元的应龙汽车防眩显示屏等一批重大产业项目当年开工、当年投产。园区载体实现新提升。开发区二类口岸、海关监管场所竣工投运,被认定为省“两化”融合示范区;高新区通用机场投入试运行,被列为全省10个国家(区域)级通用机场和8个产业支撑型通用机场之一。县科创园、农产品加工集中区、蜻蜓农服创业基地创建全国农村创新创业示范基地。服务环境得到新改善。推进行政审批制度改革,抓好政务服务“一张网”“不见面审批”“3550”等改革,深入推进“三集中三到位”,推行收费“一票制”、投资建设项目数字化“多图联审”,服务效能进一步提升。深入开展“两招一降”暖企行动,帮助企业招工8485人,提供应急过桥资金18.65亿元,建湖县成为苏北唯一连续三年被评为金融生态优秀县的县份。

【发展动能增强】 产业转型步伐加快。特色产业转型成效逐步显现,石油装备产业出口比上年增长51.4%;节能电光源产业完成向LED转型,规上企业增长面比上年提高22%。现代农业稳步发展,新增设施农(渔)业2986.67公顷、农业“三品”45个,建成省级农业龙头企业8家,被认定为国家农产品质量安全示范县。现代服务业发展提速,电子商务、现代物流等生产性服务业蓬勃发展,完成电子商务交易额125亿元,高新区智慧产业园被评为省级电子商务示范基地,恒济镇被评为省级电子商务示范镇,芦沟镇双庆村被评为省级电子商务示范村。企业质效不断提升。深入开展工业企业“争星创优”活动,组织实施重点技改项目25个、重组合作项目15个,新增数控加工中心、工业机器人、机器臂2200台(套),实现开票销售超亿元企业53家、入库税金超千万元企业22家,新增股份制企业10家,豪迈公司被表彰为江苏制造突出贡献奖优秀企业。创新要素加速集聚。与上海大学合作共建智慧照明产业研究院,与西安石油大学合作共建创新创业实践基地,与盐城工业职业技术学院合作成立智能制造学院,新签订产学研合作项目120项,新增省级以上高新技术企业25家、省级企业院士工作站1家、研究生工作站4家,获得专利授权698件,引进专业人才1026人、领军人才62人,获首届品牌江苏建设“金风奖”,石油装备、节能电光源产业被认定为省级产业品牌培育基地。

建湖县智慧产业园　　　　（建湖日报提供）

【城乡面貌改善提升】 生态优势更加凸显。建湖县被纳入全省江淮生态经济区、生态经济试点县，初步编制完成生态经济试点县发展规划、行动计划以及核心区实施方案。实施道路圩堤绿化三年行动计划，新增成片造林800公顷，林木覆盖率达23.5%，县城绿化覆盖率达40.9%，创建国家园林县城。开展“263”专项行动，禁养区规模养殖场全部关闭搬迁，PM2.5浓度全市最优。建立县镇村三级河长体系，整治城乡黑臭河道46条，全县饮用水源水质达标率达100%。城市功能逐步完善。恒隆广场等一批综合性商务区相继建成，苏北县城首家永辉超市建成。完成高铁综合枢纽规划编制以及周边区域城市设计，231省道改造拓宽工程、233省道西段建成通车。完成西塘河风光带、神台河风光带绿化工程，新增公共停车泊位850个，铺设天然气管道49公里、污水管网39公里。组建县城市管理综合行政执法局和综合行政执法大队，实现城市管理领域一支队伍管执法，数字城管系统新一轮升级改造通过省考核验收。农村面貌持续改善。加快建设农村康居工程，抓好234省道、九龙大道沿线两侧危房改造和环境提升工作，拆除改造农村危旧房屋6833户，宝塔镇宝塔村、高作镇长北村建成省级美丽乡村。推进农路提档升级工程，新改建农村道路168公里、桥梁204座。加强农业基础设施建设，新建高标准农田10533.33公顷，新改建泵闸站312座，疏浚农村河道600条750万立方米。

【群众生活持续改善】 2017年，建湖县先后组织实施20项民生实事工程，全年用于民生的财政性投入达56.8亿元。创业就业不断扩大。深入实施全民创业工程，新发展私营企业5839家、个体工商户12727户，分别位居全市第1位、第2位，新建国家级星创天地1家、省级众创空间1家，新增城镇就业10436人、农村劳动力转移就业8457人，发放创业贷款7986万元。社会事业加快发展。提升文化、卫生、教育、体育等公共服务，建湖书画院建成投用，杂技传承基地启动建设，县妇幼保健院完成组建，建湖县被评为中国淮剧之乡、中国杂技之乡，被表彰为全省农家书屋提升工程试点工作先进县，现代小戏《扶贫趣事》获全国曲艺大赛集体创作金奖，诗词歌赋杂技剧《小桥 流水 人家》获省文华优秀剧目奖。扶贫帮困扎实开展。深入实施脱贫致富奔小康工程，全面落实党员干部结对帮扶责任，“阳光扶贫”监管系统和农村“三资”管理平台投入运行，建成产业扶贫基地17个。着力加大困难帮扶力度，开展重特大疾病专项医疗救助，大幅提高社会救助标准，城乡低保标准分别提高到每人每月560元、480元。社会大局保持稳定。深入推进“法治建湖”“平安建湖”建设，在全省率先启动精准普法工作，建湖县被评为全国青少年普法教育示范区，连续12年被命名为“江苏省平安县”，法治建设满意度和群众安全感位居全市前列。扎实开展“大走访大落实”“大排查大整治”、领导干部下访“金桥行动”、信访积案化解“百日攻坚”等活动，推进四套班子领导包案信访问题化解工作，化解一批社会矛盾，完成中共十九大等系列安保维稳任务。

宝塔镇宝塔村一角 （建湖日报提供）

【党的建设全面加强】 坚持把全面从严治党要求贯穿到党的建设各个方面，为全县改革发展稳定提供了坚强保证。深入推进思想政治建设。自觉用习近平新时代中国特色社会主义思想武装头脑，举办省委、市委宣讲团中共十九大精神报告会，组织县委宣讲团赴基层集中宣讲，开展中共十九大精神宣讲近500场。推进“两学一做”学习教育常态化制度化，组织开展“服务四大战略、争创六大先锋”主题实践活动，党员干部的党性观念和宗旨意识明显增强。制定下发落实意识形态工作责任清单，进一步明确“一把手”第一责任、分管领导直接责任和班子成员“一岗双责”。培育和践行社会主义核心价值观，全县“中国好人”增至11人。持续加强学习型党组织和学习型领导班子建设，召开县委中心组学习会12次，举办各类专家报告会50场。不断加强基层基础建设。实施产业集群党建工作模式，集中打造15条基层党建示范带，创新流动党员结对共管机制，“第一书记”在经济薄弱村、软弱涣散村实现全覆盖。从严用好管好干部，推进年轻干部“333”工程，研究出台领导干部提醒、函询和诫勉暂行办法，实行股级干部选拔任用职数预审制度，与各镇（街道、区）班子成员逐一谈心交流，从招商引资、窗口服务、房屋征收、农村基层等一线选拔重用干部11人。从严抓好党风廉政建设。严格落实“两个责任”，完善全面从严治党县镇村三级党组织责任清单，建立主体责任履责抄告制度,对20名责任落实不力的党员干部实施问责追究。稳步推进纪检监察体制改革,开展3轮常规巡察,反馈意见151条,移交问题线索115条。开展"正风肃纪镇村行"专项行动,发现问题线索128件(次)、立案90件。切实加强民主政治建设,人大、政协充分发挥职能作用,党管武装、统战、对台、老干部、工青妇等各项工作取得了新的进步。

(虞光建)

政策研究

【概况】 2017年,全县政策研究工作以高水平全面建成小康社会为主线,围绕县委、县政府中心工作,研判经济社会发展新形势,不断加强基层一线调查研究,为县委、县政府决策提供最新情况分析和第一手资料。

【调查研究】 围绕县委、县政府产业强县、生态立县、富民兴县、依法治县"四大战略",结合突破重大项目、加快产业转型、推动改革创新、优化生态环境、促进富民惠民等重点工作,走进基层、深入一线,开展调查研究,收集群众诉求,形成一批有价值的调研文章。2017年,与镇(街道、区)、部门联动搞调研,先后组织专题调研活动28次,召开座谈讨论会20多次,完成调研课题30多个。结合平时调查研究工作,注重对经济形势地分析和研判,全年为县委主要领导提供有价值经济形势分析报告12篇。自办刊物《调查与研究》年内累计出刊12期,为县委、县政府和各镇(街道、区)、各部门搭建了理论研究阵地和信息交流平台。

【对外交流】 参加各类交流活动,学习同行经验,创新政研方式,不断提升政策研究水平。

【队伍建设】 把推进政研工作进位争先作为重要目标,组织学习中共十九精神及习近平总书记对江苏工作的一系列重要指示,以及省、市委全会精神,学习中央、省、市出台的相关政策文件,学习产业转型升级、社会管理创新等方面的专业知识,同时不断加强队伍建设,开展形式多样的活动,切实提升工作人员整体素质,推动了全县政策研究工作再上新台阶。

(县委办)

重要会议

【全县2016年度目标任务绩效考核总结大会】 2月3日,县委、县政府召开全县2016年度目标任务绩效考核总结大会,公布2016年度目标任务绩效考核结果,表彰先进集体和先进个人。会议要求全县上下要以先进为榜样,以典型为标杆,将思想、行动统一到县委决策部署上来,咬定目标不动摇,聚焦目标不分神,拼搏争先、勇攀新高。

【全县招商引资和项目推进工作动员会议】 2月3日,县委、县政府召开全县招商引资和项目推进工作动员会议。动员全县上下进一步振奋精神、坚定信心、凝心聚力、创新举措,全面掀起新一轮招商引资和项目推进热潮。会议指出招商引资和项目建设是全县经济工作的主抓手,是全局工作的重中之重。会议要求全县上下主动出击,围绕珠三角、长三角、台湾和韩国等重点地区,突破产业链项目和外资项目。

【全县政法暨信访稳定工作会议】 3月1日,全县政法暨信访稳定工作会议召开。会议要求全县上下要认清做好政法信访工作的重要意义,以敢于担当的勇气、求真务实的作风、攻坚克难的决心,切实提高政法工作水平,强化领导接访下访机制、问题包案机制、信息研判机制,着力在建章立制上下功夫、争主动、求实效。推动政法和信访稳定工作迈上新台阶、取得新成效,为高水平全面建成小康社会提供强有力的法治保障。

【全县农业农村暨绿化水利工作推进会】 3月3日,全县农业农村暨绿化水利工作推进会召开。会议要求全县上下要深入学习贯彻2017年中央一号文件和中央、省、市农村工作会议精神,以推进农业供给侧结构性改革为主线,以促进农民增收为中心任务,全面落实强农惠农富农政策,切实加快结构调整步伐,深入推进农业农村改革,持续改善农村民生,推动农业增效、农民增收、农村增绿,为高水平全面建成小康社会奠定坚实基础。

【全县党的建设工作会议】 3月29日,全县党的建设工作会议召开。会议要求全县各级党组织和广大党务工作者要按照"党要管党、从严治党"的要求,切实加强对党建工作的组织领导。以更高的站位、更宽的视野、更严的标准,推进党的思想、组织、统战等各项工作,迎接中共十九大胜利召开。

【县委十四届三次全会】 7月21日,中共建湖县委十四届三次全会举行。会议深入贯彻习近平总书记系列重要讲话精神和治国理政新理念新思想新战略,专题研究富民工作。会议要求全县上下更加自觉地践行以人民为中心的发展思想,强化富民导向,创新富民举措,打好富民主攻仗,让全县人民过上更加幸福美好的生活。

【全县机关作风建设大会】 7月24日,全县机关作风建设大会召开。会议要求全县广大党员干部要深刻汲取教训、注重举一反三,结合推进"两学一做"学习教育常态化制度化,进一步增强党章意识和纪律意识,切实做到防微杜渐、警钟长鸣,营造清正清明清廉的政治生态,向中共十九大交上作风建设的满意答卷。

【县委十四届四次全会】 12月29日,中共建湖县委十四届四次全会举行。会议高举习近平新时代中国特色社会主义思想伟大旗帜,贯彻中共十九大精神和中央经济工作会议精神,深入落实习近平总书记视察江苏重要讲话精神,按照省委十三届三次全会、市委七届五次全会部署要求,回顾总结2017年工作,部署安排2018年任务,动员全县各级党组织和广大党员干部,不忘初心、牢记使命,锐意进取、团结拼搏,奋力开创新时代决胜全面小康新局面。县委书记陈平向大会作题为《深入学习宣传贯彻党的十九大精神,奋力开创新时代决胜全面小康新局面》的工作报告。会议要求全县上下掀起学习宣传贯彻热潮,切实把思想和行动统一到中共十九大精神上来,凝聚到实现中共十九大确定的目标任务上来,融汇到推进“强富美高”新建湖建设上来,在开启新征程中明确新坐标新定位,在领会新思想中坚持新理念新思路,在把握新时代中展现新气象新作为。 (虞光建)

重要活动

【建湖县组团赴欧洲开展专题招商活动】 9月21日至27日,建湖县组团赴芬兰、德国参加全市欧洲招商活动。此次活动,签订了总投资1500万美元的德国希斯公司建湖制造基地项目合资合作协议。同时考察了部分与建湖县合作、意向合作的企业及机构组织,重点推介了建湖县人文资源、投资环境和产业特色。

【2017中国淮剧之乡首届淮剧艺术周】 11月6日至12日,建湖县举办了“2017建湖淮剧艺术周”。活动期间,上海淮剧团献演了都市新淮剧《武训先生》;县内多个民营淮剧团、淮剧票友协会社团在公园、广场上演了各自的拿手剧目;县淮剧团入选江苏艺术基金传播交流推广资助项目的淮剧《深渊》举行了首场演出;上海淮剧团与县淮剧团签订了共建协议。

(虞光建)

组织工作

【概况】 2017年,全县组织系统在县委领导下,围绕中心、服务大局,突出重点、务实推进,“建湖组工”的知名度影响力进一步提升。

【深化学习教育】 通过领学、督学、评学等措施,组织演讲比赛、知识竞赛等活动,推动习近平总书记系列重要讲话精神、中共十九大新观点和新党章的要求在基层得到贯彻。以“不忘初心争先进,建功献礼十九大”为主题,开展“六大先锋”创评活动,建湖县在全市“两学一做”学习教育推进会上作经验介绍。探索创新严格组织生活的途径和载体,打造“实体+网络”晒台,创作学教淮剧《一曲初心唱到今》,“五不忘五提升”常态化的做法被全省《“两学一做”学习教育情况通报》专题推介。

【增强干部队伍活力】 推进干部素能提升,紧贴发展需要和干部需求,举办各类培训班44期,邀请近20名专家教授到建湖讲学,参培5500多人次,领导干部在线学习工作位居全市第一。突出干部一线历练,出台《全县年轻干部选拔任用暂行办法》《关于全县年轻干部“333”培养工程的实施意见》,先后选派31名年轻干部参与一线锻炼,在招商引资、项目服务、农村基层等一线选拔重用干部11人。加强干部关爱管理,县委主要领导与镇级班子成员逐一谈心谈话,掌握思想动态,体现组织关爱;实行股级干部选拔任用职数预审制度,领导干部提醒、函询和诫勉暂行办法等,对机关事业单位人员在企业兼(任)职情况“回头看”,将从严要求贯穿干部管理全过程。

【人才招引】 全方位招引,在全市率先组建第十批科技镇长团,建成建湖籍在外杰出人才动态信息库,启动“春风雁归”行动,举办人才政策推介会、人才招聘等活动12场次,新引进领军人才62人。多领域合作,与上海大学合作共建智慧照明产业研究院,与西安石油大学合作共建创新创业实践基地,新签订产学研合作项目120项。系统性开发,4个项目入选省“双创计划”“333培养工程”,7人被列入省首批乡土人才“三带”名人和能手。新增省级以上高新技术企业25家、省级企业院士工作站1家、研究生工作站4家。

【基层党建】 创新党建富民措施,以创业型党组织建设为载体,打造了桃花垛、冲浪鱼等75个脱贫攻坚“红色堡垒”,省委常委、组织部部长郭文奇在建湖县调研时,对推进党建富民的做法给予肯定。拓宽示范引领路径,依托农村主要干道、县城片区网格、园区产业集群,建成15个特色党建示范带。中组部组织二局领导到建湖县调研时,实地察看“盐淮线党建示范带”,给予肯定。激发党员队伍活力,实行不同岗位党员分类教育管理模式,建立健全防止党员失联长效机制、基层党组织按期换届提醒督促和责任追究机制等。创建“远教众创联盟”助推全民创业,庆丰镇董徐村被评为全省远教示范站点,九龙口大闸蟹养殖基地被评为全省远教示范基地。

【自身建设】 在学习中提升素能,以“书香组工大讲堂”为载体,开展参观学习、考察调研、业务培训、演讲比赛等活动,推动组工干部学理论、强能力。在督查中服务中心,牵头做好全县“两重一实”项目督查,实施全县目标任务绩效考核,推进全县重点项目、重点工程、重点任务按期完成。在服务中转变作风,按照“走在前、作表率”的要求,深入开展“大走访大落实”、挂企服务、阳光扶贫等活动,引导组工干部带头下基层、办实事、转作风。 (组织部)

宣传工作

【概况】 2017年,在县委、县政府领导下,县委宣传部围绕中心、服务大局,突出迎接学习宣传贯彻中共十九大这条主线,弘扬主旋律、凝聚正能量,为建设“强富美高”新建湖提供强大精神动力。

【十九大宣传】 把迎接十九大召开和学习贯彻十九大精神作为首要政治任务,会前组织“砥砺奋进的五年”主题宣传报道和“共绘塘河情”“丹青颂盛世”等专题文艺活动,营造浓厚氛围。县委印发学习文件，组织县委宣讲团集中宣讲、基层党组织书记带头宣讲500多场次，征订赠送十九大书籍10多万册，组织学习贯彻中共十九大精神专题调研，做到学习全覆盖、宣讲全覆盖、宣传全覆盖，把全县上下的思想和行动统一到十九大精神上来。

【理论武装】　坚持把意识形态工作摆上重要位置，县委出台相关文件，召开常委会、述职会和联席会议，推动意识形态工作责任制落地落实。坚持用习近平新时代中国特色社会主义思想武装头脑，结合“两学一做”学习教育常态化制度化，组织中心组学习、党员冬训、干部考学和“旗帜鲜明讲政治”调研，持续加强学习型党组织建设。搭建“三微”平台，打造“塘河”论坛，组建“百姓名嘴”宣讲队伍，推进马克思主义大众化，经验做法在省《宣传工作动态》刊登。

【舆论引导】　围绕县委、县政府中心工作，策划开展主题宣传、典型宣传、活动宣传。央视、《新华日报》等主流媒体多次聚焦建湖县新成就、新亮点，中国县域经济报社组织全国20多家驻省记者站到建湖开展采风活动，25部电视外宣专题片在江苏国际在线刊播。省杂技团先后赴美国、德国、英国、荷兰、苏丹和中国香港等地开展“欢乐春节·精彩江苏”等对外文化交流活动30多次，被表彰为省对外文化交流工作先进单位。加强网络管理和舆论引导，开展网络公益活动，全年无省通报舆情。

【文明创建】　推进文明城市、文明村镇、文明单位等群众性精神文明创建，开展乡风文明评议活动，县审计局获“全国文明单位”，梅苏村获省“最美乡村”，“好乡贤”季发农事迹入展“砥砺奋进的江苏”大型图片展。评选表彰第五届“感动建湖十大人物”和系列“最美人物”，2人当选“中国好人”，3人当选“江苏好人”，一批典型获省“最美基层干部”“江苏好青年”、感动江苏见义勇为奖、“江苏省文明家庭”、市道德模范、市“最美法治人物”等荣誉。“情暖夕阳”项目获省志交会金奖和市十佳文明新事，“欢乐周末行”被评为省优秀青年志愿服务项目，“牵手·圆梦”获市首届“最佳志愿服务项目”和市十佳文明新事提名奖，《吉他情缘》获市社会主义核心价值观情景剧比赛一等奖。

【文化建设】　县书画院建成开放，杂技传承基地启动建设，网络公司资产重组取得重大进展。县图书馆和各镇（街道）分馆以及村居农家书屋“通借通还”实现全覆盖，建湖县被表彰为全省农家书屋提升工程试点工作先进县。推进文化惠民，打造“周末文化超市”活动品牌，全年举办惠民演出600多场。承办省现代戏研究会第五届年会、市第五届广场舞展演，举行九龙口首届诗赋大会和“不忘初心”等系列书美摄作品展，文艺工作获市“十大品牌项目”。《小桥　流水　人家》《问天鸟》获省文华优秀剧（节）目奖，《扶贫趣事》获全国曲艺展演创作金奖，《深渊》入选省艺术基金交流推广项目，建湖被中国杂技家协会、戏曲家协会分别命名为“中国杂技之乡”和全国唯一的“中国淮剧之乡”。

（骆旭阳）

建湖书画院　（建湖日报提供）

统 战 工 作

【概况】　2017年，在县委领导下，全县统战系统以迎接和学习贯彻中共十九大精神为主线，紧扣中心强服务，凝心聚力抓落实，各项工作走在全市前列，县工商联被评为全国“五好”县级工商联，县侨联被确定为全省侨联系统基层工作联系点。

【党外代表人士】　实施党外后备干部“双百工程”，建立党外知识分子、非公经济、新的社会阶层、民族宗教和台侨海外等五支489人的代表人士队伍。做好届中党外人大代表、政协委员遴选推荐和提名增补工作，推进政府组成部门领导班子党外干部举荐配备工作。开展党外人士协商议政活动，围绕产业转型升级、民生实事等专题开展考察调研，提交各类有价值的提案、议案40多条。建立全县新的社会阶层人士统战工作联席会议制度，成立新的社会阶层人士联谊会，在开发区节能电光源产业集群党委、近湖街道神台社区等挂牌10个新的社会阶层工作示范基地。

【非公经济】　深入开展全县非公经济人士理想信念教育实践活动，倡导“同心同向同行，做‘四有’新苏商”，组织非公经济代表人士学习中共十九大精神，推进“新生代”企业家三年培养计划。开展“送政策、送培训、送服务”活动，举办企业家大讲堂，对全县新一届工商联执委企业进行全覆盖走访调研，组织“北上广”建湖商会“看变化、叙乡情、话发展”家乡行活动。指导非公经济组织加强党组织建设，对12名市非公经济组织"五好"出资人、39名非公经济代表人士进行综合评价,完成14个镇(街道、区)商会换届工作。

【民族宗教】 持续推进少数民族困难家庭帮扶脱贫工程,组织县级机关党员干部与137户少数民族困难家庭开展精准帮扶,在宝塔镇举办4期160人次少数民族群众职业技能培训班,加大技能扶持力度。组织学习新修订的《宗教事务条例》,推进全县和谐寺观教堂创建和星级场所认定工作,创建上冈教堂等星级场所36个。开展宗教领域安全生产大检查大整治大落实工作,完成重大宗教活动的安全保卫工作。

【海外统战】 深化联络联谊,接待台侨胞8批38人次,先后召开台侨界代表新春茶话会、庆国庆迎中秋座谈会和新侨留学生眷属联谊会,进一步加强与侨胞侨眷联系。

【自身建设】 增强经济统战思维,全力服务中心,深入开展招商引资、"大走访大落实""结对帮扶""牵手圆梦"等活动,统战干部"四个意识"得到进一步加强。推进"两学一做"学习教育常态化制度化,深入学习贯彻中央和省、市委统战工作会议以及县委十四届三次、四次全会精神,配齐配强镇(街道)专职统战委员,组织统战系统干部参加省、市专题培训班学习,综合素能得到全面提升。加强统战信息、宣传、调研和创新工作,以庆丰镇"统战之家"为实践创新载体,推进镇(街道)统战工作规范化制度化建设的经验做法被"江苏统战"微信公众号刊发。(袁明才)

机构编制

【概况】 2017年,县编办紧扣县域经济社会发展中心,深化"放管服"改革,推进综合执法改革,推进纪检、监察机构改革,争取经济发达镇改革试点,各项工作取得了一定成绩,在市县绩效考核中均获综合先进集体一等奖第一名。

【编制总量控制】 坚守编制底数红线,严控新设机构和新增编制,从严核定领导职数,把好人员调配和招聘的关口,严禁机关事业单位超编进人。加强实名制系统日常应用管理,召开新升级的实名制系统培训会议,做好实名制系统的更新维护、机构编制月报等基础性工作,确保信息准确。采取日常监督管理和专项督查等方式,强化机构编制工作监督检查。在调研的基础上,结合上级有关文件和县委、县政府要求,对编外用工数量进行核定,进一步规范建湖县政府购买服务用工管理,控减财政负担。

【编制配置】 成立上冈产业园管理机构、调整高新区管委会内设机构,更好服务经济发展。通过调剂人员编制等方式招引各类优秀人才,为全县转型跨越发展提供人才支撑。成立县社会托底救助中心,促进城市居民最低生活保障和社会安定。健全完善城乡居民基本医疗保险管理经办体系,整合城镇居民医保和新农合管理职能。参与组织、财政、人社等部门联合开展的全县机关事业单位养老保险制度改革参保人员核定工作,确保参保人员信息与在编人员信息一一对应。

【经济发达镇改革试点】 根据《关于做好第二批经济发达镇遴选工作的通知》(苏镇改办〔2017〕2号),做好经济发达镇申报工作。在接到遴选通知后,第一时间向县领导汇报,会同上冈镇及相关部门按时完成申报材料,并争取省市编办的关心和支持,经过遴选,上冈镇在全省第二批经济发达镇遴选中被确定为改革试点单位。

(杨　红)

台侨事务

【对台工作】 对台招商引资取得新突破,2017年共组织6批次赴台经贸考察交流活动,邀请荣田精机、顺集光电、太极光、LED产业联盟、两岸企业发展总会等台商15批次34人次到建湖考察,先后洽谈24个项目,8个项目签订合作意向,投资额均在2000万美元以上,其中总投资5亿元的台湾力麒公司手机及通讯设备配件项目于8月份投产达效。进一步深化巩固与台湾LED产业联盟伙伴合作关系,实现定期互访交流。做好涉台宣传工作,宣传中央对台工作方针和政策,做好在建湖台资企业、台胞及台属的服务工作。

【侨务工作】 加强与建湖籍海外侨胞的沟通联谊,完善华侨的造册建档工作,关注在建湖侨民的生活状况,做好侨胞子女入学、出国探亲等方面的服务工作。全年接待侨胞到建湖考察、探亲12批20人次。

(县委办)

保密工作

【概况】 2017年,全县保密工作按照"抓宣传、促规范、明责任,保安全"的工作思路,学习习近平总书记重要讲话精神,贯彻落实领导干部保密工作责任制,探索新常态下保密工作新思路、新举措,统筹推进"三大管理"及各项基础性工作,全年未发生一起失泄密事件,完成了全年各项目标任务,被市委保密委授予全市"保密工作先进集体"称号。

【组织领导】 县委、县政府把保密工作纳入全县目标任务综合考核内容,占党建工作奖的5%。落实保密工作领导责任制,全县15个镇(街道、区)和70多家县直单位履行《保密工作管理规范》;33名处级领导干部、800多名科级领导干部、100多名涉密岗位人员签订了保密工作责任书,履行保密工作责任制。

【宣传教育】 多渠道宣传保密工作。将保密工作纳入县委党校科级干部轮训的教学内容,并在入党积极分子、青年后备干部、档案人员培训班上安排保密专题讲座,组织观看保密宣教片,增强基层保密意识。定期将上级保密工作文件、政策、法规等编成单页材料,供基层单位学习、宣传,发挥好政策的最大效用。通过政府网站开设专栏、推介国家保密局微信公众号、保密微博宣传保密法律法规,介绍计算机信息安全保密知识,构建"互联网+"保密工作新常态。

【保密管理】 在完善保密规章制度的同时,通过一系列的检查督促,推进各项制度的落实。2月,组织全县涉密岗位、涉密人员审查工作,通过开通审查咨询热线,帮助解决审查工作中的难题。4月,邀请市保密局局长王琦到建湖为全县涉密人员开展保密讲座,并进行保密测试。6月,以试卷安全保密为核心,加强中高考期间的保密管理工作。11月,加强政府网站、政务微博、信息公开的保密管理工作。开展保密管理检查,对发现问题的单位发出整改通知书,对涉密会议、县重要会议及涉密文件,安排专职保密人员按涉密要求进行严格把关,确保不出现失泄密事件。

(县委办)

5月3日,"农商银行 一路同行"2017年建湖青年环双湖跑活动

(于立达 摄)

县级机关党建

【概况】 2017年,机关党建工作在县委和县委组织部领导下,紧扣《中国共产党党和国家机关基层组织工作条例》和市委《实施意见》,围绕"走前头、作示范"的目标,积极履职,与时俱进,推动机关党建工作创新发展。

【思想建设】 以深化"两学一做"学习教育常态化制度化为载体,重点把握"三个突出"。突出针对性。把握学党章党规、学系列讲话这个重点,打造微理论、微读本、微课堂、微发布、微电影等"五微平台",设立机关"读书月",深度推进"书香机关"建设。以抽样调查的方式,在66个机关党组织中发放调查问卷1000份,并通过召开座谈会、个别访谈等途径,对机关党员干部的思想状况进行了专项调查研究,切实增强机关党员的思想政治建设的针对性和实效性。突出多样性。组织开办机关党员"周末讲堂",广泛开展"书记上党课",推行领导干部讲理论、中层干部讲政策、普通党员讲业务。开展机关党建"每日一题"在线学习,适时开办机关党务干部培训班、党的基本知识培训班等,逐步完善"党员读书室""党建园地"等,不断丰富载体,活化形式。突出长效性。以党员领导带学、学习骨干导学、结成对子帮学、全员参与领学等方式推动学习教育不断深入,使学习教育内有动力、外有压力。继续深化《中共共产党党内监督条例》《关于新形势下党内政治生活的若干准则》的学习,引导机关党员做政治坚定的"明白人"、崇廉尚洁的"正派人"、从严治党的"带头人"。

【组织建设】 以不断加强机关党组织规范化建设为抓手,重点做到"三个加强"。加强基层组织建设。切实抓好《关于进一步加强机关党组织规范化建设的意见》的落实,实行年初换届集中提醒制度,推行新任党组织书记谈话制度。落实从严治党的要求,全年,98%的县直机关党组织负责人由本单位党员行政主要负责人担任,从组织架构上落实管党的第一责任。深化"双湖"机关党建联盟,不断提高规模较小党组织的活动实效。建立机关基层党组织书记向上级党组织和所在党组织进行述职、接受评议的"双述双评"制度,不断完善"书记抓、抓书记"的党建责任机制。加强党务队伍建设。通过印发推广《建湖县县级机关党务工作规范化操作手册》、开展县级机关党务干部业务培训、组织现场辅导、建立县级机关党务干部工作微信群等多种途径,不断提高机关党务干部能力和水平,使其成为机关党建工作的"政策通""活字典"和"行家里手"。加强党风廉政建设。落实党风廉政建设责任制,继续组织县级机关各党组织开展"廉政教育一日行"主题教育活动。对县级机关党员干部违纪违规问题严肃查处,一年来处理违纪违规党员4起。

【作风建设】 以实现党建工作与服务发展深度融合为中心,重点聚力"三个服务"。聚力服务中心工作。落实县委关于"机关比服务"的具体要求,开展"三比一争当"主题活动,开展党建品牌创建活动,全县已创建成一批有一定影响的机关党建品牌。结合社会稳定、为企服务、大走访大落实等中心工作,建立健全"三联系三服务”机制，推进机关党组织联系基层、领导干部联系重点工作、普通党员联系群众，倾心服务中心、服务基层、服务群众，助推全县中心工作落到实处。聚力服务党员干部。牢固树立“党的基层组织为党员服务、党的各级组织和党员为群众服务”的工作理念，通过重要节日走访慰问老党员、技能培训结对帮扶困难党员等多种形式，发挥了机关党员干部投身全面小康社会建设的能动作用。聚力服务基层群众。在入党积极分子和预备党员中成立“塘河先锋”志愿者服务队，固化机关党员周五进社区服务，真正构建“工作在单位、服务在社区、奉献在社会”的格局。以“百个机关联百村，万名党员进农家”为载体，建立完善党组织联村、党员联户的“双联”制度，组织95个县直部门党组织与1049户困难户结对帮扶，切实做好察民情、惠民生、维民权、聚民力的工作。

【群团工作】 机关工会组织机关职工参加全县职工乒乓球比赛，举办“迎国庆”文体活动，对机关困难职工进行慰问，继续开展“合格职工之家”创建活动。机关人武工作始终注重提高县直民兵的政治素质，开展县级机关民兵整组和全民国防教育活动，组织应急小分队训练，保质保量完成征兵任务。机关团工委组织机关团员青年参加2017建湖青年环双湖跑，扎实开展各类青年志愿者服务，参与扶贫帮困、爱心助学、无偿献血等各类爱心公益活动，展示了机关青年良好的精神风貌。 （严震霖）

老干部工作

【概况】 截至2017年底，全县有离休干部186人（含条条单位8人）。按所在单位性质分，机关43人，事业52人，企业91人；按享受待遇分，享受地（厅）级政治生活待遇2人，享受县处级政治生活待遇76人，享受科级政治生活待遇108人；按参加工作时间分，抗日战争时期参加工作的42人，解放战争时期参加工作的144人。

【老干部党建】 加强离退休干部思想政治建设和党支部建设。召开全县老干部工作会议，传达全国老干部工作“双先”表彰大会和省、市老干部局长会议精神，集中学习了县委书记陈平在县委常委会听取和研究老干部工作时的讲话精神。先后2次组织离退休干部党支部书记开展分片活动，提升了支部党建水平。组织迎庆活动，下发了《关于深入开展“畅谈十八大以来变化、展望十九大胜利召开”主题活动和“建言十九大”专题调研的实施方案》，多层次组织老同志座谈，并开展了“喜迎十九大，宣讲进社区”活动。组织“颂党恩、感党情、喜迎十九大”主题征文活动，7篇征文作品获奖，获奖数名列全市榜首，县老干部局获市优秀组织奖。中共十九大召开后，举办全县老干部学习贯彻中共十九大精神宣讲报告会。县委常委、组织部部长许刚作了辅导报告，县委组织部和老干部局联合印发了《关于在全县离退休干部中开展学习宣传贯彻党的十九大精神的通知》。做好西苑社区离退休干部党建试点工作，创新实施“主题党日活动+X”的活动模式，在每次主题党日活动之外，开展一项老同志喜闻乐见的活动，先后举办了“喜庆十九大、共筑中国梦”老年书画作品展、庆祝建军90周年图片展、“正能量之星”先进事迹报告会、老年健康咨询等活动，做到月月有活动、季季有特色。建湖县的做法被市《党建与经济》以《把党支部建在老干部家门口》为题进行了报道。加强宣传报道工作，对《老干部学习专辑》进行改版，提高了政治性、指导性、可读性和规范性，全年编写4期8万余字。全年在《建湖日报》和省、市局网站发表宣传稿件90余篇。

【服务管理】 开展全县离休干部“家家到”走访活动，送政策、送资料、送祝福、送温暖，把“家家到”与学习教育结合起来，送学上门；与开展增添正能量活动结合起来，发现先进，宣传典型；与扶贫解困结合起来，掌握困难对象，重点安排救助；与化解信访问题结合起来，加强沟通，增进理解。88岁高龄的离休干部陶锦武专门来信表示感谢，并赋诗一首《感恩》：领导关怀倍感亲，登门慰问令吾欣；年高米寿不言老，余热生辉报党恩。组织慰问活动。春节前，县委常委会研究慰问活动方案，县主要领导登门慰问县四套班子老领导，县老干部局会同有关部门对全体离休干部和老干部党支部书记进行慰问。重阳节前夕，组织县老领导参观了部分新特产业和重大项目，并召开了座谈会。县委书记陈平作了讲话，对老同

离退休干部参观县新特产业 （建湖日报提供）

志表示衷心感谢,给予美好祝福,并要求全县上下尊重老干部、爱护老干部、学习老干部,要求有关部门用心用情做好老干部工作。县长薛盛堂向老同志介绍了全县经济社会发展情况。对生病住院的离休干部登门看望。全年为老干部祝寿6人次,协办老干部治丧18起,为7名无工作老干部遗孀落实了医疗保险待遇。做好信访稳定工作。坚持主动出击,超前防范,经过分类梳理、研究政策、加强感情联络、密切部门协调、争取上级支持等一系列措施,钝化了矛盾,维护了和谐。

【发挥正能量】 引导老干部为党和人民事业增添正能量,在离退休干部中精心部署"我为建设'强富美高'新建湖献一策"活动,共征集建议26条,其中有3条被县主要领导或分管领导批转。开展正能量活动,在全市老干部局长会议上,县老干部局作了题为《汇聚正能量 助力奔小康》的交流发言。帮助"道德之星"季发农总结整理《愿做不老松,育人当先锋》的事迹材料,到全市各县(市、区)巡回报告。组织全市"正能量之星"先进事迹建湖专场巡回演讲,在老同志中引起反响。"老字号"组织发挥正能量成绩显著,县关工委加强基层组织和五老队伍建设的经验做法,得到中国关工委主任顾秀莲的批示肯定;青少年普法工作受到司法部的表彰。县老年大学6月举办建湖县老年大学庆祝建校25周年暨春学期工作总结首届"校园果实节"活动。县老促会"抓好五个一批 开展五项行动"的做法,得到省、市老促会的肯定。县老年体协"五操科学融合做强特色项目"的经验做法,在全省老年体协年会上作了交流。县老年科协协助建立省、市科技示范基地8家,位列全市第一。县老龄协会组织编写了《建湖好家风》《建湖二十四孝》,开展的"助老志愿服务"品牌活动,被全省志愿者交流展示会评为金奖。

【阵地建设】 11月,县委副书记吴云和县委常委、组织部部长许刚牵头,专题会办研究加强和改进老年大学办学工作,对进一步提升老年大学办学水平起到了推动作用。县老年大学坚持政治办学,秉承增长知识、丰富生活、服务社会的办学宗旨,着力打造老同志的精神养老家园,已开设书画、诗词、书法、摄影、戏剧、音乐、瑜伽、交际舞、时装形体、太极拳(剑)、电子琴和电脑等18个专业30个班次,全年在校学员达2600人次。正常出刊《老年之窗》,全年4期;老年人交际舞《花好月圆》参加县春节群众文艺会演,获三等奖;组织学员到社区和企业慰问演出8场次。4幅书画作品入选全市"庆祝十九大老干部书画展"。

县老年大学建校25周年首届"校园果实节"大合唱现场

(建湖日报提供)

【部门建设】 深入开展"两学一做"学习教育,创建学习型、服务型、效能型、创新型和廉洁型机关,县老干部局获2017年度全县目标绩效考核综合先进单位。接受县委巡察,4月,县委巡察组对县老干部局开展了常规巡察。县老干部局高度重视,查找问题,逐条梳理剖析。围绕巡察组反馈意见中指出的问题和不足,细化分解,制定整改方案,逐项落实整改。坚持集中整改和建立长效机制双管齐下,对能够马上解决的问题即知即改,同时修订完善了规章制度,确保每一项整改任务不折不扣完成。加强机关干部培养锻炼,通过跟班学习、招商引资、挂企服务、信访稳定、扶贫解困、"三解三促"和"大走访大落实"等工作,为机关干部健康成长创造实践锻炼的机会。县老干部活动中心主任胡建国获"全省优秀老干部工作者"称号。

(陈国武)

党校教研

【概况】 2017年,中共建湖县委党校(以下简称县委党校)以迎接中共十九大召开和学习宣传贯彻中共十九大精神为工作主线,紧扣全国、全省和全市党校工作会议精神的落实,始终坚持"党性立校、改革活校、人才兴校"办学方针,着力建设"品质党校、实力党校、人文党校",干部培训、基层宣讲、科研资政、学历教育等各项工作成绩喜人。获得全县2017年度目标任务绩效考核综合先进奖、全市党校系统"2017年度创新工作奖"一等奖等荣誉。

【干部教育培训】 全年共举办5期科级干部培训班、12期县直单位科级以下干部培训班,12期乡镇科级以下干部(含村干部)培训班,1期青年干部培训班,承办两期党的基础知识培训班,共培训轮训党员干部、入党积极分子6000余人次;举办"旗帜鲜明讲政治"大型专家报告会,邀请中央党

“旗帜鲜明讲政治”大型专家报告会 （县委党校提供）

校教授李俊伟主讲，全县所有科级以上领导干部聆听了讲座，引起了强烈反响。

【基层宣讲】 全年分别以“理论教育、党性教育”“十九大精神”为主题组织了两次宣讲推荐活动。上半年推介了理论教育、党性教育类宣讲课题11个，共赴基层宣讲36场，宣讲受众3000余人次。下半年提前谋划，扎实推进，大力度、高频率、全覆盖推进赴全县基层宣讲十九大精神工作，共向全县推荐十九大精神宣讲课题15个，截至12月底，已赴基层宣讲48场，宣讲受众4000余人次，宣讲单位涵盖了全县镇（区）、机关、村居、学校、企业等，为全县掀起学习宣传贯彻十九大精神的热潮加油助力。

【科研咨政】 全年共发表国家级论文6篇，省级论文11篇；《加强中小企业发展》被评为全市“产业强市、生态立市、富民兴市”建言献策十佳奖；《生态建设与经济发展融合推进视角下的建湖县江淮生态经济区建设研究》列入“江苏省社科应用研究精品工程”市县专项课题；2016年立项的7个课题全部结项。

【学历教育】 坚持“为地方培养实用型人才，推动地方发展”的定位开展学历教育，教学工作、考试工作、毕业工作等严格按照主办高校的要求，保持了零差错。 （肖乃文）

档案管理

【概况】 2017年，建湖县档案局在县委、县政府领导下，围绕“为党管档、为国守史、为民服务”的宗旨，锐意改革，开拓创新。

【档案服务】 从服务经济建设和社会事业发展的角度出发，发挥档案存史、资治、服务职能，加强档案利用。为查阅档案人员提供优质服务。全年共接待查阅档案人员近6000人次，提供利用档案近5万卷、件、次，提供现行文件查阅100多次，为全县经济建设、社会稳定、编史修志、集体企业制度改革和相关人员的社会养老保险、医疗保险以及利用婚姻档案化解社会矛盾等方面发挥了重要作用。

【档案数字化】 根据江苏省档案局“十三五”规划关于建设数字化档案馆要求，建湖县档案局根据实际，开展工作，与相关部门对接，研究实施馆藏档案数字化工作；在省档案局的支持下，新实施了馆里的门禁监控系统、温湿度消防监控系统，进一步增强了安全性能。

【档案业务指导】 为使建湖县档案规范化、制度化，加强了对各单位档案工作的业务指导，对12个镇的农村土地确登记档案管理进行了系统的业务培训；对县相关业务部门开展了“档案工作”大讲坛。做好县人民检察院等县级机关单位创建星级档案单位达标验收的指导工作。

【馆藏档案】 深入挖掘档案的历史价值，向省“档案精品文化”评审组推介《串场涛声》和《华中鲁艺抗日殉难烈士陵园》两本书参加评审。做好省乡镇企业档案馆对森达集团陈展资料的收集整理工作，并做好朱相桂董事长口述历史的音像录制工作。

【档案宣传】 深入宣传习近平总书记对档案工作的题词，制作习总书记题词的大幅LED宣传栏，并印制习总书记题词的单页宣传单分送县四套班子领导和各镇各部门负责人。开展“6·9”国际档案日宣传活动，组织全县各有关单位参加全国“宝葫芦”杯档案法律法规知识竞赛，近千人参加了答题竞赛，提高了全民档案意识。组织了“档案与民主”主题宣传活动，利用馆藏的婚姻、计生、劳动人事等民生档案，在“12·4”法制宣传日对市民开放，使市民感受到档案与个人、家庭等有着密切的关系，扩大了档案工作的社会影响。 （夏斯兵）

党史编研

【概况】 在市委党史办和建湖县委、县政府领导下，学习贯彻中共十八届六中全会和中共十九大精神，以“两学一做”学习教育为动力，围绕经济建设中心，开展党史工作。

【党史正本编修】 整合县内资源，调动官民双方编纂力量，开展党史二卷本编纂工作。邀请省、市党史专家到建湖指导、讲学，组织老领导、老学者等社会知名人士座谈、提建议；在全县范围开展阅读评议，并向县内外征求意见，《中共建湖县历史（1949～1978）》（第二卷）于2017年4月出版发行，印数5000册。同时，为满足广大干群读史、用史需求，组织人力，对已发行一空的建湖县第一部党史基本著作《水乡壮歌——建湖人民革命斗争史》，按照相关要求进行适当调整、修改，并于2017年7月再版《中共建湖县历史（1921～1949）》（第一卷），印数3000册。建湖党史一卷本、二卷本出版后向社会各界人士免费赠阅，发挥了资政、教化等作用。2017年3月启动党史三卷本修编工作。年内已拟订出党史三卷本纲目（送审稿）并呈报市委党史办审核。同时，展开对历史资料的查找摘录工作。

【《串场涛声——盐阜人民抗日斗争人物卷》编修】 《串场涛声——盐阜人民抗日斗争人物卷》是以盐阜地区的母亲河——串场河为红线，记录了盐阜地区的抗战历史，再现了盐阜儿女当时的精神与英勇事迹，是《串场涛声——盐阜人民抗日斗争故事卷》的续本。经过一年多的编辑、修改与完善，年内已出版发行。

【党史教育基地建设】 编修出版建湖党史教育基地手册系列丛书。为展现建湖的红色资源，组织人员对全县的党史教育基地进行深入了解与发掘，编修了建湖党史教育基地宣传手册系列丛书，邀请相关部门、镇区和专家、知情人员广泛征求意见，在征求意见的基础上进行修改、补充。该系列丛书已印刷出版，并向各党史教育基地分别赠送1500～2000册。重视提升基地层次。为进一步增强对党史教育基地的宣传工作，丰富宣传教育手段，使人们对抗日战争和解放战争

县委党史办赠送市县党史基地教育丛书　　（建湖日报提供）

中党领导下的建湖县人民所进行的艰苦卓越的战斗生活有一个直观的感性认识，已着手为建阳县抗日民主政府旧址纪念馆摄制宣传教育影像片。年内，正在进行脚本的编写、部分知情人员的约请等工作。申报华中鲁艺抗日殉难烈士陵园为盐城市党史教育基地，经过多方努力，年内华中鲁艺抗日殉难烈士陵园已成功挂牌为市级党史教育基地。

【党史宣传】 建好“建湖史志网”，加强史志宣传，对外推介建湖，在史志网更换增添建湖县党史、地方志及地方风情人文习俗趣事等内容，方便读者，实现网上直接阅读，为了解建湖，宣传建湖提供便捷通道。将党史一卷本、二卷本、《串场涛声》、建湖党史教育基地宣传手册系列丛书、《建湖年鉴》等史志书籍免费赠送广大读者和基层群众，做好党史宣传工作。

【学习教育】 根据中央精神和省、市、县委部署，按照县委《关于在全县党员中开展“学党章党规、学系列讲话，做合格党员”学习教育实施方案》要求，结合党史工作实际，加强“两学一做”和中共十九大精神学习教育，在党员中开展“学党章党规、学系列讲话，做合格党员”和习近平新时代中国特色社会主义思想教育学习活动。

【服务中心工作】 按照上级“大走访、大落实”工作要求，走访建阳镇丰喜村，该村共有居民305户，其中低收入44户、军户25户，退伍军人8户。按照工作安排，全体人员走访到户，了解群众所需，沟通解决问题，稳定群众情绪，保质保量完成走访任务。另外，帮扶近湖镇裕丰村低收入农户10户、挂钩企业4个、重点项目1个。将对口扶贫的10户低收入农户，分解到每名党员干部的肩上，开展调研、想方设法帮扶；调整“牵手圆梦”的帮扶责任人，送去文具、书包等学习用品和学习生活资金；到结对村开展“三解三促一加强”活动，帮助解决问题事件，送办法、送温暖，做群众的贴心人。全年捐出扶贫资金20000多元。

（彭　玉　朱明君）

责任编辑　朱明君

建湖县人民代表大会

The People 's Congress of Jianhu County

综　　述

【概况】 2017年，是建湖县高水平全面小康社会建设的关键之年，也是新一届人大、政府的开局之年，建湖县人民代表大会常务委员会在县委领导下，贯彻落实中共十八大、十九大和习近平总书记系列重要讲话精神，围绕全县工作大局，践行“五大发展理念”、实施“四大发展战略”，依法履行各项职责，开拓进取，求真务实，主动作为，实现了全县人大工作的良好开局。

重要会议

【县十八届人大第一次会议】 2017年1月11日至14日，县十八届人大第一次会议召开，会议听取和审议了建湖县人民政府工作报告；审查和批准建湖县2016年国民经济、社会发展计划执行情况和2017年国民经济、社会发展计划草案的报告，批准建湖县2017年国民经济和社会发展计划；审查和批准建湖县2016年财政预算执行情况和2017年财政预算草案的报告，批准建湖县2017年县本级财政预算；听取和审议了建湖县人大常委会工作报告、建湖县人民法院工作报告、建湖县人民检察院工作报告；会议选举张连国为建湖县第十八届人民代表大会常务委员会主任；选举徐为祥、唐广群、刘登石、唐坤为建湖县第十八届人民代表大会常务委员会副主任；选举薛盛堂为建湖县人民政府县长；选举徐宁建、汤冬青、何春明、刘兆云、申建春、臧冲为建湖县人民政府副县长；选举杨越华为建湖县人民法院院长，胡立东为建湖县人民检察院检察长；通过徐为祥为建湖县第十八届人民代表大会财政经济委员会主任委员，朱卫国为副主任委员，顾娟、徐向阳、徐新华为委员；通过唐广群为建湖县第十八届人民代表大会法制委员会主任委员，张向阳为副主任委员，尤勇、季成銮、张兆标为委员。选举（按姓氏笔画为序）王频、王志亮、尤勇、朱卫国、朱庆兰、许连生、杜生军、李文枫、吴启春、张向阳、张国喜、张晓娟、陈俊、陈汉山、陈鸿斌、邵静、季本国、季成銮、周华、周公祝、周庆标、周红梅、洪霞、袁文忠、徐正余、徐向阳、高才龙、彭岗、蔡智海、颜如超为建湖县第十八届人民代表大会常务委员会委员；选举产生出席市第八届人民代表大会代表55名。

建湖县第十八届人民代表大会第一次会议会场　　（王春雨　摄）

【县人大常委会会议】 2017年，县十八届人大常委会共举行了9次会议，即第一次到第九次会议。主要内容有：县十八届人大常委会第一次会议审议通过了《建湖县人大常委会组成人员守则（草案）》《建湖县人大常委会会议议事规则（草案）》，通过了有关人事任命议案；第二次会议听取了县镇两级人大换届选举工作情况的报告、县政府关于全县村民、居民委员会换届选举工作情况的报告、县人大常委会执法检查组关于《江苏省物业管理条例》贯彻实施情况的报告，审议通过了《建湖县第十八届人大常委会代表资格审查委员会主任委员、副主任委员、委员名单（草案）》《县人大常委会关于开展创建先进县人大代表组、争当优秀县人大代表和先进人大工作者活动的决定（草案）》；第三次会议审议通过了有关人事任命议案；第四次会议听取了县政府关于九龙口湿地保护工作情况的报告和县人大常委会执法检查组关于《江苏省社区矫正工作条例》贯彻实施情况的报告,听取并审议了县政府关于推进建湖县义务教育优质均衡发展情况的报告,审议通过了个别代表辞去市人大代表职务的请求;第五次会议听取和审议了上半年全县经济运行情况报告,听取和审议了县政府2016年县本级财政决算情况报告,听取和审议了县政府2016年县本级预算执行情况及其他财政收支情况的审计工作报告,讨论通过了《建湖县人大常委会关于审计查出问题整改工作的监督办法(草案)》;第六次会议听取和审议了县政府关于全县农业结构调整工作情况的报告、全县农村公路提档升级和美丽乡村道路项目实施情况的报告、县政府关于代表建议办理工作情况的报告、县人民法院关于立案工作情况的报告,听取了县人大常委会执法检查组关于《中华人民共和国旅游法》贯彻实施及加快九龙口旅游发展情况的报告,审议通过了有关人事任免议案;第七次会议听取了县政府关于全县环境状况和环境保护目标完成情况的报告、县人大常委会审议意见办理落实情况的报告,听取了代表资格审查委员会关于个别代表的代表资格的报告,听取了部分法官、检察官述职报告,审议通过了有关人事任免议案;第八次会议听取了县政府关于2017年民生实事工程建设实施情况的报告,审议通过了1至11月县财政预算执行情况和本级预算调整情况的报告,听取和审议了县人大常委会关于召开县十八届人大二次会议的决定(草案)、县人大常委会关于县十八届人大二次会议的建议日程(草案)、代表资格审查委员会关于代表资格审查情况的报告,审议通过了有关补选市人大代表的议案,审议了政府组成部门主要负责人年度述职报告,审议通过了有关人事任免事项;第九次会议听取和审议了县十八届人大二次会议有关组成人员名单(草案)、县人大常委会工作报告(讨论稿),审议通过了有关人事任命事项。

主要工作

【工作监督】 建湖县人大常委会围绕"以工兴县"和"富民强县"战略,听取和审议上半年全县经济运行情况报告,促进新常态下县域经济稳中求进。听取县政府关于预算执行及其他财政收支情况审计报告以及审计查出问题整改情况报告,建立审计查出问题整改情况向县人大常委会报告制度,组织代表对整改情况进行询问,规范财政资金的使用和管理。听取和审议县政府关于全县农业结构调整工作情况报告,推促农民增收、农业增效、农村改革。深入调研全县产业振兴工作、现代服务业发展、农村土地产权制度改革等工作,为县委、政府科学决策建言献策。组织代表考察全县新特产业、全民创业、"互联网+现代农业"等发展情况,切实提高县域经济竞争力。听取九龙口湿地保护工作、全县环境状况和环境保护目标完成情况报告,听取和审议农村公路提档升级和美丽乡村道路项目实施情况的报告,组织代表考察九龙口旅游建设康居工程建设、国土绿化行动、防洪设施建设、县城内河整治、2017年政府民生实事工程建设等工作,调研全县"清洁乡村"建设推进情况,督促政府及有关部门加快城乡基础设施建设、打造优良人居环境。听取和审议县政府关于义务教育优质均衡推进工作情况的报告,切实提高建湖县义务教育水平。深入调研全县医疗卫生体系建设工作,推进分级诊疗、城乡医保并轨等制度的落实。

【法律监督】 常委会围绕"依法治县"战略,强化对"两院"工作指导,听取和审议法院立案工作情况报告,赴县人民法院、人民检察院考察调研,与"两院"工作人员共商司法改革和队伍建设工作。听取部分法官、检察官述职,组织代表考察警务公开工作,定期参加"听庭评议"等活动,进一步增强了司法部门执法为民、公正司法的责任感和使命感。做好涉法涉诉信访工作,全年接待来信来访近200件(人)次,依法化解22件,转办督办36件,促进了司法机关工作和社会和谐稳定。进一步强化代表评议工作,对县交通局、水利局、民政局进行重点工作评议,并对上一年度评议的县卫计委、环保局两部门落实评议整改情况进行"回头看"。先后对《中华人民共和国防洪法》《中华人民共和国旅游法》《物业管理条例》《江苏省社区矫正工作条例》等4部法律法规贯彻实施情况进行执法检查,对2份政府规范性文件进行备案审查,听取县政府关于常委会审议意见办理落实情况报告,现场票决办理满意度,推促相关部门提高依法行政水平。重抓"七五"普法工作,听取关于实施精准普法工作情况的报告。加强人事任免监督,严格执行任前法律知识考试、拟任职发言、宪法宣誓等法定程序,强化任后监督,正常开展政府组成部门全体负责人以及部分法官、检察官依法向常委会述职,进一步增强了被任命人员的法治意识、人大意识。

【代表工作】 重抓代表初任学习培训,举办《中华人民共和国全国人民代表大会和地方各级人民代表大会代表法》《中华人民共和国各级人民代表大会常务委员会监督法》专题培训,进一步增强了做好依法监督工作的责任感和使命感。出台《关于2017年组织县人大代表开展活动的意见》,指导代表围绕推进发展、民生改善等议题依法履职,组织市县镇人大代表共同参与考察调研、执法检查、工作评议等活动,激发了代表履职热情。强化代表活动载体建设,提高全县"人大代表之家"规范化建设水平。有序邀请县人大代表参与县人大的各项活动,确保每位代表届内至少列席一次常委会,开展"千名县镇人大代表大走访"等活动,不断加强代表与常委会、与广大群众的密切联系。加强代表建议督办,坚持办前办中办后"三公示",将承办单位、办理措施、办结时限等信息在《建湖日报》以及人大、政府网站上公示,对部分事关经济发展大局、社会民生热点的代表建议,常委会领导带头领衔督办、邀请相关政府部门和代表现场考察、现场会办，进一步促进了办成率、满意率的提高。县十八届人大一次会议期间共收到代表建议140件，办成率34.3%。

【学习建设】 注重学习调研。坚持“走出去”与“沉下去”相结合，开展深入调研，建言献策，《赴河南省考察学习脱贫攻坚情况报告》《关于加强国有(集体)资产监管工作的建议》等调研文稿，受到了县委、县政府主要领导的肯定和批示。坚持学习常态化，严格“每月一法”“周五学习日”制度，组织党组成员、机关同志集中学习政治理论、政策法规和人大业务知识，不断提高依法履职的综合素养。驰而不息加强作风建设，严格执行中央八项规定和省市县委十项规定，坚持深入基层、深入群众，察实情、说实话、谋实招、求实效。注重党风廉政建设，加强党纪教育，严格党员管理，推进“两学一做”学习教育，深入开展“大走访大落实”“三解三促”、扶贫解困等工作，树立为民务实清廉的良好形象。讲好人大故事，展示人大形象，全年，先后在全国、省、市人大报刊发表文稿、信息33篇。其中《建湖人大从头从严立规矩、讲规范》《县镇联动 人大监督更给力》等多篇作品先后在《人民代表报》《人民与权力》等报刊登载。

【人事任免】 2017年，县人大常委会先后共依法任免国家机关工作人员82人次。 (姚永健)

责任编辑 朱明君

《猴·西游记》在美国林肯艺术中心演出 (建湖日报提供)

建湖县人民政府

The People 's Government of Jianhu County

综　　述

【概况】 建湖县地处盐城市中西部,土地总面积1160平方公里,下辖11个镇、3个街道和建湖经济开发区、县高新技术经济区和九龙口旅游度假区,总人口78.77万人。2017年,全县实现地区生产总值523亿元,公共财政预算收入26.32亿元,固定资产投资400.35亿元,利用外资4052万美元,外贸进出口总额33265万美元,社会消费品零售总额189亿元,城乡居民人均可支配收入分别为32171元、18576元,连续八年跻身全国县域经济基本竞争力百强县,名列第72位。

【工业经济】 2017年,建湖县实现工业投资261.6亿元,全口径开票销售332.9亿元。新培育开票销售超亿元企业57家、税收超千万元企业25家,比上年分别增加7家、9家;新申报规模以上工业企业30家、总数371家,完成规模以上工业企业入库税金11.1亿元。全年新开工亿元以上项目52个,其中5亿元以上项目12个、20亿元以上项目2个;新竣工亿元以上项目35个,其中江苏般若电子工业有限公司LED封装生产线、江苏东西发动机配件有限公司发动机配件、江苏应龙光学科技有限公司汽车防眩显示屏为代表的关键节点项目,以建湖5D智造谷、先云云计算中心、通用机场为代表的产业平台项目建成投产。新增省级以上高新技术企业25家,石油装备产业、节能电光源产业被认定为省级产业集群品牌培育基地。加快产学研合作,与上海大学合作共建智慧照明产业研究院,与西安石油大学合作共建创新创业实践基地,与盐城工业职业技术学院合作成立智能制造学院,新签订产学研合作项目120项,入选省"双创"计划、"333工程"等省级以上人才项目21个,引进专门人才1026人、领军人才62人,新建省级企业工程(技术、研究)中心2家,石油机械质检中心通过国家质量监督检验检疫总局资质能力认定并对外营运。加快园区发展,着力推进项目集中、企业集聚、资源集约,"两区"主导产业集聚度达75%,建湖经济开发区被认定为省级"两化"融合示范区,建湖高新技术经济区被认定为省级科技企业孵化器,通用机场被列为全省10个国家(区域)级通用机场和8个产业支撑型通用机场之一;建湖县科技创业园建成国家小型微型企业创业创新示范基地,各镇科创园服务中心、政务平台、商务平台"一中心两平台"建成运行。推进建湖制造向建湖智造转型,以智慧的手段、互联网化思维推进工业转型升级。实施工业振兴行动计划,引进国内外战略资本,加大企业技改投入,加快装备制造升级,75家企业新增智能机床、工业机器人等高端装备2200多台(套),规模以上企业智能化装备、互联网化改造覆盖率60%,节约用工3000多人,生产效率提升26%。其中,建湖县鸿达阀门管件有限公司引进战略投资、先进技术,新上智能制造项目,实施无人车间、无人工厂等智慧化改造,并成为智能制造方案提供商。实施大企业(集团)培育计划,新增股份有限公司12家,江苏韩森自动车股份有限公司3种车型列入工信部汽车目录。开展"争星创优"活动,举办企业家大讲堂33期,全年创建市五星级企业1家、四星级企业2家、三星级企业3家。支持企业创新服务模式,发展服务型制造,4家企业入选省服务型制造示范(培育)企业。培育互联网平台经济,先云云计算中心首期584台机柜投入运

江苏般若电子工业有限公司项目建设现场一角　　(建湖日报提供)

营，江苏军曼农业科技有限公司等2家企业入选省互联网平台经济“百千万”工程首批培育企业。推进节能减排，造纸、纺织等高耗能行业产值占工业总产值比重下降5.2个百分点，万元地区生产总值能耗全市最低，建湖经济开发区通过省级生态工业园区验收。

【农业经济】 2017年，建湖县新增稻田综合种养面积4800公顷、总面积6200公顷，新增“三品”45个、总数293个，新增设施农（渔）业面积2986.67公顷、总面积12073公顷，建湖县被农业部认定为首批国家农产品质量安全县。培育新型农业经营主体，新发展农民专业合作社25家、总数1083户，专业大户560户、总数5070户，家庭农场102家、总数772家，经县委农工办认定的县级家庭农场511家，创建省级示范农场12家、市级示范农场29家。推进农业园区建设，上冈现代农业园区获批省级现代农业产业示范园区，县农产品加工集中区、科技孵化园、克胜集团中农网购（江苏）电子商务公司蜻蜓农服创业基地被认定为全国农村创业创新示范基地。“智慧农业”加速发展，在农产品网上销售、大数据市场分析、生产智能控制、质量可追溯等方面广泛应用，全县新增农业物联网应用面积2.53万公顷，智能农业应用比16%，提高经济效益15%以上，节约成本20%以上，颜单福泉有机稻米专业合作社被农业部认定为“生产全程可追溯体系电子化构建优胜单位”。

【第三产业】 2017年，建湖县实现服务业增加值250.1亿元。里下河钢材大市场等一批专业市场实现线上线下融合交易，九龙口劲达物流公司被认定为省重点物流企业。构建多层次资本市场，扩大间接融资规模，县内银行机构表内外贷款余额408亿元，比年初净增64亿元；民生银行主承的建湖县城市建设投资有限公司10亿元PPN发行，为全市首家县级城建类债券；建湖县新农村建设投资有限公司通过AA信用评级；南京银行在建湖设立支行并正式运营，中信银行建湖支行加快筹建，杭州草根投资集团在建湖设立转贷公司；举办政银企对接活动，对接企业450家、项目132个，推动融资15.4亿元；上市重组取得进展，江苏诚赢照明电器有限公司在“新三板”挂牌上市，与北京疆亘资本合作，定增融资1亿元，转型为国内新三板上市市值第一的林业开采公司；47家企业先后在上海股权托管交易中心、天津股权交易所、江苏股权交易中心、深圳前海股权交易中心等挂牌。设立产业基金，按照“一产业一方案一授权”思路，与农业银行盐城分行签订20亿元战略合作协议，支持特色产业集群发展和乡村振兴战略实施。年内，建湖县被评为省金融生态优秀县。加快发展电子商务，全年完成电子商务交易额125亿元，全县规模以上工业企业电子商务应用率80%。年内，中农网购（江苏）电子商务有限公司被认定为全国农业农村信息化示范基地，建湖县高新区智慧产业园被评为省级电子商务示范基地，恒济镇被认定为省级电子商务示范镇，恒济镇建河村被评为省级农村电子商务十强村，芦沟镇双庆村被评为省级电子商务示范村，江苏儿百粒食品股份有限公司等2家企业建成省级电子商务示范企业。

蜻蜓农服电商平台 （王春雨 摄）

【城乡建设】 2017年，建湖县推进沿海新兴中等城市建设，创建国家园林县城。完成高铁综合客运枢纽规划及周边区域城市设计，推进上冈镇总体规划、建阳镇和庆丰镇控制性规划修编完善工作。恒隆广场等一批综合性商务区相继建成，苏北县城首家永辉超市建成开业，红星美凯龙国际广场正式签约。完成西塘河风光带、神台河风光带绿化工程，新增县城公共停车泊位850个。整合组建县城市管理综合行政执法局和综合行政执法大队，在全市率先实现城市管理领域一支队伍管执法，“数字城管”建设通过省级验收。加强城市道路建设，县城人均道路面积16.8平方米。完善污水处理设施，铺设管网39千米，县城、集镇集中污水处理率分别达89%、75%。完善交通体系，连盐铁路建湖段基本完成，徐宿淮盐高铁建湖段实施之中，明星路下穿、231省道拓宽改造、233省道西段等工程建成通车。实施农村公路提档升级工程，新建改建农村道路168千米，实施桥梁204座。优化调整公交线路，新投放公交车6辆，新开辟镇村公交线路2条。推进水利工程建设，疏浚农村河道600条750万立方米，新建改建泵闸站312座，建成高标准农田1.05万公顷。推进电网建设，完成220千伏榆河变、110千伏冈西变、35千伏芦沟变增容改造，实施农网线路改造1730千米。加快天然气进城入镇步伐，新增各类燃气管道63千米。人居环境持续改善。突出水环境整治,建立县镇村三级河长体系,整治城乡黑臭河道46条,全县饮用水源水质达标率100%。推进国土绿化行动,完成成片造林面积800公顷,林木覆盖率23.5%,县城绿化覆盖率40.9%。加快实施农村康居工程建设,完成拆除改造农村危旧房6833户。年内,九龙口镇梅苏村蝉联“江苏最美乡村”,宝塔镇宝塔村、高作镇长北村建成省级美丽乡村,建阳镇赵墩村、芦沟镇田曹村建成省级康居村庄。

梅苏村　　　　(建湖日报提供)

【社会民生】　2017年,建湖县完善公共就业服务体系,新增城镇就业10436人、农村劳动力转移就业8457人,支持自主创业2131人。实施全民创业工程,新增私营企业5389家、个体工商户1.27万户,新建国家级星创天地1家、省级众创空间1家。实施全民参保计划,企业职工养老保险参保11.1万人,全年征收社会保险费16.2亿元;城镇职工医疗保险参保13.8万人,新农合参合人数56万人。推进“智慧社保”,社会保障卡“城乡一卡通”正式开通。城镇常住人口保障性住房覆盖率23.5%,全县公积金参保人数4万人。推进精准扶贫、精准脱贫,加大社会救助力度,建立产业扶贫基地17个,城乡低保标准分别提高到560元、480元。推进智慧养老、虚拟养老、娱乐养老、健康养老,每千名老人拥有养老床位数36张,虚拟养老院覆盖县城16个社区,受益老人3.6万人。推进教育事业,新建森达小学教学楼、冈东小学综合楼,上冈小学西校区建成使用;高考中考成绩均居全市前列,全国义务教育学校质量监测各项指标均列全市前三名;加快“智慧教育”平台建设,开设网上课堂、网络学习、名校名师资源共享等互动交流栏目,惠及全县6万多名师生。发展卫生计生事业,新增名医工作室7个,完成县妇幼保健院组建工作,冈西、芦沟、九龙口3所卫生院被评为“全国群众满意的乡镇卫生院”,恒济镇通过国家卫生镇验收;“智慧医疗”加速普及,推行专家远程诊疗、诊间结算、移动查房、移动护理、网上预约挂号、掌上医院等创新服务,县人民医院与上海、南京等医院建立远程网络会诊中心,与全县所有镇级卫生院实现互联互通、数据共享,电子病历系统通过国家卫计委五级电子病历评审验收。发展文化事业,杂技《小桥流水 人家》《问天鸟》获省文华优秀剧(节)目奖,现代小戏《扶贫趣事》获全国曲艺展演创作金奖,江苏省杂技团获省艺术创作和对外文化交流工作先进集体,建湖县被中国戏剧家协会授予“中国淮剧之乡”称号、被中国杂技家协会命名为“中国杂技之乡”;建湖书画院建成投用,全县村级图书流动服务点实现全覆盖,农村应急广播“村村响”一期工程通过省级验收。　　(吕　霏)

重要会议

【县政府十八届第一次常务会议】
2017年2月22日上午,县政府召开县政府十八届第一次常务会议。会议传达学习了市八届人大一次会议和市八届政协一次会议精神,讨论了《建湖县人民政府工作规则》《关于进一步加强审计整改工作的意见》,研究了全县农村康居工程建设、社会托底救助中心建设等事项。

【县政府十八届第二次常务会议】
2017年3月18日上午,县政府召开县政府十八届第二次常务会议。会议讨论了《关于将政府实事工程经费纳入财政预算的意见》,并原则同意。会议要求,县财政局要按照法律法规要求,将政府实事工程分年度纳入财政预算,按序时进度予以拨付,确保专款专用。相关实施主体和责任单位要进一步健全财务管理制度,着力规范财务核算,切实加强资金管理,全面提升资金使用效益。

【县政府十八届第三次常务会议】
2017年5月13日上午,县政府召开县政府十八届第三次常务会议。会议传达学习了全市行政复议与行政审判工作联席会议、全省县域科技体制改革经验交流会精神,讨论了《关于“聚力创新”促进科技体制改革的激励意见》《建湖县整合城乡居民基本医疗保险制度实施方案》,研究了全县信访稳定、“263”专项行动、县城投公司参股县农村商业银行股权及蓝天环境科学研究所清算解体等事项。

【县政府十八届第四次常务会议】
2017年8月9日下午,县政府召开县政府十八届第四次常务会议。会议分两个阶段进行,第一阶段举行了依法行政辅导报告,听取了《环境保护法》专题辅导报告,研究了县级行政审批中介服务项目及收费清单、全县“两重一实”第二批项目投资计划及第一批项目调整置换、严格控制财政性资金支出管理、建立大救助机制等事项。

【县政府十八届第五次常务会议】 2017年11月7日下午，县政府召开县政府十八届第五次常务会议。会议集中学习了从严落实中央八项规定等有关文件、债务管控和财政支出管理文件精神，听取了土地管理知识讲座，讨论了《关于推进家庭医生签约服务的实施意见》《关于控制医疗费用不合理增长减轻群众就医负担的意见》《建湖县关于规范招商引资接待工作的意见》《建湖县地方债务化解方案》《建湖县党政机关公务接待管理规定》及《建湖县重大行政决策规范化管理工作实施意见》，并原则同意。

（吕　霏）

人事人才工作

【概况】 2017年，建湖县人力资源和社会保障局以中共十八届五中、六中全会和十九大精神、习近平新时代中国特色社会主义思想为指导，围绕建设“强富美高”新建湖的目标定位，牢固树立“五大发展理念”，落实“四个全面”战略布局，策应经济发展新常态，坚持“民生为本、人才优先、服务公众”工作主线，全县人力资源社会保障事业取得较好成绩。2017年，建湖县人力资源和社会保障局被盐城市人力资源和社会保障局表彰为全市人力资源社会保障工作综合先进单位，同时获建湖县委、县政府综合先进奖，招商引资和项目推进工作、宣传思想和文化发展工作、党建创新工作、反腐倡廉和作风建设工作、依法治县和综治信访稳定工作5个单项奖。

【人才引培】 实施建湖县“515”人才引进三年行动计划，强化人才政策创新，实施重点人才工程，人才队伍进一步壮大。组织园区、企业赴上海、成都、长春、兰州、西安、南京、合肥等地招才引智12批次，参加盐城市“五个

县人社局组团赴北大清华招聘高层次人才　　（建湖日报提供）

一”战略工程专场招聘活动。2017年，共引进高校毕业生5926人，专门人才1026人；新增初、中、高级专业技术人员4980人，专业技术人员知识更新工程培训14860人；新引进长期外国专家3名，新增留学回国人员5名；开展企业内评价，新增高技能人才680名；发放企业星级人才补助624.33万元。

【公职人员管理】 坚持“凡进必考”，按照公开、平等、竞争、择优的原则，切实做好2017年度公务员考录工作，通过资格初审并缴费成功。经笔试、资格复审、面试。面试后，经体检、政审合格，共录用80人。贯彻《公务员考核规定（试行）》，完成机关事业单位2017年年度考核审核备案工作。审核推荐建湖县委、县政府综合表彰120人。公务员培训坚持“全参与、全覆盖”，探索案例式、研讨式、体验式等互动培训模式，提升公务员队伍整体素质，推进公务员能力建设。共举办科级干部培训班5期，县直单位科级以下干部培训班5期，镇（街道、区）科级以下干部培训班14期，共培训3945人次；“苏南苏北公务员对口培训”6人次；新录用公务员初任培训80人。

【事业单位岗位设置】 按照“规范有序、科学合理、精简效能、动态管理”的原则，全面推行事业单位岗位设置管理，着重加强人事管理岗位管理，人员聘用，公开招聘“三项制度”建设，全县380余家事业单位的岗位设置及首次聘任均已到位。组织事业单位工作人员公开招录工作，严把报名、资格审查、考试、考察考核、体检和公示等各个环节，坚持公开透明的原则，做到信息公开、过程公开、结果公开，招聘成绩、面试人选、招聘结果都按规定在相关网站上予以公布，实行阳光操作，确保招聘工作公开公平公正，接受社会监督，2017年，事业单位共招聘390人，其中教育191人，卫生104人，其他事业单位95人。

【专业技术职称管理】 继续强化全县专业技术人员管理工作，不断完善职称申报、评审、聘任制度，2017年申报专业技术资格评审的人员共1253人，其中：初级526人、中级421人、高级306人。严格职业资格考试审核，2017年全县新增专业技术人员4980人。切实推进全县专业技术人员继续教育工作，组织了教育系统、卫计系统、农业系统及其他事业单位专业课培训，全县专业技术人员完成知识更新培训人数达14860多人，全县专业技术人员专业知识得到了充实，专业技术人才队伍的专业水平和能力得到了进一步提升。

【工资退休管理】 2017年，根据国家、省、市统一部署安排，严格按照相

关政策规定,完成全县机关事业单位9000余退休人员基本养老金调整工作;做好在职人员基本工资标准、地方津补贴标准、正常晋升等调整工作,其中公务员晋升级别工资350人次、机关工作人员2016年年终一次性奖金3200人次、事业单位工作人员每年正常晋升薪级工资10000人次、全县2016年事业单位奖励性绩效工资总量核定、工作性津贴(岗位津贴)达年限调整3500人次、审批了2016年度机关事业单位工作人员应休未休年休假工资报酬7000多人次、核增事业单位奖励性绩效工资1万余人次。严格执行到龄退休制度,为200多名机关事业工作人员办理了退休手续。新审批了60多名工作人员遗属生活困难补助发放对象。发挥全县退休干部协会组织职能作用,加强退休干部管理服务工作,组织开展有益于退休老同志身心健康的文体活动。

【军转干部安置】 建立健全军转干部个人信息和安置信息库,做好军转安置工作。根据中央及省市的要求,按照"公开岗位、量化积分、自主选岗、组织决定"的办法,实行阳光操作,妥善接收安置10名计划分配转业干部,完成了安置任务。切实做好企业军转干部解困稳定工作,在八一、春节等重大节日会同有关部门对企业军转干部进行了慰问,从多方面关心服务企业军转干部。

(陆华祥 王延丰)

法治政府建设

【法治政府建设督导】 将法治政府建设工作任务分解到各部门和单位,进一步明确工作任务,明确法治政府建设的时间表、任务书、线路图,落实工作责任。做到推进依法行政加快建设法治政府与经济建设同安排、同部署、同检查、同考核,在人代会《政府工作报告》中明确提出了加强法治政府建设的任务、目标和职责,形成了人大监督、政府抓总、部门落实的法治政府建设路子。开展镇级法治政府建设阶段性目标任务考评一对一指导服务,要求各镇(街道、区)明确专人与法制办形成常态联系的工作模式,确保能按期完成法治政府建设阶段性目标任务。

【法治政府建设考评】 结合实际,根据镇区和部门不同的要求,制定了2017年建设法治政府和推行依法行政两个考评体系,凸显考评指标重点工作和日常工作。从2016年开始建湖县法治政府建设考评由原来资格考评分调整为绩效考核实体总分。

【完善清单管理体系】 按照"三级四同"要求,做好省市取消下放事项衔接工作。全县42家部门共梳理确认权力事项6846项,取消权力事项8项,承接3项。出台并公布2017版行政事业性收费目录清单、政府专项资金管理清单。梳理便民公共服务事项196项、中介服务事项28项、事中事后监管责任事项304项,以县政府办、审改办文件正式对外公布。

【着力实现"2441"目标】 紧扣全省"3550"要求,市场监管局、国土局、住建局等部门分别牵头负责,对照优质案例,出台了《县优化"开办企业""不动产交易登记""施工许可"审批流程实施细则》,精简优化流程,推进全程电子化注册登记、不动产交易登记"一窗受理、集成服务"、一站式申报并联审批等,要求将"三证照"办理时限从11、23.5、76.5个工作日压缩至2、4、41个工作日。年内,已有3个工作日完成企业注册开业、4个工作日完成不动产交易登记的案例,已发出11户全程电子化营业执照、632户电子营业执照、6份电子施工许可证。

【开展"不见面审批"】 全年共梳理4批842项"不见面审批(服务)"事项,在省政务服务网公布,达全部申请权力事项83.7%。推行收费"一票制",取消收费7项,已为121家企业办理。实行工业建设项目简约式评估,6项不需评估、简化评估的事项由部门作出承诺。对县投资项目审批、核准的非高能耗、非重大涉稳项目实行项目申请报告(可行性研究报告)、节能评估报告书(表)与社会稳定风险评估报告"三书合一",已有9家企业获益。推行"多图联审",已受理10个子工程项目。对县级范围内新建、改建、扩建工程项目完工后的规划竣工测绘、土地竣工测绘、房产测绘实行"三测合一"。

【用制度管事管权管人】 重新制定了《政府工作规则》,出台了《建湖县重大行政决策规范化管理工作实施意见》,进一步明确了重大决策的范围,制作了重大行政决策流程示意图,每个流程制定相应的表格,固化决策程序,要求决策实施单位按照"一事一卷"的原则,对重大决策实行全过程记录,并整理形成案卷,确保决策过程有据可查。2017年,县政府法制办参与重大决策事项36件,出具合法性审查建议书30份。

【对政策性文件清理修订】 为打造经济社会良好发展环境,为推进法治政府建设提供制度保障,根据省、市政府关于涉及"放管服"规范性文件清理总体工作部署,对全县政策性文件、涉及"放管服"和生态环境保护的规范性文件进行全面的清理。经清理,最终确认保留的规范性文件189件,废止的23件,修改文件1件,失效的15件,其中涉及"放管服"改革措施的规范性文件拟保留的22件(含县委3个文件),废止3件,涉及"生态稳定建设与环境保护"的规范性文件保留18件,废止7件。

【发挥政府法律顾问作用】 进一步加强政府法律顾问队伍建设,发挥作用,为县政府重点项目、国企改革、重大合作项目合作协议全程提供法律支持,防范和化解政府法律风险。2017年,政府法律顾问审查合同11个,出具审查建议29条,提出决策建议23条,参与协调处理案件17起。

【加强执法体制改革】 2017年上半年,举行建湖县城市管理综合行政执法局揭牌仪式，标志着建湖县城市管理综合行政执法新机制全面启动，对解决城市管理存在的多头执法、重复处罚和职责交叉等问题，提高城市现代化管理水平具有重要意义。

【全面贯彻落实“三项制度”】 按照市政府行政执法法制审核、执法公示、全过程记录三项制度的规定，要求各行政执法部门制定相关实施细则，科学设置法制审核环节和法制工作人员，依法向社会公开有关行政执法信息，全面配置执法记录仪等执法设备，逐步实现重大执法决定全面法制审核、行政执法内容向社会公开和行政执法全程留痕，确保行政执法活动合法有效。县公安局为执法民警配备了执法记录仪，以影像记录办案执法全程，固定证据、勘验现场，获取第一手资料，对执法各环节全程记录，确保执法工作有据可查。建湖国税局梳理税收执法基础信息，建立税收行政执法公示事项目录清单，全面公示税务行政执法信息。在基层分局建立的4个“约谈室”，统一配备音视频设施，统一网络连接，统一远程控制，实现各个环节留下印迹。

【加强行政执法监督】 全面推行行政执法责任制，明确监督主体，落实监督责任，加强“两法衔接”专项督查工作，县人民检察院、县法制办和县公安局相关人员先后至县环保局、市场监管局、国土局、盐务局等单位进行了现场检查，对在2016年1月到2017年7月份内的行政处罚案件进行了一次整体检查，未发现1起该移送而未移送的案件。

【规范行政复议应诉工作】 健全行政复议案件审理机制，出台了《建湖县行政复议应诉案件办理规程》，明确了复议案件的办理流程及行政应诉的具体要求。加大公开听证审理力度，纠正违法或不当行政行为。提高行政复议办案质量，增强行政复议的专业性、透明度和公信力。加强行政复议能力建设，推动相关人员配备与所承担的工作任务相适应，发挥行政复议在解决行政争议中的重要作用。切实提高行政复议人员素质，落实办案场所和有关装备保障，行政复议经费列入本级政府预算。2017年，县政府共收到行政复议申请38件，立案受理35件，不予受理3件，29件已审结，9件未审结，一审诉讼案件14件，二审诉讼案件9件，无一起败诉；被复议案件2件；国家赔偿案件1件。

【坚持依法治访】 建湖县坚持依法治访，解决信访群众的合理诉求，维护群众合法权益。强化信访工作“双向”规范。提高“信访零距离”服务水平。按照阳光信访要求，细化来访、来信、网上投诉和督查督办等工作规则，推动信访事项办理，规范业务流程，增强程序意识，提高工作效率。发挥权益保障卡作用，引导群众依法逐级走访。共发放权益保障卡45本。严格执行诉访分离机制，完善信访事项终结机制，切实维护信访终结机制的法理性、公正性和权威性。

【开展领导干部学法】 坚持政府常务会议“一会一法”制度不动摇，创新学法形式，根据市长戴源《全市行政复议与行政审判工作联席会议》精神要求，改变以“专家讲法”的模式，全面推行“局长”讲法制度。县环保局、县国土局等局长分别对新《环境保护法》、土地管理等知识进行了专题报告。

【加强行政执法人员培训】 2017年4月初，特邀市中院、市法制办领导对建湖县所有持有执法证人员进行了两期培训，受训对象近千人，取得了良好的效果。同时，县各行政执法部门注重法律法规等业务知识的学习和运用，采取集中学习、选送培训、微课、情景剧等多种新形式对执法人员进行业务知识培训。 （政府办）

信访稳定

【概况】 2017年，在县委、县政府领导和上级信访部门指导下，全县信访系统围绕县委、县政府中心工作，坚持“事要解决，案结事了”的核心原则，打造阳光信访、责任信访、法治信访，和谐信访，维护了社会大局和谐稳定，为全县经济社会各项事业推进做出了贡献。全年发生的各级上访数比上年批次上升8%，人次上升4%。共收到上级转送人民来信和自收信件627件，比上年上升11%。县主要领导共批示人民来信520件，与上年同期相比上升23%，其中书记批示信276件，县长批示信244件。阳光平台转来省领导信箱142件，与上年同期相比上升87%。共受理信访事项复查申请31件，与上年同期相比上升35%。2017年，国家重大活动多，维稳任务重，时间跨度长，根据实际情况，信访局均制定相应的维稳工作预案，排查交办信访重点管控人员，加强维稳值守，加强信息研判，确保了建湖县社会大局的和谐稳定。中共十九大期间，全面完成县委、县政府下达的“四个不发生”目标任务，去京人数和登记数均为全市最低，受到市联席办肯定。全国“两会”期间，实现进京非接待场所上访“零登记”的目标。“一带一路”国际合作高峰论坛，江苏发展大会等重要活动期间，都全面完成上级下达的各项目标任务。

【矛盾纠纷排查化解】 2017年，县信访局围绕为中共十九大胜利召开营造和谐稳定的社会环境总体目标，先后牵头负责“大走访大落实”以及“大排查大整治”专项行动矛盾纠纷排查化解工作，坚持矛盾纠纷动态排查、定期报告和分析研判制度，过细排查梳理群众生产生活中的矛盾纠纷。进一步健全和完善社会矛盾纠纷排查工作长效机制。先后开展“三到位一处理”专项行动、信访积案化解“双月行动”、全县信访工作“百日攻坚”行动等工作，排查梳理并滚动交办重点信访问题446件。各镇（街道、区）、各单位自排矛盾纠纷近万件，全部落实化解稳控措施，有效消除了各类不稳定因素。全面落实社会稳定风险评估机制，对涉稳项目收集、梳理和发现风险点，逐一落实化解措施,将风险消除在萌芽状态,确保矛盾不激化上行。

【信访工作"双向"规范】 提高"信访零距离"服务水平。按照阳光信访要求,细化来访、来信、网上投诉和督查督办等工作规则,推动信访事项办理,规范业务流程,增强程序意识,提高工作效率。完善权益保障卡制度。发挥权益保障卡作用,引导群众依法逐级走访。规范办理程序,做到事实清楚、证据充分、定性准确、程序合规、要件齐备。办理结果在规定时间内送达信访人,引导信访人持卡上访。上年,共发放权益保障卡155本。严格执行诉访分离机制。全面落实上级关于通过法定途径分类处理信访诉求工作的具体部署,结合建湖县实际,研究制定相关细则,依法依规引导群众通过法定途径表达合理诉求。完善信访事项终结机制,切实维护信访终结机制的法理性、公正性和权威性。

【提升信访服务综合能力】 加强信访窗口建设。开展"群众满意接访窗口"创建活动,引导各级信访干部树立争创一流意识,全面提升信访接待场所的管理水平和工作质量,实现"让形象更佳、让服务更优、让窗口更亮、让环境更美",构建党和政府与人民群众的连心桥。加强信访队伍建设。根据新时期信访工作要求,重新设置信访局职能科室,进一步细化接访、办信、办案和督查工作职能。同时,与县组织部门对接,把学历层次高、工作能力强、社会经验足的科级后备干部充实到信访一线进行挂职锻炼。多次组织不同层次信访业务培训,提升基层一线信访工作人员的综合素质、应对能力。

【积案化解】 2017年,连续开展的"三到位一处理"行动、信访积案化解"双月行动"、信访工作"百日攻坚"活动等工作,进一步畅通群众利益表达诉求,化解了一大批信访案件。开发区魏某、芦沟镇吴某、沿河镇卞某、卫计委王某等一批信访老户顺利化解,实现"案结事了人不跑"。在十九大召开期间,有些重点信访人失联失控,责任单位找到信访人之后,立即组织专班,集中时间,集中精力化解矛盾。沿河镇许某、芦沟镇程某、卫计委谷某、上冈镇陈某、近湖街道徐某等案件都得到有效化解。省市交办案件化解率均达70%以上。　(信访局)

政务服务管理

【概况】 2017年,县政务办深入贯彻中共十九大、习近平总书记系列重要讲话和省、市、县委全会精神,落实县委、县政府关于深化行政审批制度改革的各项要求,优化服务环境,提升审批效能。政务服务中心办件量达26.52万件,即办23.1万件,即办率87.1%,群众满意率98%以上。公共资源交易中心完成各类进场交易项目435个,项目预算总额25.18亿元,中标总额19.63亿元,下浮率22.05%,节约资金5.55亿元。"12345"服务热线接电27595件,当场解答19232件,派发工单8363件,同期相比增长了40%,办结6099件,限期办结率为98.2%,群众综合满意率为97.72%。建湖县政务服务"一张网"APP下载量、用户注册量、实名认证量分别为18981、20913、12857,超额完成省市下达的各1万个任务。网上受理办件37200件,政务服务内网EMS办件3054件,电子证照4273件。先后获得全市政务服务工作"综合先进奖""改革创新奖"、全市"店小二"式服务窗口评比第二名。

【行政审批服务】 "三集中三到位"基本推进到位。全县31家具有行政许可职能的部门(单位)有30家进驻政务服务中心,部门进驻率96.8%,其中人民银行进驻基本协调到位。全县232项行政许可事项,有198项进驻县政务服务中心、12项进驻分中心,项目进驻率达90.5%。行政许可服务科科长窗口坐班服务率达100%。

加大政务服务工作宣传培训力度。自制"一张网"宣传视频,在县电视台、《建湖日报》社、政府网站和基层便民服务中心(站)等媒体、场所进行宣传。同时投入20多万元租赁人流密集繁华地段的2个户外广告全天候滚动播放"一张网"宣传视频。在一楼大厅总服务台增设LED显示屏,推广使用"一张网",企业群众知网、懂网、用网率逐步提升。

加强基层政务服务建设。全县8个一、二类工业园区均已连接政务服务网和省投资项目在线审批监管平台。同时,投入150多万元,整体推进村居便民服务站建设,为全县247个村居配备了云桌面电脑、门牌标识、报刊架、意见箱、老花镜等配套便民设施。

冈西镇政务服务中心提升政务服务新形象　(陈玉柱　摄)

【公共资源交易】 完善招投标体制机制。出台《关于健全公共资源交易监管体系的实施方案》(建办发〔2017〕41号),修改完善《建湖县公共资源交易评标(评审)专家考核办法》和《建湖县招标采购代理机构考核暂行办法》,对52名评委专家给予考评,先后对8个项目、12名专家进行扣分处理,其中对2名评标专家暂停一定期限的评标资格。

创新公共资源交易举措。2017年3月,上线运行投标保证金网上管理系统,所有电子化招投标项目投标保证金全部通过系统收退。这一系统的运行,使投标保证金的收退更加严密、高效和快捷。

加强标后督查力度。制定招投标标后督查工作办法,推行政府投资重点工程项目施工现场管理人员、监理人员指纹机考勤制度。凡投资额1000万元以上或工期6个月以上的工程项目须实行指纹机考勤,考勤从项目开工之日起至工程初验结束。2017年共对19个项目标段实施指纹考勤。加大标后监管工作,督查合同履约情况,对1家提供虚假材料的公司暂停在建湖一年的投标资格。

【"12345"公共服务】 健全"12345"工作机制。按照县委县政府主要领导对提高"12345"服务热线质量要求,安排专人负责热线受理事项的研判交办,对群众反映到"12345"热线平台的诉求进行分级处理,对重特大诉求及时启动应急预案。多举措提高"12345"质效。先后10次请县领导签批难题诉求,70多次到现场核查涉及人身安全、关乎多数群众利益以及群众反映激烈的诉求办件,通过8次《建湖日报》、4次季度《督查通报》公布部门单位办件情况,接受监督,促进工作。 (徐友源)

"12345"服务热线平台 (建湖日报提供)

民族宗教事务

【概况】 2017年,全县民族宗教工作以深入学习贯彻习近平新时代中国特色社会主义思想和中共十九大精神为主线,锐意进取,奋发有为,民族团结进步事业取得新成果,宗教和谐稳定取得新进展,宗教活动场所建设取得新业绩,全县民族宗教领域保持了和谐稳定的良好局面。

【抓好民族工作】 协同县级机关工委,对全县少数民族困难群众进行年终慰问。做好中央和省少数民族发展资金项目的申报工作,分别申报了3个项目,盐城市弘森生态农林科技有限公司,20万元;建湖县庆丰镇养羊场,10万元;建湖县宝塔镇社区教育中心,10万元。做好回族等10个少数民族职工的清真食品补贴工作。建立少数民族困难群众档案,实现结对帮扶全覆盖。维护少数民族合法权益,服务少数民族群众。落实少数民族中考考生加分录取政策,做好少数民族考生民族成分认定工作;规范民族成分变更工作。对少数民族流动人口进行登记管理,妥善处理涉及少数民族流动人口的困难问题。

【处理矛盾纠纷】 做好基督教县城教堂的矛盾处理工作。联合九龙口镇、九龙口镇派出所、九龙口镇收成村、县佛教协会,妥善处理了收成村一群众来信上访事件。对网民质疑县城教堂圣诞节排演节目都由信徒出钱,平时收取"奉献钱"去向问题给予答复。网民反映上冈镇佛事管理办公室某人问题,县局要求上冈镇及县佛协重视做好上冈镇从事佛事活动人员的思想工作,加强教育引导,依法加强管理。

【抓实安全稳定】 1月,组织召开两教团体班子及重点场所负责人安全生产工作会议,确保春节期间宗教领域的安全稳定。与消防大队、相关镇共同对恒济观音庵、沿河桑台寺搭建的泡沫夹芯板房进行查封。同时对重点活动场所的安全进行了检查。做好泰山寺、净慧寺等场所重大活动的安保工作,确保活动安全、稳定、无事故。按省、市火灾防控电视电话会议精神,做好宗教活动场所火灾防控检查工作。做好《宗教活动场所安全隐患排查"50看"》的督促检查工作。调查走访伊斯兰教临时活动点,落实安全责任。

【规范场所建设】 推进宗教活动场所档案建设工作。做好宗教活动场所财务检查工作,推进财务规范建设。召开宗教工作培训暨星级宗教活动场所认定工作推进会。各镇(街道、区)统战委员、宗教团体、宗教活动场所负责人计80人参加了会议。全县认定二星场所19个,一星场所17个。做好统一社会信用代码赋码和宗教活动场所登记证换发工作。召开基督教学习《宗教事务条例》暨规范化建设现场会。与颜单镇、延寿寺至东台西溪景区,调研生态经济区核心区延寿寺规划建设工作。就塘河街道复兴庵、恒济镇山河观音庵、近湖街道清洁庵旧房改造相关事项与镇、村进行多次对接。 (邱海萍)

地方志编研

【概况】 2017年,建湖县地方志编纂委员会办公室学习贯彻中共十八届六中全会和中共十九大精神,以"两学一做"学习教育为动力,围绕经济建设中心,开展地方志工作。《建湖县志(1986~2008)》在江苏省地方志书优秀成果评比中,获地方志书综合优秀三等奖,受江苏省政府办公厅通报表扬;《建湖年鉴(2016)》在第四届江苏省优秀年鉴评比中获地方综合年鉴内容资料类单项优秀奖,受江苏省政府办公厅通报表扬。在2017年盐城市史志优秀成果评比中,《建湖年鉴(2017)》获年鉴类一等奖,《赵墩村志》获志书类一等奖,《建湖县军事志》获志书类二等奖,《沈杨村志》《建河村志》获志书类三等奖。

【出版《建湖年鉴(2017)》】 从2016年7月开始进行《建湖年鉴(2017)》纲目调研、编纂,2017年春节后开始组稿、编纂,6月底前完成年鉴的编辑、印刷任务。《建湖年鉴(2017)》是建湖县第19部综合年鉴,全书采用全彩印刷,共92.6万字、配图346幅,内容涉及全县方方面面,内容翔实、图文并茂、印刷精美、装帧精致,具有较好的资政、实用和存史价值。

【加强村志指导工作】 2017年,志办人员多次深入基层,了解村情乡俗,指导建阳镇赵墩村编纂《赵墩村志》,并做好审稿工作。《赵墩村志》已出版发行,并在2017年盐城市史志优秀成果评比中获志书类一等奖。

【完成《江苏省年鉴事业发展报告》建湖部分】 按省方志办要求,组织人员撰写《江苏省年鉴事业发展报告》中的《建湖年鉴事业发展报告》,同时整理资料,报送2017年度全省地方志系统统计数据报告。

【加强志鉴交流学习】 与盐城各县市区,湖北襄阳、赤壁,山东即墨、威海,省方志馆,中国知网等加强志鉴书籍交流,并组织业务人员去南京、镇江、常州等地以及兄弟县市区交流学习。通过交流学习,业务水平得到一定的提高。 (彭 玉)

区 域 合 作

【拓宽合作空间】 2017年2月,韩国九老区政企代表团到建湖观摩考察,并举行经贸文化合作说明会,就经济、文化等方面合作进行交流;11月,建湖代表团赴深圳参加盐城(深圳)海洋经济暨新兴产业投资说明会,提升建湖形象,扩大对外交流,进一步实现跨区域交流合作。

【扩大经贸交流】 组团参加第二十一届中国东西部合作与投资贸易洽谈会暨丝绸之路国际博览会和第四届西部优秀企业家江苏行暨深化区域协调发展高端峰会,开展形式多样的宣传推介活动,实地考察了部分重点企业,洽谈产业合作项目。

【深化园区共建】 上海嘉定工业区建湖科技工业园合作双方始终把承接上海产业转移摆在突出位置,常抓不懈,相继建立了"招商项目信息共享""产业转移项目共帮""产业领军人才共用"等新机制,园区共建也取得了丰硕成果,2017年园区新引进亿元以上项目4个,园区拥有高新技术企业9个、中国驰名商标5个、国家级工程技术中心1个、院士工作站3家、省工程技术研究中心2家,节能电光源检验检测中心通过中国合格评定国家认可委员会审核认定。

【加强对口支援】 做好对口支援三峡库区移民工作。筹集6.5万元资金援建三峡库区社会公益项目。动员县直机关和企事业单位帮助三峡移民售购脐橙,解决实际困难。深化援疆工作。5月14日,新疆克拉玛依区代表团应邀到建湖进行考察,借鉴建湖县跨越发展的经验和做法,结合克拉玛依实际,不断优化产业结构,提升发展环境,推进克拉玛依经济社会快速发展,进一步加深两地友谊,强化交流与合作,实现两地共同进步、共同发展。
(政府办)

机关事务管理

【办公用房日常管理】 抓住重点,动态监控。将基本办公用房、附属用

建湖党史办主任周浪野与李世安、赵万俊一起探讨研究完善《赵墩村志》送审稿 (党史办提供)

房、领导干部办公用房、腾退办公用房、租用出租办公用房作为重点，实施动态监控，逐项逐条检查，如实上报数据，确保符合中央和省、市要求。整合资源、盘活资产。在对五大中心大楼进行腾退、整合、集中办公基础上，将原行政中心封存11幢10288平方米危房，纳入国有资产处置范围，拟整体开发。其他部门腾退空置的3366平方米办公用房，已统筹调剂使用1770平方米。根据中央和省市委部署，通过对县行政中心、县教育局、原县人民检察院、卫计委办公用房使用情况进行排查，对县纪委、组织部、宣传部和县交通局海事处、航道站办公用房整合使用，调剂办公用房77间，满员新成立的监察委员会的办公需求。建章立制，长效管理。按照国家发改委出台的《党政机关办公用房建设标准》，始终将办公用房清理工作纳入党风廉政建设责任制目标考核内容。坚持管理监督常态化，定期不定期进行监督检查，坚决纠正查处违规违纪行为。

【公务用车管理规范运行】 完成取消的公务用车处置工作。全县共取消公务用车183辆，其中一般公务用车65辆，执法执勤用车118辆。调剂使用15辆，报废处置76辆，公开拍卖92辆，公开拍卖车辆评估价107.25万元，实际成交价196.36万元，溢价83%。建立公车集中管理平台。全县共保留一般公务用车137辆，其中县级保留92辆，各镇（街道、区）保留45辆。采取“集中管理、统分结合”的模式，将县级保留车辆中的48辆派驻县有关部门，其余44辆公车由平台实行集中管理。各镇（街道、区）保留的车辆由其自行管理使用。对全县保留的一般公务用车统一过户到县机关事务管理局，统一喷涂“公务用车”标识。对派驻单位的车辆，实行使用单位和机关事务管理局双重管理。保留的137辆一般公务用车，全部安装北斗定位监管系统；全县共保留执法执勤车175辆，其中综合执法车20辆。纪检监察、法院、检察院、公安局等12个部门155辆车按规定自行管理使用，由县财政局负责监管。跨部门综合执法车11辆待县公务用车平台运行正常后纳入统一管理。完善相关管理制度。出台了《建湖县机关和事业单位差旅费管理办法》，要求各单位建立健全公务出差审批制度，从严控制出差人数和天数，并就城市间交通费、住宿费、伙食补助费、市内交通费、报销管理等各方面标准作了严格具体的说明，进一步加强和规范了全县机关和事业单位差旅费管理工作。制定《建湖县公务出行保障和保留用车管理办法》，对县级机关公务交通补贴保障范围、保留用车保障范围、保留车辆的使用管理模式、机要通信、应急公务用车配置标准等方面作了具体明确的规范。

【公共机构节能管理】 搞好主题宣传。按照6月11日至17日全国公共机构节能专题周要求，开展以“节能有我、绿色共享”为主题的宣传活动，引导全县各公共机构根据工作的实际情况和特点，采取户外大屏滚动播出、“校讯通”发送短信、参与低碳体验活动等各种形式，营造全社会节约节能的浓烈氛围，突出规划引领。以《江苏省公共机构节约能源资源“十三五”规划》为引领，深入分析“十二五”期间能耗状况，通过算账对比，切实增强公共机构节能降耗的紧迫感和责任感，为创新管理节能、推进技术节能铺平道路。注重典型示范。用好住建局、公安局、二实小等省级节能示范单位这块牌子，继续巩固扩大成果，同时强化辐射带动，组织机关单位学习观摩，推进节约能源、资源在全县开花结果。建湖县公共机构节能工作通过省局核查。

【强化督查整治】 强化食堂专项整治。自市开展党政机关及企事业单位内部食堂（接待餐厅）专项整治活动以来，结合建湖县实际，于5月22日，以县政府办发文形式印发了《关于在全县开展党政机关及企事业单位内部食堂（接待餐厅）专项整治活动的通知》，强化对机关食堂的整治，并组织专人两次到各相关部门和镇（街道、区），针对机关食堂、公务用车、办公用房、公共结构节能等工作进行拉网式检查，并发放整改通知书，要求限期整改到位。强化物业管理。加强执勤巡查，对行政中心和文化艺术中心实行24小时不间断巡逻执勤，全年无一起盗抢、破坏等事件发生。做好信访接待工作，会同相关部门接待处理各类信访事件830起，其中群访事件335起，无一起矛盾激化情况发生。做好保洁服务和设施设备维护等工作。强化会议和活动保障。投入240万元，对视频加密会议室进行改造，加强文化艺术中心和县行政中心会议室的日常维护。全年共服务各类会议近400场次，演出60场次。在县委全会、县“两会”等大型会议活动期间提供高效精准服务。

【管理队伍建设】 改进工作作风。巩固“两学一做”学习教育成果，引导党员干部在学习中升华实践，爱岗敬业，乐于奉献，争做岗位标兵。深入开展“大走访大落实”活动，组织党员赴草堰口社区大唐村四组，逐一登门了解171户村民生活情况，帮助解决实际困难，切实安抚好原系统内29名涉军人员，参与原建湖宾馆职工权益保护和上访矛盾处理，为全县维稳工作做出贡献。提高岗位技能。开展岗位练兵活动，发挥老同志和业务骨干传帮带作用，并加强岗位考核，特别是对外聘人员开展专题培训，推促全员技能得到提高。加强廉政建设。坚持把纪律挺在前面，规范决策程序，立足抓早抓小，落实管理措施，严控“三公经费”，严肃财务纪律，严格资金支出，确保权力规范运行。严格执行中央和省、市、县委各项规定要求，全面树立机关事务管理部门良好形象。

（政府办）

责任编辑 彭 玉

政协建湖县委员会

Jianhu County Committee of the Chinese People 's Political Consultative Conference

综　述

【概况】 2017年,政协建湖县委员会学习贯彻习近平新时代中国特色社会主义思想和中共十九大精神,按照县十四次党代会和县委十四届二次、三次全会决策部署要求,围绕党政中心工作,发挥人民政协作为协商民主的重要渠道和专门协商机构作用,切实履行政治协商、民主监督、参政议政职能,实现县政协第十四届委员会各项工作的良好开局。全年举行全会1次,常委会4次,主席会议9次。

【建言献策】 紧贴发展中心,突出重大议题协商议政,集聚委员的智慧和力量,促进经济稳定增长和社会全面进步。围绕县委十四届二次全会提出的创新引领和动能培育,着重就"优化项目招引着力点、推动产业集群发展、加强园区载体建设、扶持壮大实体经济、控减企业税费负担、激发民间投资活力、促进电商产业发展、优化行政服务效能"等方面议题,以及现代农业发展、镇村规划建设、城市精细化管理等项工作,组织相关界别委员深入调研、广泛论证,形成了15篇调研报告;围绕改善农村形态面貌,着重就"打造特色村庄"组织专题调研,针对当前规划建设等方面存在的突出问题,提出了"明确定点布局、优化功能分区、注重个性特色、拓展参与主体、完善推进机制"等五大类20条具体意见和建议,形成并提交相关《建议案》。2017年,省委、省政府把建湖纳入江淮生态经济区建设,按照省政协部署要求,组织多层次、广角度、有深度的专题调研活动,形成了《强化生态优先理念,推进苏北转型发展》调研报告;对全会提出并立案的147件提案,明确承办责任,加强督办互动,组织开展提案人和承办单位之间的"双向评议"活动,实现提案质量与办理质量的同步提高。

【视察评议】 坚持把专题视察和民主评议作为助推党政中心工作的重要抓手。着眼重大项目建设,组织委员专题视察重点园区、重点项目和重点工程建设现场,听取县政府关于全县经济社会发展情况通报,拓展委员知情知政渠道,感受县域经济社会发展成果,提振参与发展、服务发展、推动发展的信心;着眼重点工作推进,有所侧重地选择农村公路管护、卫生县城创建、234省道沿线拆迁改造、园林绿化建设等方面事项,组织专题调研和视察活动,增强政协工作与党政中心工作的融合度;着眼发展环境优化,发挥委员中特邀监督员、行风评议员的作用,坚持应邀监督与委派监督相结合,先后有136名委员参与相关部门和单位的行风测评、执法监督、价格听证、案件陪审等活动。

【委组活动】 创新委组活动的体制机制,更加重视委员界别特色的彰显、履职平台的建设、组织形式的创新、工作成果的交流,有力推动了委员界别工作的深入开展。文艺、群团、城乡建设、医卫、文史等驻城工作组,注重结合委员界别特点,分别围绕新文化传媒运用和特色文化传承、关爱特殊群体儿童、重点水利工程项目建设、疾病预防控制、佛教文化与旅游业发展等议题开展调研视察,组织了一系列有特色、有影响委组的活动;塘河街道、恒济、九龙口等镇区联络组,结合基层实际,分别围绕推促智慧产业发展、扶持企业做大做强、强化社区管理、发展现代渔业等议题组织观摩交流,提出合理化建议。一年来,县政协各驻城工作组和镇(街道、区)联络组活动的成效明显增强,全年累计组织各类调研、视察、评议活动119批次,委员参活率基本实现了全覆盖。

【文史工作】 加强文史工作队伍建设,换届以后,继续保留文史工作组,聘请文史研究员,建立了专兼职相结合的文史工作队伍;加强文史资料的收集整理,推进"建湖三百六十行"文史资料收集的前期调研工作;开展"文史进校园"活动,在中小学生中树立乡土文化观念;推进文史工作信息化,不断完善政协文史网站,充实内容,传播地方特色文化;将地方文史工作与旅游文化推广有机融合,10月,政协文史委牵头组织"中国·九龙口首届诗赋大会",以诗歌朗诵为主,加以歌舞、杂技、书法等元素,展示景区的风情、风物、风貌,拓展和丰富了景区文化内涵,产生了良好社会影响;协助市政协完成非物质文化遗产调研和资料收集工作,组织委员参加市政协组织的"五个一工程"书法绘画摄影作品展等。

【自身建设】 组织政协领导班子和机关同志开展中共十九大精神专题学习活动,吃深吃透大会精神实质,用以指导实践,推动工作;不断深化"两学一做"专题教育,在组织专题学习,开展专题调研的基础上,结合落实中央“八项规定”，召开党组专题民主生活会，深入查摆问题，制定和落实整改措施，取得了实实在在的效果；制定《县政协委员履职考核办法》，提出新一届政协委员履职要求；指导上冈、冈西等基层委组试点建立“委员之家”活动室；组织开展“政协委员走访月”活动，建立政协机关、常委及委组长、驻建湖市政协委员三个“微信群”，交流工作动态，密切沟通联系；建立委员履职台账，实行平时记载、年终统计、会议通报，增强委员履职的责任感和使命感；深入开展“爱岗敬业、奉献政协”主题教育活动，引导机关人员不断强化岗位意识，提高工作水平，创塑良好形象；组织“书香政协”考学活动，运用政协机关学习交流平台，造浓机关学习氛围；按照市政协提出的“五型”政协机关建设要求，健全完善政协机关“五项”管理制度，规范工作程序，提升服务效能。

重要会议

【政协建湖县委员会十四届一次会议】 1月10日至12日，政协建湖县委员会十四届一次会议在县行政中心召开。县政协十四届委员会全体委员出席会议；县委、县人大、县政府全体领导，法检“两长”和曾经担任政协领导职务的老同志出席大会开幕式、闭幕式及协商议政会；驻建湖市政协委员、县委统战系统各单位负责人列席会议；部分县直部门主要负责人和县城居民代表列席大会开幕式和协商议政会。会议听取并讨论县委书记陈平的重要讲话；听取并审议政协常委会工作报告和提案工作报告；列席县十八届人大一次会议，听取并讨论县政府工作报告及其他有关报告；召开协商议政会；选举政协建湖县第十四届委员会主席、副主席、秘书长、常务委员；审议通过县政协十四届一次会议决议。会上，表彰了政协工作先进集体和优秀委员。

政协建湖县第十四届委员会第一次会议会场　　（王春雨　摄）

【政协建湖县委员会十四届一至四次常委会】 2月24日，县政协召开十四届一次常委（扩大）会议。县政协主席俞进虎，副主席葛正光、陈秀花、曹征松、丁红兵、徐守忠出席会议；全体政协常委、各委组、驻湖市政协委员和政协机关各委办负责人参加会议。会议传达学习了市政协八届一次会议精神；通报了县政协十四届委员会主席会议成员工作分工；讨论通过了县政协十四届委员会各专门委员会设置和组成人员安排的决定；讨论通过了《建湖县政协委员履职考核办法》；通报了《政协建湖县委员会2017年工作要点》；通报了县政协十四届一次会议期间委员提案立案审查情况。

5月26日，县政协召开十四届二次常委会。县政协主席俞进虎，副主席葛正光、陈秀花、曹征松、丁红兵、徐守忠出席会议；全体政协常委、各委组和政协机关各委办负责人参加会议。县政府分管领导及相关部门主要负责人应邀出席会议。会议听取县政府关于全县康居工程情况通报；审议通过关于推进建湖县特色村庄建设的建议案；讨论通过新一届政协常委会有关工作规则；传达学习市县政协会议精神和有关文件、规定。

9月25日，县政协召开十四届三次常委会。县政协主席俞进虎，副主席葛正光、陈秀花、曹征松、丁红兵、徐守忠出席会议；全体政协常委、各委组和政协机关各委办负责人参加会议。副县长何春明及相关部门负责人应邀出席会议。会议听取县政府关于推进全县生态经济发展情况通报；常委会就全县生态经济工作进行专题协商；听取县政府办关于县政协十四届一次会议以来委员提案办理情况的汇报。

12月29日，县政协召开十四届四次常委会。县政协主席俞进虎，副主席葛正光、陈秀花、曹征松、丁红兵、徐守忠出席会议；全体政协常委、各委组和政协机关各委办负责人参加会议。会议传达学习中共十九大和县委十四届四次全会精神；审议通过关于召开县政协十四届二次会议的《决定（草案）》和会议议程、日程（草案）；审议通过县政协十四届常务委员会工作报告（征求意见稿）、提案工作报告（征求意见稿）及报告人建议名单；审议通过关于表彰政协工作先进集体、优秀委员的决定；审议通过部分委员调整建议名单和部分委组负责人任免建议名单；审议通过县政协十四届二次全会大会秘书处各工作小组负责人建议名单。

【政协建湖县委员会十四届一至九次主席会议】 2月22日，县政协召开十四届一次主席会议。县政协主席俞进虎，副主席葛正光、陈秀花、曹征松、丁红兵、徐守忠出席会议，县政协秘书长张广春等主席会议成员出席会议，县政协各专委会负责人列席会议。县委政协主席俞进虎主持会议。会议讨论通过县政协十四届委员会主席、副主席工作分工;讨论通过关于县政协十四届委员会各专门委员会设置和组成人员安排的决定(草案);讨论通过《政协建湖县委员会2017年工作要点》及全年主要工作安排;讨论通过县政协十四届一次会议期间委员提案立案审查情况及重点提案的确定;讨论通过《县政协委员履职考核办法》(草案);讨论通过县政协十四届一次常委会议程。

3月28日,县政协召开十四届二次主席会议。会议组织城乡建设组和相关镇委员赴恒济镇建河村、九龙口镇梅苏村、庆丰镇董徐村视察农村康居工程建设情况,听取县住建局领导关于全县农村康居工程建设情况专题汇报,与会委员围绕加快推进建湖县农村康居工程建设座谈交流、建言献策。

5月3日,县政协召开十四届三次主席会议。会议组织县政协全体离退休老干部视察全县经济社会发展情况,听取开发区、高新区、九龙口度假区相关负责人关于项目建设的情况汇报,并座谈交流换届后的政协工作。

5月17日,县政协召开十四届四次主席会议。县政协主席俞进虎,副主席葛正光、陈秀花、曹征松、丁红兵、徐守忠出席会议,县政协秘书长张广春等主席会议成员出席会议,县政协各专委会负责人列席会议。县委政协主席俞进虎主持会议。会议专题学习关于推进"两学一做"学习教育常态化制度化的意见等文件材料;传达市政协八届二次常委会会议精神;讨论通过政协建湖县常务委员会工作规则(草案);讨论通过政协建湖县常务委员会提案工作规则(草案);讨论通过县政协关于先进委组和优秀委员考核评比办法;讨论通过县政协关于进一步改进提案办理工作的实施办法;讨论通过关于县政协反映社情民意信息工作的有关工作规则和考核办法等;讨论通过县政协十四届二次常委会议程;讨论"关于加快推进我县特色镇村建设的建议案"(草案)。

8月22日,县政协召开十四届五次主席会议。会议组织部分政协委员和机关工作人员,专题视察盐城新水源地建设建湖施工段工作,听取相关情况汇报,实地察看项目建设进展情况,为推进新水源地建设建言献策。

9月25日,县政协召开十四届六次主席会议。县政协主席俞进虎,副主席葛正光、陈秀花、曹征松、丁红兵、徐守忠出席会议,县政协秘书长张广春等主席会议成员出席会议,县政协各专委会负责人列席会议。县委政协主席俞进虎主持会议。会议传达学习习近平总书记近期重要讲话精神和县委有关会议精神;听取县政协提案委关于县政协十四届一次会议以来委员提案办理情况的汇报;讨论通过县政协十四届三次常委会议程;讨论通过《关于加快推进我县养老服务体系建设及老龄产业发展的建议案》(草案)。

10月12日,县政协召开十四届七次主席会议。会议组织医卫组委员就医药流通环节管理工作,现场察看华茂医药公司、东风药店经营点、西臣医疗器械等企业和经营网点,并组织委员就做好药品质量管理、提升经营和服务水平、深化企业创新创业等方面提出相关意见和建议。

12月19日,县政协召开十四届八次主席会议。县政协主席俞进虎,副主席葛正光、陈秀花、曹征松、丁红兵、徐守忠出席会议,县政协秘书长张广春等主席会议成员出席会议,县政协各专委会负责人列席会议。县委政协主席俞进虎主持会议。会议研讨交流2018年工作思路;讨论县政协十四届二次全会常委会两个工作报告提纲;讨论县政协十四届二次全会委员大会建议议题和主要内容;听取县政协十四届二次全会筹备工作情况的简要汇报。

12月29日,县政协召开十四届九次主席会议。县政协主席俞进虎,副主席葛正光、陈秀花、曹征松、丁红兵、徐守忠出席会议,县政协秘书长张广春等主席会议成员出席会议,县政协各专委会负责人列席会议。县委政协主席俞进虎主持会议。会议研究确定县政协十四届四次常委会议议程;审议关于召开县政协十四届二次会议的《决定(草案)》和会议议程、日程(草案);审议县政协十四届常务委员会工作报告(征求意见稿)、提案工作报告(征求意见稿)及报告人建议名单;审议关于表彰政协工作先进集体、优秀委员的决定;审议部分政协常委和委员调整建议名单以及部分委组负责人任免建议名单;审议县政协十四届二次全会大会秘书处各工作小组负责人建议名单。

提案工作

【概况】 县政协十四届一次会议以来,全体政协委员紧扣县委、县政府工作大局和人民群众普遍关心的热点、难点问题,运用提案履职,提交各类意见和建议165件。经审查,立案147件,其余18件作了并案处理。经各承办单位共同努力,所有提案于规定时间办理答复完毕。提案所提建议得到采纳、问题已经解决的58件,占39.5%;正在解决和部分解决的85件,占57.8%;因政策和条件所限等原因,不能解决的4件,占2.7%。从反馈情况看,提案人对提案办理情况表示满意的145件,基本满意的2件。这些提案通过各承办单位的办理落实,为建湖县推进经济转型升级、打造生态宜居家园、促进社会事业协商发展、提升群众幸福指数等方面发挥了作用。

县政协十四届一次全会重点提案目录

表 4

提案人	案　　由
社科工作组	大力营造发展氛围,扶持壮大实体经济
张登富	加快要素集聚,打造魅力城南
刘步荣	关于推进城市管理精细化的几点建议
杨　鞭	关于深化农村康居工程建设的几点建议
刘　健	强化杂技艺术传承,弘扬建湖特色文化
乔崇宏	推进健康建湖建设,提升全面小康水平
付　强	关于提升小区物业服务水平的建议
徐清国	推进全民阅读,共建书香建湖
朱亚洲	关于加快养老服务业发展的几点建议
鲁　曼	关于促进我县电商产业发展的几点建议
罗玉成	关于提升现代农业发展水平的几点建议
夏建玉	关于加强食品安全监管的几点建议
农林工作组	坚持精准发力,提高扶贫实效
城乡建设工作组	加强河道景观建设,提升水韵建湖内涵
法制工作组	强化环境执法检查,依法治理大气污染

（周永成　李盼盼）

责任编辑　彭　玉

神台河与西塘河交汇处　（建湖日报提供）

中共建湖县纪律检查委员会

Jianhu County Commission for Discipline Inspection of the Communist Party of China

综　　述

【概况】 2017年,全县纪检监察组织坚持围绕上级纪委和县委全会部署,按照落实党风廉政建设监督责任的要求,持续深化"三转",坚持挺纪于前,科学运用"四种形态",推进执纪审查、作风建设等各项工作,全县党风廉政建设和反腐败工作取得新的进展和成效。县纪委被评为全省纪检监察先进集体。

县举办"正风肃纪镇村行"专题教育暨农村会计业务培训班
(于立达　摄)

【推动责任落实】 牵头制定省委巡视发现共性问题、突出问题整改方案,市委党风廉政建设责任制检查考核反馈意见整改落实方案,推动各项整改措施落实。协助县委召开全面从严治党主体责任述职会,对27家单位开展党风廉政建设责任制检查考核,组织4家县直单位主要负责人向县纪委全委会述责述廉。实行主体责任履责抄告制度,先后向11名县委、县政府班子成员抄告16个问题,提醒责任上肩。严把选人用人和考核奖惩关,对98批1298人次党风廉政情况进行回复。贯彻问责条例,对20名责任落实不力的党员干部实施问责追究。

【深化作风建设】 协助县委出台进一步贯彻落实中央八项规定的实施细则,督促相关部门围绕公务接待、公车管理等方面,修订完善7项制度规定。紧盯"四风"问题新动向,开展"四风"隐身变异、公务接待违规吃喝等7项清理整治,党政纪立案19人。深入开展"正风肃纪镇村行"专项行动,督促14个镇(街道)、229个村(居)排查整改问题607个,对3批群众反映强烈的问题线索实行挂牌督办;严肃查处群众身边不正之风和腐败问题,发现问题线索128条、立案90件。推进"阳光扶贫"监管系统建设,清退不符合条件农户1034户1965人,新增300户720人,群众获得感不断增强。

【注重源头防控】 持续深化"510"警示教育制度,举办"党纪党规基层行""讲政治、守纪律、强担当"廉政教育、农村基层干部廉洁履职专题培训等活动,编印《党纪党规应知应会知识读本》《作风建设规定解读》,不断提升镇村干部纪律规矩意识。紧盯"关键少数",牵头制定《关于加强镇(街道、区)和县直部门党政正职干部监督的暂行办法》(试行),着力规范权力运行。发挥巡察利剑作用,对9个县直单位、5个镇,延伸26个村居开展3轮常规巡察,发现突出问题151个、移交问题线索115条,实现对乡镇巡察的全覆盖。深化专责监督工作,组织召开县农委系统专题警示教育会,剖析案发根源,送达《监督意见书》,督促落实主体责任,堵塞漏洞、完善制度。

【强化惩贪治腐】 注重抓早抓小、防微杜渐,全县纪检监察组织共谈话函询221件次、增长194.67%;县四套班子成员带头开展约谈谈话41人次,示范带动"第一种形态"运用具体化、常态化。全县共运用"四种形态"处理538人次,其中运用第一、第二种形态处理的占92.2%。持续保持惩治腐败高压态势,全县纪检监察组织共处置问题线索699件、立案364件,比上年分别增长76.96%、28.6%;其中乡科级案件19件,"两规"案件6件。

【加强队伍建设】 持续深化"三转",全面清理纪委参与的议事协调机构。

深入开展“打铁还需自身硬”专项行动，经验做法得到省纪委肯定，市纪委在建湖县召开现场推进会。针对市纪委内部巡察反馈意见，细化59条整改措施，严格对账销号，确保整改实效。强化素能提升，按照纪检监察干部教育培训计划，坚持每月中心组学习、业务讲坛、党组织活动，联合华东政法大学举办法律知识培训班，淬炼过硬队伍。严格监督管理，组织廉政风险排查，细化完善机关13项管理制度，开展纪检监察干部公开接访、公务回访、家访等活动，严管“八小时”内外行为。

省纪委副书记、省委巡视办主任黄继鹏(前左一)一行在建阳镇建南村党群服务中心了解该村党务公开、村务公开等制度实施情况。市委常委、纪委书记王小红(中)，县委书记陈平(右一)等陪同。（建湖日报提供）

重要会议

【县纪委十四届二次全会】 2月4日，召开县纪委十四届二次全会。县委书记陈平同志出席会议并作重要讲话。全会审议通过了须卫琴同志代表县纪委常委会所作的《坚守职责担当，从严监督执纪，奋力推进全面从严治党向纵深发展》工作报告。

【“正风肃纪镇村行”专项行动动员部署会】 3月20日，召开“正风肃纪镇村行”专项行动动员部署会，全面启动“正风肃纪镇村行”专项行动。沿河镇、县委农工办、县财政局3家单位主要负责人作表态发言。

【全县机关作风建设大会】 1月7日、7月24日，分别召开机关作风建设大会，共通报曝光问题119个，党政纪处分60人。在7月24日的全县机关作风建设大会上，邀请省纪委案件审理室主任杨光、省人民检察院教育处处长武秀东分别作了专题讲座。

【“两个全覆盖”改革动员部署会】 9月22日，召开“两个全覆盖”改革动员部署暨十四届县委第五轮巡察工作动员会，县委书记陈平出席并讲话提要求。

【国家监察体制改革转隶工作会议】 12月26日，召开国家监察体制改革转隶工作会议。会上，宣读了监察体制改革调整机构编制事项的通知，明确县纪委机关科(室)组成人员名单，县委常委、县纪委书记须卫琴对深化监察体制改革提出了具体要求。

重大活动

【举办“510”警示教育专题培训】 5月9日，县委常委、县纪委书记须卫琴为全县800多名镇村干部作《党员干部要做讲政治、守纪律、强担当的表率》专题培训。

【举办“纪检监察开放日”活动】 6月23日，县纪委、监察局举行“纪检监察开放日”活动，邀请部分县党代表、县人大代表、县政协委员和企业、新闻媒体代表参观了县纪委机关和县党风廉政教育中心，并与县纪委领导班子进行座谈交流。

【推进纪检体制改革】 2017年先后开展“两个全覆盖”、农村纪检监察工作室、国家监察体制改革试点等四项改革，完成各项既定任务。

【省纪委副书记、省委巡视办主任黄继鹏一行到建湖调研】 9月15日，省纪委副书记、省委巡视办主任黄继鹏一行到建湖调研纪检监察系统“打铁还需自身硬”专项行动开展情况，对建湖县弘扬陆秀夫精神，锻造“四为”干部的做法给予肯定。

【中央纪委检查组检查一般性谈话室建设】 10月18日，中央纪委第十二纪检监察室副主任刘牛带队检查指导建湖县一般性谈话室建设，对建湖县做法给予肯定。

大案要案查处

【概况】 2017年，县纪委重点查处了县经信委原主任王某、县农委原副主任杨某、农业技术服务推广中心原主任李某、农委农业中心原副主任赵某、农业委员会原财计科长黄某等案件，取得较好的政治、经济和法纪效果。

（陆　鹏）

责任编辑　朱明君

工商联·社会团体

Assoication of Industry and Commerce ,Community Groups

建湖县工商业联合会

【概况】 2017年,全县各级工商联组织以习近平总书记系列讲话精神为指导,学习中共十九大精神,团结和引领广大非公经济人士,围绕县委、县政府工作中心,立足促进"两个健康"工作主题,切实履行《中华全国工商业联合会章程》赋予的各项职能。11月,民营企业调查点工作得到了全国工商联的肯定,被表彰为全国优秀基层工商联。12月,连续第四年被全国工商联确认为全国"五好"县级工商联,在中华工商时报刊登"建湖县上榜全联基层优秀工商联"等文章。

【理想信念教育实践活动】 在非公经济人士中继续深入开展以争做"四有"新苏商为主要内容的理想信念教育实践活动,教育引导非公经济代表人士争做政治上有方向、发展上有本事、责任上有担当、文化上有内涵的典范,在《建湖日报》向全县非公有制经济人士发出"同心同向同行,做"四有"新苏商"的倡议;组织全体常委专题学习中共十九大和《中共中央国务院关于营造企业家健康成长环境弘扬优秀企业家精神更好发挥企业家作用的意见》,听取了中共十九大关于民营经济发展重要论述的解读;九龙锦江国际大酒店董事长吴成伟被表彰省优秀中国特色社会主义事业建设者;推选盐城智贝星电子商务有限公司总裁陈广进参加"江苏省首届百名退役军人创业之星"评比活动;指导执委企业九龙百贸公司举办2017首届父亲节感恩公益慈善活动,组织向患白血病儿童捐赠爱心款;宣传非公经济先进典型,每月向省市联网站推荐企业发展典型。

【大走访大落实活动】 从3月下旬开始,利用3个月的时间,对全县新一届工商联执委企业进行全覆盖走访调研,了解民营企业在经营发展中遇到的困难和问题,反映企业诉求建议,启动劳动三方协调机制,帮助有关部门就劳动人事争议仲裁方面矛盾进行调解,联合县司法局成立建湖县商事调解中心;大走访形成专题调研报告和民营制造企业转型升级、创新发展典型材料,上报给省委统战部、省工商联。

【党员干部进村入户】 按照统一部署,成立专门工作班子,制定完善工作计划;主要领导亲自带队到建阳镇东尤村,了解村情村貌,协调有关部门,帮助解决群众反响较大的交通问题等;同时深入群众家中,与群众座谈,了解社情民意,化解矛盾难题,对长期不在家的群众通过电话、短信等形式征求建议和诉求;并将群众反映的问题进行梳理汇总,与建阳镇、相关部门进行对接,把对接情况向群众反馈。开展阳光扶贫行动,不仅给予资金扶持,还帮助困难户理思路,谋增收。

【专题调研】 开展全国工商联上规模民营企业、降低实体经济企业综合成本、民营企业参与"一带一路"建设情况、"万企帮万村"精准扶贫情况等专项调研和第七次民营企业军民两用高新技术及产品研发生产情况专项调查,完成调研情况上报;组织25家民营企业参与全国工商联开展的"2016年民营企业运行状况和民营企业家2017年发展预期"、省工商联"江苏民营企业劳动用工调查"等网上调研课题,并向企业发布汇总分析报告,供企业参考;在全省民营企业调查点工作推进会上作典型发言,介绍建湖工作经验。

【助推企业转型升级】 举办企业家大讲堂,开展"企业家财务管理思维"专题讲座,为企业主要负责人有效地利用财务杠杆,推动公司向前发展奠定坚实的基础;帮助丰信航空申报民用高新技术领域适用技术与产品向军用转移项目;组织铭星供水参加辽宁省国资委、辽宁省工商联在南京举办的辽宁省省属国有企业对口合作项目推介会,并签约;组织神力制绳等企业参加军民融合深度发展培训班;组织企业参观第三届军民融合发展高技术装备成果展览;推选鸿达阀门董事长吴启春、亿德隆董事长徐中辉、金秆农业董事长唐存干、特达钻采董事长吴征胜参加市第二届"诚信经营之星""诚信经营标兵"评比活动,徐中辉董事长获"诚信经营标兵"称号;其余3名董事长获"诚信经营之星"称号;指导帮助食品百货经销商会申报"建湖大糕"地理标志证明商标。

【对外联络】 借助异地商会和建湖(中国)总商会微信平台,宣传推介建湖;参加太仓、杭州等地盐城商会成立大会,与异地建湖籍人士建立联系机制,邀请他们回乡考察;节日期间,走访慰问客籍企业家、建湖浙江商会;春节期间,组织北上广建湖商会会长"看变化 叙乡情 话发展"家乡行活动;加强与异地商会、友好商会的联系,协助有关部门开展北京、珠三角、长三角驻点招商活动;跟踪在手项目信息,签约舟谱云仓“互联网+大数据”智慧物流项目,帮助江苏兰朵针织服装有限公司引进技术合作伙伴,新上面料后整理项目。

【基层组织建设】 按照《中华全国工商业联合会章程》规定、上级统一部署安排及县委办《关于全县各镇(街道、区)商会换届工作的意见》文件,指导各镇(街道、区)商会开展换届工作,抓好会员发展重新登记工作,推选会员代表,开展非公经济代表代表人士综合评价,14个镇(街道、区)商会换届(组建)工作全部完成;在基层商会中广泛开展以“班子建设好、团结教育好、服务发展好、自律规范好”为主要内容的“四好”基层商会建设活动。指导建湖县浙江商会召开二届一次会员大会,选举新一届商会班子,协助做好江苏省浙江商会秘书长会议、北京建湖商会年会等会务工作;对南京、苏州等地建湖籍工商界人士进行调查,赴南京等地帮助他们协调筹建过程中的矛盾和难题,指导异地建湖商会筹建。 (吴剑锋)

建湖县总工会

【概况】 2017年,全县各级工会贯彻落实中共十九大精神和习近平总书记系列重要讲话精神,按照市总工会六届四次全委扩大会和县委十四届四次全会部署要求,把握保持和增强政治性、先进性、群众性这条主线,以围绕建湖“十三五”科学发展目标,构建和谐劳动关系为主题,以改革创新为突破口,着力构建“职工技术创新、职工民主管理、职工素质提升、职工合法权益维护、工会自身建设”五大工作体系,团结带领广大职工推动全县经济社会健康发展。

【职业技能竞赛】 围绕全县经济社会发展大局,深入开展职工技能比武,提升职工技术水平。紧扣县域经济特色,以“提升技能、展示风采、岗位建功”为主题,深入开展全县职工十大工种职业技能竞赛活动,引导广大职工立足岗位,提升技能,发挥工会组织在促进经济社会发展中的新作为,全年共1人获得省五一劳动奖章,1家企业获得省五一劳动奖状,1家获得省工人先锋号,1人被评为“盐城工匠”,6人获得市五一劳动奖章。

【工会组建】 推进基层工会建设,夯实党的群众基础。在巩固“农民工入会集中行动”成果的基层上,对农民工聚集的重点区域及行业进行二次排查,摸清实情,集中攻坚;加强“两新”组织工会组织建设情况调查研究,发挥党建带工建制度优势,加强“两新”组织工会组建工作;开展行业(区域)工会联合会建设专项行动,把行业(区域)作为加强基层维权和服务职工的重要基础,搭建基层工会建设的载体平台。按“六有五化”标准加强基层工会规范化建设,选树培植了40个基层工会规范化建设示范点。全年,新建工会组织56家,发展会员5360人,新建行业工会3家。

【民主管理】 不断推进职工民主管理,全面保障职工政治权益。对有一定规模、基础较好的企业,高点定位,高效促动,职代会建制率达97%。对小型企业,依托镇(街道)、村(社区)、工业园区,推行区域性(行业性)职代会建设,覆盖单位1058家,建制率95.8%。深化“劳动关系季季清”活动,发现处理职工矛盾,共受理企业职工来信来访案件68件,协调处理办结65件。开展“要约行动”,签订或续签工资集体协议。加强工资集体协商指导员队伍建设,发挥指导员作用,提升协商质量。全县规上企业工会全部开展工资集体协商,共签订工资协议795份。建湖开发区获得“全国推动厂务公开民主管理工作先进单位”称号,江苏那美实业有限公司和江苏建湖农村商业银行获得“全省厂务公开民主管理先进单位”称号。

【扶贫帮困】 不断深化工会大服务体系建设,提升职工幸福指数。推进县职工服务中心规范化建设,加大镇(街道、区)职工服务站、企业服务点建设力度,形成了县职工服务中心、镇(街道、区)服务站、村(社区)和企业职工服务点三级网络。深入开展工会“两节送温暖”“金秋助学”“夏季三送”、特困职工大病救助、机关党员干部结对帮扶及困难职工季季访等活动,慰问困难职工1100人次,发放慰问款170多万元。推进“安康驿站”建设,为环卫职工等特定职业人群提供休息场所,续建“安康驿站”2个。组建四大服务团队,切实开展女职工关爱行动。4月,联合卫生部门开展女职工“两癌”筛查活动;11月,组织开展第二期育婴师培训班,为转岗、下岗女职工打造就业新平台。

【企业职工文化建设】 推进企业职工文化建设,丰富职工精神文化生活。在全县职工中继续深入开展“中国梦·劳动美·幸福路”主题系列活动,组织开展中共十九大精神及习近平总书记系列讲话精神的学习,广泛开展中国特色社会主义理想信念教育;深入开展职工读书月活动,不断扩大职工书屋建设的覆盖面,建湖县高级中学被命名为“全国职工书屋示范点”。开展职工喜闻乐见的文化活动,全面推动职工文化建设,组织全县第七届乒乓球比赛,参加市总组织的排舞、定向越野培训,开展“中国梦·劳动美”微视频征集推选、职工书画大赛等群众性文体活动,不断丰富职工业余文化生活。

【作风效能建设】 结合“两学一做”学习教育,进一步深化“面对面、心贴心、实打实”主题活动,深入推进机关作风和效能建设,通过开展“百名工会干部进千家企业”活动,使工会干部深入基层直接服务企业职工,了解民意、宣传政策、沟通感情、解决问题,进一步提高了干部职工践行发展观、岗位做奉献的自觉性和主动性,精神面貌焕然一新,工作效能不断提高。

(卜 菁)

共青团建湖县委员会

【概况】 2017年,在县委、县政府和团市委领导下,共青团建湖县委员会(以下简称建湖团县委)以建设"青年身边的共青团"为统揽,按照团中央和团省市委关于深化改革的要求,围绕共青团"凝聚青年、服务大局、当好桥梁、从严治团"的四维工作格局,建湖团县委的各项工作稳步推进,各项事业蓬勃发展,社会影响力不断增强。团县委被团省委表彰为省属报刊宣传先进集体,并获第十二届江苏省少年儿童书信文化活动优秀组织奖,"关爱留守儿童欢乐周末行"公益项目获江苏省优秀青年志愿服务项目。建湖团县委被团市委授予2017年度共青团工作先进集体。

【正面引导】 开展"青春喜迎十九大,不忘初心跟党走""红领巾寻访"等各类主题教育活动,强化团队教育的引领力。借"五四"青年节契机,举行了建湖青年环双湖跑活动。组建中共十九大精神青年宣讲团,开展10余场中共十九大精神宣讲活动,直接覆盖青年近800余人。举办"不忘初心跟党走"新团员集中入团仪式,强化入队、入团、18岁成人等仪式的教育作用;开展清明祭扫、主题团队日、学雷锋等各类主题活动共计30余次,覆盖人数2000余人。加强团属新媒体发展,发布微信公众号221条,并在微信公众号上开展各类投票活动,借助微信媒介提升共青团的凝聚力与向心力。常态化开展青年之声专家吸纳和平台问答工作,成立40余人的网络宣传员队伍和500余人的网络文明志愿者队伍,完成各类网宣任务30余次,引导青年形成正确认知,增强网络正能量。

【立业建功】 组织开展了建湖县"十佳青年创业(服务)之星"评选活动。推报克胜集团中农网购吴成伟,获得第十届"全国农村青年致富带头人"称号。拍摄以青年创业为主题的微电影《建湖合伙人》。先后承办"2017盐城首场返乡青年创业聚乡村创新创业新机遇活动""团市委青发条线'789'工程推进会"和接待姜堰区"百村优品"项目考察团到建湖县参观学习。举办"青年企业家大讲堂"3期,参与青年500余人次。联合县农校举办"2017农村青年农业创业技能培训班",吸引80余名农村青年参加活动。联合县人社局举办建湖县第三届"众创未来·圆梦建湖"创业大赛,共吸引154个项目参赛。4个项目在"2017盐城青年互联网创业大赛"中获奖;2个项目在第四届"创青春"中国青年创新创业大赛江苏地区赛比赛中获奖。县内青年企业家吴成伟、刘俊,被列为江苏省领军型新生代企业家培养对象。通过H5制作"致建湖籍在外学子的一封家书"、VR全景720°看建湖,邀请建湖籍学子实地感受家乡变化,了解家乡就业创业优惠扶持政策,增强了在外学子对家乡的归属感。

团县委和九龙口度假区共同举办青年联谊活动　　（建湖日报提供）

【扶贫济弱】 联合县委宣传部、县文明办、县教育局共同举办"文明建湖·温暖新春"志愿服务集中活动启动仪式暨"牵手·圆梦"迎新春联谊活动,启动全县"希望工程暖冬行动"帮扶弱势青少年群体工作。开展特殊困境青少年调研摸底工作,并制定建湖团县委关爱特殊困境青少年实施方案。开展希望工程圆梦行动工作,共筹集资金7.6万元,资助品学兼优的贫困学生28名。开展"欢乐周末行"活动10余次,覆盖留守儿童500余名。机关全体人员开展"青春大走访"活动,分片区看望全县121名贫困青少年,并送上慰问金及书本共计金额5万元。持续开展暖冬加一度、衣物捐赠、图书捐赠、发放助学金、微心愿认领等活动,捐赠衣物149箱,学习用品100余套,助学金5000元。开展"青春健走　益起同行"公益健走活动,共筹集3万元公益基金,呼吁更多的社会爱心人士,关注、帮扶贫困儿童。

【强基固本】 制定出台《共青团建湖县委改革实施方案》。完成县、镇两级团组织换届,召开第十七次团代会,落实换届政策实现"零折扣"。实施"磐石工程",举办"双述双评"会50余场次,对13个薄弱团支部开展组织整顿,深入开展"一转两联三报到——走支部连百心"活动,7名机关团干部直接联系青年300余人。推进实施"四化"运行机制,青少年之家建设初步实现"量上成规模,辐射范围广"的工作要求,全县镇级青少年之家全覆盖。成立建湖优秀学子联谊会,鼓励优秀学子做好家乡发展的宣传员、校企合作的联络员、集聚人才的引导员,吸引更多的优秀学子到建湖就业创业。　　（肖元元）

建湖县妇女联合会

【概况】 2017年,建湖县妇女联合会(简称县妇联)围绕县委、县政府工作中心,以服务大局为主线,坚持以改革增动能,以创新添活力,着力加强组织建设、创新方式方法、推进工作转型、改进工作作风,各项工作取得了明显成效,被县委、县政府表彰为2017年度目标任务绩效考核综合先进。

【搭建创业就业平台】 推进全民创业工作,完成扶持200名妇女创业任务;举办"春风送岗·女性就业专场招聘会",帮助1200多名妇女实现就业;成立县女性创客协会,举办创业女性座谈会;做好妇女小贷扶持创业工作,扶持100多名妇女实现创业;开展"万名妇女学百技"活动,举办种养加、家政等实用技能免费培训16期,培训妇女1398人。

【深化"双学双比"和"巾帼建功"活动】 深化"双学双比"活动,组织农村妇女参与现代农业建设。推荐军曼公司等6家企业申报国家、省巾帼示范基地;推进实施百村妇女争创绿色庭院项目,引导广大农村妇女投身"美丽建湖、绿色家园"建设。与县创业办、人社局等单位联合举办第三届"众创未来圆梦建湖"创业大赛,获创业组、创意组二等奖;参加市妇联巾帼巧手创富大赛,获优秀组织奖。

【维护妇女儿童权益】 强化党员责任,做好大走访工作;制定出台"十三五"妇女儿童发展规划;向人大、政协等部门提交建议、提案2件,推动从政策层面有效维护妇女儿童的权益;实施"反家暴双十百千"项目,成立反家暴工作站14个,走访暴力多发家庭110户,开展反家暴签名承诺1100户;打造"金钥匙"调解品牌,在省妇联会上作交流发言;开展婚姻家庭纠纷排查化解专项行动,排查婚姻家庭纠纷问题50件;推进家事纠纷诉调对接工作,举办家事纠纷调解员、调查员专题培训,参与家事纠纷诉前、诉中、判后调解10件;与法院联合成立未成年人探视室,解决离异家庭未成年子女"探视难"问题。

【深化文明和谐创建】 举行纪念"三八"国际劳动妇女节暨"巾帼美丽耀建湖"事迹报告会;与组织部、宣传部、机关工委、广电台联合开展最美女性的评选表彰活动,拍摄相关人物专题片;常态化开展寻找最美家庭活动,刘立英家庭获省"最美家庭"表彰,夏澎芳等5户家庭获得市"最美家庭"表彰;举办"女性健康讲座""相伴共读我爱我家·书香润德"家庭亲子阅读活动,与县级机关工委、团县委联合举办首届公益家长相亲会,丰富群众精神生活;开展"爱心进社区"系列活动,组织同城爱心巾帼志愿服务队开展关爱失独老人、孤贫儿童,拓展志愿服务。

【实施民生实事项目】 加强"三解三促"工作,开展精准扶贫;完成建档立卡单亲贫困母亲调查摸底,面向低收入妇女开展月嫂培训班;做深做响"春蕾助学行动"品牌,新开办3个"春蕾班",新增帮扶特困生140名,累计结对关爱孤贫儿童335人;组织开展关爱儿童"六一梦想之旅"活动;携手爱心企业举办"春蕾圆梦"活动,为16名困难大学新生发放33000元助学资金;举行上海市闵行区江川街道爱心人士捐赠暨闵行区中心小学与草堰口小学结对签约仪式;联合政协群团组、建湖同城爱心接力站举办"关注特殊儿童,情暖与爱同行"活动,爱心捐助特校儿童夏季校服款14000元;完成省2017年妇女儿童公益项目创投,协调推进"助梦飞翔"扶持贫困母亲公益项目和"点亮明灯"留守儿童关爱项目;为两癌患病妇女发放救助资金8万元。

【加强组织阵地建设】 召开建湖县妇女第十四次代表大会;出台《建湖县妇联改革实施方案》;将内设机构宣传部家庭文明建设工作合并到儿童工作部,组建家庭和儿童工作部;打造专职、挂职、兼职相结合的机关干部队伍;增强妇女代表大会、执委会、常委会的广泛性和代表性,完成县、镇妇联集中换届、县直单位妇委会改建妇联、村妇会改建妇联工作;深化"互联网+"工作导向,改版建湖县妇女网,开通建湖女性官方微信、官方微博,在爱建湖网开通建湖女性频道;开展妇联组织"四度"评价体系建设,探索建立以妇女群众知晓度、参与度、满意度、收益度为主的工作评价机制。

(林 敏)

8月29日,县妇联携手爱心企业江苏远盛房地产公司举办"春蕾圆梦"助学金发放仪式 (县妇宣 摄)

建湖县科学技术协会

【概况】 2017年,建湖县科协在中共建湖县委、县政府领导下,以中共十八大、十九大和省、市科协系统深化改革精神为指导,落实县委、县政府工作布署和县科协系统深化改革工作,提高围绕中心、服务大局质量,完成了全年各项目标任务。

【党建工作】 学习贯彻中共十九大精神。组织机关党员学习中共十九大精神;参加县委中共十九精神报告会;参加省、市科协系统中共十九大精神应知应会知识竞赛。坚定理想信念、严守政治纪律。班子成员信念坚定、对党忠诚,时刻保持政治清醒和政治定力;牢固树立政治意识、大局意识、核心意识、看齐意识,贯彻上级决策部署;组织观念、纪律观念较强,遵守党的政治纪律,执行民主集中制;政治品德和道德品行,遵守社会公德、职业道德和家庭美德优良。坚持规矩规范、全面从严治党。常态化制度化开展"两学一做"学习教育,增强党性观念,抓好问题整改,为服务对象兴办实事;落实全面从严治党要求,强化干部队伍建设,新提拔2名年轻干部;落实"两个责任",主要负责人履行"第一责任人"职责,其他班子成员履行"一岗双责";严格执行中央"八项规定"和省市县委作风建设规定,提升机关干部作风和业务能力建设。

【大走访活动】 县委落实县科协开发区大王、建新两村436户农户,高新区、上冈工业园区6家企业大走访任务,县科协按时序全部完成矛盾问题排查和化解任务。县科协赠送波尔山羊给低收入农户扶贫的措施受到《建湖日报》的报道。

【出台《建湖县科协深化改革实施方案》】 按照市科协统一部署,县科协成立专门工作组,赴镇(街道、区)科协、县级学会、企业科协和下属事业单位调研,召开座谈会、讨论会,起草方案征求意见稿,印发到相关单位进一步征求意见。在收集吸纳整理基础上,对照省、市科协深化改革总体要求,修改形成讨论稿,向县分管领导汇报,同时分别向盐城市科协、县委深改办、编办等部门汇报沟通,听取意见。在吸纳各方面意见、建议后,再次对方案进行修改,形成提请县委深改组研究的讨论稿。11月下旬,《建湖县科协系统深化改革实施方案》获县深改组会议讨论通过,并以建办发〔2017〕50号文件印发给县各相关单位贯彻落实。

【学会工作】 开展2015－2016年度"盐城市自然科学优秀学术成果"评选活动。建湖县获二等奖1名,三等奖2名。与县委组织部、劳动和社会保障局联合推荐盐城市第六届十佳科技标兵、第九届优秀科技工作者。建湖县丰信航空设备制造有限公司工程师严小琳被评为盐城市第九届优秀科技工作者。助力乡村振兴计划,推荐3名农村青年创业能手参加第二届江苏省科协青年会员创新创业大赛,建湖县高作镇夏思成在盐城市科协青年会员创新创业大赛中《农业创新模式—稻虾共作》项目获(创业组)三等奖,该项目在江苏省科协青年会员创新创业大赛中获(创业组)优秀奖。在第二届盐城市科协青年会员创新创业竞赛中,建湖县科协被盐城市科学技术协会、盐城市科技局、共青团盐城市委授予组织奖铜牌。

【科普工作】 助力盐城市科协在建湖县召开"科普文化惠农家"农村电商创业培训与农业科技入户现场会。建湖县城府传奇养殖有限公司被评为2017年度江苏省农村科普先进单位,建湖县沿河镇新丰村民委员会被评为2017年度江苏省科普示范社区。并分别获江苏省财政厅、江苏省科学技术协会奖补资金6万元、10万元。江苏省流动科技馆建湖分馆落户建湖县高级中学,填补建湖县无科技馆空白。在科普宣传周期间,邀请北师大物理系教授刘大禾博士到建湖县育红小学举办"物理学趣谈"科普讲座。建湖县2017年科普宣传周于5月20日至27日举行。科普宣传周突出"科技强国 创新圆梦"这一主题,以贴近实际、贴近生活、贴近群众的方式,举办了一系列群众性科普活动。建湖县中小学生综合实践基地被盐城市科协命名为盐城市科普教育基地;盐城富田生态农业发展有限公司被江苏省科协授予江苏省科普惠农服务站;盐城王开食品有限公司被盐城市科协授予盐城市科普惠农服务站。

【精准扶贫和"牵手·圆梦"志愿服务活动】 定期走访慰问开发区3户低收入农户,并按标准发放慰问金,上传

"科普宣传一条街"活动现场 (吴彦宜 摄)

APP 现场图片。志愿者按要求定期到钟庄小学慰问贫困学生。

（孙鉴平）

建湖县归侨侨眷联合会

【概况】 2017 年，建湖县归侨侨眷联合会（以下简称县侨联）学习贯彻中共十九大精神，紧贴党政中心，紧扣发展主题，紧盯年初目标，发挥侨界独特作用，为全县转型发展献智出力。被江苏省侨联列为基层工作联系点（全省 12 个，盐城 1 个）。被表彰为全市侨联工作先进集体，信息工作列全市前三名。

【招商引资】 邀请并接待江苏省侨商总会会员企业时代集团董事长闵学强、神州长城有限公司总经理徐立照、北京金科龙石油技术开发公司董事长周晓东到建湖县考察投资项目。帮助盐城市凯华怡公司在近湖民营工业园征地 1.33 公顷，新上环保设备项目，协助盐城亚辉公司在开发区征地 2 公顷，新上机械加工项目。

【服务企业】 组织 8 名侨界企业家、侨联委员到南通、昆山、大丰参观学习企业转型及留学创业园建设。开展“三走”活动，走出去联谊交友，走上去争取项目，走下去服务侨界群众。调研环嘉、鑫盛、兴鼎、金球、泽豪 5 个侨界企业，帮助兴鼎申报项目资金 150 万元，帮助鑫盛融资 300 万元，协助环嘉引进 3 名技术工人。

【开展大走访】 分别走访冈东镇树新村、庆丰镇北秦村 800 多户村民，66 个低收入农户。梳理排查存在问题，帮助化解矛盾。结对帮扶特困户杨俊昌，送去慰问金及物品 2000 元。资助挂钩的北秦村 3000 元。

【凝聚共识】 召开侨界代表学习中共十九大精神、中国侨联及省市侨联全会精神、全省侨务工作发展纲要等 4 个座谈会，解读中共十九大报告要点，在侨界掀起了学习中共十九大精神的热潮，进一步统一思想，凝聚共识。

【侨心助学】 动员侨界代表资助 13 名贫困生，发放助学金 1.3 万元及运动器材和夏凉衣被等物品；和县红会协调，帮助 2 名刚考上大学的贫困生申请一次性救助金 5000 元；陪同澳洲侨胞陈志到草堰初中颁发中柱奖学金 3 万元；和教育局协调，帮助新加坡华人子女顾广靖就读实验初中汇文校区。

【维护侨益】 召开《华侨投资条例》学习座谈会，举办了一期侨法知识培训班，在希望广场、司法宣传长廊开设侨法宣传角，定期宣传侨务法律法规。和卫生局一起，开展侨爱心光明行活动，为 5 名白内障患者免费提供治疗。和草堰社区协调，帮助澳洲华侨陈璞出资修建一条 300 米长 3.5 米宽的水泥硬质路面，通往陈中柱将军墓地。

【参政建言】 组织侨界代表调研考察建河村、董徐村、宝塔村美丽乡村建设及建筑企业安全监管、金融系统支持小微企业发展情况。参政建言，撰写提案 13 件，2 件被确定为重点督办提案。考察推荐了 2 名市侨联委员、5 名侨青会员、5 名侨商会理事，2 人被表彰为履职尽责好委员，1 人被表彰为侨界杰出人士。

【海外联谊】 接待新加坡华人顾克余、美籍华人罗中富、加拿大华侨陈永生等 8 批 28 人（次）。举办了台侨属代表新春茶话会，召开了新侨留学生眷属联谊会，台侨界代表“庆国庆迎中秋”座谈会。春节中秋走访慰问 5 名侨界空巢老人、5 名侨界老代表。开展留学人员信息普查，为 80 名留学人员建立名册。建立了多伦多留学生群、省市侨商总会群、侨联活动群等 3 个联络联谊微信群。帮助乔冠华故居申请增挂盐城市华侨华人文化交流基地。组织乔中帅等 4 名省侨界书法大赛获奖者参加盐城市侨界书法家协会座谈会。接待并陪同省侨联大走访调研组参观调研海归创业昊美公司、文化交流基地乔冠华故居、统战之家。

（李容阳）

建湖县残疾人联合会

【概况】 2017 年，建湖县残疾人联合会（以下简称县残联）围绕残疾人全面小康和精准扶贫两大目标，不断深化残疾人社会保障体系和服务体系建设，坚持求真务实、开拓创新，完成了各项目标任务。残疾人工作亮点纷呈，在全市率先基本实现基层残疾人康复站“全覆盖”；全县企业在职残疾职工人数在全市县（市、区）中位居第一。

县残联“国际残疾人日”捐赠活动现场 （建湖日报提供）

【社会保障水平提高】　县残联与民政、财政部门联合下发《关于发放三四级智力精神残疾人生活补贴和护理补贴的通知》。从 2017 年下半年开始,三、四级智力精神残疾人生活补贴按照城乡低保标准的 40% 发放,护理补贴按照城乡户籍每人每月 120 元、80 元的标准发放,新增发放补贴资金 118.53 万元。全年为 9973 名困难残疾人发放生活补贴,为 7482 名重度残疾人发放护理补贴,累计发放补贴 5000 多万元。

【精准康复服务】　研究制定县政府为民实事项目实施方案,明确目标责任,强化项目管理,确保实事项目顺利推进到位。2017 年,为 194 名 14 周岁以下残疾儿童提供免费康复训练,为 1171 名精神病患者提供基本药品救助,为 192 名贫困白内障患者实施免费复明手术,为 1059 名贫困残疾人发放辅助器具 2000 件,新建村(社区)残疾人康复室 80 个。

【就业帮扶】　依法推进残疾人集中就业和按比例就业,定期发布就业创业信息、举办用工对接活动,为残疾人就业提供全方位、多渠道的服务,促进用人单位吸纳更多的残疾人就业。2017 年对 390 家企事业单位 876 名在职残疾职工进行年检审核,新增残疾人实名制就业 111 名。针对残疾人需求与特点,以提升能力为导向,举办 4 期残疾人职业技能和农村实用技术培训班,培训残疾人 326 名,输送 5 名优秀残疾人参加省、市残联组织的特殊技能培训班。

【服务载体建设】　建湖县已建成了县级残疾人康复中心、托养中心、辅助器具服务中心、文体艺展能中心,在基层建成镇级托养机构 9 个、残疾人之家 8 个、残疾人康复站(室)228 个,形成了每年为 5000 多名残疾人提供精准服务的能力。建有一批残疾人扶贫基地、就业基地、创业基地、盲人按摩机构,构建了覆盖全县的残疾人公共服务网络。

【健全评定工作机制】　完善县残疾等级评定委员会和残疾评定医学专家库,举办残疾评定、残疾人证管理工作培训班,进一步规范残疾评定工作。实行阳光政务,组织三级公示,让全社会监督,确保评残工作公正透明。开展假证、错证和空证集中清理工作,全面彻查、注销清理不在残疾人信息系统、不具残疾体征、已死亡尚未注销,这三类持证人员。截至 2017 年底,县残联已发放残疾人证 18674 本。

【增强基层组织活力】　采取以会代训、送学加训、专题集训、岗位轮训等形式,坚持述职测评、末位淘汰考核机制,不断增强残疾人工作者能力水平。制定完善残疾人工作目标考核机制,量化考核标准,规范考核流程,调动各级残疾人组织工作积极性和主动性。结合“两学一做”、低收入农户结对帮扶等活动,组织机关干部深入基层调查研究,密切联系残疾群众,把握他们的需求和困难,敢于担当,主动作为,切实为残疾人办实事、解难事。

【优化事业发展环境】　全国助残日期间,围绕活动主题,从物质和精神两方面,组织开展辅具设配、衣物捐赠、作品展览、走访慰问等系列活动,实实在在服务好残疾群众。在《建湖日报》开设专版,宣传残疾人事业发展成果,宣传残疾人自强模范和创业典型,动员更多的社会力量参与扶残助残活动。拍摄专题宣传片《幸福建湖离不开你》——走进建湖残联党支部,并在县电视台播放,传递了残疾人鼓足生活创业信心的正能量。

(李　晨)

建湖县文学艺术界联合会

【概况】　2017 年,在建湖县委、县政府领导下,在省、市文联的指导下,建湖县文联贯彻党的文艺方针,发挥桥梁纽带作用,坚持服务全县文艺工作者,指导文艺创作,开展文艺活动,在诸多方面取得了成绩。建湖被中国戏剧家协会命名为“中国淮剧之乡”,被中国杂技家协会命名为“中国杂技之乡”,获批“江苏省美术家协会创作基地”。

【文艺活动】　全年组织各类展览、展演 20 多场次,先后主办陆嘉禾书画作品展、邓永先画展、“和风雅逸”书画展、王虹军摄影作品展等个展。在扬州举办“湖上墨韵”建湖·广陵两地书法联展,建湖县 5 名年轻书家 50 幅作品参展。10 件作品入展市政协组织的“五个一工程”书法绘画摄影作品展,唐晓斌书法作品入展全省政协委员书画展。造浓迎接宣传学习贯彻中共十九大

5 月 12 日,县举办“光影寻梦”——王虹军摄影作品展　(陈玉柱　摄)

氛围，先后举办"喜迎十九大·共绘塘河情""喜迎十九大·奔赴新航程""不忘初心"当代书法名家精品展等书美摄作品展。

【文艺创作】　精心打磨现代淮剧《北秦庄之恋》，新剧《芦荻知秋》在江苏省现代戏年会首演，得到专家的好评。现代小戏《扶贫趣事》获全国曲艺展演创作金奖，魔术《疯狂实验室》获首届"江苏杂技奖"魔术大赛银奖，淮剧《深渊》入选省艺术基金交流推广项目，《祭塔》获首届上海（浦兴）淮音艺术节演出一等奖；书法作品《习近平讲话》获第十二届江苏省五星工程奖，剪纸作品《昭君出塞》《吉庆有余》分别获"张浦杯"第三届江苏省农民画展二等奖和优秀奖，诗歌《结满雨水的乌鸣》获2017年度江苏省生态文明诗歌大赛优秀奖，民乐合奏《水乡闹春》获苏北五市文艺联盟展演并获优秀创作奖，舞蹈《秧歌情》《天籁之爱》分获第五届盐城市广场舞大赛一、二等奖。微电影《毁》获"2017美丽乡村国际微电影艺术节"优秀作品，《一曲初心唱到今》获全省微视频最佳创意奖。

【文艺惠民】　树立文艺为民的宗旨，参与全县群众文艺汇演，组织书画家到镇、街道义务书写春联，邀请《大众摄影》百名摄影家到九龙口采风，组织摄影家到火车站拍摄老火车站最后一趟列车。牵头组织"中国·九龙口首届诗赋大会"，展示景区的风情、风物、风貌，丰富九龙口文化内涵，活动当天视频点击量达4万多次，产生了良好社会影响。　（骆旭阳）

建湖县红十字会

【概况】　2017年，建湖县红十字会以中共十九大精神为指导，以保障民生为目标，以救助服务为重点，坚守依法"建会、治会、兴会"的工作理念，全面宣传和贯彻落实新颁布的《中国红十字会法》，弘扬"人道、博爱、奉献"的红十字精神。

【全面宣传】　围绕"抓基础、塑品牌、重筹资、广宣传"的工作思路，以"5·8"世界红十字日和"6·14"世界献血者日等特色活动为依托打造宣传平台，通报红十字会工作动态和基层红会相关活动信息。

【公益惠民项目】　致力于打造红十字"博爱救助"品牌，全年已累计发放各类救助金75.89万元，受益群众800余人次。救助大病重病患者120人次，救助金额达12.5万元。助学85人次，救助金额达42万元。助老160人次，救助金额达6.5万元。

【救护知识培训】　深入推进省政府公益性应急救护百万培训项目，联合安监局、教育局、卫计委等部门对企业安全员、学校师生和医疗系统工作者等人员进行培训，共培训了1000名初级救护员，普及培训了9000人，确保救护培训进企业、进学校、进社区、进家庭。

【养老照护工作】　成立城南社区博爱家园和建湖县养老照护志愿服务队，定期走进社区组织开展养老照护知识培训，节假日走进需要关爱的老人家中，为近百名老人送去服务和温暖。

【器官遗体捐献和造血干细胞捐献工作】　采取多种宣传方式，成功征集了100名捐献造血干细胞志愿者加入了中华骨髓库。成功进行了两例器官捐献，实现了建湖县首例器官捐献。
（汪　峰）

建湖县关心下一代工作委员会

【概况】　2017年，建湖县关心下一代工作委员会（以下简称建湖县关工委）贯彻落实习近平总书记对关心下一代工作重要指示精神，在抓紧抓实教育、服务青少年等重点工作的同时，着力突出基层关工委组织建设和"五老"队伍建设（下称"两个建设"），将全年定为"组织建设年"。通过广泛发动、深入调研、落实措施，"两个建设"的目标任务得到全面实施，推进关心下一代工作登上新台阶、呈现新景象。中国关工委主任顾秀莲在县关工委报送的专题材料上批示："建湖县关工委从五个方面加强基层关工委建设，思路对头，抓得实在，效果很好。希望继续巩固提高，创新发展。"关爱留守儿童工作分别在省、市相关会议上交流经验，预防青少年违法犯罪工作多次得到省、市关工委肯定。建湖县关工委被中国关工委、国家司法部、中央综治办表彰为全国青少年普法教育活动先

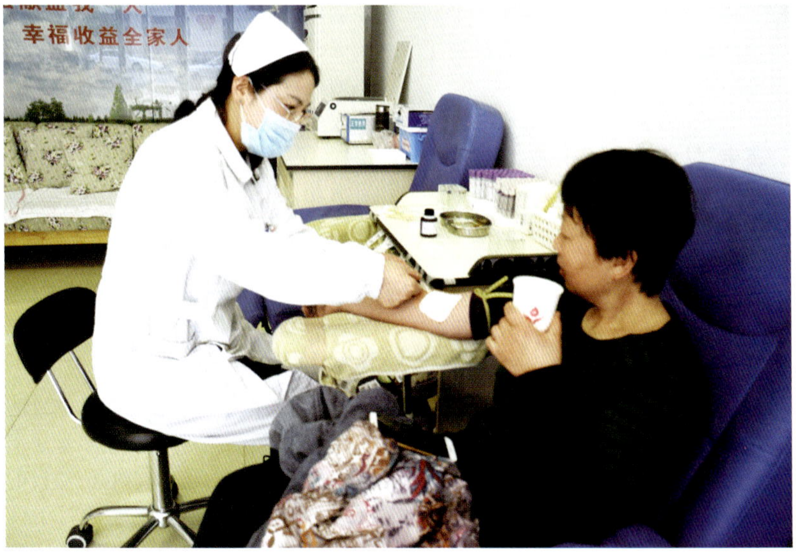

2月14日，县爱心献血屋，群众正在献血　（徐霞　摄）

进单位,被市委、市政府表彰为全市关心下一代工作先进集体。

【组织网络】 县委办发文,对县关工委领导班子组成人员重新进行了明确。各镇、各部门坚持党建带“关建”,将关工委组织建设与党建工作同研究、同部署、同督查、同奖惩。经过调整完善,全县纵向建立起镇(街道、区)关工委16个,村(居)关工委245个,青少年较多的组(住宅小区)建立了关工小组;横向“四大系统”建立起教育系统关工委53个,农委系统关工委17个,政法系统关工委33个,民企关工委256个,其他机关、企事业单位关工委32个,青少年较少的30多个部门、单位整合成党群、农科、工交、财贸4个关工大组,全县建立关工委(组)682个,其中新建92个,实现了关工委组织网络全覆盖。

【领导班子建设】 根据“两个建设”文件要求,全县先后调整了5个镇关工委的驻会主任,镇(街道、区)一级关工委驻会主任平均年龄下降6岁,同级党政领导班子退下来的老同志占64%。调整了89个村(居)关工委驻会主任,调整面达36%。其中:18个村(居)长期未配备的驻会主任得到落实,对43个村(居)中因身体原因而难以胜任工作的驻会主任进行了调整,28个村(居)原来由在职村干部兼任驻会主任的改配了老同志,村(居)关工委班子切实得到了健全加强。

【“五老”队伍建设】 各地、各部门探索建立并落实三项制度:一是各级党政机关、企事业单位在为老同志办理退休手续的同时,由党政领导出面邀请他们加入关工委组织,对接受聘请的,由同级党组织颁发《关心下一代志愿者聘书》;二是继续坚持县教育系统已实施多年的对老教职员工退休证、关教员证“双证”齐发制度;三是扩大“五老”志愿者对象,突破原来范围的局限,向所有热心、胜任关工委工作的老同志拓展。截至11月底,全县“五老”队伍新进1100多人,因自身或家庭实际困难退出350多人,净增750多人。

【激励机制】 各镇(街道、区)和县直相关部门执行县关于调整各级关工委驻会人员补贴的规定,有关补贴全部得到落实且有较大幅度提升。同时,加大对基层关工委和“五老”先进典型的表彰、奖励、宣传力度,明确县委、县政府每三年对关心下一代先进集体和先进个人进行一次表彰,县关工委对校外辅导、关爱青少年弱势群体、社区矫正、网吧义务监督等单项工作每年轮流进行一次表彰,对“五老”骨干适时进行看望慰问。7月5日举行的全县基层关工委主任培训大会上,对连续参加关心下一代工作10年以上的586名优秀“五老”,由县委组织部、县文明办、县关工委联合颁发荣誉证书。激励机制和措施的落实,调动了基层关工委和广大“五老”做好关工工作的积极性。市关工委成立25周年大会上,8个基层关工委、17名“五老”和志愿者被市委、市政府表彰为先进集体和先进个人。

【思想政治教育】 思想道德教育常抓常新,组织732名“五老”宣讲员深入学校、企业、社区,开展“学史立志·崇德守法”主题教育宣讲,全年达126场次,8.3万名青少年受到深刻的听党话、跟党走教育;活动推进形式不断创新,先后在县汇文初中和实小西校区,召开“喜迎十九大·童心向党”系列教育活动动员会、中小学主题教育成果展示会,推动主题教育深入开展;组织中小学生参与喜闻乐见的教育活动,协同举办“喜迎十九大·奔赴新航程——建湖县第三届中小学生作品展”,中小学生参加省主题教育征文、绘画、演讲比赛,21人获一、二、三等奖。

【法治教育】 预防违法犯罪成效明显,会同相关部门对51所中小学法治副校长进行调整,组建起热心、懂行的法治宣传教育和预防犯罪的骨干队伍;进一步加大帮教、转化“问题”和失足青少年工作力度,落实262名“五老”对包括43名25周岁以下青少年在内的131名社区矫正对象进行矫正,促进44人成功解矫;推进未成年人零犯罪社区(村)创建,全面推介宝塔镇前庄居委会17年无未成年人犯罪的经验,全县创建未成年人零犯罪社区(村)217个。

【校外辅导站】 校外辅导站常态化建设水平日臻提高。“站校结合”更加紧密,15所校外辅导中心站与社区教育中心、中小学联办共建,实行校舍、设备、师资等教育资源共享;办站条件明显改善,中心辅导站的硬件、软件全部以较高标准达到了“六有四健全”要求;辅导内容更趋丰富,各级辅导站围绕社会主义核心教育、传承优秀传统文化、培养兴趣爱好特长、帮助留守儿童和学困生补齐学生“短板”,创新活动载体,丰富辅导内容。

【关爱留守儿童】 以11月底在建阳镇召开“关爱留守儿童‘十个一’经验交流会”为抓手,促进全县4200多名留守儿童在学业、生活、精神上得到广大“五老”和代理家长、爱心妈妈的关心照料;组织810名“五老”与310名困境儿童结对,帮助解决上学、看病、生活方面的困难,对调查登记的147名0~14周岁患重大疾病的儿童商请有关部门救助,并帮助多渠道筹措医疗资金;发动社会团体、企事业单位和爱心人士扶困助学,筹措102.85万元资金,使4300多名特困学生继续上学校就读。

【三扶两创一促进】 “扶创”活动硕果累累。围绕“三扶两创一促进”工作,全年组织科技报告团和各地老科技,数次举办“科技赶集”、送科技下乡等活动,深入镇、村、组接受技术咨询50余次,为县“新型职业农民技术培训班”授课68场次,发放“为农服务卡”2万份;组织专业对口的老科技,与筛选出的29位青年农民和回乡大学生创业典型结对,以帮助其把产业做大、做强;邀请市农委老科技到荷风畜禽养殖专业合作社、大成生态养殖家庭农场等创业示范基地指导,敦请副县长申建春和县农委负责人到有关青年农民和回乡大学生创业基地考察，引导和鼓励基层关工委和老科技在"三扶两创一促进"活动中建功立业，为促进农业转型升级和农业增效、农民增收献智出力。（孙良宏）

建湖县老区开发促进会
建湖县扶贫开发协会

【概况】 2017年，建湖县老区开发促进会、建湖县扶贫开发协会（以下简称县"两会"）贯彻落实习近平总书记关于老区建设和扶贫开发的重要指示，围绕县委县政府中心工作，紧扣"五个一批"目标，开展"三带"活动，实施"五助"行动，实现了换届后开局之年县"两会"工作的新突破。全县有"两会"会员9438人，其中新发展会员1450人，带头致富3160人，带动他人致富6203人。继续实施精准扶贫。全年有4945个会员参加扶贫帮扶，共扶持贫困户3564户，年底脱贫2133户，占帮扶贫困户的60%，其中助学扶贫1760人，帮扶资金297.4万元。全县扶贫志愿者队伍达到4766人。

【换届工作】 2017年1月16日，县召开了老区开发促进会第六届、扶贫开发协会第四届一次理事会议。市扶贫协会会长陈还堂，市老促会副理事长董金奇、县委副书记吴云、副县长何春明，县各镇、街道（社区）分管负责人，共150多人参加会议。会议选举产生了县"两会"新一届理事会，由123名理事组成。在六届一次理事会上，选举常务理事31人，吴志元当选为理事长（会长）、唐文为副理事长（副会长）；周文林、陈汉山、张小伟、严岳军为副会长；周蔚海为秘书长兼办公室主任，驻会人员平均年龄为62.6周岁，比上届下降18.9岁。会上，对17个先进集体和48名先进个人进行了表彰。

【"五个一批"目标】 新的一届县"两会"工作，在调研和征求意见的基础上，确立了"争取一批扶贫项目、发展一批新的会员、筹募一批扶贫资金、培植一批帮扶典型、形成一批调研成果""五个一批"，作为本届县"两会"工作的总目标。全年，一是争取了一批扶贫项目。各镇陆续建成了扶贫基地，为扶贫工作增添了新的渠道，增加了力所能及的岗位，实现就近、就业、就地脱贫。通过和多家企业沟通，全年新增了县本级"会长扶贫基金""金融助学基金"两个项目，共募集资金20万元，为脱贫攻坚提供了项目支持。二是发展了一批新的会员。全年，全县各分会扩大会员队伍，新增扶贫会员单位近百个，发展新会员1450名。三是筹募了一批扶贫资金。通过拜访省"三会"领导，多次汇报情况，争取对建湖县"两会"工作的支持，省产业扶贫项目资金在去年的基础上增加到70万元；运作好县"两会"扶贫基金，实现基金作用的最大化，为开展"五助行动"提供了资金保障；发动各级扶贫组织多方筹措资金，会长带头捐出资金10万元；县人民银行召开金融系统文明创建推进会，为扶贫助学工作发出了倡议书，开展全县金融系统帮扶困难学生"三年行动"。四是培植一批帮扶典型。县"两会"也发动全体会员投身扶贫攻坚大会战，涌现出一批新的帮扶典型。如庆丰镇"众创农业科技"，为种植大户提供科技一条龙服务，为农业增产增收，农民致富提供了丰收的保障。五是形成了一批调研成果。年初针对建设高水平小康、脱贫攻坚等主题，议定6个调研课题，组成课题组深入基层，走村进户，进行深入调研，找弱点、找难点、提建议、议对策，形成一批新的调研成果。在已征集到的62篇调研文章中，有12篇分别被《中国老区建设》《江苏老区》《大江南北》和《铁军》杂志刊用。其中，县"两会"撰写的《关于全县脱贫攻坚工作情况的调研与思考》《关于加快建设国家级电子商务示范县的调研与思考》两篇调研报告得到县主要领导的肯定。

【"三带"活动】 开展会员带头致富，带领群众致富的"两带"活动，在扶贫攻坚中发挥了一定的作用。2017年起县"两会"又增加了"会长带动一方致富"的活动内容，为脱贫攻坚战汇入新的能量，受到市老促会的肯定并在全市推广。会长带动一方致富作出新榜样。县"两会"及各基层分会会长、副会长都落实了带动一方致富的责任。

【"五助行动"】 倾心助学。不让一个孩子因贫困失学是社会的共同责任，也是扶贫工作的一项重要内容。县"两会"组织实施"滴水·筑梦"助学工程，帮助贫困学生解决上学难问题。鼎力助创。县"两会"和京城置业合作，拆借资金租赁临街房屋，建成

县老区开发促进会扶贫开发协会开展2017年特校捐赠（建湖日报提供）

近千平方米的“创客孵化基地”，招募有创业雄心但无经济实力的贫困青年20多人从微商做起，进行创业起步。爱心助残。县“两会”不断创新扶贫方式，关爱弱势群体，关爱特殊教育，和县特殊学校结对帮扶，举办“送温暖献爱心”活动，2017年助残日，向110名残疾儿童一次性捐赠22000元。庆丰镇“两会”深入社区乡村，调查摸底残疾人群的真实情况，落实“一对一”的帮扶责任，做到爱心全覆盖，不漏一个残疾人。九龙口分会联系爱心人士开展结对帮扶，向10名残疾学生每人发放补助1500元。携手助困。通过开展“三带”活动帮扶贫困户。全县志愿者队伍也在不断扩大，对贫困户大到送衣送钱，小到打扫卫生、送蔬菜食品。2017年县“两会”还联合市老促会，邀请市医疗专家到塘河街道养老中心开展送医送药送温暖活动。及时助灾。冈东食用菌厂发生火灾，财产化为灰烬，镇“两会”一方面组织多方救援，另一方面宣传招商，帮助恢复生产，实现了食用菌生产、加工和销售一体化，同时吸纳40多户贫困户就业，帮助他们顺利脱贫。

【“两会”建设】 一是创建学习型“两会”组织。学习领会中共十九大精神，学习领会习总书记对老区建设和扶贫开发的重要指示，贯彻县委十四届二次全会的工作部署，保证政治上清醒，思想上不老化、不僵化，融入新时代、踏上新征程。二是健全各项制度。修订了学习制度、工作制度，制定了扶贫基金管理制度，完善了激励考核制度。规范了每周学习、每月例会、每季会长交流、每半年分会工作汇报、每年召开一次理事会议等一系列工作流程，确保各项工作各个活动按序推进。三是启动革命老区发展史编纂工作。按照中国老区建设促进会的统一部署，从2017年8月至2019年7月完成建湖县的革命老区发展史20万字的编纂任务。已完成组织落实、人员落实、地点落实、经费落实，进入起草阶段。全县的“四落实”做法被省老促会简报登载宣传。四是各分会积极进取、乐于奉献。各级“两会”组织的老同志凭着对党的忠诚，对老区建设、扶贫工作的热爱、发扬奉献精神，发挥余热，勤奋工作。沿河镇农村公路提档升级，镇“两会”主动请缨参与质量监督，组成道路质量巡检队，以自己的资历和经验，多次帮助政府解决道路施工中的矛盾。2017年，建湖县的扶贫“三带”活动被市老促会作为全市的特色活动予以推广；打造“五个一批”，实施“五助行动”的做法被江苏省“三会”宣传推介；老区宣传工作被中国老区建设促进会评为二等奖；调研工作得到县委、县政府主要领导的肯定。 （周蔚海　吴树德）

建湖县老年科技工作者协会

【科普宣传】 3月，建湖县老年科技工作者协会（以下简称县老科协）根据中国老科学技术工作者协会的通知，选送6幅作品参与“首届全国老科技工作者书画摄影展”。其中，县老科协理事戴超的作品《高瞻远瞩》被选中参展。配合相关部门做好县老科协理事陆嘉禾画展的宣传工作。常务理事长雷涤生在老科协网站为陆嘉禾制作专辑，对陆嘉禾的绘画作品作系统详细的介绍。参加3月30日在建湖美术馆举办“墨语寻梦”——陆嘉禾国画作品展。12月13日，参与省老科协举办的“聚焦新风貌，喜迎十九大”江苏省老科技工作者优秀摄影作品展，县老科协常务副会长雷滁生的一幅作品获优秀奖。全年，在《江苏老科协》杂志发表县老科协、老年科技工作者的文章、诗歌、照片36篇（帧）。2017年老科协网站更新科普文章《未来手机功能之一》《中国的二十四节气》《延长膝盖使用寿命》《未来十年重复性劳动将被机器人所代替》等12篇；介绍陆嘉禾、王伯华、张万康等会员专辑7期；选登《就地就近看发展》《认真调查研究，做好建言献策》《对推进我县农业供给侧结构性改革的几点建议》《我为建湖农业发展献一策》《积极采取相关措施，努力振兴畜牧产业》等建言献策文章13篇。全年，科普宣传栏更换了6期，满足了广大科技工作者和网民的求知欲望。参加“建湖县第29届科普宣传周”科普宣传一条街活动，农委、教育、卫生等分会发放种植、养殖、创新创业、医疗保健等科普资料6500多份。

【组织建设】 2017年3月，“建湖县老科技工作者协会上冈分会”获得省老科协“优秀老科技工作者之家”称号。2017年10月25日，建湖县老年科技工作者协会九龙口镇分会成立。大会通过组织提名、会员表决，选举产生了建湖县老年科技工作者协会九龙口镇分会理事会、会长和名誉会长，分会下设企业、种植、养殖、教卫4个专业小组。

【常务理事会】 2017年7月11日召开了县老科协常务理事扩大会，会议由副会长葛太进主持，副会长周立斌传达市老科协会议精神；常务副会长雷滁生对上半年工作作了总结；各分会会长、常务理事作工作情况交流，会长王耀武对下半年工作提出了“尽力而为、以特取胜”的要求。2017年12月26日，召开了常务理事扩大会，会议由副会长葛太进主持，副会长周立斌传达省老科协七届四次理事会和市老科协会议精神；常务副会长雷滁生对全年工作进行总结；会长王耀武对2018年工作提出要求。

【考察交流】 2017年2月21日，市老科协副会长周俊鸿、办公室主任刘桂娟到建湖考察上冈镇老科协工作。随后对上冈镇现代农业园、日光能温室大棚反季蔬菜基地、花将军花卉进行实地考察。2017年4月21日，东台市老科协（筹备组）一行五人到建湖考察，了解建湖县老科协成立的筹建程序、人员组成、运作模式、日常工作等。2017年6月29日县老科协会长王耀武、县关工委主任唐修国、县老年体协主席赵扬武，县老干部局局长成万东等八人对江苏九五面业进行了调研，并肯定了企业的发展贡献。2017

年8月15—16日，市老科协副会长周俊鸿、主任刘桂娟到建湖检查建湖友诚机械有限公司、建湖县成成粮食种植家庭农场、盐城绿盾禽业有限公司、盐城神力船舶装备集团科技示范基地的创建工作。2017年10月31日，省老科协樊天翔、戴起伟、文勇，市老科协周俊鸿、刘桂娟，对建湖县科技示范基地创建工作进行验收，分别考察了建湖县大江禽蛋炕孵专业合作社、江苏润谷农业科技有限公司、江苏神力船舶装备集团科技示范基地的创建工作。省、市老科协领导对各项工作表示肯定。

【科技服务】　县农委老科协为县广播电台、电视台、建湖报社、市、县远程教育及省级以上刊物等撰写农业科技材料、讲稿以及调查报告等32篇，编印农业科普宣传、技术指导材料28种，并打印26000份；接受各种技术咨询2548人(次)；举办专业技术培训班75场，受训人员约4070人(次)；先后组织老科技工作者深入田头、猪圈、羊舍、鸡场进行技术指导210次，接受指导约6000人(次)参加科技赶集2次。吴爱国同志发表论文3篇。一是与克胜集团合作《45%戊唑·咪鲜胺EW防治小麦赤霉病田间药效试验初报》在《上海农业科技》2017年第1期发表。二是与中科院植保所合作《克胜·蜻蜓—16无人机低空喷洒在小麦田的雾滴沉积分布及对赤霉病的防治效果初探》在《上海农业科技》2017年第2期发表。三是与中科院植保所合作《克胜蜻蜓农服自走式喷雾机在小麦田的雾滴沉积分布及对赤霉病的防治效果初探》在《上海农业科技》2017年第3期发表。就"'农业无人机'的科学使用"和"农药科学使用"培训9场，受训人员1020人(次)。丁明省对蛋鸡的饲养管理和疾病防治、动物防疫、山羊的饲养管理以及狂犬病防治技术要点四个专题的培训21场，受训人员1200人(次)。万晶生开展技术培训12场，受训人员450人(次)。上冈镇老科协开展科技服务与科技普及。全年撰写科技文章12篇，在《江苏老科协》上发表10篇。科技资料发放8000多份，到农村一线进行技术指导158人次，到农户场头、田头技术辅导188人次，召开农业科技座谈会8次，深入田头考察22次，帮助种粮大户指导高产讲座8次。

【示范基地】　建湖县大江禽蛋炕孵专业合作社、江苏神力制绳有限公司二个企业在省级科技示范基地申报中获得认定，实现了盐城市创建制造业省级科技示范基地零的突破。2017年共申报市级科技示范基地8个，分别是建湖县大江禽蛋炕孵专业合作社、建湖县建阳镇成成粮食种植家庭农场、盐城陆盾禽业有限公司、建湖县亿乐粮食种植家庭农场、建湖县旺达农机专业合作社、江苏润谷农业科技有限公司、建湖友诚机械有限公司、盐城神力制绳有限公司。

【建言献策】　全年共撰写各类调研材料18份，其中6份得到县主要领导和分管领导批示，在《江苏老科协》转载3份。农委老科协组织卜云龙、唐明祥、万晶生、丁明省等同志，在4月26日至27日调查了8个镇12个示范基地；9月21日至22日调查了12个镇15个示范基地。开了8次座谈会，写了4份调查报告。从不同角度反应了农业示范典型的现状。颜单镇老科协组织精干力量，对农业供给侧结构改革进行重点调研。先后撰写了《对荷藕供给紧俏与过剩的几点思考》《让土地在流转中增收增效》《农业结构调整工作要落实示范模式》三篇调研报告。经过筛选县农委老科协《对推进我县农业供给侧结构性改革的几点建议》、颜单镇老科协《对荷藕供给紧俏与过剩的几点思考》二篇具有指导意义的建言献策，报送分管县长后，分别作了批示，并交相关部门落实。2017年9月8日，县老科协副会长葛太进带队一行五人赴大丰区考察，学习畜禽粪污集中处理综合利用的先进经验。江苏苏港和顺生物科技有限公司费思静副总对项目的立项、流程、工艺、管理、市场等方面作了介绍。回到建湖后县老科协又到县农委召开了相关部门参加的座谈会，在了解建湖县畜禽养殖和畜禽粪污处理的基本情况后，会长王耀武又召开了碰头会，要求报告的内容要实事求是的反映情况。先由老专家丁明省拿出初稿，然后由副会长葛太进亲自撰稿，先后八易其稿，最后形成县老年科协赴大丰考察报告《大丰区农村畜禽粪便综合利用模式见闻及思考》。于10月10日分别报送县委书记陈平、县长薛盛堂，二位领导分别在10月15日和10月10日作出批示。

【县农委分会】　丁明省挂钩在盐城绿盾禽业有限公司，公司鸡舍8幢，固定资产近400万元。2017年由于价

农技专家到江苏军曼火鸡养殖基地传授火鸡养殖技术　(陈玉柱　摄)

格下跌,加之环保问题,群众多次上访,老板金煜准备到连云港市重新创业。唐明祥、卜云龙、丁明省等人数次上门做工作。并和相关部门联系,帮助立项,争取资金解决环保问题。年内,该公司已投入30万元,初步解决了无害化处理问题。10—12月出售20万只肉鸡,公司生产、经营进入良性循环。2017年张玉明对建阳镇瓦瓷村、近湖街道高马村、芦沟镇芦北村、钟庄街道钟西组、冈西镇徐王村等十多个村组的粮食生产大户,进行全方位技术指导,小麦平均亩产390~500公斤,亩平收入850~1000元,均比上年有明显增加。2017年5月,协助建阳镇胡桥村的俞维清在田间用不同叶色水稻,拼接"庆十九大"模型,9月下旬向相关部门报告,10月12日,《水稻田里的新风景》在《建湖日报》头版作了报道,10月13日至15日,县、市、省和中央一套都分别作了报道,《江苏老科协》在第10期刊发了照片和相关信息,反映了种田大户对中共十九大召开的期盼。

【颜单镇分会】 一是抓服务三农,着力基层调研。三虹村胡存仁承包6.67公顷搞芡实种植,因品种单一、盈利微薄。分会委托专人数次到现场调研,建议他把握时令抢种一季,然后把单一种植改为复活种养。实现了芡实泥鳅混作、春麦芡实轮作的两作法,亩产增收不低于1300元。二是配合精准扶贫,对贫困户进行个体设计。分会在精准扶贫中,建议政府将土地流转的租金作为股份投资,投给承包者,秋后分红,稳定贫困户收入;土地流转后,除投股分红外,还安排贫困户上班;对个别贫困户进行专业培训。漕桥村的倪士祥土地被弘森生态园流转后,无事可做,分会对他进行果树栽培技术培训后介绍到生态园打工,有了固定收入;土地流转后,符合低保条件的建议政府安排低保;分会成员与贫困个体结对帮扶,因人因地制宜制定对策。经过市场调查,根据稻草资源丰富的特点,分会建议镇政府购买电动摇绳机一百余台,分配给贫困户摇绳创收,全镇成立草绳合作社,统一上门收购,包产包销。三是抓好农技推广,着力基地建设。配合镇长、分管领导建好示范区,利用示范区进行科技推广。分会理事原副镇长颜成松蹲点弘森生态园创办了"中杉科学育苗基地",对培育全程跟踪。着力对"三虹牌有机"米示范基地扩大规模,2017年从26.67公顷扩大到33.33公顷,让一些贫困户以流转地为股份,提高收入。

【教育分会】 黄玉锦、孙剑锋、王道远等人结合教育系统普教、中教、职教和社会教育科技活动的基本情况,撰写了《倡导"五型"模式、创新活动格局》专题文章,在《江苏老科协》第七期全文刊登。

【上冈镇分会】 针对稻田寄种的麦子扎根不牢、麦苗不匀、长势不佳、三类苗面积多的情况,分会会同农业专家商讨,采用厌杂肥加化磷肥混合追施,同时清理田间水系,将细土均匀撒播在麦苗上,不仅盖稳麦苗,有利扎根,而且有利防寒防冻,促进麦苗转化,增强生长发育,为明年夏熟丰收打好基础。上冈镇老科协会员顾旭春指导同心村在蔬菜种植上选用优良品种,多样种植,科学培管,坚持绿色有机。经过科学培植的绿色蔬菜,远销到南京、北京、上海等城市,年销售达2000多万元,户平均收入近五万元。老科技工作者陶守益指导冈北葡萄园效益选购新品种,通过精心培植,现亩产2000多公斤,年收入达3000多万元。该镇离退休人员参加"三帮"活动。"帮学"86对,"帮教"58对,"帮富"36对。镇老科协热心为70岁、80岁的老同志做好祝寿工作。重阳节在镇文化中心,集中为老寿星举办祝寿茶话会。

【九龙口镇分会】 2017年10月25日,在镇党委、政府的支持下,经过精心组织,九龙口镇分会成立。大会通过组织提名、会员表决,选举产生了建湖县老年科技工作者协会九龙口镇分会理事会、会长和名誉会长,分会下设企业、种植、养殖、教卫4个专业小组。

【水利分会】 随着国家对水利建设的不断投入,全县防汛排涝的设施和能力得到逐步完善和加强,技术手段和预防措施得到提高。许多老年科技工作者退休后仍不忘水利事业的发展,经常跑基层调查研究,发现问题及时指导并向相关部门汇报。

【庆丰镇分会】 上半年组织有老年科技工作者参加的"就近看发展"观光活动。组织对九龙口风景区、建湖通用机场、高新区创意创造中心、塘河风光带、登达生态园、庆丰董徐村进行参观考察。7月,镇老科协召开了由镇科协、村(居)科协组长参加的调研工作专题会议,共收到调研报告28份。如提出的《殡葬改革在农村面临的现状及建议》,在调查东乔村、吉庄村及刘庄居委会的基础上,反映农村殡葬的现状,浪费严重、制度化缺失。提出加强殡改领导、殡改宣传,加强督查等建议,受到政府、民政部门的重视。推进"三扶两创一促进"工作的开展。镇老科协对全镇回乡大学生和青年农民帮扶创业工作一一落实帮扶人员,帮助南京工程学院毕业的大学生嵇加佳,创建了金盛谷物种植家庭农场,吸纳富余劳力15人,经济效益稳定提高。东平村青年农民陆立金,在分会会员的帮扶下,筹资50万元,开起了网店,注册了"铺路鹰"商标,创办了盐城雪狼服饰有限公司,年销10万多件,收入600多万元。近期他投资的国苑商务宾馆和高档浴城也相继开业。他致富后不忘回报社会,重阳节购买500公斤大米、65公斤猪肉、55公斤食用油、30公斤挂面捐赠给庆丰敬老院。协助镇农经中心举办新型职业农民培训班、渔业科技入户培训班、产品质量监督管理培训班、杂交稻制种培训班,镇老科协委派老科技工作者参与,宣传科技知识,累计有1000多人次接受培训。

【高作镇分会】 2017年开春,小麦苗情差,分会翻印了《盐阜大众报》刊登的《小麦返青田间管理技术》100份,分发各村。镇老科协会员郝达成,农艺技术高,农民找他都是有问必答。

六月中旬，他被光明村请去在党员干部会上做了稻田撒播种子处理及秧苗初期管理技术讲座。听众100多人。盐城丰盛牧业有限公司现有猪场8000平米，常年存栏4000头左右。周边群众对气味反映较大，分会多次建议进行粪污处理。在政府和相关部门的协调和支持下，投入350万元新上有机肥项目（在建中），猪舍的采光、通风、温度、给料、清理全部自动化。项目建成后，年产有机肥4000吨。

【近湖街道分会】 在工作中注重发挥农村中的能工巧匠作用。太平村张根尧是个老兽医，自家养猪60多头走上了小康路。在他的影响下，全村有26户养猪，存栏1500多头。这些养猪户的技术、防疫均由张根尧负责。神台社区的张庆丰有20多年的种花经验，想用自己的一技之长走出困境，发动全家栽了40多盆盆景，精心护理，并买了有关书籍学习，经过几年的努力，他种植的雀梅、大阪松、罗汉松等盆景造型别致、枝繁叶茂，受到市盆景协会和小区居民的肯定，全年的盆景收入4万多元，过上了自食其力的日子。东冯村的陈军头脑灵活、信息来源广，栽种名贵树种元宝枫16公顷。

【企管分会】 帮助海特机械科技有限公司通过“武器装备生产资格审查”验收、“环境及职业健康安全管理体系GB/T24001—2016标准”认证。帮助建湖县特佳液压管件有限公司通过“三C强制性产品”认证。帮助江苏创迈达智能科技有限公司通过“中国船级社质量及职业健康安全管理体系GB/T19001—2016标准”认证。帮助建湖县永维阀门钻件有限公司通过“中国船级社CCS工厂认可”验收、“环境及职业健康安全管理体系”认证。

【卫计委分会】 分会有计划地组织老专家、医务工作者深入村镇、社区，为群众服务。2017年，原县人民医院院长吕本良、心血管专家蔡盛庆等人先后八次到九龙口、颜单、恒济、庆丰、冈西等社区，为农村留守儿童、空巢老人查病治病，举办讲座；同时对镇区卫生院和村居卫生室的医务人员进行培训，帮助他们提高业务水平。

【建阳镇分会】 利用林业专家付先义专业知识，发展地方树种，倡导乡土树种进公园。近湖街道蔡徐村2017年新建立了一个生态园，栽植品种有樱花、紫薇、红叶石楠、紫玉兰、黄槐、桂花、红枫、红叶李、海棠等多个品种，但因不懂技术、不懂管理，导致花木淹没在杂草中。付正义前后花了数月时间教工作人员识别品种、讲解特性、指导修剪、虫害防治、正确施肥，使该园的苗木生长喜人。庆丰镇一条公路，年内春天栽的池杉成活率很低，急需补救措施，专家付先义和建阳镇老科协理事陶一才到现场察看后，找到了树木死亡原因，立即组织补栽，虽然高温无雨，但成活率仍达85%以上。

（周立斌　顾　明）

责任编辑　朱明君

永维阀门钻件有限公司工作人员正在操作机器　（建湖日报提供）

地方军事·政法

Local Military · Politics and Law

县公安局组建“黄海突击队”　　（建湖日报提供）

地方军事

Local Military

中国人民解放军建湖县人民武装部

【思想政治工作】 把深入贯彻落实习主席系列重要讲话精神作为开展工作的魂和纲。持续深化理论武装。通过党委机关理论学习、专题教育、个人自学等方式,研读《习近平总书记系列重要讲话读本》,重点学习理解"改革强军篇""国防动员篇"。制定"维护核心、听从指挥"主题教育活动意见和部党委机关理论学习计划,把经常性的理论武装工作做到位。中共十九大胜利召开后,把学习宣传贯彻中共十九大精神作为当前和今后一个时期的首要政治任务,在干部职工轮流领读十九大报告原文、逐段梳理知识要点的基础上,通过组织专题学习、集中讨论、交流体会、重温入党誓词等方式,不断增强学习的实效性。常态推进"两学一做"。在巩固2016年"两学一做"学习教育成果的基础上,学习贯彻习主席对推进"两学一做"学习教育常态化制度化作出重要指示精神,细致制定活动实施意见,强化组织功能发挥,改选党支部成员,重新划分党小组,落实落细"三会一课"。通过定期听取所属党员践诺情况报告,灵活运用撰写心得体会,每天交班前抽问应知应会、理论测试等形式,把常态化的"两学一做"内容做到位。聚集拥护改革强军。针对省军区改革正处于落地见效的关键时节,深化思想教育和谈心交心活动,引导干部职工从政治、党性、精神、纪律、工作五个方面立起好样子,切实过好理想信念关、价值追求关、党性修养关、利益得失关、工作苦乐关和家庭拉力关六个关口。投入近4万元作为职工补齐部分服装,激发大家爱岗敬业积极性,同时结合单位实际和个人专长,合理安排岗位分工,人尽其能使用职工队伍,营造"让吃苦者吃香、让实干者实惠"的浓厚氛围。

【组织民兵整组】 全县整组工作以打仗维稳救灾职能任务为牵引,以深化民兵调整改革为主线,坚持为战建队伍、固强补短板、信息提质效、反复打基础,优化力量体系,突出工作重点,加强质量建设。4月,完成了3528名基干民兵整组任务,组织县民兵应急连125人、应急排360人、人防专业队260人集结训练,高标准迎接了省市工作组整组验收考核。

【实战化训练】 贯彻军分区党委常委议训会精神,聚焦打仗抓准备。进一步规范人武部值班室、战备器材库秩序,完善更新战备物资器材,严格落实战备制度和改革期间战备规定,重点突出重大节日和敏感时段战备准备。1月,针对春节期间可能发生的情况,指导近湖街道制定预案并组织民兵应急训练。4月,按照军分区通知要求,开展战备值班专项整治活动,组织对部机关所有值班人员进行业务资格认证考核。5月下旬,与县防汛指挥部成员一起现地勘察重点水利工程、防汛物资器材、险工险段,在九龙口镇组织一期民兵骨干30人对冲锋舟操作、水上打捞等业务技能训练。5月底,按照军分区要求,在民兵训练基地组织了全市民兵工程保障骨干集训,承训人数为78人,组织严禁、训练正规,受到军分区重点表扬。

【抓好征兵工作】 适应兵役征集工作面临的新形势新任务,坚持"一季征兵全年抓"。1月初,与县教育局联合下发《关于组织在校适龄青年兵役登记的通知》。3月,指导各基层单位有计划抓好适龄青年普查、预征对象登记、宣传发动等工作,通过召开专武部长例会,专题讲评部署网上兵役登记和应征报名工作,督导各单位加大工作力度,提高报名数量,全县18周岁兵役登记率达到100%。宣传优待政策,推动进藏兵优抚待遇及大学生入伍奖励金政策的落实,激发参军热情;狠抓兵员身体关,严密组织征兵体检,坚决落实体检站封闭管理。完成年度兵役征集任务。

【安全管理工作】 坚持把依法从严治军作为长期性、全局性、基础性工作紧抓不放。狠抓"兜底工程",把"学法规、用法规、正秩序"贯穿各项工作,强化安全发展理念和遵章守纪意识。定期组织条令法规考核、军容风纪检查和作风纪律教育整顿,促进了部机关正规化建设。突出重点抓整治。贯彻落实上级《关于开展全军安全大检查的通知》《开展安全大检查实施方案》精神,结合人武部实际,科学制定实施方案,列出问题清单、整改措施、整改时限以及责任人等,力争各类问题清零。

【党管武装和双百双建工作】 严格落实党管武装各项制度,定期组织县委常委议军和各镇(街道、区)党(工)委书记党管武装述职讲评。植树节，组织全体干部职工和部分专武干部、民兵预备役人员参加县政府统一组织的植树活动；清明节，组织机关干部、职工、武警中队官兵以及专武干部、民兵干部骨干代表开展“祭扫烈士陵园、重温入党誓词”活动。突出抓好国防教育和双拥工作，深入开展“双百双建”活动，对接定点帮扶的高作镇长北村，落实帮扶经费16万元，用于水牛养殖。春节前，组织对近湖街道和芦沟镇2所敬老院进行走访慰问，开展“送温暖、献爱心”活动。把国防教育纳入全民教育体系，2017年9月，邀请南京国际关系学院教授杨光海对全县干部进行国防教育。扎实开展“慰烈工程”活动。3月，组织了情系国防文艺会演，在全社会营造支持国防建设的浓厚氛围。

【组织机构及人员名录】

中共江苏省建湖县人民武装部委员会

第一书记　陈　平
书　　记　徐　军
副 书 记　陈启明
委　　员　周　宁

中共建湖县人民武装委员会暨建湖县国防动员委员会

第一主任　陈　平
主　　任　薛盛堂
副 主 任　徐宁建
　　　　　徐　军
　　　　　陈启明

建湖县全民国防教育委员会

主　　任　倪世勇
副 主 任　徐　军
　　　　　陈鸿斌

中国人民解放军江苏省建湖县人民武装部

部　　长　陈启明
政治委员　徐　军
军事科长　郭　浩
政治工作科负责人　吴加坚
保障科负责人　程爱兵

（张玉龙）

3月31日，县公安局民警向革命烈士敬献鲜花　　（建湖日报提供）

中国人民武装警察部队建湖县中队

【概况】　中国人民武装警察部队建湖县中队（以下简称“武警中队”），以习近平强军思想为统领，以执勤处突为中心，坚持稳中求进，落实基层正规化管理规定，按照《军队基层建设纲要》搞建设，狠抓基层“五项经常性工作”，部队官兵思想政治过硬，中心任务完成。中队连续62年执勤安全无事故，2005年至2017年连续13年被省武警总队评为“基层建设标兵中队”，先后立集体一等功一次，集体二等功4次，集体三等功5次。

【执勤工作】　武警中队深入贯彻落实习近平练兵备战要求，始终坚持中心居中，各项工作向执勤工作聚焦，全年以过硬的技能确保固定执勤绝对安全的前提下，完成数十起临时押解勤务，完成了上级赋予的各项工作，执勤等级被定为一级。

【部队建设】　武警中队全体官兵坚持以十九大精神为指导，深入学习贯彻习主席系列重要讲话精神和从严治党、从严治军指示要求，加强思想政治建设，常态开展条令条例及安全法规教育，提高官兵遵纪守法的自觉性。注重精细化管理，着力提升正规化建设水平。注重加强干部、党员、士官队伍建设，全力消除“微腐败”，营造风清气正、和谐纯洁的内部环境。

【双拥工作】　武警中队党支部高度重视双拥工作。2017年中队制定精准扶贫计划，官兵们响应中队党支部的号召，为贫苦老人和贫困学子捐献人民币近3000元，每到重要节日中队组织官兵去敬老院打扫卫生，赠送节日礼品，送上节日祝福。中队与建湖同城爱心接力站开展共建活动，组织官兵进行献血活动，看望抗战老兵，接受教育洗礼。　　（武警中队）

中国人民武装警察部队建湖县消防大队

【概况】　2017年，中国人民武装警察部队建湖县消防大队（以下简称县消防大队）以保持火灾形势和队伍建设“两个稳定”为总目标，以今冬明春火灾防控、重大火灾隐患集中整治、夏季消防检查、电气火灾和高层建筑综合治理、十九大消防安保等工作为抓手，保持全县火灾形势稳定。

【思想整治建设】　2017年，消防大队深入开展“强党性、守纪律、严责任、讲担当”纪律作风专题教育整顿、学习宣传贯彻中共十九大精神工作等专题教育，进一步深化“有灵魂、有本事、有血性、有品德”四有革命军人意识。组织开展问卷调查、座谈讨论、读书征文比赛、互动小讲台、写心得体会、主题教育演讲比赛等活动，使官兵从思想上取得认同、在行动上取得同步、在工作上取得进展。每季度开展党风廉政建设分析会，同时利用各种会议强调“三项纪律”“五条禁令”“五个严禁”“四个严禁”等规章制度，从源头和制度上控制党员干部抓好自身党风廉政建设。定期更新图书，每周开展文体活动，升级改造中队电影院、体能活动室、电脑学习室。组织开展丰富多彩的警营文化活动，进一步活跃官兵文化生活，丰富官兵精神世界，营造官兵精神家园。

11月2日，县消防大队学习中共十九大报告　（马文妮　摄）

【双拥工作】　消防大队官兵参与地方双拥共建活动，在城市建设、扶贫帮困、志愿者行动等工作中走在前列。大队与地方学校等育才单位签订双拥协议，定期邀请地方单位专业人才到大队为官兵进行兴趣培训，为丰富官兵的业余文娱活动提供保证。开展群众路线教育实践活动，双拥共建促进警民和谐。定期开展双拥共建活动，为丰富官兵的业余文娱活动提供保证，做到“军民鱼水情，警民一家人”。走访单位900余家，走访家庭120余户，为企业和群众提供咨询和帮助1500多次，化解矛盾纠纷102次，征求意见和建议300多条，为老百姓义务送水百余吨。

【装备建设】　建湖县政府拨款投入360余万元，在城区明星路、人民路、汇文路和庆丰镇、恒济镇、高新区等地新建207只市政消火栓，在中央储备粮盐城直属库建湖分库、上冈镇、沿河镇、恒济镇等地新建22个消防取水码头。投入800余万元购置1辆纯进口消防车、1辆进口奔驰底盘大功率消防车、1辆五十铃底盘消防车和1辆消防宣传车，并投入执勤战备，投入230余万元采购了个人防护装备、进口破拆工具组、多功能空气呼吸器清洗设备等一大批“高、精、尖”装备。为上冈镇政府专职队购置了一辆48万元的水罐车。投入800万元新建城南消防站，添补县城区西南方向灭火救援的空白。完成上冈镇、开发区两支政府专职队的提档升级改造任务。在教堂、卫生院、养老机构和网吧等场所增设了简易消防设施，累计安装简易喷淋35套、独立式感烟火灾探测器1115只。

县消防大队开展消防安全知识宣传　（建湖日报提供）

【岗位练兵】　开展部队精细化管理，提升管理层次水平。巩固“四规范”成果，不断深化精细化管理内容，从一日生活制度抓起，促进正规化管理；从平时纪律作风抓起，培养日常养成。使部队管理精细化、标准化、规范化，进一步树立队伍正气，提升官兵士气。开展六熟悉及实战演练，全员参加练兵活动，强化技战术水平和官兵体能的提高。全年共熟悉单位300家，修订完善卡片式预案206家，开展灭火演练120次。

【业务建设】　开展冬春二季的火灾防控、重大火灾隐患集中整治、夏季消防检查、十九大消防安保等活动，整改一大批火灾隐患，全年未发生有影响的火灾。政府挂牌督办的重大火灾隐患单位建湖县至尊宾馆、江苏凤程纸业有限公司、建湖县上冈镇戴卫东浴室和江苏普美纺织有限公司进行挂牌督办，将城南实验初中教育集团和建湖县华瑞佳苑小区、建湖县书香名邸小区列为“不放心”单位，分别发文交办属地政府牵头整改。全年共检查单位2569家，临时查封54家，责令“三停”46家，拆除彩钢板临时建筑20000余平方米。组织开展消防宣传"七进""119"消防宣传月和"入户"宣传活动等,建立重点单位QQ群、公共微信平台,发布公益宣传知识。2017年以来,大队多次深入重大企业开展技术指导、驻点服务和定人帮办。邀请社会单位负责人和师生参观消防站,体验消防官兵一日生活,感受火灾危害性。组织官兵多次深入社会单位开展消防安全知识培训和疏散演练,传授消防安全技能,提高群众逃生自救能力。全年消防大队共开展消防培训班130期、"志愿者服务"活动120次,接受咨询63000多人,发放消防安全"三提示"、《消防安全常识二十条》宣传手册、电瓶车充电注意事项等材料100000多份,张贴消防警示宣传画30000多张,发送公益消防知识短信100万条,提高社会各界的消防安全意识,遏制群死群伤重特大火灾的发生,确保全县火灾形势稳定。

【火灾情况】 2017年,全县火灾形势持续平稳。全年累计发生火灾144起,直接财产损失155.93万元,受伤3人,比上年分别下降42.2%、12.5%、40%。从火灾原因看,电气线路故障引发火灾101起,占比71.6%,是火灾发生的主要原因;从起火场所看,住宅类火灾104起,占比72.2%;从火灾发生区域看,农村、集镇地区是火灾高发地,共发生90起,占比62.5%,未发生有影响火灾事故。 (消防大队)

人民防空

【概况】 2017年,建湖县人民防空工作在县委、县政府、县人武部领导下,在省、市民防局的指导和支持下,围绕省、市民防局的全年工作目标和县委、县政府的工作部署,统筹谋划、科学安排、真抓实干、务实求新,完成了各项工作。2017年,建湖县人防办被省民防局表彰为江苏省民防工作先进单位,被市民防局表彰为盐城市民防工作先进单位。

【机构建设】 县人防办共有工作人员7名,其中工程管理(行政许可)3人、法规宣传(财务)2人、指挥通信2人。为扎实抓好全县人防工程质量监督管理工作,确保每个工程符合国家规范要求,建湖县人防办先后多次向县委政府领导汇报工作,与编制部门沟通。7月底,经县编委会研究决定,在全市县级率先成立县人防工程质量监督站,隶属县人防办管理,将原保留在县政府办的4名事业编制划入人防工程质量监督站,设站长、副站长各1名。人防工程质量监督站的成立进一步健全了县级人防机构建设,完善了县人防工程质量监督体系,明确了质量监督职责。

【完善制度】 为贯彻落实省市民防局有关人民防空发展的决策部署和制度规定,建湖县人防办向县委、县政府领导汇报工作,经领导批准,7月,以建湖县人民政府办公室名义转发了《中共盐城市委盐城市人民政府盐城军分区关于深入推进人民防空改革发展的实施意见》。根据盐城市"十三五"民防发展规划,向县领导作了专题汇报,专门安排人员研究学习,完成建湖县"十三五"民防发展规划初稿,并与相关部门对接进一步修改完善。11月底,由建湖县发展和改革委员会、建湖县人民防空办公室共同发布建湖县"十三五"民防发展规划。

【依法行政】 人防窗口工作稳步推进,全年,共受理行政审批事项31件。做好全省民防系统内控机制平台录入工作,对所有新立项工程翔实的录入平台。4月初,建湖县人防办专门组建了人防行政执法队伍,现有执法人员4名,明确岗位职责,对全体执法人员进行江苏民防法治信息管理系统的操作培训,所有培训人员都熟悉掌握系统维护、使用和信息报送。做好行政执法案卷立卷归档工作,整改并完善了2017年度行政许可案卷。在9月下旬组织的全省民防行政执法案卷评查中,建湖县位居全省县级城市第一,全省市、县(市、区)综合排名第二。

【指挥通信】 4月底,建湖县人防办按要求整组了抢险抢修、医疗救护、消防、治安、防化防疫、通信、运输、引偏诱爆、心理防护、信息防护等10支人防专业队伍210人,民防志愿者队伍50人,并组织了培训,完成专业队整组工作。对照新的《人民防空训练与考核大纲》要求,7月,安排人员到省民防训练基地参加训练。围绕年度工作安排,机动指挥所每月进行两次市内训练拉动,每季度进行一次外市机动拉练,6月,在市局带领下,组织赴大丰参加机动指挥所跨区集训活动,使参训人员能够熟练掌握操作和日常维护技能,确保建成后的机动指挥所在应急工作中发挥功效。定期对全县已建成的14处警报点的警报设备进行全面的检查维护,保证了全县通信警报系统的快速反应能力,县城区鸣响率和覆盖率均达到了100%。11月,完成《2017年度建湖县防空袭方案》修订工作,对重要经济目标单位的防护方案和应急预案进行了调整完善。

县人防办工作人员在江苏省民防训练基地参加训练 (县人防办提供)

【工程建管】 按照人防工程结建要求，抓好人防工程建设，做到“应建必建”。2017年，全县新立项人防工程项目6个，新开工建设人防工程项目2个，竣工验收人防工程项目3个。竣工的人防工程统一按规范标准做好人防工程标注标识，设置好应急疏散示意图。加强人防工程建设质量监管与验收标准，严格按照施工规范与图纸要求进行现场管理，对不符合要求的工程严令整改。对全县在建人防工程和已竣工验收的人防工程进行日常管理巡查，针对检查中出现的问题，当场下发整改通知书，要求人防工程建设和使用单位限期整改到位，确保工程建设达标和使用完好。

【1701项目建设】 根据省、市“十三五”人防发展规划要求，建湖县人防办向县委、县政府领导汇报启动1701项目建设建议方案，县领导高度重视并将该项目纳入2018年全县“两重一实”项目投资计划。项目建议书的编制已完成，省市民防局和县发改委已批准立项，项目选址、可行性研究报告和方案设计已通过专家论证评审。2017年5月4日，已将项目招标建设工作全部移交给县城投公司负责。项目设计招标已完成，工程设计和通信系统设计已完成，7月20日，工程初步设计方案已通过专家评审，9月21日，通信系统设计方案已通过专家评审。

【经费征收】 严格执行国家和省、市关于人防易地建设费征收的有关规定，完善办理程序，健全管理制度，坚持规范征收，杜绝人防易地建设费跑、漏现象发生，确保易地建设费征收工作顺利开展。对已征收的人防建设经费，始终做到规范管理，征收经费统一解缴财政专户，并实行收支两条线管理。根据《省民防局2017年度内部审计工作计划》（苏防〔2017〕17号）要求，市民防局对建湖县2016年度人防建设资金的收支结余情况、专款专用情况以及人防国有资产的存量等进行了内部审计，未发现问题。

【工程摸底统计】 根据《省政府办公厅关于加强人防工程维护管理工作的意见》（苏政办发〔2016〕111号）要求，县人防办会同县住建局房管、物管部门，召集全县已交付使用的人防工程使用管理单位进行座谈交流，下发了《人防工程建管联络人员统计表》，要求人防工程使用管理单位翔实地填写表格。县人防办联合县住建部门采取明查、暗查相结合的方式，对全县交付使用的人防工程开展拉网式检查。对照省、市民防局有关要求，完成人防工程摸底统计工作，并将统计数据报至市局。

【宣传教育】 根据省市民防局统一要求，为县城中学初一学生和小学三年级学生免费征订民防知识教材。专门对《防空防灾知识手册》内容进行重新修编，做到内容翔实，图文并茂，通俗易懂。运用媒体、宣传栏、县法治广场和法治集市等媒介，搭建人防法律知识宣传专栏，讲解人防基本知识，展示人防建设成就。5月12日，全国防灾减灾日之际，在街道开展宣传人防法规和应急知识宣传活动，发放《防空防灾知识手册》。“9·18”防空警报试鸣活动当天，组织县城中小学生开展疏散演练，发放民防知识读本，并制定教学计划进行授课。通过这些活动的开展，全面扩大了人民防空在城市的影响，提高了全民人防意识。2017年，县人防办在省民防局网站、县政府门户网站和《建湖日报》等平台累计报送各类信息文稿48篇，其中36篇被采用。

人防质监站工作人员对人防工程质量进行现场监管 （县人防办提供）

【机关作风建设】 以健全落实制度为重要抓手，进一步抓好机关考勤、财务、保密、集体议事等制度的完善落实，执行力进一步增强。推行“学研训考评”活动，经常性开展政治理论学习、党风廉政教育和业务知识学习活动，进一步转变机关和窗口工作人员服务态度，提高服务质量，严格依法行政，坚持文明执法、公正执法，提升工作质量和效能。

【社区民防工作】 根据年度工作要点，会同近湖街道社区民防工作总站制定了社区民防工作站年度工作计划，加强与财政部门协调，拨付工作经费。对所有社区民防工作进行回头看，发现问题整改到位，确保了社区民防工作得到长效管理。根据年度工作安排，制定法治民防进社区活动方案。围绕实施方案，县人防办在社区设置民防法制宣传专栏，定期更新宣传专栏内容并组织应急疏散演练，为社区群众发放《防空防灾知识手册》。通过社区民防法制工作的开展，不断普及人防法律法规知识，增强居民国防观念和民防意识。加强与县人武部沟通，开展了依托近湖街道人武部设立人防部门试点工作。 （人防办）

责任编辑 彭 玉

政　　法

Politics and Law

综　　述

县公安局开展严打整治“黄海”系列行动　　　（建湖日报提供）

【概况】 2017年，全县政法系统以习近平总书记系列重要讲话精神为根本遵循，按照中央和省市县部署要求，应对新形势、新挑战，推进平安建湖、法治建湖和政法队伍建设，为全县经济社会发展提供了有力保障。

【维护社会稳定】 把为中共十九大胜利召开营造安全稳定的社会环境作为重大政治责任，组织开展“大排查大整治”、严打专项斗争、信访工作“百日攻坚”等一系列专项行动，着力化解矛盾、防范风险、消除隐患，完成中共十九大、全国“两会”“一带一路”国际合作高峰论坛、江苏发展大会等重大活动安保维稳任务。切实维护政治安全，调整充实县国家安全领导小组，国家安全人民防线工作扎实有效，县国安办被省评为“先进国安办”。深化严打暴恐专项行动，深入推进反邪教工作，切实加强公共安全监管，全县未发生影响社会稳定的重大政治事件和公共安全事故。

【平安建设】 技防城建设继续走在全市前列，“村村通”工程推进有力，全县共建成社会面高清视频监控近4700个，106所中小学、幼儿园实现技防全覆盖，县公安局被省公安厅评为技防建设先进单位。深入开展严打专项斗争，八类案件破案率100%，形成强大震慑，取得明显成效。加强巡防队伍建设，组建“黄海突击队”“铁骑队”，加大巡防力度和频次，街面见警率明显提高。推进平安志愿者组织建设，成立县平安志愿者协会，志愿者网络注册人数3.3万人。加强流动人口、出租房屋和特殊人群服务管理，对易肇事肇祸严重精神障碍患者落实“四帮一”管控措施，实行“免费救治”“有奖监护”等政策措施；强化社区服刑人员、在管刑满释放人员监管，社区服刑人员全年无重新犯罪，县矫正中心被评为全省首批示范中心。建湖县被省命名为“平安县”，群众安全感省测评首次达到98.5%，县委政法委、县公安局被市委市政府表彰为“全市社会治安综合治理工作先进集体”。

【法治建设】 深化司法体制改革，建立员额法官检察官司法档案，促进司法责任制改革有效落实。按照中央和省市关于监察体制改革的统一部署，机构人员转隶、职能划转等改革工作顺利推进。推进司法公开，县人民法院着力完善“四大平台”建设，推进解决执行难问题，执行局被表彰为“全省法院执行系统先进集体”。县公安局警情公示率、案件公示率、涉案财物公示率均达100%。加强执法监督工作，组织案件评查活动，对发现的问题反馈并督促依法予以纠正。深化涉法涉诉信访改革，坚持诉访分离、导访入诉、依法办理，全县涉法涉诉信访总量稳中有降。深入推进“七五”普法，组织开展精准普法活动，法治宣传的针对性、实效性明显增强，建湖县被表彰为“全国青少年普法教育示范区”，县委政法委、县司法局被评为“全国青少年普法教育先进单位”。加强法治文化建设，编排禁毒淮戏《等你回来》，在全县巡回演出。创成省级法治文化示范点4个、省级民主法治示范村（社区）105个，综合创建率全市第一，县镇村三级法治文化阵地覆盖率100%。围绕群众普遍关切的民生诉求，组织实施法律援助、司法救助等8件法治惠民实事，人民群众获得感进一步增强。2017年，建湖县群众法治满意度达98%。

【队伍建设】 始终把思想政治建设摆在政法队伍建设首要位置,扎实推进"两学一做"学习教育常态化制度化,严格执行思想政治建设"三项制度",召开全县政法队伍思想政治建设大会,组织开展十九大宣讲活动,不断增强政法干警"四个意识"、坚定"四个自信"。加强履职能力建设,围绕正规化、专业化、职业化的要求,政法各部门组织开展岗位练兵、各类培训,促进政法队伍业务能力提升。坚持全面从严治警,深入贯彻中央八项规定,持之以恒正风肃纪,引导政法干警筑牢拒腐防变思想防线,推动队伍建设走向"严紧硬",树立了政法队伍良好形象,涌现出一批先进典型。县人民法院罗海峰被授予"全国法院办案标兵";县人民检察院驻所检察室被评为全国检察机关一级规范化检察室;县公安局看守所被公安部评为"一级看守所",被省公安厅表彰为"全省优秀公安基层单位";县司法局被评为"江苏省优秀司法局",上冈司法所被司法部表彰为"谁执法谁普法"先进单位。 (李 侃)

法 院

【概况】 2017年,建湖法院坚持以学习宣传贯彻中共十九大精神为主线,贯彻落实县第十四次党代会和县委十四届二次、三次全会精神,以及县十八届人大一次会议决议,忠实履行宪法法律赋予职责,服务大局、服务民生,各项工作取得新进展。全年受理各类案件11762件,审(执)结10429件,比上年分别增长3.7%和6%。

【保障平安】 参与平安建湖创建,全年受理刑事案件520件,审结488件,判处罪犯619人。依法惩治多发性侵财犯罪,审结抢劫、抢夺、盗窃等刑事案件166件199人。严惩重判毒品犯罪,对非法买卖、运输制毒物品的禹某等人最高判处有期徒刑13年,共处罚金210万元。妥善审理网络诈骗、"软件抢红包"等一批新型犯罪案件,对微信骗取财物的李某判处有期徒刑6年6个月。重视刑事审判经验积累,先后在全市刑事审判工作会议、禁毒整治工作推进会上作经验交流。

【服务民生】 加大民事纠纷调处力度,全年受理民事案件5117件,审结4638件,调解率42%。开辟涉民生案件"绿色通道",切实保障低收入群体基本生活,快速审结拖欠农民工工资、追索"三养"费用、交通事故人身损害赔偿、土地确权纠纷等民事案件841件。坚持保护劳动者权益和促进企业发展并重,推动构建和谐劳资关系,化解以照明业为代表的劳动争议案件251件。严格民间借贷案件审查,坚决保护合法借贷,对47件超出法定高额利息的案件不予支持。

【规范引领】 注重裁判价值引领,全年受理商事案件1000件,审结873件,涉案标的10.4亿元,为县内企业挽回损失6000余万元。健全金融审判与金融监管协同处置机制,妥处涉企金融债权案件388件,金额达5.9亿元。规范市场运行秩序,妥善审理公司结构转型、破产清算案件10件,移送"执转破"审查4件。常态开展"暖企行动",进企业、解难题、促发展,有效激发创业创新活力。

【促进法治】 依法服务"放管服"改革,全年受理行政案件542件,审结507件,完成了"四县一区"行政审判集中管辖任务。健全重大行政争议综合调处机制,协助县内机关解决行政争议10余起,妥处富建集团系列案42件、盐务执法系列案14件,取得良好法律效果和社会效果。探索开展行政公益诉讼,依法审结全市首例行政公益诉讼案件,相关学术成果获省行政法学年会论文一等奖。组织异地巡回审理29件次,为行政执法人员授课培训400余人次,促进行政执法规范化、法治化。

【执行规范建设】 规范执行机构设置,组建6个专业化执行团队,招录10名执行辅警,成立专门搜查小组。规范执行行为,坚决贯彻审执分离,全面清理"终本"案件,启用案款管理系统,着力解决消极执行、选择性执行等问题。全年受理执行案件4525件,执结3867件,实际执结率39.5%,涉案标的额15.8亿元。2017年11月,被表彰为全省法院执行系统先进集体。

【构建网络执行系统】 初步建成"网上执行局",运用"总对总""点对点"网络查控系统,试行执行悬赏保险,全年查询、冻结6976件次,查询车辆、房屋、证券、股票等财物2亿元,冻结资金1.5亿元。推进执行指挥中心实体化运作,快速有效执行上级指令,6次受到通报表扬。确立以网络拍卖为原则、委托拍卖为例外的司法拍卖新模式,全年上架拍品120件,成交57件,成交金额1.9亿元,为当事人节省佣金950万元。

【集中执行攻坚】 常态开展"春风行动""假日执行""凌晨出击"等专项活动,精心组织参加全媒体直播,集中执行频率、规模、力度不断加大。落实院领导带队攻坚,通过制定预案、团队协作、社会参与,执结涉民生案件219件,攻克某主题餐厅腾让、某服饰公司拖欠213名工人工资等多起"硬骨头"案件。全年共组织45次集中执行,特邀人大代表、政协委员和县人民检察院、公证处、电视台等方面人员近百人次,全程见证、报道执行。

【失信联合惩戒】 完善失信被执行人名单制度,推进失信信息在融资、高消费、招投标等领域的适用,使失信被执行人"一处失信、处处受限"。全年纳入失信被执行人名单2888人,通过县城主干道电子显示屏、院"两微一网""法与你同行"读本等载体分批次公布152名失信被执行人信息。突出执行强制性,坚决维护司法权威,全年拘传89人、拘留147人、移送侦查拒执罪12人,对妨碍执行的陈某依法追究刑事责任。

【涉稳风险处置】 深入开展"严打"斗争,快审快判"涉黑涉恶、扰乱社会公共秩序、网络造谣滋事、危害群众生命财产安全”四类违法犯罪案件224件292人,推动实现四个“确保不发生”。发挥司法预警研判功能,对涉企金融互联互保、房地产融资租赁等风险隐患,调研呈报党委政府,多次参与协商处置。注重综合施策、联动调处,统筹解决涉“万亩果园”等群体性纠纷10余起,维护了地方稳定。

【多元解纷网络】 打造五个诉调对接工作室,精准落实诉前类案调解,全年诉前化解纠纷1500余起,组织调查、鉴定、公证等庭前事务性工作700余件次。深化公调、诉调合作,调处一起县城某小区失火引发的重大损害赔偿纠纷。优化“台站点”半小时法律服务圈,法律职业共同体化解纠纷合力显著增强。建立健全家事纠纷综合化解机制,被列入法治建湖建设“八件实事”。2017年9月,联合县综治办、民政局等14家单位召开家事审判联席会议,明确职能、细化分工、规范运行。

【依法化解涉诉信访】 坚持开展“大走访”和治理涉诉信访相结合,全年走访一般家庭2221人次、困难家庭38户、挂钩企业7家,相关工作举措被县“大走访”办公室、电视台专题录播推广。推进依法治访,严厉打击非访闹访,在县委、县政府和相关部门支持下,全年实质性化解信访老案8件、申报终结5件,训诫26人,实现重点敏感时期涉诉信访在京“零登记”,完成中共十九大涉诉维稳安保任务,受到省人民法院表彰记功。

【参与社会综合治理】 严格执行普法责任制,定期举办法院开放日、人民法庭“法制赶大集”等主题活动,巡回审判120余场次,召开新闻发布会4次,公布典型案例36件。延伸审判职能,发送司法建议54份,回复采纳率100%。扎实开展扶贫救助工作,全年依法减缓免诉讼费60余万元,发放各项救助资金60余万元。发挥人民法庭前沿阵地作用,建立助农惠农、家事年报等机制,促进基层和谐发展。县人民法院先后被表彰为全市人民法庭工作先进集体、社会治安综合治理工作先进集体。

【推进案件繁简分流】 构建立、审、执全覆盖分流机制,明确各类案件分流比例底线,设立“1+3+N”速裁体系,实现“简案快审、类案专审”。改进送达方式,探索电子送达、公证送达、基层组织协助送达,解决“送达难”。简化审理程序、审理方式,推行要素式庭审、令状式文书、示范性诉讼。11月初分流工作启动以来,速裁(执)简案348件,办案周期平均缩短36.8%。

【加快智慧法院建设】 建成“立案e+”诉讼服务平台,推广网上立案和自助立案,实现立案工作“线下”到“线上”的转变。全年网上远程立案815件,提供“12368”热线咨询、电子终端自助查询服务7000余人次。完善四大公开平台,启用数字化审委会系统,建成高清科技法庭25个,审执活动做到“全程记录、全程规范、全程再现”。全年互联网直播庭审400次,上网裁判文书5532份,文书上网率全市基层法院第一。

【打造家事改革品牌】 探索形成具有建湖特色的“54321”家事审判方式和工作机制改革模式,《人民法院报》等多家主流媒体予以系列报道。全国首创离婚纠纷诉前冷静期做法,全市首例作出精神赡养、轮流抚养判决,家事纠纷心理疏导、诉讼与公证对接合作经验被省、市人民法院推介,1篇调研文章全国获奖。全年审结家事案件1119件,一审服判息诉率98%,发出离婚诉前冷静期通知书47份,化解重大疑难复杂家事纠纷21起,县人民法院少年家事庭立集体三等功。

8月25日,县人民法院举办家事审判改革工作专题讲座

(建湖日报提供)

【基础综合改革】 严格落实司法责任制,建立院庭长办案刚性约束、员额法官独立签发文书等新型办案机制,院庭长全年办案6766件,占全院结案数的64.9%,比上年上升13.5%。深化人员分类管理改革,实现各归其位、各尽其责,办案一线人员占比86%,资源配置更加合理。完善人民参审机制,扩大选任范围,新增选29名人民陪审员。高标准建设诉讼服务、家事诉讼、执行指挥三大中心,为改革工作夯实基础。2017年6月,全国人大内司委委员李江一行考察了县人民法院三大中心并给予肯定。

【抓好基层党建】 坚持党对法院工作绝对领导,学习贯彻中共十九大精神,始终保持正确政治方向。推进“两学一做”学习教育常态化、制度化,严格执行重大事项请示报告、“三会一课”制度,全年组织专题党课3次、民主生活会4次、支部集中学习15次、党

县人民检察院与国网建湖县供电公司共同研讨廉政教育新思路

（建湖日报提供）

员活动日12次。重视先进典型培塑，高作法庭罗海峰被授予全国法院办案标兵，少年家事庭王守荣被表彰为全省法院系统先进工作者。

【提升队伍素能】 坚持“请进来”“走出去”相结合，全年培训干警500余人次。2017年9月，联合苏州大学举办两期综合素质提高班，全体法官和书记员参加培训。扎口行使审判管理和审判监督职能，落实全员全过程监管，倒逼司法能力提升、审判质效优化。着力创优司法产品，11篇调研成果在省级以上核心刊物发表，3篇案例入选最高院典型案例、年度案例和省法院公报案例。

【推进从严治院】 严格执行纪律作风禁令，织密制度“铁笼”，确保审判权公正高效行使。扎实开展“严肃审判纪律，严守审判秘密”“庭审文书双评查”“纪律作风专项督查”等活动，每月通报重点领域和关键环节存在问题，督促整改，堵塞漏洞。落实党风廉政建设“两个责任”，运用执纪监督“四种形态”，从小事抓起、从日常管起，全年提醒谈话8人、诫勉谈话1人，形成对司法腐败的高压态势。

【接受外部监督】 向人大报告重要工作、重大案件，接受人大对立案工作的专题审议。通过上门走访、邀请座谈、书面征询等方式，多途径征求代表委员的意见和建议，全年办理落实议案、提案5件，邀请观摩庭审、见证执行8次，考察调研100余人次。自觉接受政协民主监督和检察机关法律监督，完善诉中随访、判后回访长效机制，以监督促公正、树公信。

（丁扣萍）

检　　察

【概况】 2017年，县人民检察院贯彻落实中共十八大和十九大精神，全院干警第一时间收听收看中共十九大实况转播、邀请专家来院宣讲解读、开设“我讲十九大”系列专题课堂等多种形式，全方位地深化学习，切实把思想和行动统一到十九大精神上来，凝聚到实现全年目标任务上来，融汇到服务“强富美高”新建湖建设上来。围绕县委的决策部署，在依法服务保障全县经济社会发展的进程中全面履行检察职能，抓重点、补短板、强弱项、促改革，各项工作进一步向上向好。

【优化发展环境】 贯彻县委“四大发展战略”，实施“暖企护企行动”，平等保护各类企业的经营权、财产权，为企业提供法律咨询、审查合同等67件次。提供行贿犯罪档案查询7538人次，促进企业公平竞争、资源公正交易。高速高效办理发生在企业内部的周某等人职务侵占、挪用资金案，保证正常生产经营不受影响。宽严相济处理职务犯罪，自觉运用“容错纠错”机制，对一些主观过错不大的失职行为，依法不认定为犯罪或者作出不起诉决定，保护干部改革创新、履职尽责的积极性。

【维护社会和谐】 贯彻“谁执法谁普法”，深入开展“法律六进”活动103场次，为全县获“全国青少年普法教育示范区”做出贡献，干警吴宏伟被评为全国第三届“关爱明天·普法先行”先进个人。在沿河、芦沟两个乡镇开展大排查大整治督察，把矛盾化解在基层。运用律师代理申诉机制，公开答复、处理“久拖不服”信访申诉案。审慎办理非法集资、非法吸收公众存款等“地下金融”犯罪，严厉打击非法拘禁、非法侵入他人住宅等暴力讨债行为，用法治思维、法治方法引导形成良好社会秩序。

【保障民生幸福】 贯彻以人民为中心的发展思想，在上冈大志、黎明两个村居大走访大落实，把精准扶贫落到实处，下访干警陈扣连被授予“最美基层干部”“江苏好人”称号。专项监督食品药品与环境资源犯罪，销售假药的陈某等12人被判处刑罚。深入查办侵财犯罪167件207人，挽回损失数十万元，不让惠民富民成果因犯罪得而复失。救助生活陷入困境的刑事被害人，发放救助金6.1万元，用法律援助、司法救助共同解决人民群众的困惑和困难。

【惩防职务犯罪】 人民检察院自恢复重建以来，依照《宪法》规定，一直有效行使侦查职能。1997年随着《刑事诉讼法》的修改实施，县人民检察院进一步规范执法行为，持续加大职务犯罪侦查和预防力度，二十年来共受理贪污贿赂犯罪案件641件，渎职侵权犯罪案件304件，分别立案侦查400件、58件，一批腐败分子被绳之以法，挽回经济损失8400万元。发出预防检察建议268份,帮助相关单位和部门整章建制711件,为党风廉政建设作出了不懈努力。2017年是县人民检察院行使职务犯罪侦查权的最后一年,全院干警讲政治、顾大局,做到惩治预防职务犯罪的力度不减、节奏不变。

【查办贪污贿赂犯罪案件】 克服"收摊子"思想,上下一体、左右协同,共查办贪污贿赂案件9件13人,比上年增长18.1%,大案率100%,其中包括邱某、王某2件2人处级干部受贿要案和4件4人科级干部贪污贿赂犯罪案件。深查案中案,严惩塌方式腐败,一举查办涉农领域贪贿窝串案9人。

【查办渎职侵权犯罪案件】 加大侦查力度,优化办案结构,严惩"懒政怠政"行为,立案查办渎职侵权案件4件5人。紧盯群众反映强烈的突出问题,以"小专项"活动为抓手,拓展新领域,立案侦查了农业政策性保险方面2名渎职犯罪嫌疑人。贪渎并查,薛某受贿暨私放在押人员案被省人民检察院评为"十大精品案件"。

【开展预防职务犯罪】 推广行贿犯罪档案网络查询方法,建立职务犯罪记录库和电子预防卷宗,为犯罪预防提供基础信息数据。牵头徐宿淮盐高铁建设Ⅶ标段重大预防项目,打造廉洁示范工程。通过检察长宣讲团、"预防邮路"等载体,在医疗卫生部门开展"远离回扣·廉洁从医"专项预防活动。邀请省人民检察院资深部门负责人宣讲廉政知识,拍摄《坍塌的防线》专题片,教育警示后人。

【落实监察体制改革】 2017年初,县人民检察院坚持把做好反贪、反渎、预防三部门人员的思想政治工作列为工作的重中之重,全年全体人员思想稳定、工作绩效好。年底,职能、机构、人员已顺利划转,积存线索、积存案件、涉案款物的"三清"任务已全面完成,侦查设备、办公设施、新增举报线索已打包封存、静待移交,与监察委调查案件的办理衔接机制正在全面建立。

【开展严打专项斗争】 全年依法批捕各类刑事犯罪嫌疑人268人,比上年上升51.4%;提起公诉662人,比上年上升8.5%。对黄赌毒、盗抢骗和涉黑涉恶案件依法从速批准逮捕,保持了全县社会治安基本面平稳有序。集中治理"醉驾"型危险驾驶案,依法提起公诉123人,切实守护公共安全。对重大敏感案件提前介入、引导侦查,在许某等11人非法制造、买卖枪支、弹药案中,建议公安机关增捕犯罪嫌疑人2人。

【网络安全治理】 邀请腾讯公司"守护者团队"来院开设公开课,提升新型网络犯罪办理能力,50名利用微信开设赌场、利用QQ进行赌博等网络犯罪案件嫌疑人被公诉,审查起诉全国首例"抢红包外挂软件"案,得到省人民检察院主要负责人的批示肯定。注重打击"下游犯罪",审查起诉通过非法获取计算机信息系统数据、侵犯公民个人信息的13名被告人,附着其上的黑色产业链同时被清除。

【风险源头防控】 注重预判、预警、预控各类安全隐患,向有关单位提出意见建议45份。围绕散装汽油购销环节不规范现象,建议严格落实实名登记等监管制度,省人民检察院主要负责人专门批示肯定,并被中央办公厅转发。围绕防范校园欺凌,举办"好爸爸好妈妈课堂"、开展第二季"安全知识欢乐送"行动,共同构建起未成年人司法保护网。

【全程监督刑事诉讼过程】 实行重大法律监督事项案件化办理,监督亭湖公安分局对李某以敲诈勒索罪立案侦查,对大丰法院判决的陈某诈骗案提请抗诉,要求将3名"武疯子"集中到定点机构强制医疗。传承光荣与使命,共同保障了县看守所连续61年安全无事故,县人民检察院驻所检察室被评为全国"一级规范化检察室",工作经验在最高检《检察工作简报》上推介。调查分析职务犯罪罚金刑执行情况,研判报告得到省人民检察院检察长刘华批示肯定。

【监督民事审判活动】 突出监督重点,综合运用检察建议、支持起诉等方式,使18名农民工获得了应有的劳动报酬。提出再审检察建议和提请抗诉相结合,办理虚假诉讼案件2件。跟踪监督和协调配合并重,民商事执行案件的执结率明显提升。针对一起恶性强奸案,支持撤销了行为人秦某对未成年子女的监护权,该做法入选《江苏省人民检察院公告》,在全省起到示范作用。

【监督具体行政行为】 深刻理解"检察官是公共利益的代表"的论断,在生态环境保护、防止国有资产流失等方面,深化行政检察,以公益诉讼诉前程序办理案件4件,提起行政公益诉讼1件,以崭新的方式保护公共利益不受侵害。对29起怠于履职行为,督促有关行政机关依法履行职责,挽回直接经济损失120余万元。切实维护合法行政行为的执行力,对陈某拆迁补偿行政申诉案既全面审查又释法说理,十几年的信访矛盾得以化解。

【保障律师和其他诉讼参与人权利】 全面保障律师执业权利,共建"理解不误解、对抗不对立"为核心的检律关系新形态。以保障会见自由、创造会见便利为重点,打造"零障碍"会见制度。推行电子化阅卷,加密拷贝光盘并免费提供给律师,做到"立等可取",全年共接待律师阅卷112人次,满意率100%。实行案件程序性信息自动推送,诉讼参与人一个电话、一条信息即可预约相关事项、查询相关信息。

【推进检察改革】 分级确定检察官、检察长、检察委员会权限。改变传统三级审批办案模式,检察官作为办案主体的独立地位得到彰显,办案责任心和办案效率都得到明显增强,全年院检察委员会议案数比上年下降35%。完成第二批员额检察官遴选工作,统一招录聘用制书记员8名,配好检察官的"左膀右臂"。入额院领导带头示范,直接办理实体性案件 52 件 62 人。全面建立司法档案，对检察官的司法办案、司法技能和职业操守进行全方位日常考核评价。

【机制创新】 围绕以审判为中心的诉讼制度改革，通过“轻案快办”方式对认罪认罚的轻微刑事案件快速办理，全年适用简易程序办理的公诉案件计 230 件 267 人。制定《检察委员会案件议题程序和实体审查办法》等 3 个规范性文件，对检察委员会议事议案程序予以规范，在全市转发推广。按照普法责任制改革要求深化检察官训诫制度，运用非刑罚处罚方法做好以案释法工作，全年共对 17 名不起诉犯罪嫌疑人予以训诫。

【强化网信建设与应用】 以“互联网+”为载体，推动司法办案、后勤保障与信息技术的深度融合，办公办案智能化水平长足提升。“办案机器人”“案管大数据”等十大网信平台落地运用，助推各项检察工作驶入“快车道”。“两法衔接”平台、“司法一体化”平台、驻所检察“一线两网”建设进一步完善，保障日常监督便捷高效。坚持纸质卷宗与电子卷宗并存共用，挖掘档案功能，建成“五星级档案室”，为争创“AAAA 级数字档案室”打下坚实基础。

【政治建检】 发挥党组核心作用，制定《领导班子“面对面”谈话制度》。通过经常、严肃开展党的组织生活和“三会一课”，不断强化干警党员意识，锤炼坚强党性。加强检察文化建设，新建院史陈列室、干警阅览室，营造书香氛围，提升精神境界。坚守人民检察官的人民性，访民情、解民忧，帮助解决群众的实际困难，干警嵇绍兵被评为“感动建湖十大人物”。

【素能强检】 制定“青年导师”计划，15 名青年干警结对互学。连续开设“周三夜学”，扎实解决干警的“本领恐慌”。2 项教育培训课程分别被评为全省检察机关精品“小课堂”和优秀课程。出台“小课题”制度，31 名员额检察官分别领衔 35 项微型研修任务，得到市检察院检察长孙光永批示肯定，在全市检察机关推广。1 名干警参加盐城代表队，获全省公诉辩论赛团体三等奖。

建湖公安 （建湖日报提供）

【从严治检】 严格规范司法行为，组织刑事申诉案件质量专项评查，开展全方位的流程监控。落实“两个责任”，配合组建第十五派驻纪检组，以恒心和韧劲，持之以恒抓好纪律作风建设。强化内部监督制度的执行，全年制发《检务督察通报》16 期。按照“前期预防、中期监控、后期处置”的要求，编制职权目录，排查廉政风险点，建立 536 条防控措施。狠抓作风细节，院内颁行“七条行为禁令”，为同事相处“立规矩”。

【接受监督】 组织开展“代表委员联络月”“检察开放日”活动，先后邀请 75 名代表、委员和 20 名社会各界群众来院视察、调研。2017 年 7 月，县人民检察院刑事执行检察工作代表全市检察机关接受市人大常委会检查，受到肯定。听取人民法院、公安机关、司法行政机关等部门的意见建议，不断改进自身工作。实施人民监督员制度改革，由司法行政部门选任人民监督员 11 名，提升监督公信力。邀请人民监督员、特约检察员参与案件公开听证等司法活动 15 次，不断提升检察公信力。 （吴其锋）

公　　安

【维护稳定】 2017 年，建湖县公安局紧盯全国“两会”“一带一路”高峰论坛、江苏发展大会、中共十九大等重要会议、重大活动，确立底线思维，坚持问题导向，聚力防控风险，扎实抓好情报信息、信访化解、通道查控、治安巡防、安全监管等一系列安保维稳措施，实现了四“零”目标，全县社会治安大局保持平稳，受到县委、县政府和上级公安机关的肯定。

【打击违法犯罪】 扎实开展“黄海行动”“三打一赛”、严打整治等专项行动，全年公诉绩效再创历史新高，涉黑涉恶犯罪公诉居全市第一。成立合成作战中心，组建打侵财、打黑恶专业队，强化技侦、网安、图侦同步上案，破案打击合成化水平明显提高，19 起“八类”案件实现全破，攻克公安部目标案件 1 起、省厅交办案件 2 起、市局挂牌督办案件 10 起。加强刑事技术手段建设，县局物证实验室顺利通过省刑事技术资质认定现场评审，在全市率先建成电子物证鉴定实验室监管系统，捣毁 1 个非法获取、买卖公民个人信息的黑色“产业链”犯罪团伙。严打经济犯罪，全年共立案 34 起，涉案总金额达 7000 余万元。

【社区警务】 围绕社区警务“压舱石”战略部署，研究出台“2+4”制度体系,科学划分 82 个警务区,科学调配民警,派出所警力已达全局总警力 40%。争取党委、政府支持,将警务室纳入全县基层基本公共服务功能配置范畴,配备了数据采集 APP 手机等工作装备。全面完成"一标三实"和标准地址库信息数据采集工作,顺利通过市局验收,为打造数据管控全息图奠定坚实基础。对接实战、服务实战,全年通过社区警务工作,共破获刑事案件 164 起,抓获逃犯 7 人。

【治安防控】 深入开展"大排查大整治"、基础管控"五项攻坚",着力提升治安要素管控水平,出租房屋和流动人口整治工作绩效居全市前列。强化危险物品和寄递业安全整治,先后开出 4 张大额"反恐罚单",在社会引起反响。加强升级版"技防城"建设应用,在已达"村村通"标准的基础上,年内新增 1500 余个高清监控探头,全县 106 所中小学、幼儿园实现技防全覆盖。对各类监控资源进行联网整合,实现云存储管理,建成苏北领先的可视化指挥调度系统,启用 2 个具有全项信息采集的智能卡口,被省厅评为全市唯一的技防建设先进单位。运用物联网技术,在全市率先建成电动车物联防控网,已有 1.5 万余辆电动车完成防盗备案。推行巡防机制改革,出台分级巡防规范,常态开展巡防竞赛活动,组建铁骑队、黄海突击队,建成人民路多功能警务工作服务站,进一步提升了治安巡防和应急处突水平,全年刑事案件、侵财案件比上年分别下降 17.8%、19.1%。

【执法规范】 深入开展"四项清理""三抓三提升"排查整治活动,现场处置不规范、现场取证不到位等突出问题得到有效整治。建成了集案件管理、执法办案、涉案财物管理于一体的执法管理中心。依托执法管理平台,加强对执法质态的研判分析,执法质量稳步提升。开展全警学法培训,定期组织旁听庭审,引导民警规范执法行为。网安大队等 4 个单位入选全市国际执法培训教学点,巴基斯坦中巴经济走廊培训班学员来到县局开展警务交流。简化行政审批,履行服务承诺,公安窗口满意率保持较高水准。加快推进掌上服务,建湖公安微警务特色品牌初步形成。

【警队建设】 推进"两学一做"学习教育常态化制度化,开展"迎接十九大、忠诚保平安"主题活动,引导全体民警筑牢对党忠诚的政治灵魂。组织"讲政治、守规矩、严纪律、优警风"集中学习教育,坚持挺纪在前,全局纪律作风水平明显提升。深入推进"内务管理规范年"活动,有 7 个所队被市局命名为"内务管理规范年"活动示范单位。实施上冈交警中队创新创优行动,管理效能、服务水平、对外形象进一步提升,受到上级肯定。以"学习上冈精神,争创上冈式基层所队"活动为引领,全年共有 25 个集体、69 人(次)受到县以上表彰奖励,3 人立个人二等功,其中沿河派出所被公安部表彰为"全国青年文明号创建活动成绩突出单位",县看守所被省厅表彰为"全省优秀公安基层单位",出入境接待大厅在全市第一家被评为"全省公安出入境服务示范窗口",交警芦沟中队薛井胜警组被省总工会授予全省工人先锋号,经侦大队被市委、市政府表彰为盐城市忠诚警队,县行政服务中心公安窗口被市总工会授予盐城市工人先锋号,陈达俊被表彰为全省优秀人民警察,杨永志被表彰为第五届盐城最美警察。注重公安外宣,组织记者随警采访 37 次,在市级以上媒体发稿 137 篇。禁毒微电影《毁》获得全国微电影大赛江苏赛区优秀奖,禁毒淮剧《等你回来》在全县巡演 30 余场次,入选江苏艺术基金推广资助项目。

县公安局召开全县社区警务工作推进会　　（建湖日报提供）

【公安部交管局局长刘钊到上冈中队调研】 12 月 20 日上午,公安部交管局局长刘钊到党建联系点上冈交警中队调研指导工作,实地察看中队功能区建设,并召集座谈会,就做好公安交通管理工作提出要求。强调要不忘初心、牢记使命,继续发扬"与民同行、保民平安、为民服务、让民满意"的"上冈精神",坚持以人民为中心,扎根到群众中去,在一线建功立业;要与时俱进、创新经验,不断探索、锐意改革,始终挺立潮头;要做学习贯彻中共十九大精神的表率,做防事故、保安全的表率,做严格规范公正文明执法的表率。

【公安部交管局副巡视员李伟到上冈中队调研】 11 月 25 日上午,公安部交管局副巡视员李伟到上冈中队调研指导工作,观摩了上冈中队的车辆查缉功能区,听取了中队综合服务大厅、事故处理大厅的工作流程和便民服务措施介绍,观看了勤务指挥室的信息化应用演示及《千里国道一杆旗》专题片,就基层党建工作与上冈中队民警代表进行了座谈交流,强调指出上冈中队作为全国公安系统的老典型、一面旗帜，要在学深学透中共十九大精神的基础上，围绕人民群众对美好生活的新需求、新期待，加强中队党组织建设，探索以党建带队建、促业务的新思路、新途径，为新时代如何加强公安交警基层所队的党建工作提供新经验，推动上冈中队这面旗帜永远高高飘扬。

【省公安厅交警总队总队长陈玉峰到上冈中队调研】 11月8日上午，省公安厅交警总队总队长陈玉峰到上冈中队调研指导工作，先后察看了上冈中队综合服务和事故处理窗口、勤务指挥室及办案区，了解了中队查缉布控、勤务安排、科技应用、交通宣传等方面工作情况，对中队内部硬件设施改造建设及交通秩序整治、交通事故压降等工作给予了肯定，并对做好交通管理工作提档升级提出具体要求。

【县委书记、县长视察慰问】 1月26日下午，县委书记陈平，县委副书记、县长薛盛堂在县委常委、常务副县长徐宁建和县人大副主任、县委办主任刘登石等领导陪同下莅临县局考察慰问。县委书记陈平肯定了过去一年全县公安机关取得的成绩，肯定了公安民警为维护社会稳定、深化平安建设、服务经济发展付出的异常艰辛劳动和作出的贡献，希望全县公安机关和广大民警发扬特别能吃苦、特别能战斗的精神，继续撸起袖子加油干，更好地服务全县经济社会发展大局，为人民群众欢度新春佳节营造良好的治安环境。

【全县公安工作会议召开】 2月13日下午，全县公安工作会议召开。县委常委、政法委书记陈巍亮出席会议并讲话，县政协副主席、局长丁红兵要求全县公安机关坚持以中共十九大精神为指导，高举习近平新时代中国特色社会主义思想伟大旗帜，落实党委政府和上级公安机关系列部署要求，始终坚持以人民为中心，以改革为动力，以"提质增优"为主题，以效能建设为主线，以治安防控体系建设为抓手，以过硬队伍建设为保证，做到高质量引领、系统化推进，全力营造更加安全的政治环境、稳定的社会环境、公正的法治环境、优质的服务环境，不断增强人民群众获得感、幸福感、安全感。

公安部领导视察调研工作 （建湖日报提供）

【禁毒微电影《毁》获全国微电影大赛江苏赛区优秀奖】 2017年6月，县局联合盐城丝凯文化传播有限公司拍摄了禁毒题材微电影——《毁》。该电影根据建湖县公安局办理的真实案件改编，讲述了本是和睦幸福的一家人因为制毒、贩毒、吸毒而变得支离破碎的故事，表现了毒品对社会的危害。该电影被入选参加全国微电影大赛，从众多优秀作品中脱颖而出获江苏赛区优秀奖。

【破获一起非法制造、买卖、运输枪支弹药案】 2017年，破获非法制造、买卖、运输枪支弹药的特大案件，打掉一个网络贩枪团伙，抓获涉案嫌疑人19名，缴获枪支12枝、铅弹4000余发、一大批气枪配件。该案被公安部列为督办案件。

【破获一起系列麻醉抢劫案件】 2017年，县局主动出击、合成攻坚，抓获涉嫌麻醉抢劫嫌疑人1名，破获系列麻醉抢劫案件7起，追回钻戒、手机等涉案财物价值6万余元。

【破获一起系列盗窃柴油案件】 2017年，县局坚持协作联动，合成侦查，抓获盗窃车内燃油嫌疑人2名，收赃嫌疑人1名，摧毁收赃窝点1个，破获系列盗窃车内燃油案件59起，案值近10万元。

【破获一起非法获取计算机信息系统数据案件】 2017年，县局破获网络非法获取、买卖游戏账号的网络案件，打掉一个网上犯罪团伙，抓获涉案嫌疑人12名，涉案金额30余万元。

（公安局）

司法行政

【概况】 2017年，县司法局围绕县委、县政府工作中心，扎实推进司法行政各项工作进位争先，取得明显成效。刑侦阶段法律援助律师到场、诉证对接调解家事矛盾等7项工作得到省厅主要领导和分管领导批示肯定。县司法局成为全省标准化建设、社区服刑人员损害修复、公共健康心理服务和司法行政队伍建设综合试点单位。建湖县被司法部等3部委联合授予全国青少年普法教育示范区。县司法局被省司法厅表彰为2017年度全省司法行政系统绩效评价优秀单位，被市司法局记集体三等功。

【“精准普法”】 根据县委、县政府要求,在全省率先启动精准普法工作,实行“一季度一主题”,与县相关主管部门联动实施,组织开展“消防安全进万家”“交通安全伴我行”“诚信守法在身边”“依法信访守规矩”等系列普法活动,收到预期效果。县政府第一议题学法常态化,取得了良好的社会反响,得到省司法厅主要领导肯定。新创建省级法治文化示范点1个,累计达4个。新创建省级民主法治示范村(社区)8个,累计达105个,综合创建率全市第一,得到司法部法宣司领导肯定。

【特殊人群管理】 对350名社区服刑人员、2200名安置帮教对象、50名戒毒后续照管人员分别建立“6+1”帮教小组,实行视频点验,矫务通、电子腕带定位,微信群位置共享监管全覆盖。严格执行严管、普管、宽管“三分”管理法,推行“监管网、帮教网、阵地网、信息网”四网融合,实现社区服刑人员全年无重新犯罪,刑释解矫人员重新犯罪率控制在1.5%以下。县矫正中心成为全省示范中心,社矫工作名列全市前列。

【标准化建设】 编印司法行政工作标准化系列丛书四大类14分册,统一司法行政标牌标识,在全省推广。以“标准化示范点”建设为支撑点,采取阵地建设、人员配备、标牌标识、岗位设置、考核管理“五统一”,全面推进司法行政标准化建设。山东、山西、广西及省内50多批次单位前来参观考察学习。标准化建设经验在全省交流。

县司法局开展法律宣传活动 (建湖日报提供)

【大调解格局初步形成】 构建“3531”大调解机制,打造覆盖城乡、专业多元的人民调解组织体系。规范设立县、镇、村三级调委会,在医患、劳动、交通、消费、物业五大行业建立专业调解组织,加强与公调、检调、诉调对接,设立派驻制调解工作室和个人调解工作室。在全县优选20名律师参与涉法涉诉矛盾纠纷化解,已化解或可望化解涉法涉诉矛盾纠纷10件。全县各级调解组织共受理各类矛盾纠纷11193件,调处成功11189件,调处成功率为99.9%。在全省调查统计中,建湖县矛盾纠纷调解率为全市第一,专职调解员队伍建设工作在全省专项会议上交流。

【法律服务质量提升】 初步构建了“五纵三横”公共法律服务体系。纵向建立县、镇公共法律服务中心,村(社区)司法行政服务站、组法律服务社、户法律明白人五级法律服务体系,横向建立政府、市场、社会三级服务体系。法治超市、法治道德银行、法律服务社经验被《法制日报》等主流媒体报道。向阳红律师事务所成为全市县(市、区)中规模最大的律所,办公场所达800多平方米,拥有律师12人。全县36名律师、80名基层法律服务工作者受聘担任村(社区)法律顾问,按村分别建立微信群,“法律顾问当群主”工作受到群众好评。法律援助范围不断扩大,服务质量不断提升。全年共办理法律援助案件768件,超额完成全年目标任务。公证服务大局意识不断增强,为全县招投标、重点工程办理公证310件,为企业、招商引资上门服务,先后到北京、上海等地办理公证17件,服务了全县经济社会发展。

(孙宏九)

责任编辑 彭 玉

产业发展

Industrial Development

建湖石油装备产业服务集聚区　（建湖日报提供）

农业·水利

Agriculture and Water Conservancy

农业现代化

【概况】 2017年,全县贯彻落实中央1号文件和省市农业农村工作会议精神,以推进农业供给侧结构性改革为主线,以促进农民增收为中心,突出抓好现代高效农业、质量品牌农业、互联网+农业、生态循环农业、农业科技创新、农机现代装备等重点工作,推动农业现代化进程。全县新增设施农业面积2466.67公顷,设施农业面积达1.38万公顷,占耕地面积的20.4%;通过“改、扩、转、退”等措施,引导小散养殖场有序退出,推进畜禽养殖业结构调整,生猪大中型规模养殖比重达67.6%;实施道路圩堤绿化三年行动计划,新增成片造林面积806公顷,改造提升现有成片林面积873.33公顷,建成森林小镇1个、“三化”示范村2个、森林村庄9个,创建成国家园林县城。新申报无公害农产品50个、绿色食品2个,复查换证48个,种植业三品产量占比达50%以上。“建湖大米”获第15届国际粮油产品及设备技术展示交易会金奖,“以勇”牌葡萄、“上冈果蔬”被认定为盐城市知名商标。全县新增各类大中型农机具896台,近湖街道和恒济镇建成盐城市粮食生产全程机械化示范镇。举办农业职业技能培训班48期,培训新型职业农民5420人。出台“互联网+现代农业”三年行动计划,省农委认定建湖县为省农业电子商务示范县、上冈镇为省农业电子商务示范镇、恒济镇建河村为省农村电子商务十强村、芦沟镇双庆村、上冈镇冈北村为省农村电子商务示范村;全县推进农业信息进村入户,新建村级益农信息社200个,实现涉农村全覆盖,其中建成示范社20家。

(许正元　颜廷洲)

生态农业

【概况】 坚持生态优先、绿色发展,以促进农民持续增收为核心,以农业结构调整为主题,以农业转型升级为主线,编制江淮生态经济核心区西南四镇的现代农业提升三年行动计划和16个重点项目。

【秸秆综合利用】 推进秸秆能源化、肥料化、原料化、基料化、饲料化利用,全县秸秆综合利用率达96.9%。

【土壤重金属污染防治】 推进农产品产地土壤重金属污染防治,全县建成农产品产地土壤重金属国家、省控点40个。

【测土配方施肥和高效低毒低残留农药推广】 推进测土配方施肥和高效低毒低残留农药使用面积,全县测土配方施肥面积77933.33公顷,高效低毒低残留农药使用面积占比达89%。

【畜禽养殖污染治理】 推进畜禽养殖污染治理,开展“263”专项整治行动,全县禁养区22个规模畜禽养殖场全部关闭,对全县有污染隐患的187个畜禽养殖场开展污染治理技术检查认定,已治理认定122个,占总数的65%。推进畜禽养殖粪便无害化处理,全县大中型规模畜禽场畜禽粪便无害化处理与资源利用率达92.5%;加大病死动物无害化处理力度,县病死动物无害化处理中心顺利通过省级验收。

(郭汉兵　朱洪刚)

品牌农业

【概况】 2017年新增“三品”数量达45个,无公害复查换证产品42个,绿色食品续展产品3个,截至2017年底,全县有效“三品”总数量达293个,其中无公害农产品达259个,绿色食品达27个,有机食品达7个;新增种植业“三品”产量达107767吨,截至2017年底,全县种植业“三品”产量达572482.8吨,种植业“三品”产量占食用农产品总量之比达55%左右,新增无公害产地18个,新增无公害种植业产地面积545.8公顷,截至2017年底,全县有效“三品”基地面积达62200公顷。

(吴昌智)

信息农业

【概况】 2017年,建湖县落实省、市关于推进“互联网+”现代农业发展理念,围绕年初确定的重点工作目标任务,全县智能农业、电子商务、为农信息服务、电子政务水平得到进一步提升。中农网购(江苏)电子商务有限公司被农业部认定为全国农业农村信息化示范基地。建湖县军曼农业科技公司总经理鲁曼获“全国农村创业创新优秀带头人”称号。建湖县被评为省农业电子商务示范县;上冈镇被评为省农业电子商务示范镇,高作大成水产养殖家庭农场被评为省农业电子商务示范单位,中农网购公司、众创农业公司、弘森生态园等单

弘森生态园桃花垛　　（陈玉柱　摄）

位被评为省智能农业示范单位；首届全国“互联网＋”现代农业新技术和新农民创业创新博览会，于2017年11月8日至12日在苏州召开，建湖县蜻蜓农服、军曼公司、几百粒公司3家“互联网＋农业”企业获得4个参位（全市5家参加）。几百粒、军曼公司被认定为省2017—2018年度电子商务示范企业，中农网购（江苏）公司、军曼公司同时入选江苏互联网平台经济“百千万”工程首批培育企业，恒济镇建河村成为省农村电子商务十强村，芦沟镇双庆村获省农村电子商务示范村。建湖县拥有陈甲、建河、恒庆、南庄、双庆5个省农村电子商务示范村。中农网购（江苏）公司的蜻蜓“互联网＋现代农业”基地被江苏省农委评为现代农业科技综合示范基地；军曼公司在省农委举办的“互联网＋农业”一二三产整合大赛中获“中洋杯”全省农村创业创新项目创意大赛一等奖。

【智能农业】　全县新建弘森桃园、裕丰禽业、克胜未来工厂、玉龙黑猪、庆丰中陈村、徐氏农业、上冈农业产业园、城北都市农业示范区、恒济镇富硒园区，高作镇农业园区，沿河镇天美村等智能农业示范基地（点）30个；投入近500万元的城东都市农业示范区智能农业育苗中心已建成并运行，是全县智能农业企业样板，成为全省一流的农业物联网应用典型。蜻蜓农服未来工厂被省农委确定为江苏省科技综合示范基地—“互联网＋现代农业”基地。在2017年12月1日至3日在全省农业科技大会上，建湖县蜻蜓农服未来工厂、恒济冲浪鱼智能农业物联网示范基地参加展示受到省领导肯定。

【农业电子商务】　农业电子商务迅猛发展，2017年全县农产品网上销售达15.6亿元。推介建湖农产品，在新闻媒体、电视、网络等媒体上宣传建湖农产品，获批财政投入65万元推广费。建立上网销售农产品数据库，拓宽应用领域。农村电子商务“一村一品”特色明显，围绕火鸡、苗禽、水果、有机稻米等“一村一品”特色产业，农村电子商务为特色农副产品找到新市场，让广大农民享受到“互联网＋”的便利。全县建有农村淘宝村级服务站点62个、苏宁易购体验店3家、京东商城村级站点20个、邮乐购农村电商服务点186个。

【为农信息服务】　涉农行政村益农信息社实现全覆盖。全县已建成“益农信息社”200家，其中标准站179家，示范社20家，县中心站1家，建湖县“益农信息社”建设一步到位，100%实现涉农村行政村全覆盖。高标准建成县级运行中心。在高新区41号楼3000多平方米作为县级运行中心，投入350万元，打造了全省一流的县级运行中心。将县城最大农资商张忠诚、全省农村电商50强建河村、高新区农村淘宝示范店李同刚、弘森生态园等不同类型益农信息社先期建成，合力打造样板示范社，起示范带头作用，让全县推广有目标、有榜样、有标准。在2017年10月19日至20日全省召开的益农信息社推进工作会议上，建湖县的做法在省市领导交流发言中得到肯定。继续推进三农热线服务。全面推进“12316”三农热线咨询服务制度化、常态化、便捷化，把热线真正办成农民和专家的直通线、农民和市场的中继线、农民和政府的连心线。全年，发送短信160条，接听咨询电话96人次，全年新增用户近5000户，总用户超万户。

城东都市农业示范区智能育苗中心　　（建湖日报提供）

【农业电子政务】 建成两个综合性“智慧农业”管理服务平台，投入近80万元建成的县级智慧农业平台，拥有六大功能：农业资讯平台、农业物联网平台、农业基础数据平台、专家远程咨询平台、农产品质量追溯平台、农业品牌电商平台。蜻蜓农服互联网服务平台，成为国内领先的农业众包服务平台。（颜廷洲）

高效农业

【概况】 县委、县政府出台《2017年全县农业农村工作意见》，县委办、县政府办出台《建湖县2017年农业结构调整工作意见》，聚焦绿色生态、富民增收导向，按照“调减粮油、扩大经作、提升水产”的总体思路，编排全县农业结构调整十大重点项目，制作全县农业结构调整项目分布图和高效特色农业示范带秋播规划图，组织农技人员编印《建湖县农业种养技术范例汇编》，突出抓好宣传发动、土地流转、招商引资、项目实施等关键措施，通过召开专题推进会、开展检查督查、编发《农业结构调整工作简报》等方式加以推进。2017年秋播期间，全县共流转土地3333.33公顷，新招引农业项目107个，其中超千万元项目23个，超3000万元项目4个。全县共调减低效粮食作物面积2333.33公顷，调减油料作物面积1200公顷，新发展蔬菜等高效经济作物面积5000公顷，新增稻（藕）田复合经营面积4800公顷，新增优质品牌稻米产业化示范基地3466.67公顷，被省农委评为江苏省稻田综合种养试点县。

【休闲观光农业】 挖掘县内休闲观光和乡村旅游资源，精心设计旅游线路，做好节庆活动安排，先后举办2017弘森桃花节、2017登达乡村旅游开幕式、九龙口生态湿地旅游节、芦沟花视界开园仪式、草莓葡萄火龙果哈密瓜采摘节等活动。组织登达生态园、弘森生态园、军曼农业公司等单位参加首届江苏省创意休闲农业设计大赛和精品展，报送参赛作品12件，军曼公司获得产品与包装类创意优秀奖，颜单镇嘉御生态休闲农庄被市农委认定为盐城最具魅力休闲农业景点。（许正元）

种 植 业

【概况】 建湖县在发展种植业生产中，全面贯彻落实中央1号文件和省市县农业农村工作会议精神，围绕实现农业基本现代化的目标，以农业结构调整为主题，以农业转型升级为主线，突出抓好现代高效农业、质量品牌农业、智慧农业、生态循环农业、农业科技创新等重点工作，推动种植业现代化建设迈上新台阶。

【调减粮油面积，稳定粮食生产】 夏熟作物产量。种植面积减少。按照“调粮、减油、扩经”的基本思路，全年全县三麦面积41600公顷，比上年43633.33公顷减少2033.33公顷（其中：小麦面积40000公顷，比上年41333.33公顷减少1333.33公顷；大麦面积1600公顷，比上年2300公顷减少700公顷）。油菜籽面积5666.67公顷，比上年实收5820公顷减少153.33公顷。单、总产增。三麦单产385.93公斤/亩，比上年实产365.68公斤/亩增长20.25公斤/亩，增长5.54%。总产24.082万吨，比上年实收23.934万吨增长0.148万吨，增长0.62%。油菜籽单产205.70公斤/亩，比上年205.2公斤/亩增加0.5公斤/亩，持平略增；总产1.7927万吨，比上年1.7915万吨增加0.0012万吨，持平。秋熟作物产量。种植面积减少。种植面积48933.33公顷，比上年50220公顷减少1286.67公顷，减少2.56%。其中杂交稻制种2333.33公顷，常规稻47866.67公顷，保持水稻种植规模的基本稳定。单、总产持平略减。水稻单产619.9公斤，比上年620.2公斤减少0.3公斤，减少0.48%，持平略减；总产45.5万吨，比上年46.72万吨减少1.22万吨，减少2.61%。

【农技推广服务】 开展首席专家指点、农技人员挂点、业务团队建点“三点”工作法，主推品种和主推技术入户率达95%以上。强化村级农技服务，全县199个涉农行政村农技服务站全部建成。实施农业“三新”工程，推广主推品种19个、主推技术15项，完成土壤情报监测和耕地质量建设8666.67公顷。开展新型职业农民培训，举办农业职业技能培训班48期，培训新型职业农民5120人，占全年培训目标任务的142%。

【农业结构调整】 聚焦绿色生态、富民增收导向，按照“调减粮油、扩大经作、提升水产”的总体思路，深入基层调研，外出考察学习，制作全县农业

县举办稻麦高产创建职业技能培训班 （建湖日报提供）

结构调整项目分布图和高效特色农业示范带秋播规划图，编排全县农业结构调整十大重点项目，编制江淮生态经济核心区西南四镇的农业发展规划，编印《建湖县农业种养技术范例汇编》。

【粮食绿色高产增效】 围绕粮食生产绿色转型目标，创新工作思路，加大组织推进力度，突出狠抓具有辐射带动作用的千亩连片和新技术新模式集成的百亩丰产方建设，采取宣传引导，基本实现了品种布局纯良化。同时根据品种特性，实行因种栽培，农机农艺相结合、良种良法相配套，创新高产栽培技术体系，示范片内水稻塑盘标准化集中育秧、机插秧、精确定量栽培等高产栽培技术应用覆盖率都在96%以上。稻田种养技术成熟，优质水稻种植面积不断扩大，有机、绿色等品牌稻米种植面增加，南粳46、南粳5055等作为有机稻种植，扩大了建湖县优质稻应用，南粳9108作为建湖县主推品种，在千亩片和丰产方内得到了广泛推广应用。在开展创建的基础上，兼顾绿色生产，推进农药化肥零增长。2017年稻麦高产创建示范点由市农委推荐申请省级田间割产实测验收，单产水平均位列全省和全省前列。

（马以秀　许正元　徐　红）

病虫害统防统治

【概况】 全县2017年主要农作物病虫害统防统治面积达56200公顷，其中小麦25600公顷，占防治面积的61.4%，水稻30600公顷，占防治面积的60.9%。全县统防统治覆盖率61.2%，比上年高3.1个百分点，实现并超过统防统治覆盖率58%的全省指标。（张开朗）

畜　牧　业

【概况】 2017年，全县畜牧业按照县“263”专项整治方案要求，以畜禽养殖污染整治为重点，进一步调整优化畜牧业产业结构，统筹保护环境和畜牧业协调发展，强化技术指导，引导种养生态循环，促进畜禽粪便无害化、资源化利用，加快构建产出高效、产品安全、资源节约、环境友好的现代畜牧业产业体系。全县生猪饲养量56.5万头，生猪大中型规模养殖比重71.5%，家禽饲养量1930.8万只，规模养殖大户924个，全县新增省级生态健康养殖示范单位3家。

【强化防疫】 县委、县政府高度重视动物疫病防治工作，围绕“力争不发生，确保不流行”的防控目标，层层签订责任状，扎实开展春、秋两季集中免疫和夏季高温消毒及补防补免防控三大行动，全县畜禽强制免疫两种应防密度达100%，抗体检测合格率达90%以上。开展业务培训，技能操作训练等活动，建湖县获全市“重大动物疫病采样监测技能培训与大比武”团体二等奖，有关人员分别获“盐城市技术能手”和“盐城市五一创新能手”称号。全面实施防疫监管，县政府防治重大动物疫病指挥部制定了联防联控工作制度、完善应急管理体系；扎实开展普查、检测、消毒、封闭管理等活动，全县重大动物疫病疫情清静，畜禽平稳发展。

【强化监督】 贯彻落实《动物防疫法》《农产品质量安全法》《兽药管理条例》《生猪屠宰管理条例》等法律法规；建立健全动物卫生监督执法长效机制，落实监管责任，严格队伍管理，规范动物检疫，强化监督执法；顺利完成生猪屠宰行业清理整顿目标任务，关停19家不合格生猪屠宰企业，新建屠宰场（建湖县天顺屠宰有限公司）顺利通过省级验收并投入运营；完成病死动物无害化处理体系建设，建成1个病死动物无害化处理中心和12个镇级临时收储点，顺利通过省级验收并投入运营；加强畜产品质量安全和病死猪无害化处理监管，开展盐酸克伦特罗、莱克多巴胺、沙丁胺醇等“瘦肉精”例行监测，全县未发生畜产品质量安全事故。县动物卫生监督所获2017年度盐城市第六届动物检疫技能操作大比武团体三等奖，建湖县参赛选手徐梅代表盐城市代表队在江苏省2017年度动物检疫技能操作大比武决赛获第一名，被省农委授予“全省动物检疫状元”，被省总工会授予“江苏省五一创新能手”、省人社厅授予“江苏省技术能手”称号。

（朱洪刚　赵云　韩　俊）

林　蚕　业

【“一片林”建设】 2017年，建湖县贯彻落实市委、市政府“一片林”战略部署要求，以建设“绿色建湖”为主题，以转变林业发展方式为主线，以实施城乡生态防护林项目为抓手，以国省干道、县镇公路、通村公路、骨干河道和大中沟河道绿化为造林重点，组织实施全县道路圩堤绿化三年行动计划，扎实开展国土绿化行动，全力打造森林城市、森林小镇、森林村庄，构建绿色生态屏障，造林绿化工作取得了显著成效。2017年共实施各类绿化工程项目112项，完成成片造林合格面积806公顷，占市计划466.67公顷的173%。通道绿化持续延伸。重点实施233省道高新区和建阳段、阜建高速建阳段、盐连铁路冈东段、颜恒线颜单西段、沿河镇富郑线等通道绿化；完善提升234省道建阳段，231省道宝塔段，204国道上冈段，永建线高作段等，新增造林绿化面积521.67公顷。圩堤绿化初见成效。重点实施戛粮河高作段、西塘河、颜单段、建港沟近湖东段、东塘河庆丰段、宝塔朦胧河圩堤绿化；完善提升骨干河，通榆河、黄沙港、太绪沟恒济段，粮棉河颜单段，开发区人工河，蚬河九龙口段圩堤绿化等，新增造林绿化面积213.37公顷。农村绿化态势良好。重点实施上冈大唐、高作蒋王、芦沟东升、沿河兴旺、颜单单庄、宝塔长陈、恒济建河、庆丰东刘、建阳戛粮9个森林村庄村，新增造林绿化面积66.67多公顷。绿色产业快速发展。结合农业产业结构调

234 省道防护　　　　　　　　　　　　(建湖日报提供)

整,发展果树、花卉苗木生产的步伐加快,全年,全县果树和花卉苗木面积达1866.67公顷,建成百亩以上林苗、林果基地26个、千亩以上连片基地4个。全年近湖街道新引进投资2000万元占地26.67公顷的樱桃园和投资200万元的元宝枫基地。树种结构进一步优化。按照省政府提出的绿化“珍贵化、效益化、彩色化”要求,全县栽植榉树、楸树、栾树、银杏等“三化”树种50余万株,占全县栽植总量的80%以上。有效压缩女贞、红叶石楠等小乔木、灌木栽植比例。

(彭晓兰)

【栽桑养蚕】　2017年,建湖县蚕桑生产在市县主管部门领导和支持下,全县蚕桑技术人员宣传稳桑保桑的信息和政策,使得蚕桑生产总体保持稳定。全县现有桑园60公顷,全年发种1958张,其中丝茧1851张,种茧107张;生产蚕茧1592担,其中丝茧1496担,种茧96担;实现蚕桑总产值469万元,其中丝茧329万元,种茧140万元。小蚕电热化共育、室外大棚养蚕、方格蔟室外预挂上蔟等技术得到有效推广。　(徐德元)

农　　机

【概况】　全县农机化工作围绕市、县农业农村重点工作目标,加快推进粮食生产全程机械化,开展粮食生产全程机械化示范镇创建活动,农机化工作成效明显。

【农机装备】　规范实施购机补贴惠农政策,全县共有487户(组织)购买896台套农机具,实施农机购置补贴资金1253.448万元。新增水稻插秧机110台(其中乘坐式插秧机68台)、自走式喷杆喷雾机24台、无人植保机47台、大中型拖拉机73台、秸秆还田机240台、谷物联合收割机182台、粮食烘干机166台。

【农机化水平】　全县农机总动力达63.88万千瓦,比上年增长3.3%,主要农作物机械化水平达到89.3%,农业综合机械化水平达到82.8%。加快推进粮食生产全程机械化。近湖街道、恒济镇建成盐城市粮食生产全程机械化示范镇(街道),钟庄街道双河村、庆丰镇朱港村、上冈镇大团村建成粮食生产全程机械示范村。实施秸秆机械化还田。全县夏季实现秸秆还田面积37770公顷,还田率达90.5%,秋季实现秸秆还田面积20086.67公顷,还田率达44.1%,全年实现秸秆还田率达66.21%。

【社会化服务】　新增农机专业合作社8个,全县农机专业合作社达到177个,以农机合作社为主要载体,开展全程机械化生产和社会化服务,农机合作社作业服务比例达到67%。大中型拖拉机注册登记80台、年检551台,联合收割机注册登记188台、年检452台,上道路行驶拖拉机年检555台,拖拉机“三率”水平增幅2.4%。完成农机职业技能鉴定和获证奖补152人。

(胥明山　蒋寿宏　曹　文)

农业技术推广

【概况】　贯彻执行新《中华人民共和国农技推广法》,推进基层农技推广体系建设。明确全县镇、社区农业技术推广综合服务中心为公益一类事业单位,按照“五有”的要求建设。承担实施省级农业三新工程项目3个,建成规模种植和畜禽养殖两个农业科技试验示范基地:中农网购(江苏)电子商务有限公司、建湖县鑫灿生猪专业合作社。培育农业科技示范户3470户,组织农技人员包村开展技术指导和培训,每名指导员指导10户左右示范户,示范户辐射带动周边农户,建成村级服务站199个,其中示范站26个。　(杨益华)

农业科学研究

【概况】　2017年,建湖县农业科学研究所以绿色环保、生态发展、农业增效、农民增收为核心,以加快农业现代化为目标,围绕“立足现代农业,提升服务功能,加快现代农业科研事业发展”这一主题,探索农业发展新路子,争创各项工作新业绩。新增试验基地1.33公顷,完成基地部分田块硬质化。与中国农科院、江苏省农科院合作,完成江苏省种子管理站下达麦类新品种审定试验项目5个;接受有关单位委托及自立的科研试验项目12个。全年累计撰写科研论文及试验总结材料16篇。鼓励科技人员,发挥专长,撰写论文,勇跃投稿,2017年度相继在国家、省部级刊物上发表论文2篇。

【为三农服务】　2017年,围绕“如何为农服务,创树形象,提升服务功能”

主题,立足“三点工作法”,注重用理论联系实际的方法指导农业生产,利用试验基地的辐射功能,把农业科学技术送到千家万户。在夏熟和秋熟作物生长的关键时期进行8次技术培训,开展农业田间大学堂,培训近5000人次,印发技术指导资料10期25000余份。

【农业科研项目】 2017年4月,申报省农业三新工程项目,组织有关人员实施完成,撰写总结材料,并在规定的时间内提交上报,获验收。2017年与中国农科院、江苏省农科院、扬州大学、省种子站等多家单位确立了合作关系,并从这些单位引进合作科研项目10个。

【科研项目实施】 2017年江苏省种子管理站下达的小麦新品种比较试验和生产试验项目完成后,有关试验总结材料参加省会交流,得到与会专家的肯定;2017年江苏省稻麦品种安全性测试工程项目4月开始实施。实施完成“机插水稻丰产精确定量栽培技术、超级稻超高产栽培技术、麦秸还田全程机械化稻作技术、稻麦测土配方施肥技术、稻麦化学农药减量控害技术”等科技推广项目。

【水稻新品种选育】 全所科技人员做好项目实施工作,投身水稻、小麦新品种(系)的选育工作,在新品种选育上有所突破。与神农大丰种业有限公司联合选育的丰粳0628新品系已参加2017年新品种预备试验。2017年选出1个新品系经江苏省品种审定委员会审核,预计进入2019年新品种预备试验。

(孙 峰)

农业招商与示范区建设

【概况】 2017年,全县以全面提升国家现代农业示范区水平为目标,主攻“结构优化、园区示范、科技创新、深化改革”四大任务,推动示范区建设迈上新台阶。以“一镇一园区”“高效农业示范带”和“一村一品”特色基地为载体,鼓励群众发展叶菜、茄果、甜瓜等传统经济作物,发展火龙果、瓜蒌、中药材、玫瑰等特经作物,发展荷藕、芡实、菱角、茭白、茨菇、水芹等水生作物。全县共招引实施农业项目24个,其中农产品深加工类项目17个,高档园艺类项目6个,特种水产类项目1个,计划总投资5.38亿元,完成投资3.74亿元。近湖现代农业园区建成千亩樱桃种植基地,高作现代农业园区建成千亩火龙果种植基地,九龙口镇实施万亩荷园项目,一期工程已建成133.33公顷荷园,包括20公顷观赏荷园,配套建设了路、桥、闸、涵、长廊、凉亭等基础设施;九龙口镇列为全省特色农业小镇(荷藕)创建单位。城东都市农业示范区“菜篮子”工程蔬菜基地新建智能温控现代化育苗中心5000平方米,搭建高标准连栋钢架大棚26.67公顷。上冈现代农业园区成功创建成省级现代农业示范园区。2017年农业部发布的《2016年国家现代农业示范区建设水平监测评价报告》显示,建湖县国家现代农业示范区在全国综合排名第17位,比2015年上升10位,入选全国农业现代化基本实现阶段示范区。

(许正元 傅 豪)

建湖县第三次全国农业普查

【概况】 按照国家、省、市统一部署,全县组织2000多名普查员及指导员共调查了140727户农户、1857户规模农业经营户和999家农业经营单位,完成了业务培训、入户登记、数据汇总、质量检查、数据评估分析等各阶段工作,确保全县普查数据客观、真实反映全县“三农”发展现状,为县委、县政府领导制定农业农村政策提供可靠依据。

【前期准备】 2016年印发了《建湖县关于认真做好第三次全国农业普查工作的通知》,成立了以副县长任组长的建湖第三次全国农业普查工作领导小组,各镇、村成立了相应的普查领导机构,组建三个普查工作督查指导小组,2016年7月中旬,组织全县农业普查综合试点。

【现场登记】 按照《普查员手册》规定,规范操作,把握工作重点,确保普查对象不重不漏、分类准确,确保主要农业生产经营情况登记准确;同时切实保障数据质量,对现场登记阶段的各个环节实行全过程数据质量控制。按照省、市农普办的要求,县农普办组

江苏大地禾农科技有限公司千亩玫瑰生产基地 (陈玉柱 摄)

织安排、深化督查指导,在2017年春节前已全部完成农业普查登记对象纸质表的登记工作。

【督查指导】 加强督查指导,确保工作落实。为全面掌握各镇(街道、区)农业普查各项工作推进情况,切实解决工作中出现的困难和问题,同时保证普查数据的质量,县农普办在2017年1月4日至6日,分6个小组,每组3人,对各镇(街道、区)正式登记阶段的工作情况进行督查,确保两员经费发放,对个别进度较慢的镇进行重点指导。

【登记抽查】 1月19日至1月21日,县农普办人员对所有镇(街道、区)的普查登记表进行了电话随机抽查,对普查员是否入户登记、普查表上数据是否填写真实准确等进行了检查。同时印发了《农业普查春节期间工作要点》,每村3份,要求各镇(街道、区)分管领导、统计干事务必高度重视,压实责任,组织回头看,查漏补缺,从严、从细、从实抓好入户登记"家家到"工作。

【数据录入培训】 为做好建湖县第三次全国农业普查数据录入工作,确保数据能够及时准确上报。县农普办在1月11日和12日分两期举办了普查数据录入程序培训班,共280人参加,主要培训了普查表人工审核步骤和PDA程序安装及录入审核问题。

(统计局)

农资市场监管

【概况】 全县共有农资经营户(化肥、农药、种子、农膜、农机具)826户,其中:企业378户,个体448户。2017年,县市场监管局通过"双随机一公开"机制下的年报抽查和农资经营户定向抽查,规范了经营户的经营资格和经营行为;通过组织开展农资商品质量检查,在全县范围内对进入流通的农资商品质量进行了抽样检查,共抽样检查70个批次,立案查处各类不合格农资商品案件7起,案值近6万元,罚没入库4.2万元,进一步净化了农资商品市场。

(张秀红)

县市场监督管理局九龙口分局对辖区内农资市场进行专项督查

(建湖日报提供)

【农资监管与服务】 加大新修订的《农药管理条例》及相关农业法律法规宣传培训力度,进一步强化经营者守法经营意识,加强行业自律,全面提高依法治农水平。开展农资打假专项行动,种子"双打"和"白皮袋"种子整治行动,进一步规范农资生产经营和农业投入品使用行为,优化农资市场秩序,全年共查处各类违法案件50多件,保证了全县农业生产安全、农产品质量安全和生态环境安全。

(滕春林)

农村管理

【概况】 2017年,全县农村工作坚持以富民惠民为根本,以改革创新为动力,围绕群众最关心、最急需、最直接的现实问题,组织实施20项民生工程,全年用于民生的财政性投入达56.8亿元,农民人均纯收入达18586元。农村环境持续改善,农村面貌不断更新。

【农村面貌】 践行绿色发展理念,着力强优势、补短板,城乡环境得到进一步改善。生态优势更加凸显。被纳入全省江淮生态经济区、生态经济试点县,初步编制完成生态经济试点县发展规划、行动计划以及核心区实施方案。实施道路圩堤绿化三年行动计划,新增成片造林800公顷,林木覆盖率达23.5%,县城绿化覆盖率达40.9%,创建国家园林县城。扎实开展"263"专项行动,禁养区规模养殖场全部关闭搬迁,PM2.5浓度全市最优。建立县镇村三级河长体系,整治城乡黑臭河道46条,全县饮用水源水质达标率达100%。农村面貌持续改善。加快建设农村康居工程,扎实抓好234省道、九龙大道沿线两侧危房改造和环境提升工作,拆除改造农村危旧房屋6833户,宝塔镇宝塔村、高作镇长北村建成省级美丽乡村。扎实推进农路提档升级工程,新改建农村道路168公里、桥梁204座。加强农业基础设施建设,新建高标准农田15.8万亩,新改建泵闸站312座,疏浚农村河道600条750万立方米。

(李立涵)

水产·渔业

【概况】 2017年,建湖县围绕省、市、县渔业工作目标和县农业农村工作意见,推进渔业结构调整,监控水产品质量安全，打造建湖水产品牌，渔业各项工作取得显著成效。2017年，完成水产品产量10.2万吨，实现渔业总产值31.5亿元。渔业各项工作得到省市县领导的肯定，被盐城市海洋与渔业局评为优秀单位。

【李强调研池塘循环水养殖】 2017年7月6日，省委书记李强到建湖县调研农业农村发展和农民增收工作，在盐城正荣生态渔业有限公司池塘循环水养殖基地，了解养殖技术和市场销售情况，对池塘循环水养殖模式给予肯定，希望发挥致富带头人的示范引领作用，扩大项目的推广应用，打响生态特色品牌，带动更多农民通过科学生态养殖增收致富。

【2017′中国大闸蟹产业高峰论坛暨“养蟹匠·中华好蟹”颁奖典礼】 2017年10月13日至14日，南方报业传媒集团、中国大闸蟹千亩养殖基地联盟、大北农集团、九龙口大闸蟹协会等单位在建湖县九龙锦江大酒店联合举办“2017′中国大闸蟹产业高峰论坛暨‘养蟹匠·中华好蟹’颁奖典礼”。活动期间，举办“寻找中华好蟹，从九龙口起航”启动仪式；评选出全国养蟹匠20个，中华好蟹8个；成立中国大闸蟹千亩养殖联盟，建湖县九龙口大闸蟹公司总经理邵建华担任首届联盟主席；中国科学院院士桂建芳等专家和单位领导，从不同角度对大闸蟹产业发展，提出许多创新的经验、建议和意见，对推动大闸蟹产业发展具有促进作用。

【江苏省省级示范家庭渔场】 2017年12月15日，建阳镇鹏程水产养殖家庭农场被江苏省海洋与渔业局认定为“江苏省省级示范家庭渔场”，这是继建湖县泽园种养结合家庭农场、建湖县彭大春水产养殖家庭农场之后，被江苏省海洋与渔业局认定的第3个省级家庭示范渔场。

【绿色、生态、高效养殖】 发展池塘循环水养殖，盐城正荣生态渔业有限公司新扩建池塘循环水养殖16.67公顷，建设养殖水槽28个、0.32万平方米；江苏正源创辉农业科技有限公司新建池塘工业化生态养殖面积53.33公顷，建成养殖水槽108个、1.5万平方米；全县池塘循环水养殖面积达100公顷、水槽188个、2.6万平方米。发展稻田综合养殖，2017年，冈东镇徐庄村、建阳镇新桥村、高作镇合兴村建成连片稻田套养小龙虾面积100公顷，沿河镇、颜单镇、冈西镇、宝塔镇和近湖街道推广稻虾、稻蟹、稻鱼等复合种养模式，全县稻田综合种养面积累计达267.67公顷。发展高效品种生态养殖，2017年，九龙口大闸蟹有限公司在恒济镇花垛村新建大规格河蟹养殖面积73.33公顷，苗庄村试验示范推广淡水澳洲龙虾养殖3.33公顷；建阳镇杰皓水产养殖家庭农场新上青鱼养殖项目，养殖规模达16.67公顷；九龙口镇伊董水产养殖家庭农场开展大规格蟹养殖，鳜鱼苗种培育和鳜鱼成鱼养殖，养殖规模达26.67公顷。

【九龙口冲浪鱼】 4月10日，中国渔业报社社长汪文、顾问王滨、副社长吴恩强等一行5人现场考察了建湖县池塘循环水养殖基地。4月24日，在第一水产周刊上发表了《发自建湖县报告——“会冲浪的鱼”引领池塘养殖之变》专题文章。6月，央视CCTV—7套《科技苑》栏目组拍摄了“700亩水面只用10亩来养鱼”池塘循环水养殖实用技术，并于6月8日进行了播放。10月27日至29日，市政府主办、市农委承办了“2017盐城名特优农产品（南京）展销会”，活动期间，建湖九龙口大闸蟹有限公司、盐城王开食品有限公司、盐城冠华有限公司生产、加工的系列水产品进行了展示展销。12月1日至2日，国家农业部和江苏省人民政府共同举办了“中国江苏·现代农业科技大会”“九龙口冲浪鱼”设立专柜展示。

【建湖龙虾特色养殖】 小龙虾（克氏螯虾）随着消费量的不断增加，捕捞产量日益减少，人工养殖龙虾随之盛行。2017年建湖县不断探索创新龙虾养殖模式，指导养殖户从过去投放野生虾苗，转变到苗种繁育、成虾养殖、人工养殖一条龙发展，形成了池塘精养、稻田养殖、藕田养殖等多种养殖模式，提高龙虾养殖规格和质量。截至2017年底全县有龙虾养殖面积达2000公顷，其中稻田养殖龙虾333.33公顷，藕田养殖龙虾1666.67公顷。

【冲浪鱼养殖基地】 采用池塘人工“造浪”的工业化生态养殖方式，使传统池塘“开放式散养”改进为循环流水“圈养”，实现降低药物使用和排放，达到增产增效和生态环保的目标。在注册了九龙口冲浪鱼商标后，2017

恒济镇池塘工业化生态养殖基地 （王春雨 摄）

年建成养殖面积100公顷、工业化养殖水槽188个、冲浪水池2.6万平方米。该养殖技术的示范运用吸引全国各地水产同行及欧美20多个国家的专业人士参观学习,系全国最大的池塘工业化生态养殖基地。

(周绍华)

农业资源综合开发

【概况】 2017年,建湖县农业综合开发贯彻落实国家及省、市农业综合开发各项方针政策,发挥农业综合开发资金引导作用,加强农业基础设施建设,推进现代高效农业发展,促进农业增产增效。

【高标准农田建设】 2017年,建设高标准农田8666.67公顷,总投资19514.5万元,其中财政投资19500万元(中央财政资金9750万元,省级财政配套资金7312.5万元,县级财政配套资金2437.5万元),项目区农民自筹14.5万元。涉及建阳镇、九龙口镇、恒济镇、颜单镇、沿河镇、高作镇6个镇和近湖街道。项目主要建设内容包括:新建排灌站227座,防洪闸50座,机耕桥291座,涵洞、放水口等建筑物684座;新建防渗渠道共25.15公里;新建3米宽硬质(混凝土)机耕路225.5公里;造林173.33公顷(植树7.26万株)等。在项目建设中坚持集中投入、连片治理,运用水利、农业、林业、科技等综合措施,进行水土田林路综合治理,改善农业基本生产条件,基本实现了"田平整、路相通、桥相连、林成网、闸站涵相配套"的农田新面貌。项目建成后新增灌溉面积1789公顷,改善灌溉面积4546.67公顷,新增除涝面积333.33公顷,改善除涝面积4060公顷,新增节水灌溉面积1400公顷,新增粮食1031.3万公斤,新增种植业总产值2987万元,项目区农民纯收入增加3225.88万元。

【产业结构调整】 坚持"以开发促调整,以调整促增收"的思路,发挥农业综合开发项目资金优势,支持和推进农业结构调整,建立了一批区域特色明显的优质高效农产品生产基地。高作镇在项目区流转土地共233.33公顷,调优产业结构,建设钢架大棚153.33公顷,发展设施蔬菜种植。近湖街道借力开发项目进行基础设施配套,土地集中流转,吸引外来资金3000多万元,发展特色蔬菜种植,亩均收益大幅提高。项目区农户在得到较高的土地租金外,还被返聘务工,户平年增收超万元。项目区的建设,促进了农业结构调整,带动了高效农业的快速发展。

节水灌溉设施在农业园区推广 (建湖日报提供)

【农业龙头企业扶持】 2017年实施农业综合开发产业化发展财政补助项目3个,分别是沿河镇开红稻麦家庭农场实施的40公顷杂交稻制种基地新建项目,总投资128.92万元;建湖县新桥果蔬种植家庭农场实施的400吨淡水鱼冷藏保鲜新建项目,总投资122万元;冈西镇种植大户乔海庭实施的700吨粮食仓储设施新建项目,总投资60.18万元。产业化发展贷款贴息项目6家,中央财政贴息资金267万元,分别是盐城冠华水产有限公司实施的盐城市建湖县900吨青虾、罗氏虾原料收购加工流动资金贷款贴息项目,贴息额55万元;建湖九龙口大闸蟹有限公司实施的80吨大闸蟹原料收购加工流动资金贷款贴息项目,贴息额25万元;盐城王开食品有限公司实施的500吨南美白对虾、罗氏沼虾原料收购加工流动资金贴息项目,贴息额39万元;江苏儿百粒食品股份有限公司实施的5000吨杂粮大米原料收购加工流动资金贷款贴息项目,贴息额43万元;建湖秋实农业科技发展有限公司实施的一万吨稻麦原料收购加工流动资金贷款贴息项目,贴息额34万元;江苏龙成纺织有限公司实施的3000吨棉花原料收购加工流动资金贷款贴息项目,贴息额71万元。 (张东升 乔曙东)

工程水利

【概况】 2017年,全县加强水利基础设施建设,防汛防旱、水资源管理、水文化建设等,水利各项工作取得了较好业绩。获全县2017年度目标任务绩效考核综合先进奖,实现自2015年以来连续三年冠;获招商引资和项目推进工作奖、宣传思想和文化发展工作奖。

【加强水利投入】 组织实施了射阳河整治增做工程、小型农田水利重点县、中小河流治理重点县、千亿斤粮田工程、农村河道疏浚整治工程、圩堤达标建设工程、城市防洪工程、城乡供水安全提升工程和新水源建设工程9项重点水利工程项目,全部达到时序进

东塘河董徐村城东都市农业示范区闸站 （陈玉柱 摄）

度和质量标准，总投资达5.66亿元。其中：射阳河整治增做工程6418万元；小型农田水利重点县工程总投资1.05亿元，2016—2017年投资7000万元，新建闸站68座，建设高效节水灌溉面积132公顷；中小河流治理重点县工程总投资6000万元，清淤疏浚河道11条92.5公里，岸坡整治14条46.8公里；千亿斤粮田工程总投资3000万元，新（拆）建泵站8座，高效节水灌溉面积336.67公顷。河道疏浚工程总投资1100万元，疏浚中小沟200条、260万立方米。以县补镇办为主，投资1700万元，加修加固不达标圩堤110公里、130万立方米；城市防洪工程总投资1700万元，疏浚土方1万立方米，新建了神台河及西塘河风光带沿线长沟河南、胜利河北和长兴河等闸站。同时加强"十三五"水利项目跟踪对接，经过争取，投资11亿元的黄沙港南段整治项目，批复可研报告前的所有前置手续全部完成并通过审查。西塘河整治工程初步设计获省水利厅批复，计划2018年汛前完成工程招标，年内完成主体工程。

【防汛防旱】 通过连续实施三轮中央财政小型农田水利重点县工程、连续两年的中小河流治理重点县工程、西塘河等4条中小河流整治项目和射阳河全线整治工程，稳步提升防洪保安能力。全县现有圩堤1091公里、圩口闸1195座、排涝站767座54173千瓦，总排涝流量约1000立方米/秒，平均排涝模数达到0.93，处于全市上游水平。开展汛前检查，在各镇（区）和部门自查的基础上，局领导班子成员到联系镇区组织复查，分片集中过堂，梳理问题清单，限时整改。编制应急预案，备足防汛抗灾物资，防汛工作准备充分。落实防汛责任，在新闻媒体公布责任人名单，汛期24小时值班，保持信息畅通。上年先后遭遇干旱、台风外围影响和10月连续降雨，在县委、县政府的统筹指挥下，从容应对，夺取了防汛防旱工作的胜利。

法制水利

【水资源管理】 落实最严格水资源管理制度。加强水资源保护。强化水功能区纳污总量控制。对县城内的主要入河排污口登记造册。帮助城东污水处理厂完成入河排污口设置论证。配合淮河流域入河排污口水质监测和取样，监测率在80%以上。加强地下水"双控"管理，按计划封填深眼井，对市局下达的深井监测落实专人负责，按时向市报送深井监测数据，地下水水位埋深与上年相比有大幅度回升。加强水资源开发利用。严格取水许可，实行用水总量控制，对纳入取水许可的单位和自来水用水大户加强管理考核，全县取用水控制在6.139亿立方米（其中地下水395万立方米）以内，工业用水重复利用率达80.2%以上。落实建设项目节水设施"三同时"制度，完成机械用水定额测定工作。加强节水型社会建设。创建各级节水型学校和各类节水型载体，建成省级节水型社会示范区和节水载体2个、节水教育基地1个，城市节水型器具普及率达92%以上。

【"河长制"建设】 按照中央和省、市统一部署，全面推行河长制。县委、县政府主要领导担任县级总河长，县委常委和副县长担任县级河长；镇（街道、区）党政主要负责人担任镇（街道、区）级总河长，领导班子成员担任镇级河长；村干部担任村级河长。县、镇、村三级河长实现全覆盖。各级河长巡河、认河，着力推动河道整治管护。按照农村河道整治三年行动方案和"十三五"河道疏浚规划，全县疏浚清淤大中小沟600条、870公里，疏浚土方750万立方米。黑臭河道一条河道一套班子，包干负责整治。县城5条河道常态化换水，县城水环境进一步改善。"水清流畅、岸绿景美"的乡村美景逐步显现。县、镇（街道、区）河长制办公室挂牌成立，建立正常工作机制，加强督查巡查，定期考核公布结果，全县河道管护步入常态化，河长制工作先后通过市、省级验收，得到专家组的肯定。 （顾元海 王学言）

责任编辑 朱明君

工 业

Industry

综 述

【概况】 2017年,全县以新发展理念为引领,实施工业振兴行动计划,加快推进增量培育、扶大育强、“两化”融合、科技创新、载体提档、金融支撑六大行动,全县工业经济呈现“恢复增长、转型加快、质效提升”的良好态势。2017年,全县完成全口径开票销售332.9亿元,比上年增长16.8%,增幅列全市第5位,比上年上升2位;规上企业开票销售291.1亿元,比上年增长17.4%,绝对值和增幅均列全市第4位,比上年分别上升1位和3位;规上企业应税销售242.8亿元,比上年增长23.2%,绝对值和增幅分别列全市第5位和第3位,比上年上升2位和5位;规上工业入库税金11.1亿元,比上年净增2.8亿元,增长35.3%;规上企业增长面59.3%,比上年底提高18.3%,工业经济运行态处在全市前列。 (经信委)

新兴产业

【石油机械产业】 建湖石油机械产业共有规上企业106家,包括江苏信得石油机械股份有限公司、建湖县鸿达阀门管件有限公司等。主要产品为防喷器、节流压井管汇、采油(气)井口装置、套管头、钻机、泥浆泵等。2017年度开票销售38.55亿元,比上年增长8.05%,入库税金2.94亿元,比上年增长48.96%。

【节能灯具产业】 建湖节能灯具产业现有20家定报企业,包括江苏豪迈照明科技有限公司、江苏亚明照明有限公司、江苏日月照明电器有限公司等。主要产品为LED半导体照明路灯、LED交通信号灯、电子警察、LED显示屏、LED球泡灯、LED天花灯等。2017年度开票销售19.62亿元,比上年下降5.66%,入库税金7152.2万元,比上年增长23.22%。

【新能源产业】 建湖新能源产业现有9家定报企业,包括江苏欧吉尔新能源有限公司、国源新能源开发有限公司、中电投建湖光伏发电有限公司等。主要产品为太阳能组件、硅片、电池片、分布式发电设备及附件等。2017年度开票销售49.59亿元,比上年同期增长204.62%;入库税金5092.73万元,比上年增长155.07%。

【汽车及配件产业】 建湖汽车及配件产业现有规上企业14家,包括江苏登达汽车有限公司、江苏韩森自动车股份有限公司、盐城环宇汽车零部件制造有限公司等。主要产品为新能源客车、城市公交、旅游客运、公务用车、改装车、轻型客车等车型,道路清扫、保洁车辆及城乡一体化环卫成套设备等。2017年度开票销售14.85亿元,比上年同期增长11.78%;入库税金3767.28万元,比上年增长20.39%。

【航空航天产业】 建湖航空产业现有规上企业6家,分别为江苏天一机场专用设备有限公司、艾雷奥特(江苏)飞机工业有限公司、江苏源达线缆科技有限公司、江苏海鑫电气设备有限公司、江苏丰信不锈钢制造有限公司、江苏星华机场设施有限公司,主要产品为机场特种车辆、通用飞机、航空线缆、机场电器设备、航空刀具、机场导航隔离变压器。2017年度开票销售2.13亿元,比上年增长4.26%;入库税金997.62万元,比上年增长18.11%。

建阳石油装备产业园一角 (陈玉柱 摄)

传统产业

【皮鞋产业】 建湖县皮鞋产业有6家定报企业，主要包括江苏新森达鞋业有限公司、江苏玉人鞋业有限责任公司等。2017年度开票销售为8.94亿元，比上年下降6.71%；入库税金1.13亿元，比上年增长3.47%；其中江苏新森达鞋业2017年开票销售7.78亿元，入库税金1.03亿元。

【纺织服装产业】 建湖纺织服装行业有74家定报企业，主要包括江苏东华纺织有限公司、江苏宇晖纺织有限公司、江苏玉人服装有限责任公司等。2017年开票销售为37.48亿元，比上年同期增长7.83%；入库税金为9700.04万元，比上年同期增长22.9%。 （经信委行业科）

城市工业改制

【改制企业遗留问题处置】 县城工办着力改制企业遗留问题处置。针对破产关停企业档案散杂、群众查找难的实际情况，组织专门力量，对系统内破产及改制企业职工档案进行了全面整理，交由县档案馆管理。组织对系统内原国有、集体破产改制企业遗留问题进行全面摸底排查，对存在的遗留问题逐一提出解决的建议方案，供领导研究决策。解决破产改制企业职工在保险方面的合理诉求。

【维护稳定】 构建全员参与信访改制的大格局，加强信访信息网络建设，推行"首访负责制"，确保信访问题时时有人管，件件有回音。全年共化解职工上访20人次，化解省市交办重点信访4件，维护了社会稳定。

【城市建设】 参加县城建指挥部动迁工作组，全年完成16户拆迁任务。配合县城建指挥部做好金联发公司房屋征收工作，解决房屋征收和补偿协议签订的问题。根据县城原化肥厂区域棚户区改造计划，组织专门力量协助县城建指挥部做好该区域内住户房屋丈量评估、矛盾协调化解、政策宣传解释等工作。完成丈量评估426户，其中公房309户，接待化解集访3起。

江苏曼杰克有限公司生产车间一角 （建湖日报提供）

【交办工作】 按时完成县长热线、"12345"等平台交办工作3件。做好系统内重点区域老化肥厂家属区防汛工作。推进扶贫工作，根据县扶贫工作会议要求，落实专人与12户低收入农户所在村联系，全面了解情况，一户一策制定帮扶措施，并筹集3600元资金，为农户生产生活提供帮助。在2016年4户脱贫的基础上，2017年又有3户脱贫，完成了年度扶贫脱贫任务。开展大走访活动。组织发动全体机关干部统一思想认识，细化任务分工，明确工作职责，扎实开展进企入户大走访活动，对九龙口镇5家企业和高作镇大尖村365户农户实现走访全覆盖，对企业和农户提出的问题，做到事事有交待，件件有落实。

（梁　实）

互联网+工业

【概况】 建湖县顺应"互联网+"和"中国制造2025"发展大势，按照"智慧建湖"顶层设计和经济社会发展需求，实施"互联网+工业"行动计划，推进互联网技术在企业生产经营管理各个环节的融合应用。规上企业运用互联网开展研发设计、生产管理、营销服务等的比例已达30%以上，互联网化成为企业发展的主要形态，互联网融合创新发展水平大幅提升，形成了荃航、克胜、国瑞等一批有一定影响力的企业互联网化典型。东华公司投资800万元，建设智能设备联网，将生产线上的所有智能设备与网络联通，实现在线监测、控制、处理功能，使生产过程处于随时监控状态，各项指标、工艺参数实现了网上显示与调整；曼杰克公司投资2000万元新建智能制绳车间，通过引进智能化生产设备，建立了稳定高效的MES、ERP、WMS等管理系统，提高了生产车间自动化、数字化管理水平。铭星公司投资500万元建设全智能云台控制系统，利用网络等手段，实现对远程设备在线仿真、在线监控、在线修改、在线启停等功能，支持远程监控及操作；华祥公司投资600万元建设一体化加工系统，利用互联网技术，实现了CAD(计算机辅助设计)/CAE(计算机辅助工程)/CAPP(计算机辅助工艺过程设计)/CAM(计算机辅助制造)一体化加工技术的有效集成，优化了信息化条件下的产品开发和管理机制，缩短了产品开发周期，提高了产品开发的效率和水平；建湖县拥有省级两化融合示范试点企业25家，2017年，鸿达、克胜等获批省级两化融合贯标试点企业,国瑞、东华等获评省级互联网与工业化融合创新试点企业,建湖经济开发区获评江苏省两化融合示范区。

(经信委信息化科)

工业企业争星创优

根据县政府《关于印发开展工业企业“争星创优”活动意见的通知》(建政发〔2017〕7号)精神,2017年工业星级企业名单:

1. 五星企业

江苏新森达鞋业有限公司

2. 四星企业

江苏信得石油机械股份有限公司

3. 三星企业

江苏浩弘能源实业有限公司

江苏玉人服装有限公司

江苏克胜集团股份有限公司

江苏剑牌农化股份有限公司

4. 二星企业

江苏振华工业集团

江苏厚睦莱照明科技有限公司

江苏神力船舶装备集团

盐城海特机械科技有限公司

江苏那美实业有限公司

江苏亚明照明有限公司

江苏风程纸业有限公司

江苏和鹰机电科技有限公司

建湖县鸿达阀门管件有限公司

江苏永超磁性材料有限公司

江苏威德福鸿达石油设备有限公司

江苏森达热电集团有限公司

5. 一星企业

盐城环宇汽车零部件制造有限公司

建湖县特佳液压管件有限公司

江苏东华纺织有限公司

江苏九龙阀门制造有限公司

建湖县银海棉业有限公司

盐城特达钻采设备有限公司

江苏双辉机械制造有限公司

江苏海达管件集团有限公司

江苏玉人鞋业有限公司

江苏国瑞液压机械有限公司

盐城市崇达石化机械有限公司

江苏咸中石油机械有限公司

盐城三益石化机械有限公司

江苏东林电子有限公司

江苏亿德隆石油机械有限公司

江苏浩瀚钢结构有限公司

盐城市群力工矿机械有限公司

江苏日月照明电器有限公司

为企服务

【预发土地证更(换)证】 全县工业企业共预发土地证133宗。县经信委牵头,为企服务办组织,深入14个镇(街道、区),通过现场走访、电话了解等方式,与相关企业负责人逐一对接,落实办理流程。11月16日,会同县国土局办证人员,在县经信委会议室集中办理。同时,根据镇(街道、区)意见,对存在无生产现场、停产、经济纠纷等问题的16宗暂时不予办理,其余具备办理条件的117宗全部办结,无一差错,办结率100%,全县工业企业预发土地证更(换)证工作完成。

【“进千企、解难题、促发展”】 开展“进千企、解难题、促发展”活动,出台文件,建立挂钩帮办机制,定期收集梳理企业发展共性和个性问题,实行分级会办、集中交办、跟踪督办,确保服务活动取得效果。收集了57个问题,交办、答复,其中12个问题,提交县长会办研究。10月,收集汇总了15个需要部门协调解决的问题,并以交办单的形式发放给了各部门,全部办理到位。　(经信委为企服务办)

石油机械协会

【行业调研】 全年与县经信委、产业办、发改委、农行、石油物资网等单位相关人员,采取上门走访、书面调查、电信联络等形式,深入到企业、市场、展会现场开展行业调研活动。2017年6月,与经信委、发改委等相关科室一起开展了“聚焦供给侧、产品大走访”专项调研活动,走访了信得、鸿达、特达、咸中、三益、双鑫、荃航、永维8家企业,形成八份专项调研报告。9月、10月,又与经信委、产业办相关人员一起开展了行业综合调研,从石油装备行业发展形势、产业基础及特色、产业运行情况、产业发展存在的主要问题、战略取向及推进措施这五部分入手,形成了《凝心聚力拓市场、转型升级求发展》的调研报告。11月中、下旬,与经信委、农行围绕建立“石油装备产业发展基金”对24家企业开展了“一项目一方案　一授权”式的金融需求调研活动。全年还向企业提供国内外行业发展动态、市场变化形势和合理化建议,加大了与企业的沟通、促进了交流、增进了友谊,受到了企业好评。

【参加中石协八届三次理事会】 组团参加中石协八届三次理事会暨2017年会。9月14日,与县产业办、特达、三益等单位一起出席了中国石油和石油化工设备工业协会在湖北荆州召开的第八届三次理事(扩大)会暨2017年会。理事会上,常务副理事长林钢结合当前形势作了关于《中石协第八届三次理事(扩大)会工作报告》,他在报告中回顾了2017年协会的主要工作,并对行业面临国际和国内形势进行了分析。理事会上建湖县产业办被评为协会先进会员单位,县特达公司唐德乾、县三益公司王厚洪被评为协会先进工作者。论坛年会上,中国科协副主席周守为院士做了《开创中国天然气工业新的“黄金十年”》主旨演讲,GE油气公司、四川CMEC公司及四机厂研究院专家等做数字化转型、从印度市场看一带一路、页岩气开发等方面的专题演讲,引起了与会代表的兴趣。

【编制期刊】 编制行业内部期刊《石油机械行业动态》。全年,搜集、整理有价值的行业动态信息,完成了4期《石油机械行业动态》的编辑和发行工作,发行范围为:县有关领导、县直有关部门、全体会员企业等,向县内石油机械企业传达国际国内行业热点、市场信息以及其他动态消息。

【建立和完善行业数据库】 建立和完善协会台账和行业数据库。为建立和完善行业数据库，对全县石油装备产业近年的各类数据信息进行了收集、整理、分类和分析。在此基础上，搭建和完善了石油装备产业数据库、企业数据库和人力资源数据库，同时还建立和完善了石油机械协会台账13本。

【行业展会服务】 石油装备协会把企业参加行业展会作为宣传企业，开阔思路，拓宽视野，加强与国内外石油装备企业的交流，加快建湖县石油装备产品走向世界的重要抓手。收集和发布北京"第十七届中国国际石油石化技术装备展览会"、上海"第九届中国(上海)国际石油石化技术装备展览会"、东营"第十届中国(东营)国际石油石化装备与技术展览会"、美国休斯敦"国际海洋石油技术展览会"等国内国际展览会信息，受到特达、双鑫、金龙达、哈里斯、恒建等企业的好评。 (石油装备协会)

节能电光源协会

【概况】 2017年是国家实施"十三五"规划的第二个年头，也是照明产业调整结构、行业整合力度最大的一年，是承上启下大发展至关重要的一年。从建湖县照明行业整体发展来看，整合提升是主题：一方面通过转型升级，对外合作及资产、技术和市场的兼并重组，做大做强一批企业；另一方面淘汰了一批转型滞后、没有竞争力的企业，使得产业发展更加优化、健康，更具有竞争优势。同时，还招引了般若电子等行业发展重大项目，为全县照明行业持续发展奠定了基础。2017年，建湖县照明产业适应全球半导体光源革命的浪潮，加快转型升级，已由原来的节能荧光灯生产为主转为以生产新型节能电光源LED产品为主。

【招商引资】 建湖县照明龙头企业—昊美光电公司在上年基础投入后抓紧LED新光源项目设备安装调试并尽快拿出新品适应市场；5月，昊美公司LED高效照明灯具项目和江苏金永发公司薄膜太阳能模组项目，已通过市四套班子和部门及各县(市)区领导观摩。县经济开发区引进由美籍客商和深圳客商共同投资成立的一家高科技企业般若LED封装线项目总投资26亿元，其中设备投入16.8亿元，年内一期工程已完工，已完成设备安装调试、员工招录培训、试生产等工作，这是建湖县多年来投资额最大、产业业态最好、产业链带动能力最强的项目。11月，通过市、县家家到观摩验收。

【人才战略】 2017年，除聘请省照明学会专家、南京、扬州等高校专家常年担任技术顾问外，还引进大批高科技人才和专业团队落户建湖，成为企业技术中坚，如昊美公司引进上海专家团队20余人为企业开发了系列新产品，迅速扩展规模，拓开市场。全年，全行业与高等院校、科研院所共建产学研联合体20多个、研发机构8个，建成院士工作站2家(豪迈、东林)、博士后科研工作站2家(日月、亚明)，每年申报各项专利200多项、转化科技成果60多项。

【科技创新】 实施创新驱动战略，加快产业高端化。江苏省节能电光源产业技术创新战略联盟、东南大学建湖电光源研究所、江苏省绿色照明工程技术研究中心、江苏省LED电光源模块设计工程技术研究中心、江苏省电光源工程中心等一批研发平台先后建成运营。豪迈公司建成盐城市首家"国家技术创新示范企业"、盐城市第2家、全国照明行业第4家国家级企业技术中心，日月公司建成江苏省首批、苏北首家国家地方共建的研发中心、国家级企业工程中心，并通过复查验收。实施标准品牌战略，增强核心竞争力。豪迈、日月、东林、亚明系列节能灯产品连续多年中标国家财政部补贴的高效照明推广项目；60%以上企业与飞利浦、欧司朗、GE等行业龙头建立贸易合作关系。东林公司引进西安交大吴朝新博士团队，研发的OLED荧光材料成为韩国三星等世界知名企业的供货商并开发LED新型灯具被委内瑞拉政府招标生产。

【教育培训】 走出去，请进来，注重提高员工特别是企业家的素质。2017年7月13日，由上海浦东智能照明联合会主办，YunSmart智能平台承办的"40人智能照明论坛成立仪式暨开放会议"在复旦大学光华楼吴文政演讲厅隆重召开。此次论坛以"搭建跨界交流平台，树立智能照明风向"为主题，约500个专职聚焦智能照明跨界发展的照明企业、物联网企业、供应链企业、房地产公司、运营商企业及行业人士参与了本次论坛。江苏豪迈照明有限公司总经理李志君主持第一阶段

江苏昊美光电科技有限公司生产车间 (建湖日报提供)

会议。来自昊美光电、生迪智慧、晶丰明源、飞利浦照明、上海三思、联想、阳光照明、雷士照明、木林森、三雄极光、欧普照明、联通、电信、IBM、腾讯、中兴等近百家企业和复旦大学电光源研究所参与了本次会议。上海浦东科技和经济委员会处长王纲和上海浦东民政局相关领导见证了联合会成立过程。上海飞乐音响公司总裁庄申安一行到建湖县考察,就"智慧城市建设"项目合作事宜进行洽谈。县领导薛盛堂、孙海山、臧冲陪同考察。9月12日至13日,省照明协会会长虞炎秋率领协会相关部门负责人到建湖县考察、调研照明产业发展情况,在建湖照明协会会长龚仕宏和县相关部门负责人的陪同下参观了赛瑞特公司、厚睦莱公司、昊美公司、般若公司、东林公司、日月公司和豪迈等企业。虞炎秋一行对建湖县照明产业快速发展、企业错位经营、转型升级给予肯定,对般若封装等大项目落户建湖并快速推进给予赞扬,同时对产业配套协调提出建议。

【拓宽渠道】 产品销售渠道不断拓展,企业加入"中国网库"阿里巴巴和京东等网络,线上线下齐努力,网上营销额已超过全年销售额的30%。2017年11月17日,建湖县还邀请南京工业大学电光源材料研究所所长、中国照明电器协会监事长、江苏省照明学会副理事长王海波教授在智慧产业园"互联网+工业"服务中心就绿色照明产业转型升级作专题讲座,不断提升企业家和营销人员大市场意识。

【横向联合】 与上级部门(省照协)沟通联系,参与有关展会、学术讲座,与兄弟县区通过微信、网络等平台加强联系,互补共赢。5月,宝应市照明协会尤会长带领协会相关人员和规模企业负责人一行30多人到建湖参观照明企业并展开了学术交流,并与亚明等单位在业务上加强合作,取得了较好的效果。建湖县电光源产品质量监督检验中心通过CMA/CAL省级实验室资质认定复评审,五大类产品38个项目和4个参数顺利通过复评审考核,为服务电光源产业发展提供了技术支撑和能力保障。

(节能电光源协会)

知名企业简介

·江苏新森达鞋业有限公司·

江苏新森达鞋业有限公司创建于1977年,为全国皮鞋行业排头兵企业。1997年,森达成为中国皮鞋行业第一个驰名商标;1998年,森达品牌成功输出意大利;1999年,森达获国家质量效益型先进企业特别奖;2000年5月,江泽民总书记亲临森达视察;2001年,森达在全国皮鞋行业率先通过了ISO:2000质量体系认证,森达、好人缘、梵诗蒂娜、法雷诺、百思图5个品牌被评为国家免检产品;2002年,森达集团被中国工业经济联合会、中国名牌战略推进委员会评选为全国16家向世界名牌进军、具有国际竞争力的中国企业之一,森达牌皮鞋被国家质量检验检疫总局评为中国名牌产品。森达鞋业是世界鞋业大集成者,将东方传统文化与西方制鞋艺术融为一体,生产的皮鞋以美观舒适、时尚新潮和质量过硬主导国内消费潮流,几乎囊括了中国制鞋业所有最高荣誉,各项经济指标连续多年居全国同行第一,先后从意大利、英国、西班牙等国引进世界一流的制鞋生产线和先进的管理经验,使森达始终与世界鞋业发展同步。江苏新森达鞋业有限公司2017年实现开票销售7.78亿元,比上年下降5%;实现入库税金1.03亿元,比上年增长3.82%。

·江苏豪迈照明科技有限公司·

江苏豪迈照明科技有限公司创办于2003年,是一家以研发、生产、销售高效照明产品为主的民营科技企业,位于建湖·中国节能电光源制造基地——江苏省建湖经济开发区永兴路999号,占地16万平方米,建筑面积8万平方米,现有员工2000多人。产品主要包括螺旋型节能灯明管、粉管、自镇流荧光灯、冷阴极荧光灯、LED和HID光源六个系列,销售国内20多个省、自治区、直辖市,部分产品远销美国、德国、荷兰、俄罗斯等国家,是国内最大的节能灯管生产基地。公司具有一支精干的专业技术团队和较为先进的照明产品研发、生产、检验检测设备,拥有发明、实用新型和外观专利40多项,其中2项发明专利获得美国、日本、韩国等20多个国家批准;研发、生产了世界上第一支螺旋型节能

新森达鞋业有限公司 (建湖日报提供)

灯管，主导制定了冷阴极荧光灯国家标准，参与修订了自镇流荧光灯国家标准；先后实施国家火炬计划项目、江苏省重大科技成果转化项目、国家资源节约和环境保护项目各1项。公司技术中心被认定为国家级企业技术中心和省级绿色照明工程技术研究中心，检验检测实验室被认定为国家级能效标识能源效率检测实验室。2009年，公司被认定为国家高新技术企业。公司拥有的“豪迈”商标被认定为中国驰名商标，“振亚”商标被认定为江苏省著名商标，产品被认定为江苏名牌产品、江苏省高新技术产品、江苏省质量信用产品，14种规格节能灯通过中国节能产品认证，被纳入国家政府采购目录。2010、2011连续两年参加国家高效照明产品推广项目招标，所投三个标段全部中标，成为国家高效照明产品推广企业。公司按照现代企业管理要求，实行标准化管理，先后通过ISO 9001、ISO 14001和B/T28001管理体系认证，被评定为江苏省质量管理先进单位、AAAA级标准化良好行为企业、AAA级信用企业。公司肩负“铸绿色精品，创和谐之光”的使命，不断实现跨越发展，已成为节能灯行业的品牌企业。

韩森公司部分产品 （建湖日报提供）

·江苏韩森自动车股份有限公司·

江苏韩森自动车股份有限公司新能源电动汽车是由无锡韩森公司与建湖县瑞特公司合作重组新上的项目。项目于2013年10月开工建设，2014年4月完成传统汽车制造所必备的冲压—焊接—涂装—总装四大工艺的设备安装，开发了三款新能源经济型电动汽车，建有新能源汽车研发中心，拥有行业最高级的生产和试验设备，主营产品为各类高端锂电池自行车和电动特种车辆。公司生产的大功率电动摩托车、电动三轮车和电动汽车已经销往土耳其、荷兰、葡萄牙、北美，以及亚洲的印度、孟加拉和菲律宾，成为客户指定的采购供应商并通过欧盟认证。公司研发的电动特种车巡逻车和观光车已经成为政府机关指定采购的首选品牌。销售网络主要分布在江苏、安徽、山东、河北等地，建成127家销售加盟网点。2014年12月底，公司在上海股交所E板挂牌上市。2015年5月，在沪市资本市场首期融资2000万元，全年实现销售5125万元，比上年增长80.4%；二期将定向募集股投5000万元。2017年实现开票销售4672.7万元。

·江苏东华纺织有限公司·

江苏东华纺织有限公司创建于2000年12月，系江苏省高新技术企业、江苏省民营科技企业、农业产业化省级龙头企业、省质量诚信企业、省和谐纺织企业、省级超短细柔纤维工程技术研究中心、江苏省工业化和信息化融合试点企业。公司现有环锭纺180000锭，转杯纺20000头，倍捻2000枚，精梳16套，自动络筒机25台，进口喷水织机300台，针织大圆机100台，5套棉花加工设备及400打包机，固定资产8.5亿元。公司有江苏织宝纺织有限公司、江苏东华棉业有限公司、盐城华印织宝纺织有限公司、江苏东华农业发展有限公司等四个全资子公司。现有在册员工2900余人，2003年通过ISO 9001质量体系认证，建有省级技术中心。拥有多条国内领先的纺纱生产线，主要生产纯棉精梳纱、转杯纺纱、彩棉纱、有机棉纱、良好棉纱、化纤纱、羊绒纱、各类纤维混纺纱。织宝牌纱线为国家免检产品、江苏省名牌产品。公司在深圳、上海、浙江、苏南、苏中等地区形成了稳固的市场，在山东、西南、西北等地区建立了市场网络，产品销往全国各地（包括香港地区），出口美国、西欧、东南亚等20个国家和地区。2017年实现开票销售4.49亿元、应税销售2.19亿元。

·江苏克胜集团股份有限公司·

江苏克胜集团股份有限公司主要从事农化产品的科技研发、绿色制造、营销服务及国际贸易等，具备年产销农药2万吨原药和各类先进环保剂型的能力，产品适用于各种农作物。公司在国内同行中率先一次性通过ISO 9001质量管理体系和ISO 14001环境管理体系双认证，现已跻身国家重点高新技术企业、中国驰名商标企业、中国产品企业、中国专利十佳企业、全国化工行业先进企业、全国守合同重信用企业、全国质量管理先进企业行列，还获得江苏省五一劳动奖状、质量管理奖，是省级环保先进企业、清洁文明生产企业、外贸先进企业、信贷诚信企业、企业文化先进单位，成为全国农化行业领军企业。公司长期与中国科学院、华东理工大学、郑州大学、江苏省农科院、江苏省农药研究所、西北农林科技大学等20多家科研院所、高等院校进行合作,先后承担星火计划、"双加"工程、农药专项等十多个,成功开发了一批替代高毒农药,满足农业生产需要的新产品。其中既有填补国内市场空白的新型杀螨剂,又有国内生产的新型杀虫剂,还有水乳剂、微乳剂、悬浮剂、颗粒剂、水分散粒剂等一批新剂型。2017年实现开票销售2.82亿元、应税销售2.39亿元、入库税金2469.96万元。

· 建湖县鸿达阀门管件有限公司 ·

建湖县鸿达阀门管件有限公司创建于1998年,是专业的石油机械制造商、国家级高新技术企业,是中石油、中石化、中海油物资装备总公司供应网络成员单位、中国石油和石油化工设备工业协会会员单位。公司主要产品有采油(气)井口装置、节流压井管汇和各类高压阀门,其中,"采油(气)井口装置""节流压井管汇"被认定为江苏省名牌产品,"銮"牌商标被认定为江苏省著名商标。公司具备国内同行业一流的生产规模、设备保障能力和专业检测能力。公司注册资金20288万元,现有固定资产3.8亿元,占地总面积30公顷,建筑总面积16万平方米,精加工和组装测试车间1.6万平方米采用空调恒温。公司拥有各类专业生产设备450余台/套。公司拥有一支强有力的技术研发团队和管理团队,现有员工735人,其中具备中、高级职称的技术人员82人。技术中心被江苏省经济和信息化委员会认定为省级技术中心,油气井控设备被江苏省科技厅认定为江苏省工程技术研究中心。公司为江苏省信息化与工业化融合试点企业,已建立了完整的计算机网络工作平台,实现技术研发和生产组织的信息化管理。多年来,公司产品以上乘的产品质量和专业的售前售后服务赢得广大用户的青睐,2017年实现开票销售2.29亿元、应税销售1.23亿元、入库税金2595.48万元。

· 江苏振华工业集团 ·

江苏振华工业集团有限公司主要研发制造振动控制、轨道交通减振降噪、高铁客专配套、地铁配套等高新技术产品及高分子材料制品等项目,是集研究、设计、制造及销售为一体的跨国高新技术集团公司。集团公司与美国柏森公司、法国里尔大学、中国铁道科学研究院、北京交通大学、石家庄铁道大学、青岛理工大学及南京电子14所等高等科研院所合作,产学研相结合,建立了以杜彦良院士为领头人的国内外知名专家、博士、教授、研究员及教授级高工等高级科研、管理人才参加的院士工作站和创新团队,为集团公司掌握本行业的核心技术奠定了坚实基础。集团公司旗下6个子公司。其中北京道尔道振动控制设备有限公司,是中关村高新技术企业,主要研发钢弹簧浮置板减振轨道和振动控制技术,其中钢弹簧隔振器通过了静载、疲劳等室内试验和在线运营安全监测,并且在线监测表明产品减振效果良好(26dB),已在北京、南京、重庆、西安、无锡、成都、长沙、东莞、宁波及南昌等城市的多条地铁线路应用。集团旗下的北京捷适中坤铁道技术有限公司研发的纵向轨枕也通过了疲劳、行车安全和减振效果等试验,已在北京、上海、南京及宁波等城市的地铁推广应用。2017年实现开票销售2.31亿元、入库税金2029.76万元。

· 江苏信得石油机械股份有限公司 ·

江苏信得石油机械股份有限公司是中国石油钻采装备制造业龙头企业。公司专门生产陆地及海上石油天然气行业所需的钻井、采油树井口等设备,是中石油和中石化一级网络成员单位、国家高新技术企业、江苏省重点培育的100家高成长型科技民营企业,获国家专利7项,拥有知识产权18项、国家级新产品1个。公司固定资产12.58亿元,拥有一批国际领先的新型数控加工中心和全自动焊接加工设备,建成了全国首家超高压气密封试验站,通过了美国石油学会API认证,取得了进入国际市场的"绿卡",研制生产的140兆帕高抗硫防喷器达到国际领先水平。产品远销美国、加拿大、澳大利亚、印度、阿联酋、沙特等10多个国家和地区,与阿联酋ETA公司、美国TFI公司以及中石油、中石化、四川宏华、新疆油田等国内外大公司结成了战略合作关系。近年来,公司围绕产业链条的拉长增粗,不断加大投入,扩大规模,收购了北京贝思特达油气技术公司,并与塔里木油田合作进入油气田的钻井开采工程服务领域。2016年公司投入7000万元,实施工业4.0(智能车间柔性系统改造)项目,全年实现开票销售2.76亿元,入库税金2736.73万元。同时,公司与华林证券、上海上会会计事务所及北京国枫律师事务所签订合作协议,计划用2年时间上市。2017年,公司实现开票销售2.5亿元、应税销售2.3亿元、入库税金5471万元。

· 江苏天一机场专用设备有限公司 ·

江苏天一机场专用设备有限公司是航空特种设备的专业生产单位。主要生产机动客梯、电动客梯、手推客梯、飞机清水车、飞机污水车、航空冷藏食品车、行李牵引车、行李传送带、飞机垃圾车、残疾人登机车、飞机空调车、飞机电源车、飞机牵引车、平台升降车、行李托板等产品。公司位于江苏省建湖县高新开发区航空路南侧和234省道西侧,用地面积12公顷,建筑面积70000平方米,总投资2.5亿元人民币;公司注册资本8000万元,拥有机械加工、表面涂装、总体装备车间和液压、电器实验室、材料仓贮楼、办公楼、并配有一整套科研、制作、实验等先进设备及设施。公司于2005年通过ISO 9001:2000产品质量认证审核并取得证书。2017年公司实现开票销售4237万元、应税销售4091万元。

·江苏日月照明电器有限公司·

江苏日月照明电器有限公司是专业从事绿色照明产品、LED 半导体照明产品、物联网产品开发、生产、销售为一体的国家高新技术企业,公司成立于2000年4月,位于建湖县经济开发区,注册资本5008万元,占地面积35万平方米。现有职工350名。公司现为中国照明电器协会常务理事、全国电光源标准化技术委员会委员单位、国家工信部半导体照明技术标准工作组成员单位、国家标准化委员会器件及模块标准工作组成员单位、国家标准化委员会光源及灯具标准工作组成员单位、江苏省照明协会副理事长、江苏省节能电光源(LED)产业技术创新战略联盟理事长单位。国家高新技术企业、中国照明行业快速成长性企业,"欣悦"商标为中国驰名商标,江苏省著名商标、"欣悦"产品为江苏省名牌产品、省级重合同守信用企业、资信等级AAA级,江苏省科技创新优秀民营企业、江苏省两化融合供应链管理示范企业、江苏省管理创新示范企业。企业通过了ISO 9001质量管理体系认证和ISO 14001环境管理体系认证。并获得欧盟BSCI社会责任认证,产品获得CE、UL、GS、TUV等国际认证。公司与复旦大学、东南大学、南京工业大学等知名院校建立了长期产学研合作关系。公司拥有节能电光源国家地方联合工程研究中心、江苏省企业技术中心、江苏省LED模块化设计工程技术研究中心、省级博士后科研工作站、江苏省节能电光源工程中心、江苏省认定工业设计中心等研发平台,在国内照明行业具有较高的知名度和信誉度,规模居全国同行业前五位。公司坚持以"创新改变世界、科技引领未来"为经营理念,以高科技为依托,凭借强大的操作平台,实现自我超越。公司实施"人才精英化、市场国际化、管理流程化、品牌高端化"战略,强化"人才引新、设备更新、产品出新、市场拓新"的发展理念,打造中国一流名牌企业。研发中心拥有6名高级专家,各类技术人员50多人。公司在发展过程中重视产品技术含量的提高,严格按照国际标准、国家标准组织生产,生产设施,检测设施齐全。连续不断实施技术创新活动,通过对新材料的研究、新设备引进、新工艺的探索,掌握国内外最前沿技术,形成具有自主知识产权的核心竞争力,开发出适应市场需求,引领消费趋势的新产品,不断增强企业在市场上的竞争力,从而超越竞争对手,把握市场主动权。2017年,公司形成开票销售8813.6万元、入库税金545.2万元。

日月公司生产线　　（建湖日报提供）

·江苏神力集团·

江苏神力集团成立于2012年10月,旗下三个子公司(神力制绳公司、曼杰克索具公司、高盛高分子新材料公司),是中国船舶工业公司联营企业,创建于1976年,是生产船用索具专业厂家,公司固定资产5000余万元,占地面积68000平方米,建筑面积10000余平方米,现有员工386人,其中高工3人;工程师5人;助工、技术员12人;质量管理及检验15人。拥有国内最先进绳网生产设备80余台套,检测设备20台,其中部分从德国、瑞典、韩国引进,具备年产各种缆绳、网带5000多吨。主要产品有三股、四股、六股、八股、十二股锦纶(PA)、丙纶(PP)、乙纶(PE)、维纶(PVA)、KP(维纶+乙纶混纺)绳和阿托拉斯(ATLAS)、高分子聚乙烯纤维(Dyneema)、芳纶(Aramidibne)、双层编织绳、尼龙、钢丝复合绳等船用缆绳、安全网、舷梯网、航空网、吊货网、绳梯、引航员软梯、合成纤维吊带、船用卡箍、船舶舾装件、船用机械、液压件、阀门等。公司产品全部按国际标准生产,先后获得省优、部优,1992年经中国船级社工厂认可、2005年经法国BV、日本NK工厂认可,接受美国ABS、法国BV、英国LR、德国GL、日本NK、挪威DNV、韩国KR等多国船级社检验,并通过了挪威船级社对公司ISO9001:2000国际质量体系认证企业,是为中国船舶舾装标准化技术委员会委员、中国造船工程学会理事、江苏省高新技术企业,2001年成为中远集团船用缆绳定点生产基地。产品适用于远洋运输、国防军工、海洋渔业、造船厂家,受到广大国内外客户的好评。集团公司连续三年实现税收过千万元,2017年实现销售2.51亿元,税收1912.5万元。

·盐城海特机械科技有限公司·

海特公司创建于1992年,经过二十多年的发展,占地面积80000平方米,注册资本2680万元,拥有固定资产2亿多元。现有员工360多人,其中,中高级技术人员41人。各类工程技术人员56余名,工程师13人,现有各种设备300台(套)。专业从事船用甲板机械、液压油缸、液压泵站、工程矿山进行配件、液压系统及配件等产品的生产经营。已成为行业内船用甲板机械、液压油缸、液压动力站、高压软管总成、管接头、法兰等产品的定点生产厂家。近年来公司根据顾客的需求新开发了舰船用电动、液压式锚绞机,吊机、救生设备现已推广到相关舰船上使用,获得客户好评。公司具有自营进出口权,银行资信等级为AAA级。公司自创立以来,已累计投入研发经费2500多万元,取得新产品、新工艺、新技术等成果20多项。与东南大学共建了企业工工程技术研究中心,通过自有研发平台提高自主研究开发能力。同时,还与南京工业大学、江苏机械研究设计院,盐城工学院等大专院校及科研院所的"产学研"合作。通过了中央军委装备部《武器承制单位资格》和国军标GJB9001体系认证,具备军品生产资质。国家高新技术企业;通过了ISO9000质量管理体系和ISO18000环境管理体系认证;二级安全标准化合格企业。取得CCS、GL、ABS、NR、DNV、KR等全球九个国家的船舶产品认证和体系认证。购置了先进的质量检验仪器和设备,先后购置了固定和移动式光谱分析仪、冲击试验机、液压式万能试验机、油缸压力试验台等先进检测设备。盐城海特公司不断加大市场开拓力度,通过科学的营销手段和一支高素质的营销队伍,产品市场份额不断扩大,现已形成了较为稳定的销售市场。国内市场主要分布在江苏、浙江、上海、北京、天津、青岛、广东等地区,先后与国内南京金陵船厂、扬子江船厂、青山船厂、天津新港、厦门船厂等国内最知名企业联手,在提高国内市场份额的同时,也加大国际市场开拓力度,不断提高产品全球化竞争能力,现有部分产品已出口美国、欧州、东南亚等十多个国家和地区。2017年销售2.6亿元,缴纳税金2000多万元。

·江苏玉人服装有限公司·

江苏玉人服装有限公司,位于新四军重建军部所在地和著名外交家乔冠华故乡的苏北里下河地区,所在江苏省建湖县境内。公司紧邻盐淮徐高速、京沪高速、新长铁路、盐城飞机场及京杭大运河,拥有交通便捷、人文荟萃的地理环境。公司始办于1980年5月,注册资本8000万元,主要从事职业服装、羊毛衫、皮鞋以及各种纬编坯布四大系列的生产。内设销售部、外贸部、生产部、供应部、财务部、人力资源部和办公室7个职能部门。公司占地180000平方米,建筑面积110000平方米,资产总额2.4亿元,职工1985人,其中专业技术人员430人,各种服装、毛衣、制鞋、织布专业设备近2600台(套),年生产职业服装360万件(套),羊毛(T恤)衫120万件(套),皮鞋200万双,精织坯布3000吨,具备研制和生产各类服装的条件和能力,是中国服装协会理事单位,公司整体技术装备始终处于同行领先水平。公司以职业制服为主营,以公安、司法制服为主体,以服务执法人员为主线。1996年步入89式警察服、保安服生产。2000年以来,又先后成为公安部、最高人民法院、最高人民检察院、司法部、中国保安协会等行政执法系统制服生产企业。在2005年度公安部警察服装生产资格评审中,获得了警察春秋常服、冬常服、衬衣、单裤(裙子)、茄克服、雨衣、多功能服、高级警官大衣等警察服装品种的生产资格。经过十多年的探索完善,公司建立形成了适应制式服装供应管理要求的经营理念、运作体制和服务网络。为了适应市场形势,提高为广大执法人员服务的能力和范围,2002年5月,公司又新上了毛衫系列服装产品,迅速开发形成了10个系列100余个品种,不仅在国内10多个省建有销售网络,产品还出口美国、日本、加拿大等国,并销往中国香港等地区,并于2006年3月被公安部列为警用V领毛针织套服、半高领毛针织套服和圆领毛针织T恤衫目录生产企业,此后,又先后开发了皮鞋和精织坯布产品是公安部2008年度警察服装目录生产企业中,拥有警服全品种生产资格的企业之一。并在2009年2月公安部第一批警服品种型式检验中,所有品种全部合格。2011年9月又获得公安部特警战训夏服、战训春秋服、战训冬服、战训多功能服、战训长、短袖袖T恤、战训内衣、短裤、毛针织套服、冬帽、面罩,警察单皮鞋、皮凉鞋、特警战训靴的生产资格。2017年,公司实现开票销售3.55亿元、入库税金3392万元。　(经信委运行科)

坐落在建湖高新区的国家石油机械产品质量监督检测中心

(建湖日报提供)

石油机械质量监督检验中心

【概况】 国家石油机械产品质量监督检验中心(江苏)获得国家质检总局认监委授权,5月份中心取得CAL、CMA资质证书,完成省质监局下达的50批次监督抽检任务,累计完成52家省内外企业526个批次产品的检验检测;12月22日,中心能力建设通过国家质检总局专家组现场考核验收,成为全市首家通过国家质检总局能力建设现场验收的国家级法定质检机构。　(张秀红)

责任编辑　朱明君

建 筑 业

Building Industry

综　　述

【概况】 全年完成建筑业施工总产值近300亿元,实现增加值82亿元;完成出市施工产值225.58亿元,实现出市增加值64.91亿元。建筑业企业全年实现税收3.5亿元,税收超百万元建筑企业36家,税收超千万元4家。建筑业从业人员收入约35亿元,带动就业约7.5万人。共有各类施工企业163家,其中一级总承包资质6家;一级专业承包资质6家。全年创市优级工程2个,创省优级工程1个,参建项目获“鲁班奖”1个。组织开展各项综合执法检查,共受理监督工程16项,面积61.1万平方米,开展专项执法检查4次,综合执法检查7次,同时,还不定期对辖区内建筑工地进行拉网式的安全生产隐患排查治理,并对检查情况进行处理。对现场查找出的隐患,能够当场整改的立即整改;对于不能当场整改的,都当场下发了《建设工程安全隐患限期整改通知书》,共54份,提出整改意见415条;下发《建设工程重大安全隐患停工整改通知书》11份,提出整改意见89条。

【房地产市场】 全年累计商品房合同备案64.3万平方米,其中商品住房合同备案49.67万平方米(4301套),库存进一步去化,至12月底县城库存商品住房29万平方米,比上年下降39%。二手房成交面积25.69万平方米,比上年增长14.78%。其中住宅成交20.14万平方米(1968套),比上年增长25.89%。完成棚户区改造1471户,新增低收入住房保障家庭租赁补贴100户,完成省下达任务。

【房地产经营开发】 商品房供销情况。商品房上市量,全年累计商品房上市25.08万平方米,比上年增长8.7%,其中商品住房上市10.25万平方米,比上年下降18.03%。县城累计商品住房上市10.9万平方米,比上年增长83%。商品房销售量,全年累计商品房合同备案64.3万平方米,比上年下降12.5%;其中商品住房合同备案49.67万平方米4301套,比上年下降19.45%。县城商品住房合同备案30.4万平方米,比上年下降24.8%。商品房价格。全县商品房销售合同备案均价为4144元/平方米,比上年下降6%,商品住房销售合同备案均价为3868元/平方米,比上年增长0.8%。其中城南片区商品住房备案均价4808元/平方米,比上年增长12.4%。县城商品住房合同备案均价4372.4元/平方米,比上年增长2%。二手房交易情况。1至12月,二手房成交面积25.69万平方米,比上年增长14.78%,成交金额6.2亿元,比上年增长14.52%。其中住房成交20.14万平方米1968套,比上年增长25.89%,成交金额5.26亿元,比上年增长37.58%。

【房地产中介服务】 根据《中华人民共和国城市房地产管理法》《城市房地产中介服务管理规定》相关规定,从事房地产中介业务,应当设立相应的房地产中介服务机构。房地产中介服务机构,应是具有独立法人资格的经济组织。根据市局要求,房地产经纪机构备案职能下放至县,全年共备案经纪机构15家,出租房屋备案6561份。

【规范建筑市场秩序】 一是源头控制,完善建设工程施工合同备案制度。加强项目程序监管,建设工程总包分包以及劳务合同必须报县建管处备案,并通过省厅网上平台录入。规范合同签订主体,禁止以分公司、办事处、项目部以及个人等不具备法人资格的主体签订合同。设立专用账户,用于工程款往来、结算,从而有效控制非法转包、违法分包、挂靠等违法违规行为。二是落实各方责任主体责任,规范工程分包行为。加强建筑市场各方责任主体行为监督管理,履行工程建设基本程序。建设单位依法履行工程建设程序办理建设工程施工许可证和办理竣工备案,对工程全建设周期有效管理。施工、监理单位在其法律,法规许可的范围内开展业务,严禁不正当竞争。施工单位对工程质量安全负直接责任,加强内部管理和现场管理,确保工程质量和安全生产。监理单位按照法律法规、技术标准、设计文件和监理合同进行监理,对工程质量、安全、进度、造价控制,审查分包单位及技术文件。三是规范劳务用工行为,预防拖欠农民工工资。建设工程项目是农民工工资拖欠的重灾区,时有拖欠农民工工资的事件发生。通过多头并举综合治理,开展治理拖欠农民工工资的行为,实行农民工工资保证金制度、公示制度及“一卡通”制度,在源头上得到了有效控制。对部分处置农民工工资不力的单位、项目负责人,采取清出市场,通报批评等措施。四是开展市场联动,形成有效监管合力。加强市场和现场联动,在建设工程招投标资格审查中审核人员和中标人员的押证管理,加强施工现场检查核查相关人员与中标人员是否相符从而做到监管闭合。五是加大行政处罚力度。严厉打击违法违规行为。加强对建设项目全过程监管。坚决打击串标、围标、违法转包、分包挂靠意见无资质承包行为。通过飞行检查,巡查等手段发现一起,查处一起。对未经许可开工建设的除进行行政处罚外,还对相关单位作不良行为记录,录入诚信平台,定期公布或清出县建筑市场以及限制其招标。

县住建局开展建筑工地安全生产消防知识讲座　　（全国良　摄）

【规范房地产市场秩序】　完善预售资金入账机制。在日常检查中发现银行按揭贷款不能按规定发放到指定监管账户的情况,在2017年5月,与人民银行联合出台了《关于加强商品房预售资金入账和使用管理的通知》(建住字〔2017〕48号),进一步规范了首付款和按揭贷款资金全部进入监管账户的监管机制,确保预售资金全部进入监管。加强房地产开发项目交付使用管理。做好房地产开发项目竣工验收和交付使用管理,化解由此引起的突出矛盾,根据《关于进一步加强房地产开发项目竣工验收和交付使用管理工作的通知》(盐建征开〔2017〕4号)精神,加强了对房地产开发项目交付使用前的指导与服务,建立房地产开发项目交付使用前查验备案申报制度。建立不动产登记信息共享机制。规范交易行为,实时了解不动产登记交易、查封、抵押和网签备案等信息,与国土部门联合建立房产数据信息共享库,进行数据交换利用,确保二手房交易数据的引用。

【建筑施工安全治理】　2017年共受监新开工工程16项,建筑面积约61.1万平方米,开展安全生产专项执法检查4次,综合执法检查7次,不定期对辖区内建筑工地进行拉网式的安全生产隐患排查治理,并对检查情况进行处理。对现场查找出的隐患,能够当场整改的立即整改;对于不能当场整改的,都当场下发了《建设工程安全隐患限期整改通知书》共54份,提出整改意见415条;下发《建设工程重大安全隐患停工整改通知书》11份,提出整改意见89条。不断加强从落实企业安全责任、提高施工人员素质、改善作业环境等多个环节入手,采取有针对性的措施,督促企业全面加强安全生产管理水平,逐步健全完善建筑安全生产标准化建设的长效机制。2017年共申报创建省级安全生产标准工地2项、市级标工地7项。

【工地扬尘防控】　全县在建工程严格按照《2017年建湖县建筑安全专项整治工作方案》的要求,坚持专项整治与常态管理相结合,严格落实建筑工地扬尘防控主体责任和监管责任,强化施工工地管理,抓好建筑工地扬尘源头防控工作。推进施工工地标准化建设。严格对照规范要求,施工现场设置连续、封闭的硬质围档不低于2.5米,并实行封闭管理,抽检合格率90%;主要通道、进出道路及材料加工区地面全部硬化,抽检合格率低于70%;设置集中堆放建筑垃圾和工程渣土专用场地,工地出入口设置车辆清洗装置和沉淀池;突出重点环节扬尘防控。根据工程基础、主体等施工各阶段的防尘重点,抓好进出车辆冲洗、裸露土方和易形成扬尘工序等环节的管理;狠抓监督检查。重点检查施工道路硬化处理、裸土覆盖、门口是否设有洗车池、施工现场围挡封闭等情况。对扬尘治理不达标的施工单位,责令立即停工并限期整改,经复查验收合格后方可复工。

建湖县建筑企业列表

表5

序号	建筑业企业名称	主项资质等级		
1	江苏建业建设集团有限公司	施工总承包	房屋建筑工程	一级
2	江苏登达建设集团有限公司	施工总承包	房屋建筑工程	一级
3	兴业建工集团有限公司	施工总承包	房屋建筑工程	一级

续表 5

序号	建筑业企业名称	主项资质等级		
4	盐城驰宇建筑工程有限公司	施工总承包	房屋建筑工程	一级
5	中港建设集团有限公司	施工总承包	公路工程	一级
6	江苏成盛交通工程有限公司	施工总承包	市政公用工程	一级
7	江苏中压电气工程集团有限公司	专业承包	城市道路照明	一级
8	江苏国豪安装集团有限公司	专业承包	机电设备安装工程	一级
9	建湖县宏业塔式起重机安装有限公司	专业承包	起重设备安装工程	一级
10	江苏东方交通工程有限公司	专业承包	公路交通工程	一级
11	江苏金阳交通设施有限公司	专业承包	公路交通工程	一级
12	江苏泓益交通工程有限公司	专业承包	公路交通工程	一级
13	江苏瑞坤建设工程有限公司	施工总承包	房屋建筑工程	二级
14	江苏华业建设工程公司	施工总承包	房屋建筑工程	二级
15	江苏冠华建筑工程有限公司	施工总承包	房屋建筑工程	二级
16	江苏业达建筑安装工程有限公司	施工总承包	房屋建筑工程	二级
17	建湖东正建筑工程有限公司	施工总承包	房屋建筑工程	二级
18	江苏泓源建设有限公司	施工总承包	房屋建筑工程	二级
19	江苏拓威建设工程有限公司	施工总承包	房屋建筑工程	二级
20	江苏和益建筑工程有限公司	施工总承包	房屋建筑工程	二级
21	江苏军辉建设工程有限公司	施工总承包	房屋建筑工程	二级
22	江苏敬豪建设工程有限公司	施工总承包	房屋建筑工程	二级
23	江苏卓业建设有限公司	施工总承包	房屋建筑工程	二级
24	江苏泽豪建设有限公司	施工总承包	房屋建筑工程	二级
25	江苏省博华建设工程有限公司	施工总承包	房屋建筑工程	二级
26	江苏凯达建设工程有限公司	施工总承包	房屋建筑工程	二级
27	盐城庆丰建筑安装工程公司	施工总承包	房屋建筑工程	二级
28	江苏达纬建设有限公司	施工总承包	房屋建筑工程	二级
29	盐城市森达建筑安装工程有限公司	施工总承包	房屋建筑工程	二级
30	江苏荣昌建设有限公司	施工总承包	房屋建筑工程	二级
31	江苏顺达公路工程有限公司	施工总承包	公路工程	二级
32	盐城市华泰交通建筑工程有限公司	施工总承包	公路工程	二级
33	亨泰水利工程集团有限公司	施工总承包	水利水电工程	二级
34	建湖县市政建设工程有限公司	施工总承包	市政公用工程	二级
35	江苏盛捷建设工程有限公司	施工总承包	市政公用工程	二级
36	江苏茂源建设集团有限公司	施工总承包	市政公用工程	二级
37	江苏圣晨建设工程有限公司	施工总承包	市政公用工程	二级
38	江苏业建建设集团有限公司	施工总承包	市政公用工程	二级
39	江苏海盛建设集团有限公司	施工总承包	市政公用工程	二级
40	华源建设集团有限公司	施工总承包	市政公用工程	二级

续表 5

序号	建筑业企业名称	主项资质等级		
41	盐城龙鼎市政工程有限公司	施工总承包	市政公用工程	二级
42	江苏省恒阳建设有限公司	施工总承包	市政公用工程	二级
43	江苏禹顺建设工程有限公司	施工总承包	水利水电工程	二级
44	江苏中压建设工程有限公司	施工总承包	电力工程	二级
45	江苏太平建筑装璜工程有限公司	专业承包	建筑装修装饰工程	二级
46	江苏象王装饰装潢有限公司	专业承包	建筑装修装饰工程	二级
47	江苏创天装饰设计有限公司	专业承包	建筑装修装饰工程	二级
48	江苏星驰装饰装璜有限公司	专业承包	建筑装修装饰工程	二级
49	江苏省百盛霓虹广告装饰有限公司	专业承包	建筑装修装饰工程	二级
50	盐城万达建筑装饰工程有限公司	专业承包	建筑装修装饰工程	二级
51	盐城市鼎典装饰设计有限公司	专业承包	建筑装修装饰工程	二级
52	盐城永恒工程设备安装有限公司	专业承包	起重设备安装工程	二级
53	盐城市杰出塔机租赁安装公司	专业承包	起重设备安装工程	二级
54	江苏日月照明电器有限公司	专业承包	城市道路与照明	二级
55	建湖县水电设备安装工程公司	专业承包	消防设施工程	二级
56	盐城苏东消防工程有限公司	专业承包	消防设施工程	二级
57	盐城市刚佳交通工程有限公司	专业承包	电子与智能化工程	二级
58	江苏翔宇系统集成有限公司	专业承包	电子与智能化工程	二级
59	江苏中可建设有限公司	专业承包	电子与智能化工程	二级
60	盐城苏宇智能科技有限公司	专业承包	电子与智能化工程	二级
61	建湖天辰电气实业有限公司	专业承包	电子与智能化工程	二级
62	盐城茂丰建设工程有限公司	施工总承包	房屋建筑工程	三级
63	江苏祥庆建设工程有限公司	施工总承包	房屋建筑工程	三级
64	江苏马力建设工程有限公司	施工总承包	房屋建筑工程	三级
65	江苏元德建设工程有限公司	施工总承包	房屋建筑工程	三级
66	江苏欧汇建设工程有限公司	施工总承包	房屋建筑工程	三级
67	江苏业都建设工程有限公司	施工总承包	房屋建筑工程	三级
68	盐城嘉运建设工程有限公司	施工总承包	房屋建筑工程	三级
69	盐城市俊驰建筑安装工程有限公司	施工总承包	房屋建筑工程	三级
70	盐城鑫派建筑工程有限公司	施工总承包	房屋建筑工程	三级
71	建湖县华峰建筑工程有限公司	施工总承包	房屋建筑工程	三级
72	盐城建宏建设工程有限公司	施工总承包	房屋建筑工程	三级
73	江苏科建建筑工程有限公司	施工总承包	房屋建筑工程	三级
74	江苏富泽建设工程有限公司	施工总承包	房屋建筑工程	三级
75	盐城久业建筑安装工程有限公司	施工总承包	房屋建筑工程	三级
76	盐城市信宇建筑工程有限公司	施工总承包	房屋建筑工程	三级
77	盐城市建昌建筑安装工程有限公司	施工总承包	房屋建筑工程	三级

续表5

序号	建筑业企业名称	主项资质等级		
78	江苏峰宇建设有限公司	施工总承包	房屋建筑工程	三级
79	建湖县胜利建筑工程有限公司	施工总承包	房屋建筑工程	三级
80	江苏翰业建设有限公司	施工总承包	房屋建筑工程	三级
81	江苏万有建设工程有限公司	施工总承包	房屋建筑工程	三级
82	江苏润均建筑工程有限公司	施工总承包	房屋建筑工程	三级
83	江苏富皇建设工程有限公司	施工总承包	房屋建筑工程	三级
84	江苏金戈建设工程有限公司	施工总承包	市政公用工程	三级
85	江苏五洲行建设有限公司	施工总承包	市政公用工程	三级
86	江苏美都建设工程有限公司	施工总承包	市政公用工程	三级
87	盐城市恒基市政建设工程有限公司	施工总承包	市政公用工程	三级
88	建湖为民建设工程有限公司	施工总承包	市政公用工程	三级
89	江苏捷天建设工程有限公司	施工总承包	市政公用工程	三级
90	江苏鼎昌建设有限公司	施工总承包	市政公用工程	三级
91	江苏翔州建设有限公司	施工总承包	市政公用工程	三级
92	江苏帝科交通工程有限公司	施工总承包	公路工程	三级
93	江苏靖四方建设工程有限公司	施工总承包	港口与航道工程	三级
94	江苏高月电气工程有限公司	施工总承包	电力工程	三级
95	建湖县通宇建筑基础工程有限公司	专业承包	地基基础工程	三级
96	盐城金恒钢结构工程有限公司	专业承包	钢结构工程	三级
97	象王重工股份有限公司	专业承包	钢结构工程	三级
98	江苏杰达钢结构工程有限公司	专业承包	钢结构工程	三级
99	江苏宇达钢结构有限公司	专业承包	钢结构工程	三级
100	江苏管氏钢结构工程有限公司	专业承包	钢结构工程	三级
101	盐城络晟建筑机械设备有限公司	专业承包	起重设备安装工程	三级
102	盐城正鑫建筑工程机械租赁有限公司	专业承包	起重设备安装工程	三级
103	江苏中创建筑机械设备租赁有限公司	专业承包	起重设备安装工程	三级
104	江苏亚明照明有限公司	专业承包	城市道路与照明	三级
105	江苏豪迈光电技术研究院有限公司	专业承包	城市道路与照明	三级
106	盐城恒远电气安装有限公司	专业承包	建筑机电安装工程	三级
107	江苏铭星供水设备有限公司	专业承包	建筑机电安装工程	三级
108	江苏建能电气安装工程有限公司	专业承包	输变电工程	三级
109	江苏金建交通工程有限公司	专业承包	环保工程	三级
110	江苏同创环保设备有限公司	专业承包	环保工程	三级
111	盐城市恒茂岩土工程有限公司	专业承包	地基基础工程	三级
112	江苏伟凯建设工程有限公司	专业承包	地基基础工程	三级

注:另有不分等级建筑企业60家。

【物业管理】 出台《建湖县住宅小区物业服务动态考评办法(试行)》,落实物业属地管理责任,近湖街道、塘河街道、上冈镇都已成立相应的物业管理机构,处理、协调物业管理活动中产生的矛盾和问题;定期组织物业服务企业"家家到"现场观摩评比活动,通过现场点评、集中评议促进了管理工作的开展;从严审核物业服务人员从业资格,推行从业人员、物业企业准入退出机制,增强企业员工的危机意识,激发企业员工的内生动力。加大老旧小区改造力度。完成了永林花苑、兴湖花苑、玉兰新村、东方御花园、海达新村、秀夫苑、金色家园、金阳花园等小区屋面防水、路面停车位等项目的整治改造工作。 (朱 丹)

重点建筑企业选介

·江苏建业建设集团有限公司·

【重点工程】 江苏建业建设集团有限公司全年完成施工产值30.02亿元,较上年同期28.61亿元增长4.93%。完成施工面积293万平方米,较上年同期237万平方米增长23.63%。在建施工项目55个。集团公司开拓市场,参与投标工作,新中标工程21个,新签合同金额37.56亿元,较去年同期20.52亿元增长83%。南京分公司:完成施工产值5962万元,完成施工面积7.35万平方米。华润电力公司煤场封闭桩基等三项工程竣工交付,南京大桥电子科技公司年产100部气象探测设备厂房总包工程临近收官。11月、12月新近开工雨花办公房工程等三个项目。无锡分公司:完成施工产值3.35亿元,完成施工面积31.84万平方米。无锡太湖绿城置业XDG-2009-21号地块C05-C07#楼及商业群房和地下室部分,无锡融创房产开发的XDG-2015-25号地块新建住宅楼项目一期二标段工程接近收尾。在建较大工程项目有无锡融创地产开发的XDG-2015-25号地块新建住宅楼项目A3地块1#-5#楼、A#楼、B#楼、地下室项目和XDG-2016-9号地块开发建设项目。苏州分公司:完成施工产值3.72亿元,完成施工面积107.48万平方米。工程造价3亿多元的陕南亿丰国际商贸城项目于一季度竣工交付,年内陆续交付工程有恒富大厦海安办公楼装修工程,无锡中海珑玺项目二期A标段、苏州中海海纳苏地2012—2013地块一期项目A标段、沈阳中海和平之门项目。在建较大工程有沈阳中海CB20B-10地块住宅商业一期-2标段,苏州枫香花园2.1和2.3期,盐城中梁望府景园,苏州德尔太湖湾地产苏地2014-G-25(2)号地块项目1#-8#、9#楼,融创南通学府嘉苑项目,融创芜湖玉兰公馆一标段项目,在建项目均为亿元以上大项目。合肥分公司:全年完成安装工程、基础工程、暖通工程施工产值1053万元,新签合同额1365万元。上海分公司:继续承建上海长润江和真如副中心项目,全年完成施工产值1.62亿元。北京分公司:香港恒隆地产集团开发的沈阳市府恒隆广场OT1办公楼精装修工程在年内开工并在年内竣工交付,实现施工产值7278万元。大庆分公司:以维修改造和加油站安全改造为两大重点,全年实现施工产值5600多万元。盐城分公司:完成施工产值3.6亿元,完成施工面积99.4万平方米。原罗汉院西拆迁安置房三期工程,翰林壹品城四期工程,香城世家住宅小区项目年内竣工交付。盐城中南世纪城6B地块,盐城中南世纪城4C一标段,淮安中南世纪城三期限2组团,怀化碧桂园十里江湾项目一期二标、三标总承包工程,盐城师范学院青年教师周转公寓项目,常熟市志诚房产2017B-001地块总包工程以及建湖农村商业银行综合大楼项目正在施工中。市政工程部:年内中标金湖县利农路、文明路道路工程。集团公司加强了营销软实力的提升,年初,与花王生态工程股份有限公司、华兴和投资资金管理(北京)有限公司签署了三方战略合作框架协议,本着合法合规、平等互利、资源共享、优势互补、长期合作、共同发展的原则,建立全面战略伙伴关系,并能组成联合体,利用各自的优势共同参与工程的承接,竭力促进形成三方共同发展的多赢局面。集团公司投入巨资对润嘉大酒店进行重新装饰装修。年内,多支精干的施工队伍正在夜以继日地紧张施工中,计划2018年5月重新开业,欲将润嘉大酒店打造成建湖一流的星级酒店,重现润嘉大酒店昔日的辉煌,重塑建湖人民对润嘉大酒店高档品牌的信念。

【争先创优】 全年,集团公司先后对盐城、无锡、苏州、上海等地在建工程组织四次质量大检查。在与中海集团、融创、中梁等知名地产商的合作中,甲方单位对施工现场文明标化的要求近乎严酷,在甲方组织的第三方检查综合评估中,项目部经常取得不俗的成绩,受到甲方单位的好评。苏州融创壹号院项目三号楼木工班组,加强支模体系的操作管理,强化过程责任和材料控制,拆模后未修整实测实量合格率达98.5%,受到建设单位的通报表扬。盐城望府景园项目一标段在三季度第三方检测中,取得华东地区施工项目第一名的优秀成绩,获得中梁地产集团10万元奖金,该集团并于9月份到集团公司进行考察,表示愿意进一步与公司进行深度合作,为承接后续项目,争取回头客打下了坚实的基础。集团公司重视对创优夺牌工作的策划、指导和跟踪攻关工作,打造科技品牌,推进了创优夺牌工作卓有成效地开展,增强了企业核心竞争力。苏州中海项目部苏地块2012-G-103地块QC小组以"小、实、活、新"为原则,以新技术运用、绿色施工、节能减排为重点,以活动成果为基础撰写的《提高外墙脚手架搭设施工质量》QC成果获省级优秀奖。与此同时,集团公司质量创优工作也取得了新的业绩,建湖县城南医院病房楼工程取得了2017年度盐城市优质工程"盐阜杯"奖,同时该工程的设计获得盐城市优秀工程设计表扬奖,为2018年申报"扬子杯"打下了坚实的基础。建湖县体育中心体育馆和盐城滨河公园景观监理工程获省优"扬子杯"工程。这是集团公司首次一年获得两个省优奖项,也是监理工程首次获得省优。10月,中国建筑业协会公布《2016—2017年第一批中国建设工程鲁班奖(国家优质工程)入选名单》,并在北京召开了表彰大会,蒋国权、孙东京应邀出席。由中建五局承建、集团公司参建的中国信达(合肥)灾备与后援基地建设项目获得鲁班奖,这是继合肥电网和山东农行营业综合楼项目获"鲁班奖"后,集团公司第三次获的国内建筑行业工程质量最高荣誉奖。在中国(信达)合肥项目开工伊始,集团公司为不断提升管理水平,助力市场开拓,即确立了创"鲁班奖"的质量目标,在集团领导和职能部门的支撑下,副总经理孙东京带领合肥分公司班子和项目团队,坚定创奖信心不动摇,组织项目团队,注重施工质量,精益求精,创效明显,创优显著。该项目先后获了合肥市优质结构工程奖、安徽省建筑施工安全质量标准化示范工地、安徽省优质工程"黄山杯",全国建筑业绿色施工示范工程等涵盖施工、技术、团队建设等多个奖项,为集团公司的品牌建设增添了靓丽的一笔。

【安全生产】 一是强化企业安全生产意识。年初与各分公司签订了《安全生产责任状》,组织新开项目的安全总交底工作并签订《安全生产承诺书》,落实上报安全生产动态制度。二是深入开展安全生产大检查。以节后复工安全大检查和安全生产月活动为契机,做好有针对性的安全生产指导和督查工作。组织了冬季安全生产大检查活动,历时6天,检查了17个在建项目,检查组深入现场,采取横向到边、纵向到底的检查方式,检查了安全生产制度落实、安全教育与培训、安全检查隐患整改情况以及现场文明施工情况,重点检查了大型机械、脚手架、临时用电、建筑起重机械、临边洞口防护、模板支撑系统等关键设施,重点部位的安全防护情况等进行了全面、细致的检查。总体来看,全年,各分公司、项目部普遍加强了对工程质量、安全生产的管理力度,施工现场工程质量稳中有升,安全生产标准化程度逐步提高。强化"两节"期间安全生产工作,切实做好春节放假前施工现场停工及收口工作,督促安管人员对工地进行一次全面检查,确保"两节"期间现场各项安全防护措施到位。三是加强对重大危险源的控制管理。年内,集团公司对所有在建项目安装了电子考勤系统和远程监控系统并与总承包部联网。加大了对安全台账和安全资料的检查力度,特别是对塔吊安装、拆卸进行全过程跟踪督查,对全司大型机械及现场安全生产、文明施工、标准化安全资料进行常态化全面检查。施工现场安全文明标化管理示范模块在各项目部推广,得到各项目部的响应。集团公司对去年苏州中海项目安全管理经验进行了持续推广,督促各分公司和项目部学习借鉴苏州中海项目好的做法,推促项目安全标准化管理上台阶,翰林壹品38#楼项目获省级文明标化工地。真如副中心A3地块二期工程不但通过了上海市"标准化文明示范工地"的验收,而且该项目文明施工措施过硬,施工中注重与周边单位和市民的协调沟通,成为文明施工的升级版,成为上海首批70个"明星工地"之一。

【企业管理】 企业管理制度不断完善,为规范集团公司档案管理工作,保障归档各类资料安全有效适用,10月,组织人员参观了土管局档案室,建立"电子档案管理系统",改革了档案管理理念,加强了彩色图像文件、声音、录像等多媒体文件、图纸文件等电子档案的管理,保证电子档案的安全存放和调阅,体现了与时俱进的要求,也是对档案管理手段的探索和尝试。组织质量管理体系认证的监督审核工作,并一次性获得通过。全年共进行178项工程投标工作。按照财政部门的统一要求,对全集团的在岗财务人员的后续教育进行了培训,所有参加学习的人员一次性通过培训考试。配合盐城市地税局稽查局对公司2014—2016年三年税款缴纳情况的检查,加强与税务部门的沟通衔接,做好营改增工作,贯彻有关政策精神。为办好《建业报》,由党委牵头,组建一支通讯员队伍,各部室、分公司至少有一名兼职通讯员,每个月至少完成一篇通讯报道,并纳入当月考核。

【企业文化】 集团公司党委、工会工作紧扣企业发展、稳定、和谐主题,开展"两学一做"教育活动,组织广大员工认真开展学习中共十九大精神和习近平总书记系列重要讲话,以中共十九大精神统揽各项工作的开展,《建业报》开辟专版对中共十九大精神进行了宣传。集团网站坚持每月更新,全新打造企业形象,报道了集团公司两个文明建设的成就以及建筑行业最新动态、资讯,为集团公司员工搭建了"两个文明建设"交流的平台,通过网站展示的工程业绩更成为社会各界认识了解集团公司的窗口,为提高企业的行业知名度做出了贡献。集团公司继续蝉联2017年度"省建筑业最具成长性百强企业",董事长蒋国权被评为江苏省建筑业优秀企业家。3月,盐城市装配式建筑产业联合会成立,集团公司当选为副理事长单位。集团公司获得县政府2017年度全县建筑业和房地产发展工作先进集体。在市政府开展的星级企业评审中,集团公司获盐城市政府三星级企业认定,经市政府办公室对2016年度全市建筑业发展目标责任制考核,集团公司被评为十五个先进企业之一。

(建业集团)

责任编辑 朱明君

服务业

Service Industry

综述

【概况】 2017年，全年实现服务业增加值250.05亿元，完成市目标的102.5%，比上年增长10.1%，总量在全市排名第3位，增幅在全市排名第5位；服务业占三产业比重47.8%，列全市各县(市)之首。社会消费品零售总额190.4亿元，完成市目标的100.7%，比上年增长10.7%，增幅在全市排名第3位。全县服务业呈现稳步发展的态势。

【生产性服务业】 一航、二航、劲达物流等一批物流企业快速成长，劲达物流被新认定为省重点物流企业。里下河钢材市场、天祝富邦冶金炉料市场、五洲国际五金机电综合市场、银海棉花仓储物流、同沪机电城等专业市场群加快实现线上线下融合，交易日趋活跃。

【生活性服务业】 恒隆广场、哥伦布城市广场等一批综合性商务区相继建成。总投资5亿元的万彩国际购物中心开业运营，引进永辉超市、横店影院、屈臣氏、必胜客等国际(国内)知名连锁品牌入驻。

【新兴服务业】 围绕加快发展现代服务业，策应新特产业发展，全力发展新兴服务业。公共服务平台、科技研发平台、信息服务平台等三大平台建设稳步推进。国家石油机械产品质量监督检验中心(江苏)、江苏省节能电光源产品质量监督检验中心、开发区博士后工作站、建湖石油机械研究所、民营科创园科技服务公司等一大批科技服务平台作用逐步显现。新产业、新业态、新商业模式不断涌现，科技信息、电子商务、文化创意等新兴服务业迅猛发展，成为全县服务业的新生力量。"智慧建湖"建设硕果频结，2017年6月竣工营业的先云云计算数据中心作为建湖县最大数据产业发展的支撑项目，是全球第九座、亚洲唯一一座按照全球最高T4标准设计、建设和运营的数据中心。

先云云计算数据中心　　　　(建湖日报提供)

【招商引资】 围绕招引生产性和新兴服务业项目，组织参加上海、天津专题招商及盐城"5·18"经贸活动。新招引万彩国际购物中心、联航物流运输等投资千万元以上服务业项目43个。上海红星美凯龙家居集团股份有限公司已与江苏广益来置业有限公司签订合作协议，新建红星美凯龙家居广场及商业综合体项目。

【项目推进】 全县列出22个在建服务业重大项目，进行重点推进，确保重大项目顺利实施。其中新建项目14个(第一批12个、第二批2个)、续建项目8个，计划总投资44.45亿元，2017年计划投资19.82亿元。2017年实施项目完成投资10.83亿元，占年计划的54.6%。项目建设进展情况总体良好。

【汽车销售】 2017年，全县小汽车销售继续保持快速增长态势，截至12月底，全县各类小汽车保有量达59834辆，比上年增长6.3%，总量位居全市各县(市、区)第五位。平均每5户家庭拥有1辆小汽车。2017年新增七座以下小汽车10098辆，平均每天新增27.6辆，创历史新高。普通乘用车和高档车销售齐头并进。大众、别克、悦达起亚、五菱、北京现代、东风日产、东风、雪佛兰位列普通乘用车增量前八；奥迪、宝马、奔驰、凯迪拉克领先高档车前四。

(夏成富)

互联网＋服务业

【概况】 “互联网＋物流”“互联网＋商贸流通”“互联网＋旅游”“互联网＋便民服务”快速发展。提升物流信息化水平，促进快递产业做大做强，提升服务能力。完善海尔日日顺、江苏云柜、速递易、洁佳干洗在全县50多个住宅小区设置的近200个智能投递柜，引导快递企业加快在农村地区的网络布局和基础设施建设，提高“最后一公里”服务质量。推进线上线下融合互动。引导批发零售企业依托阿里巴巴、京东、苏宁易购等网络平台通过开设网上商城、店铺拓展网络市场。推进大润发、海尔电器等电商应用企业加强宣传，扩大应用，提升网络销售份额；培育家乐福、乐天玛特、五星电器、格力空调等零售企业发展电商业务，建设一体化的电子商务专业平台。扶持中小流通企业通过第三方技术服务平台进行网上销售，促进实体与网上有机结合，以门店销售支撑网上销售，不断探索“线上”与“线下”互动促销的经营方式。深化电子商务应用。 （夏成富）

农贸、批发市场

【概况】 截至2017年底，全县共有农贸、批发市场32个。其中，县城市场16个（其中正常运营的12个），占全部市场数的50%；乡镇市场16个，占全部市场数的50%。其中批发市场1个，占全部市场数的3.12%；零售市场31个，占全部市场数的96.88%。全年全县市场成交额近10亿元，场内经营者有1100户。

（张秀红）

邮政·物流

·建湖邮政分公司·

【邮政经营】 代理金融业务。建湖邮政分公司完成了金融跨年度竞赛任务，实现了余额、保险等金融资产类业务的均衡、良性发展。2017年，策划组织“一村一策”夏收、秋收经济项目的营销工作。开展多期中邮保险“期交训练营”活动，组织支局开展“路演会”“产说会”，继续保持代理保险业务的高速发展。此外，在窗口金融卡、电子银行业务发展的同时，加强与政府、企事业单位的联系，重点以新业务开发为依托，寻找电子银行业务、理财业务、商易通、绿卡通等项目的突破口，推动了活期余额的发展。文化传媒业务。函件方面，围绕六大市场，实现精准营销。做好新媒体业务的开发，对接金融通信、房地产、商超、家装等行业，实现了建湖五洲国际、邮储银行、全友家居等新媒体开发。2017年6月26日，邮政分公司联合公安局、电视台、宣传部开发了禁毒邮路项目。集邮方面，做好个性化邮票的开发和企业形象年册的专题营销活动。开发了公安局、两个保险公司的形象年册1200册，新邮预订完成1659套，完成硒元素专题册项目。报刊方面，开展校园“百千工程”、校园图书及期刊漂流、小小报童、进校园公益演讲等活动。包裹快递业务。推广“计件＋提成”绩效模式，激发专业效益型发展的内生动力。快递员工工作积极性和主动性明显增强。利用“包明白”系统，加强快递的效益型发展，优先发展省内件、轻小件和优势线路邮件。加强了存量客户的维护和新客户的市场拓展工作，形成了相对稳定的大宗客户群。渠道类业务。围绕两个平台建设，量质并举建设加盟店，全年完成加盟店356个，加盟店会员完成26000多户。开展各类商品订货会，推动分销销售额和平台批销的较快发展，2017年春秋季农资完成近1500吨。9月，开展农村电商主题月活动，利用“9·19”购物狂欢节，发展邮乐小店、代购、平台批销等业务，完成各项指标。商务平台方面，开展警邮合作、税邮合作，在西苑邮政支局安放自助领票机，警邮大厅装修成功，线路布放到位。发展车险业务，利用金融客户信息进行“数据掘金”，对接客户，提升转化率。通过开展“自邮一族”会员活动、专业联动、邮商联盟，开展了亲子采摘、苏州两日游、一元观影、掼蛋比赛等活动12场次，提升了客户粘度，提高了车险续保率。

市场监督管理局技术人员在西苑农贸市场检测果蔬农药残留情况

（陈玉柱　王志敏　摄）

【提升能力】 配合做好资源整合深化年活动。根据市公司统一部署，完成了机构改革任务，重新整合各部门、各专业的职能，梳理了各岗位，规范设置，明确责任。配齐了三大部门、三大专业六正六副负责人。按照市公司部署做好投递网的优化布局，重新调整优化了县城投递班段道，并普增机，整合后有22个段道，2个大客户段道实现机动车投递,提高了投递服务水平。加大了自提点建设,累计完成自提点116处(含自提柜)。加大汽车、电动三轮车投入。2017年新增投递机动车2辆,快递揽收车1辆,三轮电瓶车12辆,二轮电瓶车10辆。提升了投递服务水平。优化了县内邮路,根据县内农村道路建设情况,重新调整了县内邮路,节约了运输时长,缩短了投递时限。

【强化管理】 加强视察检查工作。2017年,视察人员开展预告检查138次,不预告检查45次,检查“两岗”人员履职情况计46次,检查营业、投递网点185次,检查专业局36次,填写各类检查报告书158次。通过开展资金安全、个人营业质量、服务质量等专项检查,并对检查发现的问题进行了逐项整改,遏止了经营中不规范行为,提高了员工的服务水平。加强安全生产工作。开展安全生产月活动,通过消防演练、集中培训等形式加强员工安全生产教育,提升员工安全生产意识。进一步加强资金、防火、用电、车辆安全检查,加强对车辆安全检查,严禁带病上路。加强对驾驶人员培训,严格落实十项禁令。2017年全年未发生安全生产事故。加强财务管理。做好ERP系统的应用,配合做好各类模块的上线。加强了欠费等流动资产管控。重点加强对小包、分销、文传客户欠费及分销、集邮库存的管控。加强了资金管理。重点监控小包欠费、新邮预订、报刊征订资金入账情况,小包资金客户均通过支付宝或POS刷卡支付,新邮预订资金全额到账,报刊征订资金网点每日汇缴收入户。加大对营销费、营销物品的使用管理检查,要求网点建立“一账一表”,放现金营销费必须直接打卡,发放营销物品必须有客户签字。

【党建、精神文明建设双丰收】 2017年邮政分公司开展“两学一做”常态化学习教育。利用每周例会后开展集中学习。开展“两学一做”学做体验行,组织公司领导班子以及党员干部参与体验基层生产活动,了解当前面临困难和问题,促进以知促行、学做合一。公司领导班子成员参加市公司组织的党员领导干部赴陕西延安红色基地,学习延安精神,感受红色教育。开展“基层党组织建设示范点”“党员示范岗”创建活动,公司机关支部获得市公司优秀“基层示范党组织”,快递揽收岗、建阳支局支局长岗获得“优秀党员示范岗”称号。2017年8月,响应文明城市创建活动,党员干部放弃假日休息在包干区域镇北村,投入到整治环境。组织开展“党风廉政宣传教育月”活动。党委书记作了关于严肃“党内政治生活”、遵守“六项纪律”为主题的党课。组织了党规党纪知识测试。重点测试十八届六中全会和中央纪委七次全会精神、《关于新形势下党内政治生活的若干准则》《中国共产党党内监督条例》等内容。观看警示教育片,提高思想认识和“红线、底线”意识。做好劳模先进和特困职工慰问工作,严格按照“三关爱”办法,对员工结婚、生病、子女上大学等进行了慰问和补助。全年受慰问和补助人次68人,计3.2万元。2017年完成5个农村支局“五小建设”,完成了小食堂的更新改造,完善了小食堂伙食补贴办法。

(周　成)

【物流】 全县现有物流法人企业146家,比上年增加12家。2017年以来,物流业业务回升较大,恢复性增长较快。全年实现应税营业收入21.5亿元,比上年增长40.2%;实现税收8719万元,比上年增长28.8%。其中,陆运物流实现应税收入89315万元,比上年增长31.8%;实现税收3196万元,比上年增长36.2%;水运物流实现应税收入120648万元,比上年增长44.1%;实现税收5109万元,比上年增长23.2%。

【重点物流企业】 2017年,二航公司应税营业收入23351万元,比上年增长52.8%;一航公司应税营业收入17489万元,比上年增长54.2%;劲达物流公司应税营业收入8187万元,比上年增长19.3%。江苏恒达公路运输有限公司应税营业收入5279万元,比上年下降4.3%;盐城市顺鑫运输有限公司应税营业收入4442万元,比上年增长11.8%。物流业的持速发展为全县工农业生产发展和城乡市场供应提供有力支撑。　(夏成富)

电子商务

【概况】 建湖县把发展电子商务作为促进消费、增加收入、推动大众创业、万众创新的重要途径,电子商务成为全县增速最快的业态。2017年全县实现电子商务交易额125亿元,比上年增长25%。

恒济镇建河村电商中心　(建湖日报提供)

【应用拓展】 随着建湖县实施“中国制造2025”,制造业与互联网不断融合发展,全县规上工业企业电商应用率达80%。农村电子商务“一村一品”特色明显,围绕火鸡、苗禽、白虾、水果、玻璃工艺品等“一村一品”特色产业,农村电子商务为特色农副产品找到新市场,让广大农民享受到“互联网+”的便利。全县建有农村淘宝村级服务站点62个、苏宁易购体验店3家、京东商城村级站点20个、邮乐购农村电商服务点186个,已基本实现全县行政村电商全覆盖。

【典型培植】 建湖县新创建省级电商示范单位6家:恒济镇创建省级电商示范镇,恒济镇建河村创建成省电商“十强村”,芦沟镇双庆村新创建省级电商示范村,建湖县智慧产业园新创建省级电商示范园区,儿百粒、军曼新创建省级电商示范企业。沿河镇新丰村、上冈镇宋楼村新创建市级电商示范村。建湖县鲁曼、吴成伟分别以第一和第三的成绩获市“十佳远教电商创富之星”;恒济镇建河村“小玻璃成就创业新舞台”、浩一贝贝公司“贝贝婴儿家抢滩电商大市场”入选市优秀创富案例。

【载体平台】 电商产业园配套建设日臻完善,已招引入驻电商企业18家,乡旮旯网、蜻蜓农服等专业电商平台已入户园区,网库节能电光源电商基地等一批项目投入运行。恒济镇结合美丽乡村建设,700平方米电商中心主体已建成;上冈镇微链众创空间建设加快推进。 (王正云)

传统贸易业改制

【概况】 2017年,县贸易办公室以中共十九大精神和习近平新时代中国特色社会主义思想为指导,按照县委、县政府的部署,践行五大理念,实施四大战略,围绕全面建成小康社会迈上新台阶总目标,传统贸易全系统以维护信访稳定工作为重点,推进扶贫开发工作,开展为企服务和“大走访”活动,继续完善企业改制后续工作,促进贸易经济平稳发展。

【信访稳定】 构建网络,落实责任。建立健全三级信访组织体系,并加强信息沟通,制定应急预案,了解和掌握基层信访动态,落实包保,强化责任,切实把矛盾化解在基层。做好重点人员稳控。在全国“两会”“一带一路”国际高峰论坛、江苏发展大会、中共十九大等重大节点时期,对系统内重点人员,实行“五位一体”包干负责,强化责任落实。中共十九大期间,贸易办把维护稳定摆上首要位置,列为头等政治任务,全员发动,落实切实有效的防控措施,实行“三级”联防,对个别重点人员,通过电话约谈、登门走访等多种方法结对,了解掌握思想动向和行踪,既交流沟通,又严加管控,确保稳控对象24小时在可控范围内。并派出一名副主任前往北京驻地。落实各类信访交办件,2017年,接到县领导交办信访件5件,县纪委转办案件1件,“12345”督查中心交办单6件,均落实专人调查核实,如期答复回复。实行领导带班接待制度,共接待处理来访人员126次近400人次,做到分类登记,有效化解,对符合政策且有条件解决的合理诉求,即知即办;对暂时不能解决的,耐心做好政策宣传和解释工作;对需要帮助协调的,与相关部门对接,做好服务跟踪。

【“大走访大落实”】 5月,县“大走访大落实”工作推进会后,贸易办领导贯彻落实,明确分工,细化措施,注重实效。成立了“大走访大落实”工作领导小组,下设办公室负责协调落实具体工作。根据县下达的“大走访大落实”工作任务,贸易办领导成员先行深入上冈镇沙墩村、榆西村及建阳镇5个挂钩服务企业进行摸底调查,了解村情企情民情,并结合班子和科级干部分工,划分5个大走访工作小组,进行包片逐户逐企走访,提前实现大走访工作全覆盖,受到县通报肯定。从3月至7月,先后开展了两次大走访活动,对县交办的324名退役士兵、志愿兵、“两参”人员及伤残军人和上冈镇沙墩村11个居民组679户农户、榆西村4户低收入户及建阳镇5个挂钩企业进行逐一走访登记,分类排查问题,了解各类人员和企业的困难和诉求。并逐一登记建档,共实际完成走访涉军人员356人。其中县交办件数324人,自排及走访系统外人员32人,化解各类问题172件;重点信访户16人,县交办加件数11人,化解各类诉求问题6件;走访企业10户,排查各类问题12件,化解4件,提前完成县交办的结案化解工作任务。现场解答农户提出的各类问题30件,转镇办理21件。

【为企服务】 根据县委《关于在全县开展进千企、解难题、促发展活动》的通知,班子成员及科级干部先后6次前往建阳镇盐城金阳交通设施公司、三益公司等5家挂钩服务企业,与企业共同研究发展规划,会办急需解决的问题,在为企业争取资金、项目审批、招收熟练工等方面做好协调服务,当好服务企业的“店小二”。

【扶贫开发】 按照县委新一轮扶贫开发攻坚战略部署要求,着力从精准扶贫、民生保障入手,加大扶贫开发力度。强化扶贫开发责任。贸易办成立了扶贫开发领导小组,班子成员及科级以上干部实行“一对一”精准结对帮扶,明确扶贫对象、扶贫任务、扶贫目标。每季走访一次帮扶贫困户,摸准帮扶贫困户基本情况,找准帮扶办法,定准帮扶脱贫计划。开展精准扶贫,在适度提高帮扶对象基本生活救助金的同时,鼓励贫困户提高自身脱贫能力。3月,在实施绿色扶贫行动中,贸易办派专人前往帮扶户家中实地察看,征求意见,为三户帮扶对象在屋后空地种植了30棵林果树苗,并对其进行了苗木栽植、管护、病虫害防治的技术指导,确保树苗栽植成活见效。做好民生保障。班子成员及科级干部结合分工每人挂钩一个系统内企业,深入基层调查了解企业生产经营状况,摸排在职职工和下岗人员的家庭实际状况及经济收入情况,对有特殊困难的下岗人员和离退休老同志逐一建立台账,每逢重大传统节日,都组织登门慰问,并送上一定的解困金,对因病致残、致贫的,对照政策要求,凡符合评残、低保条件的,帮助协调办理相关手续。2017年有21名下岗、退休志愿兵办理领取了生活困难救助金;4名特困下岗职工新办理了低保。

【国有资产管理】 进一步完善对城投公司托管的原改制企业国有资产租赁经营招投标工作,强化监管措施,落实安全责任,确保资产运营效益最大化。

【党建和精神文明建设】 加强思想建设,坚持以党委为中心的学习制度。年初,贸易办党委制订了中心组学习计划,下发到基层总支、支部,以推进"两学一做"学习教育常态化制度化,各基层组织结合实际采取多种形式,组织广大党员学习中共十八届五中、六中、七中全会和中共十九大精神及习近平新时代中国特色社会主义思想,加强党员干部理论教育,增强党性修养和宗旨意识。加强组织生活制度。落实"三会一课"和专题民主生活会制度,机关党员按照三个三分之一的原则,深入所联系的社区、挂钩服务企业开展党日活动,结合建党96周年纪念活动,办分管党建工作的负责人深入基层支部开展了以《旗帜鲜明讲政治》为主题的党课教育,增强了广大党员政治思想意识。加强党风廉政教育。办领导班子科级以上干部通过召开以"从严落实中央八项规定精神"为主题的民主生活会,学习《中共共产党廉洁自律准则》《中共共产党纪律处分条件》、中央八项规定精神和省、市、县委作风建设规定,广泛征求广大党员群众的意见,深入排查全面从严治党主体责任,推进作风建设方面存在的问题,细化落实整改措施,明确主体责任,推进作风建设常态化。做好群团和精神文明工作。完成了共青团、妇联换届选举工作;如期完成结对帮扶神台社区创建任务;全员参加了国家工作人员学法考试网上竞赛活动,完成了计划生育、综合治理及安全生产等项工作任务。 (吴贵兵)

供销合作

【改革发展】 根据年初县委明确的改革工作要点,结合实际,县委出台了《建湖县关于深化供销合作社综合改革的实施意见》(建办发〔2017〕43号),为全县供销合作社综合改革指明了方向、提供了政策依据。按照省、市统一部署,县供销合作总社在2017年底前完成社员代表大会、理事会、监事会"三会"的筹备工作。通过实施"网上供销社"及企业化供销合作农场的组建,完成了县委、县政府下达的流转土地333.33公顷目标任务及3家供销合作农场分场(上冈大团村、芦沟淳化村、九龙口收成村),组建了建湖县供销网城电子商务有限公司。

【基层组织建设】 按照省社规定的在建制镇以"六有"(有证照、有场所、有标识、有人员、有收入、有为农服务项目)标准对基层社进行改造,完善组织功能。采取合作制、股份合作制等形式,吸纳农民和各类新型农业经营主体入社,强化基层社与农民在组织上和经济上的联结。

【为农服务】 推动"社企合作",与江苏剑牌农化股份有限公司共同组建"建湖县供销网城农资连锁经营服务有限公司",打造以农资经营服务为主导的"为农服务项目",提升农资连锁网络经营服务水平,推动农资销售与技术服务有机结合,为推进农药零差率统一采购配供提供试点,为农民提供质优价平的农资商品和快捷高效服务提供保障;通过"社村共建",依托农机合作社和基层社的合作,组建供销合作农场分场,增强了基层社的为农服务的能力;选择有条件的基层社,开展综合性农民合作社试点,发展生产、供销、消费等各种形式的合作。

【党风廉政建设】 制定了"两学一做"学习教育常态化、制度化实施方案;全面落实"三会一课"制度;进一步严格落实党风廉政建设责任制;坚持常态化开展干部廉政谈话;推进精准扶贫,县供销社多次深入挂点高新区走马村12户精准扶贫对象并与贫困户形成结对,将贫困户贫困状况、致贫原因、收入状况、帮扶措施等建档立卡,并明确责任人,确保精准扶贫责任落实到位。

【社会稳定】 坚持"立足社情,摸清家底,保障安全,稳定发展"的要求,坚持工作沉在一线,以"干部下访"推动全系统稳定工作,"包保到片"并直接参加重点群体、重点人员的包保联系,以上率下,建立健全全系统的信访维稳体系。全年,重点群体、重点信访对象的主要问题被吸附于本系统,全系统的基本情况稳定。抓好县委落实的大走访大落实工作。县社联系的高新区走马村,一般居民应走访395户,已走访395户,走访率100%;低收入户应走访11户,已走访11户,走访率100%;大走访中联系宝塔镇的4家定报企业,应走访4家,已走访4家,走访率100%,达到了全覆盖。"十九大"期间县社落实"五位一体"包保责任,对重点信访人,组建班子,全天候落实接访。"十九大"期间未发生越级上访事件。 (姜兆林)

粮油贸易

【粮食安全责任制】 按照建立粮食安全责任体系,由粮食部门牵头,各有关部门紧密配合,通过联席会议制度,实行分工负责和部门联动相融合,相互协调动作,履行粮食安全目标,全面夯实粮食安全责任制。严守基本农田红线,全县永久基本农田保护面积为605930公顷,比市政府下达的基本农田保护目标任务多110.6公顷;建立县级耕地质量监测网络,制定了《建湖县土壤污染治理与修复规划》和《建湖县产粮(油)大县土壤环境保护方案》,全县建立6个万亩示范片进行GPS定位,全县新增稻田综合种养面积4800公顷，疏浚农村河道600条750万立方米，建成高标准农田10533.33公顷，新发展农民专业合作社25家、专业大户560户、家庭农场102家，创建省、市级示范农场8家，粮食安全责任制首考获全市第一。

【粮食收储管理】 严格执行国家粮食收购政策，做好稻麦最低价收购工作，夏粮收购小麦109205吨，其中最低价收购92586吨；秋季累计收购粳稻33933吨，其中最低价收购7674吨、储备轮换26190吨，促进农民增收1500多万元。收购全面实行"一卡通"，推广"满意苏粮"APP，实现政策性粮食收购流程标准化、操作规范化、过程可视化，未有打"白条"现象发生，全年粮食收购工作有条不紊。严格储备粮管理，做到严格制度、严格管理、严格责任，确保库存粮食数量真实、质量良好。

【粮食市场稳价保供】 加强粮食产销衔接，搞活市场供应，注重对粮食应急加工、供应企业的管理，切实提升全县粮食应急加工、供应企业的应急能力，确保在关键时刻"拉得出，打得响，用得上"。做大做强"建湖大米"品牌，实行标准化生产、产业化发展、集团化运营，继获"中国驰名商标"，又获第15届中国国际粮油产品及设备技术展示交易会"金奖"。加强"放心粮油"供应网络建设，开展库存粮"大快严"检查，会同市场监督等有关部门加强中秋、国庆等重大节日的粮油质量检查监测，筑牢"监测、检验、监管"三张网，确保城乡居民"舌尖上的安全"，被评定为全国放心粮油供应网络建设示范试点县。

【仓储设施基础】 搞好军供仓库改造维修，危仓老库军粮维修项目被列入2017年全县"两重一实"项目，共维修辛庄、洪桥粮库仓房7栋1.3万平方米，总仓容2.29万吨，秋粮收购投入使用，全省军粮危仓老库维修改造现场观摩会在建湖召开。加快粮食信息化建设，各收储库点粮食收购"一卡通"全部投入使用，楼夏、石桥粮库数字粮库投入运行，实现粮食收储监管可视化。推广智能仓储技术，仓储保管由"不坏粮"向提升粮油产品品质转变，由存原粮卖原粮，向预约种植卖粮油精品转变。

【粮食流通改革】 县委办、县政府办印发《建湖县深化粮食流通体制改革实施方案》，优化粮食收储布局，科学规划，抓大放小，集中运作，统一管理，建立起六大收储中心；完善收储服务机制，建立粮食质量检验检测中心项目获省级补助资金240万元，6个产后服务中心建设已纳入省、市局2018年建设规划；探索产业联盟模式，与种田大户、家庭农场、农业生产合作社等农业经营主体形成紧密型合作关系，创建"中国好粮油"行动计划示范县。

【粮食市场监管】 组织好县级粮食安全信用等级企业培育、评定和授信工作，建立健全粮食市场监测预警和监管协调机制，着力加强建粮公司、基层粮库粮食质量监测体系建设，推行"双随机、一公开"监管机制，提升监管效能。落实粮食流通统计制度，加强粮食市场监测，发布粮食市场信息。对全县所有粮食库存数量、质量、账务和储存安全等情况进行全面自查，账账相符、账实相符、数量真实、质量良好，各项费用补贴拨付及时、使用规范。推进粮食质量安全监管，完善粮食质量安全监管制度，出台《建湖县超标粮食处置管理办法》，加强超标粮食管控，守住粮食质量的底线。

（刘加华 罗汉前）

盐　业

【概况】 2017年是盐业改革全面实施开启之年，建湖盐业公司贯彻省公司"2481"行动计划，围绕市公司二届二次职代会提出的聚焦市场率份额，聚力改革促转型，优化渠道控终端，稳定价格保质效，强化监管求生存，转变作风强党建，切实做到"三坚三不"，通过调动广大员工积极性，团结拼搏，奋力争先，大干当前，为建湖公司生存发展奠定良好的局面。

【盐政管理】 在建湖县委、县政府的领导下，顺应市场的变化，全员盐政、全心全力地做好全年的盐政工作。通过开展市场整治行动和检查，与公安、市场监督、卫生等部门联合执法17次，与邻县边界开展联合行动4次，发放各类宣传单23600多份，查获各类盐业违法案件133起（其中大案要案4起），查处非法盐产品124.24吨，登记保存盐产品93.24吨，罚没款45730元，移送公安案件4起，法院上一年度结转到2017年案件判刑1人。

【市场巡查和刑事案件打击】 贯彻习近平总书记关于食品安全"四个最严"的要求，在3月初通过巡查、走访市场，部分地区发现中盐上海的盐产品，盐务局作出部署，分三组对全县市场进行巡查走访，发现一次查处一次，市局领导亲临一线督导检查，指出巡查市场要一个乡镇一个乡镇的清，一个商店一个商店的查，定期或不定期上门回访巡查，近15天时间在市局稽查支队的支持下，查处中盐盐产品案件19次，没收盐产品0.57吨，在市场上起到了震慑作用，保障了市场秩序。盐政人员不辞辛苦，发扬连续作战精神，6月24日，在上冈市场进行检查，发现有人在市场销售中盐"海星"牌盐产品，盐政人员摸排外围情况，锁定销售人及仓库，在治安大队、上冈派出所、市局稽查支队配合支持下，一举端掉上冈沈某窝点，现场异地登记保存盐产品9.06吨，进行联合执法，打击非正规渠道销售盐产品行为。借助报刊、电视、电台、网络等新闻媒体，集中开展食盐知识、涉盐法律法规和盐业违法典型案例的宣传，进一步扩大教育受众面，营造"人人关心食盐安全、人人维护食盐安全"的良好氛围。

【经营情况】 在全年工作中，建湖公司围绕盐城公司职代会的相关决议精神，进一步解放思想，实事求是，改革创新，着力改变不适应，不符合盐业发展需要的突出问题，重抓两条线"生命线、生存线"，牢牢把握四个基本原则和四项重点工作。分解好主要经营指标。年初对公司的各个片区情况进行了重新调研摸底,微调了部分片区范围,增加了一名客户经理和一名配送人员为片区的客户经理制定了切实可行的目标任务,调整后各片区的访销、配送效率明显提升,确保商超、学校食堂、零售商店等行业,送货、补货、服务"三到位",完成14家BC类超市的销售合同签订工作,完成KA商超及12个乡镇新品上市铺货工作。做好宣传引导调优品种结构。重点加强320克清真海藻碘盐等有益于身体健康盐品的消费宣传引导,为提高群众生活质量、保障群众身体健康做出贡献,海藻碘盐、低钠盐的销售占比稳步提升,全年共销售320克清真海藻碘盐420吨。强化提高市场服务意识,掌握区域内批发大户及零售户购销动态,对这些客户经常性上门沟通,了解动态及意向,做好宣传、跟踪工作,加强拜访维护,确保客户不丢失;对全县14个乡镇,分三个组,分片包干,领导带队对全县所有零售终端进行再次上门宣传《致零售户的一封公开信》,解读盐改政策及非正规渠道购进食盐的危害,加强"淮盐"品牌宣传,以"千年淮盐,家乡好盐"为活动主题,制定淮盐品牌宣传季活动工作方案。全员动员,全员参与,明确目标,加强宣传,强化责任。通过多种形式和方式,宣传淮盐悠久的历史,普及科学的用盐知识,倡导健康的生活理念,提供优质的亲民服务,提升淮盐品牌的形象和价值,进一步扩大淮盐品牌的知名度、美誉度和忠诚度。进社区、进广场、进小区、进农贸市场等开展宣传推广活动,并进而扩大到深入商超、乡镇集市、农村小店等终端渠道和学校、企事业单位食堂,共宣传106场次。发放各类宣传资料23600份,进入社区向广大居民户赠送180克小袋澳洲盐3000只。参与活动的居民用手机拍下现场活动照片并分享到朋友圈346人。连续一个月在建湖广播"早新闻"做题为《食用淮盐　保全家健康》的宣传报道;2月19日在《建湖日报》上全文刊登发改委、工信部604号文件,让广大人民群众懂得目前不是食盐市场放开,而是体制进入改革过渡期,食盐专营没有改变。　　(顾建伟)

烟草专卖

【概况】 2017年,建湖县烟草专卖局(分公司)销售卷烟24166箱,完成年度销售目标;税利总额22125万元,比上年上升6.06%,入库税收12558.29万元。

【专卖管理】 烟草专卖管理工作坚持"内外结合、眼睛向内"原则,全体专卖稽查人员落实"见物、见人、见网"的案件经营理念,先后开展多次专项整治行动,全年累计查处各类违法经营卷烟案件425起,确认网络案件1起,市场净化率保持在98%以上。县烟草专卖局(分公司)从思想、作风、能力和廉政等方面加强队伍建设,坚持以马兰精神为指引,持续开展"我为客户站柜台"活动,不断提升服务质量和服务能力,客户满意度保持在98%以上;深入学习贯彻中共十九大精神,加强领导班子自身建设,争当行业楷模的使命担当;坚持狠抓教育培训不放松,鼓励员工开展学历提升教育和专业技术职称考评;坚持不懈抓好中央"八项规定"和国家烟草局党组"九条要求"的贯彻落实,加强领导干部作风建设和对执行廉洁自律规定的督查。　　(陈俊晖)

广告业

【概况】 坚持服务和监管并重,推动广告战略实施取得显著成效。通过多种形式宣传新《中华人民共和国广告法》,提高经营者和广大群众的法制意识。对广告经营者和广告发布者进行集中培训,督促其建立广告审查、档案管理等制度,促进广告主体依法经营和规范从业。组织广告经营单位参加江苏省公益广告大赛,江苏黑马传媒有限公司2件作品获铜奖、1件作品获优秀奖。组织对县城主要路段和电子显示屏等重点媒介的户外广告、电视台和电台等重点传统媒体的广告以及以非法集资为目的的各类金融广告等进行专项整治,开展电视广告监测工作,电视广告监测违法率控制在1%以下。2017年,进行电视广告监测29282条,开展广告行政约谈8次,查处广告案件13件,罚没款3.6万元。

(张秀红)

【户外广告设施】 县城户外广告设施主要设置在包括建筑物立面、顶部及专用设施,以显示屏、墙体楼顶、路边灯箱、广告牌、路灯道旗、建筑围墙、临时广告设施等形式;高立柱主要分布在204国道、盐淮高速、阜建高速、3个高速互通、231省道、233省道、234省道、盐淮线、建宝路、建冈线两侧。全县现有高立柱广告牌74座,其中,交通干道沿线73座,县城1座;县城设置显示屏13处,其他大型广告牌162块,落地灯箱84座,店招标牌6000余块。

【户外广告管理】 管理责任。县城户外广告设施由县规划和城市管理局负责审批,并负责日常市容市貌的管理;市政公用设施设置的户外广告由各主管部门负责管理,公交站台由交通局负责,路名牌由住建局负责,交通护栏、路边指示牌由公安局负责,公益广告发布由宣传部牵头负责。规范治理。2017年,对县城户外广告和店招标牌设施进行专项整治,通过拆除一批、规范一批、改造一批的整治措施,提升市容市貌,很抓安全管理,全年拆除陈旧破损广告牌64处,店招标牌325块,同时,督促广告业主加强对大型广告牌、高立柱广告牌进行安全检测。　(马洪祥)

会计事务

·建湖苏盛联合会计师事务所·

【概况】 2017年,建湖苏盛联合会计师事务所(以下简称事务所)利用省经信委授予的"中小企业服务平台",参与建湖地方经济建设。在融资服务、村级财务审计、企业绩效审计、财政专项资金审计等方面有了新的突破，公正、专业、高效的服务受到了社会各界的好评。

【服务融资】 在国家对政府融资要求发生变化的情况下，事务所参与其中，发挥专业优势，为城投公司、开投公司、交投公司、新农投公司等企业出谋划策，做好发债的前期财务规范化准备工作、帮助编制可研及财务服务等工作；同时，帮助企业做好融资服务工作。

【村级财务审计】 为了摸清村级集体经济的家底和加强村级财务管理工作，多次接受镇政府及相关部门委托，对建湖县上冈镇、宝塔镇等村级财务进行了专项审计，为政府加强对村级财务的管理提供建议近60条，发现问题线索近300条，事务所的专业服务，受委托有关部门的好评。

【绩效审计和专项检查】 接受县国资办的委托，对7户国有企业进行绩效考核审计。接受财政局委托，对7家行政机关及学校进行财务专项检查。

【财政专项资金项目审计】 接受县财政局、县农委、县资源开发局等委托，对22个国家或省财政投资的项目进行了专项审计。对2017年全县全程机械化服务作业补助情况进行了全过程的专项核查，通过核查，节约财政资金近40万元。

【可行报告编制】 为县城投公司、新农投公司等的基础设施建设、拆迁安置房、新农村建设等项目进行可行性认证工作，与有关单位配合出具项目可研性研究报告12份，为政府项目建设融资、企业征地等提供了必备的前期材料。

【工程编审】 接受县审计局、县开发区、城投公司、九龙口度假区、上冈镇、建阳镇等单位委托，对部分政府投资项目进行了决算审核，为政府节约资金约3028万元。接受业主委托，进行工程预决算审核11项，为业主节约投资约3256万元。

（凌克勤）

法律事务

【概况】 2017年，全县有律师事务所8家，其中合伙所4家，个人所4家，注册执业律师36人；基层法律服务所21家，注册基层法律服务工作者80人。全年担任政府机关、企事业单位、其他经济组织法律顾问331家，共办理各类案件1168件，避免和挽回经济损失近3600万元。

【公共法律服务“零距离”】 根据省司法厅、市司法局对法律服务管理工作的总体要求，围绕县委、县政府中心工作，推进全县公共法律服务全覆盖体系建设，加强“一村（社区）一法律顾问”建设，推进法律顾问和“两公”律师工作，进一步满足人民群众日益增长的法律服务需求。

【法律服务工作规范化】 根据省市关于创建规范化律师事务所、基层法律服务所的总体要求，落实法律服务执业机构规范化建设工作。

【精准法律服务】 适应新形势、新要求和人民群众新需求，发挥现代信息技术对公共法律服务工作的推动作用，建立“建湖县法律顾问之家”微信群，在全县14个镇（街道、区）246个村（社区）全面建立“村（社区）法润民生”微信群并运行，打通服务群众“最后一公里”，让公共法律服务实现与群众“零距离”。

【公职律师】 落实中办、国办、省司法厅关于推行法律顾问制度和“两公”律师制度的文件精神，全面启动公职律师工作，已有安监局、审计局、司法局等多家单位通过申报并开展公职律师工作。

【“法律诊所”】 依托学校、医院、企业、社区、村组等单位设立6家“法律诊所”，法律诊所挂有统一制作规范名称的标牌，方便群众“问诊”，统一制定工作制度并悬挂上墙，明确法律诊所工作人员的职责、享有的权利、履行的义务。

【“大走访”活动】 由资深律师和基层法律服务工作者组建法律服务团，随同走访的党员干部一起深入基层，采取梳理村规民约与大走访相结合、全面法律服务与大走访相结合、助力经济发展与大走访相结合、维护合法权益与大走访相结合等“四个结合”措施，运用法治思维、法治方式助力和推进“大走访”活动。

（臧启胜）

公　　证

【概况】 2017年，建湖县公证处共办理各类公证事项3534件，其中国内经济类公证1328件，国内民事类公证1415件，涉外民事类公证723件，涉外经济类公证36件，涉台类公证25件，涉港类公证4件，涉澳类公证3件。公证处主任王文岳作为盐城市唯一代表出席了在北京举行的中国公证协会第八次全国代表大会，并当选为江苏省公证协会常务理事。

【加大公证宣传力度】 全年，相继开展了“法润江苏·2017春风行动”暨“法润建湖·公证村企行活动”“全国助残日”暨“江苏公证助残月”等系列活动，开展了以“体验建湖公证，感受公证服务”为主题的“司法行政开放日”活动，开展了“公证便民利民服务年”主题实践活动。在县城广场和相关镇区设立咨询点，深入镇村、社区、企业发放公证宣传材料和《公证服务宣传手册》，开展现场义务公证咨询，进一步提高公证工作的社会知晓率和群众满意度。

【发挥公证职能作用】 围绕县委、县政府的中心工作，发挥公证机构的职能作用,做到全县经济重心推进到哪里,公证人员就跟踪服务到哪里。在全省率先启动公证参与人民法院司法辅助事务试点工作,不断满足人民群众多元化的公证需求,创新推行"诉讼(执行)+公证"新办证模式。把加强公证质量建设、树立公证公信力作为推进公证工作发展的首要任务,贯彻落实司法部《关于公证执业"五不准"的通知》要求,全面强化公证质量监管。　(王文岳)

土地市场

【经营性用地】　2017 年出让地块 8 宗,面积 27.96 公顷,成交价 66750 万元。　(陈海兵)

"品牌+"商标品牌战略

【概况】　实施"商标战略三年行动计划",全年新申请国内商标 2300 件、国际商标 8 件,新认定市知名商标 12 件,被授予全市唯一的"省商标战略实施示范县"(金风奖)。截至 2017 年底,全县拥有有效国内注册商标 3271 件、国际注册商标 20 件、地理标志商标 6 件、中国驰名商标 12 件、省著名商标 41 件、市知名商标 104 件。　(张秀红)

省著名商标列表

表 6

序号	企业名称	商标	核定使用商品	商标类别	商标图样	注册证号	再认定时间	首次认定
1	江苏宇晖纺织有限公司	宇晖	布、棉纱	24		1328160	2016	2001.1
2	江苏克胜集团股份有限公司	克胜	农药	5		692384	2016	2004
3	江苏玉人服装有限公司	玉人	服装	25		156475	2016	2004
4	盐城市海达阀门管件有限公司	PT	金属管道配件	6		1179605	2015	2006.12
5	建湖县鸿达阀门管件有限公司	銮	阀门管件	6		1394219	2015	2006.12
6	江苏克胜集团股份有限公司	扫满净	农药	5		1800579	2015	2006.12
7	江苏克胜集团股份有限公司	研实净	农药	5		1696408	2016	2007.12
8	盐城市豪迈科技照明有限公司	豪迈 & Haomai	电灯	11		976105	2016	2007.12
9	盐城绿圣丝针织有限公司	绿舒	针织服装	25		1070805	2016	2007.12

续表 6

序号	企业名称	商标	核定使用商品	商标类别	商标图样	注册证号	再认定时间	首次认定
10	江苏永林油脂化工有限公司	永建	脂肪酸	1		1600055	2014	2008.12
11	江苏象王起重机有限公司	象王	起重机	7		4285298	2014	2008.12
12	江苏日月照明有限公司	欣悦	照明灯	11		3182508	2014	2008.12
13	盐城市阳标石油机械厂	阳标	石油机械	7		3062558	2015	2009.12
14	建湖县振亚照明有限公司	振亚	灯具	11		4298484	2016	2010
15	江苏双鑫石油机械有限公司	永军	石油机械	7		3303270	2014	2011
16	建湖县摩登经典餐饮管理有限公司	"摩登经典"及图	茶,饮料	32		4658003	2014	2011
17	江苏九龙阀门制造有限公司	爱富	石油机械	7		292338	2014	2011
18	建湖县富民渔业专业合作社	九龙口	活鱼、河蟹	31		1474903	2015	2012
19	建湖县粮食行业协会	建湖大米	米	30		6151600	2015	2012
20	江苏咸中石油机械有限公司	XIAN ZHONG 及图	金属阀门	6		1585547	2015	2012
21	江苏金秆农业装备有限公司	金秆子	农业机械	7		4546991	2015	2012
22	盐城翔宇科技有限公司	翔宇	读出器、集成电路卡	9		1982533	2015	2012

续表 6

序号	企业名称	商标	核定使用商品	商标类别	商标图样	注册证号	再认定时间	首次认定
23	建湖县永佳机械有限公司	永季	金属管道配件	6		5432615	2016	2013
24	盐城神力制绳有限公司	巨轮	拧绞绳、缆绳等	22		292736	2016	2013
25	江苏联合利丰铝业有限公司	丰群	普通金属合金	6		7770237	2016	2013
26	江苏信得石油机械股份有限公司	信得	石油机械设备、化工设备	7		1510790	2016	2013
27	江苏永林油脂化工有限公司	永林	油酸,固化剂等	1		4473606	2016	2013
28	盐城市群力工矿机械有限公司	群鼎＋图	采掘机,采矿钻机等	7		4253099		2014
29	盐城恒明弹簧有限公司	恒明＋图形	弹簧(金属制品),铁钩(金属器具)等	6		6122653		2014
30	盐城华展石油机械有限公司	华展＋图形	石油开采、石油精炼工业用机器设备,阀(机器零件)、泵(机器)等	7		1681689		2014
31	江苏华达给水设备有限公司	盛赞	金属管、金属门、金属箱等	6		1266671		2014
32	盐城百圣机械有限公司	百圣＋图形	万向节、齿条齿轮传动装置,机器轴,阀(机器零件)等	7		4826430		2014
33	江苏九龙口实业有限公司	九龙口	鱼(非活的),龙虾(非活)等	29		3844769		2014
34	建湖县祥阳橡胶制品有限公司	祥阳＋图	密封物,密封橡皮圈,人造树脂(半成品)等	17		3058418		2014
35	建湖县福泉有机稻米专业合作社	三虹	米	30		7340168		2015.12

续表 6

序号	企业名称	商标	核定使用商品	商标类别	商标图样	注册证号	再认定时间	首次认定
36	建湖县富捷旋耕刀厂	建富	农业机械	7	建富	1641729		2015.12
37	江苏几百粒食品有限公司	几百粒	肉;蔬菜罐头等	29	几百粒	9651090		2015.12
38	盐城特达钻采设备有限公司	特达及图形	通井机	7	TEDA 特达	1402980		2016.12
39	江苏恒才液压机械制造有限公司	恒才及图形	泵、油缸、液压阀等	7		3121056		2016.12
40	盐城金龙达机械制造有限公司	jinlongda及图形	金属管道接头,金属阀门(非机器零件)等	6	JIN LONG DA	6240861		2016.12
41	江苏谦益实业有限公司	谦益及图形	原木传送机	7		4186533		2016.12

石油经营

【经营情况】 2017年,面对轻油销售压力、非油指标增加压力、减员增效压力、工作效率加快和管理提升压力,密切配合、凝心聚力完成了下达的各项年度经营指标和管理目标任务。完成轻油(纯枪量)销售量63874吨,与上年同期相比增长6.5%;完成非油品销售3356万元,与上年同期相比增长16.5%;直分销销售11740吨,与上年同期相比增长6.5%。CNG、LNG销售185万立方米。

【基础工作】 围绕工作重点和文件精神,重落实,强管理,强化法律意识,依法经营,落实专人对各种证照核查,对超期、过期的各种证照重新申报、年审、换证,共计12份。加大油站的现场管理和督查,重执行力和重复性问题的整改,全年共整改执行力、重复性问题150条。加强油站的安全工作,实行"四全"管理,细查隐患风险控制,从隐患数据库逐站排查,重新疏理重大安全隐患十大类,并协调争取隐患整改项目资金150万元;逐站落实风险控制措施,重点贯彻实施岗位安全标准化操作流程,开展"冬防""夏防"检查工作,联合县气象局进行春秋两季防雷测试,开展应急预案演练活动,有计划地组织消防灭火技能活动,参与县安监局组织的成品油消防演练和消防大队组织的加油站火灾预案演练4次。加强数质量管理,严格卸油"十步法"和加油"八步法",深入践行"每一滴油都是承诺"的社会责任。重视油品质量检测,落实质量专项整治,确保销售的油品质优量足。开展"比学赶帮超"全员营销工作,做好开口营销,通过走出去,请进来的方法,先后组织了三批次近30人次的站长、员工代表到青年路、东环路,大丰三站进行观摩学习。加强做好规范化服务,提升服务质量,向客户宣传中石化主渠道成品油销售架构,向客户介绍"灌桶优惠、零售配送销售优惠"、充值有礼、开户办卡、现金转卡等各项优惠政策,通过细节的调整,不仅扩销增量而且锁定了一批忠诚客户,稳定了销量和业绩。从严管理,制度执行和查处决不迁就,共查处违规违纪、解除劳动合同及辞退7人,通过通报学习,IC卡套现及其他违规行为得到了遏制。每月站务会、站长会,周例会、经营、HSE分析会常态化,抓HSE"三标"工作,执行"七想七不干",全年安全事故率为零;加强网点建设,打造生命工程,零售网点布局覆盖东南西北中,零售市场占有率85%以上,加快苏北输油管道工程及配套工程上冈油库的建设,上冈油库投入6.8多亿元,已进入施工阶段。实施导向定点加油,跟供电、邮政、移动、公安、县医院、环卫、政府办、消防等单位签约定点加油业务。重视站长及后备站长队伍的培养和建设,引进9名大专以上学历的人员进入。

【队伍建设】 建立后备人才库,完善人才进退机制。经层层推荐、选拔,确定了后备加油站长9人。各级技能业务培训正常化、周例会、站务会常态化，使员工规范化服务、营销技巧、制度执行明显加强，培训人次计46次，参加人员256人。在"三基"建设上，抓落实，大胆管理，严格"红线"意识，服务投诉减少，客户投诉"12345"平台5起电话，逐一答复，客户满意率100%。加强党建思想政治工作。支部建设标准化，党员活动正常化，组织学习制度化，切实抓好党风党纪教育，弘扬廉洁文化，创建《党建园地》4期。参与政府精准扶贫活动，每年定期、不定期及春节走访52家农户，发放资金5万多元，政府解困金2万多元；"八一"前夕，组织青年与消防大队进行联谊活动1次。开展"家文化""环卫驿站"的建设，加强"7S"管理，营造浓厚家氛围，得到员工及地方多部门好评，参与青年共青团爱心献血活动；成立维稳工作小组，与地方信访部门联系，共同维护企业稳定；建立信息报送制度，先后在内部报、刊刊载文章16篇。（杨洪春）

盐城港建湖里下河作业区南、北港池码头泊位（建湖日报提供）

知名服务业企业选介

【江苏里下河钢材大卖场】 由上海东煤物资有限公司投资建设，项目建设用地15.33公顷，总投资3.1亿元。已入驻经营户220家，2017年实现销售工业优特钢62万吨，销售收入26亿元，纳税1760万元，已成为全省最大的工业优特钢交易基地。

【江苏银海农佳乐仓储有限公司】 江苏银海现代物流项目由新疆农资集团和建湖银海棉业有限公司共同投资建设，总投资2.8亿元，已建成标准仓储库72栋，建筑面积14.4万平方米，是华东地区最大的棉花仓储库。年内，江苏银海农佳乐仓储有限公司已被中储棉总公司认定为棉花收储专用仓库；被天津渤海商品交易所认定为华东地区棉花指定交割仓库；被认定为省重点物流企业，被评为省十佳仓储物流企业。

【大润发超市】 大润发建湖超级购物中心项目由台湾康成投资（中国）有限公司（上海大润发公司）投资2.5亿元人民币建设，其中利用外资1500万美元。建筑面积3.3万平方米，总体建筑三层、局部四层，其中包括大润发建湖超级购物中心、精品商城、顶部大型停车场等业态。2017年实现销售3.3亿元，税收768万元，为建湖县生活性服务业的领军企业。

【家乐福超市】 家乐福超级购物中心及商业综合体项目由江苏幅源伟沃投资有限公司与悦达南方公司共同投资，位于汇文路南侧，项目占地6.08公顷，总投资10亿元人民币，其中利用外资1500万美元。2017年家乐福超市实现销售7370万元，税收118万元。

【五金机电综合市场】 由香港五洲国际集团投资有限公司投资建设，总投资10亿元，占地8公顷，建筑面积15.5万平方米，其中：市场交易区11.5万平方米，商务办公大楼4万平方米，集五金机电市场、展示展销中心、仓储中心、物流信息管理中心及配套设施于一体。已入驻商户415家，市场入驻率100%。2017年实现营业收入10.5亿元，税收2120万元。

【冶金炉料市场】 由江苏天祝富邦冶金炉料有限公司投资，于2012年9月底落户于里下河物流园区。项目总投资1.7亿元，征地7.33公顷。主营铁合金贸易（硅铁、锰铁、铬铁、硅铬）、铁路物流、公路物流、再生资源回收（废弃铬渣、水洗铬渣）等。2017年公司实现开票销售3.9亿元，税收650万元。（夏成富）

责任编辑　朱明君

旅 游 业

Tourism

综 述

【生态旅游】 以九龙口旅游度假区为重点，加快基础设施建设，完善配套功能，按照AAAA级景区和国家湿地公园标准，完善规划，推进湿地公园建设，建成游客服务中心，扩建了停车场，完善了标牌标识系统。

【乡村旅游】 2017年，上冈铁丝湾生态园建成省四星级乡村旅游区，使建湖县星级乡村旅游区总数达4家，同时重点培育颜单弘森生态园、九龙口九鑫龙生态园等一批新的乡村旅游区。5月，举办建湖县首届乡村旅游节，宣传了建湖的旅游资源。

【文化旅游】 2017年上半年在九龙口景区开展"春光无限好，相约九龙口——淮杂文化盛宴活动"，重阳节与相关部门一起举办中国·九龙口诗赋大会，将旅游与文化有机结合，进一步提升了建湖的知名度和美誉度。

（张珊珊）

风景名胜

【西塘河风光带】 西塘河景区依河而建，全长9.3公里，绿地总面积100公顷，为国家AAA级旅游景区。景区按照打造城市慢生活的理念，集生态旅游、休闲娱乐、观景健身等功能于一体，布设彩色沥青自行车道，内含龙舟码头、樱花水池、雾森景观、曲水流觞、西塘彩虹、城市初阳台、松香咖啡屋、风铃区、万鸟天堂等主要景点。

【陆秀夫纪念馆】 陆秀夫（1236—1279），建湖县建阳镇人，南宋左丞相，抗元名臣，著名民族英雄，和文天祥、张世杰并称为"宋末三杰"。1279年2月，陆秀夫不甘被敌国所俘，背幼帝从容投海，谱写了一曲抗敌御辱、爱国忘家、舍身为国的爱国主义悲壮乐章。陆秀夫纪念馆坐落于陆秀夫故里建阳镇，建有忠烈堂、陆秀夫读书处、碑廊、景忠公园，馆内还陈列大量来自台湾、广东等地的文物史料和图片。

【延寿寺】 延寿寺于清乾隆十七年（1752）重修，始建何年，待考。旧时与大云寺、水月庵、桑台寺齐名，统称为湖垛南乡"四大寺"。该寺原属曹洞宗，系南宗青原派系。清代下叶一度为罗汉院下院，曹洞宗逐渐与净土、临济两宗融合，专志修净祈福，延年益寿。

【双湖公园】 双湖公园，位于县城南部，面积133.33公顷，其中水面、森林植被面积各66.67公顷。公园以水为主题，以非物质文化遗产—杂技和淮剧文化为内涵，彰显水乡湖荡风貌。园内有江淮戏院、罗汉院、烟花广场、九孔桥等景点，是苏北最大的开放式综合生态公园之一。

【朦胧宝塔】 朦胧宝塔始建于唐朝武德三年（620），修建于明朝，是盐阜平原尚存的两座古塔之一，也是苏北地区目前唯一的原貌保存较好的千年古塔。塔高16.8米，塔身三层八面，外形古朴典雅，是典型的宋明建筑风格，被列为江苏省文物保护单

环境优美的西塘河风光带 （建湖日报提供）

位于宝塔镇境内的朦胧宝塔 （党史办提供）

位。相传唐太宗李世民东征时,夜巡军营,信马由缰无意闯入敌营后被追,催马逃逸途中,跳入一枯井藏身,随即有蜘蛛在井口织网覆盖,敌军追至枯井,见井口蛛网,料定井内无人,致使李世民获救。后李世民登基做皇帝后,专门派人在井口建塔,取名“朦胧塔”,即“月下蒙龙”之意。

【华中鲁艺烈士纪念馆】 华中鲁艺烈士纪念馆位于建湖县庆丰镇北秦庄。民国30年(1941)7月24日凌晨,华中艺术学院鲁艺分院200多名师生在北秦庄宿营时,遭遇了前来扫荡的日伪军,在激烈战斗中,邱东平等30多名师生不幸牺牲。1984年,在烈士牺牲地庆丰镇东平村,树碑建陵园。现为建湖县爱国主义教育基地和县级、市级党史教育基地。

【建阳县抗日民主政府旧址】 建阳县抗日民主政府旧址是建阳县(后更名为建湖县)抗日民主政府办公所在地,县委、县政府曾多次在此召开秘密会议,研究重大部署。近年来,在老领导、老同志的关心和倡议下,在社会各界的响应下,在各级领导、政府的支持下,建阳县抗日民主政府旧址纪念馆重建落成。现为建湖县爱国主义教育基地和县级、市级党史教育基地。

【罗汉院】 罗汉院,是原中国佛教协会副会长茗山法师剃度祖庭,2010年,罗汉院迁址到双湖公园佛教文化区重建,占地面积4.07公顷,建筑面积5000多平方米,建有大型照壁、钟鼓楼、大雄宝殿、天王殿、地藏殿、藏经楼等。整个寺院气势恢宏、庄严肃穆、梵音缭绕、香火鼎盛,是佛教文化的代表性景点之一。

【晋东海王墓】 晋东海王墓,位于九龙口镇收成庄。东海王系三国时司马懿的后人,晋武帝司马炎在泰始元年大封27人为王,形成晋朝内部强大的割据势力。当时被封为东海王的是高密王的次子司马越,司马越死后无子继位,由其侄司马冲接位。不久,冲亦病死,隆安初年(397年),东晋安帝便以会稽王司马忠的次子司马彦璋为东海王,后来权臣恒玄篡夺东晋政权,将司马彦璋害死,归葬封地。

(张珊珊)

旅游黄金周

【概况】 “十一”黄金周,县主要旅游景区(点)累计接待游客11.5万人次,旅游业总收入0.6亿元。九龙口景区举办“江苏九龙口第四届生态湿地旅游节”、亲子奇妙周、民俗文化、百人相亲、少儿春晚、稻草人展等活动,接待游客10.9万人次,比上年增长12%。春节黄金周,县旅游单位和相关单位组织部署,整个黄金周内容丰富,特色鲜明,运行平稳,全县主要景区免费接待游客8.5万人次,比上年增长12%。 (张珊珊)

旅游服务

【九龙锦江国际大酒店】 九龙锦江国际大酒店由克胜集团按五星级标准建设,由上海锦江国际酒店管理公司管理。占地4.53公顷,建筑面积8万平方米总投资5亿元。酒店拥有308间套豪华客房,千人宴会厅和20个中小餐厅,可供2000人同时用餐,多功能会议室可举行500多人的会议或商务活动。

【永林国际大酒店】 永林国际大酒店由江苏永林有限公司按五星级酒店标准投资建设,江苏省旅游学院管理。总投资2.5亿,酒店占地面积1.73公顷,建筑面积28万平方米。208间豪华客房,餐厅可容纳近2000人就餐。多功能会议室、棋牌室、酒吧、沐浴中心、健身中心等应俱全,是商务、休闲活动的理想场所。 (张珊珊)

旅游产品

【九龙口纪念银币】 材质为Ag.999纯银,单面上彩工艺。银币正面图案:国家AAA级旅游景区—九龙口,以及九龙口荡区日落风景图,图两边有象征着丰收的麦子图案。

【“绿舒”牌丝绸服饰】 “绿舒”牌丝绸服饰是盐城绿盛丝针织制品有限公司的核心产品,作为纯天然蛋白质纤维的丝绸,素有“纤维皇后”和“人体第二肌肤”美称,其不仅具有高贵、飘逸的外观,更具有护肤、保健的内在品质,是当今“倡导绿色、崇尚自然”的潮流产品。主产品有真丝睡衣、内衣、床上用品等。

【赛瑞特简约护眼台灯】 多功能触摸式视力保健LED护眼台灯,其散热器是采用盐城赛瑞特照明有限公司获得国家发明专利的LED散热材料制成,集简约、大气、质感、实用性、舒适性、护眼于一体,克服了国内外同类产品的弊端,有调光、调色、触摸、延时等功能,对人体健康、环保、无频闪、无幅射,真正起到保护眼睛的作用。

(张珊珊)

地方土特产

【藕粉圆】 藕粉圆除以藕粉做外皮外,馅心是将腌渍过的糖板油丁,加光桃酥,以及金橘饼、核桃仁、花生仁等多种果料混合制成。

【红糖果子】 红糖果子历史悠久、以香、甜、脆著称,色泽赤红鲜亮,入口酥脆,油而不腻,食之使人回味无穷,老少皆宜,是盐阜一大特产,销往华东地区各大卖场及旅游景点。

【九龙口大闸蟹】 九龙口大闸蟹产于风景优美的里下河地区九龙口湖荡湿地,是无公害绿色食品,因产地自然饵料丰富,生态大闸蟹身不沾泥,体大膘肥,青壳白肚,金爪黄毛,获第十届中国国际农交会金奖。

【九龙口咸鸭蛋】 九龙口咸鸭蛋是九龙口荡区自然放养的鸭所生蛋腌制而成,因食芦苇荡的螺丝、小鱼虾等,故个头大、营养丰富,“蛋黄似蟹油,蛋白细又嫩”。

【“何老大”酱醋】 “何老大”牌食用酱油、香醋以及各式酱菜系列产品,是盐城市知名商标。产品香味浓郁,口感醇厚,色鲜味浓,咸甜爽口;色、香、味自成一体。

【“三虹”有机大米】 “三虹”牌有机大米,采用稻鸭共生,环保生态种植技术,获国家环保质量认证,获第十一届中国优质稻米博览会交易优质奖。

（张珊珊）

【建湖荷藕】 建湖荷藕,又名建湖莲藕,产品色泽鲜艳,表皮光滑,体白个大。建湖是江苏荷藕的传统产区,荷藕加工产品远销日本、韩国等国家和地区,用它加工的建湖藕粉圆等多种藕菜远近有名。

【上冈扬花萝卜】 上冈扬花萝卜,个头小,清脆甘甜,呈深粉红色。上冈的沙质土壤,松软肥沃,宜种扬花萝卜。春末夏初,萝卜上市,解渴、充饥。最家常的吃法,是做糖醋萝卜,往往是桌上最受欢迎的。

九龙口荷园　　（建湖日报提供）

【建湖青鱼】 建湖青鱼,俗称“乌混”,因其体黑、喜食螺蛳而得名。建湖河网密布,适合青鱼生活,其肉厚且嫩,富含脂肪,刺大而少,是淡水鱼中的上品。常见的食用方法是砂锅青鱼。用青鱼做成的建湖鱼圆,远近闻名,是春节家家户户的必备品。　（刘祝春）

参加名特优品展销会

【概况】 12 月 1 日至 4 日,县旅游局组织县内部分旅游企业参加了由江苏省旅游局主办的 2017“水韵江苏”旅游产品交易博览会。九龙口咸鸭蛋、荷叶茶、何老大酱醋、翠珊红果等建湖特色旅游商品受南京市民喜爱。而现场展示制作工艺的家乡代表美食“藕粉圆”圆润透明,细嫩爽口,勾起了在外游子的思乡之情,销售一空。

（张珊珊）

责任编辑　朱明君

九龙口花海　　（建湖日报提供）

城乡建设与生态环境

Urban and Rural Construction and Ecological Environment

西塘河　　（建湖日报提供）

城乡规划

Urban and Rural Planning

城乡规划编制

【城市规划内涵提升】 围绕县城总规，完成城北高铁综合枢纽周边区域城市设计、城南片区两中心控制性详规编制，启动城东片区控规、地下管线综合规划等编制，编制了绿地系统、绿线、蓝线、紫线等专项规划，初步形成了以总规为龙头，控规和专项规划为基础，重点地块城市设计和景观设计为补充的规划体系。加强城市地下管线规划建设管理，在全市率先完成地下管线普查和系统平台建设。

【建湖县高铁综合枢纽周边地区城市设计】 委托江苏省城市规划设计研究院进行设计，通过对县城北部现状的城市格局、土地利用、交通条件、公共服务、空间特征等方面进行研究，依托建湖高铁枢纽打造城区北部的“专业性新兴增长极”和“复合型乐水新城区”，进一步提出“一核一心、三轴两片区”指导性空间结构，并对总体城市设计提出要求，包括城市设计的总平面、功能布局体系、城市天际线控制、开发强度控制、建筑高度控制、道路交通系统等，同时提出分期实施、近期建设内容的方案。

（王厚东　杨玉勇）

规划监察执法

【概况】 2017年，建湖县城市管理综合行政执法体制改革，规划监察执法工作已纳入城市管理综合行政执法体系。全年，建湖县规划监察执法工作在主管部门领导下，进一步转职能、转方式、转作风，通过“一推进”“三转变”促进规划监察职能履行。

【规划监察】 按照“治旧控新”的工作原则，进一步落实工作责任制，创新工作方法，确保辖区违法建设得到控制。在探索城市管理综合行政执法工作中突出规划监察重点。主要加强对新投入使用住宅小区和房地产开发项目等热点地段地监管，落实小区物业巡查责任和报告制度，确保违建源头控制。结合建成区治违行动等创建任务，开展集中清理存量违法建设。全年，拆除县城中心区域违法建设2600平方米，其中清理存量违法建设1560平方米。立案查处违法建设一般程序案件12宗，结案11宗。在执法检查中突出落实交办任务工作重点，确保精准掌握镇村禁违控违动态。根据工作计划和涉及镇村交办事项，定期对镇村禁违控违工作进行执法检查，重点督促并配合镇(区)做好上级交办镇村规划管理方面工作。全年，会同主管部门业务科室下镇(区)开展执法检查17次，立案查处镇(区)未批先建私人违法建设案件9宗，8宗结案。

【高立柱广告设施管理】 2017年，执法大队根据全县高立柱广告专项整治工作会议精神，按照“规范有序、安全美观”的要求，集中时间、人力、物力，重点对县城以及县域内主干道两侧不符合户外广告设置技术规范、存在安全隐患、超过审批时限、严重影响市容环境的各类高立柱广告牌进行集中整治。全年拆除涉违涉危高立柱广告设施9座，其中县城1座，盐淮线8座。另外，按照谁设置、谁管理、谁负责的原则，与县域范围内各高立柱广告设施业主签订安全责任书，进一步落实并强化设施设置者的安全生产责任和安全生产意识。（周建国）

责任编辑　朱明君

干净整洁的城市道路　（建湖日报提供）

城市建设与管理

Urban Construction and Management

市政设施建设

【道路工程建设】 完成神台河北侧路(湖中路至滨河路)、塑东巷、原纺织厂周边道路、镇南村部东侧支路等建设工程;开工建设明珠路(秀夫路至太平路段)、物流大道、人民北路、镇北路,建设工程有序推进。加快县城黑臭水体整治。制定出台《县城黑臭水体治理实施方案》,完成了县城黑臭水体治理技术方案编制工作。

【污水管网建设】 完成城南、城北配套污水管网2公里,覆盖拉网式污水管网工程8.5公里,"十必接"污水管网3公里,清淤养护4公里污水主管网及24个小区管网;建成了苏北第一家独立选址的县级中水厂。

【天然气建设】 宝丰线主管网全线贯通,在验收后通气。全县全年共铺设中压管道15.421公里,低压管道18.97公里,实现新增居民用户7659户,工业用户新增55户。 (朱 丹)

国家级园林城市建设

【宣传发动】 通过召开动员推进会议、悬挂横幅标语、发放宣传手册等方式方法,增强群众对创建工作的认同感、参与度,民意知晓率达92%。

【推进措施】 先后完成了神台河风光带贯通、西塘河风光带续建、建宝路改造等绿化工程建设,改造了湖中路、向阳路、丰收路、秀夫路绿化;提升了双湖公园、增岁园、四宜园、秀夫公园绿化,同时因地制宜对县城河道、桥体进行了绿化,县城绿量显著增加,绿化水平进一步提高,共补植乔木2.6万株、灌木及小灌木约380万株,更换时令草花约120余万盆,增加自衍草花面积约10万平方米,县城绿化覆盖率达40.91%,人均公园绿地面积12.08平方米。

县城增岁园一角 (建湖日报提供)

【组织督查】 围绕国家园林县城创建标准,制定《创建国家园林县城任务分解表》,将创建任务分解落实到各级、各有关部门和单位,并建立健全督查考核制度,全面掌握目标任务的落实情况,进行日查日报,确保了创园工作取得实效。9月,通过住建部专家组验收,10月,以全省3个参评县第一名的成绩获住建部"国家园林县城"称号。 (朱 丹 彭晓兰)

城市管理

【"931"整治】 围绕"931"城市环境整治工作计划,精心组织,强势推进,年度任务全部完成,整体进度位居全市前列。深度拓展整治内容,开展农贸市场、校园周边、烧烤摊点等专项整治26次,城市秩序更加井然规范。加强规划执法监督,拆除违法建设60多处,3100平方米。完成数字城管系统新一轮升级改造,推进原数据库更新、事件部件补充普查,建立完善三级平台,严格规范操作流程,通过省住建厅考核验收。

【垃圾分类】 完成三项专项规划编制,启动垃圾分类试点小区2个、单位10个,县城投用各类分类设施840只(组),分类设施覆盖率达20%。加快推进农村生活垃圾分类试点,恒济镇投用设施80组、建成分类收集房4座。开展各类宣传活动20余次,发放倡议书、分类手册5000余份(册),分类知晓率达40%。

【环卫保洁】 加大县城主次干道保洁力度,实现保洁全天侯、网络全覆盖、考勤全方位。加强城市内河保洁,河道环境得到改善。坚持生活垃圾日产日清，清运率达100%，机械化清扫率达78%，无害化处理率达92%。推进环卫设施配套，启动垃圾压缩处理中心升级改造，新增各类环卫车辆800余台。

现代化环卫装备机械化清扫路面 （建湖日报提供）

【景观亮化建管并举】 完成向阳大道、经六路等道路路灯建设，改造后街背巷路灯线路2500余米，县城亮灯率达98%。强化县城亮化管护和“双河”风光带、绿地保洁工作，全年整改亮化设施200余处，县城整体亮化层次和效果进一步提升。

【体制机制改革】 按照县委、县政府统一部署要求，整合市容、环卫、城建、环保、市政、园林等执法职能，组建了副科级建制的县城市管理综合行政执法大队，推进城乡建设领域行政处罚权集中行使。按照“三集中、三到位”要求，全面推动三级审批向一级审批转变，审批即办率超过90%。进一步优化审批流程，实现全县工业项目建设用地规划许可0.5天、建设工程规划许可1天办结的快捷目标。完善行政处罚事项集体会办制，落实执法过错责任追究制，全年共办理一般程序案件126件、简易程序案件304件。

【党风廉政建设】 县城管局党委落实党风廉政“一岗双责”，坚持一手抓职能履行、一手抓反腐倡廉。定期召开党委会研究党建工作重大事项，形成推动党建工作落实的长效机制。持续开展“两学一做”学习教育，既抓好规定动作，又抓好自选动作，解决党员队伍在思想、作风等方面存在的突出问题，进一步夯实党建基础。严格执行中央八项规定、省市县委各项规定要求，推行公务卡接待、预决算公开等制度，公务支出进一步压减。

城市照明景观亮化 （建湖日报提供）

【服务效能】 开展“强、转、树”行动，倡导“721”工作法，进一步提升干部职工业务能力和水平。投身国家园林县城、省级文明城市创建活动，组织开展20多次专项整治行动，发挥了创建主力军作用。精准服务重大政治、经济活动，完成各类保障任务78次，展示馆接待各类团队112批7000人次，更好地展示建湖对外形象。年初两场暴雪袭城，全体城管人出动，昼夜奋战，清理积雪，全面保障了居民出行和交通畅通。研究出台机关管理各项制度，强化上下班、请销假、窗口规范等制度执行，规划城管系统形象进一步提升。 （夏 清）

责任编辑 朱明君

农村建设

Rural Construction

镇村建设

【镇村法定规划】 加快镇村规划编制进度，在完成各镇总体规划的基础上，进一步修改完善镇控制性详细规划，根据市新型城镇化与城乡发展一体化规划编制任务要求，开展村庄规划编制工作，已完成庆丰镇董徐村、沿河镇蒿仑村、九龙口镇梅苏村等村庄建设规划，指导镇工业园区建设，完成上冈镇、芦沟镇、庆丰镇等8个园区规划编制，对科学指导镇村建设，促进城乡统筹和一体化发展起到重要推动作用。

宝塔镇古村落朦胧小街　　（建湖日报提供）

【农村危旧房改造】 全年共完成6833户农房拆除改造工作，超额完成市下达的4714户年度目标任务。坚持点线面相结合的原则，按照D级危房强制拆除、C级危房修缮加固或自愿拆除地要求，2017年面上完成改造C级危房5552户（其中修缮加固3054户、拆除2498户）；线上突出234省道、九龙大道沿线改造提升，共拆除危旧房1281户。结合康居工程，帮助农村贫困家庭解决安全住房问题，完成省级下达的2005户贫困户改造任务，争取省级专项补助资金2000多万元。

【集中居住点和美丽乡村建设】 加快重点村（或特色村）和集中居住点建设，按照美丽乡村和康居村庄的标准，对全县确定的12个重点村或特色村，进行重点打造培育。不断完善村庄规划，对建湖县九龙大道、盐淮线、234省道、231省道四条统筹城乡示范带上确定的重点村、特色村重点打造，遵循问题导向、需求导向，侧重基础设施和公共服务设施，了解农民实际需求，尊重村民意愿，编制了庆丰镇董徐村集中居民点（一期）建筑工程设计和市政与景观工程设计、九龙口镇收成村传统村落保护规划等系列规划，收成村被评为省级传统村落。坚持以提高规划质量为切入点，打造亮点为重点，切实加快建设美丽宜居乡村建设，展现建湖县农村对外形象，发挥示范带头作用。宝塔镇宝塔村、高作镇长北村建成省级美丽乡村，建阳镇赵墩村、芦沟镇田曹村建成省级康居村庄，庆丰镇董徐村申报创建省级美丽乡村。九龙口镇收成村省级传统村落规划已完成。实施农村生活污水整治。被列为全市唯一全省13个村庄污水治理竞争性立项试点县之一，获省2865万元专项补助，编制完成全县村庄生活污水处理规划。

（孔祥良）

农村沼气

【概况】 在养殖场沼气工程建设上，2017年全县建成300立方米地下式沼气工程2处，全县累计已建成中小型沼气工程62处，总池容1.35万立方米，年可产生沼气165.6万立方米。在户用沼气建设上，群众需求量很少。沼气服务方面，县农委签约7名沼气工为全县户用沼气用户维修服务，服务协议规定，维修工每月回访农户比例不低于10%，指导农户保养、投料；需要维修的农户电话联系24小时内，维修工必须与农户约定上门服务时间，服务免费，需要换零配件的按农环站统一价格收费，农委对服务人员进行考核，确保农户得到便捷有效的服务。 （郭汉兵）

责任编辑　朱明君

供电·供水·供气

Power Supply ,Water Supply ,Gas Supply

供　　电

【概况】 2017年,建湖县供电公司贯彻落实省、市公司和县委、县政府决策部署,紧扣"改革攻坚年"和"管理提升年"工作主线,坚持以加强党建为统领、安全稳定为基础、依法治企为保障、规范管理为抓手,统筹推进电网、公司、员工"三个发展",完成了全年目标任务。年内完成供电量20.76亿千瓦时,售电量19.7亿千瓦时,比上年均下降5.09%。电网最高负荷43.3万千瓦,比上年下降9.17%。线损率5.12%。业扩申请容量44.65万千伏安,比上年增长8.41%。电费回收率100%。城市、农村供电可靠率分别为99.9526%、99.8667%,电压合格率99.991%,均高于年度计划。固定资产原值13.44亿元,比上年增长8.1%。

【学习宣传贯彻中共十九大精神】 坚持把学习宣传贯彻中共十九大精神作为首要政治任务,组织干部职工收视大会盛况。公司党委3次组织专题学习,准确领会把握中共十九大精神要义,带头贯彻落实中共十九大精神。制定中共十九大精神学习方案,邀请县委党校专家讲授中共十九大精神,公司各级党组织采取多种形式,推动学习活动进基层、进班组、进现场,实现了学习宣贯全覆盖,广大干部员工"四个意识"更加牢固,"四个自信"更加坚定,进一步增强了立足岗位、干事创业的信心和决心。

【安全生产】 开展"七项主题"、安全生产大检查、秋冬查等活动,累计整改缺陷375条。开展"安全生产月"活动,深刻吸取江西"5·7"、山东"5·14"人身事故教训,增强员工安全意识。强化"同进同出"到岗尽职,累计督查现场852处,查处违章110起,考核111人次。完成应急指挥中心升级改造,开展电网反事故、防汛防台、车辆安全应急演练。开展废旧电杆和杆号标识牌专项整治行动。开展外协单位安全专项检查,组织安全廉政约谈8次。完成十九大、中高考等保电任务。"7·5"强对流天气电力抢修工作被央视报道。公司被市公司表彰为"安全生产先进单位"。实现连续安全生产5203天。

县供电公司对供电线路进行全面巡查与抢修　　(肖兵　迎春　摄)

【电网建设】 完成500千伏龙口变、220千伏高粮变工程选址选线。开展建湖110千伏电网状态评估。滚动修订建湖2016—2020年电网规划。完成锡泰特高压工程属地保障工作。220千伏吉利变、110千伏冠华变等3项基建工程,按里程碑计划有序推进。110千伏冠华变基建信息化工作代表省公司接受国网公司检查。按期完成110千伏冈西变、110千伏颜单变、35千伏宝塔变等大修技改项目。改造"三跨"线路23条。完成配农网建设投资2.62亿元,实施配农网工程1666项,新建改造配电线路459公里、农网低压线路398公里,配变211台,低电压比上年下降75.04%。

【经营管理】 推进"改革攻坚年"和"管理提升年"活动,项目化推进71项重点任务。推进问题清单梳理,完成"四上"阶段。举一反三做好市公司巡察反馈问题整改。围绕指标排名和贡献值两个维度,修订公司《同业对标考核办法》。落实国网要求,完成公司制改制。梳理预算项目2456项,发现问题320项,已整改317项。完成集体企业"三定"和延退返聘整改工作。推广农电团队绩效工资。完成非电网资产无偿移交5项。颜单综合配电班正式挂牌成立。推动政府召开电能替代和平安电力专题会议,促请政府出台电能替代政策5项,完成替代项目130个,替代电量1.48亿千瓦时。实施业扩配套项目6项。发放电费函证466份,确保电费资金安全。推进"一市一行一户",撤销6个电费账户。加强科技和管理创新工作,1项QC成果获省质协发布一等奖,取得发明实用专利授权8个。

【优质服务】 开展"绿色苏电 智联万家"优质服务主题活动。开展"进、解、促"和"电力体检"活动89次,靠前服务通用机场、东西发动机、般若电子、5i智能制造生态谷、应龙显示屏等政府重点项目。走访镇区政府、人大代表、政协委员,征集意见建议65条。成立5个园区供电服务组。与县经济开发区签订战略协议。开展"95598"投诉工单压降行动,年度投诉比上年下降43.8%。提请政府多部门联合发文,完成21310户"多表合一"集中采集,数量全市最多。"12345"县长热线工单按时办结率、满意率均达100%。

【三个建设】 开展纪念建党96周年系列活动。推进"两学一做"学习教育常态化制度化。实施党建"旗帜领航、三年登高"计划。制定《国网建湖县供电公司党建工作绩效考核评价办法》。采取"1+1"模式开展供电所党支部联建。开展"转作风、强服务、提质效"专项整治行动。与县人民检察院开展"检企共建",共同构筑廉政风险防控网。开展农电"家家到"巡讲。组织党员干部"一岗双责"现场公开述责。开展供电所内部巡查全覆盖。定期调阅、点评"两个责任"清单手册,推动"一岗双责"落地。开展1876户居民和14户企业大走访,县电视台宣传推广公司经验做法。社会责任根植项目代表市公司参加省公司发布。举办"拜师礼"道德讲堂。开展员工素质三年提升行动,30人取得中高级职称,6人取得技能等级。联合县总工会举办全县农网配电营业工职业技能竞赛。公司3名员工为省、市公司获得3项技能竞赛团体第一名做出贡献。组织职工年度疗休养。建成职工活动中心、青工公寓。强化值班管理和舆情管控,落实稳控措施,公司保持和谐稳定的发展局面。九龙明珠营业班获得江苏省"工人先锋号"称号。公司被盐城市总工会评为联手兴家示范单位,被省公司表彰为新闻宣传工作先进集体,被市公司表彰为文明单位。 (袁万龙)

县供电公司组织技术人员帮助群众维修秋收用电设备 (肖兵 摄)

供水

【概况】 2017年,县自来水公司贯彻落实中共十九大及十九届三中、四中全会精神,围绕年初下达的工作目标,以"保障安全供水、提升供水服务"为中心,以管理和效益为重点,加强供水基础设施和智慧水务建设,抓管理、降漏损、提服务、促发展,各项工作稳步推进,为实现供水事业跨越式发展提供了有力保障。

【城乡供水提档升级】 推进"两重一实"供水基础设施建设,加快老旧低压区管网改造,提升供水能力和服务水平。13条道路管网改造铺设主管52.7公里,29个低压小区改造铺设支管29.3公里,受益居民1.1万多户。策应农路提档升级,改造管网65公里。向国家、省争取了综合节水示范工程、农村饮水安全巩固提升工程奖补资金645万元。完成县城98个小区、镇区48个小区二次供水设施普查,起草《建湖县高层住宅二次供水设施管理办法》,经县长会办会通过并实施。投资210万元,实施上冈水厂10千伏双电源和污泥干化池工程,制水电耗比上年节约84万千瓦时。强化精细管理,漏损率下降到19.83%,与上年相比下降2.72%。继续推进智慧水务建设,智能表用户达4.7万多户,关注建湖供水微信公众号用户增至8万多户,管网GIS地理信息系统完成120公里一级管网数据采集。大运河新水源工程建设,县境内主支管沿线房屋搬迁和清障工作全部完成,铺设主线管道10多公里。

【供水主业扭亏为盈】 自来水公司强化水务企业内部管理,加强抄收督查抽查,全年县城实现售水1413万吨,漏损率从2016年22.55%下降到19.83%。农村供水公司强化抄收人员管理,对抄表人员工资进行改革,用户水费足额缴纳后才能领取全额工资,同时加大预缴宣传力度,至年底,14个分公司中12个分公司水费回收率达100%,水费预缴达174万元。

水质检测技术人员正在检测自来水水质 （王春雨 摄）

全年城乡实现售水2234万吨，供水主业实现盈利197万元。

【智慧水务建设】 完成了营业综合平台升级，实行手机抄表，抄收轨迹及录入数据实时上传。建立了自来水公司微信公众号，用户可通过微信平台缴费，随时查看账单、交易记录，掌握水价、业务办理流程、停水通知等多项信息，受到用户好评。实施管网流量计改造，对原安装位置进行重新布局，同时完成流量计地维护和更新，确保计量准确，数据上传，为掌握管网实时运行动态、提高抢修速度及降低漏损提供支撑。加快管网GIS信息系统建设，年底已完成中控室大屏等硬件安装，全县120公里一级管网探测及数据采集也已基本完成。12月，投入35万元，在半个月时间内，从硬件软件建设到调试和员工培训，实现了电子票务系统上线。继续推进安装智能水表，智能水表总数达47268只；新增流量计监测点3处，对镇区用水地流量监测更加细化，同时对原有流量计进行了维护更新，对全县流量计及压力表位置完成了GPS定位，确保了数据准确上传。投资20多万元，购置了GPS接收机、管线探测仪、井盖探测仪等设备，正进行二、三级支管网地测绘，建成后，将为供水合理调度、管网维修等，实施信息化、精细化管理提供技术支撑。 （唐 慧）

供　　气

【概况】 建湖县燃气管理办公室履行县住建局赋予的行政管理职能，负责全县燃气管理工作，对县行政区域内燃气的规划、工程建设、经营、使用、设施保护和燃气器具的安装、维修、使用，以及相关的进行监督管理。全县有管道天然气公司3家，接通天然气居民用户5.66万户、工业用户45户、商业用户208户，全年用气约1840万立方米；瓶装液化气经营企业5家，总储气能力1215立方米，全年销售液化石油气5308吨；汽车加气站3家，满足全县400多辆出租车节能减排的需要。县委县政府将天然气管网建设作为重要的民生实事工程，推广天然气普及使用，在新建小区要求100%配套天然气的基础上，老旧小区也在逐步配套改造中，全县累计建设中高低压管道395公里，管网覆盖10个乡镇和街道，逐步满足经济发展对天然气的需求。

【行业管理】 县燃气办年初与11家燃气经营企业签订安全生产责任书，落实安全生产主体责任，加强燃气安全生产管理；开展燃气安全生产大检查，全年组织安全检查10次，其中全县范围内综合大检查7次，重点对天然气管道、液化气储配站、加气站、各燃气供应点、燃气施工现场进行检查，对发现的问题，明确整改期限，消除事故隐患；出台文件规范施工现场燃气管线交底与监护管理，确保燃气管道安全运行，实现全县燃气行业安全生产全年无事故。

【冬季保供】 面对2017年冬季上游天然气供应紧张的实际情况，县启动冬季用气应急预案，建湖昆仑燃气公司多措并举筹措气源，保障民生用气。优先保障居民、学校、医院等重点群体和行业，对部分工业用气企业，采取了有序停、限气措施。协调重点企业错时使用天然气，与企业协商合理分派工业用气量，全力保障重点工业企业正常生产经营秩序，助力县实体经济健康发展。 （县住建局）

责任编辑 朱明君

建湖中石油昆仑燃气有限公司检测员对城南初中食堂用气安全进行检查 （建湖日报提供）

交　通

Traffic

交 通 综 述

【概况】 2017 年,建湖县交通运输局围绕“完善体系、改善路网,提升干线、提档农路,优化布局、优质出行”的目标,进一步加大交通基础设施力度。

【基础设施建设】 233 省道西段、231 省道拓宽改造、草庆线及南延等工程相继竣工。233 省道东段一、二、四标段完工,三标段完成路基施工,通榆河大桥合拢;233 省道新长铁路段路基施工超半,箱涵结束、管涵接近尾声;建宝路拓宽改造完成路基处理、两座中桥以及全部箱涵、圆管涵施工;芦东线改造完成唐港桥及沿线箱涵;草庆线北延正在进行路基和桥涵施工。连盐铁路建湖段主体工程结束,“四电”工程完成 80%;徐宿淮盐高铁建湖段下部结构完成投资总额 90%。明星路下穿新长铁路工程完工,建宝路、233 省道下穿完成基坑深搅桩施工,冈庆道口主体结束,廖庄道口顶管施工完成。

【农村公路提档升级】 对照农村公路提档升级新建道路 168.099 公里(其中庆丰的庆东公路 2.684 公里与 232 省道部分并线不实施),改造桥梁 204 座的任务目标,创新建设模式,将全县划分三个片区,分别招标设计、监理单位,按片区管理考核和督促推进,形成“比、学、赶、超”的工作态势;全面落实帮建措施,每周召开一次情况汇报会,每半月编发一期督查通报,每月完成一次镇区、街道督查“家家到”,协调矛盾、会诊难题,推促工程建设;发挥交通部门技术优势,加强技术指导、质量监管和进度控制,定期不定期开展巡回督查和实体抽检,并根据验收情况给付资金,以此促进工程有序实施。截至年底,农路提档升级项目道路已完工 85.365 公里,在建 68.92 公里,待建 11.13 公里;桥梁已完工 93 座,在建 38 座,待建 73 座。同时,全年实施美丽乡村道路建设 101.67 公里,截至年底已完成 68.8775 公里,在建 32.7925 公里。

农村公路提档升级,图为九龙口境内唐成路　　（建湖日报提供）

【行业安全监管】 狠抓“平安工地”建设、施工安全及质量监管,层层签定安全生产责任状,强化安全生产事故责任追究制,坚持落实每季度安全工作例会制度和每月安全检查制度,全年召开全系统安全员例会 16 次、下发安全管理文件 22 份、举办各类安全人员培训班 8 期。深入开展平安交通、平安水域、平安工地创建活动,推进干线公路灾害防治、公路水路安全保障和运输市场秩序整顿“三项活动”,确保了安全形势稳定。

【信访维稳】 结合“大走访”活动,坚持不懈做好信访维稳工作,排查调处各类矛盾纠纷,全年处理上级交办县长热线、厅长(局长)信箱、“12345”政府服务平台等交办件 326 件,接待群众来访 24 起,解答“两会”建议、提案 38 份,答复率、办结率 100%,满意率在 90% 以上。全面落实信访稳定工作责任,排查化解各类矛盾隐患,规范信访行为和秩序,全年未发生大规模群体上访、去京去省越级上访事件,维护了全系统大局稳定。

【人员素质提升】 结合“两学一做”、学习中共十九大会议精神等主题和勤廉“点述”工作,开展民主评议、述职述廉活动,不断完善廉政报告、责任追究、集体决策等制度。全面加强学法用法，先后邀请相关领导和专家进行新《中华人民共和国安全生产法》《中华人民共和国行政诉讼法》《中华人民共和国航道法》等法律法规的业务指导和解读释义；全面加强交通法治宣传和领导干部学法，组织执法人员参加省市轮训、执法考试、岗位练兵、技能竞赛等活动，全年参培人数达280人次；推进基层站所"三基三化"规范化建设，建立健全执法检查、评议考核、过错追究等机制，不断提高执法队伍水平。完善行政权力网上运作，进一步加强许可窗口服务，严格执法证件和执法资格管理，实行执法全过程记录簿记录制度，执法人员无违反"十项禁令"行为，全年未发生重大负面影响的执法案件，无行政复议撤销或变更案件，无行政诉讼败诉案件、执法人员违纪案件和"三乱"现象发生。加强领导班子、党员干部和基层组织建设，组织开展党员活动日活动，不断夯实党建基础，提升党员素质。利用创建样板路、样板航道、文明服务窗口、党员先锋岗、党员红旗车等载体，加大文明创建力度，促进了全系统作风政风行风根本性好转。

城乡客运一体化建设

【概况】 致力民生改善，新增定制公交6辆，优化调整1路、22路公交线路，新辟县人民医院南北两院之间23路直达线路；新建港湾式公交站台2座，城市公交候车亭4座、新增候车牌20面；新开镇村公交线路2条、投放车辆6辆，新建农村候车亭30座，为全县7000余名优抚对象办理公交双拥卡，实现城市公交免费乘坐。

交通行业管理

【公路养护管理】 县公路站全年实施路面病害处置4.2万平方米、灌缝贴缝2.6万米、绿化补植4.8万株、桥梁刷白1.4万平方米；依法清除桥下堆积物6800立方米、违法占用地7200平方米，完成绿化种植防护5800平方米，规范整治非标58块。结合交通干线沿线环境综合整治"五项行动"，清理整治普通国省道死角168处，规范建设工地4处、作业经营场所2处；清除高速公路违法堆积物33处、限期拆除高炮广告6处。全年查处路政案件109件，其中处罚案件68件、处理案件41件，行政许可服务事项12件；检查货运车辆1836辆，其中涉嫌超限运输68辆，卸驳载货物564吨。

【陆上运输管理】 县运管处全年出动车辆1786辆次、人员4465人次、查处各类运政违章121件、现场纠正轻微违章216件；新增一、二类维修企业各1家、三类82家，新增物流企业19家、危货企业1家，办理行政许可112件。234省道建湖收费站全年完成车辆通行费征收1444万元，查处各类逃费车辆250辆、免费放行七座以下车辆92681辆、绿通车辆11579辆、联合收割机械1169辆。

【航道运输管理】 县海事处组织渡运安全拉网式普查5次、检查渡口20道次、举办渡工船员培训班2期；全年海事巡航1.6万公里、检查船舶8300余艘次、报港危化品船舶115艘。深入开展县域内老旧码头清理整顿，逐步取缔中心港区"三无"码头，打造"平安港口"。

【重大运输保障】 春运期间，日均投入客车325辆，日均投入1400班次，加班308班次，运送旅客量41.55万人次；除夕至初六期间组织开展城乡居民享受免费乘城市公交活动，开放公交线路9条，投入公交车105辆，投放5585班次，安全运送旅客约33.5余万人次；清明节期间，日均投入客车328辆，日均投入1393班次，加班25班次，运送旅客量3.56万人次；"五一"期间，日均投入客车325辆，日均投入1380班次，加班25班次，运送旅客量3.48万人次。

陆上交通基础设施建设及运输

【公路概况】 截至2017年底，全县公路总里程达1813.2公里，公路密度达156.3公里/百平方公里。其中高速公路42.4公里、一级公路248.4公里、二级公路290.8公里、三级公路107.3公里、四级公路1124.3公里。全县拥有营运客车302辆、出租车251辆、公交车111辆；座位数其中客运车辆8075座、出租车1255个、公交车2823个座位；载货汽车2323辆，22082吨位。全县境内公路客运量758.48万人次、客运周转量4.58亿人公里；货运量82.38万吨、货运周转

县交警在233省道开展交通安全检查 （建湖日报提供）

量 10020 万吨公里;客运班线路 99 条(含公交整合)、货运班线 23 条;城市客运量 2627 万人次(出租 1561 万人次、公交 1066 万人次)。

【铁路概况】 2017 年,全县境内铁路总里程 29.8 公里,县铁路客运量 3.2 万人次,货运量 1.9 万吨(由于高铁建设,新长铁路建湖汽车站于 2017 年 3 月 1 日停运)。年内,县境有 2 条在建铁路,分别为连盐铁路、徐宿淮盐高铁。为保障铁路重大项目建设,县政府专门成立县铁路建设管理办公室和连盐铁路、徐宿淮盐高铁建设指挥部,形成"政府牵头、部门联动、镇区配合、社会参与"的组织化推进格局,为按时保质完成征地拆迁、安置清障和矛盾协调工作提供了组织保障。

【连盐铁路】 连盐铁路途经上冈镇冈东社区 4 个行政村,全长 8.6 公里,涉及 64 户农户和 3 处公益设施拆迁。截至 2017 年底,连盐铁路附属工程完成 90%;三改工程完成 85%;铁路轨道铺设完成 100%。

【徐宿淮盐高铁】 徐宿淮盐高铁途经高作镇、建阳镇、近湖街道、县开发区、庆丰镇 5 个镇(街道、区),计 16 个行政村,全长 29.82 公里,涉及 568 户农户和 5 处企业拆迁。截至 2017 年底,徐宿淮盐铁路桩基处理完成 92%,墩台、墩身施工完成 92%。预制梁预制完成 85%。预制梁架设完成 75%。

徐宿淮盐高铁建湖段施工成型的墩柱 (建湖日报提供)

航道建设及运输

【概况】 截至 2017 年底,全县境内有航道 51 条,里程 528.33 公里,其中等级航道 11 条、223.5 公里,等外级航道 40 条、304.83 公里,五级以上航道共计 6 条,123.29 公里,具体为三级航道:通榆运河(连申线建湖段)17.38 公里;四级航道:黄沙港 27.77 公里;盐宝线(建湖段)22.07 公里;五级航道:建口线 32.15 公里,盐益线(夹荡港—永兴)19.46 公里;射阳河(建湖段马泥沟—永兴)4.46 公里。全县现有规模型港口 1 个,码头泊位 31 个,总延长 2880 米;县城范围内水域小码头 9 处。全县拥有机动船 1025 艘、33.33 万吨位,驳船 715 艘、39.19 万吨位;拖船 155 艘。水路货运运输量 405 万吨,货运周转量 16.93 亿吨公里。

【航道维护】 全年航政艇累计巡航 140 航次,巡航里程 15894 公里,办理航道行政许可 1 件,查纠违章 4 起,清除干线航道垃圾 8 处,清除通榆运河航道岸边搁浅船舶 2 艘累计 90 吨,清除通榆运河上冈镇南庄村航段渔箱 1 处,迁移通榆运河水上加油船 2 艘、电焊船 1 艘,水上装卸吊机船 1 艘,取缔通榆运河上冈镇南庄村航段砂石场 1 处。投资 79 万元,完成盐益线、盐宝线航道疏浚土方 40049 立方米。全年累计维护航标 292 座次。全年共收取航道赔(补)偿费 47000 元。完成全年航道清障扫床工作任务,扫床里程 334.51 公里。

(马智波)

交通便民服务

【概况】 响应市委、市政府号召,发挥公交公益属性,面向全县享受国家抚恤补助的优抚对象、退役军人、烈士遗孀及子女陆续推出"盐城市优抚对象公交双拥卡"。通过信息采集、申报登记、资料审核、手续办理、卡片制作等流程,由县政府先期投入近 20 万元承制的新一批 7247 张双拥卡已于 2017 年底前全部移交至民政部门,由社区居委会陆续发放到各优抚对象手中。根据相关部门测算,"盐城市黄海通市民优抚对象公交卡"共惠及约 32 万人,持卡人可以刷卡免费乘坐盐城全市(年内滨海、射阳除外)区域内的所有城市公交。建湖县域内尚有 6000 余份公交双拥卡需待办理。

(徐春静)

责任编辑 朱明君

信息化平台建设

Information Platform Construction

综　　述

【概况】 建湖县以中共十八大以来历次会议精神以及省、市、县委会议精神为指导，以“城市智慧化、智慧产业化”为发展方向，以“产城融合、智慧引领”为发展战略，以“基础设施高度覆盖、应用管理高度发达、产业经济高度发展、民众生活高度和谐”为发展目标，不断加快智慧城市建设步伐，聘请专业单位对“智慧建湖”建设进行顶层设计。多次召开会议动员部署，出台系列文件指导协调“智慧建湖”建设。推进重点项目建设，特别是2015年以来，全县共实施重点智慧项目48个，总投资4.5亿元，先后建成“无线建湖”“智慧建湖”促进中心、“智慧建湖”体验中心、“互联网＋工业”服务中心、先云云计算数据中心等一批先导性、基础性、战略性工程，为“智慧建湖”建设打下坚实的基础。同时，互联网＋工业、农业、服务业、教育、卫生、住建等智慧应用项目整体推进。建湖县先后获评首批省信息消费试验区、全国电子商务百佳县，恒济镇建和村、恒庆村，高作镇陈甲村先后被评为省级电子商务示范村，高作镇被省经信委认定为省级农村信息化应用示范基地。建湖县共拥有省级两化融合示范企业4家，试点企业21家，名列全市前茅，开发区获批省级两化融合示范区，高新区被评为省级两化融合试验区。同时，建湖县申报“国家智慧城市试点县”已通过省级评审，上报住建部。　　（经信委）

县高新区先云云计算项目　　（建湖日报提供）

政府信息化

【政府门户网站建设管理】 根据全国政府网站普查要求，不断加大县政府门户网站监管力度，加强政府网站内容的建设和管理，进一步完善网站的各项功能，在内容上突出政策宣传、信息公开、强化服务、利民便民，在形式上体现互动和交流。在对全县政府网站清查摸底数的基础上，按照省、市政府网站集约化建设的要求，“县级政府各部门、乡镇政府（街道办事处）不再单独建设网站”，县电子政务管理办公室对全县35家政府网站进行关停，并建设全县统一的政府网站集约化平台，对关停的政府网站内容进行整合，全部迁移到县政府门户网站上。同时，县电子政务管理办公室还承担向省、市政府网站上报信息专题的任务，全年被省政府网站采用信息40条；被市政府网站采用信息405条，列盐城市各县（市）前列，扩大了建湖的知名度和影响力，被市政府办评为全市政府网站内容保障一等奖。

【政务公开】 政府网站是政府信息公开的第一平台，是保证政府信息公开发布的重要渠道，县电子政务管理办公室按照全国政府网站普查的要求，对全县信息公开资源进行了全面梳理，对信息公开网的网页界面、目录设置、功能等进行了调整完善，进一步增强政务公开实效。按照“公开为常态、不公开为例外”的原则，在全面推进决策、执行、管理、服务、结果“五公开”的基础上，加强政府决策、执法监管、政务服务、行政权力、财政预决算等重点领域的信息公开，全年通过政府网站、“两微一端”等渠道，发布各类政务信息6400余条，没有发生信息失密泄密事件。针对近年来依申请公开政府信息数量越来越多、范围越来越广、申请人专业性越来越强等特点，通过采取规范办理程序、建立会办制度、加强沟通协调等有效措施，依法依规满足公众的政府信息需求。全年处理政府信息依申请公开54件，均在法定时间内回复了申请人，没有发生因政府信息公开被依法究错的行政复议和行政诉讼案件，提升了政府公信力。

【电子政务外网建设】 建设电子政务外网是2017年全省性的系统工程，根据省、市的统一部署，要求各地区在4月底前完成本地区网络建设任务，与省主干网无缝对接，实现电子政务外网省、市、县、乡全线贯通。县电子政务管理办公室通过前期摸排，确定了全县81个单位作为电子政务外网的接入单位，经过与多方的沟通交流和调研论证，决定采取竞争性磋商方式确定项目建设单位，并于4月5日进行了招标，最终中标价为415万元。评标结束后，县电子政务管理办公室正式开始项目实施，县政府办下发了《关于加快推进电子政务外网建设的紧急通知》，要求各镇（街道、区）和各部门明确分管领导和联系人员，做好电子政务外网建设的准备工作，在线路铺设和设备进场时给予必要的支持和配合。同时要求中标单位倒排工期，制订项目实施计划，每天向县电子政务管理办公室汇报工作进展情况。中标单位派出5个施工小组，对全县81个电子政务外网接入单位进行现场勘查和设备线路建设，于4月28日在全市率先建成本地区电子政务外网。

【信息网络安全】 强化网络安全意识，对县电子政务网络系统定期进行安全检查，发现存在的问题和安全隐患，完善安全防范措施，整改到位。节假日安排专人值班，尤其在中共十九大召开期间，实施全天候网络监控，防止出现网络中断、系统瘫痪等重大安全事件。同时，新建了全县电子政务外网机房，购置了防火墙、入侵防护、堡垒机、防病毒网关、数据库审计、抗DDOS攻击、网站防护等多台网络安全设备，对电子政务外网安全进行了重新规划和调整，切实增强网络防病毒、防攻击、防篡改、防窃密等能力，实现了“人防”与“技防”并举，确保全县政务网络安全和稳定。

（胡劲松）

“智慧建湖”建设

【基础设施】 全县城镇、农村宽带平均接入速率分别达到100M和20M，全县城乡光纤宽带覆盖率已达95%以上。建设并投入使用的4G基站1300个，4G用户普及率超过70%，基本实现4G全覆盖。全县有线电视用户达13.07万户，城乡覆盖率达90%，网络电视用户达7.18万户。建成了“无线建湖”项目，无线信号覆盖双湖公园、西塘河风光带、文化艺术中心、体育中心、驻城医疗机构等公共区域，为市民提供免费快捷的上网服务。

【两化融合】 工业企业广泛运用信息技术推进企业升级，特别是在研发设计、装备智能化改造、企业内部资源管理、低碳制造、安全管理等方面，取得明显成效。建湖县拥有省级两化融合示范企业4家，试点企业21家。与此同时，建湖县还建成企业经济运行在线监测平台、中小企业公共服务平台、公共信用信息系统“一网两库”等，不断提升服务发展的效能。

【社会信息化水平】 信息技术运用普及，“技防城”建设、数字城管、“12345”政府公共服务平台等提高了社会管理效能。“技防城”建设成效显著，建湖县成为全市唯一一家获全省首批“技防城”称号的县份。

【电子政务】 建成县行政权力网上公开透明运行系统，以“中国建湖”门户网站为核心，以各镇区、各部门网站为子网站，推行“一站式”服务，促进政府职能转变，更好地服务群众。

【农村信息化】 农村“新三通”（行政村通光缆，自然村通宽带、通有线电视）全县行政村覆盖率达100%，60%的村居建成符合“五个一”标准的信息综合服务平台。“12316”农业专家热线成为全县农业生产的技术咨询答疑的重要平台。

【电子商务】 建湖县加快电子商务进农村、进企业、进市场、进社区步伐，深化电子商务应用，全年新增电商应用企业、商户300家以上，网上交易额100亿元以上。建湖县被认定为省级农村电子商务示范县、省级首批信息消费试验区，高作镇被认定为省级农村信息化示范基地。

【先云云计算数据中心】 位于高新区智慧产业园的先云云计算数据中心计划总投资5亿元，是亚洲唯一一座按照全球最高标准设计、建造和运营的数据中心，是苏北目前最大的云计

先云云计算数据中心员工正在了解冷冻机房运行参数和状态

（建湖日报提供）

算数据中心，项目用地2万平方米，建设机柜2120台，通过建立和整合计算、存储、网络、安全、应用等IT资源，为建湖及整个苏北地区政府、市民、行业企事业单位提供统一的云计算服务，致力打造中国第一家面向中小企业的云应用平台，把建湖打造成“智慧建湖”“声谷建湖”。年内，一期584台机柜全部安装到位，600台主机托管及增值服务业服务器已投入试运营。（经信委信息化科）

中国电信建湖分公司

【概况】 2017年，中国电信建湖分公司围绕“规模效益双突破”这一工作主线，以全面加强党的建设为统领，以发展为中心，增强改革、创新两项动力，聚焦重点业务发展，塑造四高品质（高品质运营、高品质产品、高品质网络、高品质服务），凝聚六种力量（改革向心力、管理精确力、合作生态力、战略穿透力、队伍战斗力、文化感召力），实现收入增长和市场份额双提升，推动企业从优秀迈向卓越。全年，经营收入完成近1.6亿元。天翼手机用户净增近2万户，宽带用户净增1万多户，iTV电视用户净增1万多户，用户应用感知良好。翼支付活跃用户近2万户，活跃商户数400多户，九龙口、上冈建成“翼支付镇”，金融生态圈建设初见成效。此外，建湖电信响应政府“互联网+”战略，继续致力于县域信息化建设，继智慧校园、无线城市、智慧民生之后，2017年电信天翼政务云、智慧工厂工业PON、移动护士站、电子警察等一批“互联网+”行业应用在全县党政机关、智能工业园区、医院、公安等越来越多的行业领域得到应用，通过信息化的手段为他们的生产和管理提高效益。

【高品质网络和高品质产品】 继续加快信息基础设施建设，助力建设“智慧建湖”。2017年，建湖电信在基础通信建设方面投资总额达1681万元。开展“三高两铁”专项优化行动，持续提升4G网络深度覆盖水平。建设开通L800M4G基站161个，完成30个楼顶站的开通，初步建成物联网。在2016年的基础上继续优化宽带网络。FTTH端口利用率55%，较上年提升5.7%。完成全光网格改造322个，超额完成省公司指标。新增10G PON端口800个，有力支撑超百兆业务规模发展。加快老旧设备退网，进行网络简化。组织无源化改造工作，322个站点全部实现无源化工作，在全市率先建成全光网。提升装维互联网化运营能力，推进“当日装当日修赔付快”，催装及催修比上年下降10%，装机及修障及时率比上年提升超2%。

【助力“智慧建湖”建设】 助力“互联网+政务服务”。2017年，建湖电信配合县政府推进“互联网+政务服务”建设。在电子政务外网、县镇村园区政务服务“一张网”两个项目中，从部署、维护、安全等方面深入剖析传统PC电脑的局限性后，项目最终采用电信天翼政务云与云桌面业务。天翼政务云与云桌面为政府提供一套包含IDV模式云桌面、软硬件安全防护、设备机房托管的政务云与云桌面相结合的一揽子解决方案，能够做到部署便捷、统一维护、使用安全。这两个项目的实施为建湖县人民政府电子政务网络提供了稳定服务。助力“互联网+工业”。为落实“中国制造2025”和“互联网+”行动计划，加快生产方式的智能化改造升级，2017年4月，建湖高新区和沈阳机床集团深度合作，共同推进智能制造生态谷项目建设，规划用地18.13公顷，总投资30亿元，投入智能机床5000台，致力打造华东地区最大的智能制造示范基地。建湖电信凭借高品质网络、领先的技术优势，与高新区在全市率先签订“智能制造生态谷沈阳机床智慧工厂工业PON”合作协议。工业PON网络系统是在对传统工业交换机系统研究基础之上，结合尖端的光网络通讯技术的发展，采用点到多点结构、无源光纤全程传输，一根光纤融合数据、串口、语音、视频等所有业务，无需远程供电，避免了外界强电和电磁干扰，保障车间中各类加工设备和数据采集、MES等信息系统有机连接，高效汇聚工厂的设备、生产线、车间、工厂、园区等各类节点的接入，还可承载智能加工高清可视化监控，提高设备利用率，减少故障和停机时间，进一步降低使用成本，为智能制造横向集成打造高带宽、低成本、安全性和扩展性超强的智能网络系统，推动产业升级调整稳步迈向工业4.0。助力“互联网+医疗”。建湖电信配合建湖县人民医院打造移动护士站，护士可以高效率、高质量地完成配液、医嘱执行、标本采集

县高新区和沈阳机床集团合作推进的智能制造生态谷项目

（建湖日报提供）

等场景下的比对工作,可以实时查询医嘱信息、检验检查信息、费用信息等患者信息,可以便捷完成三测单、护理记录等护理文书的电子化录入。实现临床护理质量管理,保障临床护理安全,减少护理医疗差错风险。在移动护士站的推行下,建湖电信配合县人民医院全面推进“互联网+医疗”的进一步发展,陆续实施视频会议项目、医院门户网站项目。

【助力“美丽乡村”建设】 2017年,建湖电信全面实现城乡光纤到户、全县主要公共区域免费WiFi全覆盖、无线网络覆盖率达99%、4G网络信号覆盖率达98%、4G信号覆盖广度、深度及质量保持同城最优。在此基础上,建湖电信大幅度“提速降费”,在镇村开展信息化惠民活动。根据本地实际情况,建湖电信选择恒济镇开展“智慧恒济”惠民试点工程,向上级公司申请专项建设资金,先后投入110多万元,持续加大恒济光纤宽带、4G网络覆盖的资源投入,大幅提升恒济镇农村宽带接入水平,实现恒济光纤到户和4G网络深度覆盖,进一步加快“智慧恒济”建设和发展步伐,为借助“互联网+现代农业”加快实现民众创收致富打造坚实基础。为将“提速降费”惠民政策落到实处,将乡镇主推套餐宽带由20M提速到100M,原优惠套餐再次降价一半,并在全镇范围内为村民免费提供电视机顶盒、网络光猫、智慧手机终端,让老百姓得到更多的实惠。信息惠民工程全力配合“美丽乡村建设”,进一步推动了全县乡镇信息化建设工作,助力“互联网+现代农业”行动,推进了农业信息进村入户,为镇村居民“智慧生活”打好信息基础。

【文明行业创建】 配合省级“文明城市”“卫生城市”创建工作,定期对县城公用电话亭和交接箱等公用设施进行维修、保洁和出新,保持良好的使用状态;公司领导亲自带领志愿者进社区、上街头进行义务保洁;中心营业厅LED屏定期播出社会主义价值观、创建文明城市宣传标语等公益宣传语,所有营业人员、外勤服务人员着装整齐,服务规范,正常使用文明服务用语,展示了文明行业服务窗口的良好服务形象。参与县文明办“牵手圆梦”助学活动,公司志愿者与两名学子结对帮扶,长期为困难大学生提供假期勤工助学爱心岗位。长年坚持组织员工参加无偿献血等公益活动。长期组织“送服务到社区、村居”活动,参加“3·15”消费者权益日活动、“5.17”世界信息与电信日等活动,为用户处理投诉、答疑解难,宣传电信新业务。 (严 惠)

中国移动建湖分公司

【概况】 2017年,中国移动通信集团江苏有限公司建湖分公司(以下简称建湖移动)实践“客户为根、服务为本”的宗旨,围绕“诚信经营、文明服务”的要求,为社会提供优质通信服务,切实服务广大群众,实现快速稳健发展。进一步提速信息通信建设,助力政府单位开展政务信息化工作,助力本地企业创业、创新,为“智慧建湖”建设做出贡献。全年实现营业收入2.8亿元,客户总数超50万人,完成各项工作任务。

【网络优化建设】 建湖移动以“铸精品网络,提升用户感知”为发展目标,全面提升移动通信网络建设和维护工作能力,全力保障公司业务发展,在4G网络建设、家庭宽带建设、移动无线网络质量提升、全业务支撑以及团队人员建设等方面取得了成效,4G网络精确优化、深度覆盖,率先开展5G网络规划。全年共新建基站62座,网优工程完成弱覆盖点40座站点建设、驻地网覆盖用户数达30.5万户,建设开通面向物联网服务NB站点64个。

【行业信息化建设】 建湖移动参与“云上建湖、智慧城市”的规划与建设,助力政府单位开展政务信息化和民生工作。2017年打造了卫生应急指挥系统、环保“秸杆焚烧预警管理系统”、公安车载动态取证系统、居民电动车防盗、智慧环卫等重点项目,形成了一批在全市乃至全省具有较大影响力及示范作用的信息化应用案例。建湖移动按照“大连接”战略部署,发挥在物联网、大数据、云计算领域以及跨界融合等方面的规模优势和应用优势,加快基础设施建设,打造精品示范应用,在智慧家庭、智慧医疗、智慧旅游、智慧交通、智慧物流、智慧农业、能源电力、环境监测、工业自动化、公用事业等行业领域打造示范工程并在全县推广。

【市场业务发展】 建湖移动坚持“注重价值引领,扩大领先优势”,2017年以4G流量经营、家庭融合为主线,强化渠道效能提升,注重客户价值。公司通过4G+终端团购、流量红包、微视频共享等活动,深化内容运营,提升用户价值。用户规模超50万户,户均流量使用达1.5G/月,用户份额达75%,其中家庭宽带市场份额达48%。

【文明创建】 深入开展文明创建体系建设,推进“心手相连”统一志愿服务活动开展。常态化开展文明交通、政风行风热线、牵手圆梦结对帮扶、通讯服务“三进”活动、公民道德宣传日、学雷锋、电动车防盗宣传等活动,践行社会责任。深入开展内部文化建设,经常性开展群众性文体活动,关爱职工身心健康。开展学习型企业建设,选树先进典型。2017年,建湖移动顺利保牌“盐城市文明单位”称号。

(夏永龙 周洪林 周 林 陈 佳)

中国联通建湖分公司

【概况】 2017年,中国联通建湖分公司在县委、县政府和上级公司的带领下,围绕集团公司聚焦战略,以“1513”行动纲领为指引,推进各项工作,主要业务呈现稳步发展的态势,主营业务收入阶段性和区域性初见成效,企业转换经营模式的作用和优势开始显现，截至 2017 年 12 月底，累计完成财务收入 3200 万元，在网用户规模超 9 万户。中国联通建湖分公司一直坚持“一切为了市场、一切为了客户、一切为了一线”的企业理念，加强技术、业务、应用和产品创新，致力满足广大用户的综合信息服务需求。

【网络质量优化】 4G 网络全面高质覆盖。2017 年，公司对建湖县 220 个基站进行网络工程的优化和改造，实现 4G 网络全面高质量全覆盖。同期对建湖县城、重点乡镇进行宽带资源深度覆盖，满足建湖本地用户通信服务需求。

【人才队伍培育】 建湖联通广纳贤才，十分重视队伍人才的培养，建立了市场线、技术线、支撑线等多维度专业人才管理制度，专业化队伍专业化培训与管理，符合专业人才资质的，给予岗级、带宽、绩效等方面的晋升待遇，给予人才展示自我的平台，让专业人才到各自更重要的岗位上去，与公司共成长。

【渠道服务提升】 经过 2017 年的努力，截至 12 月，中国联通建湖分公司主营渠道比上年增长 35%。县城重点街道、社区、全县乡镇全面实现主营渠道 100% 覆盖，同时逐步完善渠道支撑及服务评价机制，专门设置 7 * 24 小时渠道支撑服务热线及月度服务质量走访评价体现，日益形成了重点区域与乡镇全覆盖、渠道结构日趋完善、渠道服务质量日益提升的整体渠道布局与服务体系，提升中国联通企业形象和客户感知。

（黄媛媛）

电商平台建设与发展

【乡旮旯网】 军曼公司致力打造以火鸡销售为主的农村电商平台——乡旮旯网，率先试点“把农村复制到网络”，进一步发挥“互联网 + 火鸡”的品牌效益和放大效益，实行以火鸡引爆其它名特优农副产品以及农业生产资料的线上销售。采取“线上网上商城 + 线下体验店”的商业模式，年内注册用户 12 万户，平台日访问量 5000 次，2017 年平台交易额 1.06 亿元。

【蜻蜓农服】 中农网购（江苏）电子商务有限公司于 2015 年初搭建了蜻蜓农服电子商务平台，为农民提供“产品 + 技术 + 服务”一条龙、线上线下一体化服务。线上建立电商平台，包括蜻蜓农服网、微信公众号和 APP；线下启动智能喷洒项目。2017 年平台交易额 6800 万元，年内注册用户数 5 万人，平台服务商 600 多家，平台访问量日均 2000 人次左右。

（商务局）

责任编辑 朱明君

县实小开展老师集中阅读活动 （建湖日报提供）

环境保护与生态建设

Environmental Protection and Ecological Construction

环 境 保 护

【环境法制宣传】 规范企业环境行为评级工作。按照国家《企业环境行为评级指南》,对272家企业进行了环境行为评价,其中,1家企业被评为红色,3家企业被评为黄色,247家企业被评为蓝色,21家企业被评为绿色,评级结果在盐城市环保网公示。深化绿色创建工作。近湖街道城北社区获得“市级绿色社区”命名,县二小幼儿园、高作镇中心幼儿园获得“市级绿色学校”命名。县经济开发区中心幼儿园申报市级绿色学校。开展系列宣传活动。“6·5”期间,组织开展了“生态文明建设一条街”活动,紧扣“绿水青山就是金山银山”主题,通过戗板、拱模、垂幅、散发宣传材料、现场咨询、播放户外屏幕宣传片、发送环保短信等方式,渲染了环境保护宣传氛围。通过开展“建湖美丽小主人”比赛、喜迎十九大摄影比赛、生态文明主题班会等特色活动,传递绿色理念,倡导生态文明。加强环保知识培训。组织部分人大代表学习新《中华人民共和国环境保护法》和《江苏省分类处理环境信访问题法定途径清单》;在政府常务会议上宣讲新《中华人民共和国环境保护法》及四个配套办法;举办企业家大讲堂活动,邀请市环保业务骨干讲解《建设项目环境保护管理条例》,进一步增强了社会各界的环境保护意识。

【环境监测】 根据主要河流分布状况、大气污染防治工作及功能区噪声管控要求,全县共设3个饮用水源监测断面、10个地表水监测断面、131个噪声监测点位、2个空气自动监测站和4个水质自动监测站。据监测,县城饮用水源水28项污染物年平均值均符合考核标准,水质达标率为100%。地表水省、市考核断面年均值达到Ⅲ类水标准。县城声环境质量总体较好,且基本稳定。全县PM2.5平均浓度为41.7微克/立方米,与2016年相比下降15.6%;空气质量优良天数为275天,优良率达75.3%,比2016年增长7.5%,指标均达到了省市考核要求。

【环境建设项目】 执行《中华人民共和国环境保护法》《中华人民环境影响评价法》和《建设项目环境保护管理条例》,杜绝“十五小”“新五小”项目反弹,把好项目准入关,全年审批建设项目156个,其中工业项目141个,非工业项目15个,67家企业通过了环保“三同时”验收。严把建设项目总量确认前置关,根据建设项目规模、产品种类、工艺流程和区域总量减排要求,完成142个项目的总量核准工作,发放江苏省排污许可证25个。做好县重大项目环评审批服务。完成7家砖瓦企业、2家“登记一批”企业现状影响评价的环保服务,完成8个报告书项目、16个县2016年度土地卫片监测图斑用地整改项目的环评审批服务工作,完成建湖科创园规划环评的专家评审。

【环境执法监管】 实施“双随机”环境监管模式,健全“两库一单”,构建

科创园外景　　(建湖日报提供)

环境监管网格化体系，深入开展“环境执法家家到”“社会矛盾和安全隐患大排查大整治”、环境执法大练兵和“交叉检查”等专项执法行动，查处环境违法行为。出动检查人员7500多人次，检查企业800多家，交办镇(街道、区)环境隐患48个。先后责令67家单位限期整改，立案查处70家单位，罚款350.9115万元，查封扣押32家单位。做好环境信访工作。开展就地解决环境信访突出问题专项行动和环保局长大接访活动，畅通“12369”环保举报热线和阳光信访平台，实行24小时值班制度，共受理环境信访1284件，均进行了调处，办结率达100%，控制了环境污染纠纷。

九龙口污水处理厂 （建湖日报提供）

【固废管理】 组织召开2017年度全县涉危企业环境管理工作会议，进一步按要求对危废管理平台升级改造，实现全县危险废物网上申报、网上转移和网上台账登记。在全县范围内开展危险废物专项检查、危险废物规范化整治等环境执法检查活动，督促全县25家危废产生单位、1家危废收集单位和1家危废运输企业，按要求做好收集、贮存、运输等日常危废管理工作，并委托有资质单位规范处置各类危险废物，定期完善全省危险废物动态管理系统相关信息，全县固体废物管理工作走上了常态管理轨道。

【污染防治】 打好大气、水、土壤污染防治攻坚战。大气污染防治方面，完成燃煤锅炉、窑炉整治及企业VOCs治理任务，完成1个煤电节能省级改造项目、2个油气回收治理改造项目、1个堆场扬尘治理项目和4套港口岸电系统建设项目；秸秆禁烧连续8个季度实现国家和省市零通报。水污染防治方面，强化饮用水源地日常监管，巡查情况每日上报省环保厅。开展饮用水源专项整治行动，在饮用水源保护区内禁止新上对水体有影响的项目，配合相关镇拆除西塘河取水口对岸1户居民住房，外迁西塘河水源地一级保护区内住家船等，确保全县饮用水源水质安全。土壤污染防治方面，出台《建湖县土壤污染防治工作方案》。做好土壤遥感核实工作，对全县75家企业进行排查，相关数据已上报省环保厅并通过审核。开展已关闭搬迁化工企业遗留地块和涉重污染源排查工作，共排查出相关企业31家，其中关闭搬迁化工企业28家、涉重企业3家，将根据省市有关要求，逐步开展生态修复。

分类垃圾箱方便市民投放垃圾 （建湖日报提供）

【减排工作】 坚持工程减排、结构减排、管理减排同步推进，排定了气减排项目20个，其中煤电节能减排项目1个，工业工程减排8个，工业结构减排项目11个；排定了水减排项目25个，包含3个重点工程项目(2个工业工程减排项目、1个污水处理厂减排项目)和22个非重点工程项目(1个环保疏浚项目、1个网箱拆除项目、20个畜禽养殖关闭项目)，可削减二氧化硫927吨、氮氧化物323吨、COD1499吨、氨氮66吨、总氮112吨、总磷36吨。

【“263”专项行动】 “两减六治三提升”专项行动(以下简称“263”专项行动)，是江苏省推进生态文明建设的重要举措。建湖县把思想和行动统一到省、市的决策部署上来，成立了“263”专项行动领导小组及办公室，制定了《建湖县“263”专项行动实施方案》、11个“263”专项行动具体方案以及2017年度工作计划，年度各项工作任务基本完成。两减方面：完成56台燃煤锅炉、8台燃煤窑炉整治，年度煤炭消费总量削减任务超额完成;“四个一批”整治中4家企业升级改造,1家企业关停;全县13家砖瓦厂中6家已关闭到位,1家正在停产整治,6家已整治。六治方面:开展饮用水源地达标建设,完成23.33公顷通榆河防护林改造提升;疏浚土方750万立方米,超额完成疏浚任务;编制县城黑臭水体治理实施方案,41条城乡黑臭河道完成治理;开展生活垃圾分类试点,建成区垃圾分类设施覆盖率达20%,城乡生活垃圾无害化处理率达92%;禁养区内22家畜禽养殖场全部关闭到位;启动全县规模畜禽养殖场治理检查认定工作,122家通过认定,治理率达65.3%;完成18家企业VOCs治理;完成6家企业环境风险隐患排查及入库管理工作;50艘危化品船舶全部安装VITS船载终端;积存危废削减率达90%以上,超额完成年度削减任务。三提升方面:融入江淮生态经济区建设,创建生态经济试点县。实施生态湿地修复工程,共修复湿地42.67公顷。整合大气污染防治、生态红线奖补、污水管网建设、农村河道疏浚等专项资金,向列入全县专项整治项目倾斜。加大明察暗访力度,县“263”办与县电视台联合开辟专栏,累计播出“263在行动”节目48期,切实解决了一批突出环境问题。

(肖媛媛)

节能工作

【概况】 节能目标完成较好。2017年市下达建湖县万元GDP能耗下降3.7%的目标。根据市节能工作领导小组公布的2017年前三季度节能目标完成情况,建湖县预警等级为三级,绿色预警,完成情况较为顺利。

【重点工程】 50项绿色制造重点工程:强化绿色制造,实施节能改造、节能产业化和循环经济项目,全年,重点推进列入市计划的6个项目,包括江苏森达热电集团有限公司的锅炉节能技术改造项目、盐城仁创砂业科技有限公司年产5万吨发动机再生砂技改项目、江苏永安动力机械有限公司年产12000吨柴油机气缸盖技改项目、江苏联合利丰铝业有限公司低效电机、高耗能设备节能改造项目、盐城百圣机械有限公司热处理工艺节能项目改造和江苏江动柴油机制造有限公司磨床数控及铁水检测手段升级改造,6个项目总投资4360万元,年内已全部竣工投产,每年可节约标煤7500吨。

总投资26亿元,落户在建湖开发区的般若电子项目　(建湖日报提供)

【重点任务】 万家企业节能目标任务:建湖县列入万家企业的有江苏东华纺织有限公司,年初下达东华公司年节能500吨标煤的目标,年内该公司已全部完成节能目标。省级在线监测平台填报率:列入万家企业的东华纺织公司根据省、市经信委对万家企业的要求,每月均按时填报能效平台监测报表,该公司每月能按时填报在线监测平台。建立节能监察机构:建湖县成立了“建湖县节能监测中心”,为股级建制事业单位,编制三人,已全部到位。开展企业节能监测。2017年,市下达建湖县节能监测企业12家任务,建湖县已全部完成任务。

【节能环保产业】 20家行业内企业实现开票销售18.32亿元,比上年增长1.5%。行业内龙头企业面对激烈的市场竞争形势,加大“设计”和“服务”方面的投入,打造自主品牌;同时,创新销售渠道,直接连接市场终端,推出“个性化”定制,扩大市场占有率。1月至11月,昊美实现开票2.4亿元,比上年增长32%;日月比上年增长24%。建湖县照明产业规模企业偏少,缺乏核心技术,科技创新能力不足,以加工型、贴牌生产为主,部分新产品新材料尚在研发阶段,比重还不高。

【省市共建特色产业】 2017年引进的重点项目江苏般若电子工业有限公司是由美籍客商和深圳客商共同出资,在建湖开发区新上LED封装项目。公司主要产品为白光SMDLED灯珠及支架,产品广泛应用于家居照明以及小尺寸背光领域。该项目计划总投资26亿元,利用建湖开发区天津路北侧5万平方米厂房,新建10万间无尘车间,一期新上1000条LED封装生产线。项目于2017年5月开工建设,部分LED封装生产线已进场安装。年内,设备投入已达2亿多元,预计年内开票销售达2亿元。

(胥雪梅)

生态建设

【概况】 推进生态文明制度建设,制定《建湖县生态文明建设目标评价考核办法》,做好绿色发展评估工作,建立镇以上人民政府向同级人大报告生态环境质量制度,全县12个镇(街道)政府(办事处)向同级人大报告了镇域环境状况和环境保护目标任务完成情况工作。加强生态红线区域保护,编制了《建湖县生态红线保护区域十三五环境质量改善方案》。

强化生态红线区域管控，构建生态红线区域信息管理系统。

（肖媛媛）

绿色建湖建设

【概况】 2017年，建湖县贯彻落实市委、市政府“一片林”战略部署要求，以建设“绿色建湖”为主题，以转变林业发展方式为主线，以实施城乡生态防护林项目为抓手，以国省干道、县镇公路、通村公路、骨干河道和大中沟河道绿化为造林重点，组织实施全县道路圩堤绿化三年行动计划，开展国土绿化行动，打造森林城市、森林小镇、森林村庄，构建绿色生态屏障，造林绿化工作取得了成效。2017年共实施各类绿化工程项目112项，完成成片造林合格面积806公顷，占市计划466.67公顷的173%。

【通道绿化持续延伸】 重点实施233省道高新区和建阳段、阜建高速建阳段、盐连铁路冈东段、颜恒线颜单西段、沿河镇富郑线等通道绿化；完善提升234省道建阳段，231省道宝塔段，204国道上冈段，永建线高作段等，新增造林绿化面积521.07公顷。

【圩堤绿化】 重点实施戛粮河高作段、西塘河、颜单段、建港沟近湖东段、东塘河庆丰段、宝塔朦胧河圩堤绿化；完善提升骨干河，通榆河、黄沙港、太绪沟恒济段，粮棉河颜单段，开发区人工河，蚬河九龙口段圩堤绿化等，新增造林绿化面积213.73公顷。

【农村绿化】 重点实施上冈大唐、高作蒋王、芦沟东升、沿河兴旺、颜单单庄、宝塔长陈、恒济建河、庆丰东刘、建阳戛粮等9个森林村庄村，新增造林绿化面积66.67多公顷。

【绿色产业】 结合农业产业结构调整，发展果树、花卉苗木生产的步伐加快，全县果树和花卉苗木面积达1866.67公顷，建成百亩以上林苗、林果基地26个、千亩以上连片基地4个。2017年近湖街道新引进投资2000万元占地26.67公顷的樱桃园和投资200万元的元宝枫基地。

城东都市农业示范区草莓种植基地　（王春雨　摄）

【树种结构优化】 按照省政府提出的绿化“珍贵化、效益化、彩色化”要求，全县栽植榉树、楸树、栾树、银杏等“三化”树种50余万株，占全县栽植总量的80%以上。压缩女贞、红叶石楠等小乔木、灌木栽植比例。

【植树造林】 全县共完成合格造林面积806公顷，四旁植树60万株，新建沿海防护林66.67公顷。建成上冈大唐村、高作蒋王村、芦沟东升村、沿河兴旺村、颜单单庄居、宝塔长陈村、恒济建河村、庆丰东刘村、建阳戛粮居9个森林村庄村。　（彭晓兰）

环境卫生管理

【概况】 2017年，县环卫处以创建省级文明城市、国家生态文明建设示范县、国家园林县城和“263”专项行动为目标，开展环境卫生建设与管理工作，全面提升城市保洁效率、质量和水平，为建设“强富美高”新建湖打下坚实基础。

【环卫保洁】 全面推行“人机配合、机动快捡”模式，将6台清扫车、12辆电动清运车、110辆新能源电动车分配路面，实现人工保洁、机械清扫无缝对接，机械化清扫面积300多万平方米，机械化清扫率达78%；全面加强保洁区域精细化作业，负责县城主次干道保洁面积760万平方米，人均保洁面积达5000—7000平方米，全天19小时保洁作业。负责后街保洁面积63万平方米，全天8小时摇铃保洁作业。负责县城6条主要河道日常保洁和河岸环卫设施配套工作，全天8小时巡回保洁作业；全面强化城乡生活垃圾无害化处理，年内处理城乡生活垃圾14万余吨，日均处理量近400吨，其中县城260吨、上冈60吨、其他镇80吨，生态经济区核心区生活垃圾年处理量近2万余吨，城乡生活垃圾无害化处理率达92%以上。

【垃圾分类】 先后布置戗板、宣传栏82处，发放宣传单页4000余份，发放倡议书、分类手册5000余份（册），发送宣传短信2万余条，开展“进社区、进机关、进校园”宣传活动20余次，分类知晓率达40%。推动垃圾分类市场化运作，将试点小区垃圾分类日常运行委托给杭州益趣公司，通过建立一户一卡、积分换购等措施，引导居民准确分类投放，年内覆盖居民达5132户。加快推进农村生活垃圾分类试点，建成市级垃圾分类试点示范镇

开展环境整治行动　　　　　　　　　　　　　　　　（建湖日报提供）

(恒济镇)1个,指导恒济镇完成了垃圾堆肥房的选址工作,投用三分类果壳箱80组、分类垃圾桶360个,建成分类收集房4座,新增垃圾收集车12辆,设立垃圾分类宣传亭4个。

【整治行动】 参与大型创建4次,组织环卫专项整治行动10余次,出动8000余人次,清理积存垃圾3000余吨,清理建筑垃圾1000余吨,清理河道漂浮垃圾水草杂物400余吨,纠正乱堆放行为30余起,完成县委、县政府重大活动环境卫生保障任务86次。回复"12345"热线,市、县长信箱,网络舆情交办,数字化城管平台交办单共计2962件。

【设施配备】 紧扣2017年"两重一实"工作任务,围绕年度投资计划,完善环卫设施配套工作。采购护栏清洗车1台、大件垃圾破碎机1台、三分类果壳箱600个、电动三轮保洁车110辆、三轮保洁车667辆、电动清运车12辆、8吨移动垃圾箱6个、1吨移动垃圾箱50个、移动公厕3座,累计投资额531.83万元。

【队伍建设】 县环卫处深化"两学一做",推进常态长效的党员教育,全年共组织党日活动11次,其中开展支部组织生活会2次,开展县"主题党日+垃圾分类"1次,党员参与率达100%。利用晚间、周末时间开展大走访活动,走访居住户274户,收集意见和建议15条,整理归纳上报。结对帮扶6户低收入农户,全年送慰问金5400元。围绕"排查、化解、稳控、值守、处突"等环节部署,抓好信访稳定工作,能力范围内为县环卫处5名志愿兵解决个性诉求。为4座环卫工人休息站分别新添设微波炉、空调、饮水机、桌椅等;发放各类劳保福利达1500元/人,争取社会力量支持,建湖农商行、金沙河集团等爱心商家分别送慰问金5万元、挂面1200份。办理县"两会"提案、议案6件,答复率100%,满意率100%。全年在县级以上媒体网站报道37条工作动态,进一步展示了建湖环卫形象。

（许连生　徐　娟）

文化水利

【水文化建设】 2017年,建湖县水文化建设又结新硕果。结合神台河改造工程、西塘河风光带完善工程及城市内河治理工程,逐步建设傍水栈道、依水花园、临水曲桥以及景观广场、观赏景点,增加县城核心区水文化内涵。实施城南新区水文化、水生态河道工程,初步建成宜水宜景、水景交融的水文化新区。结合城东生态湿地公园、水上乐园及游乐场建设,实施水系调整、河道清淤等基础建设。围绕九龙口生态湿地公园建设,建成相关闸站配套设施。利用"中国水周"和"世界水日"进行节水、爱水、护水、清水宣传教育,增强全社会水资源保护意识。启动编纂《建湖县水利志》,展现建湖水利发展、抗争自然的历史过程。编排水利文艺节目,参加全县群众业余文艺汇演连续两年获得金奖。送戏进社区,先后演出水文化建设文艺节目30多场次。反映建湖县水文化建设的群众文艺汇演,获金奖,实现连续4年冠金奖殊荣。

（顾元海　王学言）

庆丰镇垃圾中转站　　　　　　　　　　　　　　　　（建湖日报提供）

农村秸秆利用

【概况】 2017年建湖县三麦种植面积45000公顷，油菜种植面积1533.33公顷，夏季产生秸秆30.13万吨。其中机械化全量还田37700公顷，机械化还田量24.32万吨，其他田块留茬还田量3.23万吨，收集利用1.43万吨，夏季总利用量28.98万吨，夏季综合利用率96.2%；秋季水稻面积45600公顷，大豆面积1800公顷，秋季产生秸秆量40.43万吨，能源化利用（包括农户自用）23.55万吨，肥料化利用（包括直接还田）10.92万吨，原料化利用0.96万吨，基料化利用1.63万吨，饲料化利用1.82万吨，其他利用0.55万吨，综合利用量39.43万吨，秋季秸秆综合利用率97.5%。全年秸秆产生70.56万吨，综合利用秸秆量68.41万吨，综合利用率96.9%。

（郭汉兵　胥明山）

农村秸秆禁烧禁抛

【组织宣传】 调整充实了秸秆禁烧禁抛领导小组，建立县、镇、村、组四级禁烧禁抛网络体系，落实“县直部门包镇区、镇区干部包村，村干部包组包片”的网格化管理责任制。全面宣传发动。通过新闻媒体、广播、电视等形式，宣传秸秆禁烧禁抛相关法律法规。通过张贴公告、制造横幅、书写标语和出动宣传车，深入街头巷尾、田间地头，教育和引导群众珍惜秸秆资源，算好焚烧秸秆的法律账、经济账、生态账和健康账，赢得群众的广泛支持和参与。

【督查巡查】 16个驻镇（街道、区）检查组脱产办公、驻点督查，3个县级巡查组开展全天候、全方位巡查防控，各镇（街道、区）成立驻村工作组，做好秸秆禁烧禁抛巡查工作。发挥88个覆盖全县的蓝天卫士“千里眼”视频监控平台作用，通过监控网络直接监拍秸秆焚烧的情况和大气状况，发现情况，处置到位。

【考核奖惩】 实行单位和个人双保证金制度，对被省、市、县发现认定为“第一把火”的镇（街道、区）进行重罚，对大面积露天焚烧秸秆引发严重污染事件、秸秆抛河危及饮用水源安全的，依规严肃处理，严格追究责任。2017年实现环保部、省厅卫星遥感和现场巡查“零火点”“零通报”。（肖媛媛）

责任编辑　朱明君

风景如画盂兰河　　（建湖日报提供）

财税·金融

Finance and Taxation · Financial Industry

开发区一角 （建湖日报提供）

财政·税收

Finance and Taxation

财　　政

【概况】 2017年,全县实现一般公共预算收入26.32亿元,完成县人代会批准调整后指标的105.2%,同口径增长9.6%;基金预算收入24.5亿元,增长309.4%;上划中央收入12.5亿元,增长25%。实现一般公共预算支出74.4亿元,增长1.6%;基金预算支出32.1亿元,增长221%。

【服务效能】 加大激励扶持力度,落实稳增长、促转型等各项激励扶持政策,安排工业转型升级专项资金5000万元;兑现2016年度各类奖补资金7990万元,帮助企业向上争取专项资金2.2亿元,助推实体经济发展。支持全民创业,设立创业贷款担保基金200万元,撬动银行为70多户发放贷款900多万元;拨付就业补助资金1200万元。落实减税降费政策。严格执行国家涉企收费减免政策,编印《建湖县行政事业性收费项目目录》《建湖县政府性基金项目目录》,清理和调整涉企行政事业性收费、政府性基金项目20项,进一步优化了经济发展环境。降低融资担保成本。建立财政与银行、担保、保险风险共担机制,设立“苏科贷”“苏微贷”等各类企业贷款资金池6000万元,撬动银行对小微企业贷款投放近1.4亿元;免收企业保证金,企业融资担保费率从1.5%调整为1%,减轻企业负担1.1亿元;全年为企业提供贷款担保12亿元、应急资金19.3亿元,解决了企业融资难、融资贵问题。

【优化支出结构】 加大教育、文化投入。安排资金9561万元,用于学校建设和教育体育设施设备购置,推进高水平教育现代化建设;拨付资金2100万元,保障了困难学生资助工作。安排资金6256万元,支持公共文化建设。保障社保支出需求。落实社会保障自然增长机制,连续13年上调企业退休人员待遇;大幅度提高社会救助标准,城乡低保标准分别提高到每人每月560元、480元。强化社会保险费扩面征缴,实现“五险”收入20.7亿元,增长33.5%。拨付资金514万元,支持社会托底救助民生系列保险。保障惠农政策落实。向上争取涉农补贴资金2.1亿元,支持现代农业发展。落实强农惠农政策,整合各类财政扶贫资金1.7亿元,推进低收入农户脱贫奔小康;发放“一折通”资金4.4亿元,兑付秸秆还田资金1843万元、农业支持保护补贴7945万元。安排资金2200万元,支持发展设施农(渔)业、现代农业园区建设。保障城乡统筹发展。安排减排、整治和环保能力提升专项引导资金2400万元,支持“263”专项行动。安排资金3500万元,支持小农水重点县建设。整合资金1.1亿元,支持农村道路和圩堤绿化913.6公顷。安排资金2.3亿元,新建改建农桥365座,提档升级农村公路168公里,改善群众生产生活。

【依法治财】 加强财政预算管理。深化预算编制改革,全面推行部门综合预算,控减“三公”经费,严格财政预算追加,提升财政预算管理水平。公开2016年度财政决算、2017年度财政预算,全面公开64个县直部门预决算。全面推行公务卡结算制度,一般性支出得到进一步压减。深化投融资改革。规范政府债务管理,出台《关于进一步加强政府性债务管理的实施意见》《建湖县政府性债务风险应急处置预案》,违规担保、违规政府购买服务、违规社会集资等行为整改到位;推进债务常态化管理,搭建债务管理平台,切实防范政府性债务风险。向上争取地方政府债券资金11亿元。推进国有企业改革。出台《深化县属国有企业改革实施方案》,对35家国有企业实施分类改革,推进平台公司实体化运作。完善国有企业监管体系,向县国资办直管的10家国有企业外派财务总监。深化薪酬分配制度改革,调整国有企业工资项目,规范了企业奖金、福利列支渠道。强化财政财务监管。出台《关于严格控制财政性资金支出管理的意见》,完善国库集中支付制度,将交通、住建等部门基建项目资金纳入财政国库集中支付;财政审核支付14.29亿元、核退或纠正错误事项资金额852万元;严格财政投资评审,综合核减901个项目预算3.56亿元;强化政府采购监管,实现采购1.4亿元,节约率18%。扎实开展“正风肃纪镇村行”、招待费、“小金库”、会计信息质量等专项检查,有效规范了财经行为。

【队伍建设】 常态化推进党风廉政建设。建立健全党风廉政建设责任体系,层层签订党风廉政建设责任书,切实把“两个责任”“一岗双责”要求落到实处。严格执行民主集中制、党内组织生活制度和请示报告制度,健全“谈心强廉、责任保廉、家庭助廉、个人述廉”等廉政制度,完善财政内控制度,梳理出廉政风险点18项,逐一制定相应的防范措施,确保财政资金、财政干部“双安全”。常态化推进“两学一做”学习教育。坚持制度化落实“三会一课”、党组中心组学习和党员活动日等要求，通过召开专题民主生活会、组织生活会，开展“双述职双评议”活动，邀请县委党校专家、县纪委领导作党纪党规教育，增强了财政干部遵守纪律规定、践行反腐倡廉的思想自觉和行动自觉。常态化推进机关作风建设。强化“店小二”意识，完成县领导交办的主办、协办事项316件，按时答复和处理各类建议、提案、网络舆情等38件，满意度达90%以上；践行群众路线，深入颜单镇楼港村、芦沟镇东升村等村居，扎实开展“大走访大落实”、阳光扶贫等活动，受到当地干群一致好评。被评定为“全市依法行政示范点”、被授予“盐城市文明单位”。（丁海东　廖淑萍）

国家税务

【概况】 2017年是建湖国税现代化建设的冲刺之年。建湖国税局在市局党组和县委、县政府领导下，全面贯彻“八个升级版”要求，齐心合力、砥砺攻坚，各项工作取得预期成效、实现站位提升。

【管党治党】 压实主体责任，通过中心组理论学习、严格民主集中制等，引导班子成员学习贯彻《中共共产党章程》、总局主体责任实施办法和省局《责任清单》，进一步明确党组主体责任，牢固树立“不抓党建就是失职、抓不好党建就是渎职”的观念。班子成员履行分管领域党建责任，定期深入联系点督促基层党建工作扎实开展，发挥党组成员的示范引领作用。落实评议办法，2017年市局党组开创性地出台了《党建工作达标评议办法》，并作为评先的前置条件。县局多次专题召开党组会，学习研究，明确抓落实的时间表、路线图、责任人，凝聚齐抓共管的合力。与各级签订《党建工作责任书》，明确党建责任，形成职能部门分头抓、其他部门协同创的党建新机制。打造党建品牌，以推进“两学一做”学习教育常态化、制度化为抓手，巩固深化制作“三会一课”流程图，提升“三会一课”质效成果，通过“面对面”剖析、“家家到”观摩等，不断发挥“三会一课”管理党员、凝聚共识、破解难题功效。每季召开党建工作交流评比，确保党建工作全面有效落实。与县中行开展联建联创、无锡惠山区机关工委和海门市国税局交流党建工作，县局党建工作品牌知名度、条块影响力不断增强。

县国税局“营改增”政策专家团队走访相关企业　　（殷富　摄）

【依法治税】 科学组织国税收入，始终坚持依法征税、应收尽收、应退尽退，以改革提质效，以征管堵漏洞，以监控防风险，以服务促遵从，保持了税收与经济的协调增长。全年组织国税收入20.7亿元，增长57.3%，总量、增幅分别位居全市第4和第2，落实各类税收优惠3.57亿元，占国税总收入的15%。扎实推进“三项制度”试点，多纬度落实执法公示，通过传统媒体、互联网和自媒体实现公示载体多元覆盖，全年公示27个项目，3600余条信息；多形式开展执法记录，推行约谈场所记录、执法现场音视频记录和电子卷宗全场记录，确保征管链条全程留痕，全年共整理归档各类卷宗178份；多层级强化法制审核，引入双岗（司法执业资格人才和法制审核人才）、双控（实体和程序）、双合（合法性与合理性）的“三双”审核机制，2017年通过双审共开展大要案审理16次。首创公职律师团队模式，建立公职律师合议制度，组建以市局公职律师梁建祥为核心的法制审核团队，全程参与处理重大执法决定、大要案审理和复杂法律事项审核，打造“阳光、规范、法治”税务。

【税收改革】 加强重大风险监控，对虚开高风险行业实行“全链条”管理，运用购销大数据强化异常发票分析，防范遏制虚开违法行为，2017年省局监控高风险纳税人建湖仅31户，占全市比重2.1%。强化应对过程控制，梳理风险应对的关键节点，制定实施基于流程的实施方案和考核办法，从任务统筹、过程控制、报告评审、应对绩效等方面进行全方位的统一规范，2017年应对入库成效增幅110.9%。推进税收协同共治，敏锐认知“营改增”后税收征管新形势，参与税收共治体系建设，借助内外部涉税各方力量，聚合共享税收大数据资源，延伸事中事后管理触角。10月，承办全市“税收共治可靠”工作现场推进会。

【纳税服务】 营造优质营商环境，响应“放管服”改革，对接“3550”改革，建立“登记时宣传、办理时辅导、全过程跟踪考核”工作机制，确保“5355”工作要求落地生效，省局通报纳服工作流程准期办结率99.93%，全省第一；在全省第三方纳税人满意度调查中列94

个区县局第一。强势推进不见面服务,着力构建"集约型"办税,集成办税资源,打造"主厅+体验厅+代开点+自助区"的网点布局,实现实体办税厅转型。融入政务一张网,在省局首次通报中,建湖县局注册用户数居全省第一;短信推送61.36万条,非接触式办理比例达86.39%,发票线上领用比例达99.64%,免征额以上纳税人税控推行面100%,全省第一,增值税发票新系统升级率99.93%,全省第5名,全市第3名。全面提升服务质效,加强团队能力建设,围绕文明服务、规范服务、优质服务要求,开展"日讲评、周集训、月竞赛"岗位技能练兵活动,提升团队服务能力与水平,实现年度纳税服务零投诉,在全市国税系统纳服大比武中获团体第二名。

【队伍建设】 思想教育持续深入,建立健全思想骨干队伍,县局每季、分局每月召开思想形势分析会,了解掌握干部的思想状况,有针对性开展疏导工作,形成群众性教育新格局。落实分级谈心、谈话活动,工作上常沟通、感情上常交流、生活上常帮助。技能培训扎实有序,以"岗位大练兵、业务大比武"为抓手,实施外出培训"精准化",防止"有的吃不了、有的吃不饱";本级培训"实用化",杜绝"被动应付、走过场"、岗位实训"师徒化",实现"因人设岗、因材施教",全面完成年度干部培训任务,3名同志入选省局人才库。基层活力不断显现,通过定期举办道德讲堂、"每月一星"评比,学雷锋志愿活动、"大走访大落实"、结对帮扶等,深入开展文明创建活动,县局、一分局被表彰为盐城市文明单位标兵、五分局新增为盐城市文明单位,三分局陈军获建湖县第二届十佳孝星。

(殷　富)

地方税务

【概况】 2017年,全县地税系统全体干部职工根据市局和县委、县政府的工作要求,坚持"稳中求进、改革创新"工作主题,以"四个地税建设提升年"为载体,以组织收入为中心,以"两大工程"建设为抓手,深化征管体制改革,同心同德,善治善为,全面开启建湖地税"二次创业"新征程,推进建湖地税事业踏上税收现代化快车道。2017年,再次被评为全市地税系统绩效管理考评先进单位,连续九年获得建湖县绩效考核综合先进单位。

【组织收入】 2017年全年完成地方税收公共预算收入9.84亿元,全面完成县里下达的年度目标任务,剔除附加比市局年度控制目标任务7.52亿元增加1.38亿元。其中实有税收7.61亿元,同口径增长33.9%,一次性税收2.23亿元,与2016年持平。社保费征收入库15.8亿元,比上年全年10.71亿元增加5.09亿元,增长47.5%。收入分析有深度。严格按照盐城市地税局分析模板按月进行税收收入分析,强化了总体税收形势分析、税收结构分析和行业税收分析,同时协同国税做好税收分析工作。个税管理有成果。将行政事业单位各项津补贴和政府绩效全部纳入个税管理,其中政府年度绩效考核扣缴个税300多万元,全年行政事业单位人均月扣缴个税204.8元,比上年增长225.18%,人均个税位居全市第一。完成年所得额12万元以上个人所得税自行纳税申报工作,全年累计完成申报932人次,占计划目标数110.04%,补缴税款46.94万元,自主申报率首次达100%。各税清理有效能。开展土地使用税定额调整和房土两税专项清理,全年入库城镇土地使用税1.09亿元,比上年增长102%。利用省车船税收入归集分配系统上线契机,四季度入库车船税462万元,较上年同期增加213万元,增幅达86%。

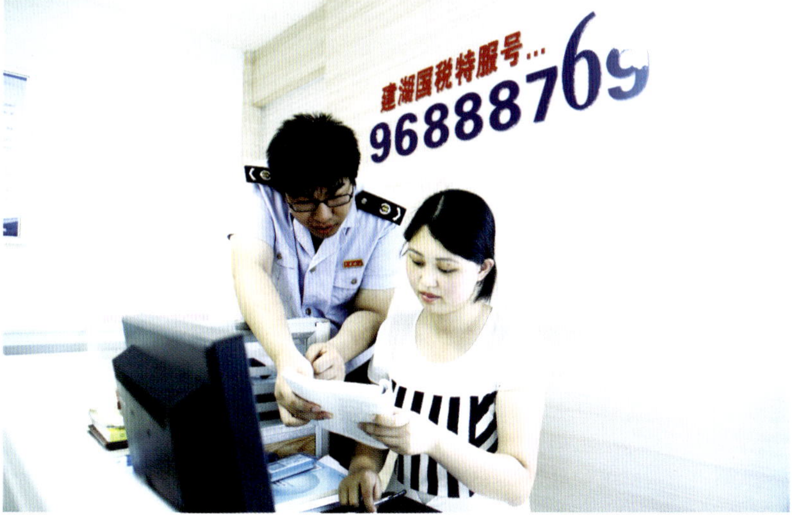

县国税局培训新进公务员　　(殷富　摄)

【法治建设】 依法行政精细化。完善税务行政处罚裁量基准,规范行政处罚、税款征收等领域的裁量权。深化"放管服"工作,开展权力清单办事指南、"不见面"服务清单等政务服务"一张网"相关工作。加大重大税务案件审理力度,对12件重大税务案件进行了集体审理。风险应对责任化。建立"5+1"风险管理联动机制,实行应对绩效公示制。突出重点税源户的风险应对,全年共完成风险应对378户,应对入库税款7000万元,其中重点税源户179户,重点税源应对面达47.4%。执法督察信息化。对四批16户中高等风险应对实施执法督察,责令检查人员自行整改21项次。试点运用电子查帐软件对两户实施同步质量检查,建议调整企业所得税应纳税所得额近千万元。对2户企业退税情况进行了专案督察,责令追缴税款6.5万元。法治稽查创新化。运用执法记录仪对2户特殊案件全程记录易灭失证据,防范了执法风险和税款流失。创新审理环节,将案卷评查嵌入案件审理,实现检查、审理与案件评查工作的无缝衔接。

【征管质效】 联合清欠显成效。与国税共享欠税信息,对恶意欠税纳税人实施联合惩戒。联合公告欠税户50户次、停(限)供发票67户、查封账户82户、强制划款11户,共清理陈欠980万元。优惠减免全覆盖。利用“纳税人学堂”和县企业家大讲堂,延伸税收优惠政策和办税流程宣传触角,小微企业政策惠及面达100%。享受物流企业大宗商品仓储设施用地城镇土地使用税优惠1户次,减免城镇土地使用税39.6万元,助力物流产业快速发展。数据治理强合作。依据总局下发的金三问题数据,协同工商部门统一提取登记清册数据,共整改500余条问题数据。通过江苏国地税委托代征系统双定户管理模块,协同国税整改2000余条纳税人国地税三方协议状态不一致、户籍不匹配的问题数据和近1000条国税定额、地税未匹配数据,提高了委托代征的工作质效。案件审理提效能。开展省级重点税源分级分类检查,以“精准稽查”为导向,创新工作举措,优化工作机制,2017年立案检查52户,入库税滞罚6216万元,其中百万元以上案件5起。开展稽查未结案件清理,清理13户积案,积案清理率达100%。

【服务经济】 信用建设深度化。深化纳税信用建设,按信用等级设立红黑榜,“红榜”上的诚信典型享有税务行政审批“绿色通道”和“容缺受理”等便利服务;对“黑榜”失信企业采取缩短风险应对周期、严格审核报送资料等措施,引导其纳税遵从度提高。国地税合作全面化。推进国地税办税服务深度融合,推广“一人一窗一机”联合办税模式。联合开展纳税信用管理,各司其职、合理分工,2017年共同完成了3250户纳税人纳税信用评价工作。整合稽查执法资源,推进联合执法,2017年共实施联合稽查15户,结案率90%以上。服务宣传优质化。2017年共组织各类培训52场次,参培纳税人1400人次,发放税收宣传资料4000份。受理并妥善解决“12366”纳税服务热线投诉4例,在江苏省地税局发布的纳税人满意度分析报告中,纳税辅导工作列全市第一。走访企业调研,纺织业情况调研、小微企业征信及“转贷”的调研信息等被国办采用并获领导批示。缴费高峰平稳化。2017年7至9月的社保缴费高峰,平均每天达450人以上,最高峰达800余人,推行“一岗双人”服务、干部带班维持秩序、分流缴费人群、增设缴费窗口等措施,合理疏导,缓解矛盾,完成缴费高峰应对工作。

县地税系统召开落实全面从严治党暨推进“两学一做”学习教育常态化制度化工作会议 (建湖日报提供)

【干部队伍】 以变求新强管理效能。结合县局发展现状制定《2017年度盐城市建湖地方税务局绩效考评指标》,深度细化各项考评指标,按月评分并在项目系统中公示,强化考评结果运用,将其作为年终评先评优依据,不断提升税务干部的履职能力。以学修身塑全新形象。鼓励青年干部参与“岗位大练兵,业务大比武”。2017年,全局共有8名同志入围市局前20名,7名参加省局比赛的同志均被省局表彰为“岗位能手”。举办学习心得交流和人生经历分享演讲会,11名地税干部自身的学习工作经历分享获得了全体干部的共鸣,激励了全系统干部职工提高自我学习能力。以干促进创精神文明。筹备组建7个兴趣活动小组,丰富干部职工业余生活。扎实开展“大走访大落实”活动,成立16个工作小组,每组由副科级党员干部任组长,配备2名党员随同走访,深入村居挖掘村民收入增收点,县局投入帮扶资金71000元,干部职工捐款24000元,为村居发展注入新活力。做好“绿色扶贫”工作,为69户贫困农户分别购买10棵果苗并帮其栽植到位。

【党风作风】 成立全面从严治党工作领导小组,选举产生了第一届机关党委和机关纪委,与各支部签订全面从严治党工作责任状,制定并印发《全县地税系统落实全面从严治党工作责任清单》和《领导干部联系点制度》,明确主体责任,细化工作职责。健全党建工作责任制,与各支部层层签订了党风廉政建设责任状、党建工作责任状和全面从严治党工作责任状,建立领导干部联系点制度,把党建工作纳入重要议事日程。执行“三会一课”“三解三促”、基层党组织统一日活动,实现全局党员学习教育“六有”标准。以厘清责任边界、明确责任内容、强化责任落实、严格责任追究为重点,构建全链条、闭环式的主体责任落实机制,将党风廉政主体责任分解为党组的集体责任和党组成员的领导责任两类59项内容,监督责任细化为四类10项内容,纳入目标责任与绩效考核。完善“廉政谈话制度”,做到经常提醒和督促,牢固树立廉洁从政意识。丰富党建工作规范,做到各项工作有章可依、有据可行。 (地税局)

责任编辑 彭 玉

金 融 业

Financial Industry

银 行

·中国人民银行建湖县支行·

【概况】 2017年,中国人民银行建湖县支行围绕上级行工作部署,坚持稳中求进工作总基调,执行稳健中性货币政策,把防控金融风险放到更加重要的位置,推进农村金融“三基”服务行动,着力强化内部管理和党建工作,促进辖区经济平稳健康发展,全面提升基层央行履职能力。12月末,全县各项存款余额457.39亿元,比年初增加44.04亿元;表内各项贷款余额328.3亿元,比年初增加26.73亿元。

【执行货币政策】 配合县政府对2016年信贷投放情况进行考核,修订《2017年度信贷投放考核办法》,出台《关于组织开展信贷投放“百日竞赛”活动的通知》,促进银行加大对实体经济的支持力度。加大招商引行力度。1月,南京银行建湖支行开业,为地方经济发展注入新的活力。支持地方法人金融机构发展,全年为建湖农商行向上争取合意贷款规模9.5亿元,向建湖农商行发放支农再贷款2亿元,支持其增加涉农信贷投放。推动银企对接活动。1月,以南京银行开业为契机开展银企对接;2月,配合上级行做好全市重点工业企业和重点工业项目银企对接授信安排;5月至6月,召开银企合作推进会;9月,开展走进镇区、走进园区、走进企业的“三走进”活动;12月,组织开展新增长点企业(项目)融资政银企对接会,并制作《新增长点企业(项目)融资推介手册》。推行“应收账款抵质押”,鼓励企业以应收账款为抵质押品向银行进行融资;至12月末,建湖农商行应收账款融资平台登记达4.32亿元,位列各县(市)第2位。

【维护金融稳定】 针对辖区担保圈、担保链问题较为突出的现状,牵头开展“破圈解链”对策探索工作,5月,协助政府出台《关于推进“破圈解链”工作的补充意见》。开展日常金融风险监测,落实宣传引导与打击整治双重举措,编演淮戏《请客》,开展巡回演出20余场,将征信知识、防范电信诈骗、人民币反假、远离非法集资等金融法律知识巧妙融入其中,通过群众喜闻乐见的文艺宣传形式,寓教于乐,使广大群众在潜移默化中提高金融知识水平。推动农村信用体系建设,农户信用信息采集工作取得突破性进展;开展“五信”评选,10月12日在《建湖日报》进行公示、表彰。做好“两管理、两综合”工作,先后组织支农再贷款贷后核查、金融机构重大事项报告情况现场核查、跨境人民币业务专项检查和综合执法检查4次;强化外汇事中事后监管,累计开展非现场核查企业611家(次),开展付汇业务等现场核查18行次,对11家企业开展经常项目现场核查,对其中7家企业进行了降级处理,对2家违反外汇登记管理规定的企业进行了处罚,共罚款12万元。12月,修订出台《建湖县银行业金融机构执行人民银行政策情况评价办法》。

【改进金融服务】 加强个人与企业征信系统管理,全年共办理企业信用报告查询981次,个人信用报告查询18509人次。推进助农取款工作,全县累计安装助农取款POS机(含转账电话)665台,发生取款等交易91万笔,交易金额17.12亿元。推广商业承兑汇票,截至12月末,企业累计开出商业承兑汇票93笔,金额12853万元。持续推进集中代收付业务,截至12月末,县电信公司通过集中代收付系统集中收取电话费3106笔,金额1153万元。在农村地区推广“淘宝+服务站”模式,1月至12月,已有28家金融服务站实现与淘宝店的合作。做好财政库款直接支拨工作,建湖支库全年办理财政直拨工资补助类资金601笔,累计发放502万元。组织“反假货币小超人”网络知识有奖竞答工作,参与人数列全市7个县(市)第3名。建立人民币真伪鉴定中心,配备专门的工作室和鉴定设备;加大假币收缴力度,共收缴假币1482张,累计金额127620元;直接为城乡居民兑换残损币844张,累计金额50230元。加强国际收支申报管理,1月至12月,全县8家外汇指定银行累计办理涉外收付款申报8225笔,金额合计37436.95万美元。

【加强内部管理】 印发《2016—2020年法治央行建设任务分解表》,引导员工学法用法,推动“七五”普法活动深入开展;做好行政审批事项网上办理系统上线工作,公开行政权力事项标准化清单及办事指南;对2003年以来的规范性文件进行清理。加强职工政治业务学习,把4月作为“形势政策教育月”,加深职工对形势政策的认识;组织全体干部职工赴胡乔木生平陈列馆和盐城泰山庙等革命传统教育基地参观学习,加强干部职工党史、党纪教育。实施“青年人才培养工程”,向青年下任务、压担子,“五四”青年节期间开展“以青春的名义”主题团日活动。9月,开展“喜迎十九大 央行有青年”主题教育实践活动。开展具有央行特色的志愿服务活动,先后组织开展未成年人“牵手·圆梦”活动、学雷锋志愿服务集中行动,年内到上冈镇复兴村开展阳光扶贫活动4次。加强干部职工廉政教育,落实党风廉政建设责任制,7月,接受分行巡视组对支行的巡视。制定2017年度支行文明创建工作规划,6月,牵头召开金融系统文明创建工作推进会,12月,支行通过“2015—2016年度盐城市文明单位”复审。

(贺春亚)

·中国农业发展银行建湖县支行·

【概况】 2017年,中国农业发展银行建湖县支行(简称建湖农发行)在县委、县政府的领导下,贯彻落实上级行下达的各项工作部署,不断强化风险防控,逐步提高管理效能,稳步开展客户营销工作,完成了各项业务经营和内部管理工作目标任务,业务经营工作实现持续发展,内部管理工作达到平稳要求。

【业务经营绩效】 至12月末,账面利润1222万元,加上影子拨备92万元,实现利润总额为1314万元,完成年度1300万元的101.08%。至12月末,实现日均企事业单位存款日均43241万元,完成年度基础任务46366万元的93.26%。完成发展任务47366万元的91.29%。至12月末,实现投资及中间业务收入9万元,完成年度基础任务62万元的14.52%,完成发展任务80万元的11.25%。至12月末,实现国际业务结算量260万美元,完成年度基础任务210万美元的123.81%,完成发展任务260万美元的106.3%。至12月末,无不良贷款,也未出现风险贷款要情。

【传统业务】 建湖农发行能够严格按照上级行的托市收购政策要求,落实各项收购程序和要求,开展粮食收购贷款支持工作,做到早准备、早投放,严格执行“钱等粮”政策,确保收购资金足额供应,不出现“打白条”的情况。按规定提前向企业下发了贷款通知书,签订了资金供应管理协议,足额发放了3至5天铺底资金,至12月末,建湖农发行严格按照收购政策要求,落实各项收购程序,实现发放县储贷款5550万元(夏粮1800万元,秋粮3750万元),发放省储贷款2864万元(夏粮693万元,秋粮2171万元),未出现风险贷款,发挥了农发行支农主渠道的作用。

【信贷业务】 通过一系列的贷款营销工作,进一步调整、调优贷款结构,为力争完成全年工作目标任务打下坚实的基础。2017年共发放贷款4笔,分别是宇晖3笔共1600万元,新农投一笔5000万元。后因情况变化,贷款资金长期滞留建湖农发行账户未支付使用。根据企业提出提前收回贷款的申请,并经县政府同意,在11月收回5000万元贷款。开发区6000万元流动资金贷款,与省行对接,补充相关材料,争取实现早日投放。

【内部管理】 建湖农发行保持良好的规范化管理基础,不断深挖流程的精细化工作,各部门落实好各项工作。岗位配合抓规范,促进信贷管理上台阶。一方面狠抓岗位规范,另一方面狠抓岗位练兵,重视提高个人业务素质,提高项目贷款的办贷效率。执行风险管理“周分析、月报告”制度。严字当头抓规范,促进财会管理上水平。建湖行会计部能做好政策学习,保持对新知识、新技能的高度敏感,按照业务流程办理业务,保证业务办理不出差错,不断提高财会素养,懂核算、懂分录,懂会计账理,科学定位财会人员的角色,打造一支“业务精、思想好、会管理”的财会队伍。严格执行财经纪律,狠抓会计基本制度的落实,规范与提高并重,消除操作隐患。持之以恒抓规范,促进综合管理上轨道。根据制订的党风廉政建设、中心组学习、业务培训等计划,组织实施。在党风廉政建设方面,能够坚持务虚工作从实抓,坚持不懈地把党风廉政建设列入重要的议事日程,开展“两学一做”常态化制度化,不断加强全行干部员工的制度执行意识,遵守职业道德,坚守道德底线。

(肖景元)

·中国工商银行建湖支行·

【概况】 2017年,中国工商银行建湖支行深入贯彻落实省、市行会议精神,按照更加重视争先进位和对标意识,更加重视基础强化和增长点拓

工行盐城建湖支行率先组织开展“电子智能服务推广宣传月”活动

(建湖日报提供)

展，更加重视党建和队伍建设的“三个更加”的要求，坚持“控质量、扩规模、增收入、提位次”，应对复杂的经济金融形势和经营环境，统一思想，抢抓机遇，拓展市场，强化风险控制，夯实管理基础。截至12月末，全行人民币两项存款余额达32.42亿元，两项存款增量县内同业排名第二，信贷投放稳定增长，全年实现单边投放8.77亿元，为各项业务健康发展奠定了基础。

【经营效益】 全行统一思想，正视差距，向加快发展要市场尊严，进一步传导资产、负债、收入、客户、渠道等“八大转型”发展导向，分析把握经济新常态特征和互联网金融发展特点，围绕有效信贷市场拓展、分期付款、大户管理、偏离度下的存款组织、风险管控、创收增效、结构调整优化等领域开展工作。2017年，在内外部挑战和压力较大的情况下，实现拨备前利润9118万元、净利润5700万元，比上年增幅1.32%，多项重点指标完成市分行下达的目标任务。

【机制改革】 深化人力资源改革，优化管理机制，激活队伍斗志，增强营销力量，进一步完善县支行绩效考核分配办法，通过对人力资源优化和营业网点智能化改造、标准化运营项目改革，体现收入分配和价值贡献的匹配度，发挥绩效考核对全行经营的导向、激励作用，调动了全行员工的营销积极性，形成整体经营合力。倡导开源节流，强化对日常费用管理，实行精细化管理，为实现全年工作目标提供内生动力。

【旺季营销】 从思想上、行动上调动员工的积极性，早筹划早安排，制定和启动旺季营销方案，利用“两节”时机，通过新春送福、客户回访、理财沙龙等多种形式，加强客户维护，组织开展形式多样的旺季竞赛活动，加强旺季宣传和督导推动，把旺季工作抓早、抓实、抓出成效，实现新年“开门红”，同时抓住市分行各时段开展的专项竞赛及营销活动，狠抓推进落实，取得了显著成效。全行储蓄存款最高时点比年初净增4.1元，日均净增2.01亿元，超额完成市行下达的任务；全年新贷款增单边投放8.77亿元，为全年各项业务良好发展夯实了基础。

【项目攻关】 抓好对公新开户营销活动，组织重点市场商户拜访活动，收集重点工程、重大项目信息，跟踪重大招商引资项目，推进拓户工程。全年新开大额资金平台目标户4户、机构类客户新增3户，国际业务新拓展3户、全年新开对公有效账户59户，新开户存款余额约占季度时点的28.3%有力地支撑存款业绩的稳步提升。加强政府、同业等机构客户的拓展与维护，抢抓有利时机跑政府求支持、访国土拜财政促落实，步步为营抢先抓早挖转土储资金，深度挖掘大户存款资源，做好大额资金的服务和争揽工作。以“获客、活客与留客”为中心，以重点产品营销为抓手，在存款源头上争取更大的主动，12月末，对公存款增量列同业第二。坚持“三重”导向，持续开展“平台+企业”“小微创业贷”“银政通”等方案营销。加强与各级政府平台对接，贴近客户需求，挖掘资源，新增开发区同一乡镇项目贷款2亿元、项目下的供应链融资累计投放4800万元。同时抓产品创新，投放全市第一单法人客户流贷——开投公司3亿元。抓储备，已过会项目3个，即：开发区二期同一乡村整治项目1.2亿元、九龙口金荡生态农业项目1.5亿元、国源新能源三期20兆瓦1.5亿元项目。抓后续营销，密切跟踪高新区产业提升及棚改项目贷款6亿元，国投公司城市综合体项目贷款10亿元。以新产品“小微创业贷”为抓手，挖掘实体企业新的增长点，厚锐、立成、嘉豪等已投放3000万元，为全行资产业务健康稳定发展提供强有力的支撑。抓住新农村建设契机，抢抓重大项目和中小企业金融服务，加快推进发展，使全行经营上规模、上台阶、上档次，形成新一轮强势发展格局。12月末，人民币表内贷款余额20.46亿元，实现单边投放8.77亿元，其中人民币公司贷款增量四行占比第二。

【市场营销】 按照省、市行部署和要求，组织市场营销，以重点产品为抓手，利用客户回访、理财沙龙等多种形式，把营销工作抓实、抓出成效。深入开展以代发工资业务为契入点的批量业务市场，加强公私联动，深入拓展薪酬类、批量类、拆迁补偿款、经营类四大源头市场，在存款源头上争取更大的主动。旺季期间实现批量揽储21户0.9亿元，为抢占市场份额夯实了基础。以私人银行和A以上高端客户营销为抓手，加强对各类理财产品销售后的服务工作，利用各类期次理财产品，特别是结构性存款高收益的特点，举办多场客户沙龙，开展全方位营销。专门设立农村市场拓展团队，深入推进农村市场业务拓展，继续加强与农发行、农商行合作，以“柜面通”为重点，以大批粮食购销企业为突破口，不断扩大个人中高端客户群体，确保市场份额持续稳步增长。加强客户维护工作，特别是对辖内私人银行客户进行重点维护，不断扩大优质客户群。行长室亲自带队营销，全年新增私银客户5户，全行私银客户达19户、管户资产达3.5亿元。调整经营思路，加速个贷业务转型。稳健发展个人住房贷款，重点满足开发贷款支持楼盘、优质个人客户、自住性购房的按揭需求，实现个人贷款全品种发展，特别是碧桂园、泽园未来城等按揭项目在工商银行建湖支行落地。推进渠道二维码、“N+3”综合营销，实施产品捆绑联动，增强客户对县支行金融产品的认知度、依存度。

【巩固优质客户】 通过加强与县财政、卫生、国土、交通、农水等系统客户的关系维护，以“工商通”“银政通”“银医通”为平台，以服务增强客户信赖，以沟通促进双方理解，使基础公存客户较年初有了较大幅度的增长，特别是新上县人民医院南院区银医合作项目，促其投产，实现了对公存款新增6000万元。同时，完成市行下达的项目攻关计划和大额资金监控平台客户的营销开户工作；再加上支行新拓展营销的开投投资、东投公司、益东水务等亿元大户的落地，支撑了全行负债业务的稳定增长。

【客户拓展】 截至12月末，全行个人客户总量232425户，比年初新增10105户，其中有效客户总量175586户，比年初新增4110户，资产总额331469万元，新增28058万元；达标私人银行客户14户，私人银行客户总资产33956万元，芯片卡总量211818张，比年初新增19882张，保险客户3198户，余额13748万元，比年初新增4204万元，代发工资单位总户数89户，比上年新增20户，代发个人客户总数14016户，比上年新增5户，累计代发额60802万元，比上年新增17265万元；全年实行个人中间业务收入718.35万元。多项指标在省行组织的2017年个人金融业务旺季营销竞赛活动中名列全省县域支行前10位。

【提升盈利水平】 在抢抓市场、扩大基础收入的同时，增加收入渠道。围绕资产管理、资金交易、国际结算、代理保险、贵金属以及银行卡收单、分期付款业务、第三方存管等中间业务重点品种，扩基础类中收，深挖增收潜力。加快信托理财、银行承兑汇票、票据理财等业务发展，强化产品和服务议价，提高资产客户中间业务贡献水平，促进投行业务收入持续增长。拓宽机构业务合作广度和深度，推动第三方存管、年金等业务快速发展，进一步做大国际贸易融资和国际结算等业务同时，持续做好理财产品和保险产品销售，突出工银安盛、专属理财、工银财富等理财品牌，强化组合营销，结合渠道优势和产品优势提升代理基金业务的市场占比。持续推进小企业、个贷和房地产开发企业等重点客户批量营销，加大推动和营销力度。拓展发卡市场，拉动发卡量快速增长，进一步做好信用卡收单业务，扩大汽车分期付款市场份额。

【内控管理】 2017年，全行上下落实"一岗双责"要求，深入开展"学制度、明法纪、守规章""双全扫雷"行动、"回归本源、防控风险"深化管理年、"内控合规执行强化年"等活动，强化内控文化建设，开展内控案防工作。进一步强化内控案防主体责任的落实。支行成立由行长李佩为组长的《案件防范整改工作领导小组》，制定《建湖支行2017年案件防控整改工作实施方案》，全面开展案防整改工作。开展"十大禁令"警示教育活动，让合规文化核心理念及新时期"十大禁令"深入人心，在支行营造"学合规、守禁令、强执行"的良好氛围。强化"十大重点领域和关键环节"风险专项治理、开展"三严控一提升"网点专项管理活动，突出重点领域、"两加强、两遏制""屡查屡犯"、员工行为专项排查等防控治理工作，有效遏制重大违规事件和案件的发生。强化信用风险控制，加强客户经理队伍建设，进一步规范操作行为和贷后管理，避免了操作风险的发生。做好日常安全保卫工作，确保零发案件和零重大安全责任事故。集中精力，抓资产质量管控，重点关注小企业贷款、个人经营贷款、信用卡分期付款等风险，采取防范与化解措施，确保信贷资产安全。特别是针对企业信用风险高发势头，通过前移风险管控手段，加大不良贷款的处置力度，全面摸排企业担保圈及过度融资情况，针对象王、扬标等企业贷款风险不断释放这一严峻形势，成立相应的债权人委员会，并多次向政府、监管部门及上级行汇报其危害后果，提出相应的化解建议和措施，得到政府及相关部门的肯定。全行资产不良率、剪刀差始终控制在上级行下达的警戒线之内。

【文明创建】 开展文明服务创建工作，深化"人民满意银行"建设年活动，以创建"文明服务星级示范网点"为抓手，组织开展"文明服务提升季"活动，取得成效。全年，支行营业室被省分行评为"星级服务示范网点"、上冈支行被市银行业协会授予"普惠金融四星级服务示范网点"称号，推动了全行服务水平不断提升。

【作风建设】 履行党建工作"第一责任人"职责，坚持以党总支理论中心组学习为主阵地，有计划、有重点地学习中共十九大精神、国家金融方针、政策和上级行党委重要指示，不断提高班子成员和全行党员干部运用科学理论解决复杂问题的能力。加强全行党员干部作风建设，增强拒腐防变能力，在工作、生活和对外交往中带头严格执行廉洁自律各项规定，切实做到正派为人、清廉办事。自觉接受群众监督，全面规范决策行为。支行党总支能始终坚持落实民主集中制，重大问题集体研究，通过按期召开民主生活会，自觉规范履职行为。严格把好选人用人关，继续推进"雏鹰"发展计划，全年共对彭荔等9名大学生员工实行了转岗和提拔。推行行务公开，鼓励员工建言献策，听取和吸纳员工的合理化建议，实现员工价值与全行整体利益的和谐统一。

（徐道亚　周锦荣）

·中国农业银行股份有限公司建湖县支行·

【概况】 2017年，中国农业银行股份有限公司建湖县支行贯彻落实省、市分行党建和经营工作会议精神，以"九个并重，九个更加"发展理念为指导，紧盯同业研究市场，推进关键措施落实，强化市场营销，加快转型发展，采取抓基础、抓项目、抓管理、抓控险、抓队伍等措施，各项工作取得了稳步、快速、协调发展。2017年获得省农行信贷"三化二无"先进单位，省农行内控评价一类行，盐城市安全保卫工作先进集体，建湖开发区支行获江苏银行业普惠金融文明规范服务五星级网点等称号。

【经营效益】 坚持转型发展，优化业务结构，拓宽盈利渠道，2017年全行实现拨备前利润10789万元，比上年增长3.7%；实现拨备后利润10786万元，比上年增长11.4%。实现中间业务收入3989万元，比上年增长26.7%。

【负债业务】 面对利率市场化对稳存增存带来的严峻挑战,做好新客户拓展、有贷户管理、战略户攻坚、柜面服务"四篇文章",实现了存款平稳增长。到年末,本外币各项存款余额66.9亿元,比年初增加6.81亿元,增量全市第三。其中个人存款增加4.6亿元,增量全市第二,对公存款增加2.21亿元,外汇存款比年初增加417万美元,完成目标任务114%。

【资产业务】 融入地方经济,寻找贷款投放空间。加强银政合作,促成县政府与市农行签订全面战略合作协议。抓项目贷款的储备与上报。与城投公司合作了"农村公路提档升级"项目贷款7亿元,该项目获省分行审批通过;四季度,为建湖碧桂园房地产公司上报了房地产项目贷款。扎实开展"惠企行动"、法人信贷客户"家家到""一项目一方案一授权"等营销活动,加大流动资贷款营销力度,2017年新增8户,小微企业授信6500万元,新增贷款投放3800万元。

【业务转型】 按照价值创造目标和业务发展趋势,加快业务转型。全年新增借记卡31500张,贷记卡有效户7146户,新增掌银客户10898户,个人电子银行活跃客户20523户,新增企业电子银行注册客户521户,有效收单商户154户,E商/E农管家新增5户,渠道建设进一步加强。拓展对公和投行业务,地方债券分销金额3000万元,完成市行目标的200%,结售汇业务量2364万美元,完成市行目标的295.5%,银行承兑汇票签发电子化率100%,完成市行目标的100%。

【风险防控】 突出不良资产管控,坚守资产质量底线,落实风险化解措施,清收不良贷款,到年末,全行不良贷款余额656万元,不良贷款占比0.27%,贷款到期贷款收回率100%,连续第四年被省分行表彰为"三化二无"单位。狠抓安全生产重点领域和重点环节治理,开展"两个提升年"活动,组织常态化检查,消除风险隐患,全年实现无案件、无重大风险事件和声誉风险,被省分行评为"三化三达标"优秀支行,内控评价一类行B级,是全市农行唯一一家支行。

【党建引领】 在全行深入推进"两学一做"学习教育,建立健全基层党组织工作机制,选强配优网点班子成员,落实加强基层党组织建设要求,持续开展"四优"党员示范岗,"四无"党员责任区创建活动,推进"六有"党支部创建,持续开展"三亮四比三评"和"佩党徽、亮身份、强服务、作表率"等活动,推进两个作用发挥。深化"两学一做"常态化制度化教育,支行党委成员、各党支部书记带头讲党课,唤醒党员意识,对标对表,狠抓问题整改落实,实现了学习教育有成果、践行要求有行动、两个作用有提升的目标。在全行形成党员增素质、支部增活力、岗位当先锋的良好氛围。落实党组织书记党建和党风廉政建设责任清单,从严治党从严治行进一步加强;履行社会责任,开展扶贫帮困和志愿活动,获盐城市"文明单位"称号,社会美誉度进一步提升,为业务发展营造良好氛围。 (李 理)

·中国银行股份有限公司建湖支行·

【概况】 2017年,中国银行股份有限公司建湖支行(简称县中行)在县委县政府的领导下,贯彻落实中共十九大会议精神,坚持把为实体经济服务作为立业之本,践行"担当社会责任,做最好的银行"的发展战略,以客户为中心,突出负债业务、资产业务和利润指标的发展,加强业务创新、合规经营、党建引领、人才培养和企业文化建设等工作,不断推动支行各项业务的可持续健康发展。2017年先后获总行级"青年文明号"、省行级"四强"基层党组织、"五四红旗团组织"、江苏省银行业协会普惠金融"五星级网点"等称号。

【主要经营业绩】 2017年,县中行实现营业净收入16567万元、拨备前利润13503万元,净利润2115万元;各项存款余额达36.63亿元,较年初减少1.19亿元,其中储蓄存款余额23.89亿元,公司存款余额为12.74亿元;支行实现人民币各项贷款余额36.14亿元,较年初减少4.25亿元,其中公司贷款余额20.72亿元,比年初减少4.57亿元,零售贷款余额15.42亿元,比年初新增0.32亿元;不良贷款余额为5418万元,较期初增长了3187万元。

【服务地方经济】 2017年,县中行围绕全县经济工作中心,贯彻落实县委、县政府关于支持实体经济发展的工作要求,发挥专业化、多元化优势,加大信贷投放,创新金融产品,提升服务水平,倾力服务重点工程项目、中小企业、普惠金融的发展,满足实体经济和人民群众对金融服务的需求。围绕地方经济,做好信贷投放,强化国有大行责任担当意识,做到在工作目标上与政府同向,在工作布局上与政府同步,在工作力度上与政府同频,推进"两重一实"项目对接工作,持续加大信贷投放力度。围绕实体经济,支持中小企业发展,在授信总量、产品组合、授信审批及放款上给予帮助,注重金融服务和产品创新,推动全行"网融易""中银税贷通""中银结算通宝"等创新产品发展,扩大中小微企业的服务渠道,帮助资金困难的企业重组贷款,走出困境,解决中小融资难题。围绕民生工程,打造普惠金融银行,发展普惠金融,满足居民个人金融需求;投入人力、物力改造网点的软硬件设施条件,打造普惠金融网点。围绕资源优势,推动涉外企业"走出去",发挥跨境金融的比较优势,加强本外币及境内外授信资源的交叉运用,解决进出口企业的融资需求,响应人民币国际化发展战略,减少企业使用外币结算带来的汇兑成本,使建湖县进出口企业享受到人民币国际化的带来的"红利"。

【业务创新】 2017年,县中行实现非标理财投放5.5亿元,其中建湖县高新投资发展有限公司投放2.5亿元,该项目为盐城中行首笔浮动;建湖县交通建设发展有限公司投放3亿元,该项目为省中行首笔省补资金非标理财项目;首次与江苏银行合作,续做了4000万元的福费廷业务。另外在银团贷款、企业债券等方面均取得较大突破,带来了可观的综合收益。

【合规经营】 2017年,县中行开展了“合规季”系列主题活动。结合、整合前期内控管理要求,制定下发全员内控案防考核、网点负责人履职管理考核要求,并结合最新的外汇管理要求,梳理、明确各岗位职责及工作要求。开展“戴南风险事件”大讨论活动,寻找案发的根源,支行班子成员也参与到分管网点、部门的学习讨论中去。通过“案例教育演示”这种寓教于乐的表现形式“学案例,讲案例”,触发员工对合规问题的深入思考。组织开展员工异常行为专项排查工作。结合员工30种异常行为表象特征,坚持问题导向,抓早抓小,深挖严查的原则,运用个别访谈、客户走访、现场核查等手段,对全行员工逐一进行排查。8月末,对全体员工进行了家访,详细了解员工家庭关系、经济状况及日常生活动态,掌握员工八小时外的思想、行为动态。并建立相关机制,发现问题解决问题,对行为异常的员工实时进行岗位调整,提前消除风险隐患,在行内形成良好的工作氛围,为各项工作开展提供了保证。

【党建引领】 2017年,县中行学习和贯彻中共“十九大”会议精神,以习近平新时代中国特色社会主义思想为指导,坚持“以做好的党建引领最好的银行建设”。加强党总支的班子建设,强化班子党建的主体责任。班子成员坚持学党章党规,学系列讲话,不断提高政策理论水平和决策能力,提高班子的凝聚力和战斗力;坚持开展经常性的谈心活动,进行批评与自我批评,加强相互间的思想交流和沟通;坚持做到吃苦在前,廉洁奉公、令行禁止。按照市行党委的要求和县中行业务发展需要,持续推进党建结对共建活动,走出去同当地政府机构、企事业单位、社区街道开展党建共建活动,与县国税局开展了“走进红色圣地 体悟延安精神”“走进养老院”等活动。通过党建共建活动,与共建单位搭建了良好的银企关系,为业务发展提供助力。开展系列主题活动。根据年初工作安排,有计划地开展“党建引领开门红,三亮一创争先锋”活动、“党建引领三个提升”工作、召开“两学一做”专题组织生活会暨民主评议党员大会、“大走访大落实”等活动。

【人才培养】 2017年,县中行坚持以人为本,人才强行战略,优化人才成长环境,创造机会平等、选贤任能的人才选拔环境。加强后备人才队伍,9月,对支行原“3.6”后备人才队伍进行了动态调整,共有5名员工进入了人才库,为支行快速、稳定、持续发展奠定人才基础。用好人才库后备人员,共有2名员工从人才库中提拔到中层管理岗位,3名员工选拔到客户经理岗位。着力提升员工的专业能力,加强对新入行员工和聘任新岗位员工的业务培训,出台考核方案,倒逼员工进行自身能力提升,如2017年针对大堂经理、理财经理出台专项考核方案,实行末位淘汰,出台《强化员工岗位资格考试的管理办法》,明确员工在相应岗位应取得哪些专业资格。

【企业文化】 先进的企业文化是企业持续发展的精神支柱和动力源泉,2017年,县中行切实将企业文化建设纳入到年度工作计划当中。营造“以人为本”企业文化氛围,建立关爱员工长效机制,在有条件的网点加快“职工小家”“党员小家”建设,组织员工体检,落实网点中午休息制度,开展各种文体活动,给员工减压,切实关心员工身心健康,提高员工敬业度和团队凝聚力。加强企业文化精神传播,在支行广泛宣传总行“担当社会责任、做最好的银行”战略和省行24字企业文化要求,达到统一思想,凝聚人心的作用。打造中行文化品牌,开展落实市中行“党建引领三个提升”工作,着力在基层网点形成前场柜面标准化管理,后场区域文化特征鲜明的格局,同时争创各级内外部荣誉,通过创文、创优,打响中行的品牌;担当社会责任,真正融入当地的改革发展中去,支持当地实体经济发展,并组织员工参加开展如交通执勤、关爱未成年人的“牵手圆梦”、慰问贫困农户、奖学助教等公益活动,赢得社会好评。

(孙跃飞)

·中国建设银行股份有限公司建湖支行·

【概况】 2017年,中国建设银行股份有限公司建湖支行以提质增效为主题,以资产质量管控为重点,进一步深化转型发展,着力提升“强县强行”竞争力,基本达到“系统内强、同业也强”的预期。坚持高标准、高要求、高定位,加快重塑竞争优势,科学谋划各项业务发展,完成了全年各项工作任务。

【主要经营指标】 年末支行一般性存款日均余额33.05亿元,较年初新增1.67亿元;实现中间业务收入5058万元,四行第一、系统第一;账面利润1.24亿元,四行第二、系统第二。

【信贷投放】 资产业务效率与质量双提高,稳建经营成效显著。年末贷款余额31.91亿元,较年初净新增5.58亿元,存贷比达107.22%,净新增及存贷比均列当地四大行第一位。2017年共支持各类公司信贷户187户,较年初净新增95户(含小微快贷、保函类客户)。

【合规经营】 处理业务发展与内部管理的关系,最大限度地消除各类风险隐患,确保安全运营。组织开展各类专项整治活动,加强干部员工的教育和管理,牢固树立正确的职业理想,规范职业行为。开展员工行为排查专项治理活动,建立全面的责任认定和追究制度,落实责任认定和追究制度,做到问题不查明不放过,问题不整改不放过,责任不追究不放过,排查了潜在风险隐患,坚决杜绝了有章不循、违章操作的现象。柜面员工规范操作意识明显增强，发生典型违规和严重违规的问题个数在系统内较少，全年未发生典型违规行为全年的典型违规行为数量少，全年实现了安全运营无案件、无事故。

【创塑形象】　建湖建行获得省分行文明单位称号，并连续被评为“盐城市文明单位”。带动全员学习，召开新入行员工座谈会，编辑新入行员工特刊，落实了新员工的跟班学习和住宿安排；开展夏季“送清凉”活动；举办员工高考子女慰问、重阳节慰问活动，突出人本关怀，传递好声音，传递正能量；走访慰问困难员工、改善前台网点员工工作环境和服务设施、开展“喜迎十九大”演讲、青年员工座谈会、健身运动会等形式，在全行营造了团结向上的氛围。组织扶贫解困活动，参与维持交通秩序等志愿行动，参加地方各类创建活动，取得良好的社会效益。

【主体业务】　2017年支行超前谋化、掌握主动。围绕工作主线，分层落实，考核推进，确保成效。在考核管理、目标管理、精细化管理上，推出“三项制度”等具体工作举措。狠抓重点、突破带动。理清全局重点、阶段重点，由点到面，组织开展了人行小超人知识答题竞赛、狗年压岁金钞销售、普惠金融贷款突击等三场战役，取得了较好成效。合力推进、整体联动。强基础抓队伍，在客户拓展、渠道建设、服务管理上下功夫，把合适的人放到合适的位置，强调首问负责制，调整优化干部队伍，营造向上的工作氛围，以点带面，表率带动，考核推动，全员行动的良好效果。把增存工作放在首位，从市场、产品、客户不同纬度入手，开展了系列稳存增存工作。个人业务通过开展社区金融推进、代发工资营销、裕龙通专题营销、聚合支付商户拓展等系列活动。网点下乡，在上冈镇增设营业网点并开业，为拓户增存打下了坚实基础。公司业务与当地城投公司、开投公司、克胜集团、剑牌农化等多家政府平台公司及重点制造业企业，进一步加深了业务合作关系，创造性的营销开办了全市首笔票据通业务和投资通业务，并全额投放到位。机构业务拓展屡见成效，与财政、住建、教育、人社等主管局系统建立了良好的合作关系，营销开设机关事业单位职业年金账户、县拆迁资金账户、二手房交易监管账户、公共资源交易中心账户、农民工工资保证金账户等多个机构账户，贡献和效益稳步提升。支行坚持科学发展观，正确处理业务发展与内部管理的关系，最大限度地消除各类风险隐患，确保安全运营。组织开展各类专项整治活动，加强干部员工的教育和管理，牢固树立正确的职业理想，规范职业行为。落实业务检查、行为排查等各项规章制度，以制度约束人、管控人。加强审计和内外部检查发现问题的整改，举一反三，避免类似问题再次发生。支行的管理工作成效显著，核算管理质量一直走在系统前列，受到上级行的肯定。安全管理保证了全年运行无事故。在工作中，坚持清正廉洁，以身作则，处处严格要求自己，保持良好的职业道德，并贯彻中央八项规定和总行党委十项要求，坚决反对“四风”，做到忠于职守，爱岗敬业，乐于奉献。注重学习不断更新知识结构，使自已成为政治过硬、业务合格的基层行管理者。掌握政策及制度，做到依法合规经营，工作上敢于负责，确保各项工作举措、制度规定、流程规范都能得到全面有效的贯彻落实。有较强的敬业精神，注重品质修养，个人定位端正，与同事坦诚相待，始终保持勤俭节约的良好品质，严格遵守各项纪律制度。

【内控管理】　转变传统思维、适应新的形势要求，学习落实反“四风”、八项规定要求，确立高标准、守住最底线。贯彻党风廉政建设考核实施细则要求，对照党委主体责任考核要求，层层签订从严治党、从严治行责任书，人人手抄签订廉洁合规承诺书。加强合规警示教育，学习“188”行规、省行28条禁令，教育员工、深化合规文化。加强风险排查，突出每季排查重点，直接抓、具体抓，对重点人谈话、后台业务抽查、轮换岗位；组织了员工家访，化解风险苗头。在具体环节上，营销接待讲求实效，建立台账，安排食堂，不超标、厉行节约。会议方面，开短会、开有用的会，具体在落实执行上下功夫。车辆管理方面，建立公务用车派车单，登记油耗、里程台账。办公用房不超面积、宿舍安排简易、节省费用。宣传用品上，集中采购、比质比价，专题研究费用支出，出入库登记台账。差旅费执行标准、不超标。以身作则，较好执行了各项规定。

【一岗双责】　支行是创建省行“党员之家”示范点、市分行“党建联系点”。支行全年突出全面从严治党、从严治行这一主导要求。深入学习贯彻中共十九精神，学习《中国共产党章程》和《中国共产党廉洁自律准则》《中国共产党纪律处分条例》《中国共产党党员问责条例》三项党内法规。切实审视自己的言行，真正的学、真正的做，起到先锋模范作用，带动全行员工积极向上。牢记服务的本色，守本分、守规矩，做合规工作的“明白人”、发展中的“领路人”。落实“两个责任”。支行党委、纪委全面落实党委主体责任和纪委监督责任，确保风清气正。进一步夯实制度建设，推行“以制度管人”。每个条线、每一项重要的工作做到有章可依、有规可循，提高工作的规范性，减少人为因素，减少弹性空间。以制度促党建、促落实，提高执行力。加强群团活动。工会、团支部为员工办好事、办实事，建成4个职工小家、开展了员工健身活动、鼓励员工参加业务知识和技能比赛，在省行团队中取得了较好成绩，形成特色，提高员工幸福指数、提升凝聚力。

（建湖建行办公室）

·江苏银行股份有限公司建湖支行·

【概况】　江苏银行是在江苏省内无锡、苏州、南通等10家城市商业银行基础上，合并重组而成的现代股份制商业银行，开创了地方法人银行改革的新模式。江苏银行于2007年1月24日正式挂牌开业,是江苏省唯一一家省属地方法人银行。江苏银行建湖支行内设五个部门:综合管理部、公司业务部、小微企业部、零售业务部、营业部;下辖一个二级支行:双湖支行,支行现有从业人员31人。全年始终坚持“存款立行、存款兴行”指导思想,存款总量规模再上新台阶。截至2017年12月末,支行本外币存款余额26亿元,较上年新增6亿元,任务完成率达150%。在辖内年度综合考核中排名前三甲。

【内部管理】 严格落实考核制度,召开各类会议,全面布置支行业务和管理工作,达到学习工作要点、定出工作计划、拿出得力措施、鼓足干劲、统一思想、增强信心的目的;开展“行风评议”“争先创优”活动,进一步强化了员工服务理念,提升支行社会形象;进一步完善优化二次分配方案,增强激励机制;继续清理和完善内部管理制度,堵塞业务环节中的漏洞;经常性地开展了对前台会计基础工作和信贷基础工作自查和清理,从细节入手,对照总行管理制度和分行具体要求,地毯式地排查,针对性地整改,既规范了业务操作,又提高了员工素质;坚信磨刀不误砍柴功,工作长计划短安排,坚持每天晨会、周一例会、周四学习制度,做到开会有内容,有考勤,有记录,有提高,不断强化了员工制度意识和团队协作能力,提升综合素质。支行组织开展了多项业务培训考核活动,参加盐城分行组织的培训活动,2017年度培训内容包括反假币知识、安全保卫知识、风险管理等,进一步提升了员工的综合素质,创造了良好的企业文化氛围。同时组织开展合规教育,培育合规文化氛围。上半年,通过“合规管理月”活动,利用板报、警言和事例教育等形式,宣传“尽职免责、失职追责”等文化理念,使之深入了员工内心。同时,在全行开展了自查自纠活动,加强检查整改,取得了一定成效:对工作中存在的问题,不查清不放过,切实纠正了以往存在的一些小毛病;制止各类不合规苗头,有效创建了全行的合规文化。

【风险管控】 江苏银行建湖支行严格按照监管规定,建立健全风险内控制度;加强各个业务环节的风险管控,不定期组织开展业务检查,提高合规操作能力,通过交叉验证、审贷会制度等提高信贷质量;切实提高资产质量,提升自主清收能力,实现不良贷款“双降”目标;严格落实安全保卫和案件防控工作,定期组织开展安全保卫检查和演练,开展应急预案演练和案防内控知识学习和测试,落实岗位责任,切实增强专项操作风险管理能力,深入开展案防警示教育,进行风险提示,不断提升员工风险意识。提高全行员工安全认识。把安全运营作为全行基础管理的一个重要内容来抓,形成全员参与、齐抓共管的工作格局。锁定重点,开展检查。结合实际,确定了三个方面的检查重点,即财会内控管理、计算机及网络管理、安全防范。对安全防范部位坚持每月至少随机检查一次,一个季度普查一次。强化人员安全、业务安全、大厅安全和各种自助机具的安全。进一步强化营业室的出入登记制度,对各类外来人员严格三证一陪,定期或不定期组织安全自查,经常查看监控录像并做好记录,早晚加强ATM巡查,尽可能排除各种安全隐患;加强营业室人员安全常识的学习,要求每位前台人员都能熟练操作报警设施、监控设备、消防设施,做到防患于未然,确保安全营运无事故;做好宣传工作,在人民银行组织的“反洗钱”“爱护人民币反假货币”活动中,支行员工走上街头发放宣传册、张贴宣传单,热情细致进行宣传工作,取得了较好的社会效果。

【服务地方经济发展】 江苏银行建湖支行支持地方经济发展,坚持服务中小企业、服务城乡居民的定位,发挥金融网络优势,强化内部控制,合规稳健经营,为广大城乡居民及企业提供优质金融服务,支持国民经济发展和社会进步。严格按照“稳健发展、择优扶持、差别管理、严控风险”的原则,支持中小型企业,活跃地方经济。坚持区别对待、有保有压、择优扶持、严控风险的原则,维护好现有优质客户,为优质客户提供更换贷款品种、合理增加贷款额度等更多元化的金融支持,促使企业产业化经营业务理性发展。2017年支行表内外累计投放27亿元,其中表内贷款3.5亿元,表外投放23.5亿元,投放额在全行排列靠前,有效的支持了地方经济发展。

江苏银行建湖支行开展党员进社区活动　　(戴俊荣　摄)

【财务会计管理】 勤俭办行,进一步加强财务会计管理,提升服务水平。

坚持艰苦奋斗、勤俭办行思想，严格财务收支管理，控制成本费用，优化支出结构，确保每一分钱都用到实处。在费用管理上，制定各项费用指标开支执行实施细则，进一步明确开支标准和列支范围，严格费用标准，控制费用支出，特别是严格控制非业务经营性支出，杜绝铺张浪费；加强固定资产管理，合理利用指标，将指标用于确实需要之处。加强基础工作的规范管理，提高支行会计基础工作的质量和信贷基础工作管理水平。严格执行总行的查库制度，确保库存现金和重空凭证的安全，切实防范前台人员的操作风险；加强各岗位人员的责任心教育、警示教育和金融法规的学习，提高风险防范意识、合规意识，规避道德风险的发生；实现“零差错”。2017年，该行会计结算工作做到了账务核算无差错、系统运行无中断、业务变更无滞后、运行管理无事故。

【精神文明建设】　扎实开展“党员进社区活动”，并将其作为践行“两学一做”专题教育的主要内容，发挥党员先锋模范作用，组建社区金融服务队，组织党员走进社区、走进居民小区开展志愿服务，打通银行服务社区居民的“最后一公里”，取得了较好成效。与徐东、西苑等社区建立长期合作关系，举办各类社区活动十余次，辐射社区居民超万人。以活动为载体，以广大社区为平台，开展“端午节”联谊活动、“迎七一”主题活动、“亲子”活动、走访慰问活动、金融知识宣讲活动和客户沙龙活动100余次，既拉近了与客户的距离，又宣传了江苏银行的特色产品，统一的着装、靓丽的风貌也在群众中树立了良好的品牌形象。

【企业文化构建】　支行坚持把思想政治工作作为经常性工作来抓，坚持教育引导、意愿诉求、适时谈心、心理减压、思想隐患排查相结合，不断提高思想政治工作的感召力和渗透力。把思想政治工作与解决实际问题结合起来，重视员工的合理建议，研究解决存在的问题，一时解决不了的耐心做好说服解释工作，营造和谐的企业氛围。抓精神文明和企业文化建设，举办“每日一星、每月服务明星”评选活动，涌现以陈蓉蓉为代表的爱岗敬业标兵。利用微信群定期交流工作动态，进一步发掘员工先进事迹，引导员工学习和实践爱岗敬业精神，推动企业文化建设深入发展。加强人本管理，倡导关心员工、爱护员工、培养员工，坚决反对拉帮结派、搞小团体、挑起员工矛盾等各类有违道德和法纪的行为。鼓励员工自学，调动员工学习积极性，落实总分行有关自学成材的各项鼓励和奖励措施。加大培训力度，提高员工业务素质和技能，促使员工适应业务发展和管理创新的新形势。

（江苏银行股份有限公司建湖支行）

·江苏建湖农村商业银行股份有限公司·

【概况】　江苏建湖农村商业银行股份有限公司是建湖地区地方性法人金融机构，江苏省文明单位、盐城市最具社会责任金融机构、最佳慈善金融机构、小微企业金融服务先进集体，2017年被盐城市政府表彰为优质服务“四星级企业”，董事长张德林获盐城市“优秀企业家”称号。发展质量不断攀升，改革转型不断加快，现代精品银行建设不断深入。监管评级、等级行考核保持二级B档、AAAA级。

【完善公司治理】　2017年完成“两会一层”换届工作，在公司章程中增加党的领导等重要内容，董事会增设三农与消费者权益保护委员会，持续增强服务三农的战略定力。不断优化股权结构，吸收地方政府资金入股，并加强股东任职条件准入审核，通过以股抵债、股权转让等方式，退出不符合条件股东85户，股权集中度进一步提高。同时，将全部股权委托江苏省股权交易中心进行管理，进一步提高股权管理的规范性、合法性；不断优化董、监事会结构，调整优化董、监事3人，董、监事会履职能力进一步增强。

【深化机制改革】　围绕监管部门与省联社关于推进全省农村商业银行战略转型的相关要求，启动“阳光信贷、网格化营销、公司业务零售化”三大基础工程建设，进一步明晰服务三农、服务中小企业、服务社区居民的市场定位，强化普惠金融理念和三农战略定力，不盲目追求规模、速度和排名，做到有取有舍，精细化经营，在三农、小微等特色领域和行业形成比较优势和服务特色，巩固了在农村市场的竞争优势。

建湖农商银行开展“普惠金融”主题宣传　（建湖日报提供）

【明确风险偏好】 严格控制非农和大额贷款投放,500万元以上个人贷款和存量3000万元以上、新增2000万元以上公司客户贷款必须经董事会临时授权,对"两高一剩"的限制产业,集中度超限额的贷款实行强力管控。2017年新投放贷款95%以上为三农与小微企业贷款。年末,三农贷款余额达88.27亿元,比年初增加8.59亿元,增幅7.34%。

【加强渠道建设】 注重提升网点服务质量和金融产品销售能力,推动网点由交易结算主导型向营销服务主导型转变。发展电子银行业务,开办网上银行、手机银行、微信银行等电子银行业务,全县行政村实现助农POS"一村双户";拓展微信银行、企业网银、个人网银、手机银行等新业务,全年发放社保卡27.53万张,总量达34.7万张;手机银行比年初新增4.82万户,总量达9.18万户,列全省第28位;收银宝拓展5882户,列全省第1位;ETC拓展481户,列全省第5位,形成广覆盖、多层次、差异化的服务体系。

【创新金融产品】 在细分市场和客户的基础上,加强金融产品创新,满足不同领域、不同规模、不同实力的客户需求。2017年研发创新包括"市民通""按揭通""亲情贷""薪金贷""公积贷""家装贷""爱车贷""社保贷"等9个特色化、差异化信贷新产品,累计投放贷款5425户、3.42亿元。其中:"市民通"累计发放2763户、1.51亿元。

【深化"阳光信贷"】 推进普惠金融建设,以"福农通"为载体,深化"阳光信贷"内涵。为全县194个村逐村建档,覆盖面100%;授信农户8.41万户,占比达66.67%,授信金额98.55亿元。全年累计用信户数6466户、2.58亿元。根据农户用信情况和诚信度,不断拓展"福农通"产品的外延和内涵,拓展家庭亲情担保或信用发放,推出"福农通"金卡,提高授信金额,打造透明、便捷、广泛的农户信贷模式,受到广大农户朋友的欢迎。初步实现网上申请,批量审批,信贷审批流程大幅缩短,非必须资料一简到底,形成流程化、精准化、自动化的"信贷工厂"雏形。

【开展合规体系三年规划"完善机制年"活动】 按照管理部门、省联社要求,制定出台本行相关方案,通过集中辅导和视频会议形式,对建湖农商行合规体系三年规划方案组织学习、辅导,统一全员思想,并形成《任务清单》和《责任主体清单》,推动合规体系建设各项工作的落地。坚持"内控优先、制度先行"的原则,根据业务发展和风险防控并重的要求,适时更新各项规章制度、流程,确保内控机制建设与业务发展同步。2017年度,共新增《"爱车贷"实施细则》等65个制度办法,修订完善《借新还旧贷款实施细则》等24个制度办法,废止7个制度办法,建立违规事件库、违规积分库、违规案例库、内外规库、风险点库、考试题库等一图六库,为全行业务健康发展、员工合规操作提供了有力的保障。

【专项治理风险排查】 根据监管部门和省联社部署要求,扎实开展"三违反""三套利""四不当"专项治理和信用风险、"两会一层"风控责任落实情况专项检查、银行业市场乱象整治和十大风险防控工作等7项排查工作,通过基层自查和集中检查方式,共排查出存在问题23个、风险贷款192笔。对排查发现的问题强化问责,并逐笔制订整改销号台账。年末已整改163笔,到位率达87.8%。对一时难以整改的问题,逐笔制定整改措施,限期整改到位。同时,扎实做好风险提示评估和预警工作,针对重点业务突出风险,共发布《票据托收邮件快递风险提示》《手机银行业务风险提示》等6期风险提示,开展ETC业务、国际业务、收银宝、成长贷4个新产品、新业务风险评估。强化客户风险预警工作,加强预警信号的拦截和处置,并成功运用到贷前、贷后和贷后管理中,风险防控能力得到明显提升。

【深化案件防控治理】 出台《员工行为合规深化年活动方案》,从阶段性工作、重点业务风险排查和常态化工作三方面入手,围绕员工征信排查、外部"四访四看"和六个重点环节扎实开展排查活动。2017年度共开展各类案件风险排查15次,其中信贷方面排查4次,同业、票据类业务排查3次,运营管理方面排查4次,员工异常行为排查4次。同时联合公安、法院、税务、工商部门分别对员工违法、违规兼职经商等情况进行排查,排查机构覆盖率100%,罚款142450元,8人受到行政处分,其中警告1人,记过3人,开除留用察看1人,解除劳动合同3人。

【企业文化建设】 开展星级网点打造和服务之星评选。营业部、湖中支行、新东支行、建宝支行等19家单位获"文明规范服务星级网点""三八红旗集体""巾帼文明岗"等称号;总行被评为江苏省文明单位;盐城市优质服务"四星级企业";举办职工运动会,缓释压力,展示风采;参加省联社组织的业务技能大赛,获得优胜单位奖。发挥职代会和工会作用,维护职工权益,获市"模范职工之家"称号。扎实开展扶贫工作,中层以上管理人员与贫困户一一结对,向帮扶对象捐助各类资金100多万元。参与社会公益和文化事业,获盐城市"最具责任金融机构奖",被评为盐城市"580党员志愿服务先进单位"。对员工进行传统节日慰问、健康关爱、生日祝福、家庭温馨关爱、重大家事关爱计划,使员工感受家园文化。关心青年员工成长,鼓励参加技术考试和外部培训,举行中高层综合能力提升(高校)研修班,举办客户经理、柜面人员参加脱产外拓营销培训,人力资源更加活跃。新综合大楼破土动工,工程建设受到省联社,建湖县委、县政府的重视,成为建湖的标志性建筑。

(江苏建湖农村商业银行股份有限公司)

邮储银行创新农民土地承包经营权产品新举措 （建湖日报提供）

·中国邮政储蓄银行股份有限公司建湖县支行·

【概况】 2017年，中国邮政储蓄银行股份有限公司建湖县支行以中共十九大精神为指导，坚持“上规模、调结构、控风险、提效益”原则，以“转型发展”为主线，以“做优”和“做大”为基点，以“创新驱动”“精细管理”“科学管控”为抓手，坚持稳中求进的工作总基调，围绕“三低一高”转型目标，集中资源与力量，着重做好加快转型发展、提升业务规模、全面风险管控、人才队伍建设、企业文化建设、党风廉政建设六大项工作。2017年，建湖县支行完成信贷新增2.2亿元，完成县政府年初信贷新增目标1.5亿元，完成率达147%。全面完成了年初确定的各项奋斗目标，实现了“三个文明建设”协调发展，为更好地服务“三农”、服务中小企业、服务社区奠定了坚实基础。

【组织架构及人员构成】 现有行员72人，其中行领导班子成员2人、员工70人，建湖县支行共设置6个部门，其中2个职能部门：综合管理部、综合业务部，4个经营部门：市场拓展一部、市场拓展二部、县支行营业部、太平路支行。全县城乡设一类、二类及代理网点共20个，具有服务功能全、网点覆盖面广的特色。

【经营宗旨及经营范围】 经营宗旨：坚持依法合规经营，以加快发展为中心，加快转型为己任，强化管理为抓手，提高效益为宗旨，为经济和社会发展提供优质高效的金融服务。经银行业监督管理机构和有关部门核准，经营范围：吸收公众存款；办理汇兑业务；从事银行卡业务；代理收付款项；代理发行、兑付政府债券；办理个人存款证明服务；办理网上银行业务；办理公司业务；办理小额贷款业务；办理商务贷款业务；办理公司贷款及项目贷款业务；办理基金代销业务；办理国内外结算；办理票据贴现；经中国银行业监督管理委员会批准并授权的其他业务。（朱爱民）

·江苏昆山农村商业银行股份有限公司建湖支行·

【概况】 2010年11月，响应省委省政府“南北挂钩”号召，昆山农村商业银行在建湖设立异地支行。建湖支行内设四个部门：行长室、综合管理部、业务发展部、营业部。现有从业人员26人。支行成立以来以服务建湖、融入建湖为已任，克服宏观调控造成的不利因素，将服务中小企业和“三农”作为该行金融支持主要方向，向总行申请增加信贷规模，选择了一批中小企业、民生事业、全民创业和“三农”客户作为投放目标，扩大服务的客户群体。

【负债业务】 各项存款余额7.47亿元，其中，对公存款余额5.73亿元、储蓄存款余额1.74亿元，存款时点较年初增长100万元。

【资产业务】 各项贷款余额11.66亿元（其中：贴现0.07亿元），当年贷款余额下降0.08亿元（不含贴现贷款下降1.78亿元）。银行承兑汇票敞口2.31亿元，比年初增加1.15亿元。累计贴现5.43亿元。退出劣质客户9户，退出风险贷款1762.8万元，核销不良贷款3994.56万元，保险代偿不良贷款371.68万元。增户扩面23户，其中新增信贷户7户（其中贴现户3户，有效授信户4户）。

【业务发展】 按照“突出业绩，兼顾公平”原则，完善和修订绩效考评制度《2017年度全员绩效考核办法》《2017年度电子银行业务考核办法》《“百日储蓄”劳动竞赛活动专项考核办法》《2017年储蓄存款营销考核办法》《员工行为百分考核办法》5个《办法》。把组织存款作为全行中心工作来抓，面对竞争日益激烈的存款形势，支行地理位置偏僻、存量客户少以及单一网点的竞争劣势，支行采取“走出去，请进来”的营销策略。成立两个宣传小组，利用节假日时间，组织员工开展“利率宣传社区行”活动，已组织开展了对10多个社区的宣传，共计发放宣传单4000余份，受惠居民达5000人次。

【内控管理】 对总行明令禁止进入或控制进入的行业一律不介入，以安全性、流动性、效益性为前提，严格准入条件，以成长性好，盈利能力强，经营持续稳定的实体企业作为该行进入的基本客户，并重点关注有无偏离主业进行投资，以及涉及高利贷的情况，合理测算融资规模，防止企业过度融资。强化和规范贷前调查、贷后检查的履职。加强信贷人员的业务知识培训，从信贷政策、贷款风险控制、企业经营分析、行业发展预测等多方面进行培训，逐步提高信贷经营、管理人员的经营管理水平。实行分层管理，逐级监测的管理制度。所有新发生信贷业务的客户行长、分管行长必须每家都到现场实地调查；支行行长对2000万元以上的大额信贷客户和风险隐患较大的客户按季带领人员现场检查；分管行长除协助支行行长对大额客户现场贷后检查外，同时对2000万元以下客户协助业务部重点抽查，每季选择1～2户重点解剖，同时和业务部经理兼任重点客户贷后管理责任人；业务部总经理除协助行长做好大额客户的贷后检查外，定期带领信贷人员进行常规贷后检查。对经营下滑、资金回笼期拉长、有风险预警的企业排出重点关注名单，提高贷后检查频率，每月不少于1次。全年，共5次进行了全面性的贷后检查；还进行了应收账款质押业务的专项检查，对6户应收账款企业远赴辽宁、北京、山东等地，实地核保。重点突出贷后检查效果，沉下心来与企业有关人员座谈企业情况，重点查看企业账本，生产经营是否正常、订单是否充足、水电税费缴纳情况、工资发放情况，查看企业贷款回笼情况（包括承兑汇票回笼）、原材料储备情况，掌握企业真实情况，对企业经营情况做出正确判断。关注企业在经营期间有无进行房地产等跨行业投资，是否存在盲目扩张和过度负债，是否有借高利贷的情况。对存在各种风险前兆的企业特别是涉及高利贷的，坚决及时有序退出，切实保障该行贷款资金安全。实现信贷全过程精细化管理。支行在执行总行相关信贷政策的前提下，相继出台了《昆山农村商业银行建湖支行信贷档案管理办法》《昆山农村商业银行建湖支行贷后管理制度》《昆山农村商业银行建湖支行信贷风险预警管理办法》《昆山农村商业银行建湖支行抵（质）押物（权）价值评估流程管理办法（试行）》《昆山农村商业银行建湖支行信贷企业货款归行管理考核办法（试行）》《昆山农村商业银行建湖支行贷款担保业务双人核保实施细则》等一系列管理办法，明确工作职责，严格进行分类管理，揭示和控制了信贷管理管理中的薄弱环节和风险隐患。

【企业文化建设】　将企业文化建设纳入到年度工作计划中来，组织员工进行“三八”节系列活动、双湖竞走、户外拓展、年会等活动。完善“职工之家”建设，为缓解员工压力、加强员工的归属感，提升战斗力和凝聚力。履行社会责任，组织员工进行义务献血，关爱留守儿童，结对帮扶低收入农户。加强宣传，提高市场竞争能力。与建湖电视台、建湖日报社建立了长期合作关系，对外宣传常态化。做到电视上有影，报纸上有文，居民区有声，提升了昆山农商行形象和知名度。

【提升服务质量】　引导员工规划职业生涯，使青年员工全面发展。支行对所有员工的学历、各种资格考试情况进行统计分析，帮助员工进行规划。组织员工进行技能培训。出台了营业部业务技能提升的培训办法，每天跟班进行一小时的业务技能的培训，每日一小考，每月一大考，成绩公布上墙。让员工感受到压力，形成“赶帮学超”的局面，参加总行组织的技能比赛，取得了较好成绩。对全员进行爱岗敬业、诚实守信、办事公道、服务群众、奉献社会的职业道德教育，提升业务知识和服务礼仪规范水平，提升服务企业、服务地方经济的能力。

【党建引领】　深入贯彻中共十九大和习总书记系列重要讲话精神，学习《党章》的各项规定。强化思想建设，在全行深入推进“两学一做“学习教育，建立健全基层党组织工作机制。深化作风建设，持之以恒地落实中央“八项规定”，坚持反对“四风”，自觉接受监督，推动作风建设常态化。坚持落实民主集中制，按期召开民主生活会，自觉规范履职行为，推行行务公开，鼓励员工建言献策，听取和吸纳员工的合理化建议，实现员工价值和全行整体利益的和谐统一。

（夏　飞）

·建湖中成村镇银行股份有限公司·

【概况】　建湖中成村镇银行股份有限公司（简称“建湖中成村镇银行”2013年4月16日正式成立，2013年6月19日对外营业，由成都农商银行作为主发起行成立，注册资本10000万元。立行以来，始终坚持服务“三农”、服务小微企业、服务市民百姓的市场定位，肩负“向上至善，普惠金融”的企业使命，践行“诚信、合规、敦行、创新”的核心价值观，坚持“阳光服务，情暖你我”的服务理念，立足本地，服务社会，服务县域经济，不断提升业务与管理水平，打造独具特色的村镇银行品牌形象。

【经营情况】　2017年末，建湖中成村镇银行各项贷款余额33588万元，其中涉农、小微贷款余额23280万元，占比69%；各项存款余额25770万元，客户数净增928户，截至2017年末客户数共3335户。

【业务发展】　2017年，建湖中成村镇银行围绕村镇银行的市场定位开展业务，把握“小”和“农”的战略方向，践行“贴农近企”的服务模式，不断提高服务质量和服务效率，倾情助力“三农”和小微企业发展。创新特色产品。建湖中成村镇银行创新有特色的“三农”、小微企业信贷产品，陆续推出了“快捷贷”“速捷贷”“建湖随心贷”“个人经营贷款”“惠农时代”等信贷产品，加快实现亲农、扶农、帮农、惠农目标，受到了客户的青睐。提升客户服务水平。建湖中成村镇银行始终贯彻“以客户为中心”的理念，将爱客行动贯穿整个业务发展中，这不仅体现在方便、快捷的业务流程，更将展示在优质的服务上。中成借记卡在全球标有银联标识的ATM机取款、转账，手机银行、网上银行跨行转账全部免收手续费，极大程度方便了客户资金结算。

【内控管理】　2017年，建湖中成村镇银行切实加大制度建设力度，进一步完善各项规章制度。推动全行员工深入学习规章制度,加强员工行为管理,培育合规文化意识,优化内部管理;通过加强贷后管理,要求客户经理加大检查频率,全面掌握借款人的生产经营情况,着力提高客户经理风险识别和风险防范水平。组织了全员家访,关注员工"八小时"以外的行为和心理动态,注重员工思想教育;组织开展了《卡特教练》转培训、《赢在执行》读书分享交流会等活动,鼓励员工用心思考、走上讲台,增强自信心。

【宣传服务】 2017年,建湖中成村镇银行开展各项宣传活动,加大社区金融活动宣传力度,组织"金融知识普及月""普及金融知识万里行"宣传活动,到希望广场、居民住宅区、车站等人流量大的地方向广大群众宣传非法集资、反洗钱、征信知识宣传等金融知识;参与"精准扶贫"工作,领导班子带头走下去送温暖;多次组织参与扶贫工作,走访关爱贫困家庭。被盐城银监分局评定为2017年被盐城市银行业消费者权益保护工作先进单位,进一步增强了社会公众对建湖中成村镇银行的认知度,营造了良好的舆论氛围和品牌效益。 (查玉婷)

·华夏银行股份有限公司建湖支行·

【概况】 2017年,华夏银行股份有限公司建湖支行(以下简称"华夏银行建湖支行")深入学习贯彻习近平新时代中国特色社会主义思想,落实县委全会和上级行年度工作会议精神,牢牢把握"稳中求进"的总基调,坚持全面从严治行,策应供给侧改革,不断拓宽融资渠道,持续优化金融服务,提升经营管理水平,业务继续保持良好发展态势,各项工作再上新台阶。

【做实业务基础】 2017年,华夏银行建湖支行面对县域经济新态势,坚定发展信心,激发内部正能量,各项业务继续呈现出强劲的发展势头。综合经营计划考核在分行系统内一直保持领先,公司和个人条线指标完成情况在系统内也名列前茅。存贷款规模双超十亿元大关,年末一般性存款余额达11.77亿元,较年初新增1.8亿元;各项贷款余额15.78亿元,较年初新增3.52亿元。

【服务实体经济】 华夏银行建湖支行始终围绕总行提出的"打造中小企业金融服务商"战略目标,全面贯彻落实上级行及监管部门鼓励小微企业发展的各项举措,支持实体经济发展,更好地服务中小企业。减费让利和服务效率取得实效。严格落实"七不准、四公开"和小微企业服务收费"两禁两限"规范要求,承担实体企业贷款或其他业务抵押品评估费用,贷款加权平均利率较上年下降0.38个百分点;实行贷款审批限时管理,原则上具备放款条件的保证类贷款在还款当日办理续贷,抵押类贷款在办妥抵押登记当日完成放款。继续加强与政府机构部门合作,支持"大众创业、万众创新",运用小企业创业贷、电商贷、网络贷、苏科贷等创新产品,拓宽了企业融资渠道、降低了企业融资成本。

【强化风险管控】 华夏银行建湖支行始终坚持"依法治行"理念,明确职责,狠抓规章制度落地,规范流程,加强信贷风险管理,突出预防,落实案件防控工作,确保各项业务安全运营,实现了全年无事故、无案件。进行存量贷款回头看,突出信用风险防控。强化合规运行,严防流动性风险、人员道德风险和操作风险。持续强化业务连续性风险、"三防一保"和突发事件应急处置、舆情风险管理工作。强化落实安全保卫目标管理和领导责任制,贯彻执行有关金融机构社会治安综合治理、内部安全保卫、消防安全管理方面的法律法规和规章制度,将安全保卫工作纳入行务年度工作计划,与全员签订《安全保卫目标管理责任书》,做到了谁主管、谁负责。

【开展岗位建功】 鼓励职工立足本职,岗位建功。发挥工会组织的独特优势和重要作用,注意发掘和培养先进典型,组织评选岗位明星、服务明星、行业标兵等,建立起先锋模范激励机制,组织各类先进外出学习考察。把评选活动作为工会组织服务中心工作的重点,作为评先表彰建设的长效机制。通过评先表彰活动,增强职工的自豪感和责任意识,形成"让素质和业绩同成长,使职工和华夏共发展"的良好氛围,激发广大职工的工作热情,把职工的积极性引导到岗位建功立业,争创一流业绩上来。开展"争先创优"系列评比活动,让员工学有榜样,赶有方向,促进了全行发展质量和效益的双提高。

【关爱员工】 华夏银行建湖支行坚持"以人为本"管理理念,关心人、理解人、尊重人。建立了祝贺、慰问制度,做到生日送贺卡、重病上门慰问,为员工多办事、办好事、办实事,让员工感受到和谐家园的温暖,增强了员工的归属感和凝聚力;建立了员工家访制度,支行领导班子坚持到员工家中进行家访,了解员工家庭情况,帮助解决困难,掌握员工工作和生活中出现的新情况、新问题,建立上下联动、各有侧重、快速有效的帮扶机制。为使员工能够快乐生活、无忧工作,定期组织员工体检,举办健康讲座,建立员工健康档案,增强了员工的职业认同感和归属感。 (倪锡洋)

·中国民生银行股份有限公司建湖支行·

【概况】 2017年以来,中国民生银行建湖支行受国家去库存、去杠杆、降成本、补短板等脱虚向实经营的宏观政策影响,外部受到六部委文件限制,政府层面受到的限制颇多,内部支行政策进一步收紧,特别是对于区县级的平台项目综合考虑也是越来越多。在这种背景下,支行抓住政策窗口,在1月即实现了开门红投放,并通过主动负债维持了全年的存款稳中有升。

【资产】 截至12月末,支行表内外资产规模22亿元,较年初净新增13.61亿元,行外撮合实现投放11亿元。2017年的资产业务亮点主要是为建湖城投公司发行银行间交易商协会产品——非公开定向融资工具一笔,金额10亿元。该笔发债为盐城市的首笔城投类银行间协会产品,为支行后续与城投公司及其他公司开展合作打开了新的通道并提供了经验。该业务的落地为支行在发债业务方面抢占建湖市场高地打响的第一枪。

【负债】 截至2017年12月末,支行各项存款余额23.3亿元,较年初增加12亿元。

【创利】 由于2017年强监管的要求全年贯彻体现,市场上通道少、资金少,导致资金成本高,支行业务利润空间受到严重的侵蚀。虽然全年投放笔数不多,新增贷款有限,但支行在维持高存款日均的情况同时,通过发债业务的落地,做足中收,全面实现创利5800万元。 (朱 辉)

·交通银行股份有限公司建湖支行·

【概述】 2017年,交通银行股份有限公司建湖支行在分行党委的领导下,以“两创一多”经营理念和“资产为王、效益优先、低负支撑”发展策略为指引,以利润为导向、以考核为抓手,加强内部管理、强化党建工作,在困难中不断奋进、在挑战中寻求突破。

【业务发展】 截至2017年末,建湖支行时点总存款5.28万元,其中对公时点存款3.38万元,年均34267万元,年均增量完成-477万元,完成分行计划-5%;储蓄时点存款19022万元,年均18969万元,完成分行计划126.10%。对公低成本负债年均29684万元,年均增量-152万元,计划完成-2%;对公活期年均14274万元,日均增量4788元,计划完成率120%;储蓄低成本负债平均余额增量3026.27万元,完成分行计划69.91%;对公授信客户18户,授信余额36323万元。小微授信客户33户(含贴现),净增7户,计划完成140%;贷款余额65305万元,增量完成47735万元,计划完成率2386%(含贴现);对公有效户17户,增量4户,计划完成率80%。零售条线指标中,实质性年均存款增量、外币储蓄存款年均余额增量,个人AUM季均增量、私银AUM及代销增量、私人银行客户、零售非利息净收入、个贷年均均超额完成分行计划,其中外币储蓄存款年均余额增量、AUM季均增量超两倍完成计划。

【资产质量管控】 2017年以来建湖支行在县政府及分行的指导和帮助下,面对困难,寻求各类化解风险途径,通过重组、担保公司代偿、诉讼等各类方式,实现了风险的有效缓释和资产的保全,在化解各类违约贷款工作中,取得了一些成效。支行将继续加强与政府部门、监管部门合作,进一步推动风险资产的化解和缓释,从根本上扭转资产质量,实现平稳发展。在新客户准入上严控门槛,新增客户风险可控,确保不出现质量问题。

(王 磊)

保　　险

·中国人民财产保险股份有限公司建湖支公司·

【概况】 2017年,中国人民财产保险股份有限公司建湖支公司把保险事业的发展与地方改革的深化,经济的发展和社会的稳定有机结合起来,为促进全县经济发展再上新台阶提供强有力的保险支撑。全年实现保费收入12222万元,支付各类赔款9424万元。

【扩大服务领域】 人保财险建湖支公司坚持以市场为导向,以服务地方经济为己任,不断创新保险产品,为全县经济发展提供配套保险服务。响应县委、县政府的发展大略,为县新开工、新投产的大项目提供风险咨询和工程保险、责任保险等配套保险服务;立足创新产品,重新配置资源,服务民营经济,开发和组合适销对路的保险新品,为民营企业放手放胆大干,放心放活大上和放宽放开大发展提供优质的保险服务,使广大民营企业家在投资兴业中遇险无忧,化险为夷,增加一道抵御经营风险的经济屏障。

【组织经济补偿】 2017年,公司承担社会风险总额达2600亿元,支付各类赔款9424万元。全县共有100多家企业、20000多户家庭和10000多个车主获得保险补偿,足额的保险赔付,为企业灾后重建和社会的稳定发挥了作用。发挥行业优势,建立了三个机制:即借助服务热线“95518”功能,确保24小时有人值班,形成灾害事故快速反应机制;自下而上建立和启动特大自然灾害及意外事故的紧急预案运作机制;建立和实施灾害事故快速支付赔款的绿色通道机制,为社会各界提供了有力的保险保障,真正起到人民保险作为经济建设的“保护伞”,社会稳定的“稳定器”作用。

【优质服务守法经营】 优质的保险服务是人保财险2017年创建市级文明单位工作的重要内容,公司立足创新、强化管理、诚信服务,实行承保前的如实告知服务,理赔时的应急服务,营业窗口的优质服务。同时作为全县财产保险的龙头单位,公司严格按照有关规定,开展各项业务,为全县财产保险有序竞争,依法合规经营带好头,放好样,为做大做强建湖财产保险业做出贡献。

(中国人民财产保险股份有限公司建湖支公司)

·中国人寿保险股份有限公司建湖支公司·

【概况】 2017年,中国人寿保险股份有限公司建湖支公司(简称中国人寿建湖支公司)学习和贯彻中共十九大精神,坚持“三个确保”总体指导思想,凝心聚力,围绕目标开展各项工作,取得了成绩。2017年度获全国“双百强”公司。2017年“开门红”战役五年期、十年期完成率领跑全市。3月,单月十年期保费突破1000万;6月,十天十夜冲刺战役中累计保费506.54万元;二季度短险超额完成市公司下达的目标,保费270.61万元,完成率105.71%,全市排名第二;三季度个险十年期战役"89"联动,实现新单保费2133万元,完成率111.33%。9月,累计出单十年期810.53万元,单月保费达1400万元;学平险突破较快,增幅较大,全市唯一达成目标的单位;银保开门红趸交以全市第一的速度拿下趸交目标,首年标准保费比上年增长92.08%,全市排名第一。首年期交保费比上年增长38.34%,全市排名第三;其中十年期交比上年增长112.59%、全市排名第一,短险保费比上年增长86.61%,全市排名第二。整体队伍指标一直位列全市首位。

【业务业绩】 全面完成各项预算,首创历史纪录。实现标准保费4758万元,完成率98.2%,比上年增幅41.72%,十年期6531万元,完成率98.03%,比上年增幅40.15%,大短险1827万元,完成率102.1%,比上年增幅29.07%,首年期交9040万元,完成率90.76%,保障型产品1906万元,完成率116.64%,新单保费12637万元,新单创费同比增长42.19%,员工薪酬比上年增长17.03%,个险月均T50人力达1483,完成率95.06%,季均有效人力达1079,完成率104.86%。海量达标全市第三。

【队伍建设】 在2017年个险队伍工作中以基本法利益为核心,倡导晋升文化,做大主管队伍为源头,做实主管直辖组为抓手。通过周主管例会,分析收入,讲析基本法,激励所有主管做大做优。2017年建湖个险部以有效新增为抓手,出台方案,找准增员主体,成立增员功能组,让增员成为一种常态。在年度工作建立了个险部经理与人力岗对职场经理、人管岗对处部经理、高阶主管对中低阶主管的层级面谈系统,通过面谈让主管了解了自身发展的不足之处,找到了发展的突破点,竖立了主管新增发展队伍的信心。通过面谈与新增,2017年建湖个险队伍的架构得到了进一步的夯实。2017年是转型升级之年。个险部在做实队伍新增的同时逐步引导与培养主管的自主经营意识。通过职场活动,通过T平台,让更多的主管成为团队经营中的主人翁。让主管从被动等公司的推动到主动自主经营带动公司经营与发展。

【关注民生】 开展安康关爱行动,提升老年保障水平。按照省民政厅、老龄委的统一布置,公司在全县推广"安康关爱行动",将老年人意外伤害综合保险和为老年人服务相结合,自2013年开展该项工作以来,老年人保险的覆盖率不断提升,在县民政局在省、市两级民政老龄工作会议上,受到表扬。开展计生及失独家庭保险,构建和谐之家建设。为有效提升失独家庭抗击风险的能力,公司协同计生部门于2015年以来开展了以失独家庭和新生儿缺陷家庭为主要保障对象的计生保障工程,并向全区427户失独家庭发放了爱心保单,累计承担了2562万元风险保障。开展农村小额保险工作,提高农民意外风险保障。近年来,在县委、县政府重视下,在县金融办支持下,响应国家号召,全面开展农村小额保险惠民工作,为提高全县农民的意外风险保障作了贡献。向广大农民提供了保费少,保障高,人人买得起的小额惠民保险。2017年以来,为全县中小企业和职工提供了保险保障服务,为个人家庭生活、企业平稳发展和社会稳定起到了"稳定器"作用。全年共处理各类理赔案件3173件,赔款给付总计1778万元,其中长险理赔案件1043件,给付金额1048万元,短险理赔案件2130件,给付金额730万元;满期给付4376件,给付金额8879万元。

【文化建设】 中国人寿建湖支公司党支部,始终坚持围绕发展抓党建,结合"两学一做"专题教育活动,通过支部书记讲党课和组织党员干部、入党积极分子开展"党旗在我心中"演讲比赛,学习"八项规定"《中国共产党廉洁自律准则》《中国共产党纪律处分条例》知识竞赛等活动,持续深入反"四风"、改作风。坚持"一岗双责"。研究部署各项工作,发挥中国人寿"央企"的政治优势。响应国家提倡全民健身活动,加强公司凝聚力,创造条件开展"双湖健走"等团康活动,释放员工紧张的工作压力和疲惫,培养团队协作精神。每年中秋、重阳、春节等重要节日公司经理室成员到离、退休干部家中进行探望,陪老人们聊聊天谈谈心,了解老人们的身体和家庭的实际状况,并送上慰问品和慰问金。响应县委县政府号召,勇担社会责任,开展结队帮扶、企业解困、慰问困难家庭等活动,深入到每一户帮扶对象家中进行走访、帮扶,得到了被慰问的困难户的感谢。

(中国人寿保险股份有限公司建湖支公司)

·中国人寿财产保险股份有限公司建湖县支公司·

【概况】 2017年中国人寿财产保险股份有限公司建湖县支公司把保险事业的发展和地方改革的深化,经济发展和社会稳定有机结合起来,为促进全县经济发展再上新台阶提供保险支撑,2017年各项工作再次实现新的突破,建湖公司全年完成保费3375万元,市场占有率12.71%,合计各类理赔金2344万元。

【扩大服务领域】 人寿财险建湖县支公司在建湖县委、县政府和市分公司党委、总经理室的领导下,坚持以市场为导向,以服务地方经济为己任,不断创新保险产品,为全县的经济发展提供配套的保险服务,水稻、小麦保险的承保更是为三农的建设提供最直接的后援保障,使广大的农民群众安心种植,转嫁风险、遇险无忧。

【合规经营】 加大对员工的培训力度,贯彻落实保监会下达的"1+4"系列文件,定期进行内控合规相关文件的学习,定期抽查考试,把合规经营深入人心,要求人人争做诚信担当、严格要求的好员工,通过全面自查自纠、市公司检查组督导、清理整改等方式排除公司存在的重大经营风险,通过严肃整改堵塞管理漏洞,实现经得起外部监管机构检查,控得住违规经营和违法犯罪目标,保障公司持续健康的发展。

【优质服务】 从一线人员到柜面到理赔,严格要求贯彻落实公司统一制定的员工守则,用优质的服务赢得信任和支持,相信人寿财险一定能够为全县财险事业的发展添砖加瓦。

(李　萍)

投　　资

· 建湖县城市建设投资有限公司 ·

【概况】 建湖县城市建设投资有限公司(简称县城投公司)成立于2008年,公司主要职责:负责县城保障房、公益性设施项目的融资(已竣工项目的管理、维护和移交);负责交通基础设施、九龙口生态旅游、城南新区基础设施建设项目的融资;依据公司章程规定,面向市场规范实施实体化投资经营业务;发挥间隙资金作用,提高资金收益。

【城建融资工作】 根据县委、县政府确定的年度融资任务,公司围绕"调结构、降成本、保运转"的工作目标,层层细化分解全年工作任务,着力克服政策不利因素和项目紧缺等瓶颈制约,保证了融资结构多元化和融资路径多样化的发展态势。2017年度实际融资到账67.0595亿元。保证了还本付息工作的平稳运行,控减了融资成本,控制了债务的过快增长。

【实体化运营工作】 按照《建湖县城市建设投资有限公司实体化运作实施方案》(建办发〔2017〕24号)文件的要求,公司切实转变发展方式,着力增强造血功能,提升运营质效。挖掘和利用县内资源和自身平台优势,在风险可控的前提下,在医疗、物资贸易、新能源等领域,实施直接投资经营。

【资产经营工作】 对公司所属资产进行全面清查并登记造册,在做好规范管理的基础上,梳理出能够出售、出租的资产,制定计划,采取租售结合的方式,提高资产利用效率,提升资产运营效益,盘活存量资产。

【工程建设情况】 2017年,公司对照"两重一实"工作目标,做好新党校、民政福利中心、杂技传承基地和回迁小区整治工作。续建项目抓扫尾交付,配套设施完善宜居;新建项目抓开工推进,准备工作有条不紊;回迁小区办证及消防工作扎实开展,有效维护安全稳定。严把质量关,完成了各项建设任务。

(徐　亚)

· 建湖县新农村建设投资有限公司 ·

【概况】 建湖县新农村建设投资有限公司(以下简称县新农投公司)成立于2013年,是全县新农村建设投资、融资、运营的公司。截止2017年末,公司总资产140亿元,净资产50亿元,注册资本金10亿元,外部评级AA。公司实行市场化运作、公司化运营。

【投融资】 县新农投公司与多方金融部门沟通协作,在县有关部门地支持下,对万顷良田项目、康居工程项目和绿化项目进行了多笔融资并投放到位。

【资产经营】 土地开发整理。围绕康居工程三年行动规划,通过退宅还耕,将复垦面积进入省占卜平衡库,在省内交易平台交易,获得交易收入。按照县规划,2017年重点实施D、C级房改造,重点实施234省道、九龙大道两侧的危旧房改造,全县拆除3779户,经省市国土部门验收,城乡挂钩建设用地复垦面积85.27公顷。绿化工程。围绕建湖县道路圩堤绿化三年行动计划,新农投公司承担县级重点绿化造林工程,在阜建高速建阳段、233省道建阳段、连盐铁路上冈段两侧和蔷薇河、戛粮河两侧圩堤投资成片造林296.6公顷。

(潘益文)

金融与企业上市管理

【概况】 2016年,金融条线应对金融危机,以打造"资本建湖"为目标,着力创新金融产品,持续优化金融服务,全面深化金融改革,为地方经济平稳较快发展提供了有力的金融保障。

【企业上市】 全县共有47家企业先后在"新三板"和场外交易市场挂牌上市,其中,诚赢公司、几百粒公司在"新三板"上市、韩森公司上海股权交易中心E板挂牌、通泽公司在天交所成长板挂牌、联合利丰公司在江苏省股交中心挂牌、铭星供水、赛瑞特等42家企业在上海股交中心Q板和深圳前海股权交易中心挂牌。多次组织"新三板"等场外交易市场小班化订制培训,提高企业对资本市场的认识,剑牌主板上市证监会排队审批;信得公司处于上市辅导期;振华交通、荃航等公司启动主板、创业板上市工作;韩森自动车、天一机场、军曼农业、新加管业、方圆禽业、华达给水6家企业启动"新三板"上市工作。

【直接融资】 支持企业综合利用企业债券、公司债券、中期票据、短期融资券、超短期融资券、非金融企业定向债务融资工具等债券品种进行融资,拓宽企业融资渠道。建湖县共计发债23亿元,民生银行承销的建湖城投10亿元PPN已获交易商协会注册成功,正在择机选择发行窗口期,成为苏北首家县级城建平台类债务融资工具。九龙口生态湿地旅游经济区、高投公司通用机场基础设施PPP项目拟纳入省财政厅项目库。根据融资需求,各平台公司同时开展信托、融资租赁等直接融资模式,融资金额近25亿元。

【信贷投放规模】 2016年,全县银行机构存款余额413.35亿元,较年初净增46.48亿元。表内贷款余额301.57亿元,较年初净增10.42亿元,其中工业贷款占比达19.7%,平台贷款占比达70%,小微贷款占比达25%,考虑各行核销、县行发放市行统计等因素,表内贷款新增18.02亿元。

【金融创新】 发挥"四项资金"作用。县财政出资1亿元,成立"四项资金",撬动银行信贷投放20亿元,帮助企业过桥30亿元。创新金融产品。县财政投入4000多万元引导资金,与相关银行合作,先后推出"苏科贷""创业贷""小额担保贷款""涉农保证保险贷款"等金融创新产品,"创业贷"从2016年开始投放,累计投放5050万元;"苏科贷"累计投放2.19亿元,2016年投放8000万元;"涉农保证保险贷款"累计投放850万元,2016年投放800万元。创新担保机制。2016年,由县财政与省信用担保公司合作设立分公司,成立以来已为19家企业提供担保3.2亿元;2016年,权信担保公司注册资本金拟从1.5亿元增加到3亿元,累计为1024家企业提供担保64亿元,2016年为240家企业提供担保15.5亿元。探索构建产业引导基金。与中介机构对接,发挥财政资金杠杆作用,撬动银行、社会资本和专业性投资机构的投资。2016年,与市国能公司,组建2亿元产业发展基金。

【金融生态环境建设】 全省2015年度县域金融生态环境综合评估中,建湖县是苏北唯一进入前20名的县,也是全省新认定的11家2013—2015年度全省金融生态优秀县中苏北唯一一家。突出预防和打击非法集资。查处3起非法集资案件,未发生大规模、有影响的非法集资案件。注重防范企业资金链、担保链风险。共打击23起恶意逃废债行为,对10多家企业资金链问题进行协调处置,有效遏制企业互联、互保风险蔓延,维护良好的金融生态环境。 (朱 晨)

典 当

【概况】 2017年,全县3家典当企业发放贷款3368.8万元,比上年增长28.09%;主营业务收入166.05万元,比上年下降8.32%;净利润减少110.89万元。典当企业能够按照《典当管理办法》开展经营活动,遵守国家法律、法规和规章制度,防范规避风险,履行各种手续,为支持民营经济的发展做出了贡献。

【诚得典当行】 2017年业务共15笔,其中:法人7笔,自然人8笔,房地产抵押14笔,动产质押无,财产权利质押1笔,发放贷款2408万元,主营业收入154.1万元,净利润23.13万元。

【融诚典当行】 2017年业务共7笔,续当16,其中:自然人23人,房地产抵押0笔,动产抵押23笔,财产权利质押0笔,发放贷款4.48万元,主营业务收入0.58万元,净利润-10.85万元。

【融信典当行】 2017年业务笔数2笔,其中:自然人动产质押6000元;发放贷款956.4万元,主营业务收入11.1万元,净利润-123.15万元。

(陈 兵)

责任编辑 彭 玉

建湖农商银行参加省业务技能大赛 (建湖日报提供)

管理与监督

Management and Supervision

综合管理

Comprehensive Management

发展目标

【概况】 2017 年全县国民经济和社会发展主要预期目标：地区生产总值增长 7.5%；规模以上工业增加值增长 7.2%；服务业增加值增长 10%；一般公共预算收入同口径增长 5%；全社会固定资产投资增长 8%；注册外资实际到账增长 10%。全社会研发投入占 GDP 比重达 2.2%；每万人发明专利拥有量达 4.5 件。单位 GDP 能耗下降率、削减煤炭消费总量和 COD、氨氮等主要污染物排放削减率，均完成省、市下达目标；单位 GDP 用水量下降到 108 立方米/万元；林木覆盖率达 23.6%，城镇绿化覆盖率达 37.8%；空气质量达到二级标准的天数比例达 79%。全体居民人均可支配收入增长 9%，其中，城镇和农村常住居民人均可支配收入分别增长 8.2%、9%，城乡基本社会保险覆盖率达 98.15%；居民消费价格涨幅控制在 3% 左右。户籍人口城镇化率和常住人口分别达 60%、60.3%。

（发改委）

统计管理

【概况】 2017 年，建湖县统计局在县委、县政府的领导和省、市统计局的指导下，围绕县委、县政府工作目标，坚持"用数据说话，为决策服务"的工作宗旨，为全县经济社会发展提供优质统计服务。在 2017 年度全市各县（市、区）统计工作综合考核中，建湖县统计局获第一名。

【全面小康进程监测工作】 2017 年年初，建湖县统计局向县委主要领导做了全县全面小康指标完成情况汇报，《汇报》分析了全县 2015 年和 2016 年全面小康指标完成情况，找出全面小康达标的薄弱环节并提出推进全面建成小康社会的建议。根据最新数据向市局监测处上报建湖县全面小康社会进程监测表和监测报告，全面小康社会进程监测报告分为全面建成小康社会监测指标完成情况、高水平小康社会建设的主要成效、高水平小康社会建设的薄弱环节和推进高水平小康社会建设的主要建议四个部分，监测报告全面反映全县 2016 年小康建设成果，并针对薄弱环节提出合理建议。

【统计数据上报】 随着统计职能的不断深化和拓展，统计数据的运用领域也越来越广泛，2017 年，建湖县统计局除了完成 GDP 核算、农业、工业、服务业、固定资产投资、建筑业、贸易餐饮业、基本单位名录、劳动工资、科技和文化产业等各专业统计数据上报，还独立和协助部门开展了新服务单位名录变动维护及抽样调查、涉企收费情况调查、光伏发电情况调查等调查任务，准确、全面反映全县经济社会发展情况和经济工作成果。

【统计服务工作】 围绕县委、县政府工作重点，加大对农业、工业、能源、消费、房地产、投资等重点领域的预警监测，每月撰写分析报告，分析全县主要经济运行态势，找出薄弱环节并提出对策建议。全年共撰写各类信息 200 篇，其中被《建湖快迅》采用 2 篇，被市网采用 129 篇，省网采用 69 篇；撰写各类统计分析监测报告 50 篇，其中有 29 篇分析在市网发表，有 19 篇分析在省网发表。为全国园林城市创建、生态经济试点县创建、卫生城市创建、高新区省级园区申报等各项创建工作提供优质统计服务。

【统计资料编印】 编印《建湖统计年鉴》《建湖统计快报》《企业税金排名榜》等统计工具书，每月整理《全县主要经济指标完成情况表》《部门支撑指标分县情况表》《全市分县主要指标完成情况表》等统计资料，为县领导、"两办"、各部门及社会公众提供经济发展数据，满足各级领导和社会公众的需要。

【统计规范化建设】 按照省、市统计局提出的规范化建设的要求，强化"统计建设 基础先行"的理念，始终把统计基层基础"双基"建设作为全局的重点工作来抓，不断创新工作方法，全年全县统计规范化建设取得进展，统计工作整体水平提升。10 月，省统计局基层处正处级调研员袁晓平等一行四人赴建湖开展县级统计机构规范化建设"回头看"活动，检查组对建湖县级统计机构规范化建设工作给予了肯定。

【开展大走访和扶贫工作】 按照县党员干部"大走访"工作要求，局党组高度重视，专门成立"大走访"活动领导小组，全局人员分为六个工作小组，每个工作小组都有一名局班子成员带队，深入挂钩的沿河镇马沿村和沿港村发放党群连心卡，了解和解决群众实际困难。全局共走访群众 1128 户，走访企业和项目8家,排查问题63条,自行解决35条,提交乡镇和部门帮助解决28条。对于两个挂钩村的14户贫困户多次上门帮助他们想办法,年内累计帮扶资金和实物达10780元。 (张树亮 陈娟娥)

价格管理

【概况】 2017年,全县价格工作围绕县委、县政府中心工作,按照省市价格工作会议部署要求,履行价格职能,加强市场监测预警,加大价格监管力度,着力规范市场价格秩序,进一步提升价格服务质量,保证了价格总水平的基本稳定,为"强富美高"新建湖建设营造了良好的价格环境。2月,县物价局被评为盐城市2016年度价格工作先进集体。

【市场监测预警】 围绕居民消费价格涨幅控制在3%左右的预期调控目标,结合建湖县的监测任务,做好应急监测与常规监测衔接工作,在开展常规监测的基础上,坚持重大节日期间每日监测,重点监测粮、油、肉、蛋、菜、奶等群众生活必需品。执行价格监测报告制度,加强对价格形势的分析判断,增强监测预警的前瞻性,为政府决策提供了重要依据。全年完成了各项价格监测任务,上报价格监测分析报告30余篇。

【节日市场价格检查】 元旦、春节、五一、国庆等重大节日期间,集中力量对农贸中心市场、粮油门市、大型超市销售的粮、油、肉、蛋、菜等与广大人民群众日常生活密切相关的重要商品价格进行检查,发放了《关于稳定市场价格提醒告诫书》,告诫经营者严格遵守价格法律法规,切实加强行业自律,维护了节日市场价格秩序的稳定。

【收费审批管理】 会同县财政局修订出台《建湖县行政事业性收费项目政府性基金项目目录》,公布了24个部门55个行政事业性收费项目和标准,收入归属地方或地方参与分成的政府基金10项、收入归属中央的政府性基金9项,接受社会监督;制定了2017年度春秋学期中小学及幼儿园服务性收费和代收费标准,并进行了跟踪督查;对全县幼儿园托管费、暑假班收费以及各类法定培训和非法定培训收费进行了备案,加强了对县公立医院医疗服务价格动态管理工作;转发了《盐城市物价局关于明确全市机动车安全技术检验收费有关事项的通知》,重申收费政策,进一步规范机动车安全技术检验收费行为。

县物价局开展《江苏省价格条例》法律法规宣传活动 (建湖日报提供)

【价格政策法规宣传】 坚持"宣传与服务并举、执法与宣教同步"的工作模式,结合重大节日市场巡查向广大市民宣讲《江苏省价格条例》《江苏省价格争议调解处理办法》《关于商品和服务实行明码标价的规定》等价格政策法规,发放宣传手册2000余份;以开展"3·15"国际消费者权益日宣传活动为契机,对获省市2015—2016年度"价格诚信单位"的3家单位进行了集中授牌,进一步提高群众对诚信企业的认知度,发挥了诚信正能量作用,扩大了价格工作的社会影响力。

【商品房价格专项检查】 3月底,根据盐城市物价局《关于在全市统一规范商品房销售明码标价有关事项的通知》(盐市价发〔2017〕14号)文件精神,对县城区域内28家在售楼盘明码标价情况进行了检查,落实了盐城市物价局关于房地产销售明码标价有关事项的新要求。对少数未明码标价或明码标价不规范的楼盘限期整改到位,并进行了"回头看",维护了人民群众的价格权益。

【封闭区域价格行为专项督查】 9月,对县高速服务区、旅游景区、车站等封闭区域内的价格行为进行了专项督查,督查发现大部分经营者能够做到明码标价、货签对位,但仍有少部分经营者存在不明码标价或不按规定内容形式明码标价的现象。执法人员当场提出整改意见,责令限期整改到位,确保了专项督查的效果。

【依法行政】 进一步明确了"首问责任、服务承诺、限时办结"等制度,强化依据意识、程序意识、时限意识,规范定调价、价格监督检查案件审理、市场监管、价格举报受理等工作程序,形成了按制度管人、依规章行事的局面。规范价格执法规程,实行价格执法责任制和廉政回访、责任追究等制度,不断规范执法行为,提升依法行政执法水平。

【价格认证服务】 严格执行《江苏省涉案财物价格鉴证条例》和《价格认证规定》,围绕"三涉四服务"(涉案、涉纪、涉税、服务司法、服务政府、服务系统、服务社会),进一步提升价格认定工作质量和水平,完成了年度目标任务。全年共承办各种价格认定案件189件,涉案金额309.2万元。其中刑事案件176件,认定金额110.18万元;涉纪案件3件,认定金额26.22万元;行政案件10件,认定金额172.8万元,为司法和行政机关办案提供了价格依据。

【价格争议调解】 3月1日,《江苏省价格争议调解处理办法》正式施行,为深入贯彻落实《中共中央国务院关于推进价格机制改革的若干意见》和《江苏省价格争议调解处理办法》精神,成立了价格争议调解中心,开展价格争议调解处理工作,化解价格争议矛盾,维护社会和谐稳定。

【受理投诉举报】 以"12358"价格投诉热线为依托,实行举报与检查联动。全年受理各类价格投诉举报123件,涉及客运票价、房地产、物业服务、停车收费、医药价格、网络购物等,案件办结率100%,化解价格矛盾,消除各种价格隐患。 (肖兆国)

国土资源管理

【保障经济社会发展】 县国土局统筹国土资源有效供给,土地利用质效明显提升。共争取各类用地指标2393.33公顷,其中:国家计划指标86公顷,城乡挂钩及工矿计划153.33公顷,上报省厅城镇村和城乡挂钩批次7个150.79公顷,独立选址项目17个91.82公顷。全年完成供地123宗395.264公顷,供地率达85%。保障全县工业项目用地。工业用地亩均税收2.4万元/亩。列全市第四。地均GDP占用建设用地541亩/亿元,亩均GDP18.4万元/亩,列全市第二。

【落实耕地保护责任】 全面完成永久基本农田划定和土地利用总体规划调整完善工作,调减基本农田4760公顷,调增红斑1773.33公顷,在基本农田中调出可调整地类1260公顷。科学划定了城市发展边界,县域发展规模达到222平方公里,为县域经济发展留足了用地空间。全年共申报占补平衡34个项目,实际完成补充耕地1447.73公顷,超额完成县政府下达的占补平衡补充耕地133.33公顷建设任务。

【土地节约集约利用】 对用地规模超过6.67公顷的工业项目,如应龙光学、中聚信、般若等用地量较大的重点项目,全部实行一次规划、分期供地。全力盘活存量。对闲置土地、闲置厂房总量较大的镇区,削减用地指标,倒逼镇区盘活存量。2017年已通过追加投资、签订协议项目置换、重组合作等方式,盘活闲置土地134.47公顷,闲置厂房45万平方米。全年新增用地和存量土地供给比达34:66。

【土地综合整治】 按照省投项目实施管理要求,科学制订实施计划。芦沟、庆丰土地整治项目审计工作已完成,并申请省厅竣工验收。钟庄街道、冈西、上冈三个省以上投资土地整治项目正在审计中。全年实际完成10533.33公顷高标准农田建设,并在农村土地整治系统中完成备案工作。开展补充耕地指标交易。2017年12月底,建湖县在省厅补充耕地指标交易平台公开出让指标54.57公顷,交易金额达到3.217亿元,亩均39.3万元,为全县经济社会发展提供了资金支持,土地资产效益稳步显现。

【规范发展土地市场】 通过严格控制土地出让规模,开展去库存活动,建湖县经营性土地市场初步复苏。2017年正式出让地块共8宗27.96公顷,成交价6.675亿元,其中引进了代表高品质住宅的碧桂园到建湖县投资,提高了市民生活居住品质,拓宽了建湖县高端房地产市场,促进了土地市场稳步健康发展。争取省国土厅的支持,对双湖一品北秀夫路西侧地块、人民路西森达路北侧地块和原县政府地块,累计21.33公顷土地进行收储,发行土地储备债券4亿元,减轻了县财政的资金压力。

【驻点督察】 国家土地督察南京局2017年对建湖县进行了驻点督察,重点对建湖县土地利用、耕地保护、土地执法、违规抵押融资、被征地农民社会保障制度落实5个方面进行了检查,反馈建湖县问题527个,面积564.40公顷,涉及金额5.18亿元。县委、县政府领导高度重视、成立了领导小组,主要领导、分管领导多次牵头会办,解决督察中的具体问题。县国土局按照"既查处人又处理事"的原则,对辖区内有问题的地块逐宗核查,制定实施方案。根据土地督察南京局反馈的通报,建湖县违法

省国土资源厅副厅长调研建湖县国土资源管理工作 (建湖日报提供)

用地宗数、面积、资金整改到位率分别达到98.1%、98.6%、100%,列全市第一。

【开展各类试点工作】 建湖县同一乡镇试点成效显著,第一批试点总规模达1133.33公顷,投入3.6亿元,搬迁农户1779户。在完成同一乡镇验收的基础上,坚持高起点规划,高标准实施,对田、水、路、林、村进行综合整治,净增耕地36.96公顷,取得了良好的经济效益、生态效益和社会效益,受到了省厅和市委主要领导的肯定。第二批试点总规模531.67公顷,搬迁农户743户,经市级验收合格,新增耕地32.63公顷。实施城乡挂钩及工矿废弃地复垦项目,全年入库城乡挂钩复垦项目17个,新增耕地106.71公顷,入库工矿废弃地复垦项目12.07公顷;探索退宅还耕"建湖模式",累计实施"三进一调"搬迁农户4500多户,净增耕地122.4公顷,康居工程改造D、C级危房2498户,净增耕地70.47公顷。全年对234省道和九龙大道两侧各1000米范围内重点实施,搬迁农户1281户,净增耕地36.2公顷。助力建湖县美丽乡村建设,提升了建湖县城镇化的建设水平。

【行政审批制度改革】 建成了县国土资源"一张图"系统暨"四全"服务平台,完善了"一张图"系统和不动产登记系统的融合运用,实现两套系统之间的数据库数据和档案数据的共享、联通,组建了省、市、县、镇四级国土资源业务网,行政审批、综合监管、政务服务、不动产登记等工作均可在网上办理。同时,还在"一张图"平台基础上开发了移动办公系统、移动执法监察系统,实现了综合事务的移动端办理。纵深推进不动产统一登记工作的创新,研究落实省"3550"改革意见,将住建、地税、国土三部门业务模式由串联办理调整为并联办理,实现不动产交易、缴税、登记"1个窗口受理,4个工作日出证"的工作目标。县国土局还在登记中心设立自助查询机,建立不动产登记微信公众号,实现登记信息自助查询和预约服务,提升不动产登记窗口的承载力和服务力。2017年度,不动产登记中心共受理各类不动产登记43312件,受理不动产查询4万多人次,其中发放不动产权证书20441本,发放不动产登记证明14583份,查封登记1932件。

(陈海兵)

审计管理

【概况】 2017年,在县委、县政府和市审计局的领导下,全县审计工作全面贯彻中共十九大精神,坚持以习近平新时代中国特色社会主义思想为指导,贯彻落实中央和省、市、县部署,按照上级审计机关工作要求,围绕全县中心工作,依法加强审计监督。共实施审计项目83个,查处违规金额1427万元、管理不规范金额839521万元,查补入库资金7553万元,核减政府投资6900万元,向被审计单位和有关方面提出审计建议163条,向司法、纪检监察机关提交审计移送处理书6份,发挥了审计在国家治理中的监督和重要保障作用。县审计局获得全县目标任务绩效考核综合奖,被评为全市审计机关综合考核先进单位,局机关经复查合格继续保留"全国文明单位"称号。作为全国县级审计机关唯一代表,建湖县审计局还应邀参加了《全国审计机关深入学习贯彻党的十八届六中全会精神,认真落实全面从严治党主体责任和监督责任学习班》。

【财政审计】 围绕推动预算执行和财政收支管理的规范化、制度化和科学化,深化预算执行审计。在2016年度县本级预算执行审计中,既关注2016年全县预算执行总体情况,又关注财政收入规模、结构及质量;既关注财政资金支出结构变化及使用效益,又关注重要民生资金、项目,着力推进公共财政体系的健全和完善。在部门预算执行审计中,突出关注预算编制、调整及决算情况,专项资金效益情况,非税收入收缴情况,"三公两费"、差旅费、维修费情况,政府采购执行情况等,促进部门预算规范完整、公开透明,促进提高财政资金使用绩效,促进反腐倡廉建设。预算执行审计共揭示5个方面39个问题,逐项提出处理处罚意见和针对性建议,为相关部门和单位加强和改进财政管理提供了遵循。同级审计报告得到县主要领导和县人大常委会的肯定。

【经济责任审计】 创新开展经济责任审计。在审计方式上,继续将部门预算执行审计、专项资金审计与经济责任审计相结合;在审计范围上,实行离任必审和有计划地安排任中经济责

县审计局组织读书活动及读后感演讲 (建湖日报提供)

任审计,确保任期内审计全覆盖;在审计内容上,改变"以审定责"的做法,按照"权责一致、以权定责、以责定审"的原则,根据权力运行和职责履行来确定审计重点。开展领导干部自然资源资产离任经济责任审计试点,对沿河镇原党委书记开展了自然资源资产离任审计;首次组织开展了村(居)干部经济责任审计工作。通过创新开展经济责任审计,既约束和规范权力运行,又促进全县自然资源节约集约利用和生态环境安全。

【专项资金审计】 持续开展民生项目(资金)审计。坚持把保障和改善民生,作为审计工作的出发点和落脚点,始终将民生项目(资金)作为审计的重要内容,持续组织开展民生项目(资金)审计。组织开展了县2015年至2016年医疗保险基金审计,通过客观评价资金使用情况,揭示存在突出问题,提出改进完善的意见和建议,确保医疗保险基金的安全、透明、高效运用,促进提高了民生资金的使用效益。

【政府投资审计】 规范和完善政府投资审计。贯彻落实《审计署关于进一步完善和规范投资审计工作的意见》,完善对政府投资建设项目的审计监督。执行县政府出台的《政府投资项目审计监督办法》,加强对政府投资项目的审计监督。通过自审与引进协审单位相结合,不断加大政府投资审计力度。全年共审结项目63个,为政府节约投资6900万元。

(县审计局办公室)

住房公积金管理

【概况】 2017年是实施"十三五"规划的重要一年,也是全市住房公积金扩面"新三年行动计划"开局之年,住房公积金管理部在建湖县委、县政府的领导下,贯彻学习中共十九大精神以及习近平总书记系列重要讲话精神,推进"两学一做"常态化制度化,围绕住房公积金覆盖率达98%的要求,加大扩面归集工作力度,进一步坚定信心,真抓实干,全县住房公积金管理工作实现平稳有序发展。管理部被县委、县政府表彰2017年度目标任务绩效考核"综合先进奖",被市文明办表彰为"市级文明单位",被市住房公积金管理中心表彰为2017年度"归集扩面先进集体",被省住建厅表彰为"省住建系统优质服务窗口",还顺利通过了"省级青年文明号""省级巾帼示范岗"的复核验收。

【住房公积金归集扩面】 截至12月底,全县归集公积金3.92亿元,较上年同期增长8%,累计归集公积金25.4亿元,余额达11.4亿元,比上年末增长9%。全县当年新开户单位178个、5032人,全县登记开户单位1691个,建立公积金账户6.6万人,正常缴存单位1323个、3.8万人。提高宣传精度。通过媒体报道、上门动员、举办讲座、召开座谈会等方式,向全县企业宣传住房公积金制度,提高住房公积金的社会认知度。全年,制作公积金宣传横幅106条、制作展板10余幅、发放资料3000余份,在省市县各级媒体刊登宣传报道73篇。分解落实任务。将扩面任务指标分解到管理部每个人,与每位职工签定责任状,排出进度时序表,做到人人肩上有担子、个个身上有指标。成立3个扩面工作小组,保证每天都有工作组在外征缴扩面。

【住房公积金支取贷款】 全年,职工支取住房公积金1.6万人次、3.18亿元,支取额占同期归集额的81.18%。全年发放住房公积金贷款588笔、1.7亿元,贷款余额9.1亿元,逾期率为零,住房公积金个贷比率为79.61%。一是加大贷款政策宣传力度。对住房公积金贷款按揭合作楼盘的销售人员,进行集中培训,将住房公积金贷款办理条件、业务流程作了详细讲解,实现了咨询受理平台前移,方便了广大职工了解住房公积金贷款政策。二是实施贷款办理"一站式"服务。为方便购房职工办理贷款手续,最大程度提供便捷服务,对贷款材料准备齐全准确的职工群众,一律在1小时内办结贷款初审手续。三是降低贷款门槛,放宽贷款政策,取消二套房首付60%的限制,增设回迁房、个人缴存、外地缴存也可在建湖贷款等惠民政策。四是加大新政执行力度,落实并规范异地缴存本地贷款和个人缴存户贷款政策。全年,共办理了32笔异地缴存本地贷款、28笔个人缴存户贷款,合计发放2000多万元,最大限度满足每个职工购房的资金需求。

【行政推动】 县委、县政府高度重视"住房公积金"这项惠民工程,将住房公积金扩面工作列入全年重点工作之一。1月,县十八届人代会一次会议的政府工作报告中提出住房公积金扩面2万人以上;4月,县政府办印发《2017年度各镇(街道、区)住房公积金扩面任务分解表》的通知(建政办发〔2017〕23号文件),向15个镇(街道、区)分解了8000人扩面任务;5月,县绩效考核办公室印发了《2017年度全县重要事项》的通知,将住房公积金扩面工作列入全县年度重要事项;县政府同意全县机关事业单位编外职工建立住房公积金制度并印发了文件,年内90%的镇(街道、区)和部门已开户缴存。

【依法行政】 全县机关事业单位已全覆盖,扩面主体是企业,出于优化经济发展环境和保护工业企业发展的考虑,在执法工作中,更多是以宣传推动,感情促动建制为主。全年向全县企业陆续发出催建通知书100多份,寄发处罚通知书7份,寄发黑榜通知书2份。对收到开户通知书或催建通知书后,仍没有回音的企业,管理部逐一上门宣传督促催建,累计上门赴企业200余次,做到行政执法和宣传发动相结合,创造良好的行政执法环境和氛围。对缴存住房公积金人数不足的企业,发出了"未设立职工账户人数核对确认函";对部分全员缴存住房公积金的企业定期回访、沟通,确保企业新招录的人员建立住房公积金制度。通过行政执法推动23户企业建立住房公积金制度。

【学习型机关】 推进"两学一做"常态化制度化,建设学习型党支部。一是明确学习时间和内容。每周六以习近平系列讲话和国家、省、市重大会议精神为主要内容的政治理论学习;每周三以学习《市中心内部管理手册制度》、贷款支取新政和财会金融知识为主要内容的业务学习。二是开展形式多样的党员教育活动。4月,组织祭扫庆丰镇鲁艺烈士陵园;5月,组织党员赴井冈山参加党性教育;6月,组织开展"社会主义核心价值观""我的中国梦"主题征文活动;7月,组织参观盐城抗击特大龙卷风纪念馆和观看《盐城"6·23"抗击特大龙卷风纪实》;10月,组织学习中共十九大精神。全年,每位党员干部撰写读书笔记1万字以上、心得体会2篇以上。

【扶贫共建】 阳光扶贫。每个季度,管理部组织党员干部赴近湖街道蔡徐村走访慰问13户低收入贫困户,每到一户,管理部工作人员都与群众们促膝谈心,深入交流,了解他们当前面临的实际困难,并向每户困难家庭送去帮扶资金。同时,鼓励他们在新的一年里要树立信心,战胜暂时困难,早日脱贫致富。全年,已脱贫4户。结对共建。5月,管理部与芦沟镇徐沟村签订了"城乡结对、文明共建"协议,协议期到2019年12月。计划通过三年时间,支持并帮助徐沟村培育乡风民风、丰富文化生活、打造优美环境,提高农民文明素质和乡村文明程度,共同推进徐沟村经济建设和精神文明建设协调发展。2017年,管理部援建一个宣传阅报栏和一台电脑,满足农民读报求知需求和农村政策宣传需要,让农民群众通过网络阅读文学图书期刊,学习农业农技知识,丰富农民文化生活,提高科学种植养殖技能。

【大走访大落实】 加强组织领导。管理部把"大走访"活动摆上重要议事日程,成立了以支部书记、管理部主任查东霖为组长的"大走访"活动推进领导小组。将大走访任务数分解到各个科室和个人,同时领导班子成员身体力行、当好表率,切实发挥示范带头作用。强化培训学习。召开大走访大落实业务培训会议,会议就如何开展大走访进行了详细指导,讲解了党员连心卡、活动手册等资料和相关表格填写与报送要求,明确了大走访时间节点要求。组织进村入户。与基层群众"零距离"接触,面对面交流,心连心沟通,收集群众的意见建议和生产生活等民生问题,并留下党群连心卡和联系电话,确保"大走访"活动成效,提升人民群众获得感和幸福感。"大走访大落实"活动中,对13户低收入农户逐户走访,排查收集问题和建议6条,管理部帮助解决2条,上报4条。

【文明创建】 全年,按照建湖县文明委统一部署,管理部与沈舍社区联建共创省级文明城市。强化宣传引导。通过贴宣传标语、发传单等形式,向商家、居民进行宣传,倡议大家保护环境卫生,争做文明市民,让更多的群众了解创建工作的重要性,并参与进来;对卫生巷、光荣巷、吉长巷两侧商户进行宣传和教育,督查商铺门前卫生、自行车摆放整齐,坚决杜绝出店经营现象发生。加大整治力度。投入近万元,对沿街的电线杆、建筑物墙体、兴湖花苑小区内的小广告,进行清理和粉刷;对道路上的自行车、电动车、摩托车车主进行引导,有序停放。巩固整治成果。每天安排1名单位员工和聘请1名保洁员在包干区域全天候的督查卫生保洁,保证区域内垃圾日产日清,并将创建工作纳入各个人年度工作目标管理考核范畴,确保文明创建工作取得实效。

(盐城市住房公积金建湖管理部)

责任编辑 朱明君

2月18日,县图书馆携手上海川远信息科技有点公司举办"贝贝国学"少儿阅读体验活动

(陈玉柱 摄)

综合监督

Comprehensive Supervision

劳动监督

【概况】 2017年,建湖县人力资源和社会保障局按照建湖县委、县政府的决策部署,应对经济下行压力,坚持严格执法与柔性调处相结合,推进和谐劳动关系建设,维护劳资双方合法权益,全县劳动关系总体和谐稳定。建湖县人力资源和社会保障局获建湖县委、县政府表彰的依法治县和综治信访稳定工作奖。

【维护劳资双方合法利益】 通过开设"企业学法大讲堂",举办企业家座谈会、劳动保障法律法规培训班等多种形式,宣传劳动保障法律法规。2017年,共接待群众咨询举报投诉1241多件,涉及职工13700多人;规模以上企业劳动合同签订率达98%。受理工伤认定案件261件,行政诉讼无败诉;接待来访413批1380人次,其中群访35批600人次,妥善化解了各类信访矛盾,维护了社会大局的和谐稳定。

【调解和仲裁开放月】 建湖县劳动人事争议仲裁院按照"仲裁开放月"活动方案,邀请部分人大代表、总工会、司法局、企业家、律师、新闻记者代表走进建湖县劳动人事争议仲裁院,参观仲裁庭,了解仲裁庭设置及功能、审理流程、仲裁为民便民各项服务措施,还组织参观了调解室、档案室、受理服务窗口,让公众了解仲裁文化建设、队伍建设、信息化建设及仲裁工作取得的成绩。与会人员旁听案件庭审,了解仲裁开庭、调解工作情况。同时召开座谈会,介绍仲裁工作情况及办案程序,听取各界对仲裁工作的意见和建议,纵深推进仲裁工作向公众开放,着力打造阳光仲裁。

【一窗式劳动监察仲裁】 建立部门联动、社会力量参与的劳资纠纷解决体系,进一步加强对劳动争议纠纷引导,化解、妥善调处劳资纠纷,不断拓宽劳动者维权渠道、降低维权成本,从源头上预防和化解劳资纠纷。2017年4月,建湖县劳动维权中心挂牌成立,劳动监察、仲裁、信访工作全部进驻,实现劳动监察、举报、投诉、信访、调处"一窗"受理、一条龙处理。

【劳动监察专项检查】 开展工资支付、清理整顿人力资源市场秩序、单位遵守劳动用工和社会保险法律法规3项专项检查,共检查367户企业,涉及职工3.1万多人,督促用人单位支付工资800多万元。通过专项检查,进一步规范了用人单位的劳动用工行为,维护了劳动者的合法权益,推进了和谐劳动关系建设。按照"快调、快处、快结"的原则,做到有案必查,查必有果。劳动监察立案127件,当期结案率100%;劳动人事仲裁依法受理各类争议案件744件,仲裁案件信息系统按期运行率、案件按期结案率达100%。 (陆华祥 王延丰)

市场监督

【创新服务发展】 牵头推进"开办企业2个工作日内完成",冠县牌企业名称预先核准和设立登记平均时间压缩到1.5天。全面推广市场主体网上名称自主申报,加快推进不见面审批,已有17户申请者通过全程电子化登记模式办理营业执照,发放电子营业执照982份。实施"先照后证""多证合一、一照一码"改革,持续激发市场活力。2017年,新发展私营企业5638

着力推行"阳光仲裁" (建湖日报提供)

户,居全市第二,新增从业人数26752人;新发展个体工商户13461户、居全市第一,新增从业人数14586人;新发展股份有限公司12户;新办和换发“一照一码”执照6200户、“两证合一”执照9278户。因企而异,落实挂钩责任,精准发力,优质服务,帮助企业制定三年规划,运用股权出质、动产抵押、综合授信等职能助企融资,全年帮助企业融资15.99亿元。

【维护经济秩序】　将执法办案作为落实监管职责、树立工作权威、推动企业履行主体责任的重要抓手,发挥“三局合一”的体制优势、组织优势、人力资源优势,推进市场监管综合执法“程序、文书、证件、制服、标识”五统一,推动行政执法工作迈上新台阶。开展了“集中整治医用织物洗涤消毒”“四整治四规范”、打假保优“锲石”和打击商标侵权“溯源”等专项执法行动,查处假冒伪劣商品类案件11起,罚没金额34.7万元;查处虚假宣传、广告类案件2起,罚没金额4万元;查处注册商标侵权案件5件,罚没金额11.5万元。全年累计立案查处各类经济违法案件259起,罚没376万元。

【消费维权工作】　围绕“网络诚信消费无忧”的主题,开展形式多样的宣传活动,提高消费者自我保护意识。整合“12315”“12365”“12331”热线,成立举报投诉中心,做好“12345”政务服务热线、群众来信来访、上级交办投诉举报事项的分流、督办、回复等工作,优化系统内投诉举报处理流程。全年调查处理各类投诉举报816件,帮助消费者挽回经济损失250余万元,消费者投诉处结率达100%,消费者满意度达90%以上。

【质量强县建设】　落实《质量发展纲要(2011—2020)》和《盐城市质量强市活动实施意见》,开展形式多样的质量强县活动,服务经济发展,质量考核总得分为92.8分,考核等级为A级,名列全市第二。加强源头监管,规范生产行为。组织开展质量提升和质量信用等级评价工作,全县2家企业争创质量信用AAA级通过现场审核并公示,实现了零的突破。开展了全县石油装备全国知名品牌示范区价值测算工作,严格生产许可证监管,开展47家工业产品许可证获证企业巡查,许可证年审合格率达100%。

【综合检验检测中心建设】　提升县综合检验检测中心运行质量。省电光源产品质量监督检验中心CNAS资质和38个产品、4个参数通过复评审,

市场监督管理局举行3·15国际消费者权益日现场咨询服务活动
(建湖日报提供)

完成县内357批次产品免费检测、省质监局136批次监抽、省工商局和南京市工商局共80批次的质量检测任务。县食品药品检验检测中心完成实验室改造工作,取得实验室开展检验检测的资质能力;配合开展创建省级卫生城市,完成县食安办委托2308批次食品和县农委委托406批次农产品抽检任务。县计量测试所新上5个建标项目通过上级验收,完成55批次的定量包装商品的抽查。

【标准化和计量建设】　标准化建设方面:指导企业制修订国家标准,江苏新加管业有限公司参加制定的GB/T19685－2017《预应力钢筒混凝土管》、江苏克胜集团参加修订的GB/T34156－2017《吡蚜酮原药》两个标准发布,累计发布102项国家和行业标准,全市第一;开展标准化项目建设,全县3个省级试点项目通过省质监局考核验收,2个试点项目获得省质监局批准立项建设;加快采用先进标准,4个产品采用国际标准或国外先进标准;推进企业标准备案改革,指导帮助企业制定产品标准网上自我声明公开75项。计量建设方面:强化计量监督管理。开展省级计量诚信示范单位创建工作,5家单位申报并通过公示。定期开展加油机、出租车计价器等计量器具检定,水表、电表、燃气表首检率达100%。加强重点领域计量监督,开展医疗强检计量器具、加油机、涉农定量包装产(商)品以及商场超市计量监督检查。开展“两免费”检定。落实计量为民政策,国家取消强制检定收费,开展免费检定服务工作。开展“两免费”计量检定,组织开展集贸市场、镇(村)医疗机构、计生服务站、社会福利院免费检定工作,检定计量器具3335台件。

【特种设备安全监管】　推进主体责任落实。签订《落实特种设备安全主体责任承诺书》199份,推进特种设备使用管理标准化示范镇(区)创建工作。深化安全专项整治。狠抓涉及民生电梯、气瓶等特种设备安全监管,推动治本攻坚。健全完善以

"119"联动为平台的电梯困人故障应急处置工作机制,加强气瓶充装单位监督管理,实行气瓶安全信息化管理,订购二维码152520只,安装上传101422只。开展隐患排查治理。组织开展日常监察、执法检查、检验检测、专项整治等行动,排查治理特种设备安全隐患,检查和现场监察单位238家,查出隐患331条,发出《安全监察指令书》63份,严重隐患已经全部整改到位。

【食品安全监管】 开展"省级食品安全示范县"创建,举办"全县食品安全事故Ⅳ级应急演练"活动。完成1327份食品经营许可证的前置审查,发放食品小作坊登记证24张。开展农村食品安全、校园及周边食品安全、养老机构食堂、婴幼儿配方乳粉标签标识、畜禽水产品、农贸市场食品经营等专项整治行动,检查食品生产经营者3840户次,排查整改食品安全隐患1000多条。实施重大活动食品安全保障15个,保障4万多人饮食安全。全年抽检食品2807个批次,抽检合格率达98.47%。推行保健食品、化妆品经营单位"四专四化"管理,检查保化经营企业700余家次。

【药械安全监管】 探索药械网格化、外置化、程序化、痕迹化、信息化"五化"监管模式,强化跟踪检查和飞行检查。组织开展城乡接合部和农村地区药店诊所药品质量安全、疫苗流通和使用管理、无菌和植入性医疗器械、诊断试剂冷链等专项整治行动,检查药械生产经营使用单位630家次,下达限期整改意见书136份。开展"4S星级文明药店"评选,教育引导企业规范管理,诚信经营。加强药械不良反应(事件)监测,全年审核上报药品不良反应报告729份、药物滥用监测报告108份、医疗器械不良事件报告422份,报告数量和质量在全市领先,做法受到省药品不良反应监测中心表扬。2017年度食药工作考核列全市第一,城中分局被省人社厅、省食药监局表彰为先进集体。

县市场监督管理局城南分局开展食品安全专项检查 (陈玉柱 摄)

【违法案件查处】 围绕群众反应强烈的热点问题,先后组织开展了食品安全春雷行动、扫雷行动、食用油生产、食品添加剂生产、直饮类食品生产、"四小"整治、学校食堂及校园周边食品安全、养老机构食堂、网络订餐资质、农村集体聚餐、餐厨废弃物管理等各环节专项整治行动10多轮次,累计出动执法人员9628人次,检查单位2516家次,责令整改126家次,立案查处食药案件134起,向公安部门移送3起,食药稽查考核列全市第一。

(李 翔 张秀红 毛长军)

安全生产监督

【概况】 建湖县安全生产监督管理局(以下简称县安监局)履行安全监管职责,贯彻落实国家和省、市关于安全生产工作的重要指示精神,从讲政治、保稳定、促发展的大局出发,坚持"安全第一、预防为主、综合治理"的方针,落实安全生产责任制,开展安全生产检查,不断强化安全隐患整治,健全完善安全监管长效机制,综合施策,精准发力,营造安全、稳定的社会环境。1月至12月,全县共发生生产安全事故29起、死亡26人,事故起数比上年下降14.7%,死亡人数比上年上升8.3%。其中道路交通事故27起,死亡24人;工商贸事故2起,死亡2人,农机领域未有生产安全事故发生,未发生较大以上事故和有较大社会影响事故,未新增职业病病例,未发生群体性职业病危害事件。

【企业主体责任落实】 开展落实企业安全生产主体责任专项行动,发放安全生产一封信2500余封;建立企业基础档案1530家;开展主体责任承诺1500多家;开展企业主体责任落实情况考核评估360家,选树典型企业20家;组织安全生产文艺巡演40场次。培训各类人员5300人次。

【安监机构能力建设】 县安全生产监察大队及11家安监站通过省级验收,开发区、高新区及近湖街道、上冈镇、建阳镇、庆丰镇、颜单镇、恒济镇8家安监站(局)独立设置。与县委组织部联办,对全县所有安监人员开展为期2天的专题业务培训。举行安全生产综合执法演练竞赛,从安全生产法律法规、现场监察、执法文书制作三个方面考察基层安监人员监管执法能力。开展基层安监机构"八个一"建设,组织"家家到"观摩,切实提高基层安监站规范化建设水平。推进"互联网+安全"工作,为县局检查执法人员配备执法终端。

【安全生产百日整治行动】 在危化品、烟花爆竹、涉氨制冷、粉尘防爆、有限空间、道路交通、燃气、建筑施工、人员密集场所、校园等重点行业领域开展安全生产百日整治行动。各生产经营单位自查自报隐患2892条，各镇(街道、区)、各有关部门检查企业1235家，整治各类隐患3893条。

【安全生产百日执法行动】 立案查处违法案件52起，实施行政处罚77.3万元，其中事前处罚49起，占总起数的94%。各镇(街道、区)实施简易程序执法33起。对4家企业实施关闭，对11家企业实施暂时停产、停工、停止使用相关设备、设施等措施，对6家拒不执行行政执法指令的单位采取停电措施。

【安全生产购买服务制度】 在全县推广隐患排查第三方服务制度，切实解决基层安监站监管压力大、业务水平低等突出问题，14个镇区、街道与中介机构签订年度服务合同，聘请专家协助开展安全检查和隐患整治。县财政划拨专项经费，按照镇区、街道企业数量分等级给予奖补，推动建立“政府监督、专家协查、企业整改”的安全监管新模式。

【安全生产经济政策】 重点在冶金铸造、职业健康等领域推行安责险工作，明确各镇(街道、区)、局各科室安责险投保任务，完成投保额52万元，比上年度上升73%。各重点企业提取安全生产费用822万元，使用814万元。　　(廖大春)

责任编辑　朱明君

4月21日至27日，县人社局和安监局联合举办特种设备人员培训班，图为操作考试现场
(陶玉柱　摄)

科教文化事业

Science , Education and Cultural Undertakings

县城南实验初中“诵读经典，共沐书香”国学诵读汇报互动　　（建湖日报提供）

科学技术

Science and Technology

科技创新

【科技工作争先进位】 2017年,建湖县科技局在全县目标任务绩效考核中获得服务发展工作奖。

科技平台

【国家星创天地】 中农网购(江苏)电子商务有限公司"蜻蜓农服星创天地"获国家星创天地认定。

【省级众创空间】 建湖新元素众创空间有限公司"新元素众创空间"获省级众创空间认定。

【省级工程技术研究中心】 江苏华威机械制造有限公司"江苏省大型锻压装备工程技术研究中心"。

【省级研究生工作站】 江苏三益石油装备有限公司、江苏剑牌农化股份有限公司、江苏铭星供水设备有限公司、盐城鑫益特种抽油泵有限公司等4家企业研究生工作站获省科技厅批准建设。

科技计划

【国家高新技术企业】 苏永超磁性材料有限公司、江苏那美实业有限公司、江苏亿德隆石油机械有限公司等7家企业被认定为国家高新技术企业。建湖县鸿达阀门管件有限公司、江苏华威机械制造有限公司、江苏振华轨道交通设备有限公司、江苏和鹰机电科技有限公司等8家企业通过了江苏省科技厅的高新技术企业重新认定。

江苏铭星供水设备有限公司车间一角　　（建湖日报提供）

【省重点研发计划】 江苏国威工程机械有限公司"高灵活度冗余驱动五轴联动混联加工中心关键技术研发"、江苏丰信航空设备制造有限公司"飞机发动机关键零部件再制造技术研发"获得省科技厅重点研发计划项目立项支持。

【省苏北科技发展计划】 建湖县城府传奇养殖有限公司"河豚工厂化生态繁养技术集成与示范推广"、建湖三甲生态农业发展有限公司"稻田鱼蟹共生立体种养技术集成与示范"、盐城祥达科技有限公司"泥鳅土池与循环水养殖试验与示范推广"、江苏郁金香生态农业有限公司"光伏池塘小龙虾生态养殖技术集成与示范"、建湖县旺族水产科技有限公司"中华绒螯蟹生态养殖关键技术集成与示范"、江苏晟杰休闲农业发展有限公司"藕田水体高效立体化生态养殖技术集成与示范"6个项目申报省苏北科技发展计划,获得省科技厅立项支持。

【省知识产权保护计划】 江苏军曼农业科技有限公司"乡旮旯网"申报省知识产权保护(电子商务平台)项目,获得省局立项支持。

【省高新技术产品】 江苏莲源机械制造有限公司"高耐磨热作模具钢"、江苏丰信航空设备制造有限公司"飞机发动机叶片"、江苏三益石油装备有限公司"智能化高可靠性无线传感石油井控装备"、江苏和鹰机电科技有限公司"霸王龙HY-HC3205L数控裁剪机"等68个产品被新认定为省高新技术产品。

科技创业

【科技创业大赛】 江苏丰信航空设备制造有限公司参加第二届中国航空创新创业大赛，获一等奖。

科技管理

【政产学研合作】 举办赴宁“招才引智”、赴盐政产学研对接和参加“5·18”创新资源对接会、赴宁参加中国·江苏大院大所合作对接会暨第六届产学研合作成果展示洽谈会、赴沪参加盐城市第七届沿海发展人才峰会暨科技创新资源对接会等产学研对接活动，新增产学研合作高校10家，签订政产学研合作项目120个。

【招才引智】 引进“两院院士”“国家千人计划”“省双创人才计划”等高层次创新创业人才63名，其中两院院士1名。

知识产权

【强化自主创新】 落实省“知识产权18条”政策，县知识产权专项资金规模突破300万元。开发区通过省知识产权试点园区验收，高新区获批省知识产权试点园区。全面贯彻实施《企业知识产权管理规范》，新增鸿达、华威等贯标备案企业11家，进一步提升高新技术企业“贯标”覆盖率。加强源头管理，通过组建“正版正货”商家联盟，共同预防和抵制假冒专利商品。设立盐城市知识产权维权援助中心建湖分中心，定期开展“护航”“双打”等专项行动，打击侵犯知识产权违法行为。1月，县知识产权局被省知识产权局评为省知识产权执法工作先进单位，主要负责人被评为省知识产权工作先进个人。全年专利申请量2955件，专利授权量847件。万人发明专利拥有量3.39件，较上年增长61.4%，增幅居全市之首。

科技活动

【“招才引智”对接活动】 1月3日至5日，组织县科技局、人才办、高新区等部门和镇(区)负责人赴南京参加市委市政府“招才引智”对接活动。在宁期间，建湖县从企业技术需求、人才引进、平台建设等方面同南京大学、东南大学、南京航空航天大学、河海大学等高校教授专家进行深入交流，签约合作项目。

【“大院大所”对接会活动】 7月5日至6日，组织鸿达阀门、双鑫机械、丰信航空等25家企业赴南京参加省政府“大院大所”对接会活动，通过多层次的现场对接交流，推动全县企业集聚高校院所科技、人才、研发设备等资源。

【中国·盐城第七届沿海发展人才峰会科技创新资源对接活动】 10月27至28日，组织福吉特、辉腾环保、兴鼎生物、优尼斯智造4家企业赴上海参加中国·盐城第七届沿海发展人才峰会科技创新资源对接活动，福吉特公司与上海大学力学应用研究所、优尼斯公司与上海大学科技处、辉腾公司与复旦大学环境工程系、兴鼎公司与复旦大学生命医学研究院分别签订产学研合作协议。

【首届吉林大学科技服务地方与合作发展大会】 12月5日，组织县科技镇长团部分成员及企业家代表赴吉林长春参加“首届吉林大学科技服务地方与合作发展大会”。同时一行人赴军事医学科学院军事兽医研究所拜访院士夏咸柱，双方就推动建湖与军事兽医研究所深度合作、军民融合开展座谈。

科技成果

【1项研究成果获市科技进步一等奖】 2017年，盐城工业职业技术学院、江苏东华纺织有限公司研发的“生物质超短细柔纤维可纺性关键技术及其应用”项目获盐城市科技进步一等奖。

【1项研究成果获市科技进步二等奖】 2017年，建湖县人民医院的“三叉神经压迹在半月节射频治疗中的定位价值研究”项目获盐城市科技进步二等奖

【1项研究成果获市科技进步三等奖】 2017年，建湖县人民医院的“富血小板血浆凝胶在骨科大手术中的应用研究”项目获盐城市科技进步三等奖。 (科技局)

责任编辑 彭 玉

教　育

Education

综　述

【概况】 2017年，全县教育系统以创建更高水平教育现代化为抓手，以提高教育教学质量为目标，全面提升建湖教育内涵，打造建湖教育品牌，各项工作取得进步。全县"残童"入学率98%。湖景、翠湖等4所幼儿园创建为省优质园。"全国义务教育学校质量监测"，县各项指标位居全市前三名。中考700分以上人数、650分以上人数均位居全市各县（市、区）第三位。普通高考一本达线582人，达线率20.8%；二本以上达线率66.9%，400分以上高分段3人。县中专对接产业需求，深化校企融合，毕业生县内就业率达80%以上。新建森达小学教学楼、冈东小学综合楼以及全民健身中心室外游泳池更衣室。完成建湖高中城南校区塑胶运动场建设和两个报告厅装潢工程。上冈小学西校区建成并交付使用。截至年底，建湖现有中小学56所，在校学生88648人。其中，普通高中4所（省四星级与三星级高中各2所），在校学生8615人。职业技术学校2所，在校学生3133人。初级中学21所，在校学生19110人。小学28所（省级实验小学5所），在校学生38977人。特殊教育学校1所，在校学生177人。社区教育中心12所。规模幼儿园51所，其中省优质园39所，在园幼儿18636人。另有教师发展中心、体育中心、青少年活动中心、中小学实践基地各1个。全县在编教职工总数8200人。

（杨　林）

互联网＋教育

【概况】 全年硬件设备投入资金800多万元，为全县中小学增设计算机1252台、教学多媒体162套、新建录播教室15间，为全县80多所学校装备1800个监控点，全县"两中心"以上学校全部安装了视频监控系统；11所学校接受市"智慧校园"的评估验收；推进"一师一优课、一课一名师"活动，全县共有2205名教师报名参加，网上晒课2658节，县优520节、市优268节、省优9节。（吴永春）

教育基础设施建设

【实施教育重点工程建设】 森达小学改扩建工程一期建筑面积6758平方米的教学楼已建成交付；二期工程道路管网、景观绿化、运动场地等附属工程已完成60%的工程量；建湖高级中学新校区400米塑胶田径场，海南初中、恒济初中塑胶场地改造，草堰口幼儿园、森达幼儿园新建软质场地等工程，均已建成交付。沿河小学新建塑胶场地工程已开工。县体育中心室外游泳池更衣室6月底建成交付，全民健身中心公共区域装潢工程已完成70%的工程量。建湖高级中学城南校区礼堂、报告厅装饰装潢工程，均在年底前竣工交付。上冈小学西校区、冈东初中生服楼、草堰口幼儿园、湖景幼儿园和翠湖幼儿园配套附属工程，已全部竣工，并投入使用。

（徐金国）

幼 特 教 育

【深入强化园长队伍建设】 2017年5月，县教育局对21所从学校中剥离出的公办园园长、副园长进行了考察、任命，将所有公办园独立法人地位真正落实到位，促进园所持续健康发展。暑期组织27名幼儿园园长参加江苏省园长任职资格培训班，做到所有园长都能持证上岗。8月19日，组织39名业务园长参加"江苏省幼儿园课程

2017年9月，上冈小学复兴校区建成启用。校区设计规模6轨36个班级，占地面积53280平方米，建筑面积21900平方米，总投资约8000万元

（县教育局提供）

游戏化开展与儿童行为观察指导高峰论坛”，进一步提升建湖县园长的专业引领水平。

【促进男幼师专业成长】 全县共有男幼师13名，为幼师队伍注入了强劲活力。“夏建玉名师工作室”成员与男幼师一一结成对子，开展专项指导、集中研讨、定期展示等多形式活动，为男幼师搭建平台，促进成长。3月10日，在县幼儿园东方分园举行全县男幼师教学活动观摩暨教学研讨活动，工作室成员及全县100多名骨干教师参加了活动。12月28日，在湖景幼儿园所有男幼师都进行才艺展示，过硬扎实的基本功彰显了他们的专业风采。

【省市业务竞赛捷报频传】 全县4件优秀自制玩教具作品获市评比一等奖前4名，全市共评一等奖10名，占比40%。11月25日至26日，4件作品赴省参评，县幼儿园、建阳镇中心幼儿园的3件作品获省评比一等奖，囊括盐城市一等奖的全部奖项。县幼儿园臧楚老师取得市优秀教育活动展评一等奖，并作为县区唯一代表赴省参赛(全市共2人)，获二等奖。县中心园陆伟老师获市“匠心杯”第五届教书育人技能竞赛活动学前教育组一等奖第一名，并获“市五一劳动奖章”“五一巾帼标兵”称号。在省教科院组织的“师陶杯”论文评选中，县1人获得一等奖(全市共2人)；在省优秀幼儿教育论文(案例)评选活动中，县教师获奖271人，占全市获奖数的30.8%，位居各县区前列。

【推进特殊教育发展】 成立建湖县特殊教育指导中心，制定特殊教育资源规划布局，按区域建设融合教育资源中心，满足各类残障儿童少年的教育需求；健全特殊教育保障体系，坚持“一人一案”，全覆盖、零拒绝，对重度残障儿童实行“送教上门”。推进特殊教育学校“医教结合”实验项目、开发区小学和二实小“资源教室”等项目建设。3月，通过省特殊教育发展工程项目实施情况的检查。县特殊教育指导中心申报的“区域特殊教育资源建设”项目，经专家评审和现场答辩，被列为2017年省特殊教育发展工程项目。 （薛国芳 吴栋岭）

11月28日至30日，由江苏省第二师范学院、江苏省教育科学研究院教师发展研究所主办，建湖教育局承办的“构建适合的课程 打造生长的课堂”交流研讨活动在实小西校区举行 （县教育局提供）

小学教育

【提升特色文化内涵】 5月10日，全县小学特色文化建设现场会召开，全县初中、小学校长和分管校长观摩了实小城南校区、二实小向阳校区、庆丰小学、宝塔小学和宝塔初中各具特色的特色文化建设现场。实小城南校区提出“仁爱教育”的教育主张，着力构建“博爱美(BAM)”校本课程体系，被列为2018年省小学特色文化建设储备项目。二实小向阳校区二十年来，持之以恒打造书法教育特色品牌，成为省书法特色学校(盐城市牵头学校)；近几年加强校园足球训练，在市级比赛中频频夺冠。庆丰小学“书润童心阅读工程”申报2016年省小学特色文化建设项目，是江苏省首批中小学“经典诵读联盟”和“诗歌教育联盟”成员学校，在省项目验收评估中获高度评价。宝塔小学新建了体现书法与校园阅读特色的主题雕塑、真草隶篆字体的名言警句劝学广场、王羲之“临池学书”的洗砚池，墨韵书香浓郁。

【建湖实小“构建适合的课程 打造生长的课堂”】 11月28日至30日，由江苏省第二师范学院、江苏省教育科学研究院教师发展研究所主办，建湖教育局承办的“构建适合的课程 打造生长的课堂”交流研讨活动在实小西校区举行，来自南京、苏州、常州、镇江等省教师发展研究基地联盟校的老师和家长代表近500人参加了活动。全省9家基地代表学校12位老师向与会观众展示了各自在课程开发和课堂改革上的成果，8家基地校校长以“构建适合的课程 打造生长的课堂”为主题，展示各学校在新课程研发与实施方面的经验、做法和思考。建湖实小西校区向与会代表进行了特色课程展示，从星光大道的口琴方阵、智慧广场的古筝方阵到彩虹城一至六楼的特色社团活动，得到专家和领导的肯定。

【建湖二实小书法名校高层论坛】 3月23日至25日，由江苏教育报刊总社主办，建湖教育局承办的首届书法名校高层论坛暨师生书法作品年展活动在建湖二实小举行。全省各地教育局领导、书法特色学校校长和教师代表、获奖选手代表、书法研究者参加了论坛活动，畅谈中国汉字与书法的魅力。建湖二实小与南京市、苏州市、镇江市等六所书法教育特色学校围绕“书法艺术与学生成长”活动主题，进行了书法课堂展示和经验交流研讨。中国书法家协会教育委员会委员王继安教授、江苏省教育厅基础教育处处长马斌、江苏教育报刊总社社长孙其华、南京艺术学院美术学院党总支书记、副院长李彤教授分别作了报告，倡导大家要以传承文化为己任，循序渐进带领孩子走进书法世界，要发挥书法育人功能，从小培养学生的优秀品格。建湖二实小20余载书法教育探索，硕果盈枝，享誉省内外。2017年又被教育部命名为第二批“全国中小学中华优秀文化艺术传承学校”。

12月11日，育红实验小学举行第三次少先队代表大会（县教育局提供）

【建湖二实小举办“爱心传承　同心逐梦”素质教育年展】 2018年2月10日，建湖二实小教育集团在县文化艺术中心举办“爱心传承　同心逐梦”素质教育新春年展。县政法委、法院、公安局、交警大队等合作共建单位，社会爱心企业、志愿者代表参加活动。新春年展书画展示区，160名学生挥毫泼墨，展示学校二十多年来书法教育风采，彰显了自信、阳光与儒雅。二实小新春年展，展示了“一主多元　兼容并蓄”的特色发展理念，展示了全面落实立德树人的教育成果，社会资源的整合和利用的效能。

【育红实小举行全县学校少代会示范观摩活动】 12月11日，育红实验小学面向全县举行了第三次少先队代表大会观摩活动。在庄严的国歌声中，全体少先队员向队旗敬礼，并向少代会献词。少先队大队辅导员张浩作大会报告，三位少代会代表向大会发布提案并请学校领导现场答复。大会选举产生了学校第三届少先队大队委员和第三届少工委委员。育红实小少代会的召开，强化了少先队的队伍建设，发挥少先队在学校管理中的优势，营造了有利于少年儿童成长、进步、发展的浓厚氛围，引导少先队员为实现中华民族伟大复兴的中国梦奋斗。

3月23日至25日，由江苏教育报刊总社主办，建湖教育局承办的首届书法名校高层论坛暨师生书法作品年展活动在建湖二实小举行（县教育局提供）

【庆丰小学“书润童心阅读工程建设”】 2016年，学校“书润童心阅读工程建设”申报成江苏省小学特色文化项目。立项以来，本着“品茗母语芳香，滋养童年心性”的教育理念，学校着力从环境濡染、课程开发、师资塑造、活动提升、评价引领、平台共享六个支点入手。打造一间开放式阅读馆，组建26个阅读社团，创建963户家庭小书房，成为省首批经典诵读联盟校、省诗歌教育联盟校，省《校园文学报》优质稿源基地校。学校为全县中小学提供了阅读特色现场，并赢得省教育厅副厅长洪流的认可。2017年，该项目顺利通过江苏省小学特色文化项目组视导检查评估。

【深化“梦想课堂”建设】 3月21日，在沿河小学举行“践行让学引思　推进梦想课程”教学观摩研讨活动，全县10所“梦想中心”学校及第二批申报建设“梦想中心”的11所学校的教师参加活动。9月29日，举办2017年建湖县“梦想好课堂”展评研讨活动，9名教师把握梦想课堂教学模式，运用梦想课程核心理念，精心设计课堂活动环节，注重课堂“多元、宽容、创新”的评价，着力“自信、从容、有尊严"的学生培养，达到了预期的课堂教学效果。夏正婷、钟小燕在江苏区域"梦想好课堂"评比中获一等奖。

（吴栋岭）

初中教育

【开展文明礼仪教育活动】 开展文明礼仪宣传教育、学雷锋、"清明祭英烈"、心理健康教育周、"喜迎党的十九大 童心向党"专题教育和传承中华传统美德等活动。建湖县汇文实验初中教育集团西校区的《吉他情缘》获盐城市青少年弘扬社会主义核心价值观情景剧大赛初中组一等奖第一名，代表市中小学赴省参赛获得省优秀奖，学校获得江苏省优秀组织奖。建湖县实验小学教育集团城南校区的"仁爱"教育、西校区的开笔礼、汇文实验初中教育集团汇文校区的"文武先锋"训练营、城南实验初中教育集团城南校区的青春仪式、建湖高中的十八岁成人仪式等文明礼仪教育成果在县内外产生一定的影响力。

【举行"行知剧场"展演暨"美德少年"颁奖典礼】 12月20日，县文明办、县教育局在县实验小学教育集团北校区联合举行县"行知剧场"节目展演暨第八届"美德少年"颁奖典礼，县委常委、宣传部部长倪士勇出席典礼并讲话。颁奖典礼上，对当选的县首届"十大美德少年标兵"和90名"美德少年"进行表彰。建湖县教育局组织县十大"美德少年标兵"典型事迹巡展，引导全县广大未成年人学习、践行、弘扬美德，人人争做新时期"美德少年"的热潮。上冈实中戴驰展被评选为江苏省"美德少年"，沿河初中朱星辰被表彰为盐城市"十大美德少年标兵"。

【关爱贫困家庭学生】 重视留守儿童关爱工作，全面落实国家助学政策，拓宽资助渠道，保证初中学校每一名贫困学生"应助尽助"。建湖县教育局与县文明办联合开展"牵手·圆梦"关爱未成年人结对帮扶活动，对500多名困境儿童进行帮扶资助。与建湖县"儿童爱心公益组织"的爱心人士携手赴冈东初级中学、庆丰中学等学校开展慰问活动，在全社会传递积德行善、扶危济困的正能量。协助建湖县关工委举办县关爱留守儿童现场推进会，与会人员观摩了建阳中学、建阳小学等"十个一"活动现场，推广关爱留守儿童工作典型经验。

【法治教育成果丰硕】 建湖县创建"全国青少年普法教育示范区"。组织盐城市"百名法学家百场报告会"法治宣讲团专家分别走进建湖县汇文实验初中教育集团西校区等4所中学开展了法治讲座。组织学校参加市教育系统第三轮法治宣传教育系列活动，全县在手抄报、绘画、教案、讲座、校本教材等项目比赛中获得50多个等级奖，获奖数量与层次居全市各县（市、区）前列，建湖县教育局获得市优秀组织奖。组织全县中小学生参加盐城市"对邪教说不"网上签名"1+2+N"活动，在建湖中专启动动员仪式，广大学生参与，受到市委防范办领导评价。高作中学等学校创建市依法治校先进校。建湖县教育局被国家司法部、关工委、综治办联合表彰为"关爱明天、普法先行"全国青少年普法教育活动先进单位。

建湖县行知剧场节目展演暨美德少年颁奖　　（县教育局提供）

【重视"双语"阅读教学】 组织开展市中小学"双语"阅读先进学校创建评比活动，制定"书香校园"评比实施方案并进行督查推进，建湖县城南实验初中教育集团城南校区、海南初级中学、冈西初级中学等学校创建成市"书香校园"。组织全县初中优秀学生参加省市初中生世界杯作文大赛，建湖县城南实验初中教育集团城南校区徐戬、胥煜、近湖校区唐利、建湖县汇文实验初中教育集团汇文校区陈译、汇文西校区朱烨、上冈实验初中陈晓雨、沿河初级中学洪璐7名同学获省现场决赛一等奖，建湖县教育局获得江苏省优秀组织奖。建湖县汇文实验初中的《君竹》获江苏省首届中小学、幼儿园优秀校园报刊评比一等奖。

（赵　良）

高中教育

【推进"让学引思"课堂改革】 2017年4月6日，召开了全县"让学引思"课堂教学改革推进会，观摩了县第二中学的课堂教学，4所高中分别交流了校内试点学科的做法。"让学引思"课改在全县各高中全面推进，各学科的教学研讨活动聚焦学科课堂教学范式的研究，基本建立了适合校情的课堂教学范式。建湖县第二中学获得"盐城市'让学引思'课堂教学改革先进校"称号，建湖高级中学"四导三疑一创"课堂教学模式被评为"盐城市优秀课堂教学模式”。建湖县教育局教研室获江苏省教科研工作先进集体。

【科学深入高考备考研究】 邀请名校专家教师进行二轮课堂教学的示范,并就二轮复习及备考策略开设了专题讲座。建湖高中与海安中学达成合作办学协议,定期组织互动交流活动。重视名优生培养工作,出台名优生培养系列举措。组织了对各高中校薄弱学科跟踪指导以及做好考前指导工作。修订完善了高中办学目标考核细则和高考考核奖励办法,使考核评价工作进一步科学合理。

【教师专业成长】 组织并参加了高中语文、高中政治等部分学科市优质课竞赛和青年教师教学基本功大赛。组织了国家、省、市“一师一优课、一课一名师”优秀课例评比活动。2017年度,全县高中共有28人次分获省、市各类课堂教学竞赛和基本功大赛一、二等奖。 (朱明春)

职业教育与社会教育

【创新发展职业教育】 建湖中专2017年秋季招生993人,对口单招本科达线并录取27人,列盐城市第三名;与西安石油大学经济管理学院签订了联合培养工程硕士研究生协议,与盐城工业职业技术学院联盟,成立了智能制造学院(建湖)创建名师培育市级名师工作室1个;2017年11月,学校申报了省级数控技术应用专业群和省级电子技术应用实训基地;贯彻落实“六个一”行动计划文件,考核全部达标;2017年毕业生数为859人,参加人社部门组织的中、高级工考试的人数为628人,其中核心课程专业有:机械、数控、电子、机电、建筑,获得证书119人,获得国际通用证书达到19%。县委书记陈平对建湖职业教育进行调研,确定建湖中专为“一校两区”,启用原外国语学校设为“三年制综合高中部”,校本部主要承担高职、中职办学功能。举办各类涉外培训2548人次,学生就业、创业县内就业302人,举办2期“SYB”创业培训、职业教育,更好地为全县经济建设服务。

【发展社区教育】 创建省级社区教育中心的有恒济镇、冈西镇、钟庄街道;创建市级社区教育中心的有草堰口社区、九龙口镇;创建江苏省居民学校28所;颜单镇、沿河镇创建江苏省校外教育辅导站示范电子阅览室;宝塔镇创建了江苏开放大学“学习苑”。庆丰镇通过省教育厅高水平农科教结合富民示范基地复查验收。全县各社区教育中心活动丰富多彩,培训形式多样。社区教育经费由人均2元上升到人均4元。2017年10月24日在上冈镇举办建湖县暨上冈镇全面终身学习活动周开幕式。社区教育不断为创建学习型建湖、构建和谐社会服务。

【规范发展民办教育】 通过开展对民办教育机构年检工作、业务工作指导、安全卫生工作督查以及开展对民办教育机构综合治理等工作,为规范民办教育发展提供了良好的环境和有力的支持。扶持社会力量兴办民办教育,2017年新设立6所民办教育机构:建湖金字塔、建湖兴文、建湖名师堂、建湖银河舞蹈、建湖千水教育、建湖天天向上教育培训中心。民办教育成为县各类教育的补充和延伸,做到更好地为民服务。 (吴从刚)

老年教育

【组织“五老”参加“双观光”】 4月28日,组织教育局机关全体离退休老同志和驻城各校老年教育工作者协会主席,负责人参加“夕阳红双观光”活动。一是观光九龙口镇省级自然风景区,参观九龙口国家级湿地公园正在改造创建的现场,二是观光九龙口镇中小、教育改革和创新的成果展览。

【融入社区促和谐】 据年底统计,驻城学校有638人参加社区教育培训、生活保健、文体活动、家政服务、尊老爱幼等弘扬正能量的“最美老有所为活动”,为构建和谐社区,幸福建湖作出贡献。上半年教育局老干部党支部帮助西苑社区放了两个现场,老干部彭广才、濮明堂、谢鹏九会同西苑社区接待淮安市老干部参观学习代表团。

(谢鹏九)

教育督导

【通过“全国中小学校责任督学挂牌督导创”国家评估验收】 2018年1月通过“全国中小学校责任督学挂牌督导创新县”国家评估验收。构建“县教育局—督学责任区—学校”三级教育督导网络,建立10个督学责任区,按照“专业互补、学校互联、人员互动、工作互助”的原则,做到了责任督学挂牌督导工作县域全覆盖。县政府教育督导室定期对全县各学校开展教育督导评估工作,坚持督导结果公告制度、限期整改制度、问责制度。

【建湖县被定为国家义务教育质量监测样本县】 按照国务院教育督导委员会办公室下发的《关于开展2017年全国义务教育阶段学生科学学习质量、德育状况监测的通知》和省督委办下发的《关于做好2017年全国义务教育质量监测江苏省实施工作的通知》精神及有关要求,2017年,建湖县被确定为国家义务教育质量监测样本县,20所中小学校作为监测样本校承担义务教育质量监测工作。本次义务教育质量监测工作在省市领导的指导下,教育局周密布署,督导室督查指导,学校落实,建湖县完成了全国义务教育阶段学生科学和德育的各项监测工作,客观地反映了全县义务教育阶段学生的科学和德育水平,为国家教育决策提供真实、有效的数据信息做出了贡献。 (钱二芹)

教育宣传

【扎实推进教育宣传工作】 2017年,在不断健全既有宣传队伍的基础上又由教育局办公室牵头组建了“建湖教育宣传微信群”,利用平台对通讯员进行指导、开展互动，不断提高通讯员业务水平。依托县委、县政府《建湖快讯》《建湖日报》、建湖电视台、“中国建湖”对外门户网站等，实施信息共享联动，从不同渠道、不同平台，扩大建湖教育在县内影响；发挥建湖教育微信公众号平台作用，凸显区域教育亮点，关注教育热点，宣传全县教育管理、教育教学等重大活动。坚持平面媒体与网络媒体相结合，内宣与外宣并重，先后与《中国教育报》《中国教师报》《江苏教育报》《盐阜大众报》《盐城晚报》《现代快报》《江苏电视台》《江苏教育新闻网》等建立了长期战略合作关系，提高了建湖县教育宣传的品质和影响力。

【教育宣传工作】 下发《2017 教育宣传工作要点》，围绕中心工作，深入挖掘，精心组织，策划了一系列针对性强的宣传报道，为建湖县教育优质和谐发展创造了良好的舆论环境。2017 年，建湖县教育系统在国家级媒体报道共 5 篇，省市级媒体共 800 余篇，县级媒体 1000 余篇，“建湖教育”微信公众平台总用户达 4884 个、年内共发 1400 多条信息。建湖县教育局获“盐城市教育宣传工作先进集体”，其中《智慧建湖推动教育现代化》获 2017 年度“盐城市教育新闻奖”。建湖县教育局、沿河镇、冈西镇、宝塔镇获得省教育厅社会教育处表彰的通讯报道工作先进集体奖。（杨 林）

招生考试

【组织各类考试】 2017 年，组织全国普通高考、高中阶段教育招生考试、成人高考、自学考试等各类教育考试 15 次，考生报考总规模达 51300 余人次。在考试组织实施过程中，坚持招考安全第一，始终坚守“安全保密”红线，严密细节、规范管理，以全心全意服务考生为宗旨，始终秉持“人民满意”主线，不断提升建湖考区考务管理的科学化、规范化、标准化水平。全面实现“安全零事故、考务零差错、服务零距离”的招生考试管理“三零”目标。在盐城市 2017 年国家教育考试综合考核测评中，建湖招办普通高考、高中阶段教育招生考试、成人高考、自学考试、证书类考试及招考宣传六个单项考核结果全部为优秀等级，取得 2017 年度全市招考工作综合考核一等奖。

【科学指导高考志愿填报】 2017 年 6 月，全县召开 2017 年普通高考志愿填报工作业务培训会议。培训会上，县招办对 2017 年江苏省普通高校招生录取“三个不减少”和“三个确保”做了宣传和解读，要求各高中高三班主任要向考生及考生家长做好宣传，使考生及考生家长知晓今年江苏高考录取率和本科录取率稳中有升等政策。对 2017 年志愿填报工作的组织管理、录取批次及志愿设置、时间安排、投档录取规则的有关政策、填报志愿流程及注意事项等八个主要方面进行全面宣传解读，并就网上志愿填报动态口令卡的使用、考生不再现场确认志愿信息需注意点进行了重点培训和指导。（许学君）

教师队伍

【名师工作室效应突出】 坚持“惠及大多数”和“抓住关键少数”相结合，以 30 个名师工作室和 4 个乡村教师培育站为依托，建立省市培训、县域培训和校本培训三级培训机制，实现教师师能素养自我提升。

【三级梯队培养教师】 新教师培养。对新招录教师开展第一年岗前入职培训、第二年课堂教学技能提升、第三年课堂教学人人达标的三年专项培养计划。先后开展了 2015 年新教师课堂教学人人达标活动、2016 年新教师课堂教学技能提升培训和 2017 年新教师岗前培训和入职情况调研，加快了全县新教师素质的大幅提升。青年骨干教师培养。遴选一批学科基础扎实、具有创新能力和突出发展潜力的优秀青年教师，作为学科带头人、教学名师的后备力量重点进行培养。组织第一届青年骨干教师培训班学员赴无锡江阴澄江小学和南菁实验初中开展为期一周的跟岗学习。名特优教师培养。加大投入，培养一批在省市都具有一定影响力和知名度的学校管理专家和学科名师，让他们在教师队伍中发挥骨干示范作用，从而带动全县教师队伍整体素养的提高。2017 年，邀请省人民教育家培养对象和特级教师到建湖，为 9 名特级后备教师进行专项辅导，帮助他们梳理教育思想，进一步指明了特级后备教师发展的方向。

【推进培训供给侧改革】 与江苏无锡、常州、上海嘉定等地区开展教育

11 月 2 日，徐新铭名师工作室组织“指向高阶能力”教学研讨活动

（建湖日报提供）

培训资深团队之间合作,借鉴他们的培训流程、培训形式,优化培训项目;与南师大合作,将县第二届青年骨干教师培训班学员送到南京,进行了为期一周的教学基本功封闭集训。加大校本培训力度,以校本培训为落脚点,建立激励导向机制,引导教师自觉主动学习,切实提高教师理论水平和专业技能。发挥教师发展中心作用,教育局相关科室与县教师发展中心通力合作,在县域范围内高质量开展教师培训工作,注重培训的针对性和实效性。 (陆玉才)

名校、名师(工作室)选介

·名校选介·

【上冈实验初级中学】 学校始终秉承"高点定位、内涵发展,特色创新、追求卓越"的办学目标,以"团结协作、敬业奉献、勇创一流"为团队精神,求真务实,锐意进取,用质朴灵性的文化理念引领学校、师生健康发展。2017年,学校与上海浦东模范中学结对共建、携手共创。双语阅读成绩喜人,在盐城市义务教育阶段英语读写大赛中师生获一、二等奖达21人次,王美苏在江苏省"好文大家读"活动中获一等奖;陈晓雨等11名同学在第十七届江苏省中学生作文大赛分获一、二等奖。在第二届全国青少年学生法治知识网络大赛,蔡俊熙、董云馨等5名学生获一等奖。2017年中考,朱青龙同学以668的高分被空军青少年航校(有"小清华"之称)飞行员预备班正式录取。陈永玲老师获省"五四"杯课堂教学展评一等奖,马江、沈超、施杨等3位教师在市级赛课中获一等奖,陈占万老师当选县"第五届感动建湖十大人物",数学教研组被评为盐城市"先进教研组"。2017年,学校被表彰为"盐城市优秀家长学校""盐城市家庭教育示范学校";完成"盐城市智慧校园"、省级数学课程基地等创建工作;挂牌成立"国家级

上冈实中与上海模范中学结队 (县教育局提供)

非物质文化遗产·淮剧"传承实践基地;在县年度办学目标绩效考核中,第13次获县"综合奖"。

【建阳镇中心幼儿园】 建阳镇中心幼儿园连年获得县教育局表彰的综合奖,该园一直坚持"团结、共融、创新"的园风和"慧思、乐教、挚爱"的教风,着力于追求优质教育,致力于提高内涵品质。2017年,该园紧抓省优复审地发展契机,优化办园条件,创设特色环境,强化保教质量,赢得复审现场考察专家组的高度赞赏,通过复审。2017年,该园青年教师在县优质课展评、基本功竞赛中均获一等奖;自制玩教具作品《DIY——自制水彩笔系列》分别获县级、市级、省级评比一等奖,并参加全国竞赛。10月承办了以课题活动为载体的联盟开放活动,展示了精彩地户外游戏活动;11月组织了户外亲子游戏游园活动,践行游戏理念,促进家园共育。该园的课程游戏化建设扎实开展,多彩的室内游戏区、宽阔的走廊游戏区、丰富的户外游戏区互为补充、交相辉映,做到游戏在随处、随处可游戏,成为了每一个孩子快乐游戏的天堂。

【建湖县翠湖幼儿园】 2017年5月,建湖县翠湖幼儿园被省教育厅确认为

建阳镇中心幼儿园 (县教育局提供)

"江苏省优质幼儿园";11月,该园接受了市平安校园、法治校园创建现场考察;2月,该园被市总工会评为"模范职工之家";5月,被县总工会评为"五一巾帼标兵岗",两位青年教师被评为"盐城市文明职工"的称号。10月,该园组织幼儿参加中国九龙口首届诗赋大会演出,幼儿表演诗舞朗诵《山村咏怀》《小池》获得好评;11月15日,面向全县举行了半日开放暨淮剧传承基地揭牌仪式活动,县人大、政协、教育局等主要领导亲临活动现场,展示了弥漫着水乡风情、丰富多元的园所环境和特色鲜明、趣味多彩的游戏教学活动。

·名师工作室、名师简介·

【周洪兆名师工作室】 周洪兆,男,1964年2月生,建湖上冈人,中共党员。1986年毕业于徐州师范大学数学本科专业,1986年8月起在江苏省上冈中学工作,任教高中数学,并先后担任上冈高级中学校长和建湖高级中学校长。1998年被评为中学数学高级教师,2012年被评为中学数学特级教师,2016年被评为正高级教师,2017年被评为市数学名师工作室领衔名师。周洪兆名师工作室重点做好课题研究、教师培养、示范辐射工作,先后邀请常州二中李振亚校长、南师大宁连华教授、金太阳教育集团王晓宇教授等知名专家学者开设讲座,与通州中学、镇江一中、太仓中学、滨海中学等进行了多次"同课异构""示范观摩"等形式多样的研讨活动,使名师工作室真正成为促进教师专业发展的平台,人才成长和带领人才成长的前沿阵地。

【唐广泉】 唐广泉,1967年7月出生,1985年参加工作。建湖县实验小学教育集团校长、党总支书记,中学高级教师,江苏省小学语文特级教师,江苏省师德模范,江苏省"333"工程培养对象,江苏省普通话水平测试员,盐城市教坛十杰,盐城市名校长,盐城市突出贡献中青年专家,盐城市"唐广泉名师工作室"领衔名师,盐城市优秀共产党员。他坚守"教孩子六年 想孩子六十年"的理念,致力培养"有时代气质的博学少年 儒雅少年 阳光少年"。主编的校本教材《走进书法》《写好汉字》由江苏教育出版社出版发行;专著《书华夏文明 写灿烂人生》由中国文史出版社出版发行;《写字教育卷》被指定为江苏省特色教育丛书之一。写字教育成果获全国创新教育成果一等奖、江苏省基础教育教学成果一等奖。建构了"涵化"理念下的"四生"文化课程体系,"生活作文""涵化教育""生命践旅""艺术教育"等课题在省内外产生了广泛影响,《涵化教育 自然天成——构建"四生"文化课程实践研究》获盐城市第二届基础教育职业教育教学成果一等奖。

【徐新铭】 徐新铭,1973年9月出生,江苏省小学语文特级教师,盐城市名校长,江苏省优秀教育工作者,全国阅读教育先进个人,建湖县育红实验小学教育集团校长、党总支书记。徐新铭始终以"做幸福的摆渡者"为教育执念,持守在杏坛花苑。作为语文教育工作者,他潜心探求母语教育的真谛和策略,提出了"自由自在地阅读,自然而然地习作,自信自得地写字"的语文教学目标追求,形成了"诗情激越,简约明澈,自由挥洒"的教学风格,曾获江苏省"杏坛杯"课堂教学展评一等奖、苏教版教材编委会课堂教学竞赛特等奖;主持的科研项目获得市教学成果一等奖、省二等奖;撰写的40余篇论文在《人民教育》《中国教育报》等刊物上发表和在省市获奖,出版了专著《探寻幸福的密码》。作为教育管理者,他崇尚"愿景引领,文化滋润"的管理特质,构建了"快乐阅读""科学启蒙""大众体育""公民教育"四大素质教育行动模块,领衔的"名师工作室"培养了一大批优秀骨干教师,取得了优异的办学业绩。《人民教育》《中国教育报》《江苏教育》等媒体先后对其办学经验进行专题报道。

【蒋为霞】 女,1975年出生,学前本科,中共党员,中学高级教师,盐城市幼教学科带头人,江苏省优秀青年教师,国家二级心理咨询师,现任建湖县中心幼儿园业务园长。自1995年参加工作以来,坚持"用爱倾听每个孩子心底的声音",勇于奉献,不断奋进,先后被表彰为"盐城市教育先进工作者""建湖县优秀共产党员""建湖县十大优秀青年""建湖县教师交流工作先进个人""建湖县优秀教育工作者"并获县政府嘉奖。她参与教科研工作,是省级课题研究"优秀研究员""优秀主持人"。主持和参与十多项国家、省、市、县级课题研究;参与中央教科所"九五""十五"幼儿园教育资源课程方案的编写;个人撰写的论文、实验报告、活动方案60多篇获奖,并有10多篇文章分别发表在《幼儿教育》《教育科研》等教育刊物。她潜心钻研教学,是市、县"教学能手"。分别获市、县教学基本功大赛一等奖;省、市、县优质课大赛一等奖;多次向市县同行开放示范研讨课;分别向全省科技联盟园、全县同行、联盟园所、县幼师班开展讲座交流培训活动;曾编导的幼儿文娱节目在市县艺术比赛中获奖,个人被评为盐城市优秀指导教师。她爱好读书学习,是全民阅读倡导者。在单位引领教师、家长与幼儿开展"校园书香阅读节",通过朗读志愿者、家园共读、阅读达人、童话大王等形式多样的阅读活动,在社会形成一定影响力,单位创建成为"江苏省早期阅读联盟园",个人家庭被评为"盐城市书香家庭"。她乐于奉献,是市县学前名师工作室成员。身为业务园长,组织和开展丰富多样的联盟园教研活动,并响应县局学前办号召多次到冈西、恒济等乡镇园及民办园指导业务工作;在九龙口等园创建省优质园期间,带领本园骨干教师长期蹲点,不畏艰苦,砥砺前行,和谐合作,使创建任务完成。2013年被表彰为建湖县教师交流工作先进个人。(薛国芳)

责任编辑 彭 玉

体 育

Sports

【综述】 2017 年,建湖县体育局在省、市体育局的领导下,贯彻中共十九大精神,创先争优,锐意进取,凝心聚力,承办各项赛事,提高办赛能力,不断提高公共体育服务体系示范区的效能,推动了建湖体育事业持续、健康发展。

【体育设施】 县政府投资 3.6 亿元,规划建成了建湖县体育中心,占地面积近 20 公顷,总建筑面积 52000 平方米,主体建筑为一个 4000 座的多功能体育馆,一个 11000 平方米的室内游泳馆和全民健身中心及四周共有 1.4 万座的塑胶标准田径场。还有配套的篮球场、羽毛球场、网球场、乒乓球馆和少体校新校区。实施了县政府实事工程 24 套健身路径采购、配发、安装等工作。完成上冈、建阳、九龙口、恒济、芦沟、钟庄 6 镇(区)社区教育中心多功能运动场地(篮球场、室内外健身器材)建设工作,并获省补助资金 78 万元;为社区配发篮球架 25 副;全年新增健身步道 7 公里,西塘河风光带健身步道被评为省"最美跑步线路"(省共评 15 条线路、盐城市唯一的一条)。

【群众体育】 为了庆祝元旦,联合县广电台举办了"海宁皮草杯"广场舞邀请赛;3 月 18 日至 19 日举办县"乒协杯"乒乓球单打比赛;3 月下旬完成了省体育产业专项引导资金项目申报工作。4 月 21 日至 23 日与总工会、广电台在县体育中心体育馆联合举办了全县第七届"迎驾贡酒杯"职工乒乓球电视大赛。5 月 3 日上午与团县委、广电台联合组织了全县第七届"农商银行杯"环双湖长跑比赛。5 月组织了全县广场舞、健身气功、太极拳、戏曲广播操等 4 个项目近 500 名社会指导员集中培训,为基层培养了一批体育健身带头人;举办了县成人足球周末联赛活动,为基层培养了一批体育健身带头人;6 月至 9 月举办"舞动江苏"广场舞、"爱拼才会赢"乒乓球、"乐在棋中"棋类 3 个项目县级海选大赛并组队参加市比赛;8 月组织全国第 9 个全民健身日活动启动仪式和参加省全民运动会毽球比赛;做好全县游泳馆(池)行政许可督查工作。9 月举办县"足协杯"成人足球秋季联赛和"邮政杯"广场舞大赛;10 月至 11 月开展体育产业名录库进户调查摸底与统计工作;12 月做好乡镇(街道)社会指导员协会信息收集工作和全县晨(晚)练健身站(点)统计工作。

县体育中心 (建湖日报提供)

【竞技体育】 备战省 19 届运动会,相继组建了二实小向阳校区和城南实中城南校区男子足球和实小西校区女子足球以及森达小学、庆丰小学 2 支男子手球队等为市队县办、县队校办项目。其中育红小学教育集团城中校区获得全市小学校园篮球比赛男子甲组(05—07 年龄组)、男子乙组(08—09 年龄组)均是第 2 名,女子乙组(08—09 年龄组)第 3 名的好成绩,庆丰小学获得了全市小学校园篮球比赛女子甲组(05—07 年龄组)第 5 名、县汇文校区初中获得全市初中校园篮球比赛男子组(02—04 年龄组)第 2 名,县二中获得全市高中校园篮球比赛男子组第 6 名;二小教育集团向阳校区获得市第六届"市长杯"校园足球联赛小学组总决赛男子乙组(07—08 年龄组)冠军和男子甲组(05—06 年龄组)亚军,江苏省"省长杯"小学组总决赛男子乙组(07—08 年龄组)亚军;城南校区初中获得市第六届"市长杯"校园足球联赛初中组总决赛男子组(02—04 年龄组)亚军;县高级中学连续 3 年获市田径传统校比赛第一名好成绩;县少体校组队参加省县组田径比赛顺利进入甲级县。5 月 5 日至 8 日、5 月 20 日至 26 日、10 月 20 日至 22 日完成承办市中小学生田径比赛和江苏省青少年田径锦标赛暨县组田径(第二赛区)比赛及市田径传统项目学校比赛任务。

【学校体育】 2017 年初将全年学校体育工作目标分解到校,多次召开了全县学校体卫工作会议,3 月 30 日至 31 日在县体育中心体育场举办了全

参加篮球兴趣小组的学生们正在开展活动 （建湖日报提供）

县中小学生田径比赛（共45所中小学校参加）；4月上旬，上冈高级中学、县二小教育集团向阳校区被省教育厅和省体育局评为省级体育传统项目学校；4月24日至28日组织了各初中三年级体育考试工作（共5600多人），体育考试做到公平、公正、准确；5月2日承办了盐城市初中体育“名师送教”暨“卜扬名师工作室”教研活动；5月13日至14日举办全县庆“六一”驻城第30届少儿棋类比赛；5月下旬县一中老师刘晶参加省高中体育与健康优质课比赛获一等奖；5月底育红小学城中校区、庆丰小学、县二中申报了省青少年校园篮球特色学校；6月12日至14日和11月分别组织全县中小学“阳光体育家家到”现场流动评比活动（评比内容为广播操、自编操和大课间活动），阳光体育在去年的基础上，又向高标准迈进；6月15日举办了县小学体育与健康公开教学和讲座活动；7月1日至2日举办了县中小学乒乓球比赛；森达小学和庆丰小学参加省手球比赛7月和12月分别举办全县体育教师培训班和体育教学基本功比赛；9月，全县大一新生体能测试反馈综合成绩较上年有大幅度提高；10月举办了县中小学篮球比赛；11月底前49所中小学按时完成向教育部上报学生体质健康测试数据工作，上报率达100%；11月组队参加了盐城市星级高中达标运动会和乒乓球团体比赛。组织随机督查各中小学大课间活动和体育教学常规工作情况，并在有关会议上通报和做好跟踪督导工作。县实小东校区和县二小裕丰校区被国家教育部命名为校园足球特色学校。全年先后举办了全县中小学生田径（4月、10月）、棋类（5月、9月）、乒乓球（7月）、篮球（10月）足球（10月）、广播操（5月、11月）等项目9次比赛，全年共有近6万名学生参加县级各类体育竞赛活动。

【老年体育】 3月，召开了全县老年人体育工作会议；4月7日举行了省老年人体育节建湖分会场启动仪式，在全县乡镇实现全覆盖；4月11日举办了全县中老年人乒乓球比赛暨中老年人乒乓球协会成立10周年活动，5月组织了全县广场舞、健身气功、太极拳、戏曲广播操4个项目近500名社会指导员集中培训，为基层培养了一批体育健身带头人；10月举办建湖县“金丽华杯”足球邀请赛和“乒协杯”乒乓球团体与个人单打比赛、承办市老年体协健身气功展示交流活动；组队参加市老年人象棋、健身球、广场舞等各个项目的展示交流活动。

【体育教育与管理】 推进学生阳光体育运动。建立健全学校体育工作组织网络。正常开展中小学体育教师专业技能、体能考核及培训工作，举办全县体育教师基本功比赛。继续组织全县“学生阳光体育家家到”，开展广播体操和自编大型团体操及大课间活动质量巡回评比活动。实施体艺“2+1”和“一校一品”阳光体育工作，鼓励和指导学校逐步创建田径、篮球、足球、排球、健美操、乒乓球、跳绳、跆拳道、体育舞蹈等体育特色学校和体育俱乐部。继续开展全县中小学校田径、乒乓球、棋类、篮球、长跑等项目比赛和普及校园足球活动，全面提高县学生阳光体育运动水平。建立体育传统项目学校体育教师和少体校教练员交流机制，提高教练员专业水平。建立学校业余训练的考评机制，完善全县运动员、教练员奖励办法和县级运动员输送奖励办法。

【体育比赛与奖项】 2017年，以少体校、育红小学、县实小、二实小、森达小学、县汇文校区初中、县城南校区初中、县二中、庆丰小学9所学校为基础，组队参加了省、市中小学生校园篮球、校园足球、手球、田径、乒乓球、羽毛球、跆拳道、武术套路、网球、举重、游泳11个项目比赛比赛，共获奖牌106枚，其中金牌58枚，银牌30枚、铜牌18枚。 （体育局）

县承办市2017年中小学生田径运动会 （徐霞 摄）

文化·传媒

Culture and Media

综　　述

【概况】 2017 年,建湖县文化工作围绕“聚焦三强目标,重抓六项工程”工作思路,扎实推进,务求实效,重抓文化惠民工程建设,促进文化产业发展,加强新闻出版管理、广播影视管理和综合执法工作,在全市文广新系统综合考核中名列前茅,各项工作取得较好成绩。

【特色文化】 为进一步扩大淮剧、杂技特色文化的知名度,2017 年初启动了“中国杂技之乡”“中国淮剧之乡”创建申报工作。9 月,中国戏剧家协会正式命名建湖县为“中国淮剧之乡”并举行授牌仪式。11 月,建湖县被中国杂技家协会正式命名为“中国杂技之乡”。建湖县通过加大创建特色文化品牌力度,不断增强淮杂文化的影响力、凝聚力和辐射力。

【公共文化】 巩固省级公共文化服务体系示范区创建成果。扎实推进年度 49 个基层综合性文化服务中心建设任务,县政府与各镇签订责任书,县政府办出台了《关于推进基层综合性文化服务中心建设的实施意见》,年底顺利通过省文化厅验收,完成了建设任务。县图书馆完成四年一度的全国图书馆评估定级工作。加强图书馆总分馆建设,全面完成剩余的 107 个村级流通服务点建设工作,实现了全县图书通借通还全覆盖。建湖书画院揭牌成立。

“淮杂文化庙会”文艺演出　　(建湖日报提供)

县美术馆　　(建湖日报提供)

【文化惠民】 重点开展文化惠民四大活动,即“杂技周末剧场”“杂技村村到、校校到”“淮剧周末舞台”“淮剧进村庄、进社区”,采取政府购买服务的形式,完成各类演出 600 场以上,确保文化惠民活动周周有、村村到。同时继续举办好“百姓舞台”“欢乐广场”“淮杂文化庙会”和各类节庆文化活动,不断扩大文化惠民受众面和覆盖面。启动了九龙口“春季周末大舞台”惠民演出,既提高文化惠民效果,又助力旅游经济发展。承办了盐城市第五届广场舞展演活动。县美术馆先后举办了“和风雅逸”——曹万峰戴国禾书画作品展、“喜迎十九大　共绘塘河情”建湖美术作品展、“喜迎十九大　丹青颂盛世”书画展和“不忘初心——当代书法名家精品展”等各类展览 15 次。

【文化市场】 推进行政审批制度改革，不断提高行政审批质量和效率，进一步梳理行政审批事项，压缩审批时限，规范审批流程，年内共办理行政事项208件。加强文化审批项目的事前、事中、事后全过程监督，维护文化和意识形态安全，确保文化市场健康有序发展。围绕事关人民群众切身利益的热点、难点问题开展文化市场专项整治行动，严厉打击网吧、游戏厅接纳未成年人、色情低俗表演等违法经营活动，制定了“扫黄打非”“固边、秋风、清源、净网、护苗2017”专项行动工作方案并组织实施。加强版权管理，协调处理、化解版权纠纷1起。2017年文化市场执法共出动4200余人次，检查经营单位1300余家次，处置有害信息127条，关闭非法网站3家，查缴非法出版物1060本，立案查处违规经营案件22起。全年未发生一例行政复议及行政诉讼案件，执法工作得到了上级领导和广大群众的认可。

【文化交流】 春节期间省杂技团随文化部、省文化厅参加“欢乐春节·精彩江苏”系列对外文化交流活动，先后赴美国、德国、英国、柬埔寨、苏丹等10多个国家演出30余场次。中秋、国庆期间赴香港参加中秋彩灯会文艺演出活动。《小桥 流水 人家》还应邀承担“山西旅游发展大会”主会场演出活动，参加“江苏发展大会”专场文艺演出，是唯一一个县级参演文艺团体。《丫丫戏鼓》参演2017年“文化遗产日”苏北五市非物质文化遗产展示展演。参加盐城市经贸洽谈会、黄(渤)海湿地可持续发展与世界自然遗产2017盐城国际研讨会专场演出等活动。县淮剧团应邀参加首届“上海浦兴淮音艺术节”演出，与上海淮剧团举行了建沪两地剧团共建仪式，进一步促进了建沪两地的淮剧文化交流。在全省对外和对港澳台文化工作会议上省杂技团被表彰为对外文化交流工作先进单位。

（尤立松）

艺术生产

【概况】 2017年是建湖县艺术精品丰收年，艺术生产取得丰硕成果。新生产杂技节目、淮剧大戏、折子戏等参加国家级、省级比赛获奖，美术、书法、音乐、舞蹈获市以上奖项60多项。

【剧本创作】 2017年，剧(节)目生产成果丰硕。剧目工作室创作的大戏《九里香》在全市新剧目评奖活动中获一等奖，小戏《麦子熟了》获小戏一等奖。现代小戏《扶贫趣事》参加“中华颂”第八届全国小戏小品曲艺展演，获集体创作金奖。全县新创作大戏两部，小戏小品18部，在市新剧目评奖中获一等奖1个，二等奖2个，三等奖1个。

【创树新品牌】 省杂技团对诗词歌赋杂技剧场《小桥 流水 人家》进行提升改版，在江苏大剧院成功上演，登上央视国际频道CCTV4《非常传奇》栏目，获省2017文华优秀剧目奖、表演奖、市政府文艺奖一等奖。新编排了三部杂技节目《问天鸟—高台倒立》《国风—跟头武术》《边关情月——男女杆技》参加第三届精彩江苏艺术展演月暨江苏文华奖比赛，获文华优秀节目奖和表演奖。县淮剧团打造《北秦庄之恋》升级版《芦荻知秋》。9月初，在省戏曲现代戏研究会第五届年会上亮相，得到专家组的好评。大型淮剧《深渊》入选省艺术基金传播交流推广资助项目。现代小戏《扶贫趣事》参加“中华颂”第八届全国小戏小品曲艺展演，获集体创作金奖。淮剧《善伪之间》获市政府文艺奖三等奖。剧目工作室创作的大戏《九里香》在全市新剧目评奖活动中获一等奖，小戏《麦子熟了》获小戏一等奖。美术作品《晨光》《朝晖》《馨之语》入选第二届“江苏美术奖”美术作品展，其中水粉画《晨光》获提名奖；在省美协第六次新人新作展中计划县4件作品入选，其中3件作品获佳作奖。在“张浦杯”第三届江苏省农民画展终评中，选送的剪纸作品《昭君出塞》《吉庆有余》分获二等奖和优秀奖。（袁晓亚 尤立松）

“淮杂”文化

【概况】 2017年，省杂技团和县淮剧团坚持创造性转化和创新性发展“建湖杂技”“建湖淮剧”，交流互鉴、兼容并蓄，推进了“建湖杂技”和“建湖淮剧”的发展繁荣。

【诗词歌赋杂技剧场《小桥 流水 人家》树品牌形象】 诗词歌赋杂技剧场《小桥 流水 人家》先后参演了第18届上海国际艺术节；担任了“2017海外华裔青少年中国寻根之旅夏令营江苏营”开营式开幕大戏在江苏大剧院演出；承接了“清爽榆林 沙地避

《北秦庄之恋》演出剧照 （建湖日报提供）

暑”2017 中国榆林旅游月驻场演出任务;参演第三届精彩江苏艺术展演月;精彩片段还在央视4套《非常传奇》栏目播映;担纲2017年盐城市艺术展演月开幕式演出;黄(渤)海湿地可持续发展与世界自然遗产2017盐城国际研讨会专场演出等20余场次的大型经贸文化活动。先后获第三届江苏文华奖比赛文华优秀剧目奖,盐城市政府文艺奖一等奖。

【建湖获“中国淮剧之乡”称号】 县人民政府2017年6月提出申报“中国淮剧之乡”的申请,中国剧协结合《中国文联关于规范命名“文艺之乡”和创建“文艺创作基地”暂行办法》要求。组织有关专家于2017年7月对建湖戏曲发展现状进行调研考察。经中国剧协分党组研究,报中国文联审批、备案,决定授予建湖县“中国淮剧之乡”。

【建湖获“中国杂技之乡”称号】 江苏省杂技团作为国家非遗项目“建湖杂技”保护传承的主要载体,自觉肩负起中国杂技之乡创建工作,得到中杂协专家组的一致肯定,并与2017年11月20日签发了《中国杂协关于命名中国杂技之乡的决定》(中杂协〔2017〕28号),正式命名建湖县为“中国杂技之乡”。

【国际交流】 2017年,受文化部和省文化厅委派,先后组织精彩节目赴德国、英国、荷兰、美国、苏丹5国参加了“精彩江苏·欢乐春节”系列文化活动,演出20余场次,受众3万余人次,用杂技语言讲述中国故事、展现中国风貌、诠释中国精神。10月中秋、国庆“双节”期间赴香港参加“中秋彩灯会”演出活动,用杂技、歌舞的形式为香港人民送去祖国大陆的问候,也让香港市民感受到建湖杂技的艺术魅力,增强文化认同和文化自信。在全省对外和对港澳台文化工作会议上省杂技团被表彰为对外文化交流工作先进单位。

【“何双林戏剧工作室”和“王有理戏剧工作室”在建湖挂牌成立】 为引进高端人才,推进建湖淮剧艺术的传承发展,2017年“何双林戏剧工作室”和“王有理戏剧工作室”相继在县淮剧团挂牌成立。何双林:淮剧“何派”传人;王有理:执导的多部戏剧作品获国家级大奖。两个戏剧工作室的建立对进一步推动建湖淮剧艺术的发展,提升建湖“中国淮剧之乡”的知名度和影响力起到了推动作用。

(金重庆　申　勇)

群众文化

【概况】 重点开展文化惠民四大活动,即“杂技周末剧场”“杂技村村到、校校到”“淮剧周末舞台”“淮剧进村庄、进社区”,完成各类演出600场以上。同时继续举办好“百姓舞台”“欢乐广场”“淮杂文化庙会”和各类节庆文化活动,不断扩大文化惠民受众面和覆盖面。启动九龙口“春季周末大舞台”惠民演出。全年送电影下乡3012场,推进全县农家书屋建设工作,建成阅报栏(屏)199家,购置图书1.1万册,对全县80个农家书屋的图书进行了更新。

【省文化厅验收建湖县基层综合性文化服务中心建设工作】 12月27日,省文化厅专家组一行到建湖县检查验收基层综合性文化服务中心建设工作。专家组实地察看了上冈镇文化中心、复兴村综合文化服务中心、南庄村综合文化服务中心、益民村综合文化服务中心和庆丰镇董徐村综合文化服务中心。每到一处,专家组听取相关情况介绍,并对文化中心的活动室、图书阅览室、电子阅览室、多功能厅等活动项目提出了更高的要求。对建湖的基层创建工作给予肯定。

【2017年迎新春全县群众业余文艺会演举行】 1月17日至18日,由县委办、县政府办主办,县文广新局、县文化馆承办的2017年迎新春全县群众文艺会演在县城大剧院举行。参加本次文艺会演的共有45个单位,49个节目,500多名演职人员,节目类别涵盖了音舞说唱、小品、舞蹈、淮剧、小淮戏等。经过2天的激烈角逐产生了一等奖6名,二等奖9名,三等奖12名,组织奖6名。

(张连成　顾　波)

文化惠民工程

【概况】 重点开展文化惠民四大活动,即“杂技周末剧场”“杂技村村到、校校到”“淮剧周末舞台”“淮剧进村庄、进社区”,采取政府购买服务的形式,完成各类演出600场以上。2017

建湖县群众业余文艺会演　(建湖日报提供)

"淮剧周末舞台"启动仪式　（建湖日报提供）

年建湖县文化惠民演出由2016年的500多场提高到600多场，确保文化惠民活动周周有、村村到。

【文化惠民四大活动】 以淮剧、杂技特色文化作支撑，打造群众文化活动品牌。全面启动"杂技周末剧场""淮剧周末舞台"和杂技"村村到、校校到"、淮剧"进村庄、进社区"四大惠民演出活动，满足广大群众文化需求。每周六下午"杂技周末剧场"准时相约在县文化艺术中心大剧院，杂技"村村到、校校到"全年完成288场。每周日下午"淮乡之约——淮剧周末舞台"在江淮戏苑为广大观众免费上演，淮剧"进社区、进村庄"全年演出172场。

（张婷婷）

【文化"三送"工程】 打造全县群众文艺会演、淮杂文化庙会、"淮杂"进校园、"劳动者之歌"五一广场文艺活动、"四大文化惠民活动""百姓舞台""欢乐广场"等具有建湖特色的文化。全年送电影下乡3012场，观影人数较上年有较大提升。

（张连成　顾　波）

【建湖书画院揭牌】 3月6日，建湖书画院落成揭牌，成为盐城市第五家公立书画院。省文化厅副巡视员嵇亚林，盐城市委常委、宣传部部长吴晓丹，盐城市人大常委会原副主任、盐城市书协名誉主席曹友琥，建湖县长薛盛堂共同为建湖书画院揭牌。盐城市文广新局局长季德荣，建湖县委常委、宣传部部长倪世勇等领导及各县（市、区）书协、美协负责人和建湖籍中国书协会员、中国美协会员、省美协会员参加揭牌活动。

（唐进文）

【"不忘初心"当代书法名家精品展】 11月18日，在县美术馆举办了不忘初心——当代书法名家精品展。全国政协委员、中国书法家协会理事周文彰出席开幕式。此次精品展共展出书法作品100幅。其中，50幅作品出自中国书协理事或专业委员会委员之手，另50幅作品是中国书法最高奖"兰亭奖"获得者及历届国展奖获得者的作品。（杨　华）

公共图书馆事业

【概况】 2017年，县图书馆完成四年一度的全国图书馆评估定级工作。加强图书馆总分馆建设，全面完成剩余的107个村级流通服务点建设工作，实现了全县图书通借通还全覆盖。县图书馆增设老年大学、残联2个图书流通点，开设了"塘河讲堂"举办名人名家讲座，开通少儿数字图书馆，方便了小朋友网上阅读，建成图书馆公众服务微信平台，方便读者借阅、查询、预约，实现了图书馆智能化服务。

（陈建中）

文物和非遗保护

【概况】 组织"文化和自然遗产日"活动，开展非遗项目"剪纸"专题展览和杂技、淮剧展演等活动。完成了市局布置的对国家、省级非遗项目及传承人相关资料报送工作。县博物馆接待社会各界人士参观3万多人次，接受建湖籍人士董朗庭捐赠文物10件并入藏入展，对部分急需修复的馆藏文物编制修复方案。对市级文保单位"苏中二分区人民报印刷所"旧址进行提升改造。完成1处省级文物保护单位申报、4项市级"非遗"项目申报。配合县规划部门开展全县历史建筑、历史街区调查工作，共调查了历史建筑、街区22处、古井2处并形成规划文本。协助省考古研究所、县水利部门完成水文化遗产调查工作，实地勘查河道25条。上冈实中、翠湖幼儿园先后被授予淮剧传承实践基地。

（尤立松）

新闻出版管理

【概况】 2017年，新闻出版工作围绕年初各项目标任务，创新思路，锐意进取，推进农家书屋提升工程，构建和完善公共文化服务平台；切实推动印刷发行业又好又快发展，不断提升行政服务水平；深入开展"扫黄打非"斗争，推进软件正版化工作，加大版权保护力度，强化新闻出版社会监管，各项工作取得明显成效。被省新闻出版局表彰为全省扫黄打非先进集体、农家书屋提升工程试点县。

【"书香建湖"建设】 举办了"书香建湖"第三届全民读书活动启动仪式，制订了全民读书活动计划。开展了3D阅读、亲子阅读、数字阅读等少儿阅读推广活动20多场次。举办了中小学阅读成果汇报演出，各类读书征文演讲比赛、诗赋大会等主题活动10多场次。举行了论坛讲座、主题展览进校园、进社区20多场次。新建了8家建湖书吧，在全县范围内组织了全民阅读先进机关、先进学校、先进企业的创建评比活动,在各镇(街道)、村开展了书香之乡、书乡之镇的创建评比活动。

【农家书屋工程】 2017年,共投入资金80余万元,全面完成剩余107个村农家书屋流动点一卡通工程建设,全面实现图书总分馆、农家书屋本级联网、通借通还和数家农家书屋全覆盖、全达标。建成阅报栏(屏)199家,购置图书1.1万册,对全县80个农家书屋的图书进行了更新,在图书的配备上做到更新的出版物品种多样化、分配不同化。举办了全县公共图书"一卡通"业务培训班,开展星级书屋创建评比、"农民读书明星""农民阅读活动品牌"等评选活动。

【出版物市场净化】 先后三次召开了全县扫黄打非工作会议,制定了《建湖县2017年"扫黄打非"行动方案》。推进扫黄打非进基层工作,建立完善"扫黄打非"网格化管理服务体系,出台了《关于进一步推动我县"扫黄打非"工作进基层实施方案》,全县14个镇(街道)均成立了"扫黄打非"工作领导小组,并设立"扫黄打非"办公室,制定领导小组职责、工作制度和责任目标。近湖街道入选省"扫黄打非"进基层示范点。全年先后开展了"清源2017""净网2017""秋风2017""护苗2017"以及重点部位出版物专项整治五大专项行动,深化查堵反制有害出版活动,集中整治"微领域"传播淫秽色情信息行为,着力打击假记者和各类非法报刊,严厉打击有害和非法少儿出版物及信息,共出动执法人员30余人次,联合或单独检查出版物经营场所60余家次,共收缴非法出版物1210册(件、张)、盗版图书2260册,取缔无证出版物销售摊点2个,无证复印店2家,责令整改3家。在"清源"行动期间,共出动执法人员60余人次,检查经营单位80余家次。在"净网"行动期间,共检查经营性单位、网站、网吧86家次,处置有害信息127条,关闭非法网站3家。

太平村农家书屋 (建湖日报提供)

【版权管理服务】 以"4·26保护知识产权日"宣传周为重点,在县城主街道悬挂横幅10多条,张贴宣传图画60多幅,免费发放全民阅读图书代金券10万元,同时在中小学深入开展了"绿书签2017"系列宣传活动,培养少年儿童自觉远离和抵制有害出版物。多措并举推进著作权登记工作。印制发放登记流程卡500多份,有200多件作品办理了著作权登记证,已完成了15家企业的软件正版化推动工作,企业购买正版软件金额达80万元。 (严 庆)

广播影视管理

【概况】 2017年,广播影视管理工作把握新常态,传递正能量,突出宣传中共十八大、十八届五中、六中全会和十九大精神以及习近平总书记系列重要讲话精神,宣传社会主义核心价值观,围绕中心,服务大局,为全县经济社会发展鼓劲造势。

【广播电视安全管理】 县文广新局切实加强广播电视安全播出工作的管理,督促广播电视台做好安全播出的培训、应急预案的演练和技术防范工作,根据省、市局的通知精神,组织开展了广播电视安全播出工作大检查,重点抓好春节、五一、"一带一路"高峰论坛、国庆,特别是中共十九大重要保障期的安全播出工作,实现了广播电视安全播出无事故。

(严 庆)

【"应急广播村村响"工程通过验收】 县文广新局协助县广播电视台、江苏有线建湖分公司全面完成"应急广播村村响工程",建湖县应急广播"村村响"工程顺利通过省局验收,成为盐城首家通过验收的县(市、区),市局将建湖县的方案设计和经验做法在全市进行了推广。 (尤立松)

文化市场管理

【概况】 2017年,文化行政审批和文化市场管理工作主要是进一步规范文化部门行政权力事项,推进"江苏政务服务网"建设,加大网吧、娱乐行业转型升级力度,进一步优化行政审批效能,行政审批全年无投诉、无行政诉讼,文化经营单位全年未发生安全事故,文化市场管理工作取得较好的工作实绩。

【加强文化市场执法】 2017年文化市场执法共出动4200余人次,检查经营单位1300余家次,处置有害信息127条,关闭非法网站3家,查缴非法出版物1060本,立案查处违规经营案件22起。全年未发生一例行政复议及行政诉讼案件。

【规范行政审批】 推进行政审批制度改革,不断提高行政审批质量和效率,进一步梳理行政审批事项,压缩审批时限,规范审批流程,年内共办理行政事项208件。加强文化审批项目的事前、事中、事后全过程监督,维护文化和意识形态安全,确保文化市场健康有序发展。 (周建波)

文化产业发展

【概况】 城南文化产业集聚区为市级首批文化产业示范园区。搭建展示交易平台,组团参加国家、省、市相关文化博览交易会。培育文化企业人才,组织申报省双创、市"515"人才引进工作。支持文化企业发展,组织申报省级文化产业发展专项资金项目,建湖县省杂技团、江苏登达生态园获资助。开展文化产业招商引资工作。全年共招引歌舞娱乐场所1家,互联网上网服务场所2家,影城1家。

(尤立松)

图 书 发 行

·江苏凤凰集团建湖分公司·

【概况】 江苏凤凰新华书店集团有限公司建湖分公司是建图书发行的主渠道。2017年,建湖分公司在省、市公司地领导下,在地方党委、政府地支持下,围绕集团下达的任务目标,带领全体员工深化改革,创新实干。

【强化服务】 2017年,公司着力进一步强化服务意识、提高服务水平,优化服务质量,做好细节工作,切实维护好图书发行市场,坚持社会效益优先,经济效益兼顾。精准服务,不断提升教材教辅征订发行质量。按照上级主管部门对图书经营工作"高效、扎实、主动、细致"地要求,指导员工做好服务教育工作,切实维护好图书发行市场。坚持"课前到书,人手一册",维护学校的正常教学秩序。凤凰书城规范化服务。组织书城全体员工学习集团公司新的"星级门店"评选标准,在书城广泛开展"每月一星"星级营业员评选活动。5月、11月,分别组织了大型读者评议活动,征求读者意见,不断改进图书发行工作,争创一流服务品牌。聘请了5名社会行风监督员,定期对书店服务工作进行明察暗访。通过"每月一星"、明察暗访等各种评比考查活动,进一步提升了服务意识,增强了员工的服务能力。开展营销活动,扩大一般图书销售。按照集团公司营销策划工作要求,并紧密结合建湖分公司工作实际,经常性地开展各类营销活动,扩大图书市场人气,促进图书销售增长。2017年春节前夕,在凤凰建湖书城举办了"购书送年画暨新春礼品书大联展"活动;春节正月初一至初七在书城举办了全场图书85折优惠销售活动;同时书城还举办了少儿精品图书展销活动,让市民读者感受到浓浓的节日气氛。3月4日,配合县志愿服务启动仪式,举办了图书展销服务活动。3月30日,配合县委宣传部赴建阳镇参加文化庙会,举办了摆摊流动展销活动。为迎接世界读书日,进一步推进全民阅读活动,营造书香建湖的良好氛围,举办了"我来描绘新华书店"涂鸦大赛,并于23日在书城举办了图书8折优惠展销活动。5月,配合县科技节活动,在县城希望广场举办了科技类图书联展活动。5月、6月,与县城儿所学校联合举办了书香校园系列阅读活动。春、秋两季开学前后,公司全体人员到各学校开展中小学教辅读物大联展活动。为庆祝"六一"儿童节,与县电视台联合举办了图书漂流活动。为展现学生阅读风采,培养学生读书兴趣,分别于8月10日、10月6日,在书城举办了"朗读经典、共享阅读"系列活动。12月,育红幼儿园、钟庄幼儿园举办"走进书店"亲子阅读活动。发挥党的文化宣传阵地功能。为了加大政治读物宣传力度,在书城设立了习近平总书记系列重要讲话读本推荐专区、中共十九大重点读物推荐专区。通过内容丰富的活动,烘托了书店的销售气氛,创造了市场效益,展现了新华书店的形象。为服务机关企事业单位学习习总书记讲话及学习十九大文件,建湖分公司组织队伍送书到机关企事业单位,满足广大党员干部政治学习需要。

【强化文化责任担当】 全民阅读,已经上升为国家战略,建湖分公司组织班子及全体中层干部学习了中宣部、国家新闻出版广电总局等11部委《关于支持实体书店发展的指导意见》,学习国家新闻出版广电总局文件《新华书店社会效益考核评价办法》。通过学习,使干部职工形成共识,履行社会责任,深入推进全民阅读工程。2017年4月,在全县文化工作会议上,建湖分公司向县全民阅读办赠送100000元图书代金券;5月21日,"书香建湖·塘河讲堂"第一期在新华书店开讲,南京大学新闻传播学院教授潘知常为市民朋友一起"'读红楼',谈职场"。六一儿童节,会同县文明办、团县委、县电视台举办了建湖县首次图书漂流活动;联合驻城三所小学教育集团举办了"记忆大师进校园"公益活动,通过一系列社会活动开展,不断提升新华书店的知名度和美誉度。

【提升全员素质】 2017年公司党支部能按照上级党委的要求,紧跟形势,把握学习的重点。支部组织全体党员学习了全国"两会"重要精神;重抓"三严三实"和"两学一做"学习教育,推进"两学一做"学习教育常态化制度化;贯彻《关于新形势下党内政治生活若干准则》《中国共产党党内监督条例》精神;学习《求是》文章,要求党员干部自觉增强"四个意识",切实做到忠诚干净担当,必须沉下心来,走在前列,干在实处,为单位干出一番事业;学习集团党建工作要点,要求党员干部强化管党治党责任;学习《习近平谈治国理政》一、二卷;学习《全面从严治党面对面》,学习《中国家规》

等有关文章,突出支部主体作用,突出学习制度落实,突出学做改持续深入。坚持“三会一课”活动制度,保证支部组织生活正常。加强对入党积极分子、发展对象的培养教育,鼓励肯定他们在政治上要求进步。能按照县级机关工委党务工作规范要求,定期召开支部大会、支委会、党小组会,上好党课,全体党员同志能发挥先锋模范带头作用,在发行春秋两季中小学教材教辅、作业本、助学读物、回收书款、开展无店铺促销、教育装备招投标、多元化经营、参与企业文明创建等各项工作中能千方百计克服困难,确保完成任务,为全店员工做好榜样。能按照县级机关党委的要求,组织党员同志按时缴纳党费,并上缴县委组织部门。

【精神文明建设】 开展文明创建各项工作,被盐城市文明委评为盐城市文明单位。2017年,被盐城市委宣传部评为盐城市文化科技卫生“三下乡”活动先进集体。关心职工及扶贫帮困对象生活,不断增强企业凝聚力。经常走访慰问困难职工及扶贫帮困对象,从他们关心的“热点”“难点”“疑点”入手,深入实际地解决好公司经营管理和与职工有着切身利益的重大问题。开展精神文明创建工作。按照县文明办地布署,落实专门人员抓好创建工作,参与县文明创建各项活动,确保在各项创建评审中“零失误”。不断完善软硬件建设,擦亮金字招牌。公司始终重视单位的基础设施维护和建设,不断推进文明单位形象工程。年内,公司投入100多万元对书城进行升级改造,增设了塘河书吧、九龙池阅读小站,给读者创造了更暖心的阅读空间。做好环境卫生建设,始终保持行政办公区窗明几净,环境清洁,办公设施整齐美观。强化书城环境卫生工作,经常化督查指导,创造美丽舒适的阅读环境。利用电子显示屏,广泛宣传精神文明建设活动。把社会治安综合治理工作和安全生产工作纳入重要议事日程,狠抓落实。与各科室、营业网点签订责任书,明确责任。加强对社会治安综合治理工作的组织协调和检查考评,严格执行一票否决制度。一年来,未出现任何职工违法乱纪现象,没有出现安全生产事故。

(唐　芳)

广播电视

·建湖县广播电视台·

【概况】 2017年,全县广播电视工作坚持以中共十九大精神和省、市、县委全会精神为指导,深化改革、强化创新、优化管理,新闻宣传、节目创优、事业建设、产业经营、队伍建设等各项工作均取得了长足的进步。县广播电视台先后获“盐城市文明单位”等称号,“塘河视线”志愿者服务队被评为盐城市最佳志愿服务组织。

【新闻宣传】 县广播电视台始终坚持“政治家办台”,坚持“党管媒体”,坚持“团结稳定鼓劲和正面宣传为主”的方针,牢牢把握意识形态领域主动权、话语权。时政宣传主题鲜明。《建湖新闻》和《今日播报》围绕全县四大战略,突出产业转型、项目推进、全民创业、环境建设、精准普法、大走访等各项重点工作,先后开设《奋发有为抓开局》《大干二季度实现双过半》《263在行动》《实施农村康居工程　建设美丽宜居家园》《践行社会主义核心价值观》等专栏,为建设强、富、美、高新建湖营造了浓厚氛围。民生宣传贴近基层。《塘河视线》新开设《警方在线》《创业故事》《小城大爱》等子栏目,传播正能量。与县纪委联办《政风行风热线》节目,全年开设52期,接受咨询、投诉、求助442件,答复率、办结率高,成为联系政府和群众的空中桥梁。对外宣传提升形象。全年电视外宣央视用稿5条,其中《新闻联播》用稿1条,江苏卫视《江苏新时空》用稿22条,市台《今晚关注》用稿53条。广播外宣省市台用稿329条,综合积分1226分,继续位居全市县级台第一。节目创优精品纷呈。在2016年度广播电视节目创优评审中,县广播电视台获省二等奖1个,三等奖2个,市一等奖4个,二等奖15个,三等奖12个,居全市县级台前列。

【事业建设】 县广电台新安装一台1千瓦地面无线数字电视发射机及相关前端设备,接通不间断电源UPS,无线数字电视节目传输由16套增加至24套,走在全省前列。3月,建成县、镇、村农村应急广播三级播控平台。11月,县农村应急广播“村村响”工程通过省市专家组验收。着力推进新旧媒体融合。新开通“塘河视线”微信公众号和“FM928建湖人民广播电台”微信公众号,进一步完善台网站和“掌上建湖”手机客户端。安全播出实现优质无事故。在“春节”、全国“两会”、国家“一带一路”高峰论坛、中共十九大等重要播出保障时期,保证了信号传输优质安全。

【产业经营】 县广电台克服经济下行压力加大、广告监管趋严、新媒体冲击等因素带来的不利影响,以市场为导向,培植金融、房产、家居、汽车等良性广告,拓展高炮、LED大屏、灯箱等户外广告。探索符合实际的经营模式,电视商贸业务、广电旅游业务和青少年素质教育培训业务稳健发展。先后举办了乒乓球电视大赛、环双湖跑、车展会、红木家居节等活动,群众参与度高,社会影响力大。

【队伍建设】 县广电台落实全面从严治党责任,推进“两学一做”学习教育常态化制度化,深入学习中共十九大精神,学习习近平总书记系列重要讲话精神。从严落实中央八项规定,落实意识形态工作责任制。开展“书香广电”“全民读书”“集中调研月”等活动。组织党员干部先后走访居民2294户,化解矛盾和问题156件;为企业服务9家,帮助协调问题13件;结成一对一的帮扶对子28对,帮助低收入农户脱贫23户。建立咨询、投诉、求助快速反应机制,完成县“12345”平台交办件8件、数字化城管平台交办件13件、县联席办交办信访件6件,化解信访积案3件。

【增设机构】 9月18日，县编委会批复县广电台增设广电网络传输管理中心，股级建制，将派遣在江苏有线工作的事业人员性质转至该中心管理，设置相应岗位。

（县广电台办公室）

报刊综述

【《建湖日报》】 2017年，《建湖日报》发挥宣传主阵地作用，围绕县委、县政府中心工作，扎实宣传中共十九大，严格把握舆论导向，突出抓好重点工作，创新宣传方式方法，不断提升新闻宣传质量和水平，完成了全年各项工作任务。

十九大宣传。十九大召开前，在一版开展“砥砺奋进的五年”主题宣传，推出一批综合性报道；开设“创造新业绩 喜迎十九大”“砥砺奋进的五年·印象建湖”专栏，报道建湖县聚焦改革发展、转型升级、创新创业的新成果、新亮点等稿件92篇。二版推出“喜迎十九大”系列专版，全面展示镇区、街道和部门高水平全面建成小康社会的新风采、新业绩，共刊出专版21个。十九大召开后，在一版开设“学习贯彻落实党的十九大”“学习贯彻十九大，开启发展新征程”“学习十九大，永葆先进性”专栏；在三版“塘河·理论”开设专版，共刊登稿件80多篇。

强化舆论引导。围绕中心抓宣传。突出县委、县政府重大决策、重大活动、重点工作，先后开展了招商引资、项目推进、为企服务，以及“八项重点工作”“263专项行动”“两学一做”学习教育、大走访大落实、生态经济区建设等方面宣传。围绕经济抓宣传。在头版开设“力夺首季开门红”“奋力战当前，力夺双过半”“一着不让大干三季度”“大干四季度，奋力夺全年”专栏，在二版常态化开展经济工作宣传，全年共编发经济方面稿件1000余篇。围绕民生抓宣传。围绕城乡群众关注的民生工作，在教育、卫计、创新创业、为民服务等方面，多形式、多角度、多侧面地报道了与百姓生活息息相关的新闻。

坚持重点重抓。突出重要会议宣传。完成县“两会”宣传，切实做好会前、会中、会后策划。完成县委十四届二次、三次、四次全会宣传任务，把全县广大干群的思想行动统一到县委全会精神上来。突出精准普法宣传。围绕消防安全、道路交通安全、诚信、信访四项重点，先后编发评论员文章11篇、稿件100多篇、通栏宣传标语40多条、公益广告20幅。突出第五届“感动建湖”十大人物宣传。全过程报道“感动建湖”十大人物评选活动，专版宣传颁奖典礼，并在“身边的感动”栏目上连续10期报道“感动建湖”十大人物先进事迹。

推进宣传创新。持续深化“走转改”。组织记者深入镇村、社区、园区、企业、项目，撰写并编发了一批有思想、有温度、有品质、接地气的新闻作品。创新宣传手段。组织记者编辑学习先进地区办报经验，在新闻选材、策划报道、深度挖掘上狠下功夫，全年先后推出了当好《“店小二”，让企业撸起袖子加油干》《众志成城，决战首季“开门红”》《一片林，弘森的绿色梦想》《田野里长出的“十九大”》等一批高质量的稿件。狠抓新闻精品写作。报社内部开展“新闻竞赛”活动，每月评选好新闻、好标题、好图片、好版面、好外稿，促进记者编辑争先创优。

【《塘河》文学综合杂志】 2017年，坚持“二为”方向和“双百”方针，以“宣传建湖，服务建湖”为宗旨，全方位展示建湖文化助推经济发展的成果，打造富有建湖文化特色的文艺读本。《塘河》以繁荣本土文化为己任，致力挖掘本土文化，培养本土作者，先后组织本地作家和文学新人赴基层、企业、农村、社区采风，召开文学爱好者笔会，收获了一批有思想性、艺术性的文学作品。突出地域特色，着力宣传建湖人文、历史、风俗、掌故、自然风光等，讲述好建湖故事，传播好水乡声音，打造建湖文化名片。全年出刊春、夏、秋、冬4期，年发行量1万余册。

（骆旭阳）

【《薪火西北乡》】 《薪火西北乡》是由建阳县抗日民主政府旧址纪念馆主办的一份反映建湖县文史的报纸。创刊于2013年7月1日，为四开四版，报纸分四个栏目。一版为要闻板。刊登建湖文史活动及社会各界参观纪念馆要文。二版为家事春秋版。刊登每年清明节王氏家族祭扫革命先烈和祭祀活动概况，同时刊登弘扬红色家风家训的先进典型。三版为岁月留痕。发表建湖县抗战期间的人文故事和回忆文章。四版为湖垛文苑。发表反应建湖抗战文学散文、诗歌的作品。《薪火西北乡》分发范围除县内各部委办局及各镇区外，还赠送振兴盐城北京咨询会部分成员及建湖籍各阶层人士。《薪火西北乡》总顾问为振兴盐城北京咨询会主任王俊，报头题字为毛泽东主席管家吴连登。

（王学言）

网络媒体

·江苏有线建湖分公司·

【概况】 江苏有线建湖分公司在县委、县政府和上级公司领导下，致力于传播党和政府的声音，弘扬社会正能量，满足人民群众日新月异的文化信息需求，发挥有线网络优势，不断扩展业务范围，提升服务水平，履行社会责任，做好光纤到户双向改造工程、推进“高清互动，广电宽带”建设、打造广电“智慧云”平台、推广“好视乐”套餐等重点工作，为丰富全县广大人民群众精神文化生活、实现全县“决胜全面小康”奋斗目标做出了贡献。2017年，江苏有线建湖分公司获得“全县2017年度目标任务绩效考核综合先进奖”“2017年度全县文化广电工作先进集体”称号，被省公司表彰为十九大安播保障先进单位。

【服务管理】 江苏有线建湖分公司践行“全心服务、全员服务”和“以用户为中心”的理念,为全县居民用户提供全方位、一站式、人性化服务,让更多的市民共享“高清互动、广电宽带”带来的精彩视界和更为便捷、更加个性化的视听服务。2017年初,江苏有线建湖分公司公开服务承诺,接受全县人民监督;深入实行网格化管理,推行“限时办结制”“首问负责制”“每日一单”、社区工程师“1+5”标准化服务等服务措施;丰富节目内容,新增“孝乐工程”“地方新闻”“电影院线”三大节目版块,满足客户多样化的需求,增强了市场化服务能力;“96296”客户服务热线坚持以便捷的服务渠道,为用户送上量身定制的“热心、细心、耐心、诚心、贴心”的五心服务,使用户足不出户,尽享优质服务,全年服务回访满意率达99%,二次报修趋近于零,服务水平迅速提升,得到广大用户的认可。

【基础设施建设】 2017年,江苏有线建湖分公司不断夯实网络基础设施建设,网络的承载和业务竞争能力。新建主杆光缆71公里,网络优化光缆27公里,新建道路管道15公里,新建覆盖小区用户4500户,县城双向网改完成38个小区及片区,乡镇双向网改完成64个村和小区,网改覆盖用户达7万多户,全县双向覆盖率近70%。

【安全播出】 安全播出是县广播电视的“生命线”,是一项重要政治任务,事关地方政治稳定、社会和谐。江苏有线建湖分公司把安全播出工作一直摆在首位,全面落实意识形态工作责任制,切实保障好安全播出。2017年,完成了动环监测系统二期工程和省、市、县三级播控平台的割接,提升了广电网络系统的安播保障能力,完成“两会”“十九大”等重要保障期的安全播出保障工作,实现全年安全播出无事故,保障了全县用户的收视权益,让党和政府的声音顺畅到达千家万户。

【双向业务发展】 江苏有线建湖分公司抢抓乡村振兴机遇,以满足用户美好生活需求为出发点,推进高清互动终端,加快发展宽带数据用户,截至2017年12月底,全县数字电视用户达12万户以上,高清互动、广电宽带用户均达1.5万户以上;建成64个宽带村,推进了信息进村入户的步伐。

【拓展新业态】 2017年,完成了农村应急广播“村村响”一期工程并顺利通过省、市专家的评审,全县农村实现199个行政村,597个接收点,1194个高音喇叭覆盖,在秸秆禁烧、征兵宣传、防汛抗旱等工作方面,起到了很好的作用;参与省、市、县涉密高清视频会议系统建设,完成县政府高清视频会议室的改造工程,并通过验收;建成了县治安监控链路裸纤356路;“益农信息社”项目全面开工建设,在全县199个行政村均设立服务点。

(江苏有线建湖分公司)

新 媒 体

【建湖发布】 《建湖发布》微信公众号由中共建湖县委宣传部主办,中共建湖县委新闻信息中心(建湖日报)负责运作,主要功能为第一时间发布与市民切身利益相关的重要内容,涉及权威发布、新闻资讯、政策解读等方面,每天定时发布3~5条新闻作品。2017年,以坚持做受众爱看的新闻为原则,在发布县内重大政务活动的同时,推出《在建湖,秋天一定要打卡的20件事情,全部做完才算尽享秋意,幸福感爆棚!》《家乡的味道》《太空莲36号开啦!建湖这地方即将美爆朋友圈!约起赏荷去!》等原创作品,其上线一小时内阅读点赞数分别达近2000人次,提升了《建湖发布》的影响力。参与举办“最美教师”“美德少年”“感动建湖人物”等评选活动,受众参与度高,社会影响力大。

【掌上建湖】 掌上建湖APP结合广电台传统媒体优势,以宣传建湖本地新闻及民生新闻为主,利用云服务平台后台设备及技术托管形式,减少运维成本。2017年掌上建湖新版上线,在原有的功能上增设汇聚抓取功能,通过汇聚本地职能部门等公众号中的头条及热门词汇,每天自动抓取至后台,再编辑、再发布,提高新闻汇聚效率,同时吸附用户。截至2017年12月,掌上建湖用户数达59679户,访问量181140人次,日访问量最高达3550人次。

【建湖新闻网】 建湖新闻网由县委宣传部主管,县委新闻信息中心主办。2017年,围绕中心、服务大局,发挥网络媒体职能,开展网络新闻宣传,为全县经济社会发展营造了良好舆论氛围。在首页开设典型风采、印象建湖、喜迎十九大、学习贯彻宣传十九大精神、“聚焦富民,共享发展”等10多个专题专栏,依托《建湖日报》每天对“建湖要闻”“街道镇区之窗”“文化资讯”等进行更新发布,全年发布各类新闻、资讯近6500条。同时,设立《建湖日报》数字报和《建湖新闻》视频版块,编排“媒体看建湖”专栏,更新《人民日报》《新华日报》《盐阜大众报》等媒体对建湖的专题报道,让更多人了解建湖、走进建湖、推介建湖。

(骆旭阳)

责任编辑 彭 玉

社会民生

Social Livelihood of The People

5月13日，县举行“萤火虫”文化公益协会成立暨“爱心进社区”系列活动启动仪式

（徐霞　摄）

卫生·计生

Hygiene and Family Planning

卫　　生

【概况】 建湖县是省卫生县城、省十二五人口协调发展先进县。全县现有公立医疗卫生机构30个,其中县级公立医院2个,镇(中心)卫生院18个。有村卫生室236个,计生服务中心14个,民营医疗机构3个。医疗卫生单位现有在职职工3820人,其中高级专业技术人员546人。每千人拥有医生数2.56人,实际开放床位数2760张,注册乡村医生810人。全县现有省"科教强卫"青年人才2人,省市共建医学重点人才1人,省"333"高层次人才4人,省"六个一工程"高层次人才1人。市医学重点人才、医学青年人才11人,市中医药重点人才、中医药青年人才3人。省临床重点专科1个,市医学创新团队9个,市重点学科2个、市临床重点专科11个,省中医重点专科、中医特色专科各1个,市中医重点专科7个。

【互联网+卫生】 优化整合区域医疗卫生计生网络资源,实施全民健康信息平台升级改造工程,通过省三级健康信息平台评审验收。县人民医院通过国家卫计委五级电子病历系统功能应用评审验收,该院信息化工作走在全国同行前列。

【医政管理】 组织开展全县医疗安全专项整顿行动,累计排查问题112条,均实行"统一报备、销号整改"。组织开展15项医疗质量控制活动,下发整改通知书46份。县人民医院参加全国和省医院"品管圈"大赛,分别获全国三等奖、省一等奖和三等奖各1项。

市医学会到建湖开展常见疾病规范诊疗基层巡讲　　（建湖日报提供）

继续实施临床路径管理,共有25个专业、144个病种、24360例病例进入临床路径管理,入径率89.1%,完成率86.5%。县人民医院开展三级乙等综合医院创建工作,推行多学科联合诊疗模式,初步建成胸痛、创伤、卒中救治中心。组织开展一级医疗机构门诊输液室规范化建设,共有14个镇(中心)卫生院通过评审。深化对口支援工作,县直医疗卫生单位20名医生在晋升职称前到基层服务。县人民医院坚持挂大靠强,接轨沪宁,成立了省人民医院"汤琪云教授名医工作室"、省肿瘤医院"查文武名医工作室"、苏州大学一附院脑外科"虞正权名医工作室""上海医卫专家(建湖)名医工作站"和"上海专家远程会诊中心",借力提升专科建设水平。无偿献血工作继续保持良好势头,实现了临床用血100%来源于无偿献血。

【基层卫生】 开展基层医疗机构示范创建工作,冈西镇、九龙口镇、芦沟镇3个卫生院被评为全国群众满意乡镇卫生院,近湖卫生院被评为省示范乡镇卫生院,17所村卫生室被评为省示范村卫生室。规范村级医疗机构管理,对23所达不到标准化要求的村卫生室进行了撤销与合并。开展村级医疗机构抗菌药物输注资质核准工作,首批确认226所符合资质的村级医疗机构。组织开展了为期两个月的全县村卫生室集中整治行动和星级评定活动,进一步强化对村卫生室的日常监管,规范服务行为,保障医疗安全。

【疾病预防控制】 全县无甲类传染病报告,报告乙类传染病10种526例,报告发病率65.74/10万,比2016年下降10.85%,报告丙类传染病5种333例,报告发病率41.62/10万,比2016年同期下降27.45%。芦沟镇、建阳镇两镇通过了市卫生应急规范化镇创建验收。全县建成艾滋病初筛实验室9个,检测点14个,实现了咨询检测工作全覆盖。中盖结核病项目三期综合模式电子药盒推广试点工作,受到国家项目办肯定。县中西医结合医院、建阳镇、芦沟镇、高新区、恒济镇、颜单镇6家单位建成慢性病综合防控门诊。在九龙口镇组织实施了国家卫计委上消化道癌筛查及早诊早治项目,共对2001名40~69周岁适龄群众开展了免费胃镜筛查。建成双湖公园的健康步道。推进学校健康教育促进工作,健康促进学校覆盖率已达到了99%。县人民医院、县中医院和县中西结合医院三家哨点医院开展了食源性疾病监测工作,全年累计报告监测病例458例。累计管理严重精神障碍患者4437人,规范管理4225人,对1172名家庭贫困的严重精神障碍患者进行了免费服药。共免费收治肇事肇祸、流浪严重精神障碍患者152人次。县疾控中心获2017年度全国肿瘤登记特别贡献奖、2015—2017年度上消化道癌早诊早治项目优秀项目单位,2008—2012年肿瘤发病资料被世界卫生组织癌症研究机构收录并获省卫计委通报表扬。

【中医中药】 县人民医院创建成为“全国综合医院中医药工作先进单位”。县中医院脑病科、骨伤科、重症医学科、肝病科、脾胃病科、内分泌科6个科室和县中西医结合医院康复科被市卫计委确认为“十三五”中医重点专科。县人民医院成立盐城市中医院陆生勤、徐建林名医工作室,县中西医结合医院成立南京中医药大学中医传承工作室。继续推进基层“中医馆”“中医阁”建设项目,中西医结合医院、九龙口中心卫生院、芦沟中心卫生院3家单位完成省“中医馆”建设项目,恒济镇、宝塔镇、沿河镇、汇文镇、庆丰镇5家卫生院完成市“中医馆”建设任务,覆盖率达94.12%,124所村卫生室完成“中医阁”建设项目,覆盖率55%。举办首届“名中医”评选活动,8人获首届建湖“名中医”称号,6人获首届建湖“优秀青年中医”称号。县中医院祁宏被省中医药局确定为2017年全国基层名老中医药专家传承工作室建设项目。

【卫生监督】 开展“卫生监督协管提升年”活动,规范卫生监督内外部稽查,连续5年被市评为“卫生监督稽查示范单位”,行政许可案卷评审获市优秀奖;开展打击非法行医、公共场所分行业专项整治、“卫剑一号”行动、学校卫生综合监督执法等专项行动18项;加大违法行为打击力度,立案查处各类卫生违法案件83起,取缔非法行医窝点50个,累计罚款13.4万元。全年未发生行政复议、撤销和行政诉讼败诉案件。启动了政务服务“一张网”建设,实行“数字化多图联审”服务,全年共受理审发各类卫生许可证231份。

县卫生监督所组织召开游泳场所管理相对人业务培训会

(建湖日报提供)

【妇幼保健】 推行妇幼健康分级服务模式,在全县推广使用母子健康手册,全面落实孕产妇、新生儿全程健康管理,累计为5900多名儿童进行新生儿疾病筛查,为近6800名儿童进行新入园体检,为18000余名在园儿童进行健康检查。落实农村孕产妇住院分娩补助、免费增补叶酸、预防艾梅乙等重大妇幼卫生计生服务项目,为3400对准备怀孕夫妇开展孕前优生检查,人群覆盖率达99.8%;为2.6万名农村妇女开展“两癌”免费检查。切实加强高危孕产妇、新生儿管理服务和临床救治工作,全县新生儿、孕产妇危急重症救治两个中心首批通过市级评审验收。开展基层医疗机构妇幼健康规范化门诊建设,县中西医结合医院和建阳、恒济、庆丰、颜单、钟庄、草堰口、九龙口等卫生院通过市级评审。

人口和计划生育

【“两孩”新政推进】 制定出台《关于实施全面两孩政策改革完善计划生育服务管理的意见》,编制下发《“十三五”计划生育事业发展规划》。组织开展生育状况调查,获省“全国生育状况调查工作”先进集体。全面实行生育登记服务制度,全年生育登记4730对,照顾再生育审批137对。全县在县出生人口6146人,其中一孩3064人,二孩2994人,多孩88人,出生政策符合率达99%以上。

【计生服务管理】 制定出台《建湖县加快推进流动人口基本公共卫生计生服务均等化工作意见》,巩固和完善“统筹管理、服务均等、信息共享、区域协作、双向考核”的流动人口计划生育服务管理机制,流动人口服务管理率达97.9%。重视流动人口关怀关爱工作,在恒济镇、宝塔镇实施省留守儿童健康促进项目。推进不良反应监测工作,全年完成不良反应监测器械报告676例、相关健康问题报告340例。持续推进出生人口性别比综合治理,全面落实“五项措施”,加大“两非”打击力度,遏制了出生人口性别比升高势头,全县出生人口性别比基本正常。

【计生家庭发展能力提升】 加大对计划生育困难家庭扶助力度,健全和完善计划生育社会保障制度,严格落实计划生育奖特扶政策,全年兑现持证退休职工和非从业居民一次性奖励金273.8万元,为1400余名农村奖扶对象发放奖扶金1300多万元,为727名伤残死亡特扶对象发放特扶金500余万元。慰问计生困难家庭148户。各类计生奖扶政策兑现率达100%,共惠及近2万户计生家庭。加强部门协作,在近湖街道蔡徐村实施了市"新家庭计划——家庭发展能力建设"项目。

爱国卫生

【农村改厕】 2017年3月,县政府召开改厕工作动员会议,与9个镇分别签订责任状,建湖县人民政府办公室制定下发《2017年建湖县农村改厕工作实施方案》(建政办〔2017〕18号),县卫计委、县财政局联合下发《建湖县农村卫生改厕专项资金管理办法》(建卫发〔2017〕20号)。4月,举办了农村卫生改厕培训班,对14个项目村负责人和施工队长进行了技术培训,施工技术人员实行持证上岗。完成了6000座农村改厕任务。

【农村饮用水安全】 根据省卫计委下发的《2017年江苏省饮用水卫生监测工作方案》的要求,开展了枯、丰水期农村饮用水卫生监测工作。全县现有县自来水公司城南水厂、县自来水公司上冈水厂两家供水单位,已实现城乡供水一体化,根据省饮用水卫生监测工作方案要求并结合建湖县实际设置农村饮用水监测点45个。严格按照《生活饮用水标准检验方法—水样的采集与保存》(GB/5750.2－2006)执行。根据省饮用水卫生监测工作方案要求,县疾控中心于3月、8月别对建湖县11个乡镇45个监测点进行了枯、丰水期监测,累计采样检测水样90份,每份水样检测项目36个,未检出不合格项目,农村水样合格率为100%。根据上级要求,在县政府网站公示结果。

【卫生创建】 推荐恒济镇申报国家级卫生镇,推荐高作镇、沿河镇申报省级卫生镇,推荐建阳镇赵墩村等18个村申报省级卫生村、庆丰镇东平村等8个村申报市级卫生村,全部通过上级评审验收。江苏亚明照明有限公司创建成"江苏省健康企业",庆丰中心卫生院创建成"江苏省健康促进医院"。

【健康教育】 3月,县爱卫会下发《关于开展爱国卫生月和健康教育宣传月活动的通知》(建爱卫〔2017〕6号),制订了活动计划安排表、标语宣传口号等。结合各镇(街道、区)、各部门、各单位的实际情况紧抓活动主题,利用电视、网络、报纸等媒体,开展健康素养系列巡讲、巡展,宣传控烟、疾病防控和健康保健知识,引导群众养成文明健康的生活方式。

【病媒生物防制】 下发了《关于开展春季统一灭鼠、灭蟑、灭蝇活动的通知》(建爱卫〔2017〕4号)《2017年病媒监测工作方案》《2017年病媒生物防制工作实施方案》《关于深入开展秋季爱国卫生运动切实防控病媒传染病的通知》(建爱卫〔2017〕19号)等文件,以指导全县的病媒生物防制工作。

【医患纠纷调解】 继续与县综治办、宣传部、法院、检察院、公安局、司法局一起,开展严厉打击涉医违法犯罪专项行动,6月,建湖县代表市卫计委接受了省平安医院创建领导小组组织的专项检查。所有一级以上医疗机构参加医疗责任险,年保险金额125万元。进一步完善医患纠纷调解制度,发挥了第三方调解机构的作用,全年医患纠纷调解中心共受理申请调解医患纠纷26起,全部调解成功。

【国家卫生城市建设】 县委、县政府召开创建国家卫生县城动员大会,成立创卫指挥部,县委、县政府主要领导担任总指挥,全面启动创卫"两重一实"项目建设,集中开展"十项"专项整治行动。县分管领导挂钩分区,落实包干责任,网格式管理,建立问题整改销号制,定期召开创卫工作汇报会,研究解决创卫工作中出现的新情况、新问题。

【行风建设】 深入学习贯彻中共十九大精神,常态化开展"两学一做"学习教育;扎实开展形式多样的党风廉政教育,组织观看《折翅的天使》《打开天窗说亮话》等专题片,组织系统

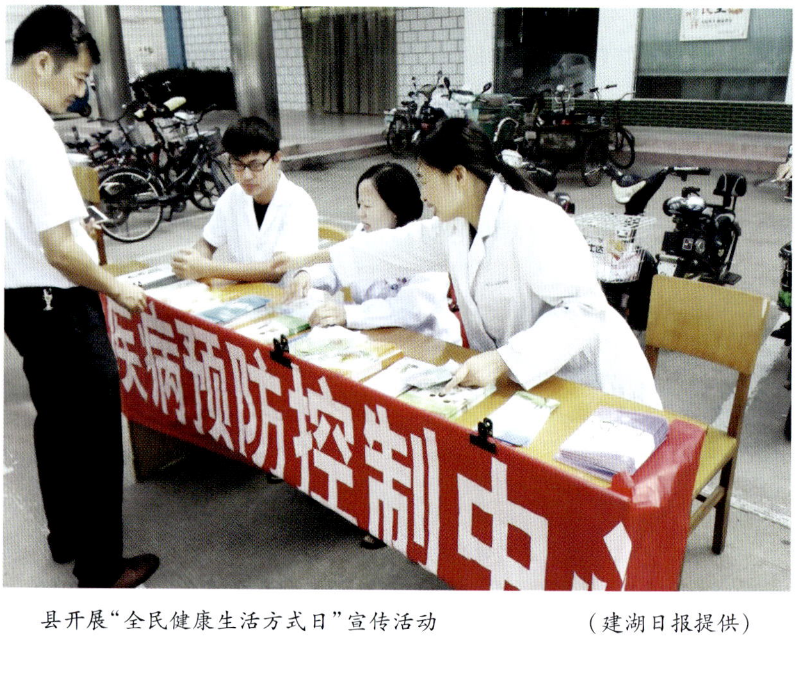

县开展"全民健康生活方式日"宣传活动 (建湖日报提供)

医卫系统预防职务犯罪专题讲座 （建湖日报提供）

内100余名党员干部赴“黄花塘新四军军部纪念馆”接受党性教育。强化培训学习，编印各类党风廉政建设学习资料1000余册。开展“远离回扣、廉洁从医”专项行动，先后有97个职能科室、103个临床科室、1753名医务人员接受了廉政再教育。从严规范系统内招标采购、财务内审工作，成立工作班子，出台工作规范，严格实施到位。坚持查案执纪，纠正行业不正之风，营造遵纪守法、风清气正的行业环境。县人民医院在全省三级医院患者满意度第三方调查中，综合满意度达94.9%。

名院、名医、名医工作室选介

·建湖县人民医院·

建湖县人民医院始建于1948年5月，为南通大学附属医院，扬州大学、徐州医科大学教学医院，江苏医药职业技术学院临床学院，江苏省人民医院、复旦大学附属中山医院技术协作医院。2014年晋升为三级综合医院。

医院由南北两址组成，位于城南新区的南院占地13.33公顷，建筑面积13万平方米，设置床位1000张；位于老城区的北分院增设县妇幼保健院，占地5.47公顷，建筑面积近8万平方米，设置床位500张。现在岗职工1300余人，其中卫技人员1000人、高级职称160人。年门诊量80余万人次，出院病人4.5万人次，手术1.5万台次。拥有双源CT、核磁共振、DSA、数字乳腺钼靶机及DR、直线加速器、生化免疫检测流水线与智能采血系统、气动物流、轨道物流、数字化手术室等一批高端医疗设备与设施。

全院设置临床、保健、医技科室45个，拥有骨科、普外科、神经外科、肿瘤内科、神经内科、呼吸内科、消化内科、心血管内科、儿科、麻醉科等10个市级重点学科和重点专科。现有享受国务院特殊津贴1人，省有突出贡献的中青年专家1人，省“333工程”培养对象4人，省“六大人才高峰”培养对象1人，省卫生拔尖人才3人，省医学青年人才2人，市医学重点人才5人，市医学青年人才6人；全国优秀中医临床人才1人。博士、硕士60余人，硕士生导师6人。注重学术交流，德国、美国、以色列等国家和台湾地区的专家、学者经常来院讲学和技术交流，加速了医院技术进步。近年来承担省、市级科研项目60多项，先后获得省、市科技进步奖和新技术引进奖45项。

医院具有较高的信息化、智能化水平，“智慧医疗”使医院的诊疗服务和精细化管理水平得到了进一步提升。已建成医院信息集成平台，实现移动诊疗、移动护理。开展“互联网+医疗”行动，实行门诊、住院“诊间结算一卡通”服务模式，开通“掌上建医”APP和微信平台，实施预约诊疗、医患互动、检查结果查询等服务，全面改善患者就医感受，领跑县级医院信息化建设的步伐。2017年9月，被国家卫计委授牌“电子病历系统功能应用五级医院”，江苏省仅4家医院达电子病历评价五级以上高级别医院。

推进县级公立医院综合改革，组建县、乡、村一体化医疗联合体，已发展10家乡镇卫生院为成员单位；推进以理事会、监事会为核心的管理体制改革，逐步完善公立医院法人治理结构；推行人事制度改革，探索建立符合行业特点的薪酬制度；狠抓内部管理，全面推广“品管圈”活动，药剂科“笑脸圈”和“圆圈圈”先后两次获得全国医院“品管圈”大赛三等奖；实行临床路径管理和单病种付费，严控医药费用，医疗收入结构逐步优化，医改工作取得阶段性成果。

·建湖县中医院·

建湖县中医院创建于1978年，是一所集中医、西医、中西医结合医疗、急救、预防、保健、康复、科研、教学为一体的二级甲等中医医院，是南京中医药大学教学医院、扬州大学医学院教学医院、东南大学附属中大医院合作医院、江苏省肿瘤医院技术协作医院、省中医“治未病”重点试点单位、省文明单位、省卫生行风建设先进集体。2003年6月进行产权制度改革，成为一所民办非营利性医院。

医院占地面积8322.7平方米，建筑面积2万余平方米。年业务收入1.4亿元，门急诊量20万人次，出院病人15000人次。医院现有职工390人，其中卫生技术人员336人，高级职称53人，中级职称83人，省“333工程”、市“111工程”、市“135工程”人才10名，全国基层优秀名中医1名,市“名中医”5名。核定床位300张,实际运行床位360张,设10个病区,32个临床科室,5个医技科室。心血管科为江苏省中医重点临床专科;心血管病、脑病为盐城市创新团队;心血管病、脑病、肝病、脾胃病、内分泌病、重症医学、骨伤科7个专科为盐城市中医重点临床专科;影像科为盐城市中医重点专科培育单位。设有江苏省中西医结合学会心脑血管病苏北研究中心、东南大学附属中大医院建湖心血管病介入中心。拥有DSA、核磁共振、GE小宝石64排128层CT、高压氧舱、四维B超、DR、数字胃肠机、血透机、全自动生化仪、钬激光治疗机、德尔格呼吸机、强生超声刀、腹腔镜、电子胃镜、肠镜、支气管镜、十二指肠镜等大中型医疗设备百余台(套)。

医院教科研成绩突出,十多年来,出版学术专著10部,发表论文500余篇,获中医药科普图书著作奖一等奖1项,中华中医药学会科技进步奖1项,省科技进步奖2项,市政府科技进步奖11项,县政府科技进步奖17项。

·建湖县第三人民医院·

建湖县第三人民医院创建于1977年,2010年实施整体搬迁。新院位于县城南京路,投入资金1亿元,占地3.33公顷,建筑面积25000平方米,设置床位200张,是一所集医疗、教学、科研、康复、预防保健、精神卫生防治为一体的现代化综合医院,承担着全县医疗卫生服务和精神卫生防治工作任务。医院始终坚持“以人为本,科教兴院”的策略,现有在职职工160人,其中,硕士研究生2人,本科学历占医务人员的80%以上,中高级职称40人。开设内科、外科、妇产科、儿科、中医科、眼科、口腔科和康复科等20个临床科室,同时开设精神卫生防治中心和预防保健中心两大中心。

2013年,医院率先在全市通过二级专科医院评审。2014年,与东南大学附属中大医院协作成立了“东南大学附属中大医院——建湖县第三人民医院协作医院”和“东南大学附属中大医院精神卫生临床科研基地”。

·建阳眼科医院·

建湖建阳眼科医院创建于1977年7月,是国家二级眼科专科医院、盐城市眼科临床重点专科。2002年6月改制为民营非营利性医疗单位。1998年1月从建阳镇迁址建湖县城明珠东路266号。五层门诊大楼和住院楼各一幢,医疗用房面积8600平方米,开放150张床位。现有职工124人,卫技人员105人,其中高级职称25人,中级职称42人。2017年门诊6.8万人次,住院0.66万人次,手术0.7万台次。坚持“精益求精,诚奉光明”办院宗旨。开展一二级和部分三四级眼科手术100多种,中西医结合治疗眼底疾病为特色。准分子激光治疗近视为苏北首创。先后成为江苏省创建“白内障无障碍省”抚贫定点医院、江苏省“价格诚信单位”、盐城市AAAA级信用服务单位、二级低视力康复机构。 (卫计委)

责任编辑 彭 玉

县中西医结合医院开展义诊服务 (建湖日报提供)

社会保障

The Social Security

民政工作

【概况】 2017年全县民政系统贯彻落实中共十八大和十九大精神,牢固树立“民政为民、民政爱民”服务理念,紧贴中心,突出重点,坚持稳中求进工作总基调,推进民生保障求突破,服务发展大局谋创新,完成了县委、县政府年初下达的各项工作任务。民政创新工作取得新突破。社会组织参与精准扶贫、社区党建网格化建设经验分别获得全市民政系统十大创优成果和十大新闻。民政宣传工作取得新业绩。全年在民政主办刊物及党报用稿突破100篇,其中国家级报刊采用近30篇,省市级采用120篇,《温馨服务让居民暖心》和《建湖县社会组织参与打通精准扶贫“最后一公里”》被《中国社区报》头版头条刊用;民政服务平台建设工作取得新进展。投入30多万元建成了社会救助综合信息平台和数据综合比对系统,开通了“12349”民政服务热线;民政财务统计监管工作实现新提升。加大民政资金发放、使用统筹监管,民政资金分配,使用精准率均达100%;民政专项事务工作再上新水平。全年婚姻登记7500件,各类信息录入实现零差错。保质保量按时完成第二次全国地名普查,录入各类地名信息60000余条,界线、界桩和平安边界创建居全市前列。推进惠民殡葬,加大散坟整治和镇村公益性公墓规范化管理,殡葬改革工作跃居全省先进行列。

【基本民生保障】 制定和完善《关于实行社会托底救助的实施办法》,对城乡低保进行核查,通过信息比对和入户调查,全年累计清退不符合条件的低保对象2933户3877人,其中单人保2016户;全年新进低保601户1244人,建档立卡低收入农户进入低保332户646人,截至2017年底,全县低保共有10602户13760人,比2016年减少2332户2633人。城镇低保和农村低保标准分别提高到每人每月560元、480元,城乡低保标准之比达到1.2:1。农村五保集中、分散供养标准分别提高到每人每年9800元、8400元,城市“三无”人员供养标准提高到每人每月1500元,六十年代初精减退职老职工提高到每人每月1500元。建立健全医疗救助机制,医疗救助与基本医疗保险费用结算无缝对接;将建档立卡低收入农户纳入重点医疗救助对象范围,进一步提高城乡困难居民基本医保范围内自付医疗费用救助比例和封顶额。全面落实重特大疾病医疗救助政策,全力遏制因病致贫、因病返贫,全年对26431人次困难群众实施医疗救助1329.58万元,对3688户次实施临时救助255.9万元。社会孤儿生活补助标准提高到每人每月1320元,重残重病、监护缺失儿童生活补助标准分别提高到每人每月660元、1060元。全年救助城乡生活无着落流浪乞讨人员98人次,利用“互联网+寻亲”平台,帮助13名流浪人员重返家园。发挥民生保险在社会救助中的支撑作用,投入411.74万元为城乡困难群众办理了“全县困难家庭群众重大疾病专项保险、城乡特困人员护理保险和全县居民自然灾害民生保险”等民生三项保险,全年共赔付145.2万元,75户76人次享受到了保险救助保障。组织县慈善总会换届工作,开展“慈爱建湖、善暖人间”捐赠活动,全年接收社会捐赠157.1万元,73人次得到慈善救助。

【社会福利事业】 2017年新建社区居家养老服务中心(站)20个、日间照料中心1家、老年人助餐点20个,每千名老人拥有养老床位数达到了35.9张;开展养老护理员培训,260名养老护理员实行持证上岗,持证上岗率达到80%;购置老年优待证办理设备,为7500名60周岁以上老年人办理了老年证;向22168名80周岁以上老年人发放尊老金1416.82万元;全面推进“安康关爱行动”,60周岁以上老年人意外伤害保险投保率达26%,养老机构综合保障投保率100%。农村留守儿童关爱保护工作扎实推进,出台《关于加强农村留守儿童关爱保护工作的意见》和《关于开展农村留守儿童“合力监护,相伴成长”关爱保护专项行动的实施意见》文件,完成了新标准界定下基础信息摸排、数据采集、系统录入等工作;农村留守儿童基数从3040人调整为2623人,其中一方外出务工、另一方无监护能力的儿童调整为230人,并全部落实监护责任;为91名无户籍的留守儿童办理了户口登记,帮助3名辍学或不在学的儿童重新回到了校园。强化福彩宣传和推广,全年募集福彩资金5000多万元。

【双拥优抚安置】 深入开展双拥“五进五入”“八一”、春节走访慰问活动和双拥模范县创建活动,开展驻湖部队官兵节日慰问活动,融洽军政军民军地关系。建立军人荣誉制度,鼓励现役军人建功军营、报效家乡,全年立功受奖现役军人达57人次,其中获三等功以上25人。落实省政府办〔2017〕59号文件精神,出台落实重点优抚对象免费公交、免费游园、免费体检,水电气、有线电视、宽带费补助,两参人员专项慰问金等一揽子政策。全县发放光荣人家牌5.5万余张,建军90周年发放专项慰问金335.9万元;落实退役士兵再就业政策、鼓励退役士兵自主创业就业。出台《退役士兵村官培养工程意见》,一次性选聘46名退役士兵进入村级领导班子。加大退役士兵职业技能培训,培训退役士兵321名,培训率达98%以上,双证获取率达95%。全面实行"积分选岗,阳光安置"工作制度,四类重点对象安置率达100%。全年发放优抚经费7500多万元,230名重点优抚对象享受医疗巡诊服务,优抚对象的荣誉感和获得感得到提升。精心组织褒扬烈士的各项纪念活动,接待祭扫1.1万人次,使"慰烈工程"的社会效应不断放大。

【基层社会治理】 坚持城乡联动、分步实施,进一步落实加强县城社区建设和创新管理政策,较好解决了社区岗位设置、人员配备、办公用房和经费保障等问题。全面建立以党组织为核心、居民自治组织为主体、管理服务站和综治办为依托的城乡社区新型管理服务体系,推进社会组织管理改革,对行业协会商会类、科技类、公益慈善类、城乡社区服务类四类社会组织试行直接登记;加大社会组织等级评估工作,逐步健全"年度检查、日常监督、等级评估、执法监督"四位一体的社会组织监督管理体系,累计登记各类社会组织739个,全县万人拥有社会组织数达9.2个。 (民政局)

社会保险

【用活社保政策杠杆】 对灵活就业人员养老、医疗保险政策进行适应性调整,集中时间办理了参保缴费中断人员和新参保人员的续接和参保手续,新增基金7亿元,比上年翻一番,遏制了基金运行风险,年内基金存量充盈。

【智慧人社工程】 加快推进"智慧人社"工程建设,实现城乡居保信息库与省系统联网,并开通网上经办。10月12日在盐城召开的全国城乡社会保险社会化管理服务座谈会暨"互联网+城乡居保"工作现场经验交流会,建湖县城乡居保手机参保登记适时缴费被作为现场演示范例。人社"12333"平台共接受咨询18000多人次,人工接通率94.8%,群众满意率98.2%;实施金保专网"村村通"工程,推进上冈镇南庄村、开发区南华村等中心村自助银行建设,实现城乡居保参保、缴费、待遇领取、权益查询业务代办"四个不出村"。2016年12月28日,社会保障卡"城乡一卡通"正式开通,建湖县城乡居民使用社会保障卡可以实现求职登记、社保缴费、领取社保待遇、社保补贴、生存资格认证等功能,基本覆盖了人社部门的主要业务。推进社会保障卡功能向域外拓展,启动与建湖县人民医院信息系统接口的对接开发、自助机改造升级,在全市率先实现社会保障卡挂号、诊疗、住院、购药等就医结算"一卡通"。实施了人力资源市场智能化改造,打造了"一台八区"的智能化、数字化综合服务大厅。

(陆华祥 王延丰)

精准扶贫

【概况】 建湖县围绕省、市决策部署,开展"牵手致富""三清三实三帮""绿色扶贫""大学习大调研大落实"等专项行动,全面落实"精准扶贫、精准脱贫"政策措施,截至2017年底,全县14043户27521名建档立卡低收入农户,已脱贫6068户11712人,脱贫率达43%;3个省定经济薄弱村,已脱贫1个。

【产业扶贫】 采取"龙头企业+农户"领办经营模式、"合作社+农户"合作经营模式、"部门+镇村"集体经营模式、社区股份合作模式开展产业扶贫。2017年全县投入扶贫资金673万元,新建17个产业扶贫基地,带动1125户一般低收入农户增收脱贫,户均增收约2100元。

【就业扶贫】 加强技能培训,推行"企业订单、劳动者选单、培训机构列单、政府买单"的培训模式,2017年共实施新生代农民工技能提升培训5128人,累计实现就业扶贫1510人。促进农民就业。推进乡镇中小企业园、农业"一镇一园区"等载体建设,引导鼓励企业和合作组织吸纳低收入农户就地就近就业。

【政策扶贫】 推进教育扶贫。出台《关于建立扶贫助学长效机制的实施意见》《关于对建档立卡家庭经济困难学生加强教育资助工作的意见》等政策文件,对建档立卡等家庭经济困难学生实行教育资助全覆盖。落实健康扶贫。对贫困人口看病就医实行"五重保障",一是提高基本医疗保险结报比例;二是降低大病商业保险起付线;三是扩大大病医疗救助范围;四是对困难群众重大疾病专项保险范围内的56个病种,经基本医疗保险、大病保险、医疗救助后,按个人实付医疗费用的70%予以赔付;五是实施重特大疾病患者慈善救助。实行低保兜底扶贫。对无劳动能力的低收入人口和无法依靠产业扶持、就业帮助脱贫的低收入农户予以政策性保障兜底,逐年提高农村低保、农村特困供养保障标准。

【社会扶贫】 整合各类扶贫资金。由扶贫办和财政局牵头,逐一梳理扶贫资金的渠道和性质,予以有效整合,集中力量,重点倾斜,有步骤、有目标、分区域扩大扶贫面、提高脱贫率。动员社会力量帮扶。发挥工会、共青团、妇联等群众组织作用,动员社会群体、慈善机构、民间团体和个人以灵活多样的形式参与扶贫济困,形成各方共同推进扶贫开发的强大合力。

就业创业

【概况】 2017年,建湖县人力资源和社会保障局以中共十八届五中、六中全会和十九大精神、习近平新时代中国特色社会主义思想为指导,围绕建设"强富美高"新建湖的目标定位,牢固树立"五大发展理念",落实"四个全面"战略布局,策应经济发展新常态,坚持"民生为本、人才优先、服务公众"工作主线,全县人力资源社会保障事业取得较好成绩。2017年,建湖县人力资源和社会保障局被盐城市人力资源和社会保障局表彰为全市人力资源社会保障工作综合先进单位,同时获建湖县委、县政府综合先进奖,招商引资和项目推进工作、宣传思想和文化发展工作、党建创新工作、反腐倡廉和作风建设工作、依法治县和综治信访稳定工作5个单项奖。

【全民创业工作】 采取宣传发动、政策扶持、项目推介、精细服务,重点培植大学生、返乡人员、科技人才等三大创业主体,开展创业座谈会、创业典型报告会、举办第三届建湖县创业大赛等活动,激发新一轮全民创业激情,全县新增私营企业户、新增个体工商户均列盐城市前列;军曼科技公司鲁曼获江苏省"中洋杯"首届农村创业创新项目创意大赛一等奖,并当选为第十三届全国人大代表;蜻蜓农服吴成伟获得第十届"全国农村青年致富带头人"称号;丰信航空参加第二届中国航空创新创业大赛全国总决赛获一等奖;另外还有10多名选手在市级以上创业大赛上获奖。年内共引导大学生创业417人,支持各类创业主体成功创业2131人,组织创业培训1916人(次),发放创业担保贷款1986万元。

【援企稳岗行动】 研究出台了《关于开展"两招一降"暖企行动的意见(试行)》《关于加强企业用工服务的实施意见(试行)》等一系列政策文件,采取切实有效措施服务重点企业、重点项目招工引才,让更多的人实现就业。兑现援企政策,减缓缴企业养老、工伤和失业保险费。年内共发放星级人才补助624.33万元,发放40家符合条件企业稳岗补贴250万元,减缴企业三项社保费近3000万元。全县城镇新增就业10436人,服务企业用工8485人,农村劳动力转移就业8457人。引进专门人才1026人,新增专业技术人才4960人;新增企业省市级技能大师工作室各1家,新增市首席技师2名,新增高技能人才680名;县高级技校招收新生300人。

【技能培训】 根据建湖县内主导产业用工需求和现有培训资源,建立多家定点培训基地,制订与用工实际相符的教学计划,常态化开展在职职工、失业人员、新成长劳动力培训工作。扩大培训范围。在失业人员免费培训的基础上,将获证奖补的对象扩大到城乡所有参培人员;建湖中等专业学校、建湖高级技工学校免费为建湖县外生源开展定向就业培训。组织校企对接和定向培训。建湖中等专业学校、建湖高级技工学校按企业需求举办冠名班,根据企业的特点增设相关课程,定向培养企业所需的技术工人,并组织两校应届毕业生深入企业进行"工学交替"。推进招生与培训、就业相结合。挖掘建湖县内外的培训资源,推进校企合作、校校合作、校地合作培训力度,实施职业技术免费教育,提升劳动者就业能力。全年组织各类培训班50多期,组织城乡劳动者就业技能培训6849人、企业职工技能提升培训9836人,职业技能考核鉴定取证2105人。

(陆华祥　王延丰)

康居工程

【概况】 全年全县共完成6833户农房拆除改造工作,超额完成市下达的4714户年度目标任务。坚持点线面相结合的原则,按照D级危房强制拆除、C级危房修缮加固或自愿拆除的要求,2017年面上完成改造C级危房5552户(其中修缮加固3054户、拆除2498户);线上突出234省道、九龙大道沿线改造提升,共拆除危旧房1281户;加快重点村(或特色村)和集中居住点建设,按照美丽乡村和康居村庄的标准,对全县确定的12个重点村或特色村,进行重点打造培育,宝塔镇宝塔村、高作镇长北村建成省级美丽乡村,建阳镇赵墩村、芦沟镇田曹村建成省级康居村庄。实施农村生活污水整治。被列为全市唯一全省13个村庄污水治理竞争性立项试点县之一,获省2865万元专项补助,编制完成全县村庄生活污水处理规划。　(朱　丹)

公共安全

·防震减灾·

【概况】 2017年,召开了全县防震减灾工作联席会议,与各镇(区)以及联席会议成员单位签订了责任书;深井数字测震台和强震动测震台运行正常;开展了防震减灾知识进校园活动,将防震减灾科普教育列入教学计划;联合县科协、教育、卫生、环保等30多个县直部门分别在县城人民路、希望广场举办的科普周、"7·28"地震纪念日和国际减灾日等5次大型的科普活动,共展出的150多块宣传戗板、发放的20000余份防震减灾科普资料;近湖街道建北社区获江苏省地震安全示范社区。　(科技局)

责任编辑　彭　玉

镇、街道、区建设

Construction of Towns、Subdistricts and Districts

镇 貌

Introduction of Towns

上 冈 镇

【概况】 上冈镇是全国重点镇、江苏省百家名镇之一，由原上冈镇、冈东镇、草堰口镇三镇合并而成。地处建湖东部，南接盐城，东邻射阳，北靠阜宁，素有“建湖门户、盐阜咽喉”“千年古镇”之称。先后获批国家重点中心镇、全国小城镇建设试点镇、江苏省重点中心镇、城市化示范镇、江苏省文明镇、江苏省生态镇、江苏省创新型试点镇和盐城市文明镇、环境优美镇、统筹城乡发展试点示范镇以及新一轮国家重点镇。2017年，全镇下辖44个村（居），总面积245.3平方公里，常住人口18万人。

2017年，上冈镇实现地区生产总值64.05亿元，比上年增长11.7%；财政收入18428万元，比上年增长11.5%；一般公共预算收入11007万元，比上年增长13.6%；农民人均可支配收入达16583元，增长7.8%。被列为全省第二轮经济发达镇行政管理体制改革试点镇；被认定为省级农业电子商务示范镇；创建成省级“特级乡镇村镇建设档案镇”；上冈现代农业产业园获批创建省级现代农业示范园。获全县2017年度目标任务考核综合先进奖以及招商引资项目推进、工业经济和转型升级、开放型经济和服务业发展、扶贫开发和镇村经济发展、统筹城乡发展和基础设施建设、现代农业建设、科技创新与人才、民生幸福和社会事业工作8个单项奖。

【工业经济】 上冈镇坚持招商引资项目推进，全年开工工业项目7个，新上东西发动机配件、国奥汽车配件、海科除尘、联电净化设备、沛易机械加工、三丰精密机械、奇迹纺织、绿水生态农业创意园等项目。签约5亿元的南汇高端智能纺织、2亿元的拓世汽车配件、北京仁创与韩国大林合作的1.2亿元的中子机等一批重大项目。完成“两重一实”投资5.5亿元。东西发动机项目1#办公楼装修，2#－5#厂房主体全部建成，熔解炉等一批设备完成安装调试、进入试生产。圣金特汽车配件项目进入试生产阶段。联电环保科技项目2万平方米钢结构厂房基本建成。海科除尘设备项目1.1万平方米标准化厂房主体，3500平方米综合办公楼全部建成，装修办公楼。沛易机械加工项目建成四幢厂房，完成墙体粉刷。三丰精密机械项目正在安装钢结构。国奥汽车零部件、中电环保设备、普美高端纺织等一批项目正式投产。经济运行质态良好。全镇46个规上企业，完成开票销售41.66亿元，比上年增长26%，占年初计划118%。完成应税销售38.5亿元，比上年增长26.7%，占年初计划的114%。比上年增长的企业有34家，增长面为73%。新增私营企业611个、个体工商户1631个。企业转型发展，产业有力集聚。产业园以东西、圣金特、仁创、国奥、华技、科球等一批企业为代表的汽车零部件产业已具规模，形成汽车零部件、环保装备和纺织服装为主导的“2＋1”产业布局。华龙、鑫素元、龙成、润银、普美等传统企业实施了技改升级，润银、佳磊、普美、宇达、圣金特、耀晟6家新增长点企业达产达效。圣金特、星宇、清远、东林4家公司申报为定报企业。润银、浩瀚被县评为星级企业。海科、超群、鑫素元创建成国家高新技术企业。普美、江动被命名为市级“科技小巨人”企业。新增省高新技术产品10件、授权发明专利9件、入库科技型中小企业3家。开发合作步伐加快。企业加强战略重组，扩大“增量”，盘活“存量”。盘活原明致太阳能、东兴机械、德顺精密机械等企业闲置土地27.67公顷、闲置厂房13.5万平方米。普美公司与浙江泰坦公司合作高端纺织、丰信公司与成都锦绣德同公司合作发动机零部件、华力公司与盐城海河公司合作涂装机械等项目实现投产，丰信公司被评为省服务型制造示范企业。盐城三丰、江苏沛易分别收购了东兴机械、德顺机械，实现了企业跨越发展。

【农村建设】 依托上冈现代农业园区重要载体，将电子商务延伸到农业园区、农业村居、农业公司、农业经纪人。被认定为省级农业电子商务示范镇，现代农业园区被认定为电子商务示范园区，南庄、冈北两个村获批为电子商务示范村，正齐农机专业合作社被认定为国家级农机示范社。加快种植、农产品加工、休闲、观光农业项目建设，完善管理服务、设施农业展示、农产品加工、优质粮种植、设施蔬菜、设施林果“六大功能区”，形成南有蝴蝶谷、北有果蔬基地、东有芦笋玫瑰园、西有草莓园、中有铁丝湾省四星级乡村旅游区的新景观。上冈现代农业产业园获批创建省级现代农业示范园，获得省财政一次性奖补资金5000万元。农村道路提档升级工程有效推进，全年完成道路升级7公里，新

上冈产业园 （建湖日报提供）

改建桥梁14座。

【村镇规划建设】 完善提升规划。由南京大学城市规划设计院编制的新一轮城镇总体规划(2015—2030)形成《送审稿》上报审批。加快镇区建设。实施港口大道辅道、园区大道、人民路、冈小西路等9条主街(巷)道沥青铺装等基础设施工程;铺装南沙路、港口大道等主干道排水管道480米,后街小巷改造排水管道1368米;修补兴冈路路牙1500米。新开工建设冈东万顷良田利华二期、南沙二期、东西发动机项目拆迁复兴安置区、新水源项目拆迁安置区4处安置房,建筑面积近20万平方米。推进商品房建设。都市名城住宅小区五期工程7.5万平方米正在建设,锦冠佳苑住宅小区6.8万平方米基本竣工,金汇圆近4万平方米主体封顶。推进农村康居工程。全镇农村C级危房和新增D级危房共1323户,其中C级危房1008户,新增D级危房户315户。D级危房户全部拆除并安置到位,其中,选择复垦256户,原地重建28户,申请三进一调31户。C级危房全部维修或复垦,其中613户省级补助维修,200户自行维修,125户申请复垦拆除,59户申请安置。申请拆除和复垦的宗地户报县住建局等部门复查。草堰口康居工程示范点启动建设。协助市县推进新水源建设工程,工程矛盾和方案得到解决和优化。

【环境保护】 践行绿色发展理念,强优势、补短板,构建人与自然的和谐环境。围绕市委、市政府培育"一片林"战略部署,按照"彩色化、珍贵化、效益化"要求,扎实推进国土绿化行动。集镇重点实施31个绿化项目,新增绿化面积86.73公顷,建成绿地率达43%,绿化覆盖率达50.8%,人均公园面积18.2平方米,"森林小镇"申报市级验收。大唐"森林村庄"建设完成验收,栽植树木2万多株。"263"专项行动强势推进。推进燃煤锅炉整治11家、砖瓦企业专项环保整治3家、工业企业重点技改项目5个、企业节能监察审计4家。持续完善污水收集网络。全面推进河长制,严格落实镇村两级的监管责任,建立河道清洁的常态化管护机制。加强黑臭水体整治,治理集镇、农村黑臭河道10条,整顿规范畜禽养殖场100多个,动物常年免疫密度达95%以上。

【民生保障】 全面超额完成"五险"扩面任务,开展劳动执法巡查6次,化解处理各类劳动争议案件20多件,新增农村转移就业650人,农村劳动力转移技能培训500人,创业培训150人。城乡居民合作医疗参保率100%。对低保对象实行动态管理,清理核减不符合低保对象289户、357人,对全镇低收入家庭的生活状况到村入户逐一进行详细的调查,依据低保户确定的条件和手续程序,基本做到应保尽保。加大"五保"供养力度,集中供养57人,与分散供养对象全部签订服务协议书。推进科技、文化、体育、卫生、养老服务等工程建设。开展知识产权"服务乡镇行"活动,举办"三下乡"、农家书屋、全民读书周等活动。整合文化、社区教育资源,搬迁社区教育中心。撤并榆西小学、明照小学。冈小西校区、县二院全部交付使用。组织献血680人次。农村改厕600座。

【党的建设】 组织召开镇第十八届三次党代会,动员全镇广大党员干部,贯彻新思想,实现新作为,不忘初心、牢记使命,奋力开创新时代决胜全面小康新局面。牢固树立"抓好党建是最大政绩"的理念,深入推进"两学一做"学习教育常态化制度化,把守纪律讲规矩摆在更加突出的位置,全面加强党委班子的执政能力建设,督促党员干部自觉履行职责。加强基层基础建设,沿204国道创建8个党建示范点,加强组织规范化建设,抓好益民村、冈西居委会党群服务中心建设升级。加强基层基础台账规范化建设,做好创业型党组织培育,建立帮带对子26个,实施致富项目11个,加快了低收入农户脱贫增收步伐。抓好党风廉政建设,严格落实"两个责任",扎实开展"正风肃纪镇村行"活动,自查线索20多条,查处违纪35人,涉及金额30多万元,遏制了基层不正之风和腐败现象。实施"村务公开阳光工程",建立村干部职责清单和责任追究办法,办理"12345"平台交办事项,干部队伍作风建设明显好转。

【上冈产业园】 上冈产业园成立于2008年,规划面积14.86平方公里。按照"高起点规划、高标准建设、高效能服务、高速度推进"的总体思路,投入近10亿元,实施高标准路网及配套工程,园区给水、排水、绿化、亮化、净化等设施配套齐全,电讯、有线电视线路入地到户。现有72家企业入驻,其中规上企业32家。初步形成以韩国东西机工、圣金特汽配、华技汽配和国奥汽配为主的汽车零部件产业;以中电环境、浩瀚重钢、威力液压和沃华机械为代表的环保机械装备产业;以南汇纺织、普美纺织、银海棉业、海利达和润银纺织为代表的纺织服装业。2017年,园区实现开票销售35.2亿元,比上年增长51.8%;入库税收

5583万元,比上年增长10.9%,争创盐城市甲等乡镇工业园区。

【上冈现代农业产业园】 创建于2011年,规划总面积2800公顷,其中核心区面积1333.33公顷,总体按照"一心、三带、四片区"进行规划建设。现有各类农业项目44个,建成农产品加工集中区53.33公顷,设施水果面积566.67公顷,设施蔬菜800公顷,优质粮种植区1333.33公顷。累计建成硬质化道路81公里,架设高低压线路38公里,修建桥、涵、闸站248座,防渗渠42公里,基本达到"田成方、渠相通、路相连、旱能灌、涝能排"标准。

上冈现代农业产业园 (建湖日报提供)

【富民产业与农民增收及扶贫开发】

鼓励支持村居投身创业实践,促进群众增收致富。新发展"四上"企业6家、私营企业280家,新增一般纳税人50家,转移农村劳动力1180人。壮大果蔬种植、农产品加工、收储、销售以及商贸、运输经济业态,促进产业与富民融合发展。培育职业农民300人,发展专业大户100户,组建农民合作组织3家、家庭农场13家,申报市级示范社2家。年经营性收入18万元村达31个,消除经济薄弱村14个。投入51万元一次性买断黄金果园桃树300株,打造上冈镇精准扶贫开发果树基地。学滩村争取经济薄弱村项目扶持资金60万元,购置商品房对外出租化解村级债务。县、镇、村683名党员干部结对帮扶低收入农户2661户5102人,开展"牵手致富"行动,发展一、二、三产增收项目,帮助低收入农户转移就业,实现592户、1056人脱贫,人均纯收入达6000元以上,脱贫率分别占22.24%和20.69%。

【一村一品】 建成"一村一品"村9个,促进了农业增效、农民增收。冈北村为典型的蔬菜专业村,种植蔬菜近133.33公顷,年创产值3500万元,带动农民就业350人,户均增收近2万元。南庄村为典型的炕孵专业村,拥有炕坊120多座,苗禽销售经济人有300多人,年产苗禽5000万元,年创产值1.5亿,户均收入8万元左右。龙汪村为果树种植专业村,果树栽植面积近100公顷,年产水果4500吨,带动农民就业300多人,户均收入在5万元左右。堰东村为水产养殖专业村,水产养殖面积133.33多公顷,沙蟹养殖带动农民就业400多人,户均收入在4万多元。

【农村文化阵地建设】 完善文化中心内设多功能厅,保障棋牌室、乒乓球室、斯诺克球室、电子阅览室、美术培训室、音乐培训室、农民大学堂、舞蹈室、健身房每天为群众免费开放。完善"农家书屋"、户外广场建设,为34个村配备电脑。益民、复兴、榆西、坍圩、龙汪等10个村配备通借通还电子设备。10个示范文化室配备最新图书共计6000册,每个文化室增加了一个乒乓球室。组建春晖歌友会、春潮演唱团、太极拳队、腰鼓队2支、广场舞蹈队4支、双人舞蹈队2支等业余团队,开展文体活动20场次,培训近35场次,配合县"百姓大舞台"演出,举办上冈好人颁奖等活动,深受广大群众欢迎。

【组织机构及领导人名录】

党委书记 吴金仲
副书记 何怀国
陈剑峰(—2017.08)
李正国
张 荣(2017.10—)
政法委书记 李正国(—2016.05)
宣传委员 虞 涛(—2017.10)
朱巨文(2017.11—)
纪委书记 吴锦东
组织委员 吕 品
统战委员 濮小君
政法委员 陈清亚
人武部长 许正坤(—2017.03)
高陈龙(2017.03—)
人大主席 李文枫
人大副主席 朱国琪
镇 长 何怀国
副镇长 李容标
张 荣(—2017.10)
陈其新
王大力(—2017.10)
许正坤
潘 凯
许德祥
虞 涛(2017.11—)
工会主席 孙 晓(女)
协理员 王洪柱
沈加林
孙宏范
江 苏
王维柏
杨义军

【冈东社区党委、办事处】

书 记 彭 岗
副书记 颜正彬
副主任 颜正彬
刘 程
党委委员 徐正明
陈昌国
王 彬
丰洪超

【草堰口社区党委、办事处】
主任、书记　彭大如
副 书 记　吕士旺
副 主 任　吕士旺
　　　　　杨应国(—2017.02)
　　　　　李德志(—2017.08)
党委委员　吴长芳
　　　　　王　鑫
　　　　　陈广仁

【上冈产业园党工委】
副 书 记　彭　岗(—2017.10)
副 书 记　桑大军(2017.10—)

【上冈产业园管委会】
主　　任　胡荣华(2017.08—)
副 主 任　桑大军
　　　　　高陈龙(—2017.03)

【镇直事业单位负责人】
经贸中心　颜立洪(—2017.03)
　　　　　陈　诚(2017.03—)
农业中心　陈昌国
　　　　　孙开友
农 经 站　王建锋
兽 医 站　陈云斌
建保中心　王加军
计生中心　贾晓红(女)
劳保中心　陈　诚(—2017.03)
　　　　　董金根(2017.03—)
文广中心　杨义艳(女)
市场化运作办
　　　　　濮小君(女)(—2017.11)
　　　　　王　宇(2017.11—)
审 计 办　王　会(女)
城管中队　陈洪安
环 卫 所　居春山

上冈镇 2017 年各村(居)基本情况

表 7

村(居)名	党(总)支部书记	村(居)委会主任	经济总收入(万元)	农民人均纯收入(元)
南庄村	孙开元	单康才	57101	24452
冈北村	孙成广	徐其霞	14138	22231
同心村	顾旭春	朱春法	26061	21618
益民村	费志荣	费志荣	61428	21332
仓冈村	裔昭奎	翟正广	17409	18904
龙汪村	王达春	费胜勇	30095	19855
沙汪村	虞　涛	殷德林	30295	210170
宋楼村	陈金华	倪士虎	71510	23219
桥南村	陈　波	王宝庆	9293	21201
大志村	吉明海	章　亚	20693	18846
复兴村	周友余	徐广金	53666	25390
黎明村	赵永春	沈　祥	16202	19708
坍圩村	张志连	周亚平	15748	18933
大团村	沈为书	孙俊标	68239	21257
榆西村	王学勇	崔启龙	82325	25496
南沙居	倪向阳	徐　飞	89327	25654
冈西居	洪　星	彭广罗	31010	23240
镇东居	徐新志	李德新	—	—
冈南居	朱　明	孙恒艳	—	—
冈北居	陈其江	陈新华	—	—
西桥居	赵长萍	赵长萍	—	—
新街居	周永政	徐海河	—	—
新东居	陈少军	杨以嫒	—	—
镇中居	丰洪超	沈于林	22902	20601.9

续表 7

村(居)名	党(总)支部书记	村(居)委会主任	经济总收入(万元)	农民人均纯收入(元)
风华村	卜玉龙	夏建开	14843.4	19136.7
运东村	马玉琢	唐修成	14041.5	18365.6
徐庄村	祁万和	李德勇	22440	21092.5
康庄村	胡宏连	徐广华	13838	180609
川洋村	李开成	彭　标	12699.5	20607.4
八庄村	彭光新	马于贵	9636	18032.3
火炬村	刘士祥	李明静	15983	18107.1
洋中村	成　钧	成　钧	9449	17996
树新村	王　彬	刘士亮	13601.5	20870.3
运河村	朱国芝	李有龙	9658	18448.1
草堰居	孙立俊	唐　龙	39247.5	21785
堰东村	徐　成	陈　和	9668.6	18129.6
大唐村	颜廷春	宋文佐	11070.4	20281.7
堰红村	王加高	徐　健	9690.6	18699
院道村	彭明成	李忠德	14596	19270.5
沙墩村	吕士旺	彭大连	8444.2	18692.8
崔庄村	崔宗楼	邵峥艳	6202	19245
桃园村	朱德胜	陈廷文(负责)	22571.7	18660.3
永丰村	颜　俊	陈宗富	15178.2	18423.5
东冈村	彭大权	陈其生	17047.4	19891.8

（崔敬忠　陈学华　陈亚洲）

建　阳　镇

【概况】 建阳镇位于建湖县城西部，东依县城，西邻阜宁县，233 省道、234 省道、阜泰高速和在建的徐宿淮盐高铁穿镇而过。全镇总面积 93.6 平方公里，总人口约 6 万人，辖 19 个行政村、3 个居委会。建阳人文历史悠久，是南宋左丞相陆秀夫的出生地，境内泰山寺被誉为“苏北第一寺”。2017 年，全年完成地区生产总值 36.3 亿元；一般公共预算收入 1.17 亿元；规上工业开票销售 24.0 亿元、规上工业应税销售 18.8 亿元；规上工业投资 24.7 亿元；农民人均纯收入 17880 元。

【工业经济】 招商选资牢固树立“项目为王”意识，始终把招商引资作为“一号工程”来抓，以做大增量为主要目标，以盘活存量为主攻方向，紧扣全年招商任务，坚持领导干部带头招商和专业招商相结合，开展驻点敲门招商，先后赴上海、苏州、深圳等地开展专题招商活动，重点招引基地型、龙头型产业项目。全年共引进实施超 5000 万元工业项目 8 个，其中，亿元项目 3 个、5 亿元项目 2 个。项目推进成效显著。发扬“店小二”精神，加大项目推进力度。斯泰威公司总投资 10 亿元的环保设备项目竣工投产，应龙公司总投资 5 亿元的防眩显示屏项目从签约落户到竣工投产仅用了 6 个月时间，创造了项目帮建的“建阳速度”，两个项目先后为全市项目载体建设“家家到”观摩提供了高标准现场，成为全市唯一一家在一年内为市“家家到”观摩提供两次现场的乡镇。千旋水泵配件、泰昌精密模具等 4 个新招引项目全部当年投产达效，新增开票销售近 5000 万元。为企服务持续深化。深入开展降本增效“暖企行动”，帮助优特莫森、中聚信等 5 家企业争取土地指标近 20 公顷；帮助凯卓立、双鑫等 13 家企业办理“两证”；帮助永达、金阳交通等 6 家企业协调过桥资金 3000 万元；帮助应龙、法尔克等企业招工 400 多人。引导企业加强与科研院所深度合作，亿德隆公司建成国家级高新技术企业，昊辉公司和中聚信公司建成省级高新技术企业，国瑞公司获 2017 年工业强基工程重点产品、工艺“一条龙”应用计划示范企业，信得公司建成市四星企业。园区建设步伐加快。石油装备产业园在建成江苏省石油装备特色产业基地和江苏省高端装备制造业特色产业基地的基础上,加快实施提档升级工程,污水管网、天然气接通实现园区全覆盖,园区中心路兴阳路建成通车,完成向阳西路、新世纪南路绿化亮化建设,盘活闲置土地 8.67 公顷、闲置厂房 2.5 万平方米,园区承载能力显著提升,建成市级一类园区。

【城乡建设】 康居工程快速推进。对全镇 423 户 C、D 级危房进行拆除和改造,新增耕地面积 3.39 公顷。打造交睦特色村庄,投入 300 多万元,挖掘游驸马历史文化,完成 101 户房屋仿古改造,新建 1000 平方米文化广场,并配套绿化、亮化等附属设施。加快赵墩康居示范村建设,投入 200 多万元,对中心路进行拓宽改造,改建村史馆和文化活动室,配套绿化建设,通过省级验收,改善了村民居住环境。基础设施日趋完善。重点实施了明珠路修缮和东昇路人行道铺设,方便群众出行生活。完成赵墩村 9 户房屋征收,233 省道北延工程加快推进。加快实施农路提档升级工程,新改建新阳、李庄、金桥等村道路 14.6 公里、桥梁 21 座。实施高标准农田建设项目,新建排灌站 8 座、桥梁 32 座、道路 36 公里。整镇整村推进河道疏浚任务,完成 131 条村庄河道 70 多万立方米的疏浚任务,加固十字河圩堤 7.5 公里。集镇管理全面加强。深入开展城市环境综合整治"931"行动,发挥城管监察中队职能作用,会同市场监管、派出所等部门,定期开展专项整治行动,突出违建管控、交通秩序和镇容执法等重点环节,加强小区物业管理,推动集镇管理向社区延伸,加快"数字化城管"建设,争创人居环境四星级集镇。

【农业农村】 开展农业招商。围绕"三带两区一场"的农业产业化布局,突出对蔬菜、水产品、畜禽深加工等现代农业项目的招引力度,先后赴浙江、山东等地开展专题招商,引进了宇粮谷物加工、盐阜盆景园等超千万元农业项目 6 个,其中,农产品加工项目 1 个。园区建设加快推进。围绕打造全县一流的现代休闲观光农业园区,委托扬大设计院对现代农业园区进行高起点规划,规划总面积 306.67 公顷,"两横一纵"3 条主干道已建成,园区框架全面拉开,落户四季春设施种植、兰鹏稻虾连作等农业项目 4 个。农村改革不断深化。土地承包经营权确权登记颁证工作全面完成,即将迎接县市验收。镇级产权交易平台正常运转,全年流转土地 400 公顷,新发展专业大户 60 户,家庭农场 9 家,农民专业合作社 4 家。加强品牌建设,黄埔农业获得省级农产品质量安全可追溯示范基地,建成市级农业龙头企业;鹏程水产养殖家庭农场建成省级家庭渔场。

建阳现代农业生态园　　(建湖日报提供)

【生态建设】 突出抓好低碳发展。按照"263"专项整治的要求,开展工业企业污染专项整治行动,完成国香废旧品收购点、鑫成木制品厂和放心豆制品厂锅炉改造任务。淘汰落后产能,优化产业结构,益达铸造厂、建阳铸造厂和益飞铸造厂冲天炉全部整改到位。严把项目准入关,对环评不通过、排放不达标的项目坚决拒之门外,实现源头控制。突出抓好环境整治。坚持绿色发展理念,持续加大城乡环境综合整治力度,健全完善长效管护机制,全镇 107 个村庄常态化保洁实现全覆盖。全面落实河长制,开展黑臭水体整治,完成御士沟、冯秀沟等 12 条黑臭河道的整治任务。加大畜禽养殖污染整治力度,关闭禁养区养殖场 7 家,改善生态环境。突出抓好绿化造林。围绕争创国家级生态镇的目标要求,加快推进植树造林,重点实施了宝恒路、潮河圩堤"一路一堤"绿化和戛粮居委会森林村庄绿化,完善提升向阳湖公园、后堡河、234 省道等绿化,新建通道绿化 5 公里,新增绿化面积 53.33 公顷,全镇林木覆盖率达 25%。

【民生福祉】 实施惠民工程。突出兴办实事惠民,完成长建、建阳 2 个居委会后街巷道修缮提升工作,向上争取水源路路灯并安装到位,开通了新阳村到县城的公交线路,有序推进全镇 2730 套安置房不动产权证办理。突出做好文化惠民,举办多场次百姓舞台、欢乐广场等文艺演出,到村居送电影、送戏、送杂技 350 场次,发放图书 4000 多册。组建老年舞蹈、太极拳、腰鼓队等群众文娱队伍,广场舞、太极拳分别获县级比赛一等奖和优秀奖,通过市级文明镇复查验收。倾力抓好民生工作。鼓励全民创业,全年新发展私营企业 280 家,个体工商户 700 户。加大扶贫帮困力度,新增低保 72 户,发放各类救助资金 80 多万元,被省民政厅表彰为和谐社区建设示范乡镇。深入开展精准扶贫、精准脱贫工作,全面落实党员干部结对帮扶责任,全年新建产业扶贫基地 2 个,

建阳镇文化活动中心 （陈玉柱 摄）

发放扶贫树苗10000余株，帮助252户低收入农户脱贫致富。加快村级债务化解，通过债权清收、增加收入等方式，共化债近400万元。做好安全稳定。深入开展“大走访大落实”“大排查大整治”等活动，全面排查社会矛盾隐患，加大信访积案化解力度，完成了十九大等系列安保维稳任务。高度重视安全生产工作，全面落实“一岗双责”，推进专项整治，开展“打非治违”，做到检查全覆盖，执法零容忍，有效保证了镇域安全生产无事故。

【党建工作】 全面加强思想政治建设。自觉用习近平新时代中国特色社会主义思想武装头脑，第一时间带头采用PPT形式解读十九大精神内涵，举办宣讲报告会26场次，发放《十九大报告》等书刊6000多册。深入推进“两学一做”常态化制度化，镇党委领导带头到联系点马厂村、亿德隆公司上党课，党员干部“四个意识”明显增强。建立健全意识形态工作责任制，带头抓意识形态工作，党委专题研究意识形态工作3次。全面加强基层基础建设。实施产业集群党建工作模式，在探索实施非公党建流程化管理等党建创新项目的基础上，新组建功能型党组织12个，重点打造了阜建高速西出口5个村居单位党建示范带。从严用好管好干部，严格落实干部选拔任用“一报告两评议”，从窗口部门、农村基层等一线选拔任用股级干部2名。全面加强党风廉政建设。支持纪委“三转”，调整纪委书记分工，配齐4名纪检工作人员，高标准建设一般性谈话室，受到中纪委领导认可。精心打造陆秀夫廉政文化教育示范基地，受到省纪委肯定。深入开展“正风肃纪镇村行”专项行动，加大对违反财经纪律、“三资”管理等查处力度。聚焦“四风”突出问题，加大作风整治力度。

【组织机构及领导人名录】

党委书记 谢超云

党委副书记、镇长
　　夏　龙（—2017.08）
　　陈剑峰（2017.08—）

人大主席 裔龙建

党委副书记 陈占林

纪委书记 邓启祥（—2017.08）
　　陈乃军（2017.09—）

组织委员 胡存干

宣传委员 韩文莉（女）

统战委员 徐丹凤（女）

政法委员 邵俊萍（女）

人武部长 陈乃军（2017.03—2017.08）
　　董　鑫（2017.10—）

副镇长 王苏建
　　周正林
　　赵　勇
　　崔雪梅（女）
　　徐海艳（女）
　　刘大峰（2017.03—）

【石油装备产业园管委会组织机构及领导人名录】

党工委书记、管委会主任 谢超云

党工委副书记 吴　飞

管委会副主任 施银红（女）

【镇服务中心负责人名录】

经济贸易服务中心 桑加俊

农业技术推广综合服务中心 吕同生

人口与计划生育服务中心 周庆柱

建设环保服务中心 路长勇

文化广电服务中心 彭宗健

劳动保障服务中心 顾爱峰

农村合作经济经营管理站 梁　晔（女）

便民服务中心 高长宏

建阳镇招商办 葛春建

建阳镇2017年各村（居）基本情况

表8

村（居）名	党（总）支部书记	村（居）委会主任	经济总收入（万元）	农民人均纯收入（元）
马　厂	张如军	曹　勇	12171	18052
建　东	邱春华	邱春华	8429	17880
湖　成	胡　军	朱加信	3464	17880

续表 8

村(居)名	党(总)支部书记	村(居)委会主任	经济总收入(万元)	农民人均纯收入(元)
顾　杨	李国明	胡中仕	4613	18000
赵　墩	邱春健	李荣祥	3867	17880
瓦　瓷	路恒洲	葛成刚	6844	18230
西　尖	金正盛	金亚均	6178	18000
丰　喜	许国标	陈金山	2695	17800
建　南	孙　海	王士珍	12371	17880
金　桥	莫扣华	彭永柱	3579	20680
王　桥	魏　邦	张忠文	9593	17880
职　工	徐兆广	谈　彪	6953	17880
新　桥	孙　华	沈信珍	3005	17880
交　睦	刘士民	王文成	5964	17880
顾　东	顾正彩	李相根	9289	19000
新　阳	顾志洋	顾志洋	5873	17880
东　尤	王　猛	王　猛	1406	17880
李　庄	彭宗立	周光军	7242	20866
荡　中	郑　国	倪金高	8684	21071
戛粮居	陈　标	郁军勇	5747	21660
长建居	杨定延	高红军	4411	17880
建阳居	杨兆龙	顾加根	15676	17880

（建阳镇）

颜　单　镇

【概况】 2017年,颜单镇共完成地区生产总值16.9亿元,比上年增长8%;完成一般公共预算收入6016万元,比上年增长1.8%;完成规上工业开票销售11.48亿元;完成固定资产投资9.9亿元,比上年增长9%;实现农村常住居民人均可支配收入16839元,比上年增长8.7%,民营经济三项指标全部完成县定任务。

【工业经济】 以招商引资"百日竞赛"活动为抓手,全年共开工亿元以上项目6个,其中苏品家具、德辉食品、品冠维尔服饰等项目都已开工建设。实施工业振兴行动计划,苏品家具项目、永安公司柴油机缸体建成投产,德辉食品加工项目一期建成6000平方米厂房,部分设备进场,参加了县"家家到"项目观摩。科创园一期2-6号近9万平方米高标准厂房全部建成,基础配套基本完善到位,入驻永安智能缸盖、品冠维尔服饰、海工线缆3个项目,实际使用厂房面积超过25000平方米。持续开展"暖企行动"和"挂企蹲村"活动,协助德辉、恒明、永环、玉荣等公司办理了土地证、房产证和规划许可证,为企业建设提供了保障。

江苏永安动力机械有限公司　　（陈玉柱　摄）

【镇村建设】 以“两拆一改”为主要抓手，全年共修缮出新C级危房375户，拆除C、D级危房109户、九龙大道沿线零散房屋194户，完成了古虹村范家庄的整村拆除。深入推进“263”专项行动，玉人、恒辉两家企业完成燃煤锅炉整治，5家规模畜禽养殖场的粪便无害化处理通过省级验收。实施水环境治理，镇村2级46条河道全部实行河长制。加大资金投入，完善长效机制，全面巩固“清洁乡村”行动和农村环境综合整治成果。支持重点工程建设，对331省道、233省道、建宝路拓宽、新水源地建设等省市县重点工程组建专门队伍，强势推进拆迁、清障和矛盾协调工作，保证了重点工程顺利推进。

沈杨村一角 （陈玉柱 摄）

【现代农业】 秉持绿色发展理念，坚持以市场需求为导向，调优调顺产业结构。全年共流转土地173.33公顷，其中荷藕种植基地100公顷、芡实种植基地40公顷、稻田套养龙虾33.33公顷。优质粮基地依托福泉有机稻米专业合作社，强化基础设施建设，产品延伸拓展到“一主多副”，福泉有机稻米专业合作社被国家农业部认定为“生产全程可追溯体系电子化构建优胜单位”。恒辉公司坚持以质取胜，做大做强做深藕制品系列，对接日本、韩国市场，全年出口总额超600万美元。几百粒公司以经营杂粮、南北干货以及果蔬、炒货、蜜饯等休闲食品为主，全年网上销售额超4000万元，通过省级电子商务示范企业验收。

【和谐建设】 开展全民创业活动，新增私营企业130户，个体工商户350户。扎实推进住房公积金扩面工作，全年新增800多人。高效推进精准扶贫、精准脱贫，不断加大社会救助力度，全年有42人实现了脱贫。策应群众多方面的教育需求，实施成人教育，社区教育中心创评工作通过省级验收。常态化开展各类先进典型评比宣传活动，全年累计产生各类先进典型26人，季发农同志入选一月份“江苏好人”，漕桥村居民单思源当选第五届“感动建湖十大人物”。继续蝉联江苏省文明镇、盐城市文明镇称号。

【党建创新】 镇党委全年组织党的理论测试3次，应知应会知识抢答1次，召开民主生活会2次，镇三套班子之间、三套班子成员与各基层党组织班子成员之间、镇村干部与群众之间谈心谈话实现全覆盖，为群众解决实际问题21个，切实以活动的实际成效取信于民。按照市县统一部署，深入开展“正风肃纪镇村行”活动，共查出7类问题、11项内容，有6人受到处理，4人被提醒谈话。按照“支部建在产业链上、党员聚在产业链上、群众富在产业链上”创业型党组织建设要求，推进九龙大道党建示范带建设，初步建成古虹村“一体四翼”示范党总支和桃花垛党支部示范点，联线、连片推促富民增收的党建动能进一步增强。

【组织机构及领导人名录】

党委书记 周德良（—2017.10）
唐　飞（2017.10—）
副书记 李育佐（—2017.03）
马　骁
王大力（2017.10—）
人大主席 周庆标
镇　长 李育佐（—2017.03）
马　骁（2017.3—）
副镇长 孙良超
刘仁奎
范　展
孟领坤
王建军
张　璐
纪委书记 张成碗
组织委员 钱杏海
宣传委员 倪文康
人武部长 刘国军
工会主席 曾从浩
统战委员 韩国友
副主任科员 乔岩峰

【镇服务中心负责人名录】

农业技术推广综合服务中心 金学萍
经济贸易服务中心 丁达刚
人口和计划生育服务中心 朱永春
建设环保服务中心 刘　英
文化广电服务中心 张茂森
劳动保障服务中心 沈　东

颜单镇 2017 年各村(居)基本情况

表 9

村(居)名	党(总)支书记	村(居)委会主任	经济总收入(万元)	农民人均纯收入(元)
任　杨	孙海波	凌中伟	6965	24017
漕　桥	潘茂林	张根年	6004	23092
沈　杨	刘怀余	许金祥	7572	25173
三　虹	刘国军	戴为华	6750	24047
楼　港	韩国友	唐素霞	5366	23155
马　路	许松桂	刘汉金	6516	23519
单庄居	单绍俊	单绍楼	14376	25146
古　虹	成志军	胡仁富	6235	24052

(颜单镇)

恒　济　镇

【概况】　恒济镇位于苏北里下河平原腹部,地处县城西南,三市(盐城、扬州、淮安)四县(区)(建湖、盐都、宝应、楚州)交界,总面积 80 平方公里,辖 11 个行政村、1 个居委会,总人口 3.4 万人。2017 年,全年完成公共财政预算收入 5061 万元,增长 29.4%;全社会固定资产投资 16.38 亿元、规上工业投资 15.28 亿元,分别增长 24%、22%;全口径开票销售 9.75 亿元、规上工业开票销售 8.07 亿元。被评为国家卫生镇、省首批生态文明示范镇、省农村电子商务示范镇、省级散装水泥示范镇。

【工业经济】　坚持把招商引资作为全局工作的重中之重来抓,明确镇 2 名班子成员长期在外驻点招商,重点跟踪洽谈长三角、珠三角等地项目信息,突破重大项目。全年新开工超千万元项目 7 个,其中亿元以上工业项目 1 个、农产品深加工项目 4 个、服务业项目 2 个,签约项目 3 个。按照"目标倒逼进度、时点倒逼流程、督查倒逼落实"的要求,全力推进"两重一实"和在建项目建设,防火索具、新嘉豪高档玻璃、林萱玻璃、粮食收储等 5 个项目建成投运。发扬"店小二"精神,开展"暖企行动",建立服务企业量化考核机制,切实帮助企业解决融资、用工、办证等方面难题,全年累计帮助企业融资近 5000 万元,为曼杰克、云峰、祥和等 7 家企业项目办理了产权证。

【园区建设】　科技创业园服务中心管理办公室、政务、商务平台以及电商服务中心建成运行。按照生态绿色园区建设要求,对园区规划进行完善提升,为落户项目开工建设提供重要保障,全年盘活利用闲置土地 4 公顷、厂房 1.8 万平方米,项目集聚效应进一步增强。

【城乡统筹】　路网建设不断加快,233 省道、蔷薇河东侧硬质路网建成通车,农村公路提档升级二期工程全面实施。对文化路、神力路等 2.1 公里主干道进行黑色化改造,修补破损路面近 10000 平方米。配合做好新水源地管网及增压泵站建设,异地新建了 1000 平方米全县一流的社区教育中心,完善集镇绿化亮化等配套设施,恒水路新安装路灯 18 盏。加强集镇管理,不断提升公共设施服务功能。实施农村康居工程三年行动计划,加快特色村庄和重点村庄规划建设,完成拆除 C、D 级危房 292 户,其中修缮 84 户、三进一调 7 户、退宅还耕 172 户、新翻建 29 户。建河美丽乡村建设成效明显,新四军印刷厂旧址、龙王庙环境改造、电商中心、微生活超市、村

恒济科技创业园　(建湖日报提供)

史馆、生态驳岸、村庄绿化等工程全部建成,农民公寓正在加快建设,全年累计接待各方面客人1500人次,为乡村旅游增添了新景点。发展生态循环经济,推进绿色恒济建设,实施道路圩堤绿化三年行动计划,打造331省道、233省道及蔷薇河绿色生态观光走廊。加大环境保护力度,实施覆盖拉网式污水管网工程,深入开展"两减六治三提升"专项行动和农村环境综合整治工作,新购置新能源拖箱20只、垃圾箱560只,新建公厕17座,132条镇村河道全面推行河长制,力争每条河道达到"水清、岸绿、景美"的效果。被列为全县农村垃圾分类试点镇,建河村被认定为省级生态文明示范村,镇村环境得到明显改善,人居环境更加适宜。

【现代农业】 高效渔业示范基地以331省道为轴心,在两侧建成333.33公顷高效渔业养殖科技示范带,全镇高效渔业养殖面积达60%。循环水养殖基地综合服务中心主体已建成,央视拍摄专题片在全国范围进行推广。总投资1.42亿元的正源创辉生态养殖观光园项目被列为市"两重一实"项目,一期已建成66.67公顷生态大闸蟹养殖片区,108个水槽、循环路网、桥梁、生态驳岸以及生产生活用房等已全部建成使用,2600平方米综合服务中心主体基本建成,内部装修同步进行,新建黑色循环路网3000米,渔乐大世界规划已形成,渔文化广场、水上舞台等项目正在抓紧建设;二期工程133.33公顷稻渔、稻鸭共作区也已启动建设。大闸蟹养殖基地与大北农水产科技集团合作建设大北农华东水产研发基地,同时实施基地北扩工程,新增大闸蟹养殖面积80公顷。依托大北农集团雄厚的科研实力,筹建水产养殖博士后流动工作站,引领大闸蟹养殖向规模、科学、生态、绿色方向发展。强化品牌创建,"九龙口"牌大闸蟹争创国家驰名商标。富硒食品种植基地一方面完善提升项目区内道路、绿化、泵闸站等基础配套工程,另一方面加大富硒食品市场的推广力度,提高种植效益。正在规划建设集农资经营、科技服务、加工销售于一体的综合服务体。农业基础设施不断完善,1666.67公顷高标准农田整治项目已竣工,实施耕地占补平衡项目2个,新增耕地73.33公顷。加强水利工程建设,对鸽河、中心河、太绪沟、走马河、沿河等28公里骨干河道进行疏浚,累计疏浚土方56万立方米,新建圩口闸4座、排灌闸2座、闸站联建2座,加修圩堤5公里,全镇排涝模数达到0.9以上。新建农村硬质道路13公里、农桥6座,农村生产生活条件得到进一步改善。强化产权交易管理,发放农村土地承包权证书5385份。全年新购置各类农业机械50台(套),机插秧、全量还田面积继续位居全县前列,全年未发生一起秸秆焚烧抛河现象。

位于建湖县恒济镇的大北农集团　　（建湖日报提供）

【社会事业】 开展"大众创业、万众创新",坚持就业惠民,创业富民,不断提升农民就业技能,全年培训农村劳动力8场1200余人次,新发展私营企业142家,新增个体工商户404户。按照"老有所养,病有所医,学有所助,住有所居"的要求,扎实开展社保扩面工作,全面推行新型农村养老保险制度,农村低保户及五保户供养实现应保尽保,推进新型农村合作医疗制度,全镇参合率达100%。对75名贫困学生进行了资助。开展扶贫攻坚活动,全镇低收入农户已有127户308人脱贫,弱势群众生活得到有效保障。深化文明创建工作,开展建湖好人评选活动,评选出了俞进萍、孙玉兰等道德模范10余人。深入实施科教兴镇战略,恒济初中中考质量继续位居全县同类学校前列。恒济小学、中心幼儿园教育教学质量稳步提升。深入开展"送科普、送戏、送电影"下乡活动,农村应急广播"村村响"工程通过省级验收,镇村文化建设得到有力加强,群众文化生活得到进一步丰富。落实"全面两孩"政策,不断提高妇幼保健服务水平。强化人才培育,全年引进各类人才20余名,俞豪入选省首批乡土人才"三带"能手培育对象。深入推进平安恒济、法治恒济建设,扎实抓好全国两会、十九大以及国家重要节日、重要活动等敏感时期的稳控工作。深入开展党员干部大走访大落实和社会矛盾、安全隐患大排查大整治活动,切实化解了一批信访案件和安全隐患,办好"12345"平台信访件交办工作,全年办理80余件信访件,群众满意率98%,为经济社会发展提供了更加宽松的环境,全镇社会大局保持和谐稳定。

【党的建设】 坚持以党的理论创新的最新成果武装头脑,围绕建设学习型党组织的要求,进一步完善学习制度,通过党委中心组学习、机关集中学习、专家培训等方式,深入学习贯彻中共十八届六中全会、十九大和习近平总书记系列重要讲话精神，增强了班子深化改革的决心、创新发展的本领、坚韧不拔的精神，促进了各项工作地有力开展。深化党的群众路线教育实践活动，将“两学一做”学习教育和“评定升”制度融入到党员的常态化教育和管理之中，强化《中国共产党廉洁自律准则》和《中国共产党纪律处分条例》学习，全面提升干部素质，优化基层党组织设置，进一步夯实基层基础。创新党建工作示范带，沿331省道和233省道培植“4+2”党建工作示范带。始终坚持正确的用人导向，凭德才、靠实干选拔任用干部，干部队伍建设得到进一步加强。以“两个责任”落实为契机，坚持以强化主体责任落实践行监督责任。制定工作细则，逐级签订党风廉政建设责任状，构建横向到边、纵向到底的责任体系。镇领导班子成员带头落实廉洁从政各项规定，自觉接受监督；定期召开民主生活会，开展批评与自我批评，不断增强党员干部“四种意识”。深入开展“正风肃纪镇村行”“510”系列警示教育活动，定期组织廉政教育专题讲座、廉戏演出等，进一步筑牢基层党员干部拒腐防变的思想防线，规范行为举止。加大案件查办力度，全年实行干部问责24人次，其中诫勉谈话、提醒谈话3人，纪律审查立案22件。深入贯彻落实中央八项规定和省市县委十项规定，持之以恒推进作风建设，提升工作效能，调动各级干部干事创业的激情，以优良的精神状态推动恒济经济社会又好又快发展。

【组织机构及领导人名录】

党委书记　唐　飞(—2017.10)
　　　　　王　伟(2017.10—)
党委副书记　王　伟(—2017.10)
　　　　　　何　峰
人大主席　朱庆兰
镇　　长　王　伟(—2017.10)
副 镇 长　周德刚
　　　　　郭正标
　　　　　刘德彬
　　　　　张志艳
　　　　　单国锋
　　　　　彭艳艳
纪委书记　祁旭东
组织委员　陶　信
人武部长　俞先俭
宣传委员　杨海东
统战委员　彭　翠
工会主席　吴伟芳

【镇服务中心负责人名录】

经济贸易服务中心　朱建国
农业技术推广综合服务中心　俞春华
人口和计划生育服务中心　徐　海
建设环保服务中心　王　勇
文化广电服务中心　王　慧
劳动保障服务中心　潘明泉
便民服务中心　朱友清

恒济镇2017年各村(居)基本情况

表10

村(居)名	党(总)支部书记	村(居)委会主任	工农业总产值(万元)	人均纯收入(元)
九　里	王书浩	荀以顺	11744	27610
山　河	单国锋	陆有凯	14548	28023
沿　南	荀道勤	许根祥	8750	27672
恒　庆	张德洲	张玉庭	9940	28314
建　河	徐国成	俞进雷	11204	28030
孟庄居委会	韩成铭	孟繁忠	13422	23000
东　袁	袁文虎	肖兆龙	11189	27717
苗　庄	王敏敏	滕习成	9026	30135
恒　东	潘文健	颜万山	10007	26433
建　中	刘　剑	肖兆昶	28788	26270
花　垛	凌立勇	凌立勇	6576	24795
强　为	肖龙柱	赵文龙	12005	26880

(恒济镇)

庆　丰　镇

【概况】　庆丰镇史称“十八团”，是著名外交家乔冠华出生地、中国三大杂技发祥地之一，拥有丰富的红色文化资源。镇区地处建湖县东南部，距盐城市中心18公里，与亭湖区、盐都区相邻，234省道、盐淮复线、新长铁路横贯东西，正在建设的徐宿淮盐高铁过境11.67公里，233省道竖穿南北。全镇总面积103平方公里，其中耕地5399公顷，现辖18个行政村、3个居委会，人口6.1万人。2017年实现地区生产总值34.5亿元，一般公共预算收入 7700 万元，税收占比保持在 69% 以上；固定资产投资 20.47 亿元，农民人均可支配收入达 19475 元。

董徐村一角 （建湖日报提供）

【工业经济】 举办绍兴、上海、昆山等 4 个专题招商推介活动，君朋、沃典、恒丰、东风、众德利等一批优质项目签约落户。全年开工超 5000 万元工业项目 6 个，其中超亿元项目 4 个。山丰、金圣、惠工、阿森等重点项目部分投产；群冠、冠丰、双宏等项目当年开工建设，当年竣工投产。机电产业园新建标准厂房 8000 平方米、黑色化道路 2.9 公里、天然气管网 3 公里，110KV 冠华变即将并网供电，园区服务中心创建市二类示范园区。鸿达公司成为智能制造方案提供商，被评为省级质量信用 AAA 级企业。威德福鸿达公司页岩气开采设备关键技术研发取得重大突破，永佳公司引进省“双创”人才 4 名，“百圣牌”齿轮被评为江苏省名牌产品，恒泰公司成为全国轮胎轮毂标准化技术委员会委员单位。

【镇村建设】 拆除 234 省道两侧危旧房、散居户 504 户，完成面上 D、C 级危房拆除改造任务。董徐村综合文化服务中心、滨河景观带建成开放，113 幢农民集中安置房主体竣工，即将分房入住；小阜特色村庄改造完成，并实施常态管护；东刘老年公寓分房入住，董徐、洪桥老年公寓即将竣工。完成马庄路、邮电路交通划线和修复整治，陶然居高档小区 18 套住宅主体封顶。建成“二路二堤”绿化 55.33 公顷，改造提升“一路五河”绿化 54 公顷，新建森林村庄 1 个。“263”专项行动有力开展，拆除规模养殖场 3 个、燃煤烟囱 2 座；“河长制”有力落实，重点河道整治管护全面完成，东大塘污水日处理达 2000 立方米。

【现代农业】 建成千亩、33.33 公顷稻虾共作连片示范点 2 个，新增高效农业 166.67 公顷，设施农业突破 500 公顷。城东农业示范区育苗中心投入实质运营，成为全省物联网应用典型之一。实施超千万元农业项目 2 个，新组建家庭农场 10 家、专业合作社 3 家。众创公司运用无人机开展植保服务获央视 7 套《每日农经》专题报道。

庆丰都市农业 （建湖日报提供）

【民生改善】 扶贫基地建成，提供免费大棚 21 个；栽植扶贫果树 9000 余株；完成 465 户建档立卡低收入人口脱贫任务。农村低保新申报 60 户 112 人、核销 344 户 495 人，发放合作医疗救助 55 万余元。新增私营企业 32 家、个体工商户 120 户、实现劳动力转移就业 320 人。中心小学校本课程被列入省特色教育项目；计生“幸福家庭”创建受到市表彰，庆丰卫生院被评为省级健康促进医院，建成省级卫生村 2 个、市级卫生村 1 个；完成改厕 1600 座，新农合实现应保尽保。创建省达标综合文化服务中心 5 家、省五星级农家书屋 1 家，开展文化惠民专场演出 20 多场。1 人当选县十佳孝星，东乔村、董徐村被评为省级文明村。“七五”普法广泛开展，省级民主法治村增至 12 家；建成镇技防监控中心、禁毒工作站，扎实开展社会矛盾和安全隐患大排查、大整治，一批社会矛盾与信访积案得到化解，社会大局保持和谐稳定。

【党建工作】 县委书记陈平到庆丰镇宣讲十九大精神。被表彰为全省农村党员干部冬训示范镇。开展塞罕坝精神、砥砺奋进的五年等主题宣传 5

次，在主流媒体发表新闻稿件138篇。镇党委班子带头到联系点上党课、参加党日活动，《欢迎你入党》远程特色课程在董徐村拍摄。建成高标准教育信息平台2个，提升村居一站式服务大厅5个。开展党建创新课题实践，中组部组织二局领导调研时给予肯定。严格落实党风廉政建设“两个责任”、中央八项规定及省市县委十项规定，修订完善制度规定5项。支持人大、政府围绕中心开展工作，做好党管武装、统战和工青妇等各项工作，在全镇营造出齐心协力、共谋发展的良好氛围。

【组织机构及领导人名录】

党委书记　唐　坤(—2017.08)
　　　　　徐为高(2017.8—)
镇　　长　李东风
人大主席　杜生军
副 书 记　李东风
　　　　　张洪金
副 镇 长　成　浩
　　　　　朱玉梅(女)
　　　　　杨　锐
　　　　　王秀云(女)
　　　　　秦立新
　　　　　孙洪亮(派出所所长)
纪委书记　吕以东
组织委员　冯国军
政法委员　夏玲玲(女)
人武部长　陈聪飞
统战委员　易忠珠
宣传委员　彭海波
工会主席　树　娟(女)

【镇服务中心负责人名录】

经济贸易服务中心　刘正如
农业技术推广综合服务中心　唐为建(女)
人口和计划生育服务中心　周育成
建设环保服务中心　张守彬
文化广电服务中心　陈文祥
劳动保障服务中心　王冬梅(女)

庆丰镇2017年各村居基本情况

表11

村(居)名	党(总)支部书记	村(居)委会主任	经济总收入(万元)	农民人均纯收入(元)
庆丰居	马从喜	孙荣龙	6403	21591
刘庄居	高　成	许正如	6641	18024
唐庄居	陈兆明	戴　杰	12391	19643
马庄村	马从卫	秦以平	14097	19507
东平村	潘立国	严加春	12515	20549
东乔村	吴建国	周学成	22585	20710
双河村	嵇绍和	吴哲生	14404	20058
董徐村	徐吉为	姜海祥	13597	21639
朱港村	黄万林	凌立玉	16563	19648
中陈村	朱福华	濮加高	14506	17649
东刘村	王立新	唐其胜	15411	19315
洪桥村	洪　标	周万宽	13661	19261
永安村	谷加旭	孙　江	13643	19031
高丰村	谷天先	戴安云	17393	19316
谷庄村	杨建华	嵇仁江	21345	18964
华林村	杨建刚	沈长明	14206	18642
胡王村	廖正红	祝建兵	11313	17259
廖庄村	蒋彩红	蒋彩红	16126	19836
北秦村	廖远太		8548	20154
吉庄村	张启春	钱万乔	14062	18657
北凌村	凌加尧	仇宗连	17868	18342

(丁拂尘)

九龙口镇

【概况】 九龙口镇总面积68平方公里,其中耕地面积3115公顷、荡滩面积2700公顷。总户数10610户,户籍人口32074人。村居11个,辖10个行政村,1个居委会,总人口3.24万人,党组织43个,党员1457人。2017年,九龙口镇被评为"江苏省首批生态文明建设示范镇",九龙口荷藕小镇入围"创意休闲农业省级特色品牌培育计划",梅苏村蝉联江苏省"最美乡村",九龙口中心卫生院获评全国群众满意的乡镇卫生院和江苏省示范中医馆。

【工业经济】 2017年度,完成规上工业企业开票销售8.76亿元;规上应税销售4.14亿元;规上企业入库税金2268万元,比上年增长44.1%;实现公共财政预算收入4171万元,比上年实绩增长19%;农村常住居民人均可支配收入17005元;新增民营企业180户、个体工商户434家。现有规上工业企业11个。

【农村建设】 加快实施"清洁乡村"行动,全镇先后出动3000多人次,悬挂、张贴宣传标语500多条,不断强化群众环保意识;清理河道、沟塘200多条,乱堆乱放和暴露垃圾千余处;推进农村厕所改造工作,全镇8006户居民中,有2050座无害化厕所,普及率达26%;新建防洪闸、排涝站各2座、排灌站3座、灌溉站8座,新修田间道路21公里、农桥41座,农业基础得到了提升。

【村镇规划建设】 切实做好农路提档升级工作,2016年,8.5公里农路工程已竣工通车,并通过省交通厅验收;2017年,第一批农路3.9公里道路、5座桥梁项目已竣工;美丽乡村8个项目4公里道路已竣工通车;镇村和村村之间双车道公路全覆盖,镇村道路框架基本形成。新增蒋乔线、蒋竹线、蒋太线三条公交线路,实现公交线路村居全覆盖。

九龙口阳光家园安置房小区 (建湖日报提供)

【美丽乡村建设】 2017年全镇农村C、D级危房共448户,修建、翻建等已完成94%,其中D级危房户已基本拆除改造到位;沿九龙大道两侧先后拆迁安置309户居民;着力打造梁泽村"美丽乡村",河道清淤、污水管网铺设、木驳岸、绿化、健身广场、入口标志建筑等工程已竣工;在梅苏新建联体住宅94套,极大地改善了农户居住环境,提升了镇村整体形象。

【环境保护及绿色工程建设】 全镇各级河道河长全部到位,先后整治黑臭河道7条,管理步入常态化。深入开展"263"专项行动,狠抓污染治理工程,加大规模化畜禽养殖治理力度和禁养区划定工作,整治农业面源污染7家;秸秆综合利用和"双禁"工作实现"零火点"目标,秸秆还田率达100%;全面完成燃煤锅炉整治、合流制片区改造等各项工作,锦业公司完成天然气清洁能源改造工程,佳日公司完成生物质清洁能源锅炉改造;沿九龙大道北侧建设1600米污水管网,沿线100多户居民生活污水接入主管网。推进国土绿化行动,全年新增4公里通道绿化和12.5公里圩堤绿化;结合万亩高标准农田项目建设,新增农田林网666.67公顷,栽植各类苗木8万多株,新建成片林36.67公顷,超额完成了县下达的各项绿化任务。

【民生保障】 围绕民生问题和群众需求导向,着眼公平普惠、成果共享,做好群众最关心、最期盼的民生实事。坚持建档立卡与动态管理相结合、分类施策与全面推进相结合、扶贫与扶志相结合,强化结对帮扶责任,探索混合所有制模式,建立产业扶贫基地,帮助低收入农户实现产业脱贫。全镇村级图书流动服务点实现全覆盖,农村应急广播"村村响"一期工程通过省级验收;深入开展土地确权领证登记工作,该项工作已全部结束,颁证率达99.8%,位列全县第一;发展卫生计生事业,计划生育奖励扶助政策全面兑现,国家免费孕前优生健康检查全面落实,城乡居民医疗保险达到全覆盖。

【党的建设】 实施"依法治镇"战略,推进政府权力"瘦身"、职能"健身",提高政府管理和服务水平。健全政府法律顾问制度,重大合同签订、重大行政决策都要咨询法律顾问,避免踩红线、踏雷区、走弯路。完善政府信息公开制度,不断加大政务公开力度,给群众一个明白,还政府一个清白。自觉接受人大代表和广大人民群众的监督,切实提高议案建议和提案办理质量。加强新形势下经济运行新特征、新变化的研究学习,转变组织和领导经济工作方式,切实提高业务素质和工作水平,不断增强驾驭经济社会发展全局的能力。扎实抓好政府系统党员干部教育培训工作,着力强化干部责任担当和奉献意识,全面提升工作执行力。建立新型政商关系,强化公仆意识和服务能力,打造全新营商环境。加快政府职能转变,着力打造以人民为中心的服务型政府。坚定不移把政府系统廉政建设和反腐败工作不断引向深入,持之以恒正风肃纪,严防"四风"问题反弹回潮。强化制度执行,严格遵守中央八项规定和省、市、县委有关规定。严格落实主体责任,履行"一岗双责",切实控制"三公"经费等一般性支出,着力降低行政成本。严格督查农村"三资"管理,到期合同必须进入交易平台进行公开交易,严肃查处有规不依、有禁不止的行为。厉行节约,政府带头过"紧日子",把有限的资金更多地用到社会发展和改善民生上,让更多困难群众过上"好日子",推进政府廉洁高效、风清气正。

【园区介绍】 九龙口镇九龙科技创业园整体规划146.67公顷,已启动建成53.33公顷,入园企业40家以上,其中规模以上企业11家,2017年开票销售92100万元,入库税金2800万元。主要支柱产业有石油装备、电梯配件、环保设备、磁性材料等,其中九龙阀门2017年销售额9000多万元,永超磁性材料有限公司2017年销售额35000万元。

【富民产业与农民增收及扶贫】 在九龙口村流转土地122公顷,发展盛世荷园项目,致力打造集农业生产、休闲观光于一体的连片生态农业旅游示范区,该项目基础设施建设已完成;发展藕田套养龙虾等项目,实现亩均增收千元以上;全面推进农村一事一议财政奖补工作,向上争取项目,争取财政奖补8个村,涉及资金120.78万元。已实现建档立卡低收入农户812户1378人,人均年收入提高到6000元以上,其中产业脱贫人数达112人;城乡低保标准分别提高到560元、480元。

【森林小镇建设】 2017年九龙口镇创建特色森林小镇,年初申报10个项目,到8月全面建设完成,并进入日常养护阶段。

阳春三月,九龙口万顷荡绿　　(建湖日报提供)

【农村文化阵地建设】 深入宣传十九大精神,在村居、学校、医院、机关单位等人群密集区,利用标语、会标、电子显示屏等方式做好十九大精神宣传;利用重大节日,开展与节日相匹配的活动,引导群众开展文明创建;将道德讲堂活动常态化,坚持"身边人讲身边事,身边事教身边人",引导群众在认识、接受先进人物的优秀品质后群起模仿,转化为崇德向善的自觉行动。

【人文、自然景观】 九龙口镇地处建湖西南部,位于盐城、淮安、扬州三市交界处,南与扬州市的宝应县相邻,北与本市的阜宁县接壤,西与淮安市淮安区隔荡相望,境内有国家AAA级旅游景区、省级风景名胜区——九龙口风景区,是全国重点镇。九龙口镇文化底蕴深厚,富含射阳湖文化、汉唐文化、民俗渔耕文化。境内收成村曾是1000多年前盐渎县城,内有"五港断流""青龙桥""凤凰桥""扣马桩""孝子坊""唐槐""罗汉院""东海王墓"八大古景。境内五谷村赵家舍、九龙口龙珠岛等处存数极少的五谷树相传为明代永乐年间郑和下西洋带回中国,国内罕见。

【组织机构及领导人名录】

党委书记　徐为高(—2017.08)
　　　　　夏　龙(2017.08—)
党委副书记　卞克年
　　　　　　郭　飞
人大主席　潘明顺
镇　　长　卞克年
副 镇 长　张　伟
　　　　　吴亚飞
　　　　　邵如江(—2017.01)
　　　　　袁新峰(2017.02—)
　　　　　颜育明
　　　　　谢继兵
组织委员　颜　军
政法委员　蒋国为
纪委书记　张婷婷
工会主席　王贵才
宣传委员　张翼鹏
统战委员　李书虎
人武部长　谭洪锋(2017.02—)

【镇中心负责人名录】

经贸中心　李建成
农业中心　金志德
村建中心　马育军
计生中心　乘以华
文广中心　倪雅珍
人力中心　苏海峰
农 经 站　于建华

九龙口镇2017年各村(居)基本情况

表12

村(居)名	党(总)支部书记	村(居)委会主任	经济总收入(万元)	农民人均纯收入(元)
九龙口	潘国美	李洪举	212.92	17425
合　荡	朱实堂	卞林华	239.92	17405
亥　河	朱士俊	卞加春	55.84	17385
收　成	夏正东	郭海东	152.67	17525
五　谷	伏阿顺	洪加荣	42.98	17328
金　徐	丁达锦	张　伟	50.94	17315
梅　苏	刘恩志	李庆龙	50.67	17858
太　绪	李助华	张学峰	62.65	17298
竹　元	李咸彬	王永洪	51.43	17285
梁　泽	高才岗	徐洪其	106.36	17438
蒋营居委会	徐茂勇	周　芳	130.74	17825

(钱　智)

高　作　镇

【概况】 高作镇地处建湖县西北部，毗邻县城，总面积70平方公里，耕地面积3965公顷，人口3.8万，现辖15个行政村，1个居委会，113个村民小组。是江苏省文明镇、生态镇、电商示范镇、卫生镇，盐城市法治镇。2017年实现地区生产总值17亿元，比上年增长8.3%；固定资产投资6亿元，增长11.6%；全镇实现工业开票销售10.2亿元，比上年增长26.2%；人均纯收入23196元，增长10%；外贸出口总额3600万美元，增长28%。对外经贸快速增长，外贸总量和增幅均位居全县前列，主要指标在全县的位次稳步前移，部分指标进入镇街前5强。

【工业经济】 建有高作科技创业园，分为南、北两个工业区，共有一般纳税人企业106家、规模以上工业企业23家，形成了石油机械、轻工照明、农业机械等支柱产业。全镇实现销售超亿元企业2家，超5000万元企业5家；入库税金超百万元企业11家，其中凤程纸业公司达3115万元，厚睦莱公司突破2000万元。坚持把招商引资作为工业经济工作的重点，新上了建锋商业道具、宇轩环保设备等项目，储备了上海精润金属、上海程通机电、上海博睿斯重工、苏州台资碧茂科技、苏州日资东京滤器等一批重点项目。加快企业转型升级，江苏奥达威新投入的新能源汽车电池零部件生产线项目全面投产，富捷旋耕刀厂重组江苏中佑石油机械合作新上了液压翻转铧犁整机项目，转型升级迈出坚实步伐。

【农业农村】 现代农业加快扩张，不断完善园区详规，创建市级标准农业产业示范园区。园区建成面积达166.67公顷，实施了春源采摘园、农业休闲农庄、粮食深加工、新型足球草坪等一批重点项目。抓好西片土地整理、中央财政小型水利设施重点县、高标准农田整镇推进工程等一批项目的帮建与服务，利用“农路提档升级改造”“彩虹桥”计划和“一事一议”等政策，着力提升农业基础设施保障水平。新组建农民专业合作社2个、家庭农场10家。促进农业适度规模经营，引导农村土地经营权有序流转，流转土

高作现代农业示范区　　　　(建湖日报提供)

地246.67公顷以上,提高农业生产能力。建成高标准农田2000公顷。

【镇村建设】 加大基础设建设投入,以质量为重,康居工程持续推进,共完成256户农房改造,其中D级危房66户,C级危房190户,拆除152户,修缮104户。继续完善西站、大尖两个社区的电、水、气、网、教育、购物等设施建设,建成更高层次的社区环境。加强省级"美丽乡村"建设,季墩村建成"美丽乡村",居住环境明显改善;长北村基本建成"美丽乡村",整体环境已具规模。实施农村公路提档升级,新建、拓宽农村公路19公里、新改建桥梁21座。抓好冬春水利工程建设,全面推行"河长制",加快河道疏浚整镇推进项目建设,疏浚河道108条261公里、土方541万方;新建排涝站4座、圩口闸23座、灌溉站73座。

【环境保护】 持之以恒推进"绿色高作"建设,实施利陈线通道绿化、蒋王森林村庄建设、阜建高速绿化提升、集镇道路绿化延伸等十大绿化工程,全镇森林覆盖率达26%,集镇绿化覆盖率达38%,位居全县前列。开展秸秆禁烧禁抛工作,连续5年基本实现"零火点"目标。加强工业污染防治,开展以畜禽养殖污染防治为主的农村环境整治工作,全镇环境质量始终位于全县前列。

【民生保障】 始终把改善人民生活作为各项工作的首要任务,千方百计加大投入,完善十字河园区高标准厂房和"互联网+"两个平台建设,为创业者造就良好的创业环境。新增个体工商户420户,新增私营企业120户,掀起了创业新浪潮。落实科教兴镇方针,加强教育基础设施建设,高作中学改造食堂楼,高作小学周边环境进一步改善,中考成绩连续8年名列全县同档学校第一。加强镇敬老院内部管理,完善服务设施和服务机制,副院长姜永基被全国老龄委评为"敬老爱老助老模范人物"。强化卫生基础设施建设,进一步提升村卫生室条件,完成县下达的年度改厕任务。建阳县抗日民主政府旧址成为市级廉政文化建设示范点。

【党的建设】 全面落实党要管党、从严治党的方针,扎实推进十九大精神学习教育制度化常态化,查找存在问题,切实改进工作作风,切实加强党的建设,为镇域经济社会发展提供了有力保障。加强基层组织活力,选优配强领导班子,选聘优秀退役士兵到村任职,班子结构得到优化,战斗力进一步增强。规范政府工作流程,严格按章办事、依规做事,自觉接受镇党委领导和人大监督,切实做好人大代表建议办理工作。政务信息全面公开,政府工作阳光运行。加大政府投资项目审计力度,保障资金使用规范安全。支持镇纪委聚焦主业,强化执纪办案,推动各级干部务实工作、奋勇争先。

【高作名人】 高作是一个历史悠久的文化古镇,镇名可追溯到唐代,留下了很多美丽的传说;是一个铁血抗敌的革命老区,诞生了建湖第一个人民政权——建阳县抗日民主政府,留下了刘少奇、陈毅等老一辈革命家的战斗足迹;是一个英才辈出的灵秀之地,建国以后走出了原国家燃料局局长、振兴盐城北京咨询会主任王俊,中央组织部原部务委员、党建专家刘是龙,中国工程院院士、军事医学科学院动物防疫专家夏咸柱,中国人民大学原副校长、财经专家袁振宇,《人民日报》原记者部党委书记、著名记者颜士贵,国务院原三线建设整顿办公室主任、为彭德怀立传补碑的文史专家王春才,中国科学院研究员、著名明史专家王春瑜等一大批杰出人士。

【组织机构及领导人名录】
党委书记　苗志清
党委副书记　王　玮
　　潘　静
人大主席　洪　霞
镇　　长　王　玮
副 镇 长　孙捷林
　　顾成喜
　　汪　刚(—2017.08)
　　肖兆杰
　　於汝高(2017.10—)
政法委书记　潘　静
宣传委员　马　慧
纪委书记　张久成
工会主席　袁国栋
组织委员　肖　红
人武部长　陶亚明
统战委员　蔡玉霞
政法委员　於汝高(—2017.10)

【镇中心负责人名录】
经济贸易服务中心　羊为林
农业技术推广综合服务中心　梁建熊
人口与计划生育服务中心　王玉龙
文化广电服务中心　王　芹
建设环保服务中心　薛继伟
劳动保障服务中心　杨　明

组织开展"两学一做"知识竞赛　　(建湖日报提供)

高作镇2017年各村(居)基本情况

表13

村(居)名	党(总)支书记	村(居)委会主任	经济总收入(万元)	人均纯收入(元)
大　尖	周维东	周维东	48.24	25195
双　界	曹兆根	曹征法	43.42	23385
长　北	卞富强		44.58	22045
陈　甲	吕井山	孙华俊	41.66	23690
蒋　王	赵正全	葛成军	48.3	23040
合　兴	杨定高	袁寿林	33.45	24630
卞　港	王丰玉	王丰玉	62.37	23335
季　墩	李凤春	沈东华	115.4	22555
西　站	周金龙	周金龙	39.93	26400
涔　庄	刘长玉	周跃凯	42.15	21855
大　墩	李玉义	蒋　芬	35.19	22090
光　明	王厚奎	戴红花	48.41	23770
高　群	钟章军	许世军	35.83	22635
马　楼	马以勤	薛为连	97.9	20810
北　庄	周德明	马爱平	45.53	19625
高作居委会	吕　军	吕　军	42.9	26080

(王艺山)

芦　沟　镇

【概况】　芦沟镇因横贯境内的芦沟河而得名,地处建湖县城东南、盐城市区正西,又名“盐城西乡”。西北分别与沿河镇、近湖街道接壤,东隔东塘河与庆丰镇、盐都区龙冈镇相望,南隔盐宝河与盐都区学富镇毗邻。全镇总面积76平方公里,其中耕地面积4587公顷,全镇下辖13个行政村、3个居委会,总人口4.28万人。盐徐高速公路、234省道横越东西,231省道竖穿南北,盐徐高速与231省道在境内交汇并拥有互通的建湖东出口。市党代表陈汉山成为全省乡土人才“三带”名人,兽医站徐梅在全省动物检疫技能竞赛中获全省第一名,先后获省总工会“江苏省五一创新能手”、省人社厅“江苏省技术能手”、省农委“全省动物检疫状元”称号,双庆村夏澎芳户被评为“盐城最美家庭”。双庆村被授予省级农村电子商务示范村,红亮、杏园、芦北3个村建成省级综合文化服务中心,五联、双庆、裴西、朝阳4个村居建成省级卫生村,田曹村建成省级康居村居和市级卫生村。

【经济建设】　把加快发展作为第一要务,加强经济工作组织,优化三次产业结构,发展总量持续扩张,发展质量稳步提升,发展速度明显加快,全镇综合实力登上新台阶。2017年,全镇实现地区生产总值17.04亿元,占年计划的105%,比上年增长9.2%;实现财政总收入9125万元、实现一般公共预算收入5704万元,分别占年计划的

盐城市琪航石油机械有限公司生产车间　　(建湖日报提供)

109.4%和105.6%,比上年分别增长18.2%和36.9%;实现规模以上工业增加值5.71亿元,占年计划的102.9%,比上年增长7.8%;实现社会消费品零售总额5.4亿元,占年计划的105.8%,比上年增长101.6%;实现农民人均可支配收入17151元,占年计划的104.1%,比上年增长8.6%。2017年,全镇完成固定资产投资11.39亿元,其中制造业投入9.2亿元,分别占年计划的101%和106%,比上年分别增长12.1%和16.8%;实现外贸出口400万美元,占年计划的105%,比上年增长7.8%;新组建私营企业580户、个体工商户330户,新增注册资本5000万元。强化争先创优意识,按照"同档领先、全县争先"的奋斗目标和"确保进前四、力争夺前三"的工作定位,强化各项工作组织推进,全镇上下迸发出了"学赶先进、争当先进"的积极向上正能量,财政收入及实体一般公共预算收入的进度和增幅一直位居全县前列。扎实抓好镇域品牌创建,参与了国家高新技术企业评比活动,崇达、骊麟、琪航3家企业成为国家高新技术企业,芦沟中心卫生院被评为"全国最满意卫生院"。

【产业发展】 坚持把推进产业转型升级作为全年经济工作的主线,实施项目推进,加快发展高效农业,扎实推进园区建设,产业结构不断优化,竞争能力明显增强。主攻招商引资。牢固树立"项目为王"的理念,始终把招商引资摆在各项工作的头版头条,在推进全员招商、委托招商、以商引商的同时,成立了招商办公室,组建了3个专职招商组,明确了4名班子成员牵头主抓,进一步充实了招商力量,强化了招商责任,创新了招商方法,推动了招商引资工作的新突破。2017年,全镇共招引并开工各类产业项目11个,其中佳力高档铝型材、加源新型墙体材料、闵顺金属制品等工业项目6个,新俞稼豪粮食收储及加工、丁丁农业生态园等农业项目3个,义天互联网服务平台、宏兴家具城等服务业项目3个。并有扬州蒙泰电磁线、南通浩之元电子元器件、无锡益能电器设备、上海华新铝合金制品等一批重大项目正在进行跟踪洽谈。切实加快项目建设。坚持把项目建设作为推动镇域经济发展的主抓手,成立项目建设工作班子,明确一名班子成员牵头、一套班子跟踪服务的"一对一"帮建工作责任制,扎实做好手续报批、土地征用、拆迁清障、矛盾协调和要素组织的"一站式"帮建服务,加快项目建设,欧吉尔光伏组件、三爱思检测仪器、新东方大米加工等一批项目已投入试生产,加源新型墙体材料、佳力高档型铝材等所有在建项目均达到并超过时间节点要求,列入县"两重一实"的所有重点项目均通过了县现场督查考核验收。着力推进工业转型。在通过招商引资培育产业、扩张总量的同时,支持企业利用现有存量新上项目,提升发展水平和竞争能力,先后实施了崇达油田机械、宏都工程机械部件、汇达玻璃制品等现有企业技改扩能项目13个。支持和鼓励现有企业开展新品研发,推动产品转型升级,先后研发了骊麟井下采油装置,崇达高压泵等市级以上新产品11个。引进和实施新能源材料、电子商务、电子信息等新产业项目,加快光电、节能以及新能源新材料等产业的裂变和膨化,欧吉尔新能源、鑫瑞交通设施、欧斯特高档装饰材料等新型产业总量大幅增加,兴隆尼龙、春之声装饰材料、诚商旅游用品、双辉油田机械4家企业跻身外贸自营出口企业,汇达玻璃、萨尔科技2家企业列为规上工业企业。加快发展高效农业。推进城东都市农业示范区建设,启动了园区主入口标牌、门楼以及主干道两侧的观光长廊建设。继续推进园区内部生产路网的配套和完善,促进了园区的空间拓展和形象提升。加大农业项目招引和建设力度,引进并实施新俞稼豪粮食收储及加工、裕口农副产品电商销售平台等项目3个。加大农业结构调整力度,抓好镇长示范片和分管镇长示范片项目建设,建成了徐沟村、同建村千亩生态套养项目和双庆村33.33公顷荷藕套养龙虾项目,芦北设施渔业、双庆设施葡萄等一批农业结构调整项目建设稳步推进。扎实抓好农机具推广工作,夏季机插秧面积位居全县前列。土地流转工作扎实,新流转土地184公顷,累计流转土地2540公顷,高效农业面积达到了全镇耕地总面积的58.5%。加大农村新型经济合作组织组建力度,新组建农村专业合作社3个、家庭农场9个,实现了"一村一农场"建设全覆盖目标,宏华谷物种植成功创建为市级示范家庭农物。扎实推进绿化造林,分别建成东升村3.2公里围村林、盐宝河5公里圩堤绿化和南部干线绿化提档升级,通过省、市、县三级验收,绿色芦沟建设考核始终位居全县前列。强化农业基础设施建设,实施土地整治、千亿斤粮田、小型农田水利设施重点县、优质商品粮基地及高标准农田建设等省投项目,农业发展条件得到明显改善。加大秸秆禁烧禁抛和综合利用力度,夏季秸秆全部实现全量还田,秸秆乱烧乱抛现象得到全面遏制。改善提升园区环境。修订完善了工业园区中长期发展规划,实

芦沟镇镇南新区德诚小区一角　　（建湖日报提供）

施了大崔东路绿化工程，推进了新建路绿色提升工程，完成了兴达路、兴业路黑色道路建设和镇南东路的工程设计，新铺设了污水管网3.8公里，改造了供电、供水、通讯基础等线路，完善了兴建路绿化和亮化工程，拆迁了园区住户60多户，新拓展了园区建设用地133.33公顷，改善和提升了园区发展环境，成为市级中小企业孵化基地。

【镇域环境】 坚持把统筹发展作为惠民生的主要内容，加强政策引导，加快基础设施建设，镇村面貌得到全面改观。强势推进镇区建设。加快集镇规划建设，委托上海交通大学城市规划建筑设计院完成集镇总体规划修编和控制性详规。加快镇南新区基础设施完善，完成了跃进路、人民南路亮化工程，实施了人行道及其景观建设。加快镇南新区基础重点工程建设，实施了中心幼儿园移址新建工程，启动了新农电站、农民体育场的建设准备。加大集镇绿化美化力度，建成了占地8.67公顷的芦沟花视界。抓好老镇区的出新改造，实施了府前路、镇南路黑色道路改造工程和231省道西侧集镇段住房出新工程，改建了人民桥，完善了府前路绿化带的修补和改造，老镇区亮化工程得到修复和提升。着力抓好环境提升。强势开展“263”专项整治行动，拆除燃煤锅炉6家，关闭落后产能企业及项目9个，对全镇60多户畜禽养殖专业户开展了污染整治。抓好镇域环境营造，对231省道东侧计600多户的住房进行了“穿衣戴帽”，在田曹、五联段建成了2公里的景观绿化长廊，并在231省道西侧、大崔河南岸新建了仿古文化墙，镇域面貌大为改观。扎实抓好镇域环境提升，全面推进“森林小镇”和“森林村庄”建设，着力加强农村康居工程和美丽乡村建设，拆除234省道沿线有碍观瞻和农村危房275户，拆除、改造农村D、C级危房220户，修缮改造“四类人员”住房208户，投资近千万元完成了田曹村、芦北村的美丽乡村建设，启动了东升新村和田曹新型社区建设。强势抓好农村环境整治，扎实抓好农村环境长效保洁，完成了3个特色村、38个重点村庄生活污水处理规划的编制，新铺设生活污水管网3.5公里，进一步完善了垃圾集中保洁、收运市场化运作机制，实现了村庄、河道、公路保洁工作的“三合一”，镇域环境不断改善。优化基础布局。扎实抓好县级以上重点工程帮建服务，对231省道拓宽改造、芦东线黑色路面改造等县级工程，分别明确一名班子成员牵头抓好杆线迁移、树木砍伐、拆迁清障、矛盾协调和帮建服务，保证了县属重点工程项目顺利建设。强势抓好镇属重点工程建设，对府前路、前进路下水系统改造、污水管网铺设、集镇环境改造等，明确时间节点，实行挂图作战。加快民生实事工程建设，实施了10公里的芦朝线、芦双线、建裴线等农村公路提档升级工程和主要循环路道危桥危栏修复工程，修改建桥梁28座，完成了8个财政“一事一议”奖补项目，启动了6.6公里的美丽乡村道路建设，农村基础条件进一步提升。

【社会民生】 把以人为本、改善民生作为一切工作的出发点和落脚点，坚持从群众最关心的事情做起，从群众最迫切的需要入手，兴办了一系列实事，提升了群众幸福指数，促进了社会和谐稳定。致力增加群众收入。加大“大众创业、万众创新”工作力度，全年新增一般纳税人79户，新培育种、养、加专业大户23户，新成立“两新”社会组织6个。加大扶贫开发工作力度，在调查摸底和建册立档的基础上，组织镇村干部和企事业单位结对帮扶937户低保困难户，实施了万株经济苗木、110台套草绳制作机械免费赠送等一大批帮扶项目，实施精准扶贫，全年计有236户人均可支配收入在6000元以下的低收入农户实现了脱贫，脱贫率达到了25%。加快发展社会事业。深入实施科教兴镇战略，全面推行“让学引思”课堂教学改革，开展“延时教学，弹性教育”辅导教育模式，全镇3个中小学全部建成了“智慧校园”，实现了教育教学工作的均衡化、特色化、精细化和优质化，高考本科录取率位居全县前列，中考质量继续高位运行。抓好文化惠民工作，弘扬“全国诗词之乡”创建成果，推进“江苏书香之乡”创建，全镇16个村居综合文化服务中心按照“八个一”的标准进行了完善，提升了传统文化品牌。发展医疗卫生事业，开展“爱国卫生”活动，加快了芦沟中心卫生院诊疗设备的更新升级，实施了徐沟、裴刘、朝阳等村居改厕工作。抓好人口和计生工作，开展“计划生育优质服务推进月”等活动，严格落实奖励扶助政策，着力开展流动人口“五同”服务，人口计生工作得到长足发展。加强社会管理。抓好“七五”普法教育，深入推进平安芦沟、法治芦沟建设，加强社会治安综合治理和防控体系建设，强化重点人群排查管控，集中开展出租房屋整治，严厉打击违法犯罪专项行动，进一步完善大调解大防控体系和基层基础，人民群众安全感不断增强。开展“正风肃纪镇村行”专项行动，扎实抓好领导干部大走访大落实和社会矛盾安全隐患大排查大整治活动，成立了督查办公室和审计办公室，健全完善了机关内部管理、农村“三资”管理等一系列规章制度，全镇干部作风明显改善，机关效能进一步提升，干群关系更加密切。扎实抓好安全生产工作，会同市安全外包专家及县安监执法人员常态化开展安全生产督查，强化安全生产整治，建立了44家企业隐患排查治理登录系统，22家定报企业全面完成安全生产标准化建设。抓好村级债务化解，五联、大同、裴西、杏园、芦东、淳化6个村居成为无借款村居。强化社会管理创新工作，抓好重大节日、重点时段的信访稳定，集中做好省市县交办的信访积案化解，扎实开展企业用工、维权等服务。做好网络舆情、市县长信箱和县“12345”政务热线交办件的核实处理，社区矫正、社会矛盾调解工作一直位居全县上游。加强应急管理，突发公共事件处置的做法和经验在全县推广。推进社会保障。加大社会弱势群体关爱力度，继续完善敬老院省级达标工程。加大扶贫济困力度，组织“六一献爱心”“金秋助学”等活动，确保贫困儿童学有保障。继续围绕“四有一责”目标,强化劳动监察,扎实推进养老、合作医疗等保险,社保工作得到进一步强化。严格执行农村低保、五保供养、优抚对象抚恤标准等惠民政策,加大低收入农户和弱势群体的托底救护力度,财政兜底解决困难群众生产生活救助资金 69 万元,全镇一、二级的582 名重残人员全部纳入农村低保和无固定收入民政救助,1804 名优抚、低保、重残、五保户、孤儿“五类重点人员”全部免交新型农村合作医疗保险,弱势群众生活得到有效保障,民政工作继续稳居全县前列。

【党的建设】 加强学习型党组织建设,通过镇党委中心组学习、机关干部周六学习、外出培训考察等形式,进一步增加强了全镇各级干部加快发展的责任感和紧迫感。深入开展中共十八届三中、四中、五中、六中全会和十九大精神的学习,以习近平总书记新时期治国理政新理念新思想新战略武装全镇广大党员干部的头脑。常态化制度化开展“两学一做”专题教育,着力推进思想解放,党员干部的思想觉悟和理论水平不断提高,提升了全镇各级党政组织引领全镇经济社会发展的能力和水平。加强党建工作创新,抓实党员“361”理念动态评定升、231 党建示范带创建等工作重点,为省市县委组织部提供了观摩现场。坚持正确的用人导向,按照新《干部任用条例》的规定,着力为转型跨越发展选干部、配班子,先后提拔使用干部 2 人,调整干部 8 人,干部队伍活力明显加强。加强党的队伍建设,严把党员入党关口,2017 年新发展党员 9 人。组织召开镇党代会一次会议和镇人大十九届一、二次会议,“两代表一委员”的职能作用得到进一步体现。加强村级干部队伍建设,适时对个别村居班子进行了调整。加强基层队伍建设,完成了团委、妇联、商会、残联以及基层单位党组织的换届工作。坚定不移地推进全面从严治党,落实党风廉政责任制,开展党纪条规学习和警示教育活动,党员干部遵守《廉政准则》的自觉性不断增强。严格查处违法违纪案件,全年共立党政纪案件 18 件,并就有关问题对失职党员干部提醒谈话 9 人、诫勉谈话 7 人、书面检查 3 人。举办廉政教育咨询 3 场次,党风不断好转。狠抓机关作风和效能建设,组织机关干部、事业单位负责人定期开展述职评议活动,成立了督查办公室,常态化开展重点工作督查,推进了机关作风的不断好转。开展“为企服务月”“为企服务周”、活动和“暖企行动”,坚持重点重抓,整治发展环境,各级干部服务效率和服务水平明显提高。与此同时,人民武装、统战、工会、共青团、妇联、老干部、关心下一代等各项工作也都取得了新成绩,全镇上下呈现了出了经济持续发展、社会和谐稳定、人民群众安居乐业的局面。

【组织机构及领导人名录】

党委书记　刘士川(—2017. 08)
　　　　　王　育(2017. 08—)
副 书 记　邵红燕
　　　　　赵正波
人大主席　潘志胜
镇　　长　邵红燕
副 镇 长　吴旭东
　　　　　潘海康
　　　　　蒋晓云
　　　　　申　勇
　　　　　孙根锋
纪委书记　吴红梅
组织委员　张　娣
宣传委员　吕文明
政法委员　袁登俊
统战委员　杨　鞭
人武部长　张宝国
工会主席　宋　霞

【镇服务中心负责人名录】

经济贸易服务中心　夏斯明
农业技术推广综合服务中心　刘爱萍
人口和计划生育服务中心　陈　霞
建设环保服务中心　李正华
文化广电服务中心　张　芹
劳动保障服务中心　蔡玉刚
便民服务中心　吉　明

芦沟镇 2017 年各村(居)基本情况

表 14

村(居)名	党(总)支部书记	村(居)委会主任	经济收入(万元)	农民人均纯收入(元)
朝阳居	朱洪军	乔文兆	6647	22980
五联居	严　平	严　平	12626	23720
裴刘居	薛海峰	薛海峰	4625	22610
裴　西	朱金祥	董维良	4525	21240
同　建		陆才明	4460	19670
徐　沟	刘守高	丁庆广	4466	19440
杏　园	沈文荣	范修建	4857	20050
田　曹	吴旭龙	田荣飞	6506	20250
红　亮	王建良	袁立和	4322	19750

续表 14

村(居)名	党(总)支部书记	村(居)委会主任	经济收入(万元)	农民人均纯收入(元)
联　星	朱红兵	王如祥	4010	19920
大　同	高书友	陈建中	4489	19740
双　庆	陈汉山	金全成	7272	21640
芦　东	王志育	孔令裕	5534	19900
东　升		王立山	5532	19880
芦　北	濮高堂	徐国良	5210	20740
淳　化	吴庆兆	王　杰	7751	22190

（徐国茂　冯　月）

沿　河　镇

【概况】 沿河镇地处建湖县城正南边，与盐都、宝应、兴化三市区相邻，西临西塘河，接壤建宝线，盐金国防公路、盐徐高速公路、231 省道连接线、331 省道穿越镇境，行政区域面积 81.81 平方公里，辖 13 个行政村、2 个居委会，总人口 3.8 万人，耕地 4518 公顷，水面 1066 公顷。2017 年完成地区生产总值 17.06 亿元；一般公共预算收入 3448 万元；规上企业开票销售 5.2 亿元，应税销售 4.2 亿元；农民人均纯收入 16230 元。在县 2017 年度目标任务绩效考核总结大会上，获得“扶贫开发和镇村经济发展工作奖”和“民生幸福和社会事业工作奖”2 个单项奖，王春被评为“十佳全民创业之星”，商文明被评为“杰出(优秀)工业企业家”，陆德祥被评为“十佳村(居)党组织书记”，王春锋被评为“综合先进个人”。依法治县和综治信访稳定工作获市级表彰。

【工业经济】 坚持项目为王的理念，集中精力抓招商。2017 年初，镇政府与 15 个村(居)签订了招商引资工作目标责任状，不断强化招商责任，明确招商任务，夯实招商举措。全年新开工项目 11 个，包括工业项目 5 个，其中亿元项目 3 个，农业项目 4 个、三产服务业项目 2 个。年内共竣工项目 6 个，形成当年建设、当年投产。金洋科技、广源泰维两家企业申报为全县 2017 年新增规模以上工业企业，成为新的经济增长点。

【农村建设】 加强农业结构调整，加快现代渔业园区和设施农业园区建设。新上 166.67 公顷全国首例光伏循环水养殖项目和 160 公顷综合种养项目，示范引领群众致富。实施农业资源开发和千亿斤粮项目，项目涉及 12 个村，总投资 3800 万元，新建机耕道 55 公里、农桥 58 座、泵站 5 座、灌溉站 115 个。实施“一事一议”奖补项目，投入资金 150 万元，浇筑农路 8 公里，农村综合生活条件明显改善。实施农路提档升级改造，2017 年新改造农路 35 公里。落实“河长制”，打造“河畅、水清、岸绿、景美”的生态家园。推进土地确权工作，完成 228 个村民小组数据录入，完善合同登记 10639 户。

【村镇规划建设】 按照生态经济核心区“二带”建设规划，在蒿仑村流转土地 266.67 公顷，发展稻虾生态综合种养，对现有的沿荡 300 公顷鱼塘，逐步推广现代渔业，提高养殖效益。利用光伏基地，流转土地 166.67 公顷，打造全国首家“渔光互补”循环水养殖基地，把保护荡区自然风貌与发展现代渔业循环养殖有机结合起来。按照核心生态区“二廊”建设规划，逐步打造黄沙港生态走廊，加强黄沙港改造后的生态修复。

【美丽乡村建设】 完成集镇菜场路、东夏路黑色化。“水上沿河”风光带

沿河镇闸站建设现场一角　　（建湖日报提供）

工程全面竣工,建成对外开放,长征河景观河道正在实施。加快蒿仑特色村庄建设和光伏小镇建设。创建蒿仑省级美丽乡村,着力构建融生态循环种养、生态设施农业、生态旅游观光、生态特色村庄于一体的核心区生态农村新模块。

【环境保护及绿色工程建设】 践行绿色理念,开展绿化造林工作,完成成片造林38.67公顷,绿色提升33.33公顷,圩堤绿化8公里,通道绿化12公里,四旁植树7万余株,新建围村林1个、绿化达标村1个,完成长新"森林村庄"创建。联合县城管执法大队,集中整治集镇"六乱"行动,拆除违章搭建21处,整治集镇出摊经营。出新农贸市场门楼,改造集镇农贸市场,规范农产品交易摊点。开展"263"专项行动,突出清理后街小巷生产生活垃圾。加大秸秆综合利用和"双禁"力度,夏秋两季实现"零火点"目标。全镇15个村(居)卫生室标准化建设全面完成,提升了医疗卫生保障水平。2017年10月,通过了省卫生镇创建工作验收。

【民生保障】 做好社会保险工作,新增"五险"扩面910人次,新增新农保500人。核退农村低保户96户,新评定低保户147户,新评残44人,新审批五保户42人。整合社区教育中心资源,加强文化宣传工作,社区教育中心连续3年被表彰为全省社会教育宣传工作先进集体。沿河初中、沿河中心小学现代化教育教学工作取得新的成绩。应对二孩政策,深入开展流动人口服务,提升人口和计生工作水平。加大依法治镇宣传力度。开展"大走访大排查大落实"活动,对排查出的904条问题和诉求,全部化解处理到位。切实做好信访稳定工作,对省、市、县交办的10件重点信访积案,集中力量化解,化解率达100%,全镇社会综合治理工作受到市委、市政府表彰。高度重视安全生产工作,开展"安全生产月"和安全生产大检查活动。发挥工会桥梁纽带作用,金恒公司获省"安康杯"竞赛优胜奖,富凯公司被市总工会评为"优秀职工之家"。

【党的建设】 坚持"两学一做"学习教育常态化制度化,开展十九大精神学习贯彻,开展多形式学习宣讲活动,在学懂、弄通、做实上下功夫,实现基层党组织和广大党员干部政治自觉、思想自觉和行动自觉。夯实基层党建工作基础,创新党建工作特色。履行党建"第一责任人"职责。组织开展"七一"纪念座谈、参观阜宁"6·23"抗灾纪念馆、重温入党誓词等活动。创建"特色党建示范带"。加大村(居)后备干部培养力度,选拔3名退役军人进村任职。新建了沿东村、郑沟村和蒿仑村党群综合中心。牢牢抓住党风廉政建设责任制这根弦,突出党组织负责人的主体责任,突出镇纪委、纪委委员和村(居)纪检专干的监督责任,以责任落实推动"正风肃纪镇村行"活动深入开展。加大作风建设明察暗访的频度和力度,全年通报情况9次,诫勉、提醒谈话共计15人。2017年镇党政纪立案15件,县纪委立案5件,受到党政纪处分20人。配合县委巡察组到沿河镇为期一个多月的巡察,对巡察反馈的18个问题,编列清单,逐一落实整改。

【园区介绍】 2016年,沿河镇开辟了科技创业园。科技创业园规划为"一心、两轴、四片区"的总体格局:在位于园区开放大道与创业路交叉口东北角新建科创服务中心;以开放大道和高明路形成园区两条发展主轴线;建成智能终端产业片区、电子科技产业片区、机械制造产业片区和仓储物流产业4个片区。园区正在加紧完善供水、污水管网、电信网络、绿化、亮化等基础设施配套,创建丙等科技创业园。

【富民产业与农民增收及扶贫】 突出抓好两个生态农业项目建设。推进科技兴农、质量兴农、绿色兴农,加快现代生态农业发展步伐,全面提高农业创新力、竞争力和全要素生产力。重点实施建湖国源新能源公司投资5000万元的渔光互补循环水养殖基地项目和江苏郁金香生态农业有限公司投资的160公顷生态综合种养项目。对现有的低收入农户按照精准扶贫要求,有针对性开展脱贫工作。按照"阳光扶贫"要求,提高扶贫工作的真实性和科学性。建立脱贫机制,放大脱贫基地效应,不断提高"光伏脱贫""绿色扶贫"的效能,通过基地建设,领引和扶持贫困户加快脱贫致富。发挥农村电子商务优势,促进农民增收,新丰村被评为市农村电子商务示范村。

【特色小镇建设】 坚持做优、做精、做特,把"水上沿河"建设作为水乡小镇特色定位,分期打造。水上沿河风光带位于集镇西首的南北走向的马沟河两侧,北接东夏河,南至夏舍桥,全长1.3公里。工程重点实施绿色生态景观建设,河道两岸实施生态汽块驳岸工程。西岸靠河边栽植一行垂柳,垂柳线向内浇筑1.8米宽的人行通道,通道西植5排直径3厘米中山杉苗木。千里马桥南至夏舍桥河段,两河坡建生态木桩驳岸。马沟河东岸,沿河边植一行垂柳,垂柳向内,构筑3米宽的南北曲径,着力构建曲径景观带,连接育才公园,设立文化、法制教育长廊。

【一村一品】 谋划村级发展思路,整合"一村一品"资源,在全镇面上对农业产业集中规划,在镇西南片重点发展生态"精养"经济产业,在东南片发展优质稻米产业,在东北片发展林木育培产业,在西北片发展以南美白对虾和大闸蟹为主导的水产品精养产业,在集镇环城区,发展现代设施农业。

【农村文化阵地建设】 镇上成立群众文娱宣传队,到村(居)巡演,弘扬社会美德,倡导勤俭、健康的乡风民俗。把培育文明健康的生活方式作为培养和践行社会主义核心价值观、推进农村文明建设的重点内容,通过宣传倡导,鼓励群众讲卫生、树新风、除陋习,摒弃一些不文明、不健康的行动,不断营造和谐、文明的社会新风

10月13日，百姓舞台在沿河镇人民公园演出现场　　（周玉玲　摄）

尚，使优美的生活环境、文明的生活方式成为群众的自觉。

【人文、自然景观】 2009年，曾一直居住在鹰王庙旧址上的梁如甲、梁如根等梁姓后裔，为继承梁家祖先遗愿，始投资重建寺宇。逐步建成大雄宝开殿、天王殿以及西厢房。2017年又新建上下两层26间东厢房和18间上下两层西厢房。成为兼佛教弘扬、素食养生、愉悦养老于一体的多文化、古今交融的旅游景点。

【组织机构及领导人名录】
党委书记　徐　健
副 书 记　仇汉兵
　　　　　陆立华
人大主席　孙启刚
镇　　长　仇汉兵
副 镇 长　沈加荣
　　　　　王春锋
　　　　　陶　响
　　　　　杨　云
　　　　　夏平峰
纪委书记　吕越男（女）
组织委员　王海霞（女）（—2017.08）
　　　　　彭荣华（女）（2017.08—）
宣传委员　周　勇
人武部长　接家祥
政法委员　彭荣华（女）（—2017.08）
　　　　　姚金蓉（女）（2017.08—）
工会主席　方国华
统战委员　许　建

【镇服务中心负责人名录】
文化广电服务中心　赵沪华
人口和计划生育服务中心　李云峰
建设环保服务中心　朱铁军
农业技术推广综合服务中心　朱义亮
经济贸易服务中心　张玉丽
劳动保障服务中心　吴　萍

沿河镇2017年各村（居）基本情况

表15

村（居）名	党（总）支书记	村（居）委会主任	经济总收入（万元）	农民人均纯收入（元）
东夏居	夏东庆	陈中富	36063	19806
东兴居	仇康太	欧荣才	33125	18403
新　丰	朱书贵	吴吉成	21768	16744
沿　港	鞠明忠	张　强	15395	16759
向　阳	许　建	许　爱	16721	16982
郑　沟	杨位贵	叶元林	10231	16895
长　新	吕越男	陈金龙	10298	16921
天　美	陈万祥	刘登亮	10224	16874
树　桥	朱义亮	蒋红旗	10140	16954
沿　东	陆德祥	陆华亮	11248	18002
烽　火	杨　刚	马兆坤	10483	18953
马　沿	卞欣荣	徐长松	10175	17273
兴　旺	徐振国	孙美兄	14768	17080
蒿　仑	颜友林	顾英勇	21259	19301
自　强	荀月明	孙环军	22778	22962

（李爱中）

冈西镇

【概况】 冈西镇位于建湖县东北部,东临204国道,南依黄沙港,西濒东塘河,总面积68.1平方公里,耕地面积4103公顷,辖13个村、2个居委会,年末总人口33037人。2017年完成地区生产总值12.42亿元,比上年增长8.6%;一般公共预算收入2590万元,增长17.8%;规上工业开票销售7.09亿元,增长43.6%,企业增长面70%;农民人均可支配收入15710元,增长10.5%。在2017年度全县目标任务绩效考核中,获"党建创新工作奖""反腐倡廉和作风建设工作奖""依法治县和综治信访稳定工作奖",副镇长姚万春被表彰为"综合先进个人",李乃会获得"十佳创业之星"称号。

冈西镇软基材料产业园服务中心 (陈玉柱 摄)

【工业经济】 实施招商引资、项目推进。坚持把招商引资作为全年各项工作的"一号工程",始终抓紧项目这根主线,通过驻点招商、敲门招商、以商引商,与上海建湖商会和苏州、温州、深圳等发达地区建立紧密合作关系,广泛收集有价值项目信息。全年新开工超千万元项目4个,其中工业超亿元项目2个、农业和服务业项目各1个,在谈亿元以上有价值项目信息5条。强势推进项目建设,宝泰软基材料项目一期工程5000平方米高标准厂房及附属用房建成投产,拥有自动化可测深排水板生产线20条,接受了全县重点项目日"家家到"观摩。服务企业发展。对现有企业运行加强监测、指导和服务,搭建政银企合作平台,促进企业稳定增长。软基材料企业生产设备和技术含量逐步提升,市场竞争力增强,申茂公司、固业公司全年开票销售超亿元。科高公司2个新产品获得国家专利,正在申报市级高新技术企业,市场前景看好。做好重点企业用工、办证服务,开展在外经商、务工人员信息采集,为般若公司输送技术工人20多名,为卓茂、吉顺等企业办理不动产权证。加快园区提档升级。修编完善园区产业发展规划、平面布局规划,通过专家组评审、县政府批复,206.67公顷土地指标和规划调整到位。园区服务中心建成投入运行,整合业务部门,集中联合办公,形成政务、商务、服务一条龙。建成软基材料园标牌、标识、宣传高炮,纬二路工程启动建设。园区规模总量、发展潜力、社会效益明显提升,项目承载能力明显增强,被纳入全市等级园区评定对象。

盐城王开食品有限公司 (陈玉柱 摄)

【农业农村】 加快农业结构调整。以王开食品公司为核心区,高起点规划建设233省道现代农业示范带,发展高效设施农业、景观生态休闲农业。全年流转土地286.67公顷,实施苏润精品盆景园、肖荡千亩稻虾共作、徐王水稻制种种植、嵇舍稻田养殖、左幼粮食烘干等农业项目6个,新发展家庭农场8个。扎实抓好绿化水利建设。坚持绿色生态发展理念,全镇新建通道绿化14.67公顷、圩堤绿化12公顷,完善提升圩堤绿化6公顷,累计栽植各类苗木4.8万株,镇域森林覆盖率达24.8%。按照联圩加固达标工程"三年行动计划",实施圩堤加修16.7公里,新建5座泵闸,保障了安全度汛;完成河道疏浚12.5公里,进一步提升了抗旱排涝能力。稳步推进农村发展。协调相关矛盾,加快推进土地确权颁证,证书发放率已达80%。抓好秸秆禁烧和综合利用,秸秆机械化还田3000公顷,继续实现"零火点"目标。东吉等村省投土地整治项目全面竣工,张荡等村省投土地整治项目、东徐等村高标准农田建设项目启动建设,农业生产条件进一步改善。开展动物防疫"三大行动",做好畜产品质量安全检测,全镇没有发生重大动物疫情。

【城镇化建设】 实施农村康居工程。组织实施C级危房维修改造208户，D级危房腾空拆除194户，全面完成年度任务，农村住房面貌明显提升。先后完成东吉庄中心路沥青铺设、下水道埋设、桥梁修建、后庄整治等一系列工程，打造美丽宜居乡村，为全县康居工程建设推进会提供了现场点。编制完成双墩朝阳村庄整治方案、徐王同一村庄项目建设规划，发挥重点村庄整治的示范带动效应。聚合各类要素，协调各方矛盾，加紧办理吉瑞家园安置房不动产权证。推进交通建设工程。草庆线南段4公里上半年建成通车，北段7.1公里已进场施工，正在进行基槽和桥涵处理。加快实施农路提档升级工程，当年第一批次3条路全面完成，第二批次6条路正在建设；竣工桥梁9座，在建桥梁8座，还有12座桥即将进场施工。实施美丽乡村道路10.1公里，全部竣工通车，镇村道路质量、通畅能力明显提升。开展“263”专项行动。对照问题清单，全面排查环境隐患，逐一落实整改措施，促进镇村环境显著改善。对畜禽养殖场加强污染治理，建设粪污收集处理设施，落实粪污还田。对4家电镀小作坊、塑料粒子厂依法关停取缔。镇村河道全面落实“河长制”，为黑臭河道制定“一河一档”，形成河道整治“一河一策”，逐步恢复水清岸绿。加强镇村环境综合整治，建立长效管护机制，切实强化督查考核，不断提升镇村面貌。

【社会事业】 协调发展社会事业。不断改善办学条件，提高教育教学质量，冈西中学被国家司法部命名为“零犯罪学校”，冈西小学创建“盐城市书香校园示范校”，中心幼儿园通过省优质幼儿园复审，社区教育中心获评“省级标准化社区教育中心”。繁荣和发展群众文化，文广中心完成异地搬迁，承办县级剪纸艺术作品展览活动，冈西镇被表彰为“全县文化广电工作先进集体”。卫生事业成绩突出，冈西卫生院被评为“全国群众满意的乡镇卫生院”，该院中医科被评为“江苏省乡镇卫生院特色专科”，丁渡、白果卫生室获评“江苏省示范卫生室”，赵水浪同志获“全国卫生计生系统先进工作者”称号。优化人口计生服务，卫生院和计生中心均被表彰为“全县卫计工作先进集体”，双墩村被表彰为“全县人口协调发展先进村”。完善社会保障体系。扩大社会保险覆盖面，企业职工“五险一金”实现新增长。全面开展低保户自查自纠，对经济条件好转的286户适时取消补助，做到应保尽保、应退尽退。实施敬老院提档升级工程，在全县率先建成“残疾人之家”，为残疾人就业搭建良好平台。落实退役士兵优抚安置政策，保障合法权益。开展“牵手致富”结对帮扶活动，加强扶贫基地建设，实现年度脱贫目标。省纪委来镇督查“阳光扶贫”，对落实精准扶贫工作给予肯定。加强和创新社会治理。持之以恒加强作风建设，推进“正风肃纪镇村行”活动，强化集体“三资”管理，促进镇村财务规范运行。深入全镇农户和企业开展“大走访大落实”活动，访民情、听民意、解民忧，帮助群众和企业解决了一些实际问题。加强“阳光信访”平台及网格化移动终端管理工作，每月考核均位居全县前列。开展社会矛盾和安全隐患大排查大整治，对重点人员和关键领域，定期分析研判，制定有效措施，化解了一批信访积案，整改排除了各类安全隐患，全镇社会大局保持和谐稳定。

【党的建设】 宣传思想工作富有成效。组织党员干部学习贯彻中共十九大精神，用习近平新时代中国特色社会主义思想武装头脑，在学懂、弄通、做实上下功夫，打造“学习型机关”。加大文明创建力度，培育和践行社会主义核心价值观，创建“盐城市文明镇”顺利通过评估公示。在全社会唱响主旋律，传递正能量，涌现一批先进典型，西吉居委会共产党员杨刚、白果居民顾娟获“建湖好人”称号，顾娟还获得县第二届“十佳孝星”提名奖。基层基础建设不断夯实。扎实推进“两学一做”学习教育常态化制度化，正常开展党日活动，讲好专题党课，带动党员干部讲规矩、守纪律、改作风。加强党建创新，建立镇软基材料产业集群党委，探索“三聚三有”党建工作新模式，通过软基材料产业聚焦、资源聚集、力量聚合，实现党组织建设发展有动力、学习有平台、实践有载体，为全县党建创新项目和示范带建设推进会提供了观摩现场。党风廉政建设警钟长鸣。驰而不息加强作风建设，修订完善各项规章制度，坚决把纪律规矩挺在前面。加强廉洁履职教育，建成西吉社区、冈西小学2家县级廉政文化示范点。配合县委巡察组开展常规巡察工作，对照反馈问题，落实整改。坚持公开透明，实施阳光操作，建立“冈西招投标”微信公众号，全年完成10多项工程招投标。扎实推进“正风肃纪镇村行”活动，强化集体“三资”管理，促进镇村财务规范运行。民主政治建设切实加强。支持人大、政府、政协联络组工作，指导工会开展文体活动，完成共青团、妇联、商会、残联等群团组织换届任务。加强党管武装，全镇适龄青年网上兵役登记全部到位，基层人武规范化建设不断提升。做好老干部、关心下一代、民族宗教等工作，冈西镇被表彰为“全县老区经济开发和扶贫工作先进集体”，退休老干部徐玉章被市委、市政府表彰为“关心下一代工作先进工作者”。

【组织机构及领导人名录】

党委书记　刘　锋
镇　　长　徐　军
人大主席　陈立友
副 书 记　徐　军
　　　　　丁正军
副 镇 长　彭广明(兼派出所长)
　　　　　陈廷岭
　　　　　姚万春
　　　　　钱　林
　　　　　徐小青(女)
宣传委员　罗汉城
纪委书记　陆　彬
人武部长　朱学磊
政法委员　王　悦(女)
组织委员　韩立勇
统战委员　臧　军
副 科 级　苏和龙(财政所党支部书记)
　　　　　朱如程(村建干事)
协 理 员　唐苏东(—2017.10)

【镇服务中心负责人名录】
经济贸易服务中心　孙启忠
农业技术推广综合服务中心　肖　虎
劳动保障服务中心　陈婷婷
建设环保服务中心　徐　晶
人口和计划生育服务中心　成　刚
文化广电服务中心　彭广萍
便民服务中心　杨元龙

冈西镇 2017 年各村(居)基本情况

表 16

村(居)名	党(总)支部书记	村(居)委会主任	经济总收入(万元)	农民人均纯收入(元)
西吉居	司大群	司大群	25775	15900
白果居	陆海霞	陈　健	1439	19860
陆　河	彭大卫	王　刚	4934	16800
东　徐	陈　玉	陆祥飞	4314	14595
港　东	盛如万	张宗玉	3772	15518
丁　渡	杨　国	彭　彬	3577	15745
嵇　舍	陶其将	姜　勇	4244	15500
徐　王	徐维兵	徐寿德	4261	15726
顾　顶	陶天民	陶宏芳	5606	13300
蔡　港	管学明	金家富	4810	16100
双　墩	吴廷满	吴廷满	3973	14863
张　荡	孙龙贵	孙龙贵	4650	16118
左　幼	董文彬	孙启国	4852	16000
肖　荡	赵云武	臧　龙	4550	15797
东　吉	彭广才	周怀兵	4305	15969

(成开彬)

宝　塔　镇

【概况】　宝塔镇地处建湖县境最北端，与阜宁县东沟镇、陈良镇、沟墩镇毗邻。东西长 12.9 公里，南北宽 5.2 公里，总面积 50.8 平方公里。231 省道、阜建公路线纵贯镇境腹部，宝冈公路线横穿镇境中心，全镇共辖 12 个村(居)，103 个村民小组，耕地面积 2953.7 公顷，总人口 2.72 万人。2017 年实现地区生产总值 8.83 亿元，比上年增长 5.6%；固定资产投资 9.27 亿元，比上年增长 7.8%；规上工业开票销售 4.66 亿元，应税销售 2.98 亿元，基本与上年持平；一般公共预算收入 2507 万元，比上年增长 26.1%；农村居民人均可支配收入 14450 元，比上年增长 8.8%；注册利用外资 7 万美元，保持了经济社会平稳向好的发展态势。在全县目标绩效考核中，被评为综合先进奖，并获得现代农业建设工作奖、扶贫开发和镇村经济发展奖。

宝塔镇工业园区一角　　(建湖日报提供)

【招商引资项目建设】　始终把招商引资、培植新型主导产业作为转型升级的主抓手，坚持项目为王，重点重抓,全年共签约开工项目12个。其中,工业项目6个,分别是江苏秦贵智能科技有限公司的丝杆支撑座项目、江苏莲源石油机械项目、建湖亿隆旅游用品有限公司的箱包加工项目、盐城大荣科技有限公司的包装新材料项目、江苏悦中和特种机械设备项目、江苏睿昌机械公司挤出机械项目;农业项目4个,分别是千亩中药材瓜蒌项目、千亩美国红橡树项目、盐城众创生态牧业水牛养殖项目、辛庄粮食仓储项目;服务业项目2个,分别是古建民俗博物馆项目、朦胧宝塔文化旅游项目。江苏秦贵智能科技丝杆支撑座项目、千亩中药材瓜蒌项目,还为全县"家家到"提供了场地。当年签约开工的上海秦贵智能科技丝杆支撑座项目、浙江亿隆旅游用品外贸箱包项目、盐城大荣科技包装材料项目、江苏悦中和特种机械设备项目均在年内实现投产达效。朦胧宝塔乡村旅游项目、盐城众创牧业生态水牛养殖及加工项目按序时推进。创建的市丙级科创园,拆迁20户,争取用地指标6.67公顷,镇东路1600米、幸福路南延1300米全面投入施工;中药材瓜蒌项目区拆迁54户,新增土地指标3.6公顷,建成产业扶贫基地6.67公顷,精准帮扶100户建档立卡低收入农户。

【农业农村工作】 围绕农业产业结构调整,快速推进现代农业发展,全镇流转土地总面积达到333.33公顷,建成了231省道经济带千亩设施农业片区、千亩中药材瓜蒌片区,千亩红橡树基地。与省农科院合作,与省农科院蔬菜研究所合作,建成了开放式种植西兰花温控大棚育苗。实施"一村一品"工程,全镇相继建成规范化、标准化家庭农场(专业合作社)32个。省、市级示范家庭农场各1个,省级专业合作社1个,市级专业合作社2个,农产品通过"三新"论证5个。籽多多瓜蒌专业合作社中药材瓜蒌项目还代表全镇参加了省、市、县青年创新创业大赛,获得了省农业项目二等奖、县青年创业大赛第2名的成绩。坚定不移地走"生态优先、绿色发展"之路,建成长陈村绿色通道围村林1个,宝塔村景观绿化带2条,新造林面积达24.67公顷。扎实推进土地确权颁证工作,发证7726本,占应发到户的96%,通过县验收。精准扶贫工作取得较好成效,培植了中药材瓜蒌、草绳机两大扶贫产业,实现精准脱贫192户。

【美丽乡村建设】 按照县康居村庄建设三年行动计划,推进康居工程建设,拆除危房103户,修缮178户。严格落实"两减六治三提升"工作责任,整治了辛庄港黑臭河道,规模养殖污染治理7家,投入近10万元,制作了60面河长责任公示牌,建立健全了镇、村、组三级河长责任机制,推进了水环境治理常态化。加强农村改厕工作,全年实施改厕300座,集中开展村庄环境、河道沟塘、垃圾收运、散坟整治等"四项行动"和清洁乡村行动。重视秸秆"双禁"和综合利用工作,继续保持全镇无火点、无灰迹、无冒烟、无乱抛的"四无"良好局面。突出抓好省住建厅美丽乡村建设示范村宝塔村的基础工程建设工作,以东南大学规划设计院的规划编制,将发展文化旅游产业、建设美丽乡村、推进康居工程、打造特色村庄融为一体,实施了"小街仿古出新、杆线迁移入地、道路改造提升、村庄环境整治、公共设施配套"五大工程,相继完成了朦胧小街92户农居1.56万平方米的仿古改造、3公里的杆线入地、1.5公里的老街仿古青砖、2公里的雨污管道铺设,500米景观玻璃幕墙等项工程建设任务,启动实施了世民文化广场、生态停车场等建设项目,宝塔村建成省级美丽乡村。

籽多多瓜蒌合作社种植基地 （建湖日报提供）

【民生实事工程】 着力完善公共服务体系,便民服务中心完成升级改造。实施农路提档升级工程,完成建宝线城中段0.85公里,宝塔社区路0.411公里和镇南公路0.75公里建设任务,同时完成道路路肩、隔水沟等相关附属工程建设,维修道路5200米。新建改建宝塔桥、建设桥、双湾桥、东红桥、跃进桥等桥梁5座。实施水利工程项目,完成龙河村大兴和四树的4米人字门闸、丁湾村塘桥4米人字门闸、长陈村11组和陈桥5组4米人字门闸、前庄居委会26寸排涝站、联合村排涝站4米人字门闸联建等7个水利工程项目。启动实施了污水治理和天然气管道建设工程,新埋设污水管道1400米,总里程达到7600米,覆盖范围3.5平方公里。镇境新铺设天然气主管道5000米,支管道8000米,实现了清洁卫生新能源进入寻常百姓家。

【社会事业建设】 加强社会主义核心价值观教育,优秀传统美德得到不断传承,在第五届"感动建湖"十大人物评选中,许海兰以及夏正亮、曹恒秀、祁德阳团体获第五届“感动建湖”十大人物,受表彰人数位列全县各镇(区、街道)之首,港口村敬老爱亲典型戴凤,被表彰为全县十大孝星,镇关工委工作获得市委、市政府表彰。推进文化惠民工程。组织了《百姓舞台·走进宝塔》大型广场文艺演出活动,特邀县淮杂艺术团在龙河、宝塔、潘渡、长陈等村作了巡回演出,坚持每村每月电影放映不少于2场次,丰富了群众的文化生活;优质均衡发展教育事业。中考普通高中达线人数41名,在全县21所学校中排名第8位,比上年上升了7位,教育教学质量稳步提升;加快发展卫生计生事业。推进镇村医卫服务一体化,着力提升人口计生服务质量,全面贯彻落实二孩政策,全镇申报批准新生二孩118户。

【党的建设】 组织建设不断增强。探索实践的“查述问评”党建责任创新项目受到县委组织部表彰,裴桥村创业型党组织建设工作在全县组织工作“家家到”观摩中受到好评。从严治党深入推进。严格落实“一岗双责”责任制。抓好县委巡察组反馈意见的落实整改,常态开展专项检查和“四风”问题专项整治。组织涉农领域专项资金审查,排查整治问题6条,先后对违反制度规定和侵害群众利益的6名党员干部进行了问责处理。镇纪委被县纪委表彰为纪检监察工作先进集体。意识形态工作扎实开展。注重加强意识形态领域分析研判,舆情处置。坚持党委中心组成员率学、领学和参加基层组织学习指导活动,高度重视中共十九大精神的学习宣传,在全镇营造了学习中共十九大精神的浓厚氛围。开通了“智慧宝塔”微信公众服务号,发布政府政务、工作动态和服务项目等。加大宝塔推介工作力度,宝塔镇采写的《以党建激发富民增收活力》新闻消息,被《新华日报》录用后,人民网、中国扶贫在线等10多家主流媒体相继转载,《厚植党建沃土,实现经济跨越》新闻消息,还被凤凰网转载,起到了宣传宝塔、推介宝塔的作用。

【组织机构及领导名录】

党委书记 夏 中(—2017.03)
张卫东(2017.03—)
副书记 王 育(—2017.08)
陈玉洁
汪 刚(2017.08—)
人大主席 朱立军
镇 长 王 育(—2017.08)
陈玉洁(2017.08—)
副镇长 周大川
顾曰海
唐 胜
沈 和(—2017.11)
顾玉超
宣传委员 陈永文
人武部长 陶其桂
组织委员 智中华
政法委员 徐 进
纪委书记 朱 斌
工会主席 李永秀
统战委员 朱永浩

【镇服务中心负责人名录】

农业技术综合推广服务中心 胡锡国
经济贸易服务中心
周冬冬(—2017.08)
徐维其(2017.09—)
人口和计划生育服务中心 李凤云
建设环保服务中心 李志红
文化广电服务中心 徐建萍
劳动保障服务中心 张 妍

责任编辑 彭 玉

宝塔镇2017年各村(居)基本情况

表17

村(居)名称	党(总)支部书记	村(居)委会主任	经济总收入(万元)	农民人均纯收入(元)
丁 仁	李小芳	吴成东	4846	10655
长 陈	徐英连	孙环荣	4933	10892
丁 湾	瞿向东	陈庆珍	5522	10463
联 合	李志红	李大力	3568	10988
潘 渡	周正林	曹 荣	7869	10107
港 口	周克亚	李宗兵	3522	10096
高 港	李德兰	李容高	3765	10153
裴 桥	周兆扬	周锦相	4106	10762
龙 河	徐修权		8397	10425
宝 塔	许 琴	冯井山	4796	10317
辛庄居委会	周正超		3769	11189
前庄居委会	曾从礼	陈晓华	4054	11328

(杨加勇 朱金华)

街道概貌

Introduction of Subdistricts

近湖街道

【概况】 近湖街道办事处行政区域面积45.48平方公里，人口18.06万人，管理15个居委会、9个村委会。全年完成地区生产总值132亿元，比上年增长9.2%；完成公共财政收入7.7亿元；全社会固定资产投资46亿元；农民人均可支配收入21500元，增长9%。三次产业结构占比2.1%：49.4%：48.5%，二三产业占GDP比重达97.9%，公共财政预算收入税收占比达72%，服务业税收2.8亿元，占财政收入37%。

近湖现代农业产业园 （建湖日报提供）

【招商引资】 2017年，街道坚持"项目为王"理念，各条块集中精力抓招商，全力以赴引项目，全年参加全县3次项目集中开工活动，引进新上三次产业项目16个，其中5亿元项目3个，亿元以上项目6个。举办上海浦东招商推介活动，建湖浦东产业园落户科创园，8个项目10幢厂房全面开工建设。引进投资6亿元的万彩国际购物中心，永辉超市成为全省第一家落户县级城市的项目，横店影院、屈臣氏等著名品牌商家入驻建湖。置换穗特生物柴油，引进南通5亿元中英钢绳项目，化解了项目建设中的矛盾问题。亚速利研磨机5幢厂房全部建成封顶，亿隆丰纺织新材料设备、众鑫磊医疗设备、信斯得机械加工、佳特高压管件、标兵环保设备、丰禾兰环保设备等项目全面开工建设。

【工业经济运行】 坚持质量效益优先，把保运行、稳增长作为工作重点，全面开展服务企业大走访大落实活动，引导企业创新转型，经济发展稳中有进。全年完成规上工业开票销售32.1亿元，增长17.2%；完成规上工业应税销售29.2亿元，增长20.4%；完成规上工业入库税收2.4亿元，增长46.1%；完成工业增加值48亿元，增长8%，定报工业企业开票增长面达60%、税收增长面达70%，新森达鞋业税收再破亿元大关，创建全市五星级企业。财政收入、工业指标实现"开门红""双过半"，全年实现税收超亿元企业1家，超千万元企业9家，超百万元企业36家，取得近五年来最佳业绩。新增照友机械、泓益交通、中科聚信3家工业定报企业，新增金都汽车、鑫达运输、汇丰达商贸等5家服务业定报企业。森光橡胶、双源公司、国威公司、西臣奥勒资产重组项目投入运营。恒华机械被评为国家级高新技术企业，丰华给水公司被评为省级民营技术企业和市级高新技术企业。

【园区建设】 "两园合一"进入实质运行，完成了"两园合一"规划编制，科创园空间布局规划和产业发展规划通过评审。引进上海子丞、鑫峰实业、久禾环保等上海产业转移8个项目同时落户，引进太仓众鑫磊、华瑞电子等5个项目同时开工，完成铭星供水、赛瑞特、祥人、华威等10家企业ERP系统接入，"新元素"创客被评为省级众创空间，市级一类园区通过验收，创建国家级小微企业创新创业示范基地。全民创业市县领先，科创园全年实现开票销售22.1亿元，税收1.3亿元，创建2017年全市"甲等科创园"称号。

【城乡发展】 农业园区建设步伐加快，设施樱桃二期建成高标准连栋钢架大棚26.67公顷。新成立家庭农场4家，新办农民专业合作社2家。农村环境长效管护考核居全县前列，完成唐东村、镇西社区"931"环境整治

蔡徐村一角　　　　　　　　　　　　（建湖日报提供）

任务。推进“牵手致富”工程，精准脱贫任务完成率达30%。蔡徐村康居村庄建设得到提升，徐东、高桥建成规范化党群服务中心，新建神台、镇西、管舍等7家社区居家养老服务中心，创建神台、西苑、花园等省级示范社区7家，神台、沈舍城市管理示范社区通过达标验收，国家园林城市创建通过验收。

【社会事业】　社会保障体系不断完善，新增58家社会扩面参保企业，新增养老、医疗、失业、工伤、生育保险5705人。综治平安建设得到强化，唐东、高桥、神台、蔡徐4个村居平安创建通过市政委验收达到“四频合一”标准。大走访大落实工作扎实开展，全街录入走访户15673户。人口计生服务水平不断提升，建立并开通“家庭与健康世代服务平台”咨询热线，完成蔡徐村“市新家庭计划”创建。高度重视安全生产和信访稳定，全年未发生一例重大安全生产事故，重大活动期间未发生一例赴京访，社会大局保持稳定。

【组织机构及领导人名录】
党工委书记　左保年
党工委副书记　陈学满
　　罗玉成
　　胡荣华(—2017.08)
　　王　超(2017.08—)
人大工委主任　陈曙光
办事处主任　陈学满
纪工委书记　陶　康
组织委员　王　超
宣传委员　彭桂梅(女)
人武部长　朱正宏
政法委员　裴瑞卿
统战委员　平秀功
办事处副主任　李开东
　　高跃军
　　朱　军
　　孔　军
　　孙　铭
　　唐　泉(2017.08—)

【街道服务中心负责人名录】
文广服务中心　黄立平
经贸服务中心　顾莉莉(女)
农业服务中心　沙锦程
计生服务中心　马如虎
环保建设中心　田维国
人力服务中心　周　成

近湖街道2017年各村(居)基本情况

表18

村(居)	党(总)支部书记	村(居)委会主任	经济总收入(万元)	农民人均纯收入(元)
裕丰村	颜廷华	许广中	81076	24346
太平村	徐新华	徐海建	106906	31297
镇南村	裴瑞卿	曾重光	795100	36150
东冯村	祁德迅	祁颖华	55907	22457
唐东村	赵达安	赵明勇	40313	22457
蔡徐村	顾玉扣	吴　军	223391	22457
镇北村	王加庆	付俊干	265401	31389
西葛村	周建中	周新根	75171	25718
高桥村	吴利政	赵兴林	34317	24172
近湖社区	张红建	顾长忠	51441	26819
桥东社区	陈立东	刘小敏	—	—

续表 18

村(居)	党(总)支部书记	村(居)委会主任	经济总收入(万元)	农民人均纯收入(元)
建北社区	李纯燕	祁良君	—	—
季埝社区	仇彬彬	周锦华	—	—
黄桥社区	曹建春	仇中霞	—	—
城北社区	杨定付	张平平	—	—
城南社区	于　祥	陈林忠	—	—
管舍社区	王　健	闵永梅	—	—
徐东社区	朱巨娥	张　涛	—	—
镇西社区	吕建频	张志云	—	—
西苑社区	吴立忠	刘　霞	—	—
花园社区	史加胜	缪　琴	—	—
神台社区	杨正秀	季本桂	—	—
沈舍社区	孙万章	肖龙萍	—	—
先锋社区	唐登萍	姜正芹	—	—

（平秀功　杨　升）

责任编辑　彭　玉

万彩国际购物中心　　（建湖日报提供）

区　况

Introduction of Districts

江苏建湖经济开发区（钟庄街道）

江苏般若电子公司　　（建湖日报提供）

【概况】 江苏建湖经济开发区为省级经济开发区,面积92平方公里,下辖21个村(居),人口8.2万,现有工业企业400多家,已形成节能电光源、高端装备和电子信息等特色产业集群,是中国节能电光源制造基地的核心区。2017年,园区以创建国家级开发区为统领,以产业强区为主抓手,以项目立区为突破口,以富民兴区为落脚点,聚焦精准招商、转型升级、平台建设、环境优化、富民兴区等重点工作,加快建设转型发展示范区、区城融合样板区,园区发展呈现"经济稳中向好、转型质效提升、社会和谐稳定"良好态势,完成省级知识产权园区试点验收工作,建成省级"两化融合"示范区,在全县目标任务绩效考核中获得综合奖和10个单项奖。

【招商引资】 牢固树立项目为王的理念,坚持以领导招商为主导,专业招商为主体,产业招商为主线,全力以赴突破重大项目,全区新开工超亿元工业项目21个,其中超10亿元项目3个、超5亿元项目6个。突出领导招商,进一步强化招商引资"一把手工程"的主体地位,整合各类招商资源、调动各方招商力量,形成突破重大项目的强大合力,总投资26.8亿元的般若1000条LED封装线、总投资5亿元的台湾力麒大型精密数控加工中心、总投资1200万美元的上海百强高铁座椅及配件等重大项目开工建设。般若LED封装项目,采用全球最主流、技术最领先的SMD封装工艺流程,一期工程从开工到投产只用了4个月时间,全面建成后可实现年销售40亿元,市场占有率居全球前十、全国前三。注重招商实效,综合运用以商引商、推介招商等方式,有针对性地在上海、深圳、苏州和北京等重点区域进行驻点招商、敲门招商,先后举办台湾、深圳、上海等专题招商活动,50多批次的重要客商到区考察投资,总投资4亿元的北京诚益通数字智能化制药设备等项目签约。拓展招商空间,建立健全宽领域、立体式的招商体系,加强与行业协会、产业联盟、商务"智库"等机构的合作,拓宽招商引资、招才引智的渠道,总投资50亿元的台湾亿光工业股份公司LED外延芯片、总投资10亿元的苏州佳世达电脑及关联产品、总投资5亿元的东莞纳博科LED支架等在谈项目取得重大进展。

【工业经济】 把创新驱动作为推进转型发展的主抓手,着力做大做强实体经济,工业经济实现稳中有进、稳中提质、稳中向好,规上工业企业开票销售首次突破100亿元,达到102.3亿元,比上年增长34.5%,规上工业企业应税销售实现85.3亿元,比上年增长72.1%,实现入库税金21746万元,比上年增长23.4%。推进产业转型,节能电光源产业完成向LED转型,高端装备产业数字化、自动化、智能化水平不断提升,两大主导产业销售增幅均在20%以上,规上企业增长面比上年提高22个百分点。推进科技进步,组织实施工业技改项目26个,其中,亚明变压器自动化生产线、华隆达数控加工中心、森威尔数控加工中心、莲源1000吨锻压机及加热设备、腾达自动络筒机等9个技改项目投产达效,新增国家级高新技术企业2家,新增省级高新技术产品7个。着力推进并购重组,重点重抓星华与芬兰爱飞乐、环宇公司与上海机床厂、诚赢与北京疆亘、永超与北京华拓、方圆与日本水月堂等资产重组合作项目释放产能,精心培育新增长点,新增定报企业5家,深入开展工业企业"争星创优"活动,新增星级企业3家。引进中高端人才,与东南大学签订全面合作协议,与上海大学合作共建智慧照明产业研究院。申报省、市人才项目9个,其中,1人获省"双创"创业类奖励、3人被评为市"515"领军人才。

【环境建设】 完善功能配套,推进区城融合。围绕功能创新、形象提升的总体要求,自觉践行绿色发展理念,加快基础设施建设,不断完善功能配套,增强承载能力。突出平台建设,完成了电子信息产业园一期、金属表面处理中心主体车间及办公、研发大楼等平台项目建设任务。完善提升路网管网,实施了明星路、泛迪支路、物流大道改造提升,以及明星路下穿新长铁路、231省道拓宽等道路工程;改造提升了马渡村联合路、刘岑村孙墩路、范墩村光明路等农村道路;完成了铁路北侧等道路沿线的10KV线路改造,瑞祥变电站建成投运。完成了森达供热管线改道,以及永兴路、光明路、纬一路、天津路等天然气管道铺设。着力提升绿化品质,完成了明星路滨河绿地、王墩河绿地、嘉通路、泛迪支路以及钟高线、西塘河圩堤、梁垛河东岸生态绿地等绿化项目13个,栽植榉树、栾树、垂柳以及水生植物133.33公顷。纵深推进环境保持,开展"263"环境整治专项行动,按照"禁燃区"建设要求,淘汰6台燃煤锅炉,关停1家小铸造和1家小电镀企业,在"削减煤炭消费总量""减少落后产能""黑臭水体治理""畜禽养殖污染治理"等方面取得成效。深入开展"清洁乡村"行动,整治了旁风河、长沟河、葛湾河、三墩河等污水河道,对231省道、233省道、钟冈线、钟宝线等主要干道沿线进行综合整治,并落实了长效管护措施。坚持公平、公正、公开,完成了同一乡镇二期项目和农村危房改造工作等790多户房屋征收工作,拆除面积达7万平方米,新分配回迁安置房230户,货币安置近800户,兑付资金9000万元。

【农业农村】 发展现代农业,促进农民增收。围绕农业增效、农民增收、农村稳定三大目标,推进农业结构调整,加快农业发展方式转变,全面提升农业现代化水平。加大农业项目推进力度,日本高桥水月堂糕点烘焙食品项目一期建成投产;"同一乡镇"二期及土地整治项目按照"条田化、机械化、规模化、生态化、现代化"的要求,加快农田水系、道路桥梁、河道景观、林网工程和排涝泵站、生活用房、公共平台等配套设施建设,完成土地平整、沟渠开挖、河塘填平等土方138万多立方米,建成灌排沟渠130公里、机耕道46公里、水泥路29.8公里、各种规格的农桥42座。推进千亩高效生态种养农业示范基地建设,首批流转土地333.33公顷,烘干房、仓储等配套设施同步建设到位。加大农业结构调整力度,组织村(居)干部代表和种植大户赴兴化市等地,考察学习稻田套养小龙虾生产技术,培植套养示范点16个,新增套养面积186.67公顷。加强水利设施建设,完成加固圩堤及患工险段17处20多公里,投入3000多万元,修复防洪闸16座,新造防洪闸15座,修复排涝站30座,新建排涝站7座。继续深化农村改革,完成14个村居6343户土地确权颁证工作,河长巡河工作常态化开展。

【社会事业】 实施惠民工程,持续增进民生福祉。围绕群众最关心、最急需、最直接的现实问题,扩大服务供给,提升群众获得感、幸福感。兴办民生实事,投入150多万元,改善提升了海南中学、钟庄幼儿园、钟庄成人校等校园环境;新建了王墩小区、逸湖小区、刘岑村、新联村4个"省标"村(社区)卫生室,打造群众满意的基层医疗服务环境。社会事业加快发展,投入500多万元,新建2550平方米敬老院综合服务楼,增设娱乐健身活动中心、多功能理疗室等,为集中供养老人提供环境更加舒适、功能更加完善的养老服务场所;丁港公墓一期工程通过验收。打造宜居环境,新建了逸湖新村、新东小区、南华小区、滨河新村4个回迁安置小区的户外体育活动中心,并铺设了塑胶地坪、配备了标准化整套健身器材。脱贫攻坚力度加大,

县开发区道路新貌 (建湖日报提供)

全面落实党员干部结对帮扶责任,通过解决公益性岗位、薄壳核桃产业扶贫等措施,帮助低收入农户增加收入,完成42户98人脱贫任务。切实加强社会治理,安全生产监管执法能力有效提升,开发区安全生产应急救援指挥中心及安全生产综合监管平台信息化项目建成投运;健全"大信访"首访负责制、失责追责制、一票否决制"三制联动"工作机制,信访化解工作持续深入,社会大局和谐稳定。

【组织机构及领导人名录】

党工委书记　孙海山
管委会主任　吴忠诚
党工委副书记　吴忠诚
　　王　茜
党工委委员　王　相
管委会副主任　汪向军
　　朱锦祥
　　孙　斌(2017.08—)
党政办公室主任
　　王广明(2017.02—)
财审局局长　吴开祥
节能电光源产业管理办公室主任
　　汪汉军
嘉定科技工业园管理办公室主任
　　潘爱妹
现代物流产业园管理办公室副主任
　　周　鑫(2017.10—)

【钟庄街道办事处组织机构及领导人名录】

党工委书记　王　茜
党工委副书记　杨　震
　　吕　刚
办事处主任　杨　震
人大工委主任　张如群(2017.03—)
办事处副主任　谷兴春
　　杜　明
纪工委书记　朱福波
组织委员　王　亚
人武部长　陆　斌
政法委员　汤乃林
宣传委员　符阳光
统战委员　胡志超(2017.02—)

【开发区建设投资有限公司领导人名录】

董 事 长　顾建勋
总 经 理　徐　萍(2017.08—)
监事会主席　徐德勤

江苏建湖经济开发区(钟庄街道)2017年各村(居)基本情况

表19

村(居)名	党(总)支部书记	村(居)委会主任	经济总收入(万元)	农民人均纯收入(元)
桥　东	朱同庆	朱同庆	48000	26051
杨　庄	傅俊旺	成　标	24100	24736
新　东	姜海洋	张同林	21570	24229
陈　堡	李志明	何加标	24200	23500
南　华	蔡晓兵	蔡永兵	10650	23911
建　新	何玉明	何玉明	15400	23490
钟　南	胡登高	胡登高	20300	24678
马　渡	吕生林	吕生林	17480	23099
双　港	赵泉生	赵泉生	29250	23063
古　桥	张大洋	张大洋	13200	24942
秉　文	洪志佳	赵文学	10500	23045
刘　岑	刘步高	汤其超	20150	25495
口　河	王进明	郑步国	16950	22892
新　河	车军华	车均华	17710	23376
丁　港	潘连香	潘连香	28660	25598
新　联	洪从洋	卢玉兵	18100	23280
东　北	董桂娟	唐国超	15800	24850
范　墩	范大正	范大正	17500	24280
大　王	郑皆权	王清明	54000	25320
钟东居	曾海明	吕立志	22000	24296
钟西居	曾正扬	曾正扬	36830	24808

(徐　龙)

江苏建湖高新技术产业开发区（塘河街道）

【概况】 江苏建湖高新技术产业开发区位于县城南部片区，2015年11月获批省级高新区（筹），2016年8月经报市委、市政府批准，建湖县将城南新区撤并入高新区，将塘河街道与高新区实行“区、街合一”办公。合并后，高新区（塘河街道）的区划面积43平方公里，下辖胜利、严桥、长沟、李夏、七里、走马、乔庄、双湖社区7个村1个社区。截至2017年底，一期已开发建设面积约23平方公里，总人口3.2万人。2017年，园区已进驻企业（项目）130家，全年完成实体税收2亿元、规上工业企业开票销售26.3亿元、规上工业企业应税销售24.2亿元，注册外资实际到账2200万美元，被认定为江苏省高端装备制造业基地、江苏省“两化”融合试验区和省级知识产权试点园区。2017年，高新区（塘河街道）在全县目标任务绩效考核中获得综合先进奖、招商引资和项目推进工作奖、工业经济和转型升级工作奖、开放型经济和服务业发展工作奖、统筹城乡发展和基础设施建设工作奖、生态文明建设工作奖、宣传思想和文化发展工作奖、党建创新工作奖8个单项奖。

【产业培植】 高新区重点发展通航产业、大数据及智慧产业、智能及高端装备制造产业、新能源汽车及零部件产业。通航产业被江苏省列为重点发展的新特产业，被评为省级小型飞机先进制造业基地，建湖通用机场在省民航“十三五”发展规划中被列为全省10个国家（区域）级通用机场和8个产业支撑型通用机场之一。智慧产业园被认定为全国农村创业创新园区、省级科技企业孵化器和省级电子商务示范基地，具有国际T4级水平、苏北最大的云计算数据中心投入运营。石油装备产业从陆地石油开采成套装置到海上油气复合开采设备，拥有规模高端制造企业20多家，国家级石油机械产品质量检验检测中心建成使用，被认定为省级产业集群品牌培育基地。全区85%以上企业与高等院所建立紧密合作关系，拥有省级以上高新技术企业43家，省级高新技术产品75个，申请各类专利500多个。新能源汽车及零部件产业：主要发展轻型客车及零部件制造、新能源汽车开发。以整车制造为龙头，培育并带动动力电池、电机、汽车电子、高效变速器等产业链发展。

通用机场项目建设现场 （建湖日报提供）

【项目推进】 招引重大项目。全年引进实施工业项目16个（其中超亿元项目8个）、服务业项目8个。总投资25亿元的5D智造谷、5亿元的贝肯锂电池负极材料以及上海新易民碳纤维材料等一批科技含量高、产业特色强的项目签约落户。聚力加快项目建设。聚合要素，强化服务，全力推进项目早日投产达效，全年在建工业项目23个，竣工超亿元工业项目9个，创迈达智能工厂、恒祥宇刚玉复合新型材料、鹰翼无人机制造、辰谷滤波器、源达船舶机械等一批项目竣工投产。加大资产盘活力度。全年先后有原同义祥、润杰、农机产业园、阳润等地块实现置换重组，盘活闲置土地31.33公顷、闲置厂房近10万平方米。

【为企服务】 坚持以服务挖掘潜能，激发动力。加强企业运行监测和预测预警工作，帮助协调解决用工、资金、用地、办证等实际困难，促进企业平稳健康发展。全年组织两轮为企招工“百日竞赛”活动，帮助企业招工204人，为12家企业办结、换发正式土地证，为企业协调贷款过桥、反担保资金1.79亿元，帮助企业化解流动资金不足的难题。全年实现开票销售超亿元的企业5家、超五千万元企业7家，税收超千万的企业5家。新申报规上企业5家、星级企业3家，新森达公司申报为五星级企业，海特、那美公司申报为三星级企业，国瑞公司获得全市唯一的国家工艺“一条龙”应用计划示范企业称号。推进政产学研合作。与盐城工业职业技术学院开展联合办学，整合校企资源，帮助园区企业解决技术难题；丰信公司与中科院院士曹春晓合作，共建飞机发动机零部件制造院士工作站，飞机发动机再生制造项目获中国航空创新创业大赛第一名；福吉特公司与西安石油大学教授张晓勇合作，获批省“双创人才”计划；韩森、博克斯公司与河海大学建立产学研合作关系，共同申报重大科技成果转化项目。加快推进科技创新载体建设。“福俊创客家”获批省级众创空间，“蜻蜓农服”获批国家级星创天地，“蜻蜓农服”创业基地创建全国农村创新创业示范基地，中农网购被认定为全国农业农村信息化示范基地。全年完成新授权专利150件，发明专利授权61件，国瑞公司的电液比例多路控制阀项目获得2017年全国工业强基工程重点产品称号。

【配套功能】 加快推进区中园建设。中国飞龙东部培训基地落户通航产业园,苏北首家通用机场建成投入试运行,被列为全省10个国家(区域)级通用机场和8个产业支撑型通用机场之一。智慧产业园功能布局进一步优化,已入驻各类科技型小微企业42家,被认定为全国农村创业创新园区、省级科技企业孵化器和省级电子商务示范基地,具有国际T4级水平、苏北规模最大的江苏先云云计算数据中心投入运营。韩资产业园东西主干道及河道、驳岸工程完成建设,为项目落户创造良好条件。完成唐桥路西延、南环路两侧、双湖路西延、严桥路西延及经三路以东等地段240多户拆迁工作,保障了重点项目、工程的顺利实施。消防站、企业职工食堂、综合服务中心等一批实事工程竣工投入使用,园区项目承载力显著增强。

【社会事业】　推进全民创业,新发展私营企业220户,新注册个体工商户701户。做好民政、残联各项工作,关爱弱势群体,重视社会保障,全面落实农村五保供养和低保政策,敬老院建成投入使用。扎实开展"阳光扶贫"工作,通过绿色扶贫、产业扶贫、就业扶贫等措施,使105户贫困户实现脱贫。深入开展"大走访大落实"活动,共计走访6900多户,化解各类矛盾问题180多件。做好农村环境综合整治和"河长制"工作,实现常态化保洁;完成了夏秋两季秸秆禁烧及综合利用工作,实现零通报、零火点目标。抓好信访稳定工作,化解省、市、县"百日攻坚"交办信访积案7件。扎实开展263专项整治行动,完成羽丰种鸡场搬迁工作。

【党的建设】　加强基层党建工作,在村居实行第一书记下派制、专职副书记异地交流制和会计委派制,全面打破过去用人模式,人员结构进一步优化,村居班子战斗力得到增强。强化阵地建设,新建七里村党群服务中心,双湖社区创建省级民主法治示范社区,"红梅工作室"被确认为省级村居书记党建工作室,严桥村"红色驿站"作为特色典型在全市推广。推进非公企业党建示范带创建工作,培育了那美、桓华等一批非公企业党建示范点。强化党风廉政建设。组织开展"正风肃纪镇村行"活动,共排查出五项问题,立案6人,诫勉谈话2人。严格落实"两个责任",加大对重点领域、关键岗位和重要环节的风险防控。支持纪工委执纪办案,全年查办党员违纪案件10起,处理党员干部14人,其中开除党籍3人,达到了严肃党纪,教育全体党员的目的。进一步加强制度建设。完善出台了《高新区招商引资接待管理办法》《公务接待管理办法》《进一步强化财务规范管理意见》等机关管理制度,用制度管人、管事、管权。倡导勤俭办公,压缩行政开支,建设节约型机关。支持群团组织开展活动,人武、工会、共青团、妇联等工作取得了新的成绩。

高新区(塘河街道)农业扶贫基地　　(建湖日报提供)

【组织机构及领导人名录】

党工委书记　顾加广
　　赵　宇(挂职)(2017.09—)
党工委副书记、管委会主任
　　周　清(—2017.01)
　　夏　中(2017.03—)
党工委副书记
　　张卫东(—2017.03)
　　黄　坚(—2017.03)
　　朱　钧
　　吴　迪(挂职)(2017.09—)
　　孙盘桧(挂职)(2017.10—)
管委会副主任　赵开春
　　高树明
　　郑　政
纪工委书记　孙开咏(—2017.03)
政法委副书记　韩建军(—2017.02)
工委主任　王　文(—2017.02)
组织委员　施　健(—2017.03)

【塘河街道组织机构及领导人名录】

党工委书记　张卫东(—2017.03)
党工委副书记、主任
　　黄　坚(2017.03—)
人大工委主任　张登富(2017.03—)
办事处副主任　刘　宁(—2017.03)
　　唐　城(主任科员)
　　张登富(—2017.03)
　　孙　伟
　　张　健
　　李德志(2017.08—)
纪工委书记　沙金红(—2017.03)
　　孙开咏(2017.03—)
组织委员　韩建军(2017.02—)
政法委员　邵长江
统战委员　戴为标(—2017.02)
　　王　文(2017.02—)
宣传委员　周红梅
人武部长　戴为标(2017.03—)
工会主席　马　梅

【县第二招商局领导人名录】

副 局 长　王树钧
　　王海标

【建湖县高新投资发展有限公司领导人名录】

总 经 理　李　峰(2017.10—)
副总经理　王佳佳(2017.10—)

江苏建湖高新技术产业开发区(塘河街道)2017年各村(居)基本情况

表20

村(居)名	党(总)支部书记	村(居)委会主任	经济总收入(万元)	农民人均纯收入(元)
胜　利	王善仁	王选义	79068	22015
李　夏	夏正兰	孙长标	19855	21056
走　马	朱　翔	王　兵	14700	18468
七　里	陈　勇	姚功旺	11452	21955
乔　庄	冯顺林	冯顺林	13133	18144
严　桥	朱正华	朱正华	62640	22464
长　沟	朱巨浩	商兰池	69844	25310
双湖社区	高　均	周勇飞	–	–

(高新区)

九龙口旅游度假区

【概况】 九龙口地处射阳湖腹部,为潟湖型湿地,因9条河流(蚬河、钱沟河、安丰河、林上河、涧河、新舍河、城河、莫河、溪河)交汇于湖中小岛而得名。九龙口资源丰富,保存着3000多公顷原生态湿地植被,现有64种野生鸟类,137种野生植物,36种水产品。九龙口生态环境良好,景色怡人,春夏时节,一望无际的荡滩绿浪翻滚,湖光天色美不胜收。秋冬之际,芦滩泛金,芦絮纷飞,鹤鸣晴空,令人心旷神怡。"九龙戏珠""五谷奇树""十里荷香""长汀鹭影"等十处景观名闻遐迩,是天然的休闲度假旅游胜地。九龙口旅游度假区位于建湖县西南部,地处盐城、淮安、扬州三市交界处,交通便捷,盐徐高速穿境而过,东连阜兴泰高速,西接京沪高速,北通新长铁路和在建的徐宿淮盐高铁,距离淮安机场、盐城机场约1小时路程,是国家AAA级景区、江苏省风景名胜区、省级旅游度假区、国家湿地公园(试点)。

【项目建设】 围绕创建国家AAAA级旅游景区、国家湿地公园,快速推进基础服务设施建设。新建游客服务中心,打造集游客接待、购物、医疗、休憩等功能于一体的旅游综合体;新建改造旅游厕所6座,年前全部竣工交付。实施景区无线网络、监控、广播、门禁以及标牌标识系统等工程,实现智能化全覆盖;提升景区接待功能,拓展餐饮服务业务,满足游客"简餐"需求;新建露天表演舞台、创办江淮戏馆,定期组织淮剧、杂技演出,擦亮"中国淮杂之乡"的金字招牌。实施生态修复工程。结合全省里下河湿地"退渔还湿"项目,争取县镇支持,开展退渔还湿工作。收储养殖塘口5个计50公顷,并对所收储塘口,实行彻底拆圩、快速修复。清理杂船、餐船40多条,清除围网186.67公顷,疏浚河道20多公里,养护补植芦苇约333.33公顷。

【招商引资】 坚持"项目为王"理念,推进招商引资工作。广辟招商渠道。坚持自主招商的同时,实行委托招商,加强与市县有关部门的横向联系,加大宣传推介力度,吸引大批客商考察洽谈,全年先后接待客商350人次。主攻招商重点。以旅游类项目为主攻方向,精准发力,突出重大

航拍九龙口　　(建湖日报提供)

项目招引同时,注重引进实施短平快的项目。上半年引进江西客商投资3500万元的精品荷园项目,一期新建碧湖赏荷区、风情垂钓区,配建凉亭、长廊、观光台、内部道路等基础设施,已建成对外开放。优化招商方式。研究PPP模式的运营规律,借助PPP项目入库契机,与社会资本方进行跟踪洽谈,推进九龙口旅游度假区综合开发。

【宣传推介】 完善景区网站、微信、淘宝店铺、美团等智慧网络平台,实现网上购票、购物等功能,拉长九龙口推介营销链条。坚持线上网络宣传和线下活动策划相结合,开展上下互动的营销模式,加大与"旅游联盟""携程""途牛"等旅游企业和社团合作,对外推介。五一节、国庆节、元旦等重大节日期间,先后举办了第四届生态湿地旅游节、诗词歌赋大会、直升机空中游九龙口、首届风车节、全民健身运动会等系列活动,依托省内主流媒体及网站、微信等载体,多渠道、全方位开展宣传活动,不断叫响九龙口旅游品牌。全年接待游客68.7万人次,比上年增长33.5%以上。

【党的建设】 抓好党建各项工作。突出抓好十九大精神学习宣传,坚持以十九大精神为指引,以提高基层党组织战斗堡垒作用为核心,以提高党员干部"四个意识"为重点,以规范化建设为导向,按照全面从严治党的要求,深入推进基层党的建设。扎实开展"大走访、大排查、大落实"活动,全年共走访792户贫困户,排查问题55起,全部处理落实到位。推进"两学一做"常态化制度化,利用党日活动、中心组学习,提高党员干部综合素质,旅游管理服务质量明显提升。

游客在九龙口度假区骑旅游观光单车游玩 (陶致远 摄)

【作风建设】 坚持"为民、务实、清廉"标准,廉洁从政,从严治政。严格执行民主生活会、述职述廉、诫勉谈话、廉政谈话和党员领导干部报告个人有关事项等制度,做政治上的"明白人";重抓责任落实。对重点工作实行定期交流、适时通报、对账销号等方式,严格督查,问责追究;完善工程项目招投标及其他各项制度,规范工程建设监管,坚决做到建设项目全过程阳光运行,接受社会各界的监督。

【安全生产】 牢固树立"安全无小事"的责任意识,定期组织安全生产条线人员教育培训,始终保持较高的安全防范意识。每月组织对景区游览设备、建设工程、水上安全、电力设施、园艺作业等重点部位安全排查,同时,注重抓好火灾隐患排查,对出现的各类安全隐患,实行书面交办、整改,全年共排查各类安全隐患13项,整改率为100%,未发生一起安全事故。

【组织机构及领导人名录】

党工委书记　邓小锋(—2017.08)
　　　　　　唐　坤(2017.08—)
党工委副书记、管委会主任
　　　　　　徐为高(—2017.08)
　　　　　　夏　龙(2017.08—)
党工委副书记、管委会副主任
　　　　　　杨跃东(—2017.10)
　　　　　　陈中荣
管委会副主任　刘　军
　　　　　　徐东亮(2017.10—)
党工委委员、旅游招商科科长
　　　　　　王　凯(2017.10—)
党工委委员、规划建设科科长
　　　　　　高　淦(2017.10—)
财政审计科科长
　　　　　　夏正东(2017.11—)

(九龙口旅游度假区)

责任编辑　彭　玉

人物·荣誉

Personages · Honour

迎新春全县群众业余文艺会演　（建湖日报提供）

人 物

Personages

先进人物

鲁 曼

鲁曼，女，汉族，1985年11月出生，中共党员，本科学历，盐城市军曼农业科技有限公司总经理，盐城市劳动模范，全国农村创业创新优秀带头人。2011年，建起“江苏天和生态农业网”。2014年，建立了“乡旮旯网”综合农产品网站。2012年5月成立了“建湖县天和生态农业专业合作社”，2013年3月成立了“盐城市军曼农业科技有限公司”。公司已注册商标：“爱尚绣”，申请“金丝羽毛绣”国家级专利，形成盐城市特色性的文化产业链。2014年代表公司参加2014创青春全国大学生创业大赛获江苏赛区一等奖；同时被盐城市妇女联合会评为“十大巾帼创业之星”，并授予“三八”红旗手标兵称号；盐城市人民政府劳动模范；全国女大学生（村官）创业设计大赛江苏赛区二等奖、盐城市赛区一等奖；“创富先锋——2011中国邮政储蓄银行创富大赛”盐城赛区二等奖等。2017年获农业部“全国农村创业创新优秀带头人”称号。

（建湖日报 县农委）

胡迎春

胡迎春，女，现任建湖县司法局上冈司法所所长，1974年1月出生，建湖县上冈镇草堰口社区人，2004年6月加入中国共产党，1996年12月起在冈西镇法律服务所从事基层法律服务工作，2005年9月起历任上冈镇司法所办事员、团委书记、司法所长，曾兼任上冈镇大团村党支部书记。十多年来扎根基层，投身人民调解工作，注重发挥组织化优势，构建“大调解”工作体系，直接和参与调解矛盾纠纷220多件，调结率100%。在她的带领下，上冈司法所矛盾纠纷调解率达100%，调解成功率达98.3%，被群众称赞为“暖民心的迎春花”。她带领全体工作人员按照“组织机构正规化、队伍建设专业化、业务工作法制化、所务管理制度化、基础设施标准化”的“五化”标准，致力于法治宣传、社区矫正、安置帮教和司法行政服务社会组织建设等各项基层基础工作，全面加强规范化建设。2017年5月被司法部评为全国模范人民调解员，同年底被评为盐城市2017年度最美法治人物。（司法局）

赵水浪

赵水浪，男，1964年9月出生，建湖县冈西镇人，现任冈西镇卫生院院长。赵水浪工作28年以来，兢兢业业、恪尽职守，带领全体干部职工攻坚克难、创新创业，实现了他上任伊始的铮铮诺言，在平凡的岗位上书写了辉煌的人生篇章。医院获江苏省示范乡镇卫生院称号，连续多年被评为全县卫生工作目标任务综合考核先进集体；医院中医科先后被评为江苏省乡镇卫生院示范中医科、江苏省基层医疗机构特色科室。他也先后获全国卫生计生系统先进工作者，江苏省基层医疗卫生机构优秀骨干人才、江苏省“医德之星”、盐城市卫生计生系统先进个人、建湖县目标任务绩效考核先进个人等称号。

（卫计委）

马兆军

马兆军，男，1969年10月出生，江苏建湖人，本科文化，中共党员。现任建湖县市场监督管理局九龙口分局局长，2017

年度全省工商和市场监管工作先进工作者。有着28年工作经历、现年47岁的马兆军，虽然一直没挪过单位，却换过很多岗位。从建湖县工商局办事员做起的他，先后做过基层工商所副所长，基层工商分局副分局长、指导员，县局办公室副主任、工商学会秘书长，基层分局局长。他从事过几乎涵盖各个层面、各条线的工作，无论是工作能力、协调能力，还是组织能力、领导能力，在全系统中都是佼佼者。他年年被评为系统内先进个人，多次被市局评为“优秀工商行政管理人员”“优秀公务员”，多次被县政府表彰为年度目标任务绩效考核综合先进个人、优秀共产党员。1998年，他还因大年初一下河救人先后被市县评为“见义勇为先进个人”。九龙口分局在他的带领下，连续5年获得全系统年度综合考核考评第一名。分局还先后被命名为省级“青年文明号”、市级“文明单位”、市“人民满意基层服务单位”“廉政文化示范点”。他始终坚持以群众、企业、政府“三满意”为目标，不断进取，开拓创新，赢得了各方的好评。他凭着对党和人民的无限忠诚、对市场监督管理事业的无限热爱，以爱岗敬业的品格、严于律己的作风、无私奉献的精神，为自己、更为他所在的单位和岗位交上了一份份满意的答卷。

（市场监督管理局）

胡建国

胡建国，男，1969年12月出生，1992年开始从事老干部工作，现任建湖县老干部活动中心主任。25年来，他勤勤恳恳，任劳任怨，一心扑在老干部工作岗位上，细心周到为老干部服务，尽心尽力为老干部办实事、解难事，创造性地开展老干部工作，得到了领导和老干部的肯定，他甘当老干部的勤务员，大到组织活动、筹备会议、起草文稿，小到送签文件、接发通知、后勤事务，有求必应、随叫随到。有时几项工作碰在一起，他按轻重缓急统筹安排、逐一落实，从未出现差错。他坚持做到“三心三勤”，即热心、细心、耐心，腿勤、手勤、眼勤。无论老干部前来办事还是来访，他总是一张笑脸相迎，一把椅子请坐，一杯茶水暖心。凡老干部参加活动，他总是认真过细，做到通知到位、接送到位、安排到位，对年纪较大的老干部还要小心搀扶。人们称他为“老干部局的老黄牛”“老干部的勤务员”，曾两次被省委老干部局表彰。2017年12月，被江苏省委组织部、老干部局、省人社厅表彰为全省优秀老干部工作者（享受市级劳动模范和先进工作者待遇）。（县老干部局）

殷继伟　袁　洲

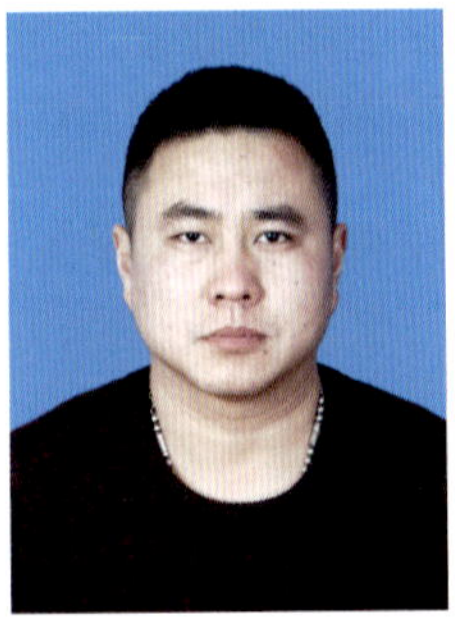

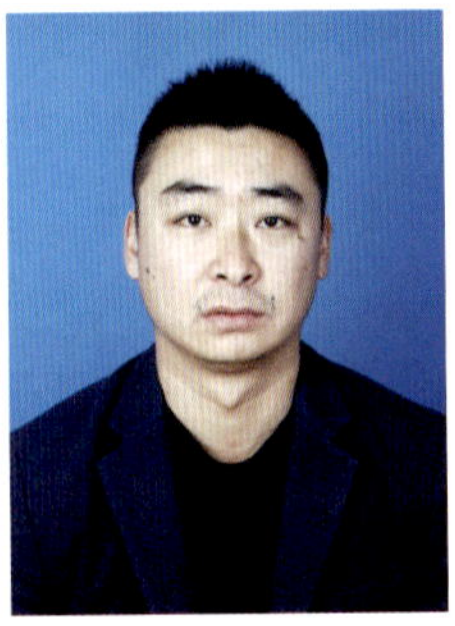

殷继伟，男，1986年出生，近湖街道万福新村居民；袁洲，男，1984年出生，韩都大酒店员工。2017年2月3日23时许，建湖一居民楼17楼住户家突发大火，80后小伙殷继伟、袁洲听到呼救声后，一起冲入滚滚浓烟中，徒步上下几个来回，挨家挨户敲门提醒居民逃生。其间，他俩从浓烟中带出一对母子、背出两位老人后，袁洲因吸入太多浓烟、体力不支而晕倒，殷继伟再次返回到15层成功救出一位青年后也晕倒在地，两人先后被送往医院急救。两位小伙都是公益组织成员，曾多次为留守贫困儿童捐款捐物并参与组织志愿服务活动。2017年2月当选“建湖好人”，3月获2016年感动中国之感动江苏“见义勇为奖”，并当选“中国好人”。

（宣传部）

陈扣连

陈扣连，男，1974年5月生，本科文化，共产党员，现任建湖县人民检察院刑事执行检察局副局长。2009年、2016年度被县委表彰为优秀共产党员、优秀党务工作者，2013年、2016年被县委、县政府和市人民检察院分别记个人“三等功”各一次。他先后被评为“感动建湖十大人物”“盐城好人”“盐城十大法治人物”“江苏好人”“江苏最美基层干部”，入选“中国好人”候选榜单。2016年9月，作为建湖政法战线先进模范当选为盐城市第七次党代会代表。2014年9月和2015年8月，先后担任上冈镇桃园村、大志村“第一书记”。他从解决群众实际问题入手，用法治思维和方式做好群众工作，被大家称为“法治先锋”。他始终怀揣检察为民的情怀，坚持把服务群众作为自己的第一责任，扶贫济困，法治惠民，被称为“下访铁人”。陈扣连是下访干部中的杰出代表。他立足本职，争先创优，争当岗位业务的“领头雁”；他不忘初心，服务基层，甘当发展致富的“带头人”；他牢记宗旨，心系群众，愿当化解矛盾的“暖心人”。以他名字命名的“陈扣连下访工作室”在全市率先挂牌成立，成为下访工作的一面旗帜。2017年2月13日，新华日报以薄弱村来了“下访铁人”先后对其先进事迹进行了报道。2017年1月，省委宣传部决定授予陈扣连省“最美基层干部”称号。2017年1月21日，《现代快报》《南京晨报》、中国江苏网、《盐阜大众报》、江苏卫视、盐城电视台等省市媒体对陈扣连的先进事迹进行了集中采访。

（检察院）

县内知名企业家选介

陈文祥

陈文祥,1971年8月出生,本科学历,中共党员,盐城市人大代表。现担任百丽国际生产系统副总经理、江苏新森达鞋业有限公司总经理。获评2017年度市杰出企业家。江苏新森达鞋业有限公司是香港联交所上市公司——百丽国际控股股份有限公司的全资公司。公司注册资金2亿元,现有员工1480人,占地面积6.58万平方米,建筑面积5.28万平方米,是一家专门从事皮鞋设计、生产、销售为一体的综合型企业,2017年市“五星级”企业。该公司获得“中国驰名商标”“省著名商标”“国家级‘守合同重信用’企业”“江苏省‘重合同守信用’企业”“国家免检”“中国真皮鞋王”“中国名牌产品”等荣誉。企业现已通过ISO 9001:2008质量管理体系认证,ISO 14001:2004环境管理体系认证,OHSAS 28001:2011职业健康安全体系认证。陈文祥将技术创新作为各项工作的重中之重,每年将近3000万元资金投入到研发中,建立健全技术研发奖励激励机制,利用技术中心、工程技术中心等平台,进行产品研发,积累了丰厚的科研成果。他带领公司干部及广大职工,不断完善内部管理,转换经营机制,挖掘内部潜力,企业营业额稳步上升,2008年初为公司员工全部购买了五险一金,成为建湖县首家购买五险一金的企业单位。职工工资及待遇年均增长率达到10%,使公司进入了健康发展的轨道。该公司秉承“勤奋、科学、合作”的企业精神,一直确立并坚持“以做人的方式做生意”的经营理念,2008年公司实现销售收入8.52亿元,利润总额1.16亿元。2009—2017年连续9年产、销、利、税等各项指标在建湖县工业企业单一企业排名中均位列第一名。

滕本登

滕本登,男,汉族,1953年3月出生,江苏省建湖县人,中共党员,大专文化,高级经济师。现任江苏玉人服装有限公司党支部书记、董事长。

滕本登以娴熟的市场驾驭能力和永不满足的创业激情,引领江苏玉人服装有限公司从创建以来持续健康、稳定发展,成为建湖工业企业的“常青树”。在产业产品上,以行业服饰为主导,服装、毛衣、皮鞋成为公、检、法、司以及保安等国家执法部门目录生产企业,其中警察服装主产品的支撑优势十分明显,产品覆盖全国25个省(市)执法部门;在规模实力上,拥有服装、毛衣、皮鞋三块生产基地,占地13.33公顷,总资产3亿元,员工近2000人,拥有国家级品牌奖5项,省级品牌奖3项;在转型升级上,重视现代科技在传统产业上运用,提升自动化、智能化能力,释放产能,成为公安部警标委成员企业,完成改进号型归档规则制定等科研任务,使传统产业不断增添发展活力,生产经营实绩逆势攀升、逐年创新,2002年以来,企业一直是全国服装企业销售、利润、销售利润率百强企业,江苏省服装企业销售、利润、销售利润率五十强企业。2017年获评市“三星级”企业,县杰出(优秀)企业家。

李贤余

李贤余,男,1969年7月出生,江苏建湖人,高中学历,高级经济师,现任盐城海特机械科技有限公司总董事长,建湖县第十七届、十八届人大代表。建湖县企业联合会、企业家联合会副会长。先后获得盐城市企业之星、市优秀企业家、建湖县经济发展功臣、优秀党务工作者、双十佳企业负责人、盐城市劳动模范等荣誉。担任县人大代表多年来,向县人代会提出建议20多条、议案6件。长期向社会公益事业、社会福利事业、教育事业捐资累计达200余万元。李贤余创办的盐城海特机械科技有限公司是一家专业从事船用液压油缸、液压泵站、工程矿山液压油缸等产品生产的经营单位,公司设立于2003年,注册资本2680万元,拥有资产20827万元。现有员工200多人,其中中高级技术人员41人。公司设有企划、技术、质量、供应、生产和财务等管理机构,并与东南大学联手建立技术中心、理化检测中心等科技研发机构。公司具有自营进出口权,银行资信等级为AAA级。公司自创立以来,已累计投入研发经费2500多万元,取得新产品、新工艺、新技术等成果20多项。企业通过了ISO 9000质量管理体系和ISO 14000环境管理体系认证,取得CCS、GL、ABS、NR、DNV、KR等7个国家的船舶产品认证和体系认证,获得进入国际市场的准入证,部分产品出口美国、欧州、东南亚等十多个国家和地区。企业解决近300员工就业,每年安置下岗职工20余人再就业。被国家、省、市工商局命名为“守合同、重信用”先进企业,被市税务局评为“纳税信誉A级企业”,公司被评为盐城市三星企业。

吴启春

吴启春,男,1970年2月出生,盐城市劳动模范、江苏省第十二届人大代表、江苏省优秀青年企业家,2016年度县经济发展功臣。1998年创建建湖县鸿达阀门管件有限公司。公司注册资金20288万元,固定资产3.6亿元。现有两个厂区,员工510人。工厂占地面积30万平方米,建筑面积10万平方米。公司为国家高新技术企业,是中石油、中石化、中海油物资装备总公司一级供应网络成员单位、中国石油石化装备制造业50强企业、江苏省优秀民营企业。吴启春重视科技研发,开发新技术新产品。公司已拥有江苏省高新技术产品8个,拥有发明专利4项,实用新型专利18项。为了加快企业转型升级,2010年公司与世界500强企业——美国WFT公司合资,成立江苏鸿达福石油设备有限公司,实施战略性重组。企业合资重组后,引进先进的技术和管理,扩大市场份额,使企业步入发展的快车道。为了进一步扩大企业规模,2011年在县高新产业区投入5.1亿元,征地17.07公顷,新上海洋油气控制项目。新项目引进德国、日本等地的国际一流的DMG五轴联动柔性加工中心、数控机床等高端设备，提升生产效率和产品质量，提升企业的核心竞争力。吴启春热心慈善事业。成立雨尧爱心基金会，资助公司及社会上的弱势群体。为建湖县高级中学捐款50万元，建立图书室；常年资助50多名贫困大学生，每人年支助5000元以上，直至他们大学毕业，部分研究生毕业；常年支助困难职工子女和社会上的贫困中小学生上学；逢年过节，每年向建湖县庆丰和建阳敬老院的200多位孤寡老人送去慰问金；向环卫工人捐赠羽绒服，经常捐款资助社会上白血病患者等特殊群体。近几年来，每年向县红十字会等机构捐款200万元以上，已累计捐款2000多万元。

吴重言

吴重言，男，1952年6月生，工程师，建湖近湖人，中共党员。现任江苏克胜集团董事长、中国农药发展与应用协会副会长、盐城商会副会长。系全国优秀乡镇企业家、江苏省劳动模范、全国植保行业十大风云人物、国家星火计划先进个人，江苏省第八、第九届人大代表。1992年创办建湖县农药二厂，先后开发成功哒螨灵、吡虫啉、吡蚜酮等国家级新产品和国家星火计划产品，锻塑出中国农化行业领军品牌。“克胜 kesheng”商标成为新商标法颁布后农药行业第一枚中国驰名商标；克胜牌吡虫啉获得“中国名牌产品”称号；克胜集团获“国家重点高新技术企业”“全国守合同重信用企业”“全国质量管理先进企业”“中国专利十佳企业”等殊荣。拥有注册商标120件、各类专利30件。2017年吴重言出席国家级农药化肥零增长专题会议、农企对接、农企电商等研讨活动，承担农业部农药零增长研究课题。在全国率先创建“蜻蜓农服”农业服务电子交易平台，获得盐城市互联网创新大赛金奖，江苏省创业创新大赛亚军，全国涉农创业大赛优秀项目，推动克胜集团由农化生产企业向农业服务企业转型。 （赵应波）

2017年建湖县获中小学教师高级专业技术资格人员名单

表21

序号	姓　名	职　务	性别	单位名称	从事专业	专业技术资格	备　注
1	汤建明		男	建湖城南实验初中教育集团	初中数学	中小学高级教师	普通教师申报
2	周荣军		男	建湖县汇文实验初中教育集团	初中英语	中小学高级教师	普通教师申报
3	周欧亚		女	建湖城南实验初中教育集团	初中语文	中小学高级教师	普通教师申报
4	陆林芳		女	建湖县汇文实验初中教育集团	初中语文	中小学高级教师	普通教师申报
5	胡宏明		男	建湖县教师发展中心	初中语文	中小学高级教师	普通教师申报
6	王　森		男	建湖县教育局教研室	初中政治	中小学高级教师	普通教师申报
7	陆幸江		男	建湖县少年体育学校	初中体育	中小学高级教师	普通教师申报
8	张会娟		女	建湖县第一中学	高中化学	中小学高级教师	普通教师申报
9	徐晓敏		女	江苏省建湖高级中学	高中化学	中小学高级教师	普通教师申报
10	周荣建		男	建湖县第一中学	高中数学	中小学高级教师	普通教师申报
11	兰有胜		男	建湖县第二中学	高中物理	中小学高级教师	普通教师申报
12	沈　叶		男	建湖县第一中学	高中物理	中小学高级教师	普通教师申报
13	谈友贵		男	江苏省建湖高级中学	高中物理	中小学高级教师	普通教师申报
14	李立松		男	建湖县第二中学	高中信息	中小学高级教师	普通教师申报
15	程士标		男	建湖县第二中学	高中信息	中小学高级教师	普通教师申报
16	高洪军		男	江苏省建湖高级中学	高中政治	中小学高级教师	普通教师申报
17	杨　云		女	建湖县特殊教育学校	特教语文	中小学高级教师	普通教师申报
18	李安贵		男	建湖县教育局教研室	小学美术	中小学高级教师	普通教师申报
19	孔祥林		男	建湖县第二实验小学教育集团	小学数学	中小学高级教师	普通教师申报
20	徐　飞	副校长	男	建湖县第二实验小学教育集团	小学数学	中小学高级教师	普通教师申报
21	王吉明		男	建湖县森达实验学校	小学数学	中小学高级教师	普通教师申报

续表 21

序号	姓　名	职　务	性别	单位名称	从事专业	专业技术资格	备　注
22	汤其军		男	建湖县实小教育集团	小学数学	中小学高级教师	普通教师申报
23	顾怀洋		男	建湖县育红实验小学教育集团	小学数学	中小学高级教师	普通教师申报
24	祁伟洪		男	建湖县实小教育集团	小学体育	中小学高级教师	普通教师申报
25	马开勇		男	建湖县实小教育集团	小学体育	中小学高级教师	普通教师申报
26	马捍东	副校长	男	建湖县育红实验小学教育集团	小学体育	中小学高级教师	普通教师申报
27	彭雄文		男	建湖县实小教育集团	小学英语	中小学高级教师	普通教师申报
28	姜海霞		女	建湖县第二实验小学教育集团	小学语文	中小学高级教师	普通教师申报
29	孙　娟		女	建湖县第二实验小学教育集团	小学语文	中小学高级教师	普通教师申报
30	曾从安	副校长	男	建湖县第二实验小学教育集团	小学语文	中小学高级教师	普通教师申报
31	夏诗雅		男	建湖县沿河初级中学	初中地理	中小学高级教师	乡村教师申报
32	陆广海		男	建湖县海南初级中学	初中化学	中小学高级教师	乡村教师申报
33	顾建龙		男	建湖县冈西初级中学	初中生物	中小学高级教师	乡村教师申报
34	夏春梅		女	建湖县上冈实验初级中学	初中生物	中小学高级教师	乡村教师申报
35	吉佩宽		男	建湖县草堰初级中学	初中数学	中小学高级教师	乡村教师申报
36	徐昌江		男	建湖县冈西初级中学	初中数学	中小学高级教师	乡村教师申报
37	王欣荣		男	建湖县高作中学	初中数学	中小学高级教师	乡村教师申报
38	许学国		男	建湖县建阳中学	初中数学	中小学高级教师	乡村教师申报
39	徐　平		女	建湖县庆丰中学	初中数学	中小学高级教师	乡村教师申报
40	蒋雪松		男	建湖县上冈实验初级中学	初中数学	中小学高级教师	乡村教师申报
41	邵文祥		男	建湖县上冈实验初级中学	初中数学	中小学高级教师	乡村教师申报
42	丁文勇		男	建湖县上冈实验初级中学	初中数学	中小学高级教师	乡村教师申报
43	张永海		男	建湖县沿河初级中学	初中数学	中小学高级教师	乡村教师申报
44	孙长花		女	建湖县颜单中学	初中数学	中小学高级教师	乡村教师申报
45	胡茂才		男	建湖县颜单中学	初中数学	中小学高级教师	乡村教师申报
46	陈忠贵		男	建湖县冈西初级中学	初中体育	中小学高级教师	乡村教师申报
47	林国斌		男	建湖县高作中学	初中体育	中小学高级教师	乡村教师申报
48	孙玉亮		男	建湖县海南初级中学	初中体育	中小学高级教师	乡村教师申报
49	刘德胜		男	建湖县沿河初级中学	初中体育	中小学高级教师	乡村教师申报
50	吴　强		男	建湖县颜单中学	初中体育	中小学高级教师	乡村教师申报
51	谢如国		男	建湖县宝塔初级中学	初中物理	中小学高级教师	乡村教师申报
52	段爱华		男	建湖县建阳中学	初中物理	中小学高级教师	乡村教师申报
53	田才荣		男	建湖县芦沟中学	初中物理	中小学高级教师	乡村教师申报
54	陈永玲		女	建湖县上冈实验初级中学	初中物理	中小学高级教师	乡村教师申报
55	颜立成		男	建湖县宝塔初级中学	初中英语	中小学高级教师	乡村教师申报
56	吴成凤		女	建湖县冈东初级中学	初中英语	中小学高级教师	乡村教师申报
57	王秀干		女	建湖县冈东初级中学	初中英语	中小学高级教师	乡村教师申报

续表 21

序号	姓　名	职　务	性别	单位名称	从事专业	专业技术资格	备　注
58	龚为銮		女	建湖县冈东初级中学	初中英语	中小学高级教师	乡村教师申报
59	薛向萍		女	建湖县高作中学	初中英语	中小学高级教师	乡村教师申报
60	陈立禹		男	建湖县恒济初级中学	初中英语	中小学高级教师	乡村教师申报
61	苗　红		女	建湖县恒济初级中学	初中英语	中小学高级教师	乡村教师申报
62	吴爱兵		男	建湖县恒济初级中学	初中英语	中小学高级教师	乡村教师申报
63	马军勤		女	建湖县九龙口初级中学	初中英语	中小学高级教师	乡村教师申报
64	徐芳云		女	建湖县庆丰中学	初中英语	中小学高级教师	乡村教师申报
65	孙　飞		男	建湖县上冈实验初级中学	初中英语	中小学高级教师	乡村教师申报
66	胡爱琴		女	建湖县宝塔初级中学	初中语文	中小学高级教师	乡村教师申报
67	唐迎春		男	建湖县草堰初级中学	初中语文	中小学高级教师	乡村教师申报
68	郑尧红		女	建湖县冈西初级中学	初中语文	中小学高级教师	乡村教师申报
69	王晓军		男	建湖县海南初级中学	初中语文	中小学高级教师	乡村教师申报
70	孙　琴		女	建湖县九龙口初级中学	初中语文	中小学高级教师	乡村教师申报
71	崔成华		男	建湖县芦沟中学	初中语文	中小学高级教师	乡村教师申报
72	宋建东		男	建湖县上冈实验初级中学	初中语文	中小学高级教师	乡村教师申报
73	商　健		男	建湖县颜单中学	初中语文	中小学高级教师	乡村教师申报
74	吴　庭		男	建湖县建阳中学	初中政治	中小学高级教师	乡村教师申报
75	嵇万銮		女	建湖县芦沟中学	初中政治	中小学高级教师	乡村教师申报
76	王　跃		男	江苏省上冈高级中学	高中历史	中小学高级教师	乡村教师申报
77	朱建刚		男	江苏省上冈高级中学	高中数学	中小学高级教师	乡村教师申报
78	张光辉		男	江苏省上冈高级中学	高中体育	中小学高级教师	乡村教师申报
79	丁锦秀		女	江苏省上冈高级中学	高中物理	中小学高级教师	乡村教师申报
80	吴银华		男	江苏省上冈高级中学	高中信息	中小学高级教师	乡村教师申报
81	王炳凤		女	江苏省上冈高级中学	高中英语	中小学高级教师	乡村教师申报
82	肖茂成		男	建湖县宝塔镇中心小学	小学数学	中小学高级教师	乡村教师申报
83	唐叶萍		女	建湖县冈东小学	小学数学	中小学高级教师	乡村教师申报
84	马双霞		女	建湖县高作镇中心小学	小学数学	中小学高级教师	乡村教师申报
85	刘锦龙		男	建湖县建阳镇中心小学	小学数学	中小学高级教师	乡村教师申报
86	李天霞		女	建湖县九龙口镇中心小学	小学数学	中小学高级教师	乡村教师申报
87	陆书琴		女	建湖县开发区小学	小学数学	中小学高级教师	乡村教师申报
88	朱俊奎	副校长	男	建湖县庆丰镇中心小学	小学数学	中小学高级教师	乡村教师申报
89	廖建剑		男	建湖县庆丰镇中心小学	小学数学	中小学高级教师	乡村教师申报
90	徐洪山	校长	男	建湖县上冈镇大团小学	小学数学	中小学高级教师	乡村教师申报
91	倪正喜	副校长	男	建湖县上冈镇第二小学	小学数学	中小学高级教师	乡村教师申报
92	廖其涛	副校长	男	建湖县上冈镇中心小学	小学数学	中小学高级教师	乡村教师申报
93	徐加旺	副校长	男	建湖县上冈镇中心小学	小学数学	中小学高级教师	乡村教师申报

续表 21

序号	姓　名	职　务	性别	单位名称	从事专业	专业技术资格	备　注
94	沈中仁		男	建湖县颜单镇中心小学	小学数学	中小学高级教师	乡村教师申报
95	薛金柱	副校长	男	建湖县钟庄小学	小学数学	中小学高级教师	乡村教师申报
96	顾甜甜		女	建湖县冈西镇中心小学	小学思品	中小学高级教师	乡村教师申报
97	张铁刚		男	建湖县庆丰镇中心小学	小学体育	中小学高级教师	乡村教师申报
98	周金东		男	建湖县沿河镇中心小学	小学体育	中小学高级教师	乡村教师申报
99	周　松	副校长	男	建湖县宝塔镇中心小学	小学语文	中小学高级教师	乡村教师申报
100	薛　桂		男	建湖县宝塔镇中心小学	小学语文	中小学高级教师	乡村教师申报
101	唐　飞		男	建湖县草堰口小学	小学语文	中小学高级教师	乡村教师申报
102	董守銮		女	建湖县草堰口小学	小学语文	中小学高级教师	乡村教师申报
103	孙洪梅	副校长	女	建湖县冈东小学	小学语文	中小学高级教师	乡村教师申报
104	陈恩良		男	建湖县冈东小学	小学语文	中小学高级教师	乡村教师申报
105	王文标		男	建湖县高作镇中心小学	小学语文	中小学高级教师	乡村教师申报
106	刘加猛		男	建湖县恒济镇中心小学	小学语文	中小学高级教师	乡村教师申报
107	陈金柱		男	建湖县建阳镇中心小学	小学语文	中小学高级教师	乡村教师申报
108	徐海燕		女	建湖县建阳镇中心小学	小学语文	中小学高级教师	乡村教师申报
109	许国超		男	建湖县九龙口镇中心小学	小学语文	中小学高级教师	乡村教师申报
110	乔　振		男	建湖县芦沟镇裴刘小学	小学语文	中小学高级教师	乡村教师申报
111	孙干连	副校长	男	建湖县芦沟镇中心小学	小学语文	中小学高级教师	乡村教师申报
112	廖远才		男	建湖县芦沟镇中心小学	小学语文	中小学高级教师	乡村教师申报
113	王启霞		女	建湖县庆丰镇中心小学	小学语文	中小学高级教师	乡村教师申报
114	王立江		男	建湖县上冈镇大团小学(榆西小学)	小学语文	中小学高级教师	乡村教师申报
115	鲍建华	校长	男	建湖县沿河镇中心小学	小学语文	中小学高级教师	乡村教师申报
116	赵春生		男	建湖县钟庄小学	小学语文	中小学高级教师	乡村教师申报
117	杨　林	副校长	男	建湖县钟庄小学	小学语文	中小学高级教师	乡村教师申报

2017 年建湖县获幼儿园教师高级专业技术资格人员名单

表 22

序号	姓　名	职　务	性别	单位名称	从事专业	专业技术资格	备　注
1	王海艳	园长	女	建湖县高新区幼儿园	学前教育	幼儿园高级教师	普通教师申报
2	倪　静	副园长	女	建湖县湖景幼儿园	学前教育	幼儿园高级教师	普通教师申报
3	陈　健		女	建湖县教师发展中心	学前教育	幼儿园高级教师	普通教师申报
4	丁　慧		女	建湖县幼儿园	学前教育	幼儿园高级教师	普通教师申报
5	刘丽萍	副园长	女	建湖县育红幼儿园	学前教育	幼儿园高级教师	普通教师申报
6	唐　艳	副园长	女	建湖县森达幼儿园	学前教育	幼儿园高级教师	普通教师申报
7	王　芳	副园长	女	建湖县高作镇中心幼儿园	学前教育	幼儿园高级教师	乡村教师申报

续表 22

序号	姓　名	职　务	性别	单位名称	从事专业	专业技术资格	备　注
8	刘成娅	园长	女	建湖县庆丰镇中心幼儿园	学前教育	幼儿园高级教师	乡村教师申报
9	朱超群	副园长	女	建湖县颜单镇中心幼儿园	学前教育	幼儿园高级教师	乡村教师申报

2017 年建湖县获中职高级讲师人员名单

表 23

序号	姓　名	职　务	性别	单位名称	从事专业	专业技术资格
1	丁恒高		男	江苏省建湖中等专业学校	英语	高级讲师
2	周洪梅		女	江苏省建湖中等专业学校	化学	高级讲师
3	彭明益		男	江苏省建湖中等专业学校	化学	高级讲师
4	颜林春		男	江苏省建湖中等专业学校	机械机电	高级讲师
5	彭阿玲		女	江苏省建湖中等专业学校	电子电工	高级讲师
6	许娟		女	江苏省建湖中等专业学校	计算机	高级讲师
7	袁寿华		男	建湖县高作镇社区教育中心	语文	高级讲师
8	嵇大新		男	建湖县近湖街道社区教育中心	数学	高级讲师
9	孙宏廷		男	建湖县庆丰镇社区教育中心	数学	高级讲师
10	符德余		男	建湖县冈西镇社区教育中心	英语	高级讲师

2017 年县内文化界高级知识分子人员名单

表 24

序号	姓　名	单　位	专业技术资格
1	袁晓亚	剧目工作室	国家二级编剧
2	赵海龙	剧目工作室	国家二级编剧
3	刘以良	剧目工作室	副研究馆员
4	王友理	县文化馆	国家一级导演
5	金学桂	县文化馆	副研究馆员
6	张连成	县文化馆	副研究馆员
7	顾星群	县文化馆	副研究馆员
8	王正璋	县图书馆	副研究馆员
9	高亚菊	县图书馆	副研究馆员
10	吴其凯	省杂技团	研究馆员
11	卜金宽	省杂技团	国家一级演员
12	杨同根	省杂技团	国家一级演员
13	孙贵荣	省杂技团	国家一级演员
14	嵇才良	省杂技团	国家二级演员

续表 24

序号	姓　名	单　　位	专业技术资格
15	嵇粉红	省杂技团	国家二级演员
16	高文红	省杂技团	国家二级演员
17	吴一红	省杂技团	国家二级演员
18	卜树权	省杂技团	国家二级演员
19	颜美琴	省杂技团	国家二级演员
20	王玉干	省杂技团	国家二级演员
21	陈娟	省杂技团	二级舞美设计师
22	孙才生	县淮剧团	国家二级演员
23	李文广	县淮剧团	国家二级演员
24	戴建民	县淮剧团	国家二级演员
25	沈加秀	县淮剧团	国家二级演员
26	何敏星	县淮剧团	国家二级演员
27	李志芬	县淮剧团	国家二级演员
28	李坚	县淮剧团	国家二级演员

建湖县 2017 年高考文科前五名名录

表 25

姓　名	性别	总分	报考科类	名次	毕业学校	录取院校
葛嘉琦	女	388	文科	1	建湖高中	南京大学
臧慧娟	女	361	文科	2	上冈高中	华中师范大学
沈以瑾	女	360	文科	3	建湖高中	江南大学
仇士颖	女	359	文科	4	建湖高中	扬州大学
孙文豪	男	358	文科	5	建湖高中	南京中医药大学

建湖县 2017 年高考理科前五名名录

表 26

姓　名	性别	总分	报考科类	名次	毕业学校	录取院校
周　玥	女	400	理科	1	建湖高中	上海财经大学
陶诗源	男	400	理科	1	建湖高中	上海交通大学
单　昱	女	400	理科	1	建湖高中	南京大学
陆一洲	男	398	理科	4	建湖高中	复旦大学医学院
陈　文	女	398	理科	4	上冈高中	上海交通大学

建湖县 2017 年职中对口高考前六名名录

表 27

姓　名	性别	对口高考成绩	专业	名　　次	录取学校
曹锦官	男	835	汽车	汽修专业总分全市第一名	江苏理工学院
李　桐	男	783	机电	机电专业总分全市第二名	常熟理工学院
袁　婕	女	838	财会	财会专业总分全市第二名	盐城工学院
杨　婧	女	775	服装	服装专业总分全市第二名	盐城工学院
陈晓东	男	778	烹饪	烹饪专业总分全市第三名	扬州大学
徐慧敏	女	833	计算机	计算机专业总分全市第三名	盐城工学院

建湖民间艺人、名人

国家级非物质文化遗产项目代表性传承人

表 28

姓　名	性别	工作单位或住地	项目名称
卜树权	男	盐城市杂技团	建湖“十八团”杂技

江苏省级非物质文化遗产项目代表性传承人

表 29

姓　名	性别	工作单位或住地	项目名称
孙贵荣	男	盐城市杂技团	建湖“十八团”杂技
戴建民	男	建湖县淮剧团	建湖淮剧

盐城市级非物质文化遗产项目代表性传承人

表 30

姓　名	性别	工作单位或住地	项目名称
顾星群	女	建湖县文化馆	九狮图
祁海宏	男	盐城市杂技团	建湖“十八团”杂技
王玉干	女	盐城市杂技团	建湖“十八团”杂技
商岳新	男	建湖县东盛烟花有限公司	建湖花炮制作技艺
卜金宽	男	建湖县杂技团	建湖“十八团”杂技
杨同根	男	建湖县杂技团	建湖“十八团”杂技
颜美琴	女	建湖县杂技团	建湖“十八团”杂技

非物质文化遗产项目代表性传承人名录(县级)

第一批次

表 31

姓　名	项目类别	项目名称	所在单位
高文红	杂技与竞技	建湖“十八团”杂技	盐城市杂技团
李　森	杂技与竞技	建湖“十八团”杂技	盐城市杂技团
秦玉莲	传统戏剧	建湖淮剧	建湖县淮剧团
孙才生	传统戏剧	建湖淮剧	建湖县淮剧团
何双林	传统戏剧	建湖淮剧	建湖县淮剧团
徐为成	消费习俗	上冈草炉饼	建湖县上冈镇

第二批次

表 32

姓　名	项目类别	项目名称	所在单位
刘步雄	传统舞蹈	九狮图	建湖县文化馆
窦青华	杂技与竞技	杂　技	盐城市杂技团
陈晓芬	杂技与竞技	杂　技	盐城市杂技团
沈加秀	传统戏剧	淮　剧	建湖县淮剧团
何敏星	传统戏剧	淮　剧	建湖县淮剧团
李志芬	传统戏剧	淮　剧	建湖县淮剧团
夏　伟	传统戏剧	淮　剧	建湖县淮剧团
崔成凤	传统戏剧	淮　剧	建湖县淮剧团

第三批次

表 33

姓　名	项目类别	项目名称	所在单位
邓天照	民间文学	五谷树传说	九龙口镇文广中心
顾洪茂	民间文学	五谷树传说	九龙口镇九龙口村
贾大生	民间文学	五谷树传说	九龙口镇九龙口村
张永亮	民间文学	五谷树传说	盐都区蟒南农家院
潘坚强	民间文学	九龙口传说	九龙口镇九龙口村
唐光来	民间文学	九龙口传说	建湖县新华书店
张嘉兴	民间文学	朦胧塔传说	阜宁县永兴村
唐明生	民间文学	朦胧塔传说	高作镇文广中心
肖公章	民间文学	朦胧塔传说	建湖县文化馆
戚泰凤	传统医药	戚氏膏药	颜单祖传伤骨科门诊
戚仲民	传统医药	戚氏膏药	颜单祖传伤骨科门诊
谢国义	传统舞蹈	恒济龙舞	恒济镇建河村

续表 33

姓　名	项目类别	项目名称	所在单位
谢国宏	传统舞蹈	恒济龙舞	恒济镇建河村
谢国龙	传统舞蹈	恒济龙舞	恒济镇建河村
谢国胜	传统舞蹈	恒济龙舞	恒济镇建河村
谢晋年	传统美术	陈氏糖画制作技艺	东方广场
陈　霞	传统美术	陈氏糖画制作技艺	东方广场
曾超敏	传统美术	陈氏糖画制作技艺	东方广场
邱国金	传统美术	建湖面塑	近湖镇冠华苑 5#楼 107
邱成成	传统美术	建湖面塑	近湖镇冠华苑 5#楼 107

第四批次

表 34

姓　名	项目类别	项目名称	所在单位
姜茂友	民间文学	建湖方言	县老年新闻工作者协会
徐清国	民间文学	建湖方言	县广播电视台
肖公章	民间文学	建湖方言	县文化馆
潘国美	民间文学	九龙口传说	九龙口镇九龙口村
谭洪峰	民间文学	九龙口传说	九龙口镇文化站
肖公章	民间文学	九龙口传说	县文化馆
陶学齐	传统美术	冈西剪纸	冈西小学
王根发	传统美术	冈西剪纸	冈西小学
戚太根	传统医药	戚氏膏药	颜单镇兴颜南路 228 号
徐红年	传统医药	徐氏太极神贴膏药	恒济镇孟庄居委会
金重庆	杂技与竞技	建湖杂技	县文化馆

责任编辑　朱明君

荣 誉 栏

Honour Columns

先进集体名录

2017 年建湖县全国(条线)先进集体

表 35

被授予单位	授予称号	授予单位
建湖县	国家园林县城	住建部
建湖县委、县政府	“关爱明天、普法先行”——青少年普法教育示范区	中国关心下一代工作委员会、中华人民共和国司法部和中央社会治安综合治理委员会办公室
建湖开发区	全国推动厂务公开民主管理工作先进单位	全国厂务公开协调小组
建湖县工商联	全国“五好”县级工商联、全国优秀基层工商联	全国工商联
建湖县关工委	全国青少年普法教育活动先进单位	中国关工委、国家司法部、中央综治办
建湖县司法局	“关爱明天、普法先行”——青少年普法教育活动先进单位	中国关心下一代工作委员会、中华人民共和国司法部和中央社会治安综合治理委员会办公室
建湖县审计局	全国文明单位	中央精神文明建设指导委员会
县公安局看守所	一级看守所	公安部
上冈司法所	“谁执法谁普法”先进单位	司法部
沿河派出所	全国青年文明号创建活动成绩突出单位	公安部
九龙口中心卫生院	全国群众满意的乡镇卫生院	国家卫计委

2017 年建湖县省级(条线)先进集体

表 36

被授予单位	授予称号	授予单位
建湖县	全省医改工作一档县	省卫计委、省财政厅
建湖县人民政府	省商标战略实施示范县(金风奖)	省商标战略实施工作领导小组
建湖县纪律检查委员会	全省纪检监察先进集体	省纪委、生人力资源和社会保障厅、省监察厅
县法院	全省法院执行系统先进集体	省高级人民法院
建湖团县委	省属报刊宣传先进集体	共青团江苏省委员会
县司法局	2017 年度全省司法行政系统绩效评价优秀单位	省司法厅

续表 36

被授予单位	授予称号	授予单位
县公安局	技防建设先进单位	省公安厅
建湖县供电公司	新闻宣传先进集体	省供电公司
建湖县归侨侨眷联合会	全省侨联系统基层工作联系点	省侨联
建湖县人防办	江苏省民防工作先进单位	省民防局
九龙口镇	江苏省首批生态文明建设示范镇	省环保厅
县知识产权局	省知识产权执法工作先进单位	省知识产权局
县看守所	全省优秀公安基层单位	省公安厅
建湖县市场监督局城中分局	省食品药品监管系统“先进集体”	省人社厅、省食药监局
建湖县老科技工作者协会上冈分会	优秀老科技工作者之家	省老科协
九龙口镇梅苏村	江苏省“最美乡村”	省文明办、省委农工办、省农委、省住房和城乡建设厅、省文化厅、省环保厅、省旅游局、新华报业传媒集团、江苏省广电总台、中国江苏网
交警芦沟中队薛井胜警组	全省工人先锋号	省总工会
江苏建湖农村商业银行	全省厂务公开民主管理先进单位	省厂务公开协调小组
建湖县沿河镇新丰村民委员会	2017 年度江苏省科普示范社区	省科协、省财政厅
宝塔镇校外教育辅导站	全省校外教育优秀辅导站	省文明办、省关工委
盐城富田生态农业发展有限公司	江苏省科普惠农服务站	省科协
江苏那美实业有限公司	全省厂务公开民主管理先进单位	省厂务公开协调小组
建湖县城府传奇养殖有限公司	2017 年度江苏省农村科普先进单位	省科协、省财政厅
沿河镇校外教育辅导站	全省校外教育师范辅导站	省文明办、省关工委

2017 年建湖县市级先进集体

表 37

被授予单位	授予称号	授予单位
县委政法委、县公安局	全市社会治安综合治理工作先进集体	市委、市政府
县委办(保密局)	全市“保密工作先进集体”	市委保密委
建湖县人防办	盐城市民防工作先进单位	市民防局
建湖县归侨侨眷联合会	全市侨联工作先进集体	市侨联
县委党校	2017 年度创新工作奖	市委党校

续表 37

被授予单位	授予称号	授予单位
建湖县团县委	2017 年度共青团先进集体	共青团盐城市委员会
建湖县人力资源和社会保障局	全市人力资源社会保障工作综合先进单位	市人力资源和社会保障局
建湖县审计局	全市审计机关综合考核先进单位	市审计局
建湖县市场监管局	2017－2018 市级依法行政示范点	市全面推进依法行政工作领导小组
建湖县地税局	全市地税系统绩效管理考评先进单位	市地税局
县行政服务中心公安窗口	盐城市工人先锋号	市总工会
经侦大队	盐城市忠诚警队	市委、市政府
建湖县关工委、沿河镇关工委、宝塔镇关工委、恒济镇建河村关工委、九龙口镇梅苏村关工委、庆丰镇东乔村关工委、县第二中学关工委、县农委关工委、江苏神力制绳有限公司关工委	全市关心下一代工作先进集体	市委、市政府
建湖县供电公司	安全生产先进单位	市供电公司
建湖县供电公司	联手兴家示范单位	市总工会
建湖县供电公司	文明单位	市供电公司
建湖县中小学生综合实践基地	盐城市科普教育基地	市科协
盐城王开食品有限公司	盐城市科普惠农服务站	市科协

2017 年度县委、县政府目标任务绩效考核的先进集体

一、综合先进

(一)镇(街道、区)

1、第一类

开发区(钟庄街道)
高新区(塘河街道)
上冈镇　建阳镇

2、第二类

颜单镇　宝塔镇
芦沟镇　恒济镇

(二)部门(单位)

1、经济发展和市场监管部门单位

发改委　财政局(国资办)
审计局　水利局
商务局(旅游局)　住建局
市场监管局　城投公司

2、司法机关和公共服务部门

人社局　公安局(消防大队)
卫计委　(县法院、检察院享受综合先进单位)

3、县“四办”、党群和其他部门

编办　妇联　党校　老干部局
(县委办、人大办、政府办、政协办、纪委、巡察办、组织部、宣传部、政法委、统战部享受综合先进单位)

4、条管单位

国土局　供电公司　地税局
国税局　住房公积金管理部
南京银行　交通银行
江苏有线建湖分公司

二、单项工作先进

(一)招商引资和项目推进工作

1、镇(街道、区)

开发区(钟庄街道)
高新区(塘河街道)
上冈镇　建阳镇　近湖街道

2、部门(单位)

财政局(国资办)　公安局
人社局　妇联　审计局　水利局

(二)工业经济和转型升级工作

开发区(钟庄街道)
高新区(塘河街道)　上冈镇
近湖街道　建阳镇

（三）开放型经济和服务业发展工作

恒济镇 开发区（钟庄街道）
高新区（塘河街道）
建阳镇 上冈镇

（四）扶贫开发和镇村经济发展工作

上冈镇 宝塔镇 庆丰镇
颜单镇 沿河镇

（五）统筹城乡发展和基础设施建设工作

高新区（塘河街道）
开发区（钟庄街道） 九龙口镇
上冈镇 恒济镇

（六）现代农业建设工作

上冈镇 恒济镇 近湖街道
芦沟镇 宝塔镇

（七）生态文明建设工作

恒济镇 九龙口镇
高新区（塘河街道）
建阳镇 颜单镇

（八）科技创新与人才工作

开发区（钟庄街道） 建阳镇
近湖街道 上冈镇 芦沟镇

（九）民生幸福和社会事业工作

上冈镇 开发区（钟庄街道）
沿河镇 九龙口镇 恒济镇

（十）全民创业工作

1、镇（街道、区）

近湖街道 芦沟镇 庆丰镇
建阳镇 高作镇

2、部门（单位）

商务局 市场监管局 团县委

（十一）宣传思想和文化发展工作

1、镇（街道、区）

高新区（塘河街道） 芦沟镇
恒济镇 颜单镇 近湖街道

2、部门（单位）

文广新局 教育局
市场监管局 人社局
公安局 水利局

（十二）党建创新工作

1、镇（街道、区）

颜单镇 冈西镇
高新区（塘河街道）
开发区（钟庄街道） 庆丰镇

2、部门（单位）

国税局 市场监管局 公安局
人社局 住建局 水利局
规划城管局 文广新局
财政局 卫计委

（十三）反腐倡廉和作风建设工作

1、镇（街道、区）

建阳镇 颜单镇 冈西镇
恒济镇 开发区（钟庄街道）

2、部门（单位）

教育局 审计局 水利局
人社局 市场监管局 公安局
地税局 供电公司 国税局
国土局

（十四）依法治县和综治信访稳定工作

1、镇（街道、区）

沿河镇（报市表彰） 高作镇
冈西镇 开发区（钟庄街道）
九龙口镇 建阳镇

2、部门（单位）

公安局（报市表彰）
卫计委（报市表彰）
人社局 司法局 检察院
供销总社 规划城管局
贸易办

（十五）服务发展工作

经信委 商务局 发改委
科技局 水利局 公安局

先进个人名录

2017年建湖县全国（条线）先进个人

表38

姓　名	工作单位	授予奖项	授予单位
袁　洲	建湖县韩都大酒店	中国好人	中央文明办
殷继伟	私营企业	中国好人	中央文明办
朱卫星	建湖县关工委	青少年普法教育活动先进个人	中国关工委、国家司法部、中央综治办
吴成伟	克胜集团中农网购	全国农村青年致富带头人	共青团中央、农业部

续表38

姓　名	工作单位	授予奖项	授予单位
鲁　曼	建湖县荷风畜禽养殖专业合作社(军曼公司)	全国农村创业创新优秀带头人	农业部
赵水浪	冈西镇卫生院院长	全国卫生计生系统先进工作者	人力资源社会保障部、国家卫生计生委、国家中医药管理局
胡迎春	上冈司法所所长	全国模范人民调解员	司法部

2017年建湖县省级(条线)先进个人

表39

姓　名	工作单位	授予奖项	授予单位
李志祥	建湖县纪委第十四派驻纪检组组长	全省纪检监察系统先进工作者	省纪委、省人力资源和社会保障厅、省监察厅
胡建国	建湖县老干部活动中心	全省优秀老干部工作者	省委组织部、老干部局、省人社厅
吴成伟	龙锦江国际大酒店	省优秀中国特色社会主义事业建设者	省委统一战线工作部、省经济和信息化委员会、省人力资源和社会保障厅、省工商行政管理局和省工商联
陈扣连	县检察院	江苏最美基层干部	省委宣传部
季发农	建湖县颜单镇关工委	江苏好人	省文明办
袁　洲	建湖县韩都大酒店	江苏好人	省文明办
殷继伟	私营企业	江苏好人	省文明办
倪清华	建湖特校	江苏好青年	省文明办、团省委
马兆军	建湖县市场监管局	全省工商和市场监管工作先进工作者	省人社厅、省工商局
戴驰展	上冈实验中学	江苏省“美德少年”	省文明办、省教育厅、团省委、省妇联、省关工委、新华报业传媒集团、省广电总台
徐　梅	建湖县动物卫生监督所	全省动物检疫状元	省农委
		江苏省五一创新能手	省总工会
		江苏省技术能手	省人社厅

2017年建湖县市级先进个人

表40

姓　名	工作单位	授予奖项	授予单位
朱留荣	颜单镇关工委	全市关心下一代工作先进工作者	市委、市政府
李　玖	县教育局关工委	全市关心下一代工作先进工作者	市委、市政府
卜云龙	县农委关工委	全市关心下一代工作先进工作者	市委、市政府
丁明省	县农委关工委	全市关心下一代工作先进工作者	市委、市政府
陈昌龙	芦沟镇大同村	全市关心下一代工作先进工作者	市委、市政府
姚　莉	县二实小	全市关心下一代工作先进工作者	市委、市政府
唐明武	上冈镇关工委	全市关心下一代工作先进工作者	市委、市政府

续表 40

姓 名	工作单位	授予奖项	授予单位
曾从礼	宝塔镇前庄居委会	全市关心下一代工作先进工作者	市委、市政府
陈建吾	近湖街道管舍社区	全市关心下一代工作先进工作者	市委、市政府
杨万成	上冈镇关工委	全市关心下一代工作先进工作者	市委、市政府
成 晔	沿河镇社区教育中心	全市关心下一代工作先进工作者	市委、市政府
嵇仁章	庆丰镇关工委	全市关心下一代工作先进工作者	市委、市政府
花红山	冈东社区风华村关工委	全市关心下一代工作先进工作者	市委、市政府
徐玉章	冈西镇关工委	全市关心下一代工作先进工作者	市委、市政府
高祥生	建阳镇关工委	全市关心下一代工作先进工作者	市委、市政府
孙华芳	高作镇关工委	全市关心下一代工作先进工作者	市委、市政府
李 妹	恒济镇关工委	全市关心下一代工作先进工作者	市委、市政府
严小琳	建湖县丰信航空设备制造有限公司	盐城市第九届优秀科技工作者	市委组织部、市人力资源和社会保障局、市科协
胡迎春	上冈司法所所长	盐城市 2017 年度最美法治人物	市委宣传部
杨文学	建湖县明道粮油经营部	盐城市道德模范	市委宣传部
陈扣连	县检察院	盐城市道德模范	市委宣传部
朱星辰	沿河初中	盐城市“十大美德少年标兵”	市文明办、市教育局、团市委、市妇联、市关工委、盐阜大众报报业集团、市广播电视台、市少工委
徐中辉	亿德隆	诚信经营标兵	市工商联
吴征胜	特达钻采	诚信经营之星	市工商联
吴启春	鸿达阀门	诚信经营之星	市工商联
唐存干	金秆农业	诚信经营之星	市工商联

2017 年度县委、县政府目标任务绩效考核的先进个人

(一)十佳招商引资之星

徐向阳 江苏日月照明电器有限公司董事长
孙 伟 塘河街道办事处副主任
刘学清 上冈产业园园区服务中心党支部书记
夏 智 建阳镇民政办负责人
刘仁奎 颜单镇副镇长
陈德荣 近湖街道招商办主任
潘海康 芦沟镇副镇长
张洪金 庆丰镇党委副书记
潘 静 高作镇党委副书记
陶其桂 宝塔镇副镇长

(二)十佳项目服务之星

郑 政 县高新区管委会副主任
陈 平 建湖开发区规划建设局副局长
朱德山 上冈镇工业干事
吴 飞 建阳石油装备产业园党工委副书记
孟领坤 颜单镇副镇长
刘艾鸣 县水利局抗旱排涝队党总支书记
王志华 县供电公司副总经理
李 莉 县国土局不动产登记中心副科长
周 斌 县政务服务中心规划城管窗口科长
陈 宁 县政务服务中心环保窗口工作人

(三)十佳全民创业之星

丁达亚 江苏西臣邦尼医疗器械有限公司总经理
殷步芳 江苏三合源日用品制造有限公司总经理
袁乃更 江苏圣金特汽车配件有限公司总经理
俞 豪 江苏新嘉豪玻璃有限公司总经理
肖功华 江苏九鑫龙生态园有限公司董事长

周海婷　建湖县满树果蔬果家庭农场股东
王　春　盐城金恒钢结构工程有限公司总经理
李乃会　江苏中联路基工程有限公司总经理
张晓燕　籽多多瓜篓专业合作社理事长
吴成伟　中农网购(江苏)电子商务有限公司董事长

(四)杰出(优秀)工业企业家

陈文祥　江苏新森达鞋业有限公司总经理
滕本登　江苏玉人服装有限公司董事长
吴重言　江苏克胜集团股份有限公司董事长
陈兆阳　江苏信得石油机械股份有限公司董事长
张志勋　江苏剑牌农化股份有限公司董事长
商文明　江苏振华工业集团有限公司董事长
刘云平　江苏厚睦莱照明科技有限公司董事长
王世东　江苏神力船舶装备集团董事长
朱相桂　江苏森达集团有限公司董事长
李贤余　盐城海特机械科技有限公司董事长

(五)十佳村(居)党组织书记

吴立忠　近湖街道西苑社区党总支书记
孙成广　上冈镇冈北村党总支书记
金正胜　建阳镇西尖村党总支书记
王书浩　恒济镇九里村党总支书记
陈汉山　芦沟镇双庆村党总支书记
陆德祥　沿河镇沿东村党总支书记
徐英连　宝塔镇长陈村党总支书记
杨定高　高作镇合兴村党总支书记
高才岗　九龙口镇梁泽村党总支书记
朱正华　县高新区严桥村党总支书记

(六)综合先进个人

王　茜　杨　震　夏　中　黄　坚
何怀国　谢超云　陈剑峰　唐　飞
马　骁　张卫东　陈玉洁　王　育
邵红燕　王　伟　王志山　周德良
陈远立　周　清　夏正立　徐正根
高文勇　刘大年　谷远东　花根楼
朱旭冬　李吉祥　孙华之　邵　静
吕向东　成万东　侍宏健　姜广建
周公祝　袁文忠　王文华　朱国成
徐正余　符庆香　张　艳　徐志云
姜　艳　朱锦祥　赵开春　陈其新
赵　勇　范　展　智中华　赵正波
张志艳　李开东　冯国军　顾成喜
吴亚飞　姚万春　王春锋　沈育茂
周永成　杨卫华　虞　山　陈建林
朱韶华　朱加付　朱文贵　王观斌
李　光　董学斌　葛步中　李向前
肖兆杰　王　锋　丁建东　吴颖桢
李　刚　刘有群　孙栋生　朱德江
张　伟　叶旺森　王建东　唐春雷
陆正军　刘茂林　时　宇　李品旺
徐　宏　凌亚涵　吴剑锋　李相平
夏　彬　陈　季　赵柯山　冷　冰
汤晓娟　游心忠　曹国妹　颜　冬
王　勇　朱德山　肖　芹　高宗玉
许　琴　陈慧阳　刘　莉　董　俊
黄　勇　尤基勇　王　磊　徐　霞
邱海萍　王磊成　陆永泉　孙　刚
孙　蕾　曹丽鹂　刘士超　陈　越
葛建明　吕　鹏　徐菊香　肖兆国
徐兆友　姜海平　李　红　顾学习
祁　萍　姚　祥　吴月红　刘　莉
祁爱东　肖元元　孙鉴平　朱友琪
张金林　徐　杨　咸　丽　赵勇武
唐崇飞　徐国梁　杨正斌　丁　刚
季成銮　刘德志　宋金虎　夏正军
姚　群　王介胜　李乃军　周洪军
张志刚　吴　军

建湖县第二届“十佳孝星”

马宝庆　沿河镇蒿仑村退休教师
王素芬　上冈镇草堰口社区大塘村农民
孙玉兰　济镇华射村农民
陆玉英　近湖街道神台居委会居民
陈　军　建湖国税局干部
岳　华　建湖县中医院医生
金学桂　马从芳夫妇　建阳镇建东村村民
罗海峰　建湖县人民法院高作法庭庭长
夏文英　颜单镇任杨村农民
戴　凤　宝塔镇港口村农民

责任编辑　朱明君

附　　录

Appendix

恒济镇建河村村史馆　（建湖日报提供）

重要文件目录

Contests of Important Documents

中共建湖县委

1－5　县委关于学习贯彻党的十八届六中全会精神深入推进全面从严治党的实施意见

1－7　县委、县政府关于印发《建湖县“两减六治三提升”专项行动方案》的通知

1－7　县委、县政府关于印发《建湖县生态环境保护工作责任规定(试行)》的通知

1－7　县委、县政府关于印发《建湖县道路圩堤绿化三年行动计划》(2017－2019)的通知

1－13　县委、县政府关于在全县公民中开展法治宣传教育的第七个五年规划(2016－2020)年的通知

1－18　县委印发《关于开展巡察工作的实施办法试行》通知

1－24　县委、县政府关于下达全县2017年经济和社会发展主要工作目标的通知

1－24　县委、县政府关于下达2017年全县“两重一实”第一批任务的通知

1－26　县委、县政府关于印发建湖县工业振兴行动计划的通知

1－26　县委关于认真组织开展2016—2017年度全县基层党员干部冬训工作的意见

2－25　县委关于印发《中共建湖县委全面深化改革领导小组2017年工作要点》的通知

3－11　县委、县政府关于全县2017年度目标任务绩效考核的意见

4－5　县委、县政府2017年全县农业农村工作意见

4－18　县委、县政府关于深化行政审批制度加快简政放权激发市场活力实施意见

5－24　县委、县政府关于印发聚焦富民持续提高城乡居民收入水平的政策意见的通知

7－24　县委关于印发《建湖县年轻干部选拔任用暂行办法》的通知

8－23　县委、县政府关于下达2017年全县“两重一实”第二批项目计划及第一批部分项目调整置换的通知

11－3　县委印发《关于加强镇(街道、区)和县直部门党政正职干部监督的暂行办法(试行)》的通知

11－10　县委关于认真学习宣传贯彻党的十九大精神的通知

(县委办)

建湖县人民政府

1　全县2017年度水利工作意见

2　建湖县人民政府关于请求协调划分建湖通榆河饮用水区保护区报告

3　关于表彰老区经济开发互扶贫工作先进集体和先进人个人的决定

4　关于成立建湖县砖瓦生产企业专项整治工作领导小组的通知

5　关于印发开展工业企业“争县创优”活动意见的通知

6　关于表彰2016年度全县新型农村合作医疗和人口计生等工作先进集体及先进个人的决定

7　关于表彰2016年度全县民政工作先进集体和先进个人的决定

8　关于全面推进科技创新工作的实施意见

9　关于表彰2016年度教育、体育工作先进集体的决定

10　关于表彰2016年度全县人力资源社会保障工作先进集体和先进个人的决定

11　关于进一步加强审计整改工作的意见

12　关于印发《建湖县人民政府工作规划》的通知

13　关于印发《建湖县燃烧高污染燃料设施整治专项补助资金使用管理办法》的通知

14　关于表彰县人大代表建议和政协委员提案办理工作先进单位和先进个人的决定

15　关于表彰2016年度文化广电工作先进集体和先进个人的决定

16　关于表彰食品安全工作先进集体和先进个人的决定

17　关于印发建湖县城市管理领域综合行政执法体制改革工作实施方案的通知

18　关于印发《建湖县城市管理村对集中行政处罚权实施办法》的通知

19　关于印发2016年度省级生态补偿转移支付补助资金使用方案的通知

20　关于债务预警整改落实情况的汇报

21　关于表彰2016年度全县安全生产工作先进集体和先进个人的决定

22　关于表彰2016年全县残疾人工作综合考核先进单位和个人的决定

23　关于撤销有关镇渡口的通知

24　关于县政府班子成员工作分工的通知

25　关于申请对我县江苏省食品

安全示范县创建工作进行评议的报告

26　关于对道路违法用地整改措施的汇报

27　关于“聚力创新”促进科技体制改革的激励意见

28　关于成立建湖县特色田园乡镇建设工作领导小组的通知

29　关于印发整合城乡居民基本医疗保险制度实施方案的通知

30　关于印发《建湖县土地例行督察发现问题整改工作实施方案》的通知

31　关于做好2017年度村级公益事业建设一事一议财政奖补项目实施工作的通知

32　关于2016年转换债券自查情况的汇报

33　关于建湖县矿产资源总体规划(2016—2020年)的审核意见

34　关于卢玉荣信访事项办理情况的报告

35　关于表彰2016年度征兵工作先进单位和先进个人的决定

36　关于进一步加强政府性债务管理的实施意见

37　关于政府融资担保清理整改情况的汇报

38　关于表彰2016年芳全县建筑业和房地产发展工作先进集体和先进个人的决定

39　关于表彰建湖县十佳支教名师、优秀班主任、优秀乡村园丁和优秀教育工作者的决定

40　关于副县长赵宇同志工作分工的通知

41　关于推动现代保险服务业加快发展的实施意见

42　关于印发《建湖县土地例行督察发现问题整改工作实施方案(修订稿)》的通知

43　关于扩大调整县城高污染燃料禁燃区的通告

44　关于转发《盐城市交通干线沿线环境综合整治“五项行动”2017年度督查工作方案》、《盐城市交通干线环境综合整治五项行动2017年度考核工作方案》的通知

45　关于印发《建湖县重大行政决策规范化管理工作实施意见》的通知

46　全县2018年度水利工作意见

47　关于2017年推进依法行政建设法治政府工作情况的报告

（县政府办）

中共建湖县委办公室

1　县两办关于印发《建湖县2017年农业结构调整工作意见》的通知

2　县两办关于印发《全县党员干部进村入户助贫“三清三实三帮”大走访活动方案》的通知

3　县委办关于印发《中共建湖县第十届委员会巡察工作规划》的通知

4　县两办关于印发《建湖县道路预堤绿化三年行动计划实施细则》的通知

5　县两办关于印发《2017年全县招商引资和项目推进活动计划》的通知

6　县两办关于印发《2017年县四套班子领导挂钩联系镇(街道、区)分工表》的通知

7　县两办关于在全县开展“进千企、解难题、促发展”活动的通知

8　县两办印发《2017年全县农村康居工程建设工作方案》的通知

9　县委办关于印发县委全面深化改革领导小组专项小组成员名单的通知

10　县两办关于实施绿色扶贫工程的通知

11　县两办关于进一步做好党员干部与低收入农户结对帮扶工作的通知

12　县委办关于印发《建湖县关于市委党风廉政建设责任制检查组考核反馈意见的整改落实方案》的通知

13　县两办关于公布“美丽建湖活动水乡”2017年迎新春全县群业余文艺会演评选结果的通知

14　县两办关于印发《开展“正风肃纪镇村行”专项行动的实施方案》的通知

15　县两办关于转发《建湖县关心下一代工作委员会2017年工作要点》的通知

16　县委办关于转发《县统战部、县工商联关于全县各镇(街道、区)商会换届工作的意见》的通知

17　县两办关于印发2017年全县全民创业工程实施方案的通知

18　县两办关于印发《进一步优化全县经济发展环境的十项制度》的通知

19　县两办关于转发《盐城市党员干部容错纠错实施办法(试行)》的通知

20　县两办关于印发《建湖县贯彻落实〈省政府办公厅关于切实做好优抚安置有关工作的通知〉责任分解方案》的通知

21　县委办关于印发《深入推进法治建湖建设工作任务分解表》的通知

22　印发《关于进一步推进全县大走访大落实工作的意见》的通知

23　县两办关于印发《深化县属国有企业改革实施方案》的通知

24　县两办关于印发《建湖县城市建设投资有限公司实体化运作实施方案》的通知

25　县两办关于印发《建湖县开发区建设投资有限公司实体化运作实施方案》的通知

26　县两办关于推进产业扶贫的指导意见

27　县两办关于印发《建湖县全面推行河长制实施方案》的通知

28　县两办关于调整创建省级文明城市指挥组成人员的通知

29　县两办关于县领导联系县城主干道、县各机关单位挂钩社区(村)开展创建省级文明城市工作安排的通知

30　县委办《关于推进“两学一做”学习教育常态化制度化的实施意见》的通知

31　县两办关于进一步加强驻点招商工作的意见

32　县两办关于开展全县社会矛盾和安全隐患大排查大整治行动的通知

33 县委办关于印发《中共建湖县委巡察工作办公室及巡查组主要职责内设机构和人员编制规定》的通知

34 县委办关于印发《党委(党组)意识形态工作责任制实施方案》的通知

35 县委办关于印发《意识形态领域情况分析研判联席会议制度》的通知

36 县两办印发《2017年度机关及重点公共服务单位作风评议实施办法》的通知

37 县两办转发《市委办公室、市政府办公室〈关于支持人民法院落实“用两到三年时间基本解决执行难问题”的意见〉》的通知

38 县两办关于印发2017年创建国家生态文明建设示范县迎查工作实施方案的通知

39 县两办印发《关于建立县领导牵头推进重点改革任务“清单制+责任制”的实施办法》

40 县委办印发《关于全面落实县纪委向县一级党和国家机关派驻纪检机构的方案》的通知

41 县两办印发《关于健全公共资源交易监管体系的实施方案》的通知

42 县委办印发《中共建湖县委关于省委首轮巡视发现共性问题整改工作方案》的通知

43 县两办印发《关于深化供销合作社综合改革的实施意见》的通知

44 县委办印发《关于县纪委农村纪检监察工作室改革的实施方案》的通知

45 县两办印发《关于加强社会救助政策衔接统筹使用社会资源建立大救助机制的实施方案》的通知

46 县两办关于印发《建湖县深化粮食流通体制改革实施方案》的通知

47 县两办关于印发《2018年全县农业结构调整意见》的通知

48 县两办关于印发《建湖县2018年城乡绿化工作实施意见》的通知

49 县两办关于印发《建湖县反恐怖工作领导小组成员单位工作职责》的通知

50 县两办关于印发《建湖县科协系统深化改革实施方案》的通知

51 县委办关于印发《建湖县妇联改革方案》的通知

52 县委办关于印发《建湖县总工会改革方案》的通知

53 县委办转发盐城市委《关于进一步从严落实中央八项规定精神有关纪律的规定》的通知

54 县委办关于印发《共青团建湖县委员会改革实施方案》的通知

55 县两办印发县人社局《关于严格机关事业单位政府购买服务用工的管理办法》的通知

56 县两办关于印发《建湖县党政机关公务接待管理规定》的通知

57 县两办关于印发《建湖县关于规范招商引资接待工作的意见》的通知

58 县委办关于做好学习宣传贯彻党的十九大精神宣讲工作的通知

59 县委办关于印发《中共建湖县委法律顾问规则(试行)》的通知

60 县两办关于印发《全县2017年度目标任务绩效考核细则》的通知

61 县委办关于印发《建湖县深化国家监察体制改革试点工作实施方案》的通知

62 县委办印发《中共建湖县委关于省委第二轮巡视县(市、区)发现突出问题整改工作方案》的通知

(县委办)

建湖县人民政府办公室

1 关于印发《森林小镇森林村庄、珍贵用材树种培育示范村等建设目标准》的通知

2 关于进一步推进散坟整治的行动方案

3 关于调整2017年春运工作领导小组的通知

4 关于印发《建湖县加强农村留守儿童关爱保护工作实施意见》的通知

5 关于印发《关于开展砖瓦生产企业专项整治工作的实施方案》的通知

6 印发《关于开展“两招一降”暖企行动的意见(试行)》的通知

7 关于分解落实县政府2017年八十项重点工作的通知

8 关于调整县招委会组成人员的通知

9 关于调整县政府教育督守委员会成员的通知

10 关于下达2017年度全县人力资源社会保障主要工作目标任务的通知

11 关于建立建湖县社会救助联席会议制度的通知

12 关于做好2017年无偿献血工作的通知

13 关于调整县食品安全委员会组成人员的通知

14 关于印发《建湖县开展砖瓦行业环保专项行动方案》的通知

15 关于印发《2017年建湖县农村改厕工作实施方案》的通知

16 关于开展上海驻点招商“百日竞赛”活动的通知

17 关于进一步做好行政机关和事业单位个人所得税代扣代缴工作的通知

18 加快推进电子政务外网建设的通知

19 关于印发《2017年度各镇(街道、区)住房公积金扩面任务分解表》的通知

20 关于开展“2017政府工作报告”在线学习答题活动的通知

21 关于下达建湖县2017年农村公路提档升级第一批建设任务的通知

22 关于印发《建湖县农村集体“三资”管理专项治理实施方案》的通知

23 关于加强小麦赤霉病防控工作的通知

24 关于印发《建湖县2017年食品安全整治工作方案》的通知

25 关于印发建湖县“两减六治三提升”专项行动实施方案的通知

26 关于印发《建湖县2017年土地督察迎查工作实施方案》的通知

27 关于下达2017年各镇(街

道、区）规上业增加值指导性计划的补充通知

28 关于调整县招生委员会组成人员的通知

29 关于调整建湖县农村信用体系建设工作领导小组成员的通知

30 关于印发《关于推进“破圈解链”工作的补充意见》的通知

31 建湖县2017年度美国白蛾防控工作方案

32 关于印发推进电能替代工作实施方案的通知

33 关于争取省政府加快发展先进制造业振兴实体经济若干政策的通知

34 关于印发加强企业用工服务实施意见（试行）的通知

35 关于农作物秸秆综合利用和焚烧禁抛工作的实施意见

36 关于印发秸秆综合利用和禁烧禁抛工作驻镇（街道、区）检查组人员名单及工作职责的通知

37 关于对县秸秆综合利用和禁烧禁抛工作驻镇（街道、区）检查组考核奖惩的通知

38 关于加强高考、中考期间环境噪声污染控制的通知

39 关于印发建湖县2017年有序用地预案的通知

40 关于成立政务服务“一张网”建设协调推进小组的通知

41 关于成立县综合客运枢纽工程建设指挥部的通知

42 关于做好简政放权创业创新环境评价工作的通知

43 进一步做好稀土违法违规行为查处工作的通知

44 关于印发《建湖县推进分级诊疗制度建设的实施方案》的通知

45 关于进一步加强值班和突发事件信息报告工作的意见

46 关于印发《2017年建湖县食品安全重点工作安排》的通知

47 关于“十三五”高效节水灌益总体实施方案

48 关于印发“不见面审批（服务）”改革实施方案的通知

49 关于印发政府性债务风险应急处置预案的通知

50 关于印发建湖县招商引资项目准入办法（试行）的通知

51 关于印发《建湖县全面使用村务卡推行村级资金管理非现金结算的实施意见》的通知

52 关于调整县消防安全委员会成员的通知

53 关于调整2017年工业增长点项目的通知

54 转发《中共盐城市委盐城市人民政府盐城军分区关于深入推进人民防控改革的实施意见》的通知

55 关于2016年度全县经济考核奖励结果的通知

56 关于调整县保护电力设施安全领导小组的通知

57 关于调整建湖县电网建设工作领导小组的通知

58 关于转发《省政府办公厅关于进一步加“两减六治三提升”专项行动推进力度的通知》的通知

59 关于成立建湖县信息进村入户整县推进工作领导小组的通知

60 关于印发优化开办企业、不动产交易登记、施工许可审批流程实施细则的通知

61 产于成立建湖县交通干线沿线环境综合整治领导小组的通知

62 关于印发建湖县交通干线环境综合整治“五项行动”方案的通知

63 关于下达建湖县2017年美丽乡村道路通畅工程建设任务的通知

64 关于印发2017年县政府常务会议学法计划的通知

65 关于调整全县最低工资标准的通知

66 关于进一步推进全县农村留守儿童关爱保护工作的通知

67 关于推进基层综合性文化服务中心建设的实施意见

68 关于调整县残疾人工作委员会组成人员的通知

69 关于加快推进粮食生产全段机械化的实施方案

70 关于调整建湖县第一次全国海洋经济调整领导小组的通知

71 关于调整建湖县农村留守儿童关爱保护工作联席会议成员的通知

72 关于印发建湖县区域卫生规划（2017—2020年）的通知

73 关于印发建湖县“十三五”卫生与健康暨现代医疗卫生体系建设规划的通知

74 关于印发建湖县级行政审批中介服务项目及收费项目清单的通知

75 关于下达2017年度全县建筑业计划指标的通知

76 关于县城黑臭水体治理实施方案的通知

77 关于印发《关于严格控制财政性资金支出管理的意见》的通知

78 关于印发《建湖县小型水利工程长效管护细则的通知

79 关于印发建湖县公益性公墓专项整治行动方案

80 关于切实加强水稻穗期病虫防控工作的通知

81 关于兑现2016年度全县服务业专项资金考核奖励的通知

82 关于印发建湖妇女发展规划《2016—2020年）和建湖县儿童发展规划（2016—2020年）的通知

83 关于印发〈建湖县住宅二次供水设施管理办法〉的通知

84 关于建立县全民健身工作部门联席会议制度的通知

85 关于印发《全县道路客运市场秩序专项整治行动方案》的通知

86 关于下达建湖县2017年农村公路提档升级工程第二批建设任务的通知

87 关于转发〈盐城市交通干线沿线环境综合整治专项行动2017年度督查工作方案〉、〈盐城市交通干线沿线2017年度考核工作方案〉的通知

88 关于印发不动产登记“一窗受理、集成服务”实施方案的通知

89 关于调整建湖县政府性债务管理领导小组的通知

90 关于印发政府性债务风险评估和预警暂行办法的通知

91 关于印发《关于推行投资建设项目代办服务工作的意见》的通知

92 关于调整县秸秆综合利用和焚烧禁抛工作驻镇（街道、区）检查组成员的通知

93 关于印发2017年全县打击侵犯知识产驻和制假冒伪劣商品工作

要点的通知

94　关于做好城乡住户收支调查样本轮换工作的通知

95　关于推行建设项目竣工五洲合一的实施意见

96　关于调整县食品安全委员会组成人员的通知

97　关于成立县城乡生活垃圾分类和治理专项工作领导小组的通知

98　关于成立建湖县政府和社会资本合作 PPP 工作领导小组的通知

99　关于印发《关于推进家庭医生签约服务的实施意见》的通知

100　关于进一步做好全县成品油市场专项整治工作的通知

101　关于调整县打击侵犯知识产权和制售假冒伪劣商品工作领导小组的通知

102　关于开展 2017 年度行政执法宗卷专项评查工作的通知

103　关于开展建湖县第二次全国污染源普查的通知

104　关于印发《建湖县信息进村入户整县推进示范工作实施方案》的通知

105　关于开展全县安全生产大检查大整治大落实专项行动的通知

106　印发建湖县食品安全检查管理办法的通知

107　印发建湖县药品和医疗器械安全突发事件应急预案的通知

108　关于转发《盐城市投资项目"三书合一"实施方案》的通知

109　关于印发《建湖县企业投资项目多评合一实施细则》的通知

110　关于印发《关于推行投资建设项目数字化多图联审实施方案》的通知

111　关于做好《建湖年鉴(2018)》编纂工作的通知

112　关于印发建湖县内河干线航道沿线非治码头整治实施计划的通知

113　关于成立建湖县企业用工服务保障工作领导小组的通知

114　关于印发建湖县 2018 年"春风雁归"行动实施方案的通知

(县政府办)

责任编辑　朱明君

国家一级馆——建湖县文化馆　　(建湖日报提供)

统计资料

Statistical Details

建湖县2017年主要综合经济指标表

表41

指　标	累计	比上年(±%)
地区生产总值(亿元)	523.10	7.5
规模上工业增加值(亿元)	166.35	7.8
服务业增加值(亿元)	250.05	10.1
一般公共预算收入(亿元)	26.32	-8.8
固定资产投资(亿元)	400.35	9.0
工业投资(亿元)	261.57	5.6
社会消费品零售总额(亿元)	190.40	10.7
外贸进出口总额(万美元)	33265	9.8
外贸出口总额(万美元)	30361	4.1
注册外资实际到账(万美元)	4052	-26.1
城镇居民人均可支配收入(元)	32171	8.6
农村居民人均可支配收入(元)	18576	8.7
规模上工业应税销售(亿元)	242.81	23.1
规模上工业实入库税金(亿元)	11.14	35.3
工业用电量(亿千瓦时)	12.43	-13.2
金融机构存款余额(亿元)	457.39	10.7
金融机构贷款余额(亿元)	328.30	10.5

建湖县2017年各镇(街道、区)地区生产总值表

表42

镇(街道、区)	地区生产总值(万元)	比上年(±%)
全县合计	5231025	7.5
近湖街道	1322805	8.4
上冈镇	640575	7.0
建阳镇	362374	7.6
颜单镇	192489	6.6
恒济镇	215266	7.3

续表 42

镇(街道、区)	地区生产总值(万元)	比上年(±%)
庆丰镇	333446	7.8
九龙口镇	215388	6.7
高作镇	170755	8.3
芦沟镇	178853	7.4
沿河镇	170607	6.9
冈西镇	132515	8.1
宝塔镇	88287	7.2
开发区	510636	8.0
高新区	370487	7.7

建湖县 2017 年实体一般公共预算收入表

表 43

镇(街道、区)	实体一般公共预算收入(万元)	比上年(±%)
全县合计	132297	31.7
近湖街道	40044	47.3
上冈镇	11007	13.6
建阳镇	11725	34.6
颜单镇	6016	1.8
恒济镇	5100	31.1
庆丰镇	7701	39.6
九龙口镇	4171	19.2
高作镇	6514	34.0
芦沟镇	5438	36.8
沿河镇	3448	16.6
冈西镇	2648	27.3
宝塔镇	2507	26.2

建湖县 2017 年规模上工业企业个数与规模上工业增加值增幅情况表

表 44

镇(街道、区)	规模上工业企业个数(个)	规模上工业增加值增幅(±%)
全县合计	418	7.8
近湖街道	72	7.8
上冈镇	46	7.6
建阳镇	43	7.1
颜单镇	16	6.5
恒济镇	16	7.2

续表 44

镇(街道、区)	规模上工业企业个数(个)	规模上工业增加值增幅(±%)
庆丰镇	41	7.4
九龙口镇	15	6.7
高作镇	23	7.7
芦沟镇	22	7.6
沿河镇	12	7.2
冈西镇	17	8.1
宝塔镇	8	7.5
开发区	77	8.0
高新区	10	8.3

建湖县 2017 年规模上工业应税销售情况表

表 45

镇(街道、区)	规上工业应税销售(万元)	比上年(±%)
全县合计	2428107	23.1
近湖街道	288185	18.9
上冈镇	384953	26.7
建阳镇	188409	10.6
颜单镇	110192	-36.7
恒济镇	54474	-8.7
庆丰镇	129463	2.1
九龙口镇	41393	-33.8
高作镇	80734	42.9
芦沟镇	40695	-8.1
沿河镇	39606	4.2
冈西镇	63663	51.3
宝塔镇	25833	-28.0
开发区	853780	72.1
高新区	126727	6.4

* 本表中各镇(街道、区)规上工业涉及税收分成的单位按系数折分后汇总

建湖县 2017 年规模上工业实入库税金情况表

表 46

镇(街道、区)	规上工业实入库税金(万元)	比上年(±%)
全县合计	111368	35.3
近湖街道	25801	51.5
上冈镇	6781	30.3

续表46

镇(街道、区)	规上工业实入库税金(万元)	比上年(±%)
建阳镇	11651	47.2
颜单镇	5727	-16.5
恒济镇	4061	34.6
庆丰镇	5107	19.6
九龙口镇	2268	44.1
高作镇	7952	151.9
芦沟镇	2318	17.7
沿河镇	2700	30.0
冈西镇	972	106.0
宝塔镇	1702	-9.5
开发区	21476	23.4
高新区	12851	35.1

*本表中各镇(街道、区)规上工业涉及税收分成的单位按系数折分后汇总

建湖县2017年固定资产投资情况表

表47

指　标	累计	比上年(±%)
(一)固定资产投资(亿元)	400.35	9.0
非房地产投资	385.61	9.0
房地产开发投资	14.74	8.3
(二)新开工项目个数(个)亿元以下	645	46.6
1-5亿	35	6.0
5-10亿	5	400.0
10亿以上	2	-
(三)重点项目		
1、1000-5000万元项目个数(个)	685	43.0
完成投资额(亿元)	251.65	43.4
2、5000-10000万元项目个数(个)	30	-25.0
完成投资额(亿元)	14.17	-41.4
3、亿元以上项目个数(个)	91	-2.2
完成投资额(亿元)	104.82	-17.6

建湖县2017年贸易情况表

表48

指　标	累计(万元)	比上年(±%)
社会消费品零售总额	1903828	10.7

续表 48

指　标	累计(万元)	比上年(±%)
1、城镇零售额	1834550	10.7
农村零售额	69277	11.7
2、批发业	781436	10.7
零售业	814262	9.8
住宿业	27671	13.2
餐饮业	280459	13.2
3、镇(街道、区)合计	1513720	10.7
近湖街道	622500	11.2
上冈镇	278900	10.9
建阳镇	85240	10.5
颜单镇	41330	10.4
恒济镇	43420	10.4
庆丰镇	92650	10.9
九龙口镇	45450	10.6
高作镇	52020	10.4
芦沟镇	51010	10.4
沿河镇	45480	10.7
冈西镇	39020	10.2
宝塔镇	30800	10.2
开发区	85900	10.8

建湖县 2017 年农村居民人均可支配收入表

表 49

镇(街道、区)	农村居民人均可支配收入(元)	比上年(±%)
全县合计	18576	8.6
近湖街道	20812	9.3
上冈镇	16583	7.8
建阳镇	17880	9.0
颜单镇	16533	7.7
恒济镇	16705	8.6
庆丰镇	18023	9.2
九龙口镇	17005	7.9
高作镇	16722	8.7
芦沟镇	16386	9.1
沿河镇	16230	8.4
冈西镇	15608	8.5

续表 49

镇(街道、区)	农村居民人均可支配收入(元)	比上年(±%)
宝塔镇	14450	8.8
开发区	20386	8.2
高新区	18733	8.3

＊本部分内容由建湖调查队提供

建湖县 2017 年外经情况表

表 50

镇(街道、区)	实际利用外资(万美元)	完成计划(%)
全县合计	4052	69.9
近湖街道	—	—
上冈镇	200	100.0
建阳镇	100	100.0
颜单镇	50	—
恒济镇	105	—
庆丰镇	195	—
九龙口镇	—	—
高作镇	—	—
芦沟镇	—	—
沿河镇	—	—
冈西镇	—	—
宝塔镇	7	—
开发区	1136	39.2
高新区	489	21.3

＊本部分内容由县人民银行提供

建湖县 2017 年金融情况表

表 51

指　　标	累计(亿元)	比年初增减数(亿元)
一、银行各项贷款余额	328.30	26.73
工商银行	20.46	-0.82
农业银行	23.96	-4.47
中国银行	36.14	-4.43
建设银行	30.97	4.65
农业发展银行	2.12	-0.79
江苏银行	18.73	3.56
建湖农商银行	125.57	8.59

续表 51

指　标	累计(亿元)	比年初增减数(亿元)
昆山农商银行	11.66	-1.86
邮政银行	9.29	2.19
中成村镇银行	3.36	-0.45
华夏银行	14.20	1.94
民生银行	9.17	4.67
交通银行	13.81	5.09
南京银行	8.86	8.86
二、银行各项存款余额	457.39	44.04
工商银行	32.42	-0.91
农业银行	66.91	6.81
中国银行	36.63	-1.19
建设银行	30.35	-4.40
农业发展银行	4.27	0.99
江苏银行	26.01	5.91
建湖农商银行	150.34	8.26
昆山农商银行	8.21	0.75
邮政银行	48.22	5.69
中成村镇银行	2.56	0.10
华夏银行	10.77	0.80
民生银行	23.01	13.99
交通银行	7.05	-0.24
南京银行	8.99	5.87

* 本部分内容由县人民银行提供

（县统计局）

责任编辑　朱明君

服务指南

Service Guide

2017 年建湖县体育中心场馆免费低收费开放公告

为贯彻落实《全民健身条例》,推动建湖县全民健身活动广泛深入开展,营造全民参与、共享健康体育的健身氛围,现将建湖县体育中心所属场馆开放时间、收费情况公布如下:

场馆名称	开　放　时　段	管理员	联系方式	收费情况
体育场	工作日:6:30—9:30　16:00—20:00 节假日:6:30—10:30　15:00—20:00	陈满洋	15862026161	免 费
小运动场	全天候开放	周克秀	15298578498	免 费
室外篮球场	工作日:6:30—9:30　15:00—20:00 节假日:6:30—10:30　14:00—20:00	崔建林	13815550660	免 费
室外网球场、排球场、羽毛球场	工作日:6:30—9:30　15:00—20:00 节假日:6:30—10:30　14:00—20:00	仇建政	13851179691	免 费
健身广场	全天候开放	夏春忠	86299599	免 费
羽毛球馆	6:30—9:30　16:00—21:00	王 慧	86299799	低收费
乒乓训练馆	6:30—9:30　16:00—21:00	李 艳	86299599	低收费
室外游泳池	7 月—8 月	陈满洋	15862026161	低收费
注:室内收费场馆对学生、老年人、残疾人等特殊群体实行免费低收费开放;全年开放不少于 330 天。全民健身日(8 月 8 日)所有场馆免费对外开放;教师节(9 月 10 日)免费向教师开放。				

如遇体育场、馆因维修、保养、安全、训练、赛事、天气等原因,不能向社会开放或需调整开放时间,提前 7 天(特殊天气除外)向社会公告。

咨询电话:0515—86299799

2017 年 2 月 13 日

一张图看懂十九大报告

CCTV 央视新闻
一图看懂
十九大报告
大会主题
不忘初心，牢记使命，高举中国特色社会主义伟大旗帜，决胜全面建成小康社会，夺取新时代中国特色社会主义伟大胜利，为实现中华民族伟大复兴的中国梦不懈奋斗。
1
十个方面历史性成就
经济建设取得重大成就
全面深化改革取得重大突破
民主法治建设迈出重大步伐
思想文化建设取得重大进展
人民生活不断改善
生态文明建设成效显著
强军兴军开创新局面
港澳台工作取得新进展
全方位外交布局深入展开
全面从严治党成效卓著
2
两个重大判断
1、中国特色社会主义进入新时代
五个定位
是承前启后、继往开来、在新的历史条件下继续夺取中国特色社会主义伟大胜利的时代
是决胜全面建成小康社会、进而全面建设社会主义现代化强国的时代
是全国各族人民团结奋斗、不断创造美好生活、逐步实现全体人民共同富裕的时代
是全体中华儿女勠力同心、奋力实现中华民族伟大复兴中国梦的时代
是我国日益走近世界舞台中央、不断为人类作出更大贡献的时代
2、我国社会主要矛盾变化
由
“人民日益增长的物质文化需要同落后的社会生产之间的矛盾”
变化为
“人民日益增长的美好生活需要和不平衡不充分的发展之间的矛盾”

3 一个历史使命与“四个伟大”

历史使命：实现中华民族伟大复兴

四个伟大

1. 实现伟大梦想（中华民族伟大复兴）
2. 进行伟大斗争（具有许多新的历史特点的伟大斗争）
3. 建设伟大工程（党的建设新的伟大工程）
4. 推进伟大事业（中国特色社会主义）

4 一个重大思想：新时代中国特色社会主义思想

新时代中国特色社会主义思想

- 是 对马克思列宁主义、毛泽东思想、邓小平理论、“三个代表”重要思想、科学发展观的继承和发展
- 是 马克思主义中国化最新成果
- 是 党和人民实践经验和集体智慧的结晶
- 是 中国特色社会主义理论体系的重要组成部分
- 是 全党全国人民为实现中华民族伟大复兴而奋斗的行动指南

必须长期坚持并不断发展。

5 新时代坚持和发展中国特色社会主义的14条基本方略

- 坚持党对一切工作的领导
- 坚持以人民为中心
- 坚持全面深化改革
- 坚持新发展理念
- 坚持人民当家作主
- 坚持全面依法治国
- 坚持社会主义核心价值体系
- 坚持在发展中保障和改善民生
- 坚持人与自然和谐共生
- 坚持总体国家安全观
- 坚持党对人民军队的绝对领导
- 坚持“一国两制”推进祖国统一
- 坚持推动构建人类命运共同体
- 坚持全面从严治党

6 两个重要时期

① 从现在起到二〇二〇年：全面建成小康社会决胜期

② 从十九大到二十大：两个一百年奋斗目标的历史交汇期

7 两个阶段（“两步走”）

① 第一个阶段，从二〇二〇年到二〇三五年，在全面建成小康社会的基础上，再奋斗十五年，基本实现社会主义现代化。

② 第二个阶段，从二〇三五年到本世纪中叶，在基本实现现代化的基础上，再奋斗十五年，把我国建成富强民主文明和谐美丽的社会主义现代化强国。

8 九个方面理论分析和政策指导

经济方面	贯彻新发展理念，建设现代化经济体系
政治方面	健全人民当家作主制度体系，发展社会主义民主政治
文化方面	坚定文化自信，推动社会主义文化繁荣兴盛
社会方面	提高保障和改善民生水平，加强和创新社会治理
生态方面	加快生态文明体制改革，建设美丽中国
国防和军队方面	坚持走中国特色强军之路，全面推进国防和军队现代化
“一国两制”和祖国统一方面	坚持“一国两制”，推进祖国统一
外交方面	坚持和平发展道路，推动构建人类命运共同体
党建方面	坚定不移全面从严治党，不断提高党的执政能力和领导水平

央视新闻移动网
www.newscctv.net
记者：龚雪辉
编辑：蒋安琪　李婷婷

关于扩大调整县城高污染燃料禁燃区的通告

为进一步改善城镇环境空气质量，促进能源结构调整优化，保障人民群众身体健康，根据《中华人民共和国大气污染防治法》《江苏省大气污染防治条例》规定及省、市《大气污染防治行动计划实施方案》《削减煤炭消费总量专项行动实施方案》等文件要求，结合我县实际，经研究，决定在《建湖县人民政府关于划定县城高污染燃料禁燃区的通告》（建政发〔2013〕156号）划定的高污染燃料禁燃区（以下简称禁燃区）的基础上，进一步扩大调整我县禁燃区范围。现将有关事项通告如下：

一、扩大调整后禁燃区范围

近湖街道、建湖经济开发区（不含钟庄街道S233以北部分）、高新区。

二、高污染燃料类型

（一）煤炭及其制品（包括原煤、散煤、煤矸石、煤泥、煤粉、水煤浆、型煤、焦炭、兰炭等）；

（二）石油焦、油页岩、原油、重油、渣油、煤焦油；

（三）非专用锅炉或未配置高效除尘设施的专用锅炉燃用的生物质成型燃料；

（四）国家规定的其他高污染燃料。

三、相关要求

（一）禁燃区内使用高污染燃料锅炉及各类炉窑、炉灶等燃烧设施（集中供热、电厂锅炉除外），应当按照国家、省、市要求，在规定期限内改用天然气、电或其他清洁能源，逾期未改用的，不得继续使用。其中，10蒸吨/小时及以下燃煤锅炉在2017年12月31日前全部淘汰或实施清洁能源替代；2018年12月31日前，10～35蒸吨/小时（含35蒸吨/小时）燃煤锅炉完成淘汰或实施清洁能源替代，35蒸吨/小时以上燃煤锅炉完成升级改造。

（二）禁燃区内禁止销售高污染燃料；除集中供热、电厂锅炉外，禁止新建、扩建燃用高污染燃料的锅炉、炉窑、炉灶等燃烧设施。

（三）县发改委、经信委、环保局、公安局、住建局、规划城管局、市场监管局等部门应当根据各自职责，大力推广清洁能源，加快天然气、集中供热等相关基础设施建设，严肃查处新建、扩建燃用高污染燃料的燃烧设施及各类违法使用高污染燃料的行为，积极鼓励、引导辖区内单位自行淘汰燃用高污染燃料的燃烧设施，共同做好禁燃区实施工作，加强对禁燃区的监督管理。

（四）本通告自公布之日起施行。

建湖县人民政府

2017年10月31日

责任编辑　朱明君

淮剧《芦荻知秋》剧照　（建湖日报提供）

索　引

Index

建湖县“欢天喜地闹新春”踩街游园活动　（建湖日报提供）

编辑说明

1、本索引采用主题分析法编制，按标引词第一字汉语拼音字母顺序排列，同音按声调排列，音调相同按下一字的音序排列

2、大事记、荣誉栏、重要文件目录、统计资料、服务指南未编索引。

3、标引词后的数字表示内容所在页码，数字后的字母 a、b、c 分别表示左栏、中栏、右栏。

4、本索引编有参观系统。索引标引词后从第二个页码起为参加，部分款目在索引中重复出现。

5、索引标引词一般采用中心词和简称。

A

B

C

D

E

F

G

K

L

M

X

Y

Z

责任编辑　朱明君

图书在版编目（CIP）数据

建湖年鉴.2018／建湖县地方志办公室编.—北京：方志出版社，2018.7

ISBN 978-7-5144-3179-7

Ⅰ.①建… Ⅱ.①建… Ⅲ.①建湖县—2018—年鉴 Ⅳ.①Z525.34

中国版本图书馆 CIP 数据核字（2018）第 178962 号

建湖年鉴（2018）

编　　者：建湖县地方志办公室
责任编辑：范　静

出 版 人：冀祥德
出 版 者：方 志 出 版 社
地址　北京市朝阳区潘家园东里 9 号（国家方志馆 4 层）
邮编　100021
网址　http://www.fzph.org
发　　行：方志出版社图书经销中心
电话　（010）67110500
经　　销：各地新华书店
印　　刷：南京顺和印刷有限责任公司

开　　本：889×1194　1/16
印　　张：22.75
字　　数：951 千字
版　　次：2018 年 7 月第 1 版　2018 年 7 月第 1 次印刷
印　　数：0001～1500 册

ISBN 978-7-5144-3179-7　　定价：230.00 元